PAGES 154-165
Plans
5, 6, 12

PAGES 250-255
Plans
5, 6

PAGES 64-75
Plans
5, 12

PAGES 166-175
Plans
5, 6

PAGES 76-95
Plans
5, 8, 9, 12

PAGES 96-101
Plan 8

PAGES 188-197
Plans
8, 9

PAGES 176-187
Plans
6, 9, 10

Via Veneto

Quirinal

Esquilin

apitole

Forum

Palatin

Latran

Aventin

Caracalla

0   500 m

GUIDES ◉ VOIR

ROME

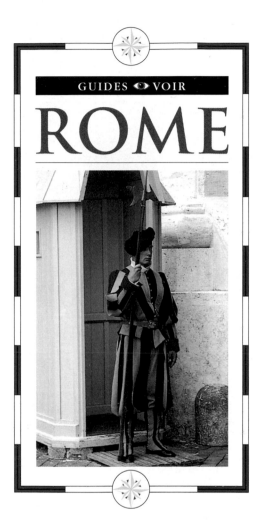

GUIDES 👁 VOIR

ROME

Libre Expression
Une compagnie de Quebecor Media

Libre Expression

Une compagnie de Quebecor Media

DIRECTION
Nathalie Pujo

DIRECTION ÉDITORIALE
Cécile Petiau

RESPONSABLE DE COLLECTION
Catherine Laussucq

ÉDITION
Émilie Lézénès et Adam Stambul

TRADUIT ET ADAPTÉ DE L'ANGLAIS PAR
Dominique Brotot, Christian-Martin Diebold, Florence Paban
avec la collaboration d'Isabelle Guilhamon

MISE EN PAGES (PAO)
Anne-Marie Le Fur

CRÉATION GRAPHIQUE COUVERTURE
Laurent Muller

CE GUIDE VOIR A ÉTÉ ÉTABLI PAR
Olivia Ercoli, Ros Belford et Roberta Mitchell

Publié pour la première fois en Grande-Bretagne
en 1993, sous le titre :
Eyewitness Travel Guides : Rome
© Dorling Kindersley Limited, Londres 2010
© Hachette Livre (Hachette Tourisme) 2010
pour la traduction et l'édition française.
Cartographie © Dorling Kindersley 2010
© Éditions Libre Expression, 2010
pour l'édition française au Canada

Aussi soigneusement qu'il ait été établi, ce guide
n'est pas à l'abri des changements de dernière heure.
Faites-nous part de vos remarques, informez-nous de vos
découvertes personnelles : nous accordons la plus grande
attention au courrier de nos lecteurs.

IMPRIMÉ ET RELIÉ EN CHINE

Les Éditions Libre Expression
Groupe Librex inc.
Une compagnie de Quebecor Media
La Tourelle
1055, boul. René-Lévesque Est, Bureau 800
Montréal (Québec) H2L 4S5
www.edlibreexpression.com

DÉPÔT LÉGAL : Bibliothèque et Archives nationales du
Québec et Bibliothèque et Archives Canada, 2010

ISBN 978-2-7648-0490-2

SOMMAIRE

Le *Moïse* de Michel-Ange
à San Pietro in Vincoli

Fresque à la villa Farnesina

ROME QUARTIER PAR QUARTIER

Le Tempietto

Arc de Titus

LES BONNES ADRESSES

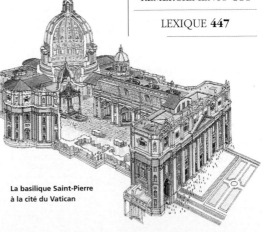
La basilique Saint-Pierre à la cité du Vatican

Mosaïque à Santa Prassede

RENSEIGNEMENTS PRATIQUES

Antipasto romain

COMMENT UTILISER CE GUIDE

Ce guide a pour but de vous aider à profiter au mieux de votre séjour à Rome.

L'introduction, *Présentation de Rome*, situe la ville dans son contexte géographique et historique, et explique comment la vie y évolue au fil des saisons.

Rome d'un coup d'œil offre un condensé de ses merveilles. *Rome quartier par quartier* est la partie la plus importante de ce livre. Elle pré-sente en détail tous les principaux sites et monuments. Enfin, le chapitre proposant *Neuf promenades à pied* vous guide dans des endroits que vous auriez pu manquer.

Les bonnes adresses vous fourniront des informations sur les hôtels, les marchés, les bars ou les théâtres, et les *Renseignements pratiques* vous donneront des conseils utiles, que ce soit pour poster une lettre ou prendre le métro.

ROME QUARTIER PAR QUARTIER

Nous avons divisé la cité en 16 quartiers. Chaque chapitre débute par un portrait du quartier, de sa personnalité et de son histoire. Sur le *Plan du quartier*, des numéros situent clairement les sites et monuments à découvrir. Un plan « *pas à* pas » développe ensuite la zone la plus intéressante. Le système de numérotation des monuments, constant tout au long de cette section, permet de se repérer de page en page. Il correspond à l'ordre dans lequel les sites sont décrits en détail.

Des repères colorés aident à trouver le quartier dans le guide.

Carte de situation

Une carte de situation indique où se trouve le quartier dans le centre-ville.

Un itinéraire de promenade *emprunte les rues les plus intéressantes.*

1 Introduction
Elle présente l'histoire et la particularité du quartier. Un plan indique les stations de métro et situe les lieux intéressants à visiter. Ils sont classés par catégories : églises et temples, musées et galeries, bâtiments historiques et sites antiques par exemple.

Le quartier en rose est détaillé dans le *plan pas à pas* des pages suivantes.

2 Plan du quartier pas à pas
Il offre une vue aérienne du cœur de chaque quartier. Pour vous aider à l'identifier en vous promenant, les bâtiments les plus intéressants ont une couleur plus vive.

Des étoiles indiquent les sites à ne pas manquer.

ROME D'UN COUP D'ŒIL

Les différentes zones colorées
de ce plan *(voir intérieur
couverture avant)* divisent
Rome en 16 quartiers principaux.
Un chapitre est consacré
à chacun d'entre eux dans
la partie *Rome quartier
par quartier (p. 62-255).*
Au fil du livre, d'autres plans
permettent, par exemple dans
Rome d'un coup d'œil (p. 42-57),
de localiser facilement les sites
majeurs ou encore de repérer
les neuf promenades.

Des numéros situent les
monuments sur le plan.
Le temple d'Hadrien,
par exemple, est en ❶.

Informations pratiques
Cette rubrique donne des informations
détaillées et des renseignements pratiques
sur tous les monuments intéressants. Leur
numérotation est celle du plan du quartier.

La façade de chaque
monument important
vous permet
de le repérer.

Le mode d'emploi
vous aide à organiser
votre visite.

3 Des renseignements détaillés
*Tous les sites importants de Rome
sont décrits individuellement. Leur
numérotation suit celle du Plan du
quartier. Les informations pratiques
donnent les coordonnées sur l'atlas,
les heures d'ouvertures et les numéros
de téléphone. La légende des symboles
se trouve sur le rabat arrière.*

Des étoiles signalent
les détails architecturaux
les plus intéressants
et les œuvres d'art
les plus remarquables.

4 Les principaux monuments de Rome
*Deux pleines pages, ou plus, leur sont
réservées. La représentation des bâtiments
historiques en dévoile l'intérieur. Les
plans des musées, par étage, vous aident
à y localiser les plus belles expositions.*

Une chronologie
résume l'histoire
de l'édifice.

PRÉSENTATION
DE ROME

QUATRE JOURS À ROME

R ome ne s'est pas faite en un jour, mais vous pourrez la découvrir en quatre et parcourir les hauts lieux de son histoire à travers les colonnes en ruine de l'empire antique, les allées médiévales bordées de palais Renaissance et les fontaines baroques jaillissant de ses élégantes places.

La Bocca della Verità – gare aux menteurs

À Rome, les musées se comptent par dizaines, de l'immense Vatican aux collections plus modestes, et les églises par centaines, des petites chapelles aux grandes basiliques, toutes richement décorées. Ces itinéraires vous feront goûter tout cela à la fois. Les prix incluent transport, repas et visites.

Le teatro di Marcello et les trois colonnes

LA ROME ANTIQUE

- **La République**
- **Déjeuner médiéval**
- **La grandeur impériale**
- **Le quotidien des empereurs**

2 ADULTES, 130 € au minimum

Le matin
Pour faire le tour des mille ans de l'histoire de la République et de l'Empire, démarrez par le **Forum romain** *(p. 76-91)*, et poursuivez jusqu'aux **Musei capitolini**. En une bonne heure, vous pourrez admirer quelques-uns de ses trésors *(p. 70-73)*. Marchez jusqu'au largo della Torre Argentina, où subsistent les vestiges de trois temples et de l'escalier des thermes de Pompée (55 av. J.-C.), où Jules César fut assassiné, ce qui mit fin à la République romaine.
Les thermes de Pompée comprenaient un théâtre qui a disparu mais dont certaines voûtes servirent aux fondations des bâtiments médiévaux du quartier

Campo dei Fiori – comme les salles du sous-sol du **ristorante Da Pancrazio** *(p. 320)*, qui sert d'excellentes pâtes.

L'après-midi
Revenez au cœur de la Rome antique en passant devant le teatro di Marcello – sorte de maquette du Colisée – et les deux minuscules **temples du foro Boario** *(p. 203)* sur la piazza della Bocca della Verità.
Suivez la via del Velabro jusqu'à l'arrière du Forum, puis la via dei Fori Imperiali à la découverte des ruines de l'Empire romain – les **mercati traianei** *(p. 88-89)* et les **forums de César, Auguste** et **Nerva** *(p. 90-91)*. Pour finir, visitez la **Domus Aurea**, la « maison dorée » de Néron *(p. 175*, réserver) et le **Colisée** voisin *(p. 92-95)*, construit à l'emplacement du lac artificiel de Néron. Remontez la via Sacra pour parcourir les vestiges des demeures du **Palatin** *(p. 97-101)*, entrée comprise dans le billet du Colisée).

LA ROME CHRÉTIENNE

- **Les musées du Vatican**
- **Pique-nique sur la place Saint-Pierre**
- **Mosaïques et temple de Mithra**
- **Dîner chez les sœurs**

2 ADULTES, 120 € au minimum

Le matin
La visite des **musées du Vatican** *(p. 234-247)* occupera la matinée. Remontez la via Tunisi pour effectuer quelques emplettes au marché de la via Andrea Doria, puis repartez pique-niquer sur la place Saint-Pierre.

L'après-midi
Visitez la **basilique Saint-Pierre** *(p. 230-233)*, magnifique monument de la chrétienté, puis allez voir les mosaïques étincelantes de la basilique **Santa Maria Maggiore** *(p. 172-173)*. Ensuite rendez-vous à **San Clemente** *(p. 186-187)*, une adorable église du XIIe siècle construite sur une basilique du IVe siècle, elle-même bâtie sur un temple dédié à Mithra. Après avoir admiré

Détail de mosaïques, Santa Maria Maggiore

Vitrine de Dolce & Gabbana, piazza di Spagna

les œuvres majeures de Raphaël, de Bernin, du Caravage et de Bramante dans l'église **Santa Maria del Popolo** *(p. 138-139)*, joignez-vous à la *passeggiata* – promenade nocturne dans la via del Corso – puis dînez dans l'un des deux restaurants tenus par des nonnes : le **Fraterna Domus** *(p. 317)*, simple et familial, ou **L'Eau Vive** *(p. 316)*, exotique mais cher.

ART ET SHOPPING

- Fontaines et places
- Trésors du Museo nazionale
- Temples et boutiques
- Scalinata della Trinità dei Monti et fontaine de Trevi

2 ADULTES, 25 € au minimum.

Le matin
Rendez-vous au marché aux fruits et aux fleurs du **Campo dei Fiori** *(p. 143-153)*, qui entoure la statue de Giordano Bruno, moine brûlé vif au Moyen Âge. La **piazza Navona** *(p. 116-127)*, avec ses fontaines baroques, doit sa forme ovale au stade antique dont elle occupe l'emplacement. Visitez les collections du Museo nazionale au **palazzo Altemps** *(p. 127)*, puis jetez un coup d'œil aux œuvres de jeunesse du Caravage dans l'église **San Luigi**

dei Francesi *(p. 122)* et à l'incomparable façade baroque de la **cappella Sant'Ivo** *(p. 122)*.

Ne manquez pas le **Panthéon** *(p. 110-111)*, un ancien temple converti en église, et les œuvres d'art de **Santa Maria sopra Minerva** *(p. 108)*. Dégustez un cappuccino au **caffè Sant'Eustachio** *(p. 330-331)*.

L'après-midi
Traversez la via del Corso et faites un tour dans les boutiques chic de la **via dei Condotti** *(p. 133)* et des ruelles qui vont jusqu'à la **scalinata della Trinità dei Monti** *(p. 134-135)*. Pour finir, offrez-vous une glace chez **San Crispino** *(p. 330)* et promenez-vous jusqu'à la **fontaine de Trévi** *(p. 159)*.

EN FAMILLE

- Vélo à la villa Borghese
- Marionnettes, monstres et cryptes macabres
- Ruelles médiévales et panoramas sur l'autre rive du Tibre

FAMILLE DE 4, 170 € au minimum.

Le matin
À la **villa Borghese** *(p. 258-259)*, vous pourrez louer des vélos dans le parc, mais aussi visiter le musée étrusque de la **villa Giulia**

(p. 262-263) ou l'excellente **galleria Borghese** *(p. 260-261*, réserver). Si les enfants préfèrent le zoo, rendez-vous au **Bioparco** *(p. 259)*. Le dimanche, le **giardino del Pincio** *(p. 136-137)* vous accueille avec l'un des derniers théâtres de marionnettes de Rome (spectacle dès 13 h).

L'après-midi
Rendez les vélos et montez les marches de la **scalinata della Trinità dei Monti** *(p. 134-135)* et prenez la via Gregoriana jusqu'au n° 28. Les fenêtres et les portes du palazzetto Zuccari dessinent des monstres hideux. Dans la via Veneto, la crypte de **Santa Maria della Concezione** *(p. 254)* est décorée de mosaïques faites d'ossements de moines capucins. Sur la piazza della Bocca della Verità, sous le porche de **Santa Maria in Cosmedin** *(p. 202)*, se trouve la Bocca della Verità, une ancienne plaque d'égout en forme de visage monstrueux. Selon la légende, elle avale la main de quiconque aurait proféré un mensonge. Franchissez le Tibre en direction du **Trastevere** *(p. 207-213)*, un quartier aux ruelles médiévales sinueuses, puis montez la **colline du Janicule** *(p. 215-217)*. Les panoramas sur la ville y sont magnifiques. Enfin, redescendez dans le Trastevere pour manger à la **pizzeria Ivo** *(p. 328)*.

La via dei Condotti vue de la scalinata della Trinità dei Monti

Rome dans son environnement

Fondée il y a plus de 2 750 ans,
sur sept collines dominant le Tibre,
Rome compte aujourd'hui
trois millions d'habitants et son
agglomération, qui comprend l'État
indépendant de la cité du Vatican,
couvre une superficie de 1 500 km².
Reliée par autoroute aux autres
grandes villes de l'Italie, elle est située
dans la partie centrale du pays
à 30 km de la mer Tyrrhénienne
et à 300 km de la côte Adriatique.

LÉGENDE

☐ Rome et ses environs

---- Voie ferrée

✈ Aéroport

══ Autoroute

══ Route

0   50 km

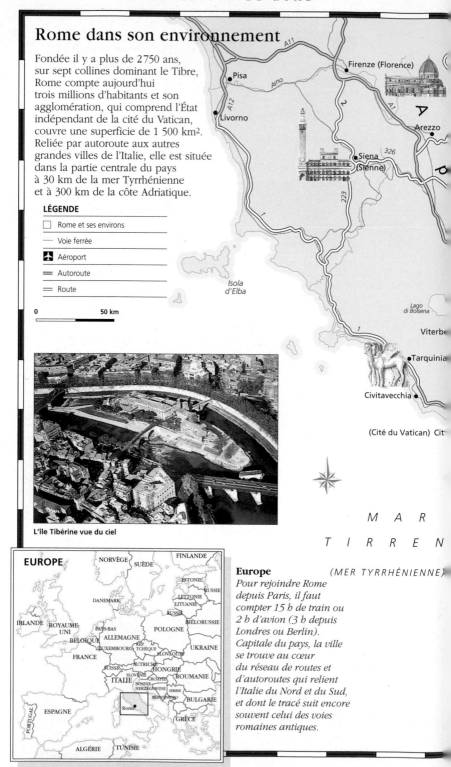

L'île Tibérine vue du ciel

Firenze (Florence)

Pisa

Livorno

Arezzo

Siena
(Sienne)

*Isola
d'Elba*

*Lago
di Bolsena*

Viterbe

Tarquinia

Civitavecchia

(Cité du Vatican) Cit

M A R
T I R R E N
(MER TYRRHÉNIENNE)

EUROPE

NORVÈGE   SUÈDE   FINLANDE

ESTONIE

RUSSIE

DANEMARK   LETTONIE
LITUANIE

RUSSIE

BIÉLORUSSIE

IRLANDE   ROYAUME-
UNI   PAYS-BAS   POLOGNE

BELGIQUE   ALLEMAGNE
LUXEMBOURG   RÉP.
TCHÈQUE   UKRAINE

FRANCE   SLOVAQUIE

AUTRICHE
SUISSE   HONGRIE
SLOVÉNIE
ITALIE   CROATIE   ROUMANIE
BOSNIE
HERZÉGOVINE   SERBIE
MONTÉNÉGRO   BULGARIE

Rome

ESPAGNE

PORTUGAL   GRÈCE

ALGÉRIE   TUNISIE

Europe
*Pour rejoindre Rome
depuis Paris, il faut
compter 15 h de train ou
2 h d'avion (3 h depuis
Londres ou Berlin).
Capitale du pays, la ville
se trouve au cœur
du réseau de routes et
d'autoroutes qui relient
l'Italie du Nord et du Sud,
et dont le tracé suit encore
souvent celui des voies
romaines antiques.*

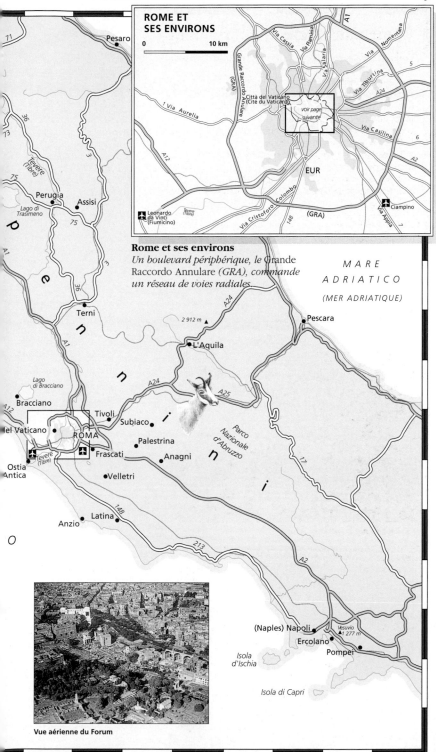

**ROME ET
SES ENVIRONS**

0　　　　　10 km

1 Via Aurelia

Grande Raccordo Annulare (GRA)

Via Cassia

Via Flaminia

A1

Via Nomentana

Via Salaria

Città del Vaticano
(Cité du Vatican)

voir page
suivante

Via Tiburtina

A24

5

Via Casilina

6

A72

A2

Città del Vaticano
(Cité du Vatican)

EUR

Via Cristoforo Colombo

148

(GRA)

Tevere
(Tibre)

Via Appia

7

Leonardo
da Vinci
(Fiumicino)

Ciampino

Rome et ses environs
*Un boulevard périphérique, le Grande
Raccordo Annulare (GRA), commande
un réseau de voies radiales.*

Pesaro

71

Tevere
(Tibre)

36

73

75

Perugia

Assisi

Lago di
Trasimeno

75

36

3

A1

P

e

n

Terni

2 912 m

L'Aquila

A24

A25

n

Lago
di Bracciano

Bracciano

A12

el Vaticano

ROMA

Tevere
(Tibre)

Ostia
Antica

O

Tivoli

Subiaco

Palestrina

Frascati

Anagni

Velletri

Parco
Nazionale
d'Abruzzo

n

i

i

17

A2

Anzio

Latina

148

213

*M A R E
A D R I A T I C O*

(MER ADRIATIQUE)

Pescara

(Naples) Napoli

Ercolano

Pompei

Vesuvio
1 277 m

*Isola
d'Ischia*

Isola di Capri

Vue aérienne du Forum

Centre de Rome

Ce guide consacre un chapitre à chacun des seize quartiers du centre de Rome, un autre aux sites alentour comprenant des excursions à la journée, et un dernier qui propose plusieurs promenades thématiques. À chaque quartier correspond un certain nombre de sites qui retracent son histoire et lui confèrent une identité : le Forum est le haut lieu de la Rome antique ; le Capitole, la piazza del Campidoglio et la piazza Navona constituent le centre historique ; le Campo dei Fiori est le quartier où l'on trouve de superbes exemples de palais Renaissance et la piazza di Spagna celui des boutiques de design. Sans oublier le Vatican et l'impressionnante basilique Saint-Pierre, qui révèlent le cœur même du catholicisme romain.

Panthéon
Avec son portique soutenu par des colonnes de granit, le Panthéon était à l'origine le temple « de tous les dieux » (p. 110-111).

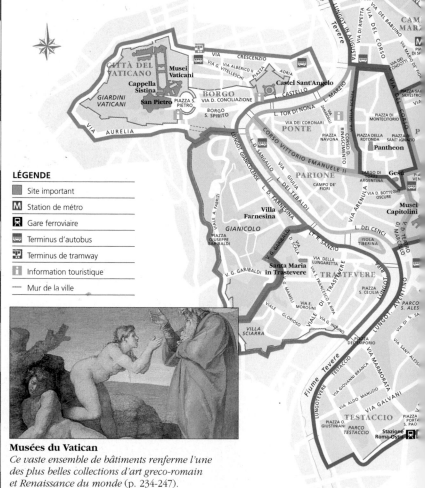

LÉGENDE

- 🟦 Site important
- Ⓜ Station de métro
- 🇷 Gare ferroviaire
- 🚌 Terminus d'autobus
- 🚊 Terminus de tramway
- ℹ Information touristique
- --- Mur de la ville

Musées du Vatican
Ce vaste ensemble de bâtiments renferme l'une des plus belles collections d'art greco-romain et Renaissance du monde (p. 234-247).

Colisée
L'un des plus célèbres monuments de Rome fut le théâtre des combats de gladiateurs et d'animaux. L'amphithéâtre accueillait ces sanglants spectacles auxquels pouvaient assister jusqu'à 55 000 citoyens romains en même temps (p. 92-95).

Musei capitolini
Leurs magnifiques collections (p. 70-73) recèlent des chefs-d'œuvre de la Renaissance et des sculptures gréco-romaines dont cette statue grecque du fameux Discobole.

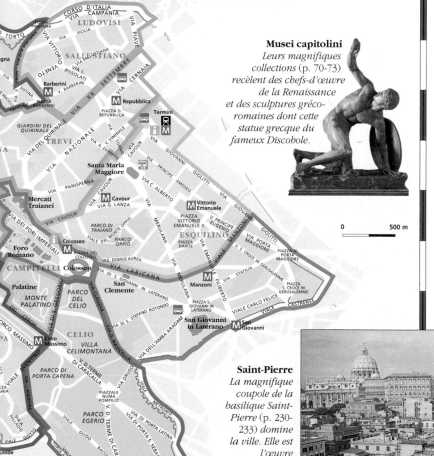

Saint-Pierre
La magnifique coupole de la basilique Saint-Pierre (p. 230-233) domine la ville. Elle est l'œuvre de Michel-Ange.

HISTOIRE DE ROME

Rome est l'une des plus anciennes cités d'Europe et, en tant que capitale de l'Empire romain, puis de l'Église catholique, elle a exercé une immense influence sur le monde. De nombreuses langues européennes dérivent du latin, beaucoup de systèmes politiques et judiciaires s'inspirent du modèle antique et d'innombrables édifices ont été bâtis selon les techniques employées dans la Rome ancienne. Ce poids de l'histoire marque une cité dont certains des monuments ont plus de deux mille ans !

**Aigle romain
(IIe siècle av. J.-C.)**

C'est en 753 av. J.-C. que Romulus aurait fondé un village qui tombe sous la coupe des Étrusques en 616. Les Romains reprennent leur indépendance en 509, créent la République, conquèrent la péninsule puis se tournent vers le pourtour méditerranéen. Au Ier siècle av. J.-C., Rome domine l'Espagne, l'Afrique du Nord et la Grèce. Mais l'expansion de l'Empire éveille les ambitions d'individus avides de pouvoir et leurs affrontements mettent fin à la démocratie. Après la dictature exercée par Jules César, en 27 av. J.-C., son petit-neveu Octave, qui a réuni tous les pouvoirs, prend le titre d'« auguste » et fonde l'Empire romain. Jésus-Christ naît pendant son règne. La nouvelle religion se répand, mais les chrétiens sont persécutés. Il faudra attendre 314 et Constantin pour qu'un empereur se convertisse. Rome devient alors le foyer principal du christianisme. Bien que siège de la papauté, la cité, pillée par les Barbares, décline pendant le Moyen Âge.

Au milieu du XVe siècle, Rome commence à retrouver son éclat : pendant plus de deux cents ans, les plus grands artistes de la Renaissance s'y pressent et la rendent digne, en 1870, de devenir la capitale d'une nation qui vient de s'unifier : l'Italie.

**Plan de Rome du XVe siècle
(sud inversé)**

◁ Détail d'une mosaïque (IIe siècle apr. J.-C.) du temple de la Fortune à Palestrina

Les origines de Rome

Selon l'historien Tite-Live, Romulus fonda
la ville en 753 av. J.-C. Quelque temps plus tard,
il invitait ses voisins les Sabins à un banquet
et organisait l'enlèvement de leurs femmes. Bien
que ce récit soit légendaire, on sait aujourd'hui
qu'un village apparut sur le Palatin au milieu
du VIIIe siècle av. J.-C. et que les Romains s'unirent
aux Sabins peu après. Toujours selon Tite-Live,
sept rois se succédèrent entre la mort de
Romulus et la prise de pouvoir des Étrusques
en 616. Les vestiges laissés par ces derniers montrent
que ce fut sous leur domination que Rome devint
une véritable ville. Mais la cité latine resta rebelle
à ses maîtres et, dirigée par Lucius Junius Brutus,
les expulsa (en 509, dit la tradition) pour se doter
d'institutions républicaines.

L'AGGLOMÉRATION ROMAINE

▨ 750 av. J.-C.　☐ Aujourd'hui

Trompettes cérémoniales

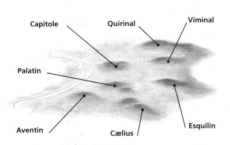

Capitole　Quirinal　Viminal

Palatin

Aventin　Cælius　Esquilin

Les sept collines de Rome
Des bergers vivaient au VIIIe siècle av. J.-C.
sur quatre des sept collines de Rome.
L'emplacement du futur Forum n'était
qu'un marécage.

**Hutte de l'âge
du fer**
*On a retrouvé,
creusés dans
le rocher sur
le Palatin, les
fonds de huttes
primitives.*

**Un augure
jette les
fondations**

LE TEMPLE DE JUPITER
*Ce tableau de la Renaissance de Perino
del Vaga montre Tarquin le Superbe
fondant le temple de Jupiter sur le Capitole.*

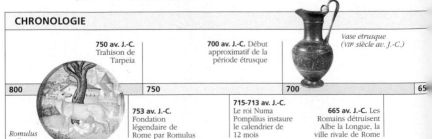

CHRONOLOGIE

750 av. J.-C.
Trahison de
Tarpeia

700 av. J.-C. Début
approximatif de la
période étrusque

*Vase étrusque
(VIIe siècle av. J.-C.)*

800	750	700	65

*Romulus
et Remus*

753 av. J.-C.
Fondation
légendaire de
Rome par Romulus

715-713 av. J.-C.
Le roi Numa
Pompilius instaure
le calendrier de
12 mois

665 av. J.-C. Les
Romains détruisent
Albe la Longue, la
ville rivale de Rome

Légende de la louve
*En les allaitant, une louve
sauva Romulus et Remus,
les neveux du cruel roi Alba
qui les avait jetés dans le Tibre.*

Corbeau,
gardien de
la citadelle

Apollon de Veio
*Les Grecs
influencèrent la
civilisation étrusque.
Cette statue
d'Apollon (Ve ou
VIe siècle av. J.-C.)
provient de la
puissante cité
étrusque de Veio.*

Tarquin
présente
la pierre
symbolisant
la foudre

LA ROME ÉTRUSQUE

Un égout, la *Cloaca Maxima*,
constitue le principal vestige
de la Rome étrusque.
Les pièces majeures de la
villa Giulia *(p. 262-263)*
et des musées du Vatican
(p. 238) proviennent souvent
de sites extérieurs comme
Tarquinia *(p. 271)*, réputé
pour ses tombes peintes.
La statue de la louve
légendaire est exposée aux
Musei capitolini *(p. 73)*
et l'*Antiquarium Forense
(p. 87)* présente des objets
de la nécropole archaïque
du Forum.

Des urnes funéraires
avaient la forme de huttes
au VIIIe siècle av. J.-C.

Les bijoux des Étrusques, comme
cette broche à filigranes d'or du
VIIe siècle av. J.-C., témoignent
de leur raffinement.

La légende d'Énée
*Certains chroniqueurs
romains font du héros
troyen l'ancêtre
de Romulus et Remus.*

---

600 av. J.-C. Date
possible de la
construction de la
Cloaca Maxima

578 av. J.-C.
Servius
Tullius, roi
étrusque

565 av. J.-C. Mur
servien autour
des sept collines

Statue de Jupiter

510 av. J.-C.
Consécration du temple
de Jupiter sur le Capitole

| 600 | 550 | 500 av. J.-C. |

616 av. J.-C. Tarquin
l'Ancien, premier roi
étrusque, création du
Forum et du Circus
Maximus

534 av. J.-C.
Assassinat du
roi Servius

509 av. J.-C.
L. J. Brutus chasse
les Étrusques et
fonde la République

507 av. J.-C. Guerre
avec les Étrusques.
Horatius défend
un pont sur le Tibre

L. J. Brutus

Rois, consuls et empereurs

Rome a connu plus de 250 chefs d'État au cours
des douze siècles qui séparèrent sa fondation et la
chute de son dernier empereur, déposé en 476 par
Odoacre. Bien que le peuple eût ses représentants,
les tribuns, la République romaine ne fut jamais une
véritable démocratie mais une oligarchie contrôlée
par les familles patriciennes. Deux consuls se
partageaient le pouvoir exécutif et, en cas de
crise grave, un dictateur régnait sans partage.
En 27 av. J.-C.,
Octave devint
l'empereur
Auguste,
détenteur
du pouvoir
absolu.

70-63 av. J.-C.
Pompée

**107-87
av. J.-C.**
Marius,
sept fois
consul

205 av. J.-C.
Scipion l'Africain

218 av. J.-C. Quintus
Fabius Maximus

La louve allaitant Romulus et Remus

456 av. J.-C.
Lucius Quintus
Cincinnatus

753-715 av. J.-C.
env. Romulus

800 av. J.-C.	700	600	500	400	300	200	100
SEPT ROIS			RÉPUBLIQUE				
800 av. J.-C.	700	600	500	400	300	200	100

**715-673
av. J.-C. env.**
Numa Pompilius

396 av. J.-C. Marcus
Furius Camillus

**673-641
av. J.-C. env.**
Tulius Hostilius

509 av. J.-C. env.
Lucius Junius Brutus
et Horatius Pulvillus

133 av. J.-C.
Tiberius Gracchus

**641-616
av. J.-C. env.**
Ancus Marcius

534-509 av. J.-C. env.
Tarquin le Superbe

122-121 av. J.-C.
Gaius Gracchus

579-534 av. J.-C. env.
Servius Tullius

82-80 av. J.-C.
Sylla

63 av. J.-C.
Cicéron

616-579 av. J.-C.
Tarquin l'Ancien

60-50 av. J.-C. Triumvirat
de Jules César, Pompée
et Crassus

45-44 av. J.-C. César
gouverne seul

*L'ambitieux
Jules César
fragilisa la
République*

Tarquin l'Ancien consulte un augure

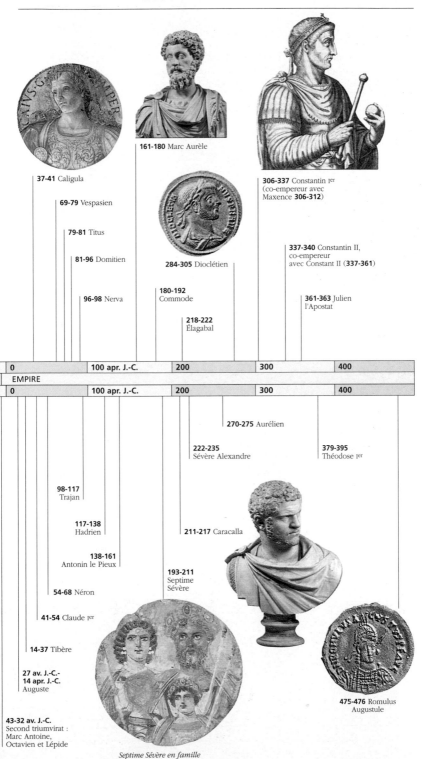

161-180 Marc Aurèle

37-41 Caligula

69-79 Vespasien

79-81 Titus

81-96 Domitien

96-98 Nerva

284-305 Dioclétien

180-192
Commode

218-222
Élagabal

306-337 Constantin Ier
(co-empereur avec
Maxence **306-312**)

337-340 Constantin II,
co-empereur
avec Constant II (**337-361**)

361-363 Julien
l'Apostat

0	100 apr. J.-C.	200	300	400
EMPIRE				
0	100 apr. J.-C.	200	300	400

270-275 Aurélien

222-235
Sévère Alexandre

379-395
Théodose Ier

98-117
Trajan

117-138
Hadrien

138-161
Antonin le Pieux

54-68 Néron

211-217 Caracalla

193-211
Septime
Sévère

41-54 Claude Ier

14-37 Tibère

**27 av. J.-C.-
14 apr. J.-C.**
Auguste

43-32 av. J.-C.
Second triumvirat :
Marc Antoine,
Octavien et Lépide

475-476 Romulus
Augustule

Septime Sévère en famille

La République

L'afflux de paysans chassés de leurs terres par l'invasion d'Hannibal en 219 et celui d'esclaves et d'affranchis quittant les territoires conquis par la République élevèrent la population de Rome à un demi-million d'habitants au milieu du IIe siècle av. J.-C. Routes, aqueducs ou temples, le travail ne manquait pas, financé par les impôts prélevés sur les nouvelles colonies. Mais les troupes qui défendaient ces dernières montraient plus de loyauté envers leurs généraux qu'envers le corps politique et les plus ambitieux, tel César, se disputèrent le pouvoir.

Le temple de Vesta sur une pièce de bronze (57 av. J.-C. env.)

AGGLOMÉRATION ROMAINE

☐ 400 av. J.-C.   ☐ Aujourd'hui

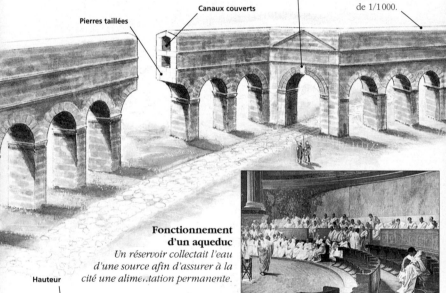

Pierres taillées

Canaux couverts

Franchissement d'une route

La pente était environ de 1/1 000.

Fonctionnement d'un aqueduc
Un réservoir collectait l'eau d'une source afin d'assurer à la cité une alimentation permanente.

Hauteur

Puits d'accès

Canal souterrain

Réservoir

Arcs au-dessus de la plaine

Cicéron dénonce Catilina
Cicéron déjoua en 62 av. J.-C. la conjuration de Catilina et persuada le Sénat de condamner à mort les conspirateurs.

CHRONOLOGIE

499 av. J.-C. Le temple de Castor et Pollux célèbre une victoire contre des tribus latines

Via Appia

380 av. J.-C. Reconstruction du mur servien

396 av. J.-C. Victoire définitive sur la rivale étrusque, Veio

312 av. J.-C. Construction de la via Appia et du premier aqueduc, l'Aqua Appia

| 500 av. J.-C. | 450 av. J.-C. | 400 av. J.-C. | 350 av. J.-C. | 300 av |

Les oies du Capitole

390 av. J.-C. Les Gaulois prennent Rome malgré l'alerte donnée par les oies du Capitole

264-241 av. J.-C. 1re guerre punique (contre Carthage)

Une rue à Rome
Au Ier siècle av. J.-C., la plupart des constructions à Rome étaient faites de briques et de mortier.

AQUEDUC (IIe SIÈCLE AV. J.-C.)
Certains des aqueducs construits par les Romains pour approvisionner la ville en eau depuis les collines environnantes mesuraient plus de 80 km de long.

Les arcs maintenaient une pente constante dans les plaines

Temple de Junon
L'église San Nicola in Carcere (p. 151) incorpore dans ses murs les ruines de ce temple datant de 197 av. J.-C.

Scipion l'Africain
Ce général vainquit Hannibal en 202 av. J.-C., donnant à Rome la maîtrise de la Méditerranée.

LA ROME RÉPUBLICAINE

Cette fresque exposée au Museo nazionale romano (*p. 163*) montre un groupe d'esclaves au travail.

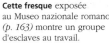

Le tempio di Saturno, dont il ne reste que huit majestueuses colonnes, domine le Forum au bout de la via Sacra (*p. 83*).

Les plus beaux édifices datant de la République romaine sont les deux temples du foro Boario (*p. 203*) et quatre autres sanctuaires républicains qui forment l'Aera sacra del largo Argentina (*p. 150*). Non loin, le pont Fabricius (Ier siècle av. J.-C.) permet toujours aux piétons de rejoindre l'isola Tiberina (*p. 153*), mais la plupart des monuments de cette époque sont encore ensevelis et attendent d'être mis au jour.

Pont Fabricius, construit en 62 av. J.-C.

220 av. J.-C. La via Flaminia relie Rome à la côte Adriatique

168 av. J.-C. Fin de la guerre de Macédoine : toute la Grèce est conquise

133-120 av. J.-C. Échec des réformes agraires des frères Gracchus

51 av. J.-C. Conquête de la Gaule

C.	250 av. J.-C.	200 av. J.-C.	150 av. J.-C.	100 av. J.-C.

218-202 av. J.-C. 2e guerre punique et victoire de Scipion l'Africain

Hannibal

149–146 av. J.-C. 3e guerre punique ; destruction de Carthage

71 av. J.-C. Crassus et Pompée écrasent la révolte des esclaves menée par Spartacus

60 av. J.-C. Premier triumvirat : Pompée, Crassus et César

La Rome impériale

En 44 av. J.-C., l'assassinat de César, devenu dictateur à vie, marque le début de 17 années de guerres civiles. Elles ne s'achèvent que lorsqu'Octave obtient le titre d'« augustus » en 27. Trois siècles plus tard, l'Empire est si vaste que Dioclétien décide de le partager entre quatre empereurs. Enrichie par le commerce et les taxes levées sur ses vastes colonies, ornée de monuments célébrant sa puissance, Rome est devenue la plus somptueuse cité du monde.

Statue de Bacchus, dieu du vin

AGGLOMÉRATION ROMAINE

☐ 250 apr. J.-C.   ☐ Aujourd'hui

Apothéose d'Auguste
Le premier et peut-être le plus grand empereur romain fut déifié par le Sénat après sa mort.

Plafond à voûtes décoré d'une mosaïque

Natatio (piscine)

ROMA CAPVT MVNDI

Les thermes pouvaient accueillir 3 000 personnes. Le frigidarium favorisait rencontres et discussions.

Aire d'exercice

L'Empire romain sous Trajan
Au IIe siècle, Rome, Caput Mundi (capitale du monde), régnait sur un Empire qui s'étendait de l'Écosse à la Syrie.

CHRONOLOGIE

49 av. J.-C. César prend le pouvoir à Rome

27 av. J.-C. Auguste devient empereur

Néron

64 Incendie de Rome sous le règne de Néron

65 Premières persécutions des chrétiens

72 Colisée

50 av. J.-C.	0	50 apr. J.-C.	100

44 av. J.-C. César devient dictateur à vie mais est assassiné par Brutus et Cassius

13 av. J.-C. L'*Ara Pacis* (autel de la Paix) célèbre la paix qu'Auguste a assurée à l'Empire

42 apr. J.-C. L'apôtre Pierre à Rome

67 Saint Pierre et saint Paul martyrisés

Statue de saint Pierre à San Paoli fuori le Mura

Orgie romaine
Les banquets pouvaient durer dix heures. Pour continuer à manger, les convives se retiraient dans une petite pièce afin d'y vomir.

LA ROME IMPÉRIALE

Tout le centre de Rome renferme des vestiges impériaux, certains sous des églises et des palais, d'autres entièrement exhumés comme le Forum (p. 76-87), le Palatin (p. 97-101) et les forums impériaux (p. 88-91). Mais rien n'égale le Panthéon (p. 110-111) et le Colisée (p. 92-95) pour comprendre cette époque.

THERMES DE DIOCLÉTIEN (298 APR. J.-C.)
On venait aux thermes romains se laver mais aussi pour utiliser leurs bars, bibliothèques et salles de gymnastique.

L'arco di Tito *(p. 87)* fut érigé en 81 apr. J.-C. sur le Forum pour célébrer la prise de Jérusalem (70 apr. J.-C.).

Tepidarium (salle tiède)

Virgile (70-19 av. J.-C.)
Il fut le plus grand poète épique de Rome. L'Énéide, son œuvre la plus célèbre, relate le voyage du Troyen Énée jusqu'au site de la future Rome.

Effigie de Mithra, un dieu perse (IIIᵉ siècle apr. J.-C.), visible sous l'église San Clemente (p. 186-187).

164-180 Épidémie de peste	**212** Grande libéralisation de l'accès à la citoyenneté	**270** Mur d'Aurélien
		Section du mur d'Aurélien
150	**200**	**250**
125 Hadrien transforme le Panthéon	**216** Achèvement des thermes de Caracalla	**247** Célébration du millénaire de Rome
	Mosaïque des terme di Caracalla	**284** Division en empires d'Orient et d'Occident

Les débuts de la Rome chrétienne

Crucifixion à Santa Maria Antiqua

Au Iᵉʳ siècle, sous le règne de Tibère, crucifier un prophète insoumis dans une lointaine province de l'Empire n'avait rien d'inhabituel. Pourtant, la notoriété de Jésus-Christ parvint bientôt jusqu'à Rome où ses disciples apparurent comme une menace pour l'ordre public. Beaucoup furent exécutés, ce qui n'empêcha pas leur enseignement de se propager à tous les niveaux de la société romaine, et quand les apôtres Pierre et Paul arrivèrent dans la ville, une petite communauté chrétienne y existait déjà. Elle continua de grandir malgré les persécutions. Après sa conversion, l'empereur Constantin fonda une basilique en 324 à l'emplacement du tombeau de saint Pierre, assurant ainsi l'hégémonie de Rome sur la chrétienté. Mais, au VIᵉ siècle, la ville, envahie par les Goths menés par Alaric, vit son importance politique décliner.

AGGLOMÉRATION ROMAINE
▨ 395 apr. J.-C. ☐ Aujourd'hui

Le Christ est jeune et imberbe

Saint Paul

Bordure décorative ornée de fruits

MOSAÏQUE DU IVᵉ SIÈCLE, SANTA COSTANZA
De superbes mosaïques souvent ornées de motifs évoquant Jérusalem aidèrent les premiers chrétiens à propager leur foi.

Le Bon Pasteur
Le Christ est représenté par un berger parti rechercher une brebis perdue.

Santo Stefano Rotondo
Cette gravure du XVIIᵉ siècle montre comment un temple (en haut) aurait pu être transformé en église au Vᵉ siècle.

CHRONOLOGIE

320 env. 1ʳᵉ basilique Saint-Pierre
356 Fondation de Santa Maria Maggiore
Solidus d'or de Théodose
410 Sac de Rome par les Goths
455 Sac de Rome par les Vandales

| 300 | 350 | 400 | 450 |

312 La bataille du pont Milvius donne le pouvoir à Constantin
Bataille du pont Milvius
380 Théodose fait du christianisme la religion officielle de l'Empire
395 Division de l'Empire entre Ravenne et Constantinople
422 Fondation de Santa Sabina

Épigraphe de Pierre et Paul
La galerie lapidaire du Vatican (p. 237) contient plus de 5 000 inscriptions païennes et chrétiennes.

Crucifixion, Santa Sabina
Ce panneau (Vᵉ siècle) d'une porte de Santa Sabina (p. 204) est l'une des plus anciennes représentations de la crucifixion que nous connaissions.

Saint Pierre reçoit la paix du Sauveur

Les brebis symbolisent les chrétiens

Croix de Constantin
Constantin eut une vision de la Vraie Croix pendant une bataille et se convertit au christianisme.

LA ROME DES DÉBUTS DU CHRISTIANISME

San Clemente *(p. 186-187)*, Santa Pudenziana *(p. 171)* et Santa Cecilia in Trastevere *(p. 211)* se dressent sur d'anciens lieux de réunion ou de martyre des premiers chrétiens. Hors les murs, le sol est creusé de catacombes *(p. 265-266)* souvent décorées de fresques. Mais la plus belle collection d'art paléochrétien est au musée du Vatican *(p. 240)*.

Cette statuette en os est incrustée dans la paroi rocheuse des catacombes de San Panfilo près de la via Salaria (**plan** 2 F4).

La croix de Justin, du trésor de Saint-Pierre *(p. 232)*, fut offerte par l'empereur Justin en 578.

---

475 Chute de l'empire d'Occident ; l'Empire devient byzantin

Icône byzantine de saint Paul

609 Le Panthéon devient une église chrétienne

500 · 500 · 600

496 Anastase II est le 1ᵉʳ pape à prendre le titre de *Pontifex Maximus*

590-604 Grégoire Iᵉʳ le Grand affermit la papauté

630 Sant'Agnese fuori le Mura est construite dans le style byzantin

La Rome des papes

Successeurs de saint Pierre, qui fut le premier évêque de Rome, et représentants du Christ sur terre, les papes se sont rarement contentés de jouer un rôle purement spirituel, bien que certains aient été de grands penseurs et des réformateurs avisés. Pendant la Renaissance, Jules II et Léon X, les protecteurs de Michel-Ange et Raphaël, menèrent une vie aussi fastueuse que n'importe quel prince séculier. Les papes qui exercèrent une influence politique ou religieuse significative figurent ci-dessous. La liste s'arrête à la Contre-Réforme après laquelle le pouvoir du Saint-Siège déclina.

Saint Ludovic s'agenouillant devant Boniface VIII de Simone Martini

314-335 Sylvestre Ier

222-230 Urbain Ier

217-222 Calixte Ier

590-604 Grégoire Ier le Grand

496-498 Saint Anastase II

Grégoire Ier le Grand menant une procession pendant la peste

931-935 Jean XI

891-896 Formose

955-964 Jean XII

1227-1241 Grégoire IX

1216-1227 Honorius III Savelli

0	200	400	600	800	1000	1200

LES PAPES S'INSTALLENT À ROME

0	200	400	600	800	1000	1200

336 Marc Ier

352-366 Libère

v. 88-97 Clément Ier

v. 42-67 Pierre

579-590 Pélage II

608-615 Boniface IV

731-741 Grégoire III

772-795 Adrien Ier

1032-1044 1047-1048 Benoît IX

1073-1085 Grégoire VII

1099-1118 Pascal II

1130-1143 Innocent II

1154-1159 Adrien IV

847-855 Léon IV

817-824 Pascal Ier

1198-1216 Innocent III

Saint Pierre, mosaïque de Santa Prassede (p. 171)

795-816 Léon III

Le Songe d'Innocent III de Giotto (détail)

Portrait de Grégoire XIII de Lavinia Fontana

1560-1565 Pie IV de Médicis

1555-1559 Paul IV

1523-1534 Clément VII de Médicis

1513-1521 Léon X de Médicis

1492-1503 Alexandre VI Borgia

1572-1584 Grégoire XIII Boncompagni

1294-1303 Boniface VIII

1670-1676 Clément X Altieri

1667-1669 Clément IX

1484-1492 Innocent VIII Cybo

1655-1667 Alexandre VII Chigi

1474-1484 Sixte IV della Rovere

1464-1471 Paul II Barbo

1605 Léon XI de Médicis

1700-1721 Clément XI

1458-1464 Pie II Piccolomini

1300	1400	1500	1600	1700
AVIGNON	LES PAPES DE RETOUR À ROME			
1300	1400	1500	1600	1700

1417-1431 Martin V Colonna

1644-1655 Innocent X Pamphili

1623-1644 Urbain VIII Barberini

1447-1455 Nicolas V

1585-1590 Sixte V

Nicolas V recevant une bible, illustration d'un manuscrit contemporain

1592-1605 Clément VIII Aldobrandini

1503-1513 Jules II della Rovere

1605-1621 Paul V Borghèse

Urbain VIII approuvant un projet de construction, galeries des tapisseries du Vatican *(p. 241)*

Portrait de Jules II par Raphaël

1534-1549 Paul III Farnèse

Paul III approuvant l'ordre des capucins de Sebastiano Ricci

La Rome médiévale

Au début du Moyen Âge, Rome, qui avait cessé d'être la capitale de l'Empire au profit de Constantinople, comptait moins de 20 000 habitants. Sa puissance n'était plus qu'un souvenir, ses monuments guère plus que des ruines envahies par les herbes.

Mosaïque, Saint-Clément

Aux VIIIe et IXe siècles, l'influence grandissante de la papauté fit revivre la cité mais cette éclaircie fut de courte durée.

Les conflits entre le Saint-Siège et le Saint Empire romain germanique l'affaiblirent à nouveau. Invasions, luttes intestines, les Xe, XIe et XIIe siècles figurent parmi les plus noirs de son histoire. Pourtant la première Année Sainte fut proclamée en 1300, attirant des milliers de pèlerins à Rome. Mais Rome allait connaître une autre déchéance : en 1309, les papes sont contraints de la quitter pour Avignon d'où ils ne reviendront durablement qu'en 1420.

AGGLOMÉRATION ROMAINE

◼ En 1300   ☐ Aujourd'hui

San Giovanni in Laterano

Mur d'Aurélien

Colonna traiana

Colonne de Marc Aurèle

PLAN MÉDIÉVAL DE ROME
Des plans comme celui-ci étaient destinés aux pèlerins, des touristes avant la lettre.

Sacre de Charlemagne à Saint-Pierre
Charlemagne fut sacré « empereur des Romains » le jour de Noël de l'an 800.

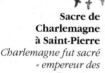

Mosaïque de Madone à l'Enfant
La chapelle Saint-Zénon (817-824), dans l'église de Santa Prassede (p. 171), renferme de magnifiques mosaïques byzantines.

CHRONOLOGIE

725 Le roi Ine de Wessex fonde la première auberge pour pèlerins

852 On fortifie le Vatican après un raid des Sarrasins

Otton Ier le Grand

962 Otton Ier fonde le Saint Empire romain germanique

700	800	900	1000

778 Charlemagne, roi des Francs, conquiert l'Italie

800 Sacre de Charlemagne à Saint-Pierre

880-932 Deux femmes, Théodora puis sa fille Marozia, gouvernent Rome

Triptyque Stefaneschi
(1315)
Commandé par le cardinal Stefaneschi pour l'autel de Saint-Pierre, ce triptyque de Giotto se trouve aux musées du Vatican (p. 240).

LA ROME MÉDIÉVALE

Avec sa mosaïque et son sol cosmatèque *(p. 186-187)*, San Clemente est l'une des églises médiévales les plus intéressantes, avec Santa Maria in Trastevere *(p. 212-213)*, San Giorgio in Velabro, Santa Maria in Cosmedin *(p. 202)* et Santa Maria sopra Minerva *(p. 108)*, la seule église gothique de Rome. Une fresque de Cavallini orne Santa Cecilia in Trastevere *(p. 211).*

Colisée   Capitole   Piramide di Caio Cestio

La dalmatique de Charlemagne
du trésor de Saint-Pierre *(p. 232)*, que l'on croyait portée par l'empereur à son sacre, date en réalité du XIVe siècle.

Saint-Pierre

Le castel Sant'Angelo

Panthéon

Tabernacle cosmatèque
Ce tabernacle de Santa Sabina (p. 204) est l'œuvre d'une famille de marbriers originaire de la ville de Côme.

Santa Sabina *(p. 204)*, sur le Laventin, a un bel exemple de clocher médiéval.

1084 Rome attaquée par les Normands	**1108** Saint-Clément reconstruite	**1200** Rome devient une commune autonome sous Arnaldo di Brescia	**1309** La papauté déménage en Avignon	**1348** La peste noire à Rome
			1300 Boniface VIII célèbre le premier jubilé	
	1100	**1200**	**1300**	
Façade de Santa Maria in Trastevere (p. 212-213)	**1232** Cloître de San Giovanni in Laterano	**1347** Cola di Rienzo tente de restaurer la République romaine
1140 Restauration de Santa Maria in Trastevere	*Cola di Rienzo*

La Rome de la Renaissance

Élu en 1447, Nicolas V décida de faire de Rome une ville digne de la papauté. Parmi ses successeurs, des hommes comme Jules II et Léon X le suivirent dans cette voie et commanditèrent des artistes et architectes qui transformèrent la physionomie de la ville : Michel-Ange, Bramante, Raphaël, Cellini construisirent et décorèrent, selon les canons de la Renaissance, les églises et palais de cette nouvelle capitale.

La Jeunesse de Moïse de Botticelli (détail)

AGGLOMÉRATION ROMAINE

▨ *En 1500* ☐ *Aujourd'hui*

Dôme hémisphérique

Balustrade de petites colonnes

Colonnade classique dorique

École d'Athènes de Raphaël
Sur cette fresque (p. 243), Raphaël représente les artistes de son temps en donnant leurs traits à des philosophes grecs.

LE TEMPIETTO
Le Tempietto (1502) de San Pietro in Montorio (p. 219) fut l'une des premières réalisations de Bramante à Rome. Simple et parfaitement proportionné, il est un modèle d'architecture Renaissance.

Sol de style cosmatèque

Palazzo Caprini
Le palazzo dei Convertendi (p. 227) comprend des éléments de ce palais de Bramante, architecte qui marqua la Renaissance.

CHRONOLOGIE

1377 Grégoire XI ramène la papauté à Rome

1409-1415 La papauté à Pise

1452 Démolition de la basilique Saint-Pierre

1444 Naissance de Bramante

1350   1400   1450

1378-1417 Le Grand schisme d'Occident : deux puis trois papes

1417 Martin V met fin au grand schisme

Martin V régna de 1417 à 1431

Sac de Rome
*En 1527, les troupes
de Charles Quint
pillèrent la ville, détruisant
d'innombrables œuvres d'art.*

Nicolas V
*Il décida la
reconstruction de
Saint-Pierre.*

Statue de saint
Pierre qui aurait
subi le martyre
sur le site

Chapelle souterraine

LA ROME DE LA RENAISSANCE

De grands palais Renaissance bordent la via Giulia *(p. 276-277)*, la ravissante villa Farnesina *(p. 220-221)* se dresse juste de l'autre côté du Tibre et l'église Santa Maria del Popolo *(p. 138-139)* est typique de cette période. Ne manquez pas la chapelle Sixtine *(p. 244-247)* et les chambres de Raphaël *(p. 242-243)* aux musées du Vatican *(p. 236-241)*.

La Madone de Foligno de Raphaël est l'un des tableaux Renaissance de la Pinacothèque du Vatican *(p. 241)*.

La Pietà, commandée pour Saint-Pierre en 1501, fut l'une des premières sculptures de Michel-Ange à Rome *(p. 233)*.

1483 Naissance de Raphaël

1486 Palais de la Chancellerie

1519 Fresques de la Farnesina

1527 Sac de Rome par les troupes de Charles Quint

Charles Quint

1500

1550

1475 Naissance de Michel-Ange

1506 Début de la construction de Saint-Pierre, commandée par le pape Jules II

1508 Michel-Ange peint le plafond de la chapelle Sixtine

La Sibylle de Cumes, chapelle Sixtine

1547 Paul III nomme Michel-Ange architecte de Saint-Pierre

La Rome baroque

Angelot baroque

Au XVIᵉ siècle, l'Église catholique était immensément riche. Le luxe qui régnait à la cour papale indignait les réformistes protestants. La riche société romaine, elle, vivait dans une fête continuelle. Afin de rendre la foi catholique plus attrayante que la pratique austère des disciples de Luther, le Saint-Siège construisit églises, monuments et fontaines dans un style caractérisé par la liberté des formes et la profusion des ornements : le baroque. Les architectes qui illustrèrent ce nouveau style avec le plus d'éclat furent Bernin et Borromini.

AGGLOMÉRATION ROMAINE

▣ En 1645   ☐ Aujourd'hui

Scènes du paradis au plafond

Monument d'Alexandre VII
Un squelette brandit un sablier dans cette œuvre de Bernin à Saint-Pierre (p. 232).

Bernin
(1598-1680)
L'artiste favori de la papauté transforma Rome avec ses églises, ses palais et ses sculptures.

Fresque de la Sainte Famille

Tapisserie d'Urbain VIII
Urbain VIII Barberini (1623-1644), protecteur de Bernin, reçoit ici l'hommage des nations.

Une rose en marbre indique le meilleur endroit d'où apprécier l'illusion.

CHRONOLOGIE

Relief de l'autel du Gesù

1568 L'église du Gesù marque le début du baroque

1595 Annibal Carrache commence les fresques du palazzo Farnese

1624 *Apollon et Daphné* par Bernin

1626 Saint-Pierre est achevée

1550	1575	1600	1625

1571 Naissance du Caravage

1585 Sixte V ouvre des rues

1600 Le philosophe Giordano Bruno est brûlé vif pour hérésie

Galilée

1633 Condamnation de Galilée pour hérésie

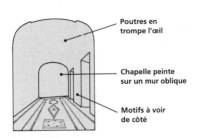

Poutres en trompe l'œil

Chapelle peinte sur un mur oblique

Motifs à voir de côté

Christine, reine de Suède
Elle abdiqua en 1654 et renonça au protestantisme pour se convertir au catholicisme. Elle s'installa en 1655 à Rome où elle créa l'académie des Arcades.

Saint Ignace de Loyola, fondateur des Jésuites

Francesco Borromini
(1599-1667)
Il utilisa des formes géométriques révolutionnaires dans les églises qu'il construisit.

CORRIDOR DE POZZO
Le baroque était friand de trompe-l'œil. Andrea Pozzo, peintre et mathématicien, décora ce corridor dans la chambre de saint Ignace près de l'église del Gesú (p. 114-115).

San Carlo alle Quattro Fontane
Cette petite église (p. 161) fut l'une des créations les plus novatrices de Borromini.

1651 Bernin transforme la piazza Navona

Fontana dei Quattro Fiumi de Bernin sur la piazza Navona

1694 Achèvement du palazzo Montecitorio

1735 Escalier de la Trinità dei Monti, piazza di Spagna

1732 Début de la fontaine de Trevi

| 1650 | 1675 | 1700 | 1725 |

1657 Borromini termine Sant'Agnese in Agone

1656 Colonnade de Bernin pour la place Saint-Pierre

Bonnie Prince Charlie, prétendant au trône d'Angleterre

1721 Bonnie Prince Charlie naît à Rome

1734 Clément XII fait du Palazzo nuovo le 1er musée du monde

L'architecture à Rome

Arc de Titus

Tout en perpétuant le classicisme de la Grèce antique, l'architecture impériale développe un style spécifiquement romain fondé sur l'arc, la voûte et la coupole. Le style roman, celui des églises médiévales construites à partir du XIIᵉ siècle, en découle. Née à Florence au XVᵉ siècle, la Renaissance marque un retour aux sources classiques puis Rome invente le baroque aux formes dynamiques.

Des entablements plats alternent avec des arcs à la villa Adriana.

ROME CLASSIQUE

La plupart des édifices romains sont constitués de briques et de ciment mais, à partir du Iᵉʳ siècle av. J.-C., ils s'ornent de marbre, à l'imitation de leurs modèles grecs.

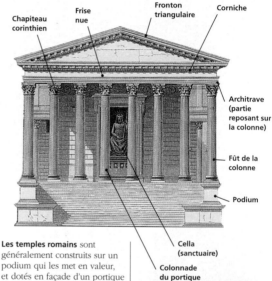

Chapiteau corinthien

Frise nue

Fronton triangulaire

Corniche

Architrave (partie reposant sur la colonne)

Fût de la colonne

Podium

Cella (sanctuaire)

Colonnade du portique

Les cariatides sont des statues de femmes soutenant une corniche. Les Romains reproduisent souvent des sculptures grecques.

Les temples romains sont généralement construits sur un podium qui les met en valeur, et dotés en façade d'un portique à colonnade.

Les ordres de l'architecture classique, empruntés aux Grecs, se définissent par la décoration des colonnes et des chapiteaux.

Les édicules sont de petites niches qui abritent le plus souvent la statue d'un dieu.

Ordre dorique

Ordre ionique

Ordre corinthien

Les caissons, compartiments creux et décoratifs, allègent dômes et voûtes.

LA ROME PALÉOCHRÉTIENNE ET MÉDIÉVALE

Les premières églises sont construites selon un plan basilical : un rectangle à trois nefs prolongé par une abside. Du Xe au XIIIe siècle, l'utilisation de l'arc en plein cintre rappelle la Rome antique : c'est le style roman.

Les basiliques à Rome ont le plus souvent gardé leur forme rectangulaire originelle, comme ici la nef de San Giovanni in Laterano.

L'angelot, symbolisant l'amour, est un motif décoratif très utilisé par le baroque.

Un arc triomphal sépare la nef de l'abside. Ici, à San Paolo fuori le Mura, il est décoré de mosaïques.

LA ROME RENAISSANCE ET BAROQUE

L'architecture de la Renaissance (XVe-XVIe siècles) s'inspire directement des modèles antiques aux strictes proportions géométriques. Le baroque (fin XVIe-XVIIe siècles) brise les règles établies et préfère l'ornement à la rigueur classique.

La loggia, balcon couvert, n'est pas toujours intégrée au bâtiment comme elle l'est ici à San Saba.

Le tabernacle abrite le ciboire et les hosties. Celui-ci, du XIIIe siècle, se trouve à San Clemente.

Le baldaquin baroque exécuté par Bernin pour la basilique Saint-Pierre domine le maître-autel.

L'appareillage rustique, de gros blocs séparés par des joints profonds, décore de nombreux palais Renaissance.

SCULPTURE ET MOSAÏQUES COSMATÈQUES

Tombeaux, trônes épiscopaux, chaires, chandeliers ou bénitiers, les Cosma, famille romaine de marbriers, réalisèrent tant de sculptures pour les églises aux XIIe et XIIIe siècles qu'ils donnèrent leur nom à un style spécifiquement romain caractérisé par de remarquables mosaïques multicolores. Celles-ci

Sol cosmatèque, Santa Maria in Cosmedin

sont le plus souvent en marbre blanc orné d'incrustations de porphyre vert et rouge, matériaux récupérés en débitant des colonnes antiques. On qualifie également de cosmatèques les réalisations de plusieurs autres familles d'artisans qui furent influencées par les œuvres des Cosma.

Rome pendant la réunification

En l'annexant en 1801, Napoléon fait brièvement connaître à l'Italie le goût de l'unité mais, en 1815, elle se retrouve de nouveau divisée en de multiples États, dont ceux du pape. Les cinquante années suivantes vont voir des patriotes comme Garibaldi et Cavour se battre pour créer une Italie indépendante.

Garibaldi et sa chemise rouge

Les Français protègent le pape, mais le reste de l'Italie se réunifie, et, en 1870, les troupes de Garibaldi envahissent Rome qui devient la capitale de la jeune nation. Privé de tout pouvoir temporel, le pape se retire au Vatican.

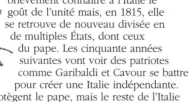

AGGLOMÉRATION ROMAINE

☐ En 1870   ☐ Aujourd'hui

Porte Pia

Drapeau tricolore du nouveau royaume

Chapeau à plume des troupes savoyardes

Allégorie de l'Italie libre
Sur cette affiche de 1890, le roi, son Premier ministre Cavour, Garibaldi et Mazzini veillent sur l'Italie drapée de rouge.

Victor-Emmanuel II
Roi du Piémont, il devint le premier roi d'Italie en 1861.

LES COMBATS DE LA PORTA PIA
Ouvrant une brèche dans les murs de Rome, les troupes du royaume d'Italie mettent fin le 20 septembre 1870 à la domination du pape qui se retire au Vatican. Rome devient alors la capitale de l'Italie.

CHRONOLOGIE

Napoléon Bonaparte

1751 Piranèse renouvelle l'intérêt pour les ruines antiques

1762 Fontaine de Trevi

1797 Napoléon occupe Rome

1799 Napoléon chassé d'Italie par les Autrichiens et les Russes

1750 | 1775 | 1800

Le forum de Trajan vu par Piranèse

1792 Canova crée le tombeau de Clément XIII à Saint-Pierre

1800-1801 Napoléon reprend l'Italie

1807 Naissance de Garibaldi

Garibaldi et Rome
En 1860, Rome continue de résister au patriote italien Giuseppe Garibaldi que l'on voit ici déclarer « O Roma o morte » (Rome ou la mort).

Villa Paolina

Giuseppe Verdi
(1813-1901)
Partisan de l'unification, le compositeur devient membre du premier Parlement italien en 1861.

Brèche dans le mur d'Aurélien

Une cité libérée
Une plaque de marbre sur la porte Pia commémore la libération de Rome.

Il Vittoriano
Les Romains le surnomment la « machine à écrire ».

· S · P · Q · R ·
VRBE · ITALIAE · VINDICATA
INCOLIS · FELICITER · AVCTIS
GEMINOS · FORNICES · CONDIDIT

1816 Début de la piazza del Popolo

Fontaine piazza del Popolo

1848 Soulèvement nationaliste et formation de la république

1860 L'expédition des Mille de Garibaldi prend la Sicile et Naples

1870 La prise de Rome achève l'unification de l'Italie

1825   **1850**

1820 Révoltes en Italie

1821 Le poète anglais Keats meurt piazza di Spagna

1849 Des troupes françaises rendent le pouvoir au pape

Pie IX

1861 Turin, capitale du jeune royaume d'Italie

La Rome d'aujourd'hui

**La passion
du football**

Mussolini, qui exerça sa dictature dans les années 1930, rêvait de rétablir la puissance de l'Empire romain. « Rome, disait-il, doit émerveiller le monde entier. » Dans ce but, il commença par raser quinze églises et de nombreuses maisons médiévales pour ouvrir de larges avenues. Il avait également prévu de construire un gigantesque palais du Fascisme près du Forum. Pour marquer l'Année Sainte et le nouveau millénaire, églises et monuments furent restaurés.

AGGLOMÉRATION ROMAINE

▨ En 1960   ☐ Aujourd'hui

Rome vue par Mussolini
Cette affiche de propagande vante les projets grandioses du Duce tels que la via dei Fori Imperiali et l'EUR (p. 266).

Benoît XVI
Le cardinal allemand Joseph Ratzinger a été élu pape en 2005. Il a succédé au très populaire Jean-Paul II, qui fut pape pendant 26 ans.

LES CÉLÉBRATIONS DU JUBILÉ
Les années du Jubilé sont généralement célébrées tous les quarts de siècle. Des millions de catholiques se sont rendus à Rome pour célébrer l'année 2000.

CHRONOLOGIE

1900	1915	1930	1945
1911 Fin du monument à Victor-Emmanuel	**1915** L'Italie entre en guerre		**1946** Un référendum instaure la République ; le roi Umberto II s'exile
	1922 Marche des fascistes sur Rome. Mussolini Premier ministre	**1929** Les accords de Latran créent l'État du Vatican	
	1926 Partis d'opposition dissous	**1944** Les alliés libèrent Rome	
		1940 L'Italie entre en guerre ; début de l'E.U.R.	**1957** Le traité de Rome crée le Marché commun

Affiche pour l'EUR

Le concert des trois ténors (1990)
Associant l'amour des italiens pour la musique et le football, ce récital d'opéra fut diffusé en direct depuis les thermes de Caracalla pendant la Coupe du monde de football.

Affiche pour *La Dolce Vita*
Dans les années 1950 et 1960, les studios de Cinecittà à Rome sont le Hollywood de l'Europe. On y tourne aussi bien des films italiens, comme La Dolce Vita, *qu'américains, tels* Ben Hur *ou* Cléopâtre.

Robe de Valentino
Même si Milan est le centre italien de la mode, certains des plus grands stylistes restent à Rome.

La circulation
La pollution a endommagé de nombreux monuments et l'on envisage de fermer le centre historique de la cité à la circulation.

1960 Jeux Olympiques de Rome	**1978** Aldo Moro enlevé puis tué par les Brigades rouges ; Karol Wojtyla devient Jean-Paul II	**1990** Rome accueille plusieurs matchs du Mondial	**2004** Signature du traité européen à Rome	**2005** Jean-Paul II meurt à Rome, Benoît XVI lui succède
1960	**1975**	**1990**	**2005**	**2020**
1962 Le IIe concile du Vatican est ouvert	**1981** Tentative d'assassinat de Jean-Paul II place Saint-Pierre	**1993** Francesco Rutelli est le premier maire de Rome, du parti écologiste	**2000** Les millions de pèlerins qui célèbrent l'Année Sainte ou jubilé font entrer Rome dans le XXIe siècle	

ROME D'UN COUP D'ŒIL

À l'origine simple campement de bergers sur le mont Palatin, Rome conquit un immense territoire qui s'étendit de l'Écosse à l'Afrique du Nord. Elle perdit cet empire mais devint la capitale de la chrétienté où de nombreux artistes et architectes se pressèrent à l'invitation des papes.

La ville contemporaine est l'héritière de ce riche passé et les pages qui suivent donnent un aperçu de ce qu'elle a de mieux à offrir. Églises, musées et galeries, fontaines et monuments, artistes et écrivains célèbres, tous ont leur chapitre. Voici, pour commencer, les visites à ne pas manquer dans la Ville éternelle.

VISITES À NE PAS MANQUER

Musei capitolini
Pages 70-73

Colisée
Pages 92-95

Chapelle Sixtine
Pages 244-247

Chambres de Raphaël
Pages 242-243

Fontaine de Trevi
Page 159

Scalinata della Trinità dei Monti *Page 134*

Castel Sant'Angelo
Pages 248-249

Panthéon
Pages 110-111

Saint-Pierre
Pages 230-233

Forum romain
Pages 78-87

Piazza Navona
Page 120

◁ Intérieur du Panthéon de Giovanni Paolo Pannini (1691-1765)

Les plus beaux temples et églises de Rome

Capitale de la chrétienté, Rome abonde en églises de tous styles, des majestueuses basiliques construites pour affirmer l'importance de l'Église aux humbles sanctuaires des premiers chrétiens. Parmi les plus anciennes, les plus surprenantes furent celles créées à partir de temples antiques où se superposent et se mêlent les architectures d'époques différentes. Les pages 46-47 proposent une présentation plus détaillée des églises de Rome.

Panthéon
Vieux de 2 000 ans, il est l'un des plus grands temples de la Rome antique encore debout.

Saint-Pierre
Atteignant 136 m à son sommet, le dôme de Michel-Ange, qui mourut avant de le voir achevé, est l'un des plus hauts du monde.

Santa Maria in Trastevere
Élevée sur un très ancien site chrétien, elle est réputée pour ses mosaïques.

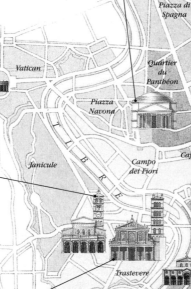

Piazza di Spagna

Quartier du Panthéon

Vatican

Piazza Navona

Capito

Janicule

Campo dei Fiori

Trastevere

Santa Cecilia in Trastevere
En 1599, Stefano Maderno représenta sainte Cécile telle qu'il la trouva en ouvrant son sarcophage.

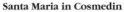

Santa Maria in Cosmedin
Restauré au siècle dernier, l'intérieur de cette église a retrouvé son aspect du VIIIe siècle.

Santa Maria Maggiore
Parmi les trésors de cette église à la riche et harmonieuse décoration figurent des vêtements portant les armes des Borghèse.

Sant' Andrea al Quirinale
Par son utilisation des courbes dans cet intérieur ovale, Bernin créa un chef-d'œuvre du baroque.

Santa Prassede
De superbes mosaïques byzantines, dont ce Christ aux Anges dans la chapelle Saint-Zénon, couvrent les parois de cette église du IXe siècle.

Santa Croce in Gerusalemme
Elle abrite les reliques de la Croix rapportées de Jérusalem par sainte Hélène.

Via Veneto

Quirinal

Forum

Palatin

Aventin

Caracalla

Latran

Esquilin

0　　　500 m

San Clemente
Les vestiges de plusieurs époques, tel ce sarcophage du IVe siècle, se superposent sous cette église.

San Giovanni in Laterano
Constantin, premier empereur chrétien, construisit l'église originale. Les mosaïques byzantines de la cappella San Venanzio datent du VIIe siècle.

À la découverte des églises et des temples de Rome

Il y a plus d'églises à Rome que de jours dans l'année, il faut donc se montrer sélectif. Les sept grandes basiliques : **Saint-Pierre**, le plus haut lieu de l'Église catholique romaine, **San Giovanni in Laterano, San Paolo fuori le Mura, Santa Maria Maggiore, Santa Croce in Gerusalemme, San Lorenzo fuori le Mura**, et **San Sebastiano** ont toujours eu la préférence des pèlerins. Elles regorgent d'œuvres d'art de différentes périodes. Toutefois, des sanctuaires plus modestes, parfois très anciens, ont souvent beaucoup d'intérêt.

Fresque du XIIIe siècle de Pietro Cavallini à Santa Cecilia

L'ANTIQUITÉ

Bien que consacré au culte chrétien en 609, le **Panthéon**, « temple de tous les dieux », garde un aspect très proche de celui qu'il avait après son ultime restauration antique au IIe siècle. Sa coupole, la plus large jamais réalisée (43,30 m de diamètre), servit de modèle pour celle de Saint-Pierre.

Au Forum, deux autres sanctuaires païens se mêlent aujourd'hui à des églises chrétiennes : le temple de Romulus sert de vestibule à **Santi Cosma e Damiano** depuis 526, tandis que les colonnes du **temple d'Antonin et de Faustine** furent élevées au XIe siècle devant la façade baroque de San Lorenzo in Miranda.

L'église **Santa Costanza**, avec ses mosaïques du IVe siècle, ne connut pas de rites païens, mais ce mausolée des filles de Constantin n'en est pas moins un magnifique exemple d'architecture antique.

LE MOYEN ÂGE

Quelques-unes des premières basiliques comme **Santa Maria Maggiore, Santa Sabina**, toutes deux du Ve siècle, ou même de plus anciennes, comme **San Paolo fuori le Mura** et **San Giovanni in Laterano**, qui datent du IVe siècle, conservent leur structure originale bien que San Paolo fût reconstruite après un incendie en 1823 et que la San Giovanni actuelle soit la reconstitution de Borromini de 1646. Ces deux églises ont néanmoins gardé leurs cloîtres du Moyen Âge.

L'intérieur de la coupole du Panthéon qui devint une église en 609

Santa Maria in Trastevere et **Santa Cecilia** se dressent au-dessus d'habitations où les premières communautés chrétiennes se réunissaient en secret pour éviter les persécutions. Cette superposition de différentes époques est particulièrement manifeste à **San Clemente**. Son niveau le plus bas renferme un sanctuaire de Mithra du IIIe siècle. **Santa Maria in Cosmedin**, avec son impressionnant clocher de style roman, **Santi Quattro Coronati, Santa Prassede** aux superbes mosaïques, font partie des autres belles églises primitives.

Cloître de San Giovanni in Laterano

PLANS INHABITUELS

Le plan des premières églises de Rome reprenait celui de la basilique, bâtiment rectangulaire séparé en trois nefs. De nombreux autres modèles ont été expérimentés par la suite : en cercle, en carré, en croix grecque – comme le projet de Bramante pour Saint-Pierre –, et même de forme ovale ou hexagonale pendant l'époque baroque.

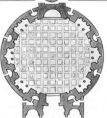

Le Panthéon (IIe siècle)

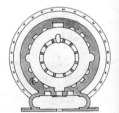

Santa Costanza (IVe siècle)

LA RENAISSANCE

Reconstruire **Saint-Pierre** fut la grande affaire des papes de la Renaissance. Les travaux commencèrent en 1506, mais des désaccords sur la forme qu'elle devait prendre ne permirent pas de l'achever avant le XVIIe siècle. Heureusement, ces tergiversations n'empêchèrent pas la construction de la coupole de Michel-Ange, la plus grande du monde. L'artiste de génie peignit en outre la fresque de la **chapelle Sixtine** et aménagea **Santa Maria degli Angeli** sous les hautes voûtes des thermes de Dioclétien.

Bramante, créateur du **Tempietto**, (1499, sur le Janicule) œuvre clé de l'architecture Renaissance, édifia le cloître de **Santa Maria della Pace** qui comprend un charmant portique imaginé par Pierre de Cortone et qu'ornent des fresques de Raphaël. Ce grand peintre dessina aussi la chapelle Chigi de **Santa Maria del Popolo**, église où

La spectaculaire coupole de Michel-Ange à Saint-Pierre

l'on peut admirer des fresques du XVe siècle du Pinturicchio et deux grands tableaux du Caravage. L'une des plus belles œuvres de cet artiste *La Vocation de saint Matthieu*, réalisée en 1597, décore **San Luigi dei Francesi**, église nationale de la France depuis 1589, ornée également de fresques du Dominiquin tandis que **San Pietro in Vincoli** renferme les chaînes auxquelles on attacha saint Pierre dans sa prison et l'incomparable *Moïse* de Michel-Ange.

L'ÉPOQUE BAROQUE

Coupole de San Carlo ai Catinari (1620)

Grandes églises jésuites de la Contre-Réforme, le **Gesù** et **Sant'Ignazio di Loyola** annonçaient l'exubérance du baroque dont le Bernin fut un des maîtres.

Célèbre pour la colonnade et le baldaquin de **Saint-Pierre**, il construisit aussi des édifices de taille plus modeste. **Sant'Andrea al Quirinale** est sans doute le plus bel exemple mais c'est **Santa Maria della Vittoria**, dessinée par Maderno, qui abrite, dans l'étonnante chapelle Cornaro, sa sculpture la plus réputée : *Sainte Thérèse et l'Ange*. Borromini, son rival, fut l'autre grand architecte de l'époque à Rome et on peut

admirer sa virtuosité dans les mouvements concaves des façades de **Sant'Agnese in Agone** et **San Carlo alle Quattro Fontane**, ou dans la structure complexe de **Sant'Ivo alla Sapienza** qui fait de cette chapelle un chef-d'œuvre. Autre église baroque, **San Carlo ai Catinari** a une élégante coupole décorée par le Dominiquin.

TROUVER LES ÉGLISES

Le Saint-Pierre de Bramante (1503)

Sant'Andrea al Quirinale (1658)

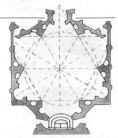

Sant'Ivo alla Sapienza (1642)

Les plus beaux musées de Rome

Musées et galeries de Rome sont parmi les plus riches du monde. Ceux du Vatican, en particulier, proposent dans 1 400 salles et chapelles un extraordinaire ensemble d'œuvres d'art, des Égyptiens à nos jours. Plusieurs galeries de la ville exposent les trésors de la Rome antique exhumés au XIXe siècle et la villa Giulia abrite la plus belle collection d'art étrusque du monde. Les pages 50-51 présentent les musées de Rome plus en détail.

Villa Giulia
Cette ravissante villa Renaissance abrite le Musée national étrusque.

Musées du Vatican
Leurs salles renferment des trésors inestimables comme ces scènes de la vie du Christ représentées en mosaïque au IXe siècle.

0   500 m

Piazza d Spagna

Vatican

Piazza Navona

Quartier du Panthéon

T I B R E

Galleria Spada

Cette Visitation d'Andrea del Sarto *appartient à la collection réunie par le cardinal Spada et sa famille.*

Campo dei Fiori

Janicule

Palazzo Corsini
On y admire notamment des œuvres du Caravage, de Rubens, Poussin, ainsi que ce tableau par il Baciccia (1639-1709), l'un des rares portraits de Bernin.

Trastevere

Galleria Doria Pamphilj
La plupart des grands noms de la Renaissance sont représentés sur ses murs. Le Titien (1485-1576) peignit Salomé *au début de sa carrière.*

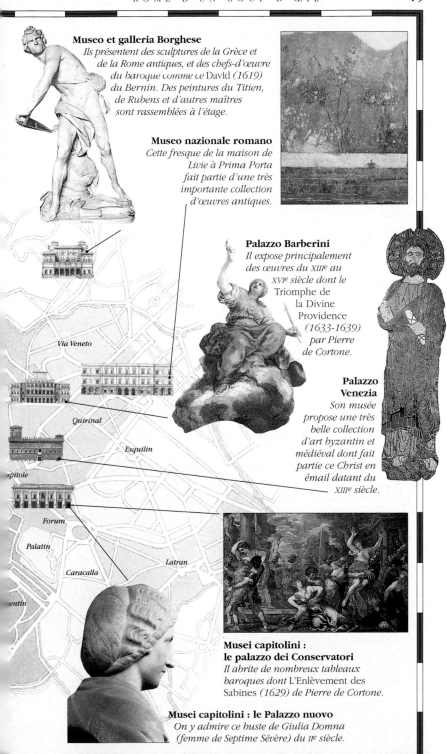

Museo et galleria Borghese
Ils présentent des sculptures de la Grèce et de la Rome antiques, et des chefs-d'œuvre du baroque comme ce David (1619) du Bernin. Des peintures du Titien, de Rubens et d'autres maîtres sont rassemblées à l'étage.

Museo nazionale romano
Cette fresque de la maison de Livie à Prima Porta fait partie d'une très importante collection d'œuvres antiques.

Palazzo Barberini
Il expose principalement des œuvres du XIIIe au XVIe siècle dont le Triomphe de la Divine Providence *(1633-1639) par Pierre de Cortone.*

Palazzo Venezia
Son musée propose une très belle collection d'art byzantin et médiéval dont fait partie ce Christ en émail datant du XIIIe siècle.

Via Veneto

Quirinal

Esquilin

pitole

Forum

Palatin

Caracalla

Latran

entin

Musei capitolini : le palazzo dei Conservatori
Il abrite de nombreux tableaux baroques dont L'Enlèvement des Sabines *(1629) de Pierre de Cortone.*

Musei capitolini : le Palazzo nuovo
On y admire ce buste de Giulia Domna (femme de Septime Sévère) du IIe siècle.

À la découverte des musées de Rome

Les collections des musées romains, notamment de ceux du Capitole et du Vatican, mais aussi des galeries et des églises (*p. 46-47*), disséminées dans toute la ville, sont très riches dans deux domaines : les trésors archéologiques de la Grèce et de la Rome antiques, et l'art de la Renaissance et du baroque. Les musées du Vatican regroupent des milliers d'œuvres collectionnées au cours des siècles par les différents papes.

Céramique étrusque, villa Giulia

ART ÉTRUSQUE

Plaque d'or étrusque du
Ve siècle av. J.-C., villa Giulia

Les Étrusques occupèrent à partir du VIIIe siècle av. J.-C. un territoire s'étendant de Florence à Rome, cité dont ils devinrent les maîtres au VIe siècle av. J.-C. (*p. 18-19*). Ils avaient coutume d'enterrer leurs morts avec leurs richesses et les tombeaux retrouvés en Italie centrale, notamment en Toscane, contenaient de nombreux objets précieux ou courants.

On peut en voir trois belles collections à Rome. Celle du Museo nazionale etrusco de la **villa Giulia**, l'une des plus jolies demeures Renaissance de la ville, dessinée par Vignole pour servir de résidence

Enseigne, museo della Civiltà romana

d'été au pape Jules III, comprend en outre des vestiges laissés par d'autres tribus d'Italie centrale antérieures aux Romains. Celle du Museo gregoriano etrusco du **Vatican**, fondé par Grégoire XVI pour regrouper les objets de fouilles en Étrurie méridionale, présente des pièces d'orfèvrerie. Le museo Barracco de la **Piccola Farnesina** abrite des sculptures étrusques mais aussi égyptiennes, assyriennes, phéniciennes et grecques.

LA ROME ANTIQUE

Fragments de statuaire et sarcophages antiques parsèment les porches et les cloîtres des églises de Rome tandis que Forum, Palatin ou thermes de Caracalla constituent de véritables musées en plein air. Les thermes de Dioclétien et la nouvelle section du palazzo Massimo, en face de la gare, abritent le **Museo nazionale romano** partiellement en travaux mais dont l'importante collection comprend notamment de nombreux sarcophages et les fresques de la casa di Livia à Prima Porta, au nord de Rome. La superbe collection de statues du musée est maintenant exposée au **palazzo Altemps**, récemment restauré. Les plus belles statues antiques se trouvent aux **musées du Vatican** – en particulier des œuvres grecques qui, tel *Laocoon et ses fils* (Ier siècle apr. J.-C.), influencèrent

considérablement l'évolution de l'art à Rome. Les **Musei capitolini** possèdent de splendides copies de statues grecques (*Le Gaulois mourant, Vénus*).

Au Forum, l'**Antiquarium Forense** est plutôt petit, mais il mérite le détour. Il occupe deux étages de l'église Santa Francesca Romana édifiée à l'emplacement du temple de Vénus.

Une maquette exposée au **museo della Civiltà romana** de l'EUR représente la cité telle qu'elle était au IVe siècle.

Cuirasse d'un centurion, museo della Civiltà romana

GALERIES D'ART

Muses du *Parnasse* de Raphaël
(1508-1511), musées du Vatican

Dans le passé, nombreuses furent les familles aristocratiques à constituer de superbes collections d'art dont certaines sont demeurées dans les palais familiaux désormais ouverts au public.

C'est le cas de la superbe collection de la **galleria Doria Pamphilj**, étonnant regroupement de tableaux de maîtres. Il faut absolument prendre le temps de découvrir, dans les différentes salles, les perles de la

collection. Des œuvres de Raphaël, Vélasquez, le Tintoret, le Titien, le Lorrain, couvrent les murs. Rubens, Guido Reni, Annibale Carrache ou le Guerchin sont représentés dans les collections de la **galleria Spada** et de la **galleria Colonna** qui occupent les palais du même nom.

Faune grec, galleria Borghese

La collection Spada fut commencée dès 1632 par Bernardino Spada.

D'autres palais romains ayant appartenu à des familles nobles abritent maintenant des collections d'art possédées par l'État. Deux d'entre eux, le superbe **palazzo Barberini**, auquel travaillèrent Borromini et Bernin entre 1625 et 1633, et le **palazzo Corsini**, accueillent la galleria nazionale d'Arte antica, riche en tableaux du XIVe au XVIIIe siècle et fondée en 1895 à partir des collections Corsini et Torlonia. Les Borghèse constituèrent eux aussi une extraordinaire collection privée qui appartient désormais à l'État.

Descente de Croix du Caravage, Vatican

Les chefs-d'œuvre de la sculpture qui y sont exposés, tels *Apollon et Daphné* de Bernin ou *Pauline Borghèse* de Canova, méritent que vous vous déplaciez au **museo et à la galleria Borghese**.

Les Musei capitolini abritent les œuvres d'art offertes par les papes au peuple de Rome, notamment celles de la riche pinacothèque du **palazzo dei Conservatori**. Cette dernière renferme des œuvres du Titien, du Guerchin et de Van Dyck. Il y a également une galerie d'art dans les **musées du Vatican**, mais les amoureux de la Renaissance iront directement admirer la chapelle Sixtine (capella Sistina) et les chambres de Raphaël (stanze di Raffaelo), tandis que les amateurs d'art contemporain trouveront leur bonheur à la **Galleria nazionale d'Arte moderna**.

PETITS MUSÉES

Le musée du **palazzo Veneziana** présente une collection consacrée à l'art médiéval (VIe-XIVe siècles), des céramiques aux sculptures, le **museo di Roma in Trastevere** illustre les traditions de la ville jusqu'au XIXe siècle et le **museo Napoleonico** évoque la vie de Napoléon et de sa famille, dont beaucoup de membres vécurent à Rome. La capitale possède d'autres petits musées comme le **museo degli Strumenti musicali** – du sistre égyptien au shamisen japonais –, ou encore le **museo Burcardo del Teatro**. Les amateurs de poésie anglaise du XIXe siècle visiteront aussi

Laocoon et ses fils (Ier siècle apr. J.-C.), musées du Vatican

la **fondazione Keats-Shelley Memorial** qui occupe la maison où mourut Keats.

Portrait de Pauline Borghèse de Kinson (1805 env.), museo Napoleonico

TROUVER LES MUSÉES ET GALERIES

Les plus belles fontaines de Rome

Rome possède certaines des fontaines les plus
attachantes du monde, œuvres pour la plupart de grands
artistes de la Renaissance et du baroque. Beaucoup
ne dispensent qu'un filet d'eau potable mais les plus
grandioses sont de véritables cascades. Les obélisques
les plus anciens rappellent les triomphes des armées
antiques qui les rapportèrent de leurs campagnes,
mais les empereurs en commandèrent aussi
à leurs sculpteurs. Les pages 54-55 proposent une
présentation plus détaillée de ces monuments.

Piazza di San Pietro
*Deux fontaines
animent
de leurs eaux la
monumentale place
Saint-Pierre. Celle
de droite est de
Maderno (1613), sa
jumelle date de 1675.*

**Piazza del
Popolo**
*Les lions et les
fontaines autour
de l'obélisque
de Ramsès datent
du XIXe siècle.*

Vatican

*Quartier
du
Panthéon*

*Piazza
Navona*

**Fontana dei
Quattro Fiumi**
*Les quatre allégories
du Bernin représentent
le Danube, le Gange,
le Nil et le Rio
de la Plata.*

*Campo
dei Fiori*

Janicule

**Obelisco della piazza
Santa Maria sopra
Minerva**
*L'éléphant de Bernin
porte un obélisque du
VIe siècle av. J.-C.*

Trastevere

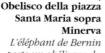

Fontana delle Tartarughe
*Ce joyau de la sculpture Renaissance
est l'une des fontaines les plus secrètes
de la Ville éternelle.*

Fontana della Barcaccia
Cette élégante fontaine de 1627 est l'œuvre de Pietro Bernini, père de Bernin.

Fontaine de Trevi
Si vous voulez revenir à Rome, n'oubliez pas de jeter une pièce dans le bassin de cette fontaine construite par Nicola Salvi en 1732.

0   500 m

Piazza di Spagna   Via Veneto

Quirinal

Esquilin

Capitole

Forum

Palatin

Latran

Caracalla

Aventin

Fontana delle Naiadi
Ses nymphes aux formes sensuelles provoquèrent une tempête de protestations lors de leur inauguration en 1901.

Obelisco della piazza di San Giovanni in Laterano
Cet obélisque du XVe siècle av. J.-C., le plus vieux de Rome, fut apporté en 357 apr. J.-C. sur ordre de Constance II.

Fontana dei Tritoni sur la piazza della Bocca della Verità
Les deux tritons de cette fontaine baroque, construite par Carlo Bizzacheri pour Clément XI, se dressent en face de Santa Maria in Cosmedin.

À la découverte des fontaines

Fontana delle
Anfore
(1920)

Les papes restaurèrent les aqueducs antiques pour alimenter les fontaines de toutes formes et dimensions dont ils ont orné Rome et qui dispensent leur fraîcheur aux visiteurs pendant les chaudes journées d'été. Certaines encadrent les obélisques dont les architectes romains ont si bien su animer leurs places et d'autres s'approprient ceux-ci, comme la fontana dei Quattro Fiumi de la piazza Navona.

Fontana del Pantheon

LES FONTAINES

La célèbre **fontaine de Trevi** (1762) est un monument théâtral, élevé au débouché d'un aqueduc – ici l'*Aqua Virgo* construit par Marcus Agrippa en 19 av. J.-C. pour alimenter ses thermes.
La **fontana dell'Acqua Paola**, édifiée en 1612 sur le Janicule pour Paul V, est aussi spectaculaire, tout comme la **fontana del Mosè**, moins réussie, qui commémore la réouverture de l'*Aqua Felice* par Sixte V en 1587.

Des fontaines animent presque toutes les places de Rome.

Il y en a deux sur la place **Saint-Pierre**, trois sur la piazza Navona dont deux de Bernin : l'audacieuse **fontana dei Quattro Fiumi** (1651), de style baroque où l'artiste a dressé un obélisque de l'époque de Domitien au-dessus de ses statues, dont chacune symbolise un continent, et la **fontana del Moro** qui représente un Éthiopien aux prises avec un dauphin.

Autre œuvre de Bernin, la **fontana del Tritone**

(1642-1643), figurant un dieu marin soufflant dans un coquillage, apporte la fantaisie et l'élégance de ses formes contournées au carrefour sans attrait de la piazza Barberini.

L'amour des Romains pour les jeux d'eau n'a jamais cessé de s'exprimer.

Valadier, lorsqu'il remodela la **piazza del Popolo** (1818-1820), entoura l'obélisque de

Fontana delle Tiare, derrière Saint-Pierre

lions en marbre et de fontaines. Il en éleva encore deux aux extrémités est et ouest de la place.

On inaugura au début du XXᵉ siècle les sculptures de la **fontana delle Naiadi**, qui firent scandale à l'époque, sur la piazza della Repubblica, et dans les années 1920, la très originale **fontana delle Anfore** de la piazza dell'Emporio (**plan** 8 D2). Son créateur, Pietro Lombardi, dessina aussi la **fontana delle Tiare** (**plan** 3 C3) derrière la colonnade de Saint-Pierre.

Rome compte aussi des petites fontaines charmantes comme celle de la **Barcaccia** (1627) au pied de l'escalier de la Trinità dei Monti, celle des **Tartarughe** (1581) sur la petite

LA FONTAINE DE TREVI

Cette fontaine monumentale, conçue comme un dispositif scénique, est la vedette de nombreux films, comédies américaines, comme *Vacances romaines* de William Wyler, ou caricature fellinienne de la fin des années 1950 comme *La Dolce Vita*. Les libertés que prenait Anita Ekberg dans le célèbre bassin sont aujourd'hui interdites.

Anita Ekberg dans *La Dolce Vita* (1960)

Fontana dei Cavalli Marini

piazza Mattei et celle de la **Navicella**, près de San Maria in Domnica, copie du XVIᵉ siècle d'un ex-voto antique.

Dans l'avant-cour de l'église **Santa Sabina** (**plan 8 D2**), c'est d'un masque énorme que jaillit l'eau. Jacopo della Porta réalisa la **fontana del Pantheon** (**plan 4 F4**) en 1575. Quant aux **Quattre Fontane**, elles coulent aux principaux carrefours de la colline du Quirinal depuis 1593.

Les jardins de Rome ne sont pas en reste et sont dotés eux aussi de nombreuses fontaines telles celle du **Galion** (1620-21) au Vatican ou la **fontana dei Cavalli Marini** (1791) du parc de la villa Borghese. Les jardins de la **villa d'Este**, quoiqu'un peu laissés à l'abandon, n'en valent pas moins le détour ; ils en comptent plus de 500 !

La piazza Navona et la fontana dei Quattro Fiumi, de Pannini (1691-1765)

Fontana dell'Ovato, à la villa d'Este

LES OBÉLISQUES

L'**obelisco della piazza San Giovanni in Laterano**, en granit rouge, est le plus ancien et le plus haut de Rome (31 m). Érigé au XVᵉ siècle av. J.-C. devant le temple d'Amon à Thèbes et déplacé sur l'ordre de l'empereur Constance II en 357 pour décorer le Circus Maximus, il fut retrouvé brisé en trois morceaux en 1587. Sixte Quint le fit élever à sa place actuelle l'année suivante. L'**obelisco della piazza del Popolo** est à peine moins ancien (XIIᵉ ou XIIIᵉ siècle av. J.-C.). Il arriva à Rome du temps d'Auguste

et embellit lui aussi le Circus Maximus. Auguste rapporta aussi l'**obelisco de Montecitorio** plus petit. La boule de bronze et la tige situées au sommet rappellent qu'il était autrefois l'aiguille d'un vaste cadran solaire. L'obélisque en haut des escaliers de la Trinità dei Monti, n'eut pas à voyager : c'est une copie romaine. L'**obelisco della piazza del Esquilino** et celui de la **piazza del Quirinal** encadraient l'entrée du mausolée d'Auguste. Quand ils étaient remontés, la plupart des obélisques étaient posés sur des piédestaux, fréquemment imaginés et réalisés par les plus grands artistes. D'autres furent incorporés à des sculptures

L'obélisque de la piazza del Popolo

monumentales. Bernin sculpta l'éléphant de marbre portant sur son dos l'**obelisco de Santa Maria sopra Minerva**, ainsi que la **fontana dei Quattro Fiumi** au milieu de laquelle se dresse l'obélisque du Circo Massimo. Celui de la fontana del Pantheon provient d'un sanctuaire égyptien, de même que celui de la **place Saint-Pierre** bien que ses faces ne portent pas de hiéroglyphes.

Fontaine murale, villa d'Este

FONTAINES ET OBÉLISQUES

Rome, unique objet de mon inspiration...

Rome attire écrivains et artistes depuis l'Antiquité. Nombreux sont ceux qui travaillaient pour les empereurs. Virgile, Horace et Ovide, par exemple, y jouissaient de la protection d'Auguste.

Plus tard, et en particulier pendant la Renaissance et le baroque, les plus grands peintres, sculpteurs et architectes répondent aux offres des papes. Ils ne viennent pas seulement y trouver un mécène : depuis la Renaissance, les artistes affluent du monde entier pour s'inspirer de l'histoire antique de la ville.

Ovide, poète de l'amour (43 av. J.-C.-17)

Autoportrait d'Angelica Kauffman (1770 env.)

PEINTRES, SCULPTEURS ET ARCHITECTES

Diego Vélasquez, l'un des nombreux hôtes de Rome

Au début du XVIe siècle, les grands projets des papes rassemblent artistes et architectes de toute l'Italie. Bramante (1444-1514) et Raphaël (1483-1520) sont originaires d'Urbino, le Pérugin (1450-1523) de Pérouse, et Michel-Ange (1475-1564) de Florence.

Ils travaillent au Vatican, à la construction de la nouvelle basilique Saint-Pierre ou à la décoration de la chapelle Sixtine. Ils sont grassement payés mais l'époque était troublée. L'orfèvre et sculpteur florentin, Benvenuto Cellini (1500-1571), rapporte comment il participa à la défense du castel Sant'Angelo *(p. 248-249)* pendant le sac de Rome (1527), son emprisonnement et sa spectaculaire évasion.

Plus calme, la fin du siècle se prête à l'édification de nombreuses églises où s'épanouit l'art du Caravage (1571-1610), venu de Milan, et des frères Annibale (1560-1609) et Agostino (1557-1602) Carrache, originaires de Bologne.

Bernin (1598-1680), né à Naples, laisse partout sa marque dans la cité. Architecte de Saint-Pierre après Carlo Maderno (1556-1629), il y réalise le grand baldaquin et la double colonnade ainsi que de nombreuses fontaines, sculptures et églises. Maître de l'architecture baroque, son seul rival fut Francesco Borromini (1599-1667), de Bissone, dont le génie influença des générations de créateurs.

Au XVIIe siècle, de nombreux artistes étrangers fréquentent la Ville éternelle. Le peintre de la cour d'Espagne, Diego Vélasquez (1599-1660), vient en 1628 étudier les chefs-d'œuvre du Vatican. Le Flamand Rubens (1577-1640) y réalise plusieurs commandes. Les Français Nicolas Poussin (1594-1665) et Claude Le Lorrain (1600-1682) y séjournent de nombreuses années.

Le mouvement s'accentue au XVIIIe siècle alors que l'Antiquité revient à la mode. De nombreux artistes font alors le voyage comme l'architecte écossais Robert Adam (1728-1792) et le peintre suisse Angelica Kauffmann (qui meurt à Rome en 1807 et est enterrée en grande pompe à Sant'Andrea delle Fratte). Après les excès du baroque, la sculpture retrouve la simplicité avec le néoclassicisme. Le chef de file de cette école, Antonio Canova (1757-1807), exerce une grande influence sur des sculpteurs de toute l'Europe comme le Danois Bertel Thorvaldsen (1770-1844), qui passe de nombreuses années à Rome.

Vue du Campo Vaccino peinte à Rome par le Lorrain en 1636

ÉCRIVAINS

Exilé de Florence, Dante (1265-1321) se rend à Rome où il décrit dans sa *Divine Comédie* l'afflux de pèlerins pour le jubilé de 1300. Des circonstances plus heureuses motivent le séjour de Pétrarque, né à Arezzo (1304-1374) : il reçoit la couronne de laurier en 1341 sur le Capitole. Invité à connaître le même honneur, le Tasse, originaire de Sorrente (1544-1595), meurt peu après son arrivée. Il est enterré à Sant'Onofrio *(p. 219)* sur le Janicule.

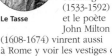

Le Tasse

C'est à son retour de Rome, en 1558, que du Bellay (1522-1560) publia les *Regrets* et les *Antiquités de Rome*. Montaigne (1533-1592) et le poète John Milton (1608-1674) vinrent aussi à Rome et voir les vestiges de l'Antiquité. Le grand historien Edward Gibbon (1737-1794) décida d'écrire l'*Histoire de la décadence et de la chute de l'Empire romain* en écoutant l'Angelus chanté à Santa Maria in Aracoeli *(p. 69)*.

Parmi les visiteurs allemands, on peut citer Goethe (1749-1832) et J.-J. Winckelmann (1717-1768).

L'époque du romantisme voit les poètes anglais affluer : Shelley, Byron, Keats. Les romanciers, tel Charles Dickens, suivent leur exemple. Stendhal est l'un des écrivains qui a contribué à faire connaître cette ville. C'est à Rome que l'Américain Henry James (1843-1916) situe son roman *Un portrait de femme*, par exemple. Alberto Moravia (1907-1990) a bien rendu l'atmosphère de la ville moderne dans ses nouvelles.

John Keats peint par son ami Joseph Severn en 1819

MUSICIENS

Le « prince de la musique » Giovanni Luigi da Palestrina (1525-1594), originaire de la ville du même nom, est maître de chapelle à Saint-Pierre où il compose certaines des plus belles œuvres de musique vocale. Au siècle suivant, le grand violoniste Arcangelo Corelli (1653-1713) devient à Rome l'un des grands compositeurs du classicisme. L'une de ses premières commandes est la réalisation d'un festival de musique pour la reine Christine de Suède. En 1770, après avoir entendu le *Miserere* d'Allegri dans la chapelle Sixtine, Mozart, âgé de 14 ans, le transcrit de mémoire.

Au cours du XIXe siècle, de nombreux lauréats du Prix de Rome viennent étudier à la villa Médicis *(p. 135)* tels Georges Bizet (1838-1875) ou Claude Debussy (1862-1918). Hector Berlioz (1803-1869) séjourne aussi deux ans à Rome, d'où il tire son inspiration pour composer son *Carnaval romain* et l'ouverture de son opéra *Benvenuto Cellini*. Franz Liszt (1811-1886) s'y installe après avoir reçu la tonsure et les ordres mineurs. Il y compose notamment la *Missa Choralis* (1865) et son oratorio *Christus* (1867).

Giacomo Puccini

Au XXe siècle, deux poèmes symphoniques, *Les Fontaines de Rome* et *Les Pins de Rome*, établissent la réputation d'Ottorino Respighi (1870-1936), originaire de Bologne, tandis que Giacomo Puccini (1858-1924) donnait des décors romains à son célèbre opéra *Tosca*.

LE CINÉMA ROMAIN

C'est à Rome que naquit, dans les années 1940, le néoréalisme italien rendu célèbre par des films comme *Rome, ville ouverte* de Roberto Rossellini ou *Le Voleur de bicyclette* de Vittorio de Sica. Le réalisateur qui sut le mieux saisir l'âme de la ville reste néanmoins Federico Fellini qui exprima dans *La Dolce Vita* (1960) et *Roma* (1972) toute la démesure et la poésie de la capitale. Le cinéaste le plus connu est certainement Pier Paolo Pasolini (1922-1975), auteur de *Théorème* et du *Décaméron*. Dans les années 1950, les studios de Cinecittà, construits en 1937 à l'extérieur de Rome, accueillirent de grandes productions internationales dont *Ben Hur* et *Spartacus*, ainsi que récemment *Gladiator* et *Gangs of New York* de Martin Scorsese.

Pier Paolo Pasolini

ROME AU JOUR LE JOUR

À condition d'éviter novembre, mois généralement gris et pluvieux, le printemps et l'automne sont les deux saisons qui se prêtent le mieux à une visite de Rome. Il fait chaud, parfois même assez pour aller se baigner dans les lacs des environs et se faire bronzer sur leurs rives, mais on ne souffre pas de la canicule qui règne en plein été.

Pâques et Noël sont à l'évidence deux moments très particuliers dans la vie de la Ville éternelle mais ne constituent pas, loin de là, les seules célébrations. La Festa de'Noantri, dans le Trastevere, ou la splendide Infiorata (fête des Fleurs) de Genzano sont des manifestations très populaires. Dans les villages aux alentours, on fête au printemps la cueillette des fraises et celle des haricots, et en automne les vendanges et la cueillette des truffes.

PRINTEMPS

Pâques, qu'il tombe en mars ou en avril, marque le début de la saison touristique à Rome. Des catholiques du monde entier convergent vers la Ville éternelle pour se rendre en pèlerinage dans ses principales basiliques et recevoir la bénédiction papale sur la place Saint-Pierre.

Comme la douceur du climat attire en outre de nombreux autres visiteurs et pousse les Romains vers les plages et la campagne, il faut s'attendre à rencontrer des routes encombrées en direction des Castelli Romani et du lac Bracciano.

Les températures sont en moyenne de 18° C mais peuvent monter à 28° C et l'on peut généralement dîner dehors dès la mi-mai. Attention toutefois aux

La place Saint-Pierre à Pâques

averses et aux variations de température : n'oubliez pas de prendre des vêtements chauds et votre parapluie !

À l'occasion de la Festa della Primavera, en avril, l'escalier de la Trinità dei Monti et la via Veneto sont fleuris d'azalées et les artistes exposent leurs tableaux sur la via Margutta.

Mai s'ouvre sur le Concours hippique de la villa Borghese, se poursuit avec la semaine du meuble ancien de la via dei Coronari et s'achève sur les Internationaux de tennis du Foro Italico.

Sur l'Aventin, les boutons éclosent à la roseraie de Valle Murcia, qui est alors ouverte au public.

MANIFESTATIONS

Festa di Santa Francesca Romana *(9 mars).* Bénédiction des autobus et des voitures *(p. 87).*

Festa di San Giuseppe *(19 mars).* Fête de saint Joseph dans le quartier Trionfale.

Marathon de Rome *(fin mars). (p. 367).*

Vendredi saint Chemin de croix du Colisée au Palatin à 21 h.

Dimanche de Pâques Bénédiction papale *urbi et orbi* place Saint-Pierre *(p. 231).*

Anniversaire de Rome *(dim. av. 21 avr.),* piazza del Campidoglio.

Festa della Primavera *(mars-avril),* azalées piazza di Spagna et escalier de la Trinità dei Monti. Concerts.

Foire de l'Art *(avril-mai),* via Margutta *(p. 353).*

Concours hippique *(déb. mai),* villa Borghese *(p. 366).*

Semaine du meuble ancien *(mi-mai - fin mai),* via dei Coronari *(p. 336).*

Internationaux de tennis *(fin mai),* Foro Italico *(p. 366).*

Concours hippique international à la villa Borghese

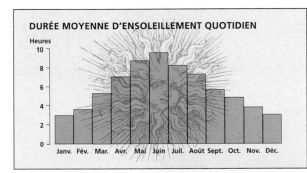

DURÉE MOYENNE D'ENSOLEILLEMENT QUOTIDIEN

Heures

10
8
6
4
2
0

Janv. Fév. Mar. Avr. Mai Juin Juil. Août Sept. Oct. Nov. Déc.

Ensoleillement

La latitude de Rome, célèbre pour sa lumière, permet de profiter encore du soleil en automne. Juillet, le mois le plus ensoleillé, est aussi très sec et parfois très chaud.

ÉTÉ

Dans le quartier San Giovanni, on déguste en plein air *lumache in umido* (escargots) et *porchetta* (cochon de lait grillé) pour la festa di San Giovanni qui a lieu la nuit du 23 au 24 juin et marque le début de l'été. Beaucoup de Romains quittent la ville à la fin du mois, et en juillet et août, ce sont les touristes qui emplissent cafés et restaurants. RomaEuropa, le festival de cinéma, danse, théâtre et musique de la villa Médicis, commence. À la mi-juillet, la très populaire Festa de' Noantri propose dîners en plein air, chansons et feux d'artifice pendant deux

Légumes de saison

semaines, et inaugure l'*Estate romana* (été romain). Ce programme très varié de concerts, opéras et spectacles en tous genres se déroule dans les plus beaux sites de Rome comme l'isola Tiberina. En août, un festival de cinéma se tient au palazzo del Lavoro à l'EUR, et le 15, jour de l'Assomption, les Romains désertent leur ville pour les stations balnéaires,

Rue tapissée de fleurs à Genzano

et nombre de boutiques et restaurants ferment pour le mois.

MANIFESTATIONS

Infiorata *(juin, dim. de la Fête Dieu)*, Genzano, Castelli Romani, sud de Rome. Les rues sont tapissées de fleurs.
Festa di San Giovanni *(23-24 juin)*, piazza di Porta San Giovanni, dégustation d'escargots et de cochon grillé, fête foraine et feux d'artifice.
Festa di san Pietro e Paolo *(29 juin)*, célébrations dans de nombreuses églises.
Tevere Expo *(fin juin à mi-juil.)*, le long du Tibre. Art et artisanat, vin et produits régionaux *(p. 353)*, musique folklorique et feux d'artifice.
Festa de' Noantri *(deux der. sem. de juil.)*, rues du Trastevere *(p. 353 et 355)*, processions et spectacles.
Alta Moda *(2e quinzaine de juil.)*, défilé de mode sur la piazza di Spagna *(p. 353)*.
Estate Romana *(juil.-août)*, terme di Caracalla, villa Ada, berges du Tibre, parcs. Opéra, concerts, théâtre et films *(p. 355)*.
Festa della Madonna della Neve *(5 août)*, Santa Maria Maggiore. Une pluie de pétales blancs fait revivre une chute de neige miraculeuse qui avait eu lieu au IVe siècle *(p. 172)*.
Ferragosto *(15 août)*, Santa Maria in Trastevere. Date qui marque la fin de l'été dans la ville. Tout est fermé ou presque en dehors des églises où l'on célèbre l'Assomption.

Saint-Pierre dans la chaleur de l'été...

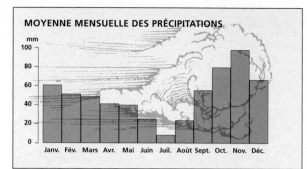

MOYENNE MENSUELLE DES PRÉCIPITATIONS

mm
100
80
60
40
20
0

Janv. Fév. Mars Avr. Mai Juin Juil. Août Sept. Oct. Nov. Déc.

Précipitations
Les pluies en automne peuvent durer plusieurs jours, surtout en novembre. Des orages violents mais rafraîchissants éclatent parfois en été. S'attendre à quelques jours de bruine en hiver.

AUTOMNE

Septembre et octobre sont les meilleurs mois pour visiter Rome. La fournaise de juillet et août a disparu mais les journées peuvent être très chaudes. Mieux vaut éviter novembre, le mois le plus arrosé, car les orages de la Ville éternelle peuvent se montrer violents.

Au début d'octobre, la via dell'Orso et les rues qui l'entourent accueillent une foire artisanale, et, vers le 15, les antiquaires de la via Coronari voisine organisent une grande exposition d'antiquités. Orvieto et Pérouse, deux jolies villes de l'Ombrie, à environ une heure de voiture au nord de Rome, accueillent des foires aux antiquités en octobre. Une autre se tient au Palazzo papale de Viterbe *(p. 271)* en novembre.

L'automne est la saison des récoltes et des fêtes qui les accompagnent, aussi allez goûter fromages, marrons, champignons ou saucisses dans les villages qui entourent Rome. La fêtes des vendanges la plus spectaculaire a lieu à Marino (dans les *Castelli Romani* au sud de la capitale).

MARRONI

Marchand de marrons grillés

Il y a de nombreuses occasions de déguster les vins blancs renommés de cette région, qui comptait aux XVIe et XVIIe siècles de luxueuses maisons de campagne. À Rome même, une fête du raisin, la *Sagra dell'Uva*, se déroule à la basilica di Massenzio sur le Forum, donnant lieu à des réjouissances dans la rue. L'arrivée du vin nouveau est célébrée sur le Campo dei Fiori, où un stand de dégustation gratuite est installé pour l'occasion.

C'est aussi en octobre et novembre que recommencent la saison des concerts classiques et celle de l'opéra.

Affiches et journaux annoncent les dates des représentations que l'on peut sinon trouver dans l'hebdomadaire *Trovaroma* et *Roma c'è (p. 354)*. Vous pourrez acheter des marrons chauds aux coins des rues. Les 1er et 2 novembre, jours de la Toussaint et de la fête des Morts, les Romains se rendent dans les cimetières de Prima Porta et de Verano et y déposent des chrysanthèmes.

MANIFESTATIONS

RomaEuropa *(automne)*, principalement villa Médicis. Films, danse, théâtre et concerts *(p. 355)*.
La notte bianca *(sept.)*, musées et galeries sont gratuits durant la nuit d'un samedi.
Festa dell'Arte *(sept.)*, via Margutta *(p. 353)*.
Foire artisanale *(der. sem. de sept.-1re sem. d'oct.)*, via dell'Orso près de la piazza Navona *(p. 353)*.
Festival internazionale del Film di Roma *(oct.)*, des stars et des films *(p. 360)*.
Festa del vino de Marino *(1er dim. d'oct.)*, Marino. Dégustations et animations de rue.
Fiera dell'Antiquariato *(mi-oct.)*, via dei Coronari *(p. 353)*.
Toussaint *(1er et 2 nov.)*, cimetières de Prima Porta et Verano. Le pape a l'habitude de célébrer la messe dans le vaste cimetière de Verano.
Festa di santa Cecilia *(22 nov.)*, Santa Cecilia in Trastevere et catacombes de San Callisto.

Automne dans le parc de la villa Doria Pamphilj

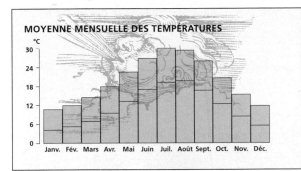

MOYENNE MENSUELLE DES TEMPÉRATURES

°C
30
24
18
12
6
0
Janv. Fév. Mars Avr. Mai Juin Juil. Août Sept. Oct. Nov. Déc.

Températures

Ce tableau indique les températures maximales et minimales pour chaque mois. Juillet et août sont des mois très chauds, voire même étouffants. Au printemps et en automne, les journées plus fraîches sont idéales pour visiter Rome, malgré des périodes pluvieuses.

HIVER

L'hiver à Rome est vivifiant mais il gèle rarement. Les bâtiments ne disposent pas tous du chauffage central et si vous séjournez dans un petit hôtel, mieux vaut prévoir des vêtements chauds. Pensez aussi à réclamer des couvertures supplémentaires dès votre arrivée : il n'y en a pas toujours suffisamment. Chocolats chauds et *capuccini* bien mousseux vous réchaufferont.

La préparation de Noël est très amusante à Rome, surtout avec des enfants. Beaucoup d'églises, de places et d'autres

Rome un rare jour de neige

Le marché de Noël, piazza Navona

lieux publics abritent des crèches et de la mi-décembre au 6 janvier, la piazza Navona accueille la grande foire aux jouets, aux santons et aux décorations de Noël. Le réveillon lui-même se passe traditionnellement en famille.

Pour le Nouvel An, en revanche, tout le monde est dans la rue. On y boit du champagne et on tire des feux d'artifice. Rasez les murs, la tradition veut que l'on jette ses vieux meubles ce soir-là ! La saison du carnaval qui commence fin janvier et se poursuit en février donne lieu

à des fêtes costumées et à des défilés via Nazionale, via Cola di Rienzo et au Pincio.

Prenez garde à éviter les bandes de jeunes qui s'amusent à bombarder les passants de mousse à raser ou de ballons pleins d'eau !

MANIFESTATIONS

Festa della Madonna Immacolata *(8 déc.)*, piazza di Spagna. En présence du pape, les pompiers ornent de fleurs la statue de la Vierge.
Marché de Noël *(mi-déc.- 6 janv.)*, piazza Navona. Le marché des enfants : jouets, santons et décorations de Noël *(p. 120)*.
Crèches *(mi-déc.-mi-janv.)*, dans beaucoup d'églises. Crèche grandeur nature place Saint-Pierre.
Messe de minuit *(24 déc.)*, dans la plupart des églises.
Noël *(25 déc.)*, Saint-Pierre. Bénédiction papale.
Nouvel an *(31 déc.)*, dans toute la ville. Feux d'artifice.
La Befana *(6 janv.)*, dans la ville. Animations pour les enfants.

JOURS FÉRIÉS

Nouvel An (1er janv.)
Épiphanie (6 janv.)
Lundi de Pâques
Libération (25 avril)
Fête du Travail (1er mai)
Jour de la République (2 juin)
St-Pierre et St-Paul (29 juin)
Ferragosto (15 août)
Toussaint (1er nov.)
Noël (25 déc.)
Saint-Étienne (26 déc.)

La via dei Condotti à Noël

Fontana delle Naiadi, piazza della Repubblica ▷

ROME QUARTIER PAR QUARTIER

LE CAPITOLE

Le temple de Jupiter, sur le Capitole, était le centre du monde romain. C'est là que les consuls prêtaient serment et que les généraux victorieux offraient le sacrifice qui couronnait leur triomphe.

La colline en vint ainsi à symboliser l'autorité de la *caput mundi*, la capitale du monde, et resta, après la chute de l'Empire, le siège du gouvernement de la cité.

De nos jours, le conseil municipal, la Commune di Roma, se réunit dans le splendide Palazzo senatorio sur la piazza del Campidoglio (Capitole)

Main d'une statue colossale au palazzo dei Conservatori

dessinée par Michel-Ange, l'un des exemples les plus réussis d'urbanisme Renaissance. Les deux palais qui entourent l'hôtel de ville, le Palazzo nuovo et le palazzo dei Conservatori, abritent les collections offertes par les papes au peuple de Rome.

De la place, un passage couvert et la via del Tempio di Giove conduisent à la roche Tarpéienne et ramènent aux temps antiques : on précipitait jadis de cette falaise les traîtres à la patrie.

L'endroit demeure dangereux, mais, une clôture de protection empêche aujourd'hui d'en tomber.

LE QUARTIER D'UN COUP D'ŒIL

Églises et temples
San Marco ⑫
Santa Maria in Aracœli ❼
Tempio di Giove ❽

Musées
Musei capitolini :
  Palazzo dei Conservatori
  p. 72-73 ❷
Musei capitolini :
  Palazzo nuovo p. 70-71 ❶
Palazzo Venezia et museo ⑪

Bâtiment historique
Insula romana ❺

Rues et places historiques
Cordonata ❹
Piazza del Campidoglio ❸
Scalinata d'Aracœli ❻

Site antique
Roche Tarpéienne ❾

Monument
Il Vittoriano ⑩

COMMENT Y ALLER
Autobus : de nombreuses lignes convergent vers la piazza Venezia. Vous pouvez prendre à la gare de Termini les lignes 40, 64 ou 170, et à la piazza Barberini les lignes 63 ou 95. Les lignes 40, 62 et 64 rejoignent le Vatican. La ligne touristique 110 fait un arrêt piazza Venezia.

LÉGENDE

▨ Plan du quartier pas à pas

VOIR AUSSI

• *Atlas des rues* plans 5, 12

◁ Statue de Marc Aurèle sur la piazza del Campidoglio (place du Capitole) dessinée par Michel-Ange

Le Capitole et la piazza Venezia pas à pas

Un large escalier, la Cordonata, conduit à la piazza del Campidoglio dessinée par Michel-Ange sur le site de l'ancienne citadelle antique. Interdite à la circulation, la colline est un îlot de paix au milieu du vacarme environnant. Le museo di palazzo Venezia mérite toutefois que l'on affronte la hargne des conducteurs romains qui s'exprime piazza Venezia. Le Palazzo nuovo et le palazzo dei Conservatori abritent une importante collection de sculptures et de peintures.

Il Vittoriano
Dédié au premier roi d'Italie, ce vaste bâtiment en marbre blanc fut achevé en 1911 ❿

PIAZZA VENEZIA

PIAZZA VENEZIA

San Marco
Une mosaïque du Xe siècle décore l'abside de l'église des Vénitiens de Rome ⓬

Palazzo Venezia
Les plus belles pièces de ce musée, comme cet ange émaillé du XIIIe siècle, datent de la fin du Moyen Âge ⓫

VIA DEL TEATRO DI MARCELLO

Insula romana
Ces ruines d'un immeuble de rapport datent de la Rome impériale ❺

Cordonata
Le grand escalier de Michel-Ange aboutit entre les statues de Castor et Pollux ❹

Scalinata d'Aracœli
Construit en 1348, l'escalier devint le lieu de débats politiques ❻

★ Palazzo dei Conservatori
On peut admirer dans sa cour une belle collection de reliefs provenant du temple d'Hadrien divinisé (p. 106) ❷

Santa Maria in Aracœli
L'église abrite entre autres trésors cette fresque du XVe siècle du Pinturicchio : Les Funérailles de saint Bernardin ❼

CARTE DE SITUATION
Voir le centre de Rome p. 14-15

★ Palazzo nuovo
Ce buste d'Auguste dans la salle des Empereurs est l'une des nombreuses sculptures des musées du Capitole ❶

Le palazzo Senatorio a abrité le Sénat à partir du XIIe siècle environ. C'est aujourd'hui l'hôtel de ville.

★ Piazza del Campidoglio
Michel-Ange dessina le pavement géométrique et les façades des palais ❸

Tempio di Giove
Ici reconstitué, il abritait une statue du dieu en or et en ivoire ❽

Roche Tarpéienne
Les traîtres de la Rome antique étaient précipités du haut de ce rocher ❾

À NE PAS MANQUER

★ Palazzo dei Conservatori

★ Palazzo nuovo

★ Piazza del Campidoglio

Musei capitolini : le Palazzo nuovo ❶

Voir p. 70-71.

Musei capitolini : le palazzo dei Conservatori ❷

Voir p. 72-73.

Piazza del Campidoglio ❸

Plan 5 A5 et 12 F5. 🚌 *Voir* **Comment y aller** *p. 65*

À l'occasion de la visite de Charles Quint en 1536, Paul III demanda à Michel-Ange de lui présenter un projet de restauration du Capitole, colline restée à l'abandon après le sac de 1527. L'artiste qui conçut la piazza del Campidoglio sut tirer le meilleur parti de l'espace exigu que bordaient les deux bâtiments où siégeaient les magistrats gouvernant la ville. Il proposa la création d'un troisième, le Palazzo nuovo, qui finirait de borner une place trapézoïdale au pavement orné d'un motif géométrique.

Les travaux commencèrent en 1546, mais avancèrent si lentement que lorsque Michel-Ange mourut, seul le

double escalier à l'entrée du palazzo Senatorio était achevé. Terminée près d'un siècle après le décès du génie qui l'avait imaginée, la place au centre de laquelle se dresse une réplique de la statue de Marc Aurèle, mais tournée vers la basilique Saint-Pierre, respecte les dessins de son architecte.

Cordonata ❹

Plan 5 A5 et 12 F5. 🚌 *Voir* **Comment y aller** *p. 65.*

Un large escalier en pente douce conduit de la piazza Venezia à la piazza del Campidoglio. Deux magnifiques lions égyptiens veillent à son pied et les statues colossales des Dioscures Castor et Pollux montent la garde à son sommet.

Sur sa gauche, une statue de Cola di Rienzo marque l'endroit où ce tyran mourut au XIVᵉ siècle.

Insula romana ❺

Piazza d'Aracoeli. **Plan** 5 A5 et 12 F4. **Tél.** 06 06 08. 🚌 *Voir* **Comment y aller** *p. 65.* 🔲 *sur r.-v. : autorisation nécessaire (p. 383)*

Il y a 2000 ans, les pauvres de Rome habitaient généralement dans des *insulae*, des immeubles

L'un des Dioscures au sommet de la Cordonata

de rapport, souvent mal entretenus par leur propriétaire. Les loyers y étaient pourtant élevés dans une ville où le terrain coûtait cher. Il n'en subsiste pas d'autre à Rome à part cette construction du IIᵉ siècle aux voûtes en berceau dont on transforma une partie en église au Moyen Âge (seuls les 3ᵉ, 4ᵉ et 5ᵉ étages émergeaient du sol). On en voit encore, depuis la rue, le clocher et une niche contenant une Vierge du XIVᵉ siècle.

Cette *insula*, dont les trois niveaux inférieurs ne furent pas déterrés avant la période fasciste, hébergeait probablement 380 personnes dans les conditions miséreuses décrites par Martial et Juvénal, auteurs satiriques du Iᵉʳ siècle. Juvénal devait grimper 200 marches pour rejoindre sa soupente. Il semble que l'*insula* ait été autrefois plus haute et que les étages supérieurs, les plus lugubres, aient disparu.

La Cordonata dans un tableau du XVIIᵉ siècle peint par Antonio Canaletto

Scalinata d'Aracœli ❻

Piazza d'Aracoeli. **Plan** 5 A5 et 12 F4. 🚌 *Voir Comment y aller p. 65.*

L'escalier d'Aracœli, achevé en 1348, aurait été construit comme geste d'action de grâces après que la peste eut épargné Rome en 1346. Il s'agissait plus probablement d'un aménagement décidé en prévision du jubilé de 1350.

L'escalier compte 124 marches de marbre du haut desquelles Cola di Rienzo, qui se proclamait libérateur de l'État romain, haranguait la foule au XIVᵉ siècle.

Aujourd'hui, selon la croyance populaire, les gravir à genoux permet de gagner à la loterie nationale. À défaut de gros lot, une belle vue de la ville, avec notamment les coupoles de Sant'Andrea della Valle et de Saint-Pierre, récompense l'effort accompli.

Escalier d'Aracœli

Santa Maria in Aracœli ❼

Piazza d'Aracœli (entrées au sommet de l'escalier et derrière le Palazzo nuovo). **Plan** 5 A5 et 12 F4. **Tél.** 06 6976 3839. 🚌 *Voir Comment y aller p. 65.*
⭘ été : t.l.j. 9h-12h30, 15h-18h30 ; hiver : t.l.j. 9h-12h30, 14h30-17h30.

Cette église, dont la première construction remonte au VIᵉ siècle, se dresse à l'emplacement de la citadelle de l'ancienne Rome, sur

Plafond commémorant la bataille de Lépante à Santa Maria in Aracœli

l'éminence nord du Capitole. Son nom (Sainte-Marie-de-l'Autel-dans-le-Ciel) vient de l'autel qu'Auguste aurait fait édifier, selon une tradition médiévale, après que la Sibylle de Tibur lui eut prédit la naissance du Christ. L'intérieur date du XIVᵉ siècle et il est le dernier en date à respecter le plan basilical. Vingt-deux colonnes antiques séparent ses trois nefs. Une inscription, sur la troisième à gauche, indique son origine : « *a cubiculo Augustorum* » – de la chambre des empereurs. Le beau pavage cosmatèque conserve des éléments de l'église antérieure et le riche plafond doré de la nef centrale, peint en 1575, célèbre la victoire de Lépante remportée en 1571 contre la flotte turque. Ce plafond a été réalisé sous le règne du pape Grégoire XIII Boncompagni, dont les armoiries familiales, qui représentent un dragon, figurent près de l'autel.

Donnée en 1250 à l'ordre des franciscains par Innocent IV, Santa Maria in Aracœli abrite de nombreux tombeaux, notamment ceux du pape Honoré IV et de son parent Luca Savelli dont le gisant repose sur un sarcophage antique. Si la pierre tombale de l'archidiacre Giovanni Crivelli, à droite de l'entrée fut installée au-dessus du sol, c'est en partie pour que la signature « Donatelli »

(par Donatello) se trouve à hauteur d'œil. La première chapelle à droite abrite des fresques relatant la vie de Bernardin de Sienne peintes par le Pinturicchio dans le style limpide du début de la Renaissance. Mais l'œuvre qui donne son renom à l'église se trouve dans une autre chapelle, au fond près de la sacristie. Sculpté au XVIᵉ siècle dans un tronc du mont des Oliviers, le *Santo Bambino*, petite statue de Jésus, est réputé miraculeux et est parfois apporté au chevet des malades. La statue originale, volée en 1994, a été remplacée par une imitation. Elle prend place à Noël dans une crèche pittoresque (2ᵉ chapelle à gauche).

L'Enfant Jésus miraculeux de Santa Maria in Aracœli

Musei capitolini : le Palazzo nuovo ➊

L'achèvement du Palazzo nuovo (Palais neuf)
de Michel-Ange en 1655 permit d'y transférer
une partie des collections commencées dès
1471 par le pape Sixte IV qu'abritait son
vis-à-vis, le palazzo dei Conservatori.
En 1734, Clément XII inaugura le premier
musée public du monde.
En 1749, Benoît XIV achetait
deux collections privées
et créait la pinacothèque
des musées du Capitole.

**★ Vénus du
Capitole**
*Cette statue de
marbre d'une
incroyable beauté
date d'environ
100-150 apr. J.-C.
C'est la copie
romaine d'une
sculpture réalisée
au IVe siècle av. J.-C.
par l'artiste grec
Praxitèle.*

GUIDE DU MUSÉE
*Le Palazzo nuovo est dédié
principalement à la
sculpture, et beaucoup de ses
pièces, comme la* Vénus du
Capitole, *sont des copies
romaines s'inspirant de
chefs-d'œuvre grecs.
Des collections de bustes
du XVIIIe siècle identifient les
poètes et philosophes grecs,
et les souverains romains.
Le billet d'entrée inclut l'accès
au palazzo dei Conservatori.
Une galerie située sous la
piazza del Campidoglio relie
les deux bâtiments.*

**Buste d'une
princesse**
*Cette princesse de
la maison impériale
des Flavien porte
une coiffure
bouclée populaire
au Ier siècle.*

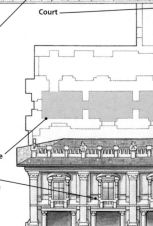

1er étage

Court

Salle des Philosophes
*Elle contient une belle série
de bustes de philosophes et
poètes grecs. Il s'agit de
répliques romaines qui
décoraient bibliothèques et
jardins de riches particuliers.*

Rez-de-chaussée

La façade du Palazzo nuovo
fut dessinée par Michel-Ange
mais achevée par les frères
Carlo et Girolamo Rainaldi
en 1654.

À NE PAS MANQUER

★ *Le Discobole*

★ *Le Gaulois mourant*

★ Vénus du Capitole

LÉGENDE DU PLAN

▨	Zones sans exposition
☐	Expositions

**Mosaïque
des Colombes**
*Cette charmante
mosaïque décorait le sol
de la villa Adriana
à Tivoli (p. 269).*

MODE D'EMPLOI

Musei capitolini, piazza del
Campidoglio. **Plan** 5 A5 et
12 F5. **Tél.** 06 06 08. ▤ 63, 70,
75, 81, 87, 95, 160, 170, 204,
628, 716 et nombreuse lignes vers
la piazza Venezia. ◯ mar.-dim.
9h-20h, (dernière entrée 19h).
◯ 1er janv., 1er mai, 25 déc. ▨
Le billet est valable pour tous les
musées du Capitole. L'entrée
principale se fait par le palazzo dei
Conservatori. ▤ ▤ ▤ ▤ ▤
www.museicapitolini.org

★ Le Discobole
*Un sculpteur français
effectua au XVIIIe siècle les
ajouts qui transformèrent
un torse de discobole grec
en guerrier blessé.*

Faune
*Hadrien adorait
l'art grec. Cette
célèbre statue en
marbre rouge du
IIe siècle trouvée à Tivoli
s'inspire d'un modèle
hellénistique.*

Escalier vers
le rez-de-
chaussée

Escalier vers
les galeries sous
le Sénat et
correspondant
avec le palazzo
dei Conservatori.

★ Le Gaulois mourant
*Cette copie romaine
d'une statue grecque
du IIIe siècle av. J.-C.
est très émouvante.*

Escalier
vers le
1er étage

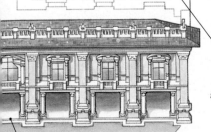

Sortie

**Alexandre Sévère
en chasseur**
*Dans ce marbre du
IIIe siècle, l'empereur
imite la pose de Persée
brandissant la tête de
Méduse après l'avoir
tuée dans son
sommeil.*

Musei capitolini : le palazzo dei Conservatori ❷

Le palazzo dei Conservatori (palais des Conservateurs) abritait les délibérations des conseillers municipaux à la fin du Moyen Âge. Transformé par Giacomo della Porta au milieu du XVIe siècle lors de la restauration de la place selon les dessins de Michel-Ange, il abrite des sculptures antiques et une pinacothèque comprenant notamment des tableaux de Véronèse, Guerchin, Tintoret, Titien, Caravage, Rubens et Van Dyck.

Façade du palazzo dei Conservatori
Sa rénovation débuta en 1563, Michel-Ange mourut l'année suivante.

GUIDE DU MUSÉE
Le musée continue sa restauration, ce qui peut entraîner le déplacement des œuvres exposées. Le 1er niveau est remarquable pour sa décoration des XVIe et XVIIe siècles et ses statues antiques. Le 2e niveau abrite une collection de peintures et de porcelaines. Les salles 10 et 11 servent aux expositions temporaires.

Les Funérailles de sainte Pétronille
Cette immense toile baroque du Guerchin se trouvait à Saint-Pierre.

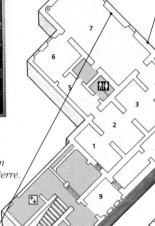

2e niveau

7

6

5

4

3

2

9

1

9

Escalier vers le 2e niveau

★ **Saint Jean-Baptiste**
Peint entre 1595 et 1596 par le Caravage, ce portrait sensuel du jeune saint en présente une image bien peu orthodoxe.

Escalier vers le 1er niveau

17

16

15

14

13

1

Cour

4

2

6

Entrée principale

LÉGENDE DU PLAN
☐ Expositions
▨ Services ou annexes

Les Horaces et les Curiaces
Peinte en 1613, la fresque du Cavalier d'Arpin décrit le célèbre duel.

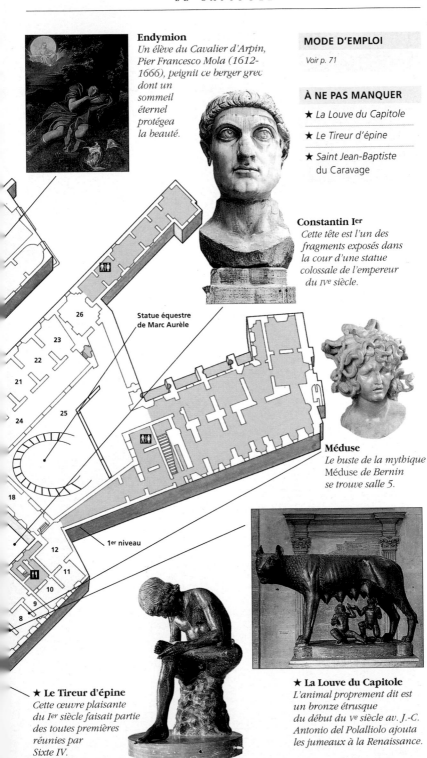

Endymion
Un élève du Cavalier d'Arpin, Pier Francesco Mola (1612-1666), peignit ce berger grec dont un sommeil éternel protégea la beauté.

MODE D'EMPLOI

Voir p. 71

À NE PAS MANQUER

★ *La Louve du Capitole*

★ *Le Tireur d'épine*

★ *Saint Jean-Baptiste du Caravage*

Constantin Ier
Cette tête est l'un des fragments exposés dans la cour d'une statue colossale de l'empereur du IVe siècle.

Statue équestre de Marc Aurèle

26
23
22
21
24 25
18
1er niveau
12
11
10
9
8

Méduse
Le buste de la mythique Méduse de Bernin se trouve salle 5.

★ **Le Tireur d'épine**
Cette œuvre plaisante du Ier siècle faisait partie des toutes premières réunies par Sixte IV.

★ **La Louve du Capitole**
L'animal proprement dit est un bronze étrusque du début du Ve siècle av. J.-C. Antonio del Polalliolo ajouta les jumeaux à la Renaissance.

Tempio di Giove ❽

Via del Tempio di Giove. **Plan** 5 A5 et 12 F5. 🚌 *Voir **Comment y aller** p. 65.*

Le temple de Jupiter *Optimus Maximus* (très secourable, très grand), le plus important de la Rome antique, fut fondé en 509 av. J.-C. sur l'éminence sud de la colline du Capitole. À partir des rares vestiges parvenus jusqu'à nous, son podium en particulier, qui repose presque entièrement sous le Museo nuovo, les archéologues ont réussi à reconstituer sa forme rectangulaire inspirée des sanctuaires grecs.

Si vous longez les dernières traces du podium, de son coin sud-ouest dans la via del Tempio di Giove à son angle sud-est, piazzale Caffarelli, vous remarquez qu'il avait à peu près les mêmes dimensions que le Panthéon.

Le temple de Jupiter sur une pièce antique

Roche Tarpéienne ❾

Via di Monte Caprino et via del Tempio di Giove. **Plan** 5 A5 et 12 F5. 🚌 *Voir **Comment y aller** p. 65.*

L'origine du nom de l'éminence sud du Capitole remonte à fort longtemps. Selon Tite-Live, historien d'Auguste, l'enlèvement des Sabines par Romulus et ses hommes déclencha au VIIIe siècle av. J.-C. une guerre

Les soldats sabins écrasent Tarpeia sous leurs boucliers

entre les deux peuples.

Tarpeia, fille de Spurius Tarpeius, défenseur du Capitole, se laissa persuader de livrer la citadelle aux ennemis et réclama en paiement, pensant aux lourds bracelets d'or et aux bagues ornées de pierreries dont se paraient les guerriers sabins, « ce qu'ils portaient au bras tenant le bouclier ».

Les Sabins respectèrent le marché à la lettre : ils écrasèrent Tarpeia sous leurs boucliers, ce fut la seule victime de sa trahison.

En effet, lorsque les attaquants se retrouvèrent face aux défenseurs romains, les Sabines se jetèrent entre les deux armées et exigèrent une réconciliation.

L'endroit où mourut la traîtresse devint plus tard le lieu d'exécutions capitales. Les condamnés étaient précipités dans le vide du haut de la falaise. Une clôture empêche maintenant tout accident.

Il Vittoriano ❿

Piazza Venezia. **Plan** 5 A5 et 12 F4. **Tél.** 06 699 17 18. 🚌 *Voir **Comment y aller** p. 65.* ⬤ *t.l.j. 9h30-16h (17h en été).*

Commencé en 1885, « Il Vittoriano », le monument construit en l'honneur de Victor-Emmanuel II fut inauguré en 1911. Tranchant sur les dégradés ocre des bâtiments qui l'entourent, cet immense monument froid et pompeux en calcaire blanc de Lombardie s'est vu affublé de nombreux surnoms tels que « gâteau de mariage » ou « machine à écrire ».

Dédié au premier roi d'Italie, représenté au centre sur une statue équestre en bronze doré de 12 m de haut, il symbolise l'unification du pays dont les régions sont personnifiées par seize sculptures disposées à la corniche.

Il abrite en outre le Museo storico del Risorgimento.

La vue, depuis le haut de l'édifice, offre un magnifique spectacle sur Rome.

Il Vittoriano, piazza Venezia

Palazzo Venezia et museo ⓫

Via del Plebiscito 118. **Plan** 5 A4
et 12 E4. **Tél.** *06 6999 4318*
▦ *Voir* **Comment y aller** *p. 65.*
◯ *mar.-dim. 8h30-18h30*
(dernière entrée : 1 h av. la ferm.).
◉ *1er janv., 1er mai, 25 déc.* ◪ ♿
Expositions temporaires.

Attribué au grand
architecte humaniste Leon
Battista Alberti (1404-1472),
ce palais qui
conserve la rigueur
des demeures
fortifiées du
Moyen Âge fut
plus probablement
construit par
Giuliano da
Maiano dont
on sait qu'il
sculpta

Paul II l'encadrement
de la grande porte
Renaissance donnant sur
la place.

Commandés par le cardinal
Pietro Barbo, les travaux
commencèrent en 1455 mais
prirent une autre ampleur
lorsque le cardinal devint
le pape Paul II en 1464.

Résidence des souverains
pontifes jusqu'en 1564
puis ambassade de Venise,
le palais appartient à la France
de 1797 à 1916 où l'État
s'en porta acquéreur. Dans
les années 1930, Mussolini y
installa son cabinet de travail
et prononça de violents
discours depuis son balcon.

Le museo di palazzo
Venezia, aménagé dans le
palais de Venise depuis 1921,
est le moins estimé des
musées romains, à tort.
Il présente en effet
de superbes collections
de peintures du début
de la Renaissance et
de sculptures en bois
polychrome de toute
l'Italie (dont la *Vierge
d'Acuto* incrustée de
pierres précieuses). Vous
y admirerez également des
tapisseries de toute l'Europe,
des majoliques, de l'argenterie,
des figurines en céramique
napolitaines, des bronzes
Renaissance, des armes, des
armures et des terres cuites
baroques dont certaines ont
été réalisées par Bernin.

Le palazzo Venezia et le balcon d'où Mussolini haranguait la foule

San Marco ⓬

Piazza San Marco 48. **Plan** 5 A4 et
12 F4. **Tél.** *06 679 52 05.* ▦ *Voir*
Comment y aller *p. 65.* ◯ *mar.-
dim. 8h30-12h, lun.-sam. 16h-
18h30, dim. 9h-13h, 16h-20h.* ✝

Les reliques du pape
Marc Ier reposent sous l'autel
de l'église qu'il fonda en 336
en l'honneur de saint Marc
l'Évangéliste et dont la
magnifique mosaïque de
l'abside, commandée
par Grégoire IV, date
du IXe siècle. Le
plafond à caissons
bleu et or décoré
du blason de
Paul II, le lion
rampant, rappel
du lion de saint
Marc (le saint patron
de Venise), remonte
au grand
remaniement du

**Écusson
de Paul II**

sanctuaire ordonné par ce
pape au XVe siècle, entre 1455
et 1471. San Marco devint alors
l'église de la communauté
vénitienne à Rome. Quant
au reste de l'intérieur, il reçut
vers 1740 une décoration
baroque (colonnes habillées
de jaspe et bas-reliefs en
stuc) principalement exécutée
par Filippo Barigioni.
De nombreux monuments
funéraires furent édifiés
dans les bas-côtés.

À l'extérieur,
l'église a conservé
son petit campanile
roman du XIIe ou
XIIIe siècle et son
élégante façade
à double rangée
d'arcades pourrait
être l'œuvre,
comme le palazzo
Venezia, de Leon
Battista Alberti ou de
Giuliano da Maiano.

Mosaïque du Christ de l'abside de San Marco avec Grégoire IV, à gauche

LE FORUM

Le Forum était véritablement le cœur politique, commercial et judiciaire de la Rome républicaine. Selon le dramaturge Plaute (auteur latin né vers 254 av. J.-C.), la place et les basiliques grouillaient « d'avocats et de plaideurs, de préteurs et de marchands, de boutiquiers et de prostituées, de bons à rien guettant l'aumône du riche ».

Barbare sculpté sur l'arc de Constantin

La population de la ville ne cessant de croître, le Forum devint trop étroit et Jules César créa un nouveau forum en 46 av. J.-C. Cinq empereurs, d'Auguste à Trajan, l'imitèrent au cours du siècle suivant, ouvrant les forums impériaux et faisant dresser des arcs de triomphe à leur gloire. Vespasien édifia le Colisée, plus à l'est, lieu de divertissement après une journée de travail.

LE QUARTIER D'UN COUP D'ŒIL

Églises et temples
Santa Francesca Romana ⑭
Tempio dei Dioscuri ⑧
Tempio di Antonino
 e Faustina ⑪
Tempio di Romolo et Santi
 Cosmo e Damiano ⑫
Tempio di Saturno ⑤
Tempio di Venere e di
 Roma ⑰
Tempio di Vesta ⑨

Bâtiments historiques
Basilica Æmilia ❶
Basilica di Massenzio
 e di Costantino ⑬
Basilica Julia ❼

Carcere Mamertino ㉔
Casa dei Cavalieri di Rodi ㉑
Casa delle Vestali ⑩
Colisée p. 92-95 ㉗
Curia ❷
Mercati traianei p. 88-89 ⑱
Torre delle Milizie ⑳

Musée
Antiquarium Forense ⑮

Arcs et colonnes
Arco di Costantino ㉖
Arco di Settimio Severo ❹
Arco di Tito ⑯
Colonna di Foca ❻
Colonna traiana ⑲

Sites antiques
Foro di Augusto ㉒
Foro di Cesare ㉓
Foro di Nerva ㉕
Rostres ❸

COMMENT Y ALLER
Métro : station Colosseo sur la ligne B. Autobus : lignes 75, 85, 87, 117, 175, 186, 810 et 850 pour l'entrée principale sur la via dei Fori Imperiali, et, H, 64, 65 et 70 pour le mercati di Traiano (arrêt sur la via IV Novembre). De nombreuses autres lignes desservent la piazza Venezia.

LÉGENDE
Plan de la visite
Ⓜ Station de métro
ⓘ Information touristique

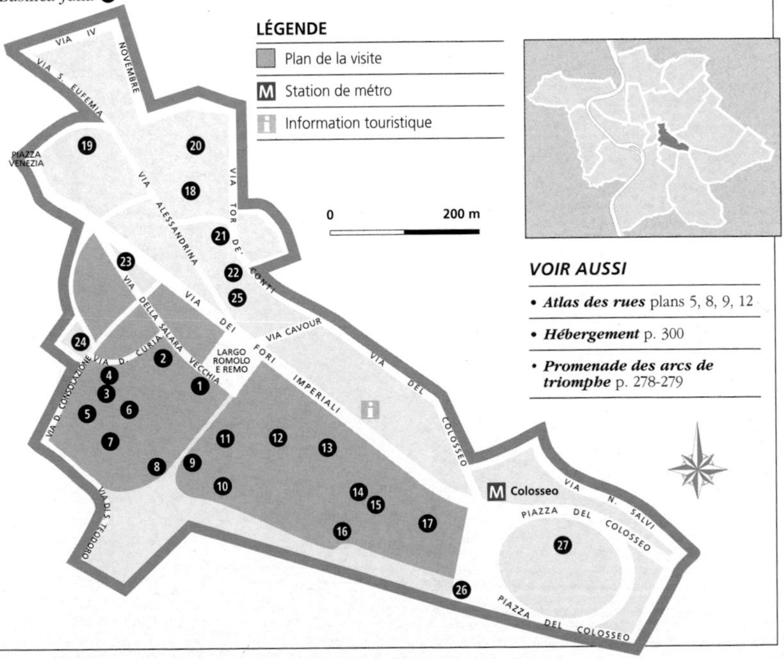

0   200 m

VOIR AUSSI
• *Atlas des rues* plans 5, 8, 9, 12
• *Hébergement* p. 300
• *Promenade des arcs de triomphe* p. 278-279

Ⓜ Colosseo

◁ **Vue du Forum, le Colisée se dressant derrière le clocher de Santa Francesca Romana**

L'ouest du Forum romain pas à pas

Avant de se lancer à la découverte de ce dédale de ruines,
mieux vaut en prendre une vue d'ensemble depuis la terrasse
du Capitole. De cet observatoire, on distingue notamment le
tracé de la via Sacra, la voie qu'empruntaient processions
religieuses et triomphales en direction du Capitole. Au pied de
la colline, l'arco di Settimio Severo
(arc de Septime Sévère) et les
colonnes du tempio di Saturno
(temple de Saturne) restèrent à demi
ensevelis jusqu'au XVIIIe siècle et le
début des fouilles archéologiques.
Celles-ci continuent aujourd'hui à
lever le voile sur l'histoire de Rome.

Le tempio di Vespasiano
est l'endroit d'où Piranèse
dessina le Forum
au XVIIIe siècle.
Ses trois colonnes
étaient presque
entièrement
enterrées.

Tempio della
Concordia

Portico degli
Dei consenti

Tempio di Saturno
*Il n'en reste que huit colonnes
non loin des trois colonnes du
temple de Vespasien* ❺

Rostres
*Ce sont les
ruines de la
tribune d'où
s'exprimaient
les orateurs* ❸

Basilica Julia
*Entreprise par César et achevée par
Auguste, elle abritait un tribunal* ❼

Colonna di Foca
*Cette colonne, érigée en
608, est le monument le
plus récent du Forum* ❻

★ Arco di Settimio Severo
Cette gravure du XIXe siècle montre l'arc alors qu'il venait d'être dégagé ❹

Santi Luca e Martina fut entièrement reconstruite à partir de 1635 par Pierre de Cortone.

Le Forum comporte la zone située en-dessous de la via dei Fori Imperiali.

CARTE DE SITUATION
Voir le centre de Rome p. 14-15

À NE PAS MANQUER

★ Arco di Settimio Severo

Curia
Reconstruite au IIIe siècle après un incendie, elle fut restaurée en 1937 ❷

LÉGENDE

— — — Itinéraire conseillé

0   75 m

Basilica Æemilia
Cette grande halle fut rasée au Ve siècle ❶

VIA DEI FORI IMPERIALI

DELLA CURIA

VIA DELLA CURIA

VIA DELLA SALARA VECCHIA

Entrée du Forum

Le tempio di Cesare fut érigé par Auguste à l'endroit où le corps du dictateur avait été incinéré en 44 av. J.-C. Les colonnes datent du VIe siècle.

Jules César

Vers l'est du Forum romain
Voir p. 80-81

Tempio dei Dioscuri
Les Romains élevèrent dès le Ve siècle av. J.-C. un temple dédié aux fils jumeaux de Jupiter, Castor et Pollux. Les ruines datent d'une reconstruction de l'an 6 ❽

L'est du Forum romain pas à pas

Les immenses voûtes de la basilica di Massenzio dominent la partie est du Forum. Elles permettent d'imaginer le bâtiment tel qu'il était au IVe siècle avec son sol et ses colonnes de marbre, et la statue colossale de Constantin dont on peut voir la tête (2,80 m) et l'un des pieds (2 m) au palazzo dei Conservatori. L'atrium décoré de statues, de l'autre côté de la via Sacra, appartenait à la casa delle Vestali.

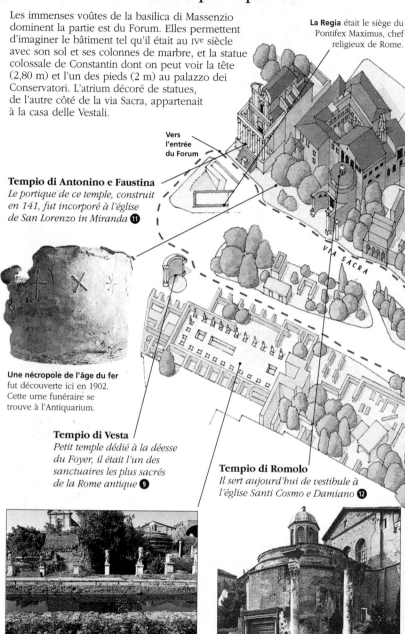

La Regia était le siège du Pontifex Maximus, chef religieux de Rome.

Vers l'entrée du Forum

VIA SACRA

Tempio di Antonino e Faustina
Le portique de ce temple, construit en 141, fut incorporé à l'église de San Lorenzo in Miranda ⓫

Une nécropole de l'âge du fer fut découverte ici en 1902. Cette urne funéraire se trouve à l'Antiquarium.

Tempio di Vesta
Petit temple dédié à la déesse du Foyer, il était l'un des sanctuaires les plus sacrés de la Rome antique ⑨

Tempio di Romolo
Il sert aujourd'hui de vestibule à l'église Santi Cosmo e Damiano ⓬

★ **Casa delle Vestali**
On célébrait le culte de la déesse Vesta dans cette vaste maison construite autour d'une cour rectangulaire ⑩

★ Basilica di Massenzio e di Costantino

Les hautes et austères arcades de la basilique donnent une idée de la grandeur des bâtiments publics du Forum antique ⑬

CARTE DE SITUATION
Voir le centre de Rome p. 14-15

Santa Francesca Romana

La sainte, à qui l'église doit son nom, prenait soin des pauvres Romains au XVᵉ siècle ⑭

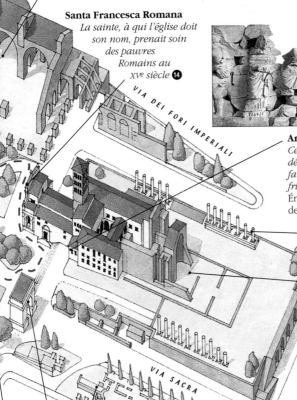

VIA DEI FORI IMPERIALI

Antiquarium Forense
Ce petit musée expose des découvertes archéologiques faites au Forum, dont cette frise de la basilique Æmilia, Énée et la fondation de Rome ⑮

Colonnade entourant le tempio di Venere e di Roma

Tempio di Venere e di Roma
L'empereur Hadrien aurait lui-même dessiné les plans de ce vaste ensemble édifié en 121 ⑰

VIA SACRA

Vers le Palatin

Ruines de thermes

Arco di Tito

Cet arc, restauré en 1810, est orné de superbes bas-reliefs célébrant la victoire de Titus à Jérusalem (70) ⑯

À NE PAS MANQUER

★ Basilica di Massenzio e di Costantino

★ Casa delle Vestali

LÉGENDE

― ― ― Itinéraire conseillé

0   75 m

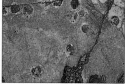

Monnaies fondues dans le pavement de la basilica Æmilia

Basilica Æmilia ❶

Voir Forum mode d'emploi.

C'est l'une des trois basiliques civiles du Forum (ses ruine se trouvent à droite en entrant par la via dei Fori Imperiali). Les consuls Marcus Aemilius Lepidus et Marcus Fulvius Nobilor, élus pour exercer le pouvoir suprême pendant un an, construisirent cette vaste halle rectangulaire en 179 av. J.-C. Longue de 100 m, elle avait un sol de marbre polychrome et une toiture de plaques de bronze.

Les basiliques de la Rome antique ne remplissaient pas de fonction religieuse. Elles abritaient les cours de justice et servaient de lieu de rencontre aux politiciens, aux usuriers et aux *publicani*, ces collecteurs d'impôts souvent détestés car s'ils

versaient une somme contractuelle et fixe à l'État, aucune limite n'était prescrite à celles qu'ils avaient pouvoir d'exiger.

La basilique fut reconstruite plusieurs fois. En 410, lors du sac de Rome par les Visigoths, elle fut incendiée : les pièces qui fondirent sur le pavement échappèrent aux collecteurs et aux usuriers rapaces.

Curia ❷

Voir Forum mode d'emploi.

La tradition attribue l'édification de la première Curie, lieu de réunion du Sénat, au roi sabin Tullius Hostilius (672-640 av. J.-C.). Elle se dressait sur le site qu'occupe aujourd'hui l'église Santi Luca e Martina. Après un incendie en 52 av. J.-C., Jules César la reconstruisit à son emplacement actuel et Domitien la restaura en 94. Le bâtiment que nous voyons aujourd'hui est une restauration datant de 1937 de la Curie qu'éleva Dioclétien en 303 après que le feu l'eut de nouveau ravagée. Sa façade de brique était autrefois habillée de marbre. Il renferme deux bas-reliefs vantant la générosité de Trajan qui faisaient partie de la balustrade des Rostres.

Rostres ❸

Voir Forum mode d'emploi.

Ruines des Rostres impériaux

Les Rostres, tribune aux harangues décorée d'éperons de navire *(rostra)* en airain pris à Antium en 388 av. J.-C., dominaient le Comitium, espace devant la Curie où se tenaient les assemblées populaires au tout début de Rome.

Jules César les transféra à leur emplacement actuel lorsqu'il réaménagea le Forum et Marc Antoine y prononça un vibrant hommage au dictateur après son assassinat en 44. Un an plus tard, on y exposait la tête et les mains de Cicéron qui avait été mis à mort par le second triumvirat composé d'Octave, de Lépide et de Marc Antoine. Fulvia, la femme de ce dernier, y transperça d'une épingle à cheveux la langue du célèbre orateur.

Ce fut aussi aux Rostres, dit-on, que se prostitua Julie, la fille d'Auguste qui finit par être reléguée dans l'île de Pandateria pour son inconduite.

La Curia

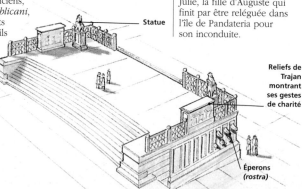

Statue

Reliefs de Trajan montrant ses gestes de charité

Rostres

Cette reconstitution représente la tribune aux harangues à l'époque impériale.

Éperons (rostra)

Arco di Settimio Severo ❹

Voir Forum mode d'emploi.

Cet superbe arc de triomphe, l'un des monuments les plus impressionnants et les mieux conservés du Forum, fut érigé en 203 pour célébrer le 10e anniversaire de l'avènement de Septime Sévère.

Quatre reliefs – très érodés – représentent les victoires de l'empereur sur les Parthes (aujourd'hui Iraniens et Irakiens).

Captifs barbares, arc de Septime Sévère

L'inscription, près du sommet, dédiait l'arc au souverain et à ses deux fils, Geta et Caracalla, mais ce dernier fit effacer le nom de son frère après l'avoir assassiné (l'emplacement des lettres est toujours bien visible).

À demi enseveli sous la terre et les débris, le grand arc central abritait au Moyen Âge l'échoppe d'un barbier.

Arc de triomphe de l'empereur Septime Sévère

Tempio di Saturno ❺

Voir Forum mode d'emploi.

S'il y eut un sanctuaire à cet endroit dès 497 av. J.-C., les huit colonnes ioniques qui se dressent au pied du Capitole datent de 42 av. J.-C. et reposent sur un podium recouvert de

Chapiteaux ioniques des colonnes du tempio di Saturno

travertin du Ier siècle av. J.-C.

Les poètes identifiaient Saturne à Janus, roi primitif du Latium pendant l'âge d'or, une époque de paix et de prospérité où tous les hommes étaient égaux, l'esclavage, la propriété privée, le crime et la guerre n'existant pas, ce qui rendait la divinité particulièrement chère aux membres des couches sociales les plus basses. Chaque année, du 17 au 23 décembre, les saturnales ressuscitaient pendant une semaine de fête ce règne mythique. Pendant toute la durée des festivités, l'ordre social habituel était renversé. Les nobles échangeaient leur toge aristocratique contre la tenue plus modeste des classes populaires. Hommes libres comme esclaves se coiffaient du *pileus*, bonnet de l'affranchi et symbole de liberté. Tribunaux et écoles fermaient, les prisonniers se voyaient amnistiés et aucune guerre ne pouvait être déclarée.

Autorisés à boire du vin jusqu'à l'ivresse, les esclaves ne servaient plus leurs maîtres et étaient même parfois servis par eux. On échangeait des petits cadeaux, notamment des chandelles de cire et des petites poupées d'argile, et l'on misait des noix (symbole de fertilité) dans des jeux de hasard.

Nombre de ces traditions se perpétuent dans les réjouissances actuelles qui marquent Noël et la fin de l'année.

Colonna di Foca ❻

Voir Forum mode d'emploi.

Avant le XIXe siècle, on ignorait tout de la colonne de Phocas. Il fallut la curiosité d'une Anglaise, lady Elizabeth Foster, pour que soit déterré en 1816 le piédestal de cette colonne de 13,5 m, l'une des rares à être restée debout. On apprit ainsi qu'il s'agissait du monument le plus récent du Forum. Il avait été dressé en 608 par l'exarque (vice-roi) Smaragdus en l'honneur de l'empereur byzantin Phocas. Celui-ci venait en effet d'effectuer une visite à Rome et d'offrir le Panthéon au pape *(p. 110-111)* : la colonne fut élevée en remerciement.

La colonna di Foca

Vestiges de la basilica Julia, ancien tribunal civil

Basilica Julia ❼

Voir Forum mode d'emploi p. 82.

Auguste venait à peine d'achever cette immense basilique, commencée par César soixante ans plus tôt, qu'un incendie l'endommageait en 9 av. J.-C.

Après réparations, le bâtiment, qui s'étendait du temple de Saturne à celui de Castor et Pollux, fut dédié aux petits-fils de l'empereur, Gaius et Lucius.

Les nombreux sacs et pillages qui marquèrent l'histoire de Rome et du Forum n'en ont laissé que le perron, le dallage et les socles des colonnes. Son plan n'en demeure pas moins assez clair.

TEMPLE DE VESTA
Il conservait la forme d'une hutte faite d'un toit de chaume reposant sur une armature de piquets de bois.

Deux portiques concentriques entouraient une nef centrale de 80 m de long sur 18 de large où siégeaient les *centumviri*, un tribunal civil chargé notamment des affaires d'héritage, qui comptait 180 magistrats répartis en quatre chambres de 45 membres chacune.

De simples tentures, ou des paravents, séparaient ces quatre cours et les procès se déroulaient dans le plus grand vacarme car les avocats payaient des spectateurs pour qu'ils applaudissent leurs arguments et huent ceux de leurs adversaires depuis les galeries supérieures. Cette « claque rétribuée » n'occupait toutefois pas à temps complet ceux qui la pratiquaient. Gravés sur les marches du perron, des damiers leur servaient à patienter entre deux procès en jouant aux dés et à toute sorte de jeux d'argent.

Tempio dei Dioscuri ❽

Voir Forum mode d'emploi p. 82.

Les trois colonnes corinthiennes en marbre blanc de ce temple, élancées et cannelées, forment l'une des plus jolies ruines du Forum. Le premier sanctuaire érigé sur le site remonte au tout début de la République (484 av. J.-C.). Construit par le dictateur Postumius après le triomphe des Romains, il commémorait l'intervention des jumeaux, fils de Jupiter, pendant la bataille du lac Regille (499 av. J.-C.) qui opposait les Romains aux Latins alliés à Tarquin le Superbe.

Après la victoire, on vit les Dioscures abreuver leurs chevaux à la fontaine de Juturne au pied du Palatin et le temple se dresse donc juste à côté.

Comme la plupart des édifices du Forum, il connut de nombreuses reconstructions. La dernière, qui laissa les colonnes et le podium actuels, fut effectuée par le futur empereur Tibère en 6 av. J.-C.

Colonnes corinthiennes du temple de Castor et Pollux

Tempio di Vesta ❾

Voir Forum mode d'emploi p. 82.

Au début du IIIe siècle, Septime Sévère reconstruisit ce temple, le plus élégant du Forum, suivant un plan circulaire qui rappelle les huttes primitives du Latium. Depuis longtemps ce site était voué au culte de la déesse du Foyer, culte qui était assuré par les Vestales.

Ces célèbres vierges étaient choisies enfant, entre six et dix ans, dans les familles

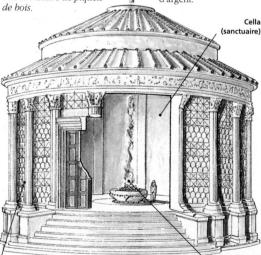

Cella (sanctuaire)

Colonnes corinthiennes

Feu sacré

patriciennes et restaient attachées au culte pendant trente ans : dix ans d'apprentissage, dix ans de pratique et dix ans d'enseignement aux novices. Elles pouvaient ensuite vivre comme des citoyennes ordinaires. Les cérémonies en l'honneur de Vesta étant peu nombreuses, leur tâche la plus importante consistait à entretenir jour et nuit le feu symbole de l'État. Celle qui le laissait mourir était fouettée par le *Pontifex Maximus* et renvoyée. Celle qui manquait à son vœu de chasteté était enterrée vivante et son compagnon fouetté à mort. Dix vestales seulement auraient connu ce sort.

La fonction ne comportait toutefois pas que des devoirs. Les prêtresses de Vesta jouissaient de nombreux privilèges et d'un certain pouvoir politique. Elles pouvaient obtenir la grâce d'un condamné ou rétablir l'entente en période de crise. Elles occupaient des places d'honneur aux jeux publics et avaient le droit de se déplacer en char à l'intérieur des murs.

Dans la partie la plus secrète du temple, les vestales veillaient aussi sur les talismans garants de la puissance de Rome, dont le Palladium, statuette archaïque de Minerve, et les pénates apportés de Troie par Énée.

Atrium de la maison des Vestales

Casa delle Vestali ❿

Voir Forum mode d'emploi p. 82.

Dès leur élection, les futures prêtresses de Vesta venaient habiter dans ce palais, l'un des plus riches de Rome avec ses 50 pièces ceinturant sur trois étages un vaste atrium. Cet endroit est peut-être celui qui, dans le Forum, évoque le passé avec le plus d'intensité. Les deux bassins de cette ancienne cour intérieure, où les poissons rouges jouent entre les tiges des nénuphars, sont toujours entourés de statues de Grandes Vestales, érodées par le temps et pour la plupart décapitées. Elles datent des IIIe et IVe siècles, et les plus belles se trouvent au Museo nazionale romano *(p. 163).*

L'inscription effacée sur l'un des piédestaux révèle que la vestale tomba en disgrâce. Il pourrait s'agir de Claudia qui se convertit au christianisme.

Malgré le bon état de conservation de plusieurs salles autour de l'atrium – il reste même des volées de marches, mais elles ne mènent nulle part –, il est interdit de les visiter. On peut néanmoins apercevoir dans celles qui sont situées au sud, les vestiges d'une meule qui servait à moudre

Statue de Vestale

la farine avec laquelle les vestales fabriquaient un gâteau rituel.

Tempio di Antonino e Faustina ⓫

Voir Forum mode d'emploi p. 82.

L'un des spectacles les plus curieux du Forum est la façade baroque de San Lorenzo in Miranda se dressant au-dessus du porche massif d'un temple romain. L'empereur Antonin le Pieux le dédia à la mémoire de sa femme Faustine en 141, que le sénat consacra également à son culte après sa mort en 161. Il fut transformé en église au XIe siècle parce que la tradition voulait que saint Laurent y fût condamné à mort. L'édifice actuel fut édifié en 1601.

Temple d'Antonin et Faustine

Partie restaurée du temple de Vesta

Tempio di Romolo et Santi Cosmo e Damiano ⓬

Voir Forum mode d'emploi p. 82.
Santi Cosmo e Damiano
Tél. *06 692 04 41.* ☐ *t.l.j. 9h-13h, 15h-19h.* **Crèche** ● *lun.-jeu.* 🎦 *pour la crèche.* 🕐 ♿

Ce temple rond, encadré de deux salles à abside et coiffé d'un dôme, était probablement dédié au fils de l'empereur Maxence et non à Romulus, le fondateur de Rome. Ses lourdes portes de bronze sont d'époque. L'église à laquelle il sert de vestibule occupe l'ancienne bibliothèque du forum de la Paix. En la consacrant en 526, le pape Félix IV en fit le premier édifice païen transformé en sanctuaire. C'est aussi lui qui commanda les mosaïques, restaurées au XVIIe siècle, qui la décorent encore aujourd'hui et sont considérées comme les plus belles de Rome. Il faut prendre l'entrée de la via dei Fori Imperiali pour les admirer. La crèche est composée de splendides personnages sculptés datant du XVIIIe siècle.

Toit du temple de Romulus

Basilica di Massenzio e di Costantino ⓭

Voir Forum mode d'emploi p. 82.

Les trois immenses voûtes à caissons de ce qui fut le plus vaste bâtiment du Forum forment une ruine impressionnante. L'empereur Maxence démarra en 308 apr. J.-C. la construction d'une basilique orientée vers le Colisée par une entrée à l'est et une abside à l'ouest. Après l'avoir destitué en remportant la bataille du pont de Milvius, Constantin reprit les travaux mais changea l'axe de l'édifice en l'ouvrant côté sud sur la via Appia.

La basilique mesurait environ 100 m de long sur 65 de large, et les trois berceaux latéraux encore debout ont une hauteur de 24 m. Celle de la nef centrale, couverte par une immense voûte d'arête, était de 35 m. Des plaques de bronze doré protégèrent le toit jusqu'au VIIe siècle quand Honorius Ier les fit enlever pour en couvrir la première basilique Saint-Pierre.

Les hommes d'affaires, les magistrats et les plaideurs qui fréquentaient la basilique ne risquaient pas d'oublier son fondateur. Une statue colossale de l'empereur Constantin, en bronze et en marbre, haute de 12 m, se dressait dans l'abside occidentale. On en a retrouvé des fragments, tels la tête et un pied. Vous pourrez les admirer au palazzo dei Conservatori *(p. 72-73).*

Les trois berceaux latéraux de la basilique abritaient des tribunaux.

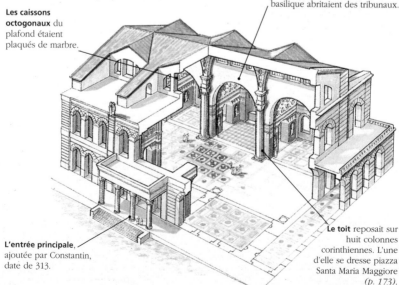

Les caissons octogonaux du plafond étaient plaqués de marbre.

L'entrée principale, ajoutée par Constantin, date de 313.

Le toit reposait sur huit colonnes corinthiennes. L'une d'elle se dresse piazza Santa Maria Maggiore *(p. 173).*

Santa Francesca Romana

Piazza di Santa Francesca Romana.
Plan 5 B5. *Tél.* 06 679 55 28. 85,
87, 117, 175, 810. 3. Colosseo.
*t.l.j. 10h30-12h, 16h30-17h30 ;
téléphoner car les horaires d'ouverture
peuvent changer.*

Chaque année, le 9 mars,
les conducteurs romains
essaient de garer leur
voiture le plus près
possible de cette église
qui dresse un beau
campanile roman
incrusté de céramiques
au-dessus
d'une façade
baroque
du XVIIᵉ siècle.

Campanile de Santa Francesca

Sainte
Françoise
Romaine
est en effet la
patronne des
automobilistes
et l'on bénit
les véhicules
le jour de sa fête. Elle vivait
à Trastevere au XVᵉ siècle et
avait créé une congrégation
de religieuses, les oblates
olivétaines, qui secouraient
les pauvres et les malades.
L'église porte son nom depuis
sa canonisation en 1608.

On peut voir à l'intérieur,
encastrées dans le mur,
les deux pierres de la Via
Sacra sur lesquelles Pierre
et Paul prièrent alors que
Simon le Magicien s'efforçait
de prouver que ses pouvoirs
étaient supérieurs à ceux
des apôtres en volant
au-dessus du Forum.
Leurs prières furent entendues
et le mécréant s'écrasa
immédiatement au sol.

Antiquarium Forense ⓯

Voir Forum mode d'emploi p. 82.

Le service chargé des
fouilles archéologiques au
Forum et un petit musée
occupent aujourd'hui l'ancien
couvent de Santa Francesca
Romana.

Le musée étant en cours
de réorganisation, on ne
peut en visiter que quelques
salles. Elles contiennent des

Dédicace à Titus et Vespasien sur l'arc de Titus

tombes et urnes funéraires
de la nécropole archaïque,
qui datent de l'âge du fer,
et divers vestiges antiques
provenant du Forum,
pour la plupart du tempio
di Vesta, de la fontaine
de Juturne et de la basilica
Æmilia.

Frise d'Énée à l'Antiquarium Forense

Arco di Tito ⓰

Voir Forum mode d'emploi p. 82.

L'empereur Domitien érigea
cet arc de triomphe en 81
pour célébrer les victoires
remportées par son frère Titus
et son père Vespasien en
Judée : en 66, les Juifs placés
sous la tutelle romaine se
révoltèrent, et une guerre
de deux ans aboutit à la chute
de Jérusalem et à la diaspora.

Bien que les bas-reliefs
sculptés à l'intérieur de
l'arcade soient très
érodés, on peut
distinguer sur l'un
d'eux les soldats
vainqueurs emportant
le butin pris au
Temple, qui
comprenait les tables
de Proposition, les
trompettes d'argent
et le chandelier
à sept branches.

Tempio di Venere e di Roma ⓱

Voir Forum mode d'emploi p. 82.

L'empereur Hadrien lui-même
aurait dessiné ce temple, le
plus grand de Rome, édifié en
135 à l'emplacement
du vestibule de la
Domus Aurea de
Néron *(p. 175).*
Sur une vaste terrasse
(145 m sur 100), un
quadruple portique
de trente colonnes
entourait deux cellas
terminées en abside
et s'adossant l'une à
l'autre. Le temple était
consacré à Rome ainsi
qu'à Vénus, la mère d'Énée,
lui-même père de Remus
et Romulus. Selon la tradition,
l'architecte Apollodore de
Damas paya de sa vie d'avoir
remarqué la trop grande taille
des statues qu'elles abritaient.
Si les divinités représentées
assises s'étaient levées,
elles se seraient cognées
contre la voûte.

Statue de
la déesse

Colonne de
porphyre

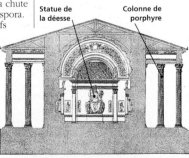

Vue en coupe du temple de Vénus et Rome

Mercati traianei ⑱

Considéré à son époque comme l'une des merveilles du monde classique, le marché de Trajan ne présente plus que l'ombre de sa splendeur quand Apollodore de Damas acheva sa construction. De la soie aux poissons conservés en viviers, on vendait de tout dans cet ensemble visionnaire de 150 boutiques, entrepôts, bureaux et salles de négoce.

Le marché aujourd'hui
Il est dominé par l'austère torre delle Milizie construite au XIIIe siècle.

Voûtes

Trajan
Grand général, il fut aussi un souverain charitable.

Salle principale
Douze boutiques s'ouvraient sur deux niveaux. Les distributions gratuites de blé aux pauvres s'effectuaient au dernier étage.

Via Biberatica
Tavernes et boutiques d'épices bordaient la rue principale du marché.

Petit hémicycle de boutiques

Escalier

CHRONOLOGIE

100-112 Construction du marché de Trajan	**472** Ricimer le Suève fait stationner des troupes dans le marché	**XIIIe s.** Érection de la torre delle Milizie	**1572** Le couvent de S. Caterina da Siena recouvre en partie le marché	**1924** Démolition de maisons médiévales	

100	500	1000	1300	1800	1950

117 Mort de Trajan	**552** L'armée byzantine occupe et fortifie le marché	**XIIIe s.** Luttes intestines pour le contrôle du quartier	**1828** 1re tentative de fouilles, la valeur du site est ignorée	**1911-1914** Démolition du couvent	
98 Trajan succède à Nerva				**1930-1933** Le marché est déterré	

Le marché au XVIe siècle
*Le combat représenté sur cette fresque se déroule
devant les ruines en partie enfouies du marché
de Trajan.*

Une boutique
*Les boutiques
donnant sur la
rue ou les galeries
étaient consacrées
au commerce de
détail.*

Étage supérieur
*On a retrouvé dans
ces magasins des
jarres servant à
conserver le vin et
l'huile.*

La terrasse
au-dessus de la
via Biberatica.

**Mur séparant le marché
du forum de Trajan**

**Vaste salle au
plafond voûté**

LE MARCHÉ À L'ANTIQUE

Les boutiques ouvraient tôt, fermaient
vers midi. Certaines étaient décorées
de mosaïques représentant les
produits à vendre. Les courses
étaient une affaire d'hommes.
Les clientes ne fréquentaient
guère que le tailleur et le
cordonnier, et, précisent des
archives, il n'y eut en tout que
sept marchandes entre 117 et
193 : trois de laine, deux de
bijoux, une de légumes
et une de poisson.

Mosaïque

Le foro di Traiano (forum de Trajan) fut construit
en 107-113 av. J.-C. La basilica Ulpia, édifiée
ensuite, est la plus grande de Rome (170 m
sur 60). Seule une petite partie du forum a été
fouillée. Le reste se trouve malheureusement
sous les rues de Rome.

Mercati traianei ⓲

Voir p. 88-89

Colonna traiana ⓳

Via dei Fori Imperiali. **Plan** 5 A4 et 12 F4.
*Voir les renseignements pratiques
p. 89.*

Détail de la colonne de Trajan

Trajan inaugura en 113 cette
élégante colonne qui mesure
40 m, soit exactement la
hauteur du contrefort du
Quirinal que l'empereur fit
aplanir pour créer le forum
où elle se dresse. La colonne
de Trajan célèbre ses deux
campagnes en Dacie. Plus de
2 500 personnages sculptés
en haut-relief sur les
18 cylindres qui forment le
fût et abritent un escalier en
colimaçon (fermé au public)
éclairé par 43 meurtrières,
présentent par le détail le
déroulement des opérations
militaires, depuis le départ
de Rome jusqu'à la retraite
des ennemis. Les scènes
s'enchaînent en une longue
spirale dont les figures
augmentent en taille plus
elles sont proches du sommet
pour compenser l'effet de
perspective. Un jeu complet
de moulages permet de les
étudier au musée de la
Civilisation romaine à l'EUR
(p. 266). Le piédestal de la
colonne renferma longtemps
une urne en or contenant
les cendres de Trajan et
de sa femme Plotina.
  Le monument doit
largement son magnifique état
de conservation au pape
Grégoire le Grand qui régna
de 590 à 604. Ému par un
relief qui montrait l'empereur

venant en aide à une femme
en deuil de son fils, il supplia
Dieu d'épargner à Trajan
les flammes de l'enfer.
Et Dieu apparut au pape pour
l'informer qu'Il avait entendu
sa requête mais qu'il ne fallait
plus prier pour le salut d'âmes
païennes. Le terrain autour de
la colonne fut déclaré sacré,
ce qui la préserva. Une statue
de Trajan se trouvait au
sommet de la colonne
jusqu'en 1587, date à laquelle
saint Pierre la remplaça.

Torre delle Milizie ⓴

Mercati traianei, via IV Novembre.
Plan 5 B4. **Tél.** 06 679 00 48.
⬤ au public.

On crut pendant des siècles
que Néron regarda brûler
Rome depuis cette massive
tour de brique après y avoir
mis le feu pour détruire ses
taudis. Nul ne sait s'il alluma
réellement l'incendie mais il
est sûr qu'il ne le contempla
pas depuis la tour : elle date
du XIIIe siècle.

Casa dei Cavalieri di Rodi ㉑

Piazza del Grillo 1. **Plan** 5 B5.
Tél. 06 06 08. ▦ 84, 85, 87, 117,
175, 186, 810, 850.
◯ mar. et jeu. matin sur r.-v.,
longtemps à l'avance.

Maison des Chevaliers de Rhodes

L'ancien prieuré romain
des Chevaliers de
Saint-Jean de Jérusalem,
devenus au gré de l'histoire
les Chevaliers de Rhodes
puis de Malte, domine
depuis le XIIe siècle le
forum d'Auguste. Si vous
arrivez à entrer, demandez
à voir la superbe chapelle
Saint-Jean.

Foro di Augusto ㉒

Piazza del Grillo 1. **Plan** 5 B5 et 12 F5.
*Voir mode d'emploi du marché de Trajan,
p. 89.* **Tél.** 06 06 08. ◯ sur r.-v. seul.

**Podium du temple de Mars
au forum d'Auguste**

Auguste construisit ce
forum pour célébrer
sa victoire contre l'armée
de Cassius et Brutus,
les meurtriers de César,
à la bataille de Philippes
(42 av. J.-C.). À moitié
recouvert aujourd'hui par la
via dei Fori Imperiali ouverte
par Mussolini, il s'étendait
du forum de César à un haut
mur qui le protégeait
des incendies du quartier
populeux de Suburre. En son
centre, se dressait le temple
de *Mars Ultor* (Mars Vengeur
de César), reconnaissable à
ses marches craquelées et aux
trois colonnes corinthiennes
qui subsistent. La statue du
dieu, qui partageait la cella
avec une effigie de Vénus,
ressemblait fort à Auguste.

Foro di Cesare ㉓

Via del Carcere Tulliano.
Plan 5 A5. **Tél.** 06 06 08.
▦ 84, 85, 87, 175, 186, 810, 850.
◯ aux chercheurs et sur r.-v. seul.

Il fut le premier des forums
impériaux. César dépensa
une fortune – presque tout
le butin rapporté de Gaule –
pour acheter les maisons
qui existaient sur le site, les
démolir et élever un temple
à Vénus Genetrix, mère
d'Énée et ancêtre mythique
de la gens Julia, afin
d'accomplir un vœu fait
sur le champ de bataille
de Pharsale où il vainquit
Pompée en 48 av. J.-C.

Ce sanctuaire, dont ne restent à présent que le podium et trois colonnes, dominait une place rectangulaire cernée d'une double colonnade abritant des boutiques.

Domitien, puis Trajan, durent restaurer l'ensemble après un incendie en 80. Trajan construisit, en outre, la basilique Argentaria où officiaient les nombreux changeurs.

Carcere Mamertino ㉔

Clivo Argentario 1. **Plan** 5 A5.
Tél. 06 679 29 02. 84, 85, 87, 175, 186, 810, 850. t.l.j. 9h-19h (17h en hiver). **Don** attendu.

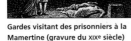

Gardes visitant des prisonniers à la Mamertine (gravure du XIXᵉ siècle)

Sous l'escalier de l'église du XVIᵉ siècle San Giuseppe dei Falegnami (Saint-Joseph-des-Charpentiers), s'ouvre l'entrée de la prison Mamertine (ou prison Tullianum). Saint Pierre fut incarcéré, dit-on, dans cette ancienne citerne reliée au principal égout de la ville (la *Cloaca Maxima*) où il fit jaillir une source afin de baptiser ses codétenus et leurs deux gardiens.

La prison elle-même, le *carcer Mamertinus*, servait aussi de lieu d'exécution. On enfermait les chefs ennemis vaincus dans un sombre cachot qui s'étendait dessous. Vercingétorix y attendit six ans avant d'être étranglé.

Le foro di Nerva au XVIIᵉ siècle

Foro di Nerva ㉕

Piazza del Grillo 1 (accès par le forum d'Auguste). **Plan** 5 B5.
Tél. 06 0608. 84, 85, 87, 175, 186, 810, 850. sur r.-v. seul.

Nerva acheva en 97 ce forum commencé par Domitien. Dominée par le temple de Minerve que Paul V détruisit au XVIIᵉ siècle, la nouvelle place n'était guère plus qu'un long couloir bordé de deux colonnades. Elles reliaient le forum de la Paix, construit en 70 par Vespasien, à celui d'Auguste et, pour cette raison, elle prit aussi le nom de *Forum Transitorium*.

Deux colonnes du mur de clôture, supportant une longue frise où Minerve préside les efforts de jeunes filles apprenant à coudre et à tisser, constituent le principal vestige de ce forum que la via dei Fori Imperiali a malheureusement en grande partie recouvert.

Arco di Costantino ㉖

Entre la via di San Gregorio et la piazza del Colosseo. **Plan** 8 F1.
75, 85, 87, 175, 673, 810.
3. Ⓜ Colosseo.

Médaillon sur l'arco di Costantino

Le sénat et le peuple de Rome érigèrent cet arc en 315 pour commémorer la victoire de Constantin sur Maxence en 312.

Constantin affirma devoir ce succès au Christ mais l'arc n'a rien de chrétien, une grande partie de ses décorations provenant de monuments plus anciens. Les statues de prisonniers daces se dressaient ainsi auparavant sur le forum de Trajan, et les reliefs à l'intérieur de l'arcade, qui évoquent les victoires de cet empereur sur les Daces, sont probablement l'œuvre de l'artiste qui sculpta la colonne Trajane.

Colisée ㉗

Voir p. 92-95.

Face nord de l'arco di Costantino (arc de Constantin), du côté du Colisée

Colisée (Colosseo) ㉗

Vespasien commença sa construction en 72 à l'emplacement du lac qui ornait le parc de la *Domus Aurea* de Néron. Son fils Titus l'inaugura en 80 par des jeux qui durèrent trois mois et coûtèrent la vie à 2 000 gladiateurs et 9 000 bêtes. Plus grand

Extérieur du Colisée
Les pierres arrachées à la façade servirent à construire palais, ponts et même la basilique Saint-Pierre.

amphithéâtre de Rome, le Colisée était non seulement une œuvre d'art mais aussi une remarquable réussite technique pouvant accueillir à l'époque 55 000 spectateurs sous un vélarium les protégeant du soleil. Selon leur rang, ils prenaient place sur le podium, sur l'un des trois niveaux de gradins ou restaient debout sur le promenoir.

Vespasien
Soldat professionnel, il devint empereur en 69, fondant la dynastie des Flaviens.

La façade était en travertin.

FLORE DU COLISÉE

Au XIXe siècle, les plantes qui prospéraient dans les divers microclimats régnant dans les ruines du Colisée étaient si nombreuses que plusieurs botanistes les étudièrent. Deux livres parurent. L'un d'eux répertoriait 420 espèces végétales différentes.

Bourrache

Les bornes d'amarrage retenaient le vélarium.

Le vélarium, immense toile abritant les spectateurs du soleil, était tendu sur des mâts dressés au sommet du bâtiment et amarré à des bornes scellées dans le sol.

CHRONOLOGIE

80 L'inauguration de l'amphithéâtre, organisée par Titus, dure 100 jours

70		100
72 Début de la construction du Colisée	**81-96** Achèvement la décoration sous Domitie	

Couloirs intérieurs
Malgré la foule, ils permettaient à un spectateur d'atteindre sa place moins de 10 min après son arrivée.

Le vomitorium était l'issue de chaque section numérotée.

MODE D'EMPLOI

Piazza del Colosseo. **Plan** 9 A1. **Tél.** *06 3996 7700.* 75, 81, 85, 87, 117, 175, 673, 810. *3 vers piazza del Colosseo.* Colosseo. *9h-1h av. le couher du soleil t.l.j.* *1er janv., 25 déc.* *(incluant le Palatin et le Forum).* *accès limité.* *Les gladiateurs se font payer pour être pris en photo avec vous.*

Des briques formaient les murs intérieurs.

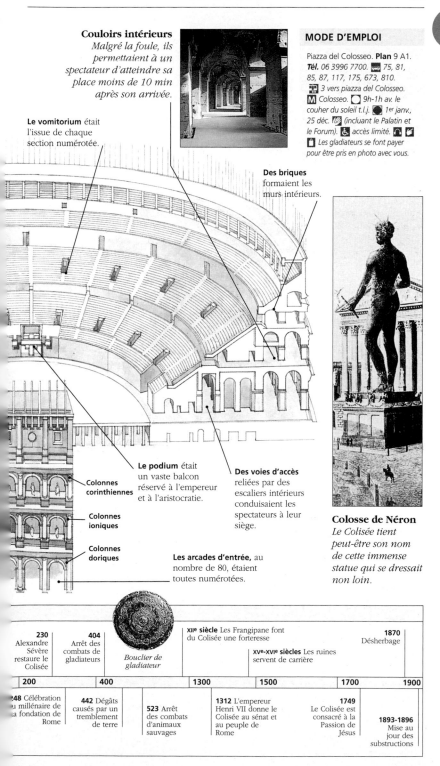

Colonnes corinthiennes

Colonnes ioniques

Colonnes doriques

Le podium était un vaste balcon réservé à l'empereur et à l'aristocratie.

Des voies d'accès reliées par des escaliers intérieurs conduisaient les spectateurs à leur siège.

Les arcades d'entrée, au nombre de 80, étaient toutes numérotées.

Colosse de Néron
Le Colisée tient peut-être son nom de cette immense statue qui se dressait non loin.

230 Alexandre Sévère restaure le Colisée

404 Arrêt des combats de gladiateurs

Bouclier de gladiateur

XIIe siècle Les Frangipane font du Colisée une forteresse

XVe-XVIe siècles Les ruines servent de carrière

1870 Désherbage

200	400	1300	1500	1700	1900

248 Célébration du millénaire de la fondation de Rome

442 Dégâts causés par un tremblement de terre

523 Arrêt des combats d'animaux sauvages

1312 L'empereur Henri VII donne le Colisée au sénat et au peuple de Rome

1749 Le Colisée est consacré à la Passion de Jésus

1893-1896 Mise au jour des substructions

Les jeux du cirque

Les spectacles donnés par les
empereurs commençaient souvent par
des numéros d'animaux dressés. Puis
venaient les hoplomachies, les combats
jusqu'à la mort des gladiateurs que
surveillaient des garçons de piste.
Ces derniers étaient déguisés en Charon,
le cocher des enfers, prêts à emporter
les cadavres et jeter un peu de sable sur
les taches de sang. Gravement blessé,
un gladiateur pouvait remettre son sort
entre les mains du public et de
l'empereur, et espérer la grâce d'un
pouce levé. Les bêtes sauvages chassées
lors des *venationes* ne bénéficiaient pas
de ce recours.

Sous l'arène
*Des fouilles au XIXᵉ siècle révélèrent le dédale
souterrain où l'on gardait les animaux.*

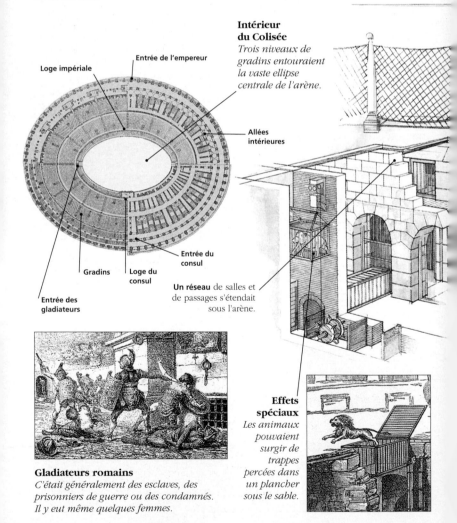

**Intérieur
du Colisée**
*Trois niveaux de
gradins entouraient
la vaste ellipse
centrale de l'arène.*

Entrée de l'empereur

Loge impériale

Allées
intérieures

Gradins   Loge du
consul

Entrée du
consul

Entrée des
gladiateurs

Un réseau de salles et
de passages s'étendait
sous l'arène.

**Effets
spéciaux**
*Les animaux
pouvaient
surgir de
trappes
percées dans
un plancher
sous le sable.*

Gladiateurs romains
*C'était généralement des esclaves, des
prisonniers de guerre ou des condamnés.
Il y eut même quelques femmes.*

**Le Colisée
d'Antonio Canaletto**
*Au XVIIIe siècle, la
fontaine Meta Sudans
existait encore. Une
sphère de métal « suait »
au sommet d'un cône
de briques.*

**Un grillage
métallique**
contenait les
animaux que
surveillaient
en outre des
archers.

Sur les gradins,
les classes sociales
étaient séparées.

Un treuil
hissait les
cages jusqu'à
l'arène.

Une rampe
permettait aux
bêtes sauvages
d'atteindre le
niveau du sol.

Les cages
coulissaient dans
un conduit vertical
comme nos
modernes cabines
d'ascenseur.

BATAILLES NAVALES

Dion Cassius relata au IVe siècle
une bataille navale qui se serait
déroulée au Colisée 150 ans
plus tôt. Les historiens
pensent actuellement qu'il
se trompait et que le
spectacle eut lieu dans
la naumachie d'Auguste,
une arène aquatique située
dans le Trastevere, c'est-à-
dire sur l'autre rive du Tibre.

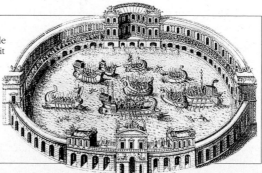

LE PALATIN

Selon la légende, la louve éleva Romulus et Remus dans une grotte (le Lupercal) dominant le Tibre. C'est en tout cas sur le flanc occidental de la colline que naquit, au IXᵉ siècle av. J.-C., le village qui correspondrait à la cité mythique fondée par Romulus. Des vestiges datant de l'âge du fer y ont été mis au jour.

Le Palatin resta tout au long de l'histoire un lieu de résidence recherché et accueillit des hommes aussi célèbres que l'orateur Cicéron et le poète Catulle : tous deux y eurent une demeure.

Fresque d'un masque dans la maison d'Auguste

Né sur le mont, Octave continua à y vivre une fois devenu Auguste et les vestiges de la maison qu'il habitait avec sa femme Livie témoignent de sa simplicité.

Les successeurs du premier empereur, Tibère, Caligula et Domitien, ne prirent pas exemple sur lui. Si les ruines du palais de Tibère sont ensevelies et gisent à présent sous les jardins Farnèse créés au XVIᵉ siècle, les vestiges de celui de Domitien révèlent ses orgueilleuses dimensions, celles des appartements privés, la *Domus Augusta*, comme celles de la partie publique.

LE SITE D'UN COUP D'ŒIL

Temple
Tempio di Cibele ❻

Bâtiments historiques
Casa di Livia ❺
Domus Augustana ❸
Domus Flavia ❶

Sites antiques
Cryptoporticus ❷
Stadio di Domiziano ❹
Village préhistorique ❼

Parcs et jardins
Giardini Farnese ❽

VOIR AUSSI

• *Atlas des rues*, plan 8

COMMENT Y ALLER
Métro : station Colosseo sur la ligne B.
Autobus : lignes 75, 85, 87, 117, 175, 186, 810 et 850 qui s'arrêtent sur la via dei Fori Imperiali, devant l'entrée du Forum. Tram : 3.
On peut traverser le Forum pour atteindre le Palatin, mais il faut un billet particulier pour le Palatin, même si l'on vient du Forum. Une autre entrée se trouve sur la via di San Gregorio.

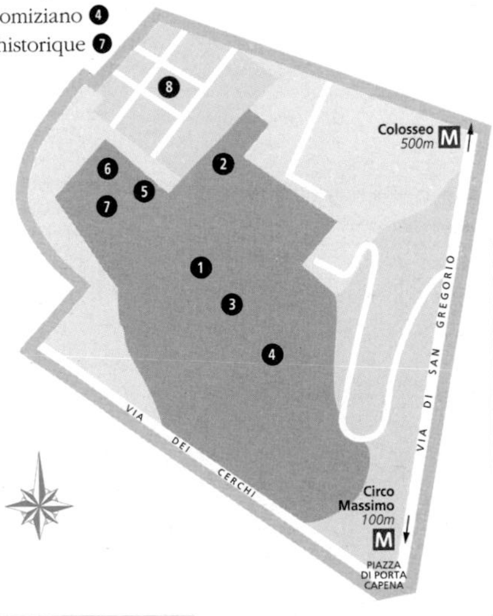

Colosseo
500m

VIA DI SAN GREGORIO

VIA DEI CERCHI

Circo Massimo
100m

PIAZZA DI PORTA CAPENA

LÉGENDE

Plan de la visite

Ⓜ Station de métro

0   200 m

◁ **Les ruines de la Domus Severiana (palais de Septime Sévère) sur le Palatin**

Le Palatin pas à pas

Surplombant le Forum (*p. 76-87*) que l'on peut traverser pour l'atteindre, ombragé de pins parasols, le Palatin est le site antique le plus agréable à visiter. Il reste cependant un chantier archéologique et les vestiges accessibles dépendent des fouilles en cours. Les Orti Farnesiani (jardins Farnèse) créés au XVIe siècle à l'emplacement du palais de Tibère, offrent des vues splendides sur la ville.

Village préhistorique
Ces traces de huttes remontent au IXe siècle av. J.-C. ❼

Vers les giardini Farnese
(*p. 101*)

Maison d'Auguste

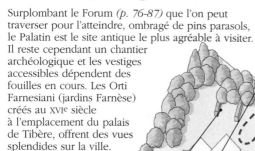

Tempio di Cibele
On l'appelait aussi temple de la Magna Mater, *Grande Mère d'un culte de la fertilité* ❻

★ **Casa di Livia**
De nombreuses fresques ont résisté au temps dans cette maison qu'habitaient Auguste et sa femme ❺

À NE PAS MANQUER

★ Casa di Livia

★ Domus Flavia

LÉGENDE

– – – Itinéraire conseillé

0   75 m

★ **Domus Flavia**
Cette fontaine ovale était visible de la salle à manger du palais ❶

Domus Augustana
Elle constituait la partie privée du palais, celle où vivaient les empereurs ❸

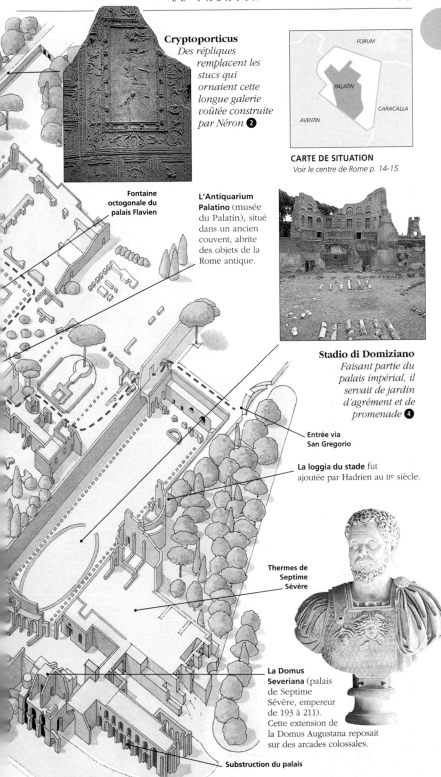

Cryptoporticus
Des répliques remplacent les stucs qui ornaient cette longue galerie voûtée construite par Néron ❷

CARTE DE SITUATION
Voir le centre de Rome p. 14-15

FORUM
PALATIN
CARACALLA
AVENTIN

Fontaine octogonale du palais Flavien

L'Antiquarium Palatino (musée du Palatin), situé dans un ancien couvent, abrite des objets de la Rome antique.

Stadio di Domiziano
Faisant partie du palais impérial, il servait de jardin d'agrément et de promenade ❹

Entrée via San Gregorio

La loggia du stade fut ajoutée par Hadrien au IIe siècle.

Thermes de Septime Sévère

La Domus Severiana (palais de Septime Sévère, empereur de 193 à 211). Cette extension de la Domus Augustana reposait sur des arcades colossales.

Substruction du palais

PALATIN MODE D'EMPLOI

Entrées : via di San Gregorio 30.
Plan 8 E1et 8 F1.
Tél. *06 3996 7700.* 🚌 *75, 85,
87, 117, 175, 186, 810, 850
vers via dei Fori Imperiali.*
🚋 *3.* Ⓜ *Colosseo.* ◯ *9h-1h
av. le coucher du soleil t.l.j.
(dernière entrée 1h avant la
fermeture).* ◯ *1er janv., 25 déc.*
🎫 *comprend l'accès au musée
du Palatin, au Forum et au Colisée
(p. 92-95).*
🎫 🎧 🏪

Domus Flavia ❶

Voir Palatin mode d'emploi.

**Pavement en marbre de la cour
du palais Flavien**

Troisième représentant de la
dynastie des Flaviens,
Domitien décida en 81 de
faire construire un nouveau
palais sur la colline du
Palatin. Mais le sommet nord
de la colline, le Germalus,
était déjà couvert de maisons
et de temples tandis que le
Palatium, au sud, présentait
une forte pente.
   L'architecte de l'empereur,
Rabirius, décida alors de
combler de terre le creux
entre les deux éminences.
Il ensevelit ainsi (et préserva)
plusieurs maisons de l'époque
de la République.
   Le bâtiment qui les
recouvrit avait deux ailes –
l'une officielle (le palais
Flavien) et l'autre privée *(la
Domus Augustana)* – et resta
pendant trois siècles le siège
du pouvoir impérial. Le palais
Flavien s'organisait autour
d'une cour décorée d'une
fontaine octogonale.
Fragments de murs et socles

de colonnes marquent
encore l'emplacement
de trois pièces au nord.
La première, la basilique,
abritait le tribunal de
l'empereur. Douze statues
colossales en basalte noir
se dressaient dans la salle
du trône, au centre.
La troisième (aujourd'hui
protégée par des films de
matière plastique) était le
lararium, sanctuaire des
dieux domestiques lares, où
avaient probablement lieu les
cérémonies officielles. Hanté
par la terreur d'un complot,
Domitien fit installer dans
son palais des plaques de
marbre polies comme des
miroirs qui lui permettaient
de surveiller en permanence
ses arrières. Il n'en mourut
pas moins assassiné dans
sa chambre.

Cryptoporticus ❷

Voir Palatin mode d'emploi.

Néron créa ce réseau de
couloirs pour relier sa
Domus Aurea (p. 175) aux
palais de ses prédécesseurs
sur le Palatin. Le corridor
menant au palais de
Domitien fut construit plus
tard. Le musée du Palatin
renferme les originaux
des stucs délicats qui
le décorent.

Domus Augustana ❸

Voir Palatin mode d'emploi.

La *Domus Augustana*
(Demeure des Empereurs)
constituait la partie privée
du palais.
   On distingue encore
aujourd'hui la forme des deux

cours péristyles autour
desquelles s'ordonnait
le niveau supérieur.
   La lumière réfléchie
par un bassin pavé de miroirs
éclairait jadis l'escalier
qui menait au niveau
inférieur, mieux conservé,
dont une imposante fontaine
ornait la cour centrale.
Les pièces qui l'entourent
ont gardé leur dallage
de marbre polychrome.

Stadio di Domiziano ❹

Voir Palatin mode d'emploi.

Le stade vu du sud

La *Domus Augustana*
communiquait par un
portique avec le stade.
Bien qu'on l'appelle parfois
hippodrome, il s'agissait
à l'origine d'un jardin et
non d'un lieu de rencontres
sportives.
   Sur le conseil de ses
médecins, Domitien effectuait
de longues promenades
dans cet espace en forme
de cirque orné de fleurs
et de bosquets.
   Au VIe siècle cependant,
Théodoric, roi des
Ostrogoths, y organisa
des courses à pied.

Les vestiges de la *Domus Augustana* et du palais de Septime Sévère

Casa di Livia ❺

Voir Palatin mode d'emploi. En cas de fermeture, s'adresser au gardien.

Fresque de la casa di Livia

La maison de Livie, du Iᵉʳ siècle av. J.-C., est l'une des mieux conservées du mont Palatin. Elle fait partie d'un ensemble de bâtiments qui constituaient les appartements privés d'Auguste et de sa famille.

C'est une résidence relativement modeste. Suétone, le biographe des premiers empereurs,

Détail d'un sol

affirme d'ailleurs que le souverain dormit dans la même petite chambre pendant 40 ans sur un lit bas. Un escalier conduit à un couloir au sol en mosaïque de marbre qui permet d'accéder au petit atrium qu'entourent les quatre pièces intactes de la demeure. Toutes sont décorées de fresques aux couleurs très éteintes, mais dont les motifs sont encore reconnaissables. Celle à droite de la cour renferme des peintures en trompe l'œil et des paysages urbains et ruraux, celle du centre des scènes mythologiques, dont Hermès délivrant Io d'Argus, le prince aux cent yeux. Les murs de la pièce de gauche sont décorés de peintures représentant des dragons et autres animaux féroces. Dans la casa di Augusto (la maison d'Auguste avant qu'il devienne empereur) voisine, quatre pièces – entrée, salle à manger, chambre et bureau –

ont été mises au jour. Elles datent de 30 av. J.-C. et sont décorées de superbes fresques.

Tempio di Cibele ❻

Voir Palatin mode d'emploi.

Il ne reste qu'un podium et quelques socles et chapiteaux de colonnes du sanctuaire consacré à Cybèle, déesse phrygienne, mais ces ruines témoignent de la première introduction officielle d'un culte oriental à Rome. C'est en effet sur le conseil des Livres sibyllins interprétés par les décemvirs que l'on était allé chercher à Pessinonte le bétyle noir, pierre sacrée symbolisant la déesse de la Fertilité, adoré au temple. Pendant sa fête, au début du printemps, des eunuques lui offraient leur sang.

Statue de la déesse Cybèle

Village préhistorique ❼

Voir Palatin mode d'emploi.

On découvre dans les années 1940 une série de

trous emplis d'une terre plus claire que le sol qui les entourait. Les archéologues en déduisirent que ces cavités avaient dû contenir la base des piliers de trois cabanes de l'âge du fer, les premières fondations de Rome, celles du village fondé, selon la légende, par Romulus.

Giardini Farnese ❽

Voir Palatin mode d'emploi.

Au milieu du XVIᵉ siècle, le cardinal Alexandre Farnèse, arrière-petit-fils du pape Paul III, acheta les ruines du palais de Tibère sur le Palatin, les fit combler et demanda à Vignole de lui dessiner un jardin. L'architecte de l'église du Gesù commanda alors des plantes jusqu'ici inconnues en Europe – parmi elles, l'*acacia farnesiana* –, et créa le premier jardin botanique du monde.

Les terrasses des jardins Farnèse s'étageaient du sommet du Germalus jusqu'à la Maison des Vestales. Les fêtes qu'y donna le cardinal Farnèse, entouré d'une cour digne d'un prince, n'étaient pas toujours très catholiques.

Retourné de fond en comble et remodelé après des fouilles archéologiques, ce jardin demeure, avec ses roseraies, ses larges allées bordées d'arbres et les vues superbes qu'il offre de la ville, un lieu de promenade enchanteur.

Les pavillons Farnèse, reliques d'un temps où le Palatin était un jardin privé

LE QUARTIER DU PANTHÉON

Depuis près de deux mille ans, le cœur de Rome est le Panthéon. C'est l'un des plus grands édifices de l'histoire de l'architecture européenne.

Aujourd'hui encore, le quartier du Panthéon regroupe activités économiques et politiques : les plus grandes banques y ont leur siège, la Bourse y occupe le site du temple d'Hadrien et

Le bitter, apéritif apprécié des Romains

le Parlement italien siège dans le palazzo Montecitorio qui a été commencé par Bernin pour le pape Innocent XII. C'est un quartier d'affaires ; cependant, même si peu de gens l'habitent, les Romains s'y retrouvent le soir pour se promener dans les ruelles et emplir cafés et restaurants. Le quartier est ainsi au centre de la vie sociale romaine.

LE QUARTIER D'UN COUP D'ŒIL

Églises et temples
Chiesa del Gesù p. 114-115 ⑨
La Maddalena ⑮
Panthéon p. 110-111 ⑬
San Lorenzo in Lucina ⑳
Santa Maria in
   Campo Marzio ⑱
Santa Maria sopra Minerva ⑪
Sant'Ignazio di Loyola ③
Sant'Eustachio ⑭
Temple d'Hadrien divinisé ①

Rues et places historiques
Piazza Sant'Ignazio ②
Via della Gatta ⑦

Bâtiments historiques
Collegio romano ④
Palazzo Altieri ⑧
Palazzo Baldassini ⑰
Palazzo Borghese ⑲
Palazzo Capranica ㉔
Palazzo di Montecitorio ㉑
Palazzo Doria ⑥

**Colonnes, obélisques
   et statues**
Colonna di Marc Aurèle ㉓
Obelisco di Montecitorio ㉒
Obelisco di Santa Maria
   sopra Minerva ⑫
Piè di Marmo ⑩

Fontaine
Fontana del Facchino ⑤

Café
Café-glacier Giolitti ⑯

LÉGENDE

▢ Plan du quartier pas à pas
Ⓜ Station de métro

COMMENT Y ALLER
Pas de métro mais les stations Spagna et Barberini sont à 20 minutes de marche. Autobus : lignes 46, 64, 70, 186, 492 et 810 pour la via del Plebiscito, et 117, 119, 492 ainsi que toutes les lignes empruntant la via del Corso, pour la piazza Colonna. Seul le minibus électrique 116 s'enfonce dans les rues étroites. Il s'arrête juste devant le Panthéon.

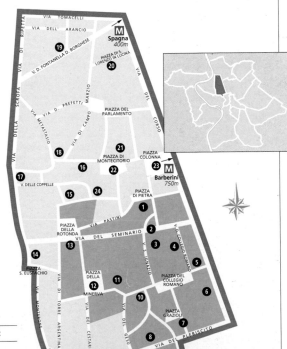

◁ **La piazza della Rotonda derrière les immenses colonnes de granit du Panthéon**

Le quartier du Panthéon pas à pas

Si vous vous promenez dans ce quartier, vous déboucherez tôt ou tard sur la piazza della Rotonda, carrefour très animé devant le Panthéon et halte rafraîchissante avec sa fontaine dont l'obélisque provient du temple d'Isis du Champ de Mars. Les nombreuses terrasses de café de la place attirent Romains et touristes. Dans le dédale de petites rues qui l'enserre, on peut facilement passer à côté de certains objectifs essentiels de Rome : la galleria Doria Pamphilj et ses chefs-d'œuvre de Vélasquez, du Caravage ou de Titien et la chiesa del Gesù à l'intérieur résolument baroque sont à quelques minutes de marche du Panthéon.

Temple d'Hadrien divinisé
Ses colonnes forment aujourd'hui la façade de la Bourse ❶

Piazza Sant'Ignazio
Cette place rococo ressemble à un décor de théâtre ❷

La Tazza d'Oro a la réputation de servir un merveilleux café. On peut aussi l'acheter à emporter (p. 330).

Santa Maria sopra Minerva
La riche décoration de la seule église gothique de Rome date du XIXᵉ siècle ⓫

★ **Panthéon**
Sa façade ne donne qu'une idée de la majesté de son intérieur ⓭

PIAZZA DI SANT IGNAZIO

VIA DI SANT IGNAZIO

VIA DEL SEMINARIO

PIAZZA DELLA ROTONDA

PIAZZA DELLA MINERVA

Obelisco di Santa Maria sopra Minerva
Bernin hissa l'obélisque en 1667 sur le dos d'un éléphant ⓬

CARTE DE SITUATION
Voir le centre de Rome p. 14-15

★ **Sant'Ignazio di Loyola**
L'étonnante Gloire de saint Ignace d'Andrea Pozzo décore le plafond de cette église ❸

Collegio romano
Futurs évêques, cardinaux et même papes y étudièrent ❹

Fontana del Facchino
On peut s'y désaltérer au tonneau d'un porteur d'eau ❺

★ **Palazzo Doria**
Ce portrait d'Innocent X par Vélasquez (1650) fait partie des chefs-d'œuvre que renferme la galleria Doria Pamphilj ❻

Via della Gatta
Elle doit son nom à la statue d'un chat ❼

Palazzo Altieri
Cet énorme palais du XVIIᵉ siècle porte les armes du pape Clément X ❽

★ **Chiesa del Gesù**
Première église jésuite, elle eut un grand impact sur l'architecture religieuse ❾

LÉGENDE
– – – Itinéraire conseillé

0 _____ 75 m

Piè di Marmo
Ce pied de marbre est un fragment d'une statue colossale ❿

À NE PAS MANQUER

★ Chiesa del Gesù

★ Palazzo Doria

★ Panthéon

★ Sant'Ignazio di Loyola

Temple d'Hadrien divinisé ❶

La Borsa, piazza di Pietra. **Plan** 4 F3
et 12 E2. ▦ *117, 119, 492 et
nombreuses autres lignes le long de
la via del Corso.* ◯ *pour expositions.*

Antonin le Pieux consacra
ce temple à son père adoptif
en 145. La Bourse (*Borsa*),
ancienne maison des douanes
papales achevée en 1690
par Carlo Fontana et son fils,
se dresse à présent à son
emplacement mais il en
reste d'importants vestiges.
Sur la façade de l'édifice
du XVIIe siècle,
onze majestueuses colonnes
corinthiennes de marbre
blanc, hautes de 15 m,
reposent sur leur podium
de pépérin, roche volcanique
provenant des monts Albins
au sud de Rome. On peut
encore distinguer derrière
les colonnes une partie
du plafond à caissons du
portique et le mur de la
cella, en pépérin lui aussi.
   Certains des reliefs qui la
décoraient sont maintenant
exposés au palazzo dei
Conservatori (*p. 72-73*), un
des musées du Capitole.
Ils représentent les provinces
romaines qu'Hadrien, grand
voyageur, avait inlassablement
parcourues et défendues,
et évoquent la politique
étrangère tournée vers la
paix que celui-ci avait menée.

Vestiges du temple d'Hadrien

Piazza Sant'Ignazio ❷

Plan 4 F4 et 12 E3. ▦ *117, 119,
492 et nombreuses autres lignes
le long de la via del Corso.*

Lorsqu'il la dessina en
1727, Filippo Raguzzini
s'inscrivit dans la tradition
des architectes baroques
qui préféraient aux longues
perspectives sans effet de
surprise les places soudain
révélées au détour d'une rue.
Ses façades curvilignes, aux
fenêtres et balcons pleins
de fantaisie, composent un
véritable décor de théâtre.
   La place représente, avec
le palazzo Doria (1731),
la façade de Santa Maddalena
(1735) et l'escalier de la
Trinità dei Monti (1723),
l'une des grandes réussites
de ce style rocaille foisonnant
qui triompha à Rome au
temps du néoclassicisme.

Sant'Ignazio di Loyola ❸

Piazza di Sant'Ignazio. **Plan** 4 F4
et 12 E3. **Tél.** *06 679 44 06.* ▦ *117,
119, 492 et nombreuses autres lignes
le long de la via del Corso.* ◯ *t.l.j.
7h30-12h15, 15h-19h15.* 🖼

Construite par le pape
Grégoire XV en 1626,
en l'honneur de saint Ignace
de Loyola, fondateur de
la Compagnie de Jésus
et symbole de la Contre-
Réforme, Sant'Ignazio
propose un intérieur moins
froid que le Gesù, l'autre
grande église jésuite
(*p. 114-115*). Marbres et
dorures habillent ses parois.
   L'impressionnante
composition picturale
de la voûte, œuvre du père
Pozzo, saisit dès l'entrée.

Plafond en trompe l'œil, Sant'Ignazio di Loyola

Il est aussi l'auteur de la
coupole en trompe l'œil au-
dessus du transept. Un cercle
de marbre beige, au centre
de la nef, indique l'endroit où
l'effet d'illusion de ces deux
fresques est le plus complet.

Collegio romano ❹

Piazza del Collegio Romano.
Plan 5 A4 et 12 E3. ▦ *117, 119,
492 et nombreuses autres lignes le
long de la via del Corso ou piazza
Venezia.* ◉ *au public.*

Le Collège romain (1585)
dresse sa façade sévère
sur la place qui porte son
nom. Nombre de futurs
évêques, cardinaux et papes
y étudièrent. Les armoiries
de son fondateur, le pape
Grégoire XIII, ornent toujours
son portail bien que le
bâtiment, confisqué après la
prise de Rome en 1870, abrite
désormais un collège laïque.
Sur sa droite, se dresse une
tour de 1787 qui accueillit
l'observatoire
météoro-
logique qui
donna jusqu'en
1925 l'heure
de référence
des horloges
de Rome.

**Portail du
Collegio romano**

Fontana del Facchino ❺

Via Lata. **Plan** 5 A4 et 12 E3.
🚌 64, 81, 85, 117, 119, 492
et nombreuses autres lignes.

Il Facchino (le Portefaix), qui donnait jadis son eau sur le Corso mais est maintenant scellé dans le mur de la *Banco di Roma*, était comme « Pasquin » *(p. 124)*, une « statue parlante ». La fontaine, qui figure un homme tenant un tonneau, a été exécutée vers 1590, d'après un dessin du peintre florentin, Jacopino del Conte. Elle représente un membre de l'*Università degli Acquaroli* (confrérie des porteurs d'eau) bien que certains y aient vu Martin Luther.

La fontana del Facchino

Palazzo Doria ❻

Via del Corso 305. **Plan** 5 A4 et 12 E3. **Tél.** 06 679 73 23.
🚌 64, 81, 85, 117, 119, 492 *et nombreuses autres lignes.*
⏰ *t.l.j.* 10h-17h. ⬤ *1er janv., dim. de Pâques, 1er mai, 15 août, 25 déc.,* 💳 ♿ *des appartements.*
🏠 📷 📱 **Concerts**
www.doriapamphilj.it

Les parties les plus anciennes de cet immense pâté de maisons au cœur de Rome datent de 1435. Par l'entrée qui donne sur le Corso, on peut apercevoir une belle cour de la Renaissance portant les armoiries de la famille della Rovere.
Le palais devint ensuite la propriété des Aldobrandini et s'agrandit entre 1601 et 1647, aux dépens d'un bain public voisin, d'une deuxième cour et des ailes attenantes.
Lorsqu'elle s'y installa, la famille Pamphilj acheva ensuite la façade de la piazza del Collegio romano et l'aile de la via della Gatta qui abritait une splendide chapelle et un théâtre inauguré par Christine de Suède en 1684.
Au début du XVIIe siècle, Gabriele Valvassori créa la galerie au-dessus de la cour et une nouvelle et superbe façade rococo sur le Corso.
Les escaliers, salons et galeries du palais offrent un cadre empreint d'un sens de la lumière et de l'espace à l'extraordinaire collection d'œuvres d'art réunie par la famille de ses propriétaires. La galleria Doria Pamphilj présente en effet plus de 400 tableaux datant du XVe au XVIIIe siècle. Outre le célèbre portrait d'Innocent X Pamphilj par Vélasquez, on peut y admirer plusieurs Caravage et des tableaux de Tintoret, Titien, Claude Lorrain, Lorenzo Lotto ou du Guerchin, ainsi que des tapisseries des Gobelins. La galerie accueille parfois des concerts et propose des visites nocturnes.

Via della Gatta ❼

Plan 5 A4 et 12 E3. 🚌 62, 63, 64, 70, 81, 87, 186, 492 et nombreuses autres lignes le long du corso Vittorio Emanuele II.

Cette rue étroite longe le palazzo Doria. La sculpture représentant une chatte *(gatta)* qui lui donne son nom

Le chat de marbre de la via della Gatta

se trouve en face, perchée à l'angle de la première corniche du palazzo Grazioli.

Palazzo Altieri ❽

Via del Gesù 93. **Plan** 4 F4 et 12 E3.
🚌 46, 62, 63, 64, 70, 81, 87, 186, 492 et nombreuses lignes le long du corso Vittorio Emanuele II. 🚇 8.

Derniers héritiers mâles d'une famille remontant au IXe siècle, les cardinaux Giambattista et Emilio Altieri, futur Clément X (pape de 1670 à 1676), construisirent ce palais au XVIIe siècle. De nombreuses maisons durent être détruites, mais une vieille femme refusa de partir. Sa masure dont on voit les fenêtres à l'extrémité ouest de l'édifice fut alors incorporée au nouveau et luxueux bâtiment.

Chiesa del Gesù ❾

Voir p. 114-115.

Repos pendant la fuite en Égypte par le Caravage, palazzo Doria

Pied d'une statue antique

Piè di Marmo ⑩

Via Santo Stefano del Cacco.
Plan 4 F4 et 12 E3. 🚌 62, 63, 64,
70, 81, 87, 116, 186, 492 et lignes
le long de la via del Corso et du corso
Vittorio Emanuele II.

Une croyance populaire
du Moyen Âge voulait que
la moitié de la population
de la Rome antique ait été
constituée de statues.
Des fragments de ces géants,
des dieux ou des empereurs,
parsèment la ville.
  Le pied de marbre *(piè di
Marmo)* placé au XVIᵉ siècle
au coin de la via Santo
Stefano del Cacco provient
d'un quartier consacré aux
divinités égyptiennes Isis
et Serapis et appartenait
probablement à une statue
colossale d'un des temples.

Santa Maria sopra Minerva ⑪

Piazza della Minerva 42. **Plan** 4 F4
et 12 E3. **Tél.** 06 679 39 26.
🚌 116 et nombreuses lignes
le long de la via del Corso et du
corso Vittorio Emanuele II.
🕐 lun.-sam. 7h-19h, 8h-13h,
dim. 15h-19h. **Cloître** 🔵 pour
restauration. 🎵 **Concerts**.

Rares sont les églises où l'art
italien s'exprime avec autant
d'éclat que dans celle-ci.
La seule église gothique
de Rome fut construite
à l'emplacement d'un temple
de Minerve (comme son nom
l'indique), en 1280, par
deux architectes dominicains,
Fra Sisto et Fra Ristoro de
Florence. En 1370, l'Ordre
y transporta son quartier
général qui se trouvait
à Santa Sabina. Ces frères
mendiants portaient le
surnom de *Domini Canes*
(les chiens de Dieu) à cause

de leur participation à
l'Inquisition, qui occupa
longtemps le cloître attenant
à l'église. C'est là qu'elle
condamna à mort le
philosophe Giordano Bruno
en 1600 et que Galilée
comparut en 1633 pour
répondre d'hérésie parce qu'il
affirmait que la Terre tournait.
  Les remaniements que
connut Santa Maria sopra
Minerva au XVIIᵉ puis au
XIXᵉ siècle lui ont ôté son
cachet mais elle abrite
un véritable musée de l'art
funéraire. Le tombeau
de l'évêque Durand, par
Johannes Cosma, date du
XIIIᵉ siècle, ceux de Fra
Angelico (peintre et moine,
mort à Rome en 1455), de
sainte Catherine de Sienne
et de Giovanni Arberini,
auquel est incorporé un
panneau de sarcophage
antique, sont du XVᵉ siècle.
Typiquement Renaissance,
les tombeaux du sculpteur
vénitien Andrea Bregno,
de Léon X, Clément VII
et Paul IV datent, eux,
du XVIᵉ siècle.
  Les chapelles et
la nef de l'église
renferment entre autres
un Christ commencé
par Michel-Ange,
un buste et un
monument funéraire
de Bernin et des
fresques de Fillipino
Lippi illustrant la vie de
saint Thomas d'Aquin.

Obelisco di Santa Maria sopra Minerva ⑫

Piazza della Minerva. **Plan** 4 F4
et 12 D3. 🚌 116 et nombreuses
lignes le long de la via del Corso
et du corso Vittorio Emanuele II.

L'obélisque du VIᵉ siècle
av. J.-C. qui se dresse devant
Santa Maria sopra Minerva
fut trouvé dans le jardin
du monastère. Pour l'ériger
sur la place, les Dominicains
s'adressèrent à Bernin.
Celui-ci lui imagina comme
socle un éléphant, prévu
à l'origine pour le palazzo
Barberini. Symbole antique
d'intelligence et de piété,
ce pachyderme, que les
Romains surnomment le
« Poussin de la Minerva »
à cause de sa taille,
représentait les vertus sur
lesquelles doit se fonder
la sagesse chrétienne.
  Les frères eurent toutefois
peur que le vide
entre ses pattes ne
nuise à sa stabilité
et ils imposèrent
le long tapis de
selle qui masque le
remplissage entre le
socle et le ventre de
l'animal. La fontana
dei Quattro Fiumi
(p. 120) illustre
aussi l'usage que
Bernin savait faire
des espaces vides.

L'éléphant de marbre de Bernin

La nef de Santa Maria sopra Minerva

Panthéon ⓭

Voir p. 110-111.

Sant'Eustachio ⓮

Piazza Sant'Eustachio. **Plan** 4 F4 et 12 D3. *Tél. 06 686 5334.* 🚌 *116 et nombreuses lignes le long du corso Vittorio Emanuele II.* ⭘ *t.l.j. 9h-12h, 16h-19h45.* ✚

Les pauvres y trouvaient secours aux premiers temps de la chrétienté comme l'évoquent les chapelles dans l'église, dédiées à des confréries charitables du Moyen Âge patronnées par saint Eustache. Redécoré aux XVIIe et XVIIIe siècles, le bâtiment n'a conservé que son campanile de son passé médiéval. L'excellent café Sant'Eustachio est situé à côté *(p. 330).*

Campanile de Sant'Eustachio

La Maddalena ⓯

Piazza della Maddalena. **Plan** 4 F3 et 12 D2. *Tél. 06 899 281.* 🚌 *116 et nombreuses lignes le long de la via del Corso et du corso Vittorio Emanuele II.* ⭘ *t.l.j. 9h30-12h, 17h-20h.* ✚

Située sur une petite place près du Panthéon, tout l'amour de la lumière et du mouvement du baroque finissant s'exprime dans cette façade de style rocaille (1735), restaurée malgré les protestations des tenants du néoclassicisme, et dont les courbes ne sont pas sans évoquer celle de San Carlo alle Quattro Fontane créée par Borromini *(p. 161).* Malgré sa taille réduite,

Le *salone* du café-glacier Giolitti

l'intérieur de la Maddalena ne découragea pas l'ardeur de ses décorateurs des XVIIe et XVIIIe siècles. En effet, ils le couvrirent d'ornements depuis le sol jusqu'à la coupole. La tribune, l'orgue et le chœur traduisent le désir des artistes baroques d'enflammer l'imagination des croyants tandis que les statues des niches de la nef, incarnations de vertus telles que la simplicité ou l'humilité, illustrent bien la nouvelle imagerie catholique née de la Contre-Réforme.

L'église abrite aussi des scènes de la vie de saint Camille de Lellis, qui mourut en 1614 dans le couvent attenant, et dont le tombeau se trouve sous le riche autel du croisillon droit. La Maddalena est la maison-mère de l'ordre hospitalier qu'il fonda.

Façade de la Maddalena

Café-glacier Giolitti ⓰

Via degli Uffici del Vicario 40. **Plan** 4 F3 et 12 D2. *Tél. 06 699 12 43.* 🚌 *116 et nombreuses lignes le long de la via del Corso et du corso del Rinascimento.* ⭘ *t.l.j. 7h-1h.*

Fondé en 1900, il est l'héritier des cafés « Belle Époque » qui bordaient le *Corso* du temps où Rome vivait ses premiers jours de capitale de l'État italien. Les touristes s'y pressent en été pour déguster ses glaces réputées, les familles romaines le week-end et les fonctionnaires du parlement voisin pendant la semaine.

Palazzo Baldassini ⓱

Via delle Coppelle 35. **Plan** 4 F3 et 12 D2. 🚌 *et nombreuses lignes le long de la via del Corso et du corso del Rinascimento.* ⬤ *au public.*

Melchiorre Baldassini chargea Antonio da Sangallo le Jeune de construire cette demeure entre 1514 et 1520. Elle est située dans la partie de la ville qui se développa le long des longues rues percées du temps de Léon X (pape de 1513 à 1521), que l'on appelle le quartier Renaissance. Le palazzo est, avec ses corniches et ses grilles en fer forgé, un superbe exemple de palais romain du début du XVIe siècle.

Panthéon ⓭

Édifié dans sa forme actuelle par Hadrien entre 118 et 125, le Panthéon, temple de tous les dieux, devint au Moyen Âge une église, puis, au fil des siècles, l'un des symboles de la Ville éternelle. Il faut franchir un impressionnant portique de 33 m de largeur et 15,5 m de profondeur soutenu par 16 colonnes monolithiques avant de découvrir toute la splendeur de l'ancienne cella. Le diamètre (43,3 m) de sa coupole, dont cinq rangées de caissons composent la voûte, est exactement égal à la hauteur de l'édifice. Seule source d'éclairage, l'oculus au faîte du dôme, donne une atmosphère très particulière à ce sanctuaire.

★ **Intérieur du dôme**
Il fut réalisé par moulage, en coulant un mélange de ciment, de tuf et de pierre ponce sur une forme en bois.

Portique soutenu par des colonnes en granit

Les murs du tambour soutenant le dôme ont 6 m d'épaisseur.

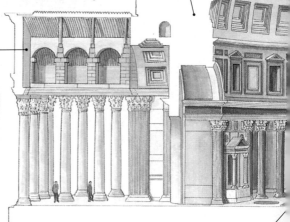

L'immense portique est construit sur les fondations du temple d'Agrippa.

À NE PAS MANQUER

★ Intérieur du Dôme

★ Tombeau de Raphaël

Clochetons
Cette illustration du XVIIIe siècle montre les deux clochetons ajoutés par le Bernin et ôtés en 1883.

Décoration du sol
Restauré en 1873, le sol de marbre garde son dessin original.

RAPHAËL ET LA FORNARINA

Raphaël fut enterré à sa demande au Panthéon. Il vivait depuis des années avec son modèle, la Fornarina (p. 210), peinte ici par Giulio Romano, mais elle se vit exclure de la cérémonie funèbre et c'est un mémorial à la fiancée officielle du peintre, Maria Bibbiena, qui se trouve à côté de son tombeau.

MODE D'EMPLOI

Piazza della Rotonda. **Plan** 4 F4 et 12 D3. **Tél.** 06 68 30 02 30. 116 et lignes sur la via del Corso, le corso Vittorio Emanuele II et le corso del Rinascimento. lun.-sam. 8h30-19h30, dim. 9h-18h, j.f. 9h-13h. 1er janv., 1er mai, 25 déc.

Oculus

Caissons
Décoratifs, ils sont aussi fonctionnels en réduisant le poids de la voûte.

Arcs de décharge
Prises dans la structure du mur, des briques forment des arcs afin de répartir le poids de la coupole.

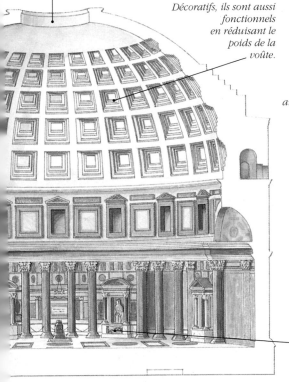

★ **Tombeau de Raphaël**
Lorenzetto réalisa la Vierge (1520) qui le domine.

CHRONOLOGIE

27-25 av. J.-C. Panthéon d'Agrippa	*Inscription sur le fronton*	**735** Grégoire III couvre le Panthéon de plomb	**1309-1377** Le pape en Avignon. Le Panthéon sert de forteresse et de marché aux volailles	**1888** Tombeau du roi Victor-Emmanuel II

30 av. J.-C	100 apr. J.-C.	600	1100	1600

	118-125 Panthéon d'Hadrien	**609** Le Panthéon consacré par Boniface IV, devient Santa Maria dei Martiri	**663** L'empereur byzantin Constant II enlève les tuiles dorées du toit	**1632** Urbain VIII fond les bronzes du portique pour le baldaquin de Saint-Pierre, réalisé par Bernin	

La façade incurvée du palazzo di Montecitorio

Santa Maria in Campo Marzio ⑱

Piazza in Campo Marzio 45.
Plan 4 F3 et 12 D2. **Tél.** 06 679
4973. 🚌 116 et nombreuses
lignes le long de la via del Corso
et du corso del Rinascimento.
⭕ lun.-ven. 10h-12h, 17h-19h.

D'impressionnants vestiges
de demeures médiévales
qui appartenaient au
monastère entourent la
cour donnant accès à l'église.
Santa Maria in Campo Marzio
fut reconstruite au XVIIᵉ siècle
par Antonio de Rossi, à partir
d'un plan en croix grecque
et avec une coupole, mais
conserva le tableau de la
Vierge du XIIᵉ siècle, qui
lui valait son nom.

Palazzo Borghese ⑲

Largo della Fontanella di Borghese.
Plan 4 F3 et 12 D1. 🚌 81, 117,
492, 628. ⬤ au public.

Le cardinal Camillo Borghèse
l'acheta en 1604, peu de
temps avant de devenir
le pape Paul V, et il engagea
Flaminio Ponzio pour diriger
les travaux d'agrandissement.
Celui-ci construisit l'aile
dominant la piazza Borghese
et créa la délicieuse cour
intérieure entourée d'un
double étage de galeries.
   Vers 1665, Carlo Rainaldi
ajouta à ces aménagements
le vaste nymphée composé
de trois fontaines, appelé
le « bain de Vénus ». Achetée
par l'État en 1902, la superbe
collection de peintures

qu'abritait ce palais fut
transféré à la galleria
Borghese (p. 260-261).

Le pape Paul V fit construire
le palazzo Borghese

San Lorenzo in Lucina ⑳

Via in Lucina 16A. **Plan** 4 F3
et 12 E1. **Tél.** 06 687 14 94. 🚌 81,
117, 492, 628. ⭕ t.l.j. 8h30-20h. 🚹

Fondée au IVᵉ siècle,
cette église est l'un des
plus anciens lieux de culte
chrétien de Rome. Elle
fut probablement édifiée
à l'emplacement d'un puits
consacré à Junon, déesse
protectrice des femmes.
Reconstruite au XIIᵉ siècle,
elle a une apparence
extérieure typique de cette
période avec un portique
supporté par des colonnes
antiques couronnées
de chapiteaux médiévaux,
et un campanile décoré
d'incrustations de marbre.
   L'intérieur, en revanche,
fut totalement remodelé
en 1856. On détruisit
le vieil ordonnancement
basilical en remplaçant
les deux nefs latérales par

des chapelles baroques
richement décorées. Celle de
Fonseca, dessinée par Bernin,
et la *Crucifixion* de Guido
Reni, au-dessus du maître-
autel sont à ne pas manquer.

Palazzo di Montecitorio ㉑

Piazza di Montecitorio.
Plan 4 F3 et 12 E2. **Tél.** 06 676 01.
🚌 116 et les lignes autour de la
piazza San Silvestro. ⭕ 1ᵉʳ dim.
du mois 10h-17h30 (sauf en août).
🌐 www.camera.it

Son premier architecte,
Bernin, décrocha la
commande en offrant
une maquette en argent de
son projet à la femme de son
client, le prince Ludovisi. Mais
l'édifice grandiose qu'il avait
imaginé ne vit pas le jour
et ce fut Carlo Fontana qui
acheva les travaux en 1694.
   Le bâtiment fut choisi
en 1871 pour accueillir
la Chambre des députés.
Les modifications qu'imposait
sa nouvelle fonction l'avaient
fait doubler de taille en 1927.
   Les 630 membres du
Parlement sont élus à la
majorité par la représentation
proportionnelle, ce qui
favorise les gouvernements
de coalition.

L'église San Lorenzo in Lucina

L'obélisque d'Auguste

Obelisco de Montecitorio ㉒

Piazza di Montecitorio. **Plan** 4 F3 et 12 E2. 116 et nombreuses lignes le long de la via del Corso.

La mesure du temps était plutôt aléatoire dans la Rome antique. Pendant des années, par exemple, les Romains se fièrent à un trophée ramené de Sicile : un cadran solaire importé et donc inexact. En l'an 10 av. J.-C., Auguste en fit construire un immense sur le Campus Martius (Champ de Mars) – son centre occupait l'emplacement de la piazza San Lorenzo –, dressant pour projeter l'aiguille d'ombre, un immense obélisque de granit qu'il avait rapporté d'Héliopolis en Égypte. Mais ce cadran solaire se dérégla au bout de 50 ans à cause d'un tassement de terrain.

Oublié après le IXᵉ siècle, l'obélisque fut retrouvé sous des maisons médiévales pendant le règne de Jules II (1503-1513).

La découverte intéressa le pape car on croyait à l'époque que les hiéroglyphes détenaient la clé de la sagesse d'Adam avant la Chute. Ce fut cependant sous Benoît XIV (1740-1758) qu'il fut mis au jour, et Pie VI éleva le monolithe sur son site actuel en 1792.

Colonna di Marc Aurele ㉓

Piazza Colonna. **Plan** 5 A3 et 12 E2. 116 et nombreuses lignes le long de la via del Corso.

Érigé après la mort de Marc Aurèle en 180, ce monument qui commémore ses campagnes contre les Germains (172-173) et les Sarmates (174-175), deux tribus barbares du Danube, est une imitation de la colonna traiana *(p. 90)*. Un grand changement artistique et culturel s'est toutefois produit pendant les 80 années qui séparent ces deux créations. Ce sont des personnages simplifiés qui illustrent les guerres de Marc Aurèle, les proportions classiques sont sacrifiées au profit de la clarté. En fait, le style se rapproche plus de celui de l'arc de Constantin, construit au IVᵉ siècle, que du monument élevé à la gloire de Trajan. Remplacés par des mercenaires barbares, les soldats romains ont perdu leurs qualités héroïques. L'importance accordée aux éléments surnaturels annonce la fin de l'influence hellénistique et le début de l'ère chrétienne.

Les moulages exposés au museo della Civiltà romana *(p. 266)* (qui abrite aussi ceux de la colonna traiana) permettent d'étudier ces épopées sculptées sur 28 fûts de marbre, évidés pour accueillir un escalier, que Domenico Fontana restaura en 1588 à la demande de Sixte V.

Il remplaça la statue de l'empereur dressée à leur sommet par un bronze de saint Paul.

Palazzo Capranica ㉔

Piazza Capranica. **Plan** 4 F3 et 12 D2. 116 et nombreuses lignes le long de la via del Corso ou piazza San Silvestro.

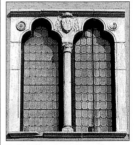

Fenêtres du palazzo Capranica

Le cardinal Domenico Capranica fit construire ce palais à la fin du XVᵉ siècle (c'est l'un des rares à subsister) afin d'y loger sa famille et un collège d'enseignement supérieur.

Son aspect fortifié provient d'un mélange de styles architecturaux qui n'avaient rien d'inhabituel à cette époque où Rome hésitait encore entre Moyen Âge et Renaissance.

Si les fenêtres gothiques du bâtiment portent toujours l'écusson du cardinal, si la date de 1451 figure toujours sur la porte, le palais lui-même est à présent occupé par un centre de conférences.

Relief de la colonne de Marc Aurèle

Chiesa del Gesù ❾

Construite de 1568 à 1584, l'église du Gesù marqua le début d'un nouveau style, celui de la Contre-Réforme, et elle fut imitée dans tout le monde catholique. En ces temps de reconquête, sa large nef ouverte aux foules était bien adaptée à sa fonction principale : le prêche. La décoration en trompe l'œil de la nef et de la coupole date du siècle suivant mais, elle aussi, martèle le message des prédicateurs jésuites : les catholiques vont au paradis et les protestants et autres hérétiques en enfer.

★ Autel de Saint-Ignace
Cette œuvre d'Andrea Pozzo surprend par la somptuosité de sa décoration où se mêlent lapis-lazulis, or et argent.

Triomphe de la Religion sur les Infidèles
Brillante allégorie sculptée par Théodon.

SAINT IGNACE ET L'ORDRE DES JÉSUITES

Soldat espagnol blessé à la guerre en 1521, Ignace de Loyola (1491-1556) se mit au service du pape en 1534 après une retraite mystique et fonda en 1540 la Compagnie de Jésus qui envoya des missionnaires dans le monde entier.

Entrée principale

À NE PAS MANQUER

★ Autel de Saint-Ignace

★ Décoration du plafond de la nef

★ Monument à San Roberto Bellarmino

Allégories
Antonio Raggi exécuta ces stucs dessinés par il Baciccia pour compléter les fresques de la nef.

**Madonna
della Strada**
*Cette « Vierge
de la rue »
du XVe siècle
décorait à
l'origine la
façade d'une
église qui portait
son nom.*

MODE D'EMPLOI

Piazza del Gesù. **Plan** 4 F4
et 12 E4, **Tél.** 06 69 70 01.
🚌 H, 46, 62, 64, 70, 81,
87, 186, 492, 628, 810
et autres lignes. 🚋 8.
⬭ t.l.j. 7h-12h30,
16h-19h15. ✝

**★ Monument à
San Roberto
Bellarmino**
*Bernin sut
saisir la puissante
personnalité de ce
théologien mort
en 1621.*

**L'autel
de Saint-
François-Xavier**
honore la
mémoire du
missionnaire mort
sur une île
chinoise en 1552.

**★ Décorations
de la nef**
*Les fresques d'il
Baciccia illustrant*
Le Triomphe du
Nom de Jésus
ornent sa voûte.

**Fresques
de la coupole**
*Il Baciccia décora
le dôme dessiné
par Vignole et
achevé par
Giacomo
della Porta.*

CHRONOLOGIE

	1540 Création de la Compagnie de Jésus	**1571** Le projet de façade de della Porta est choisi	**1696-1700** Andrea Pozzo, artiste jésuite, crée l'autel de Sant'Ignazio	**1773** Clément XIV supprime la Compagnie de Jésus
		1584 Consécration de l'église		
1500		**1600**		**1700**
1545-1563 Le concile de Trente réaffirme l'orthodoxie catholique	**1568-1571** Vignole construit l'église jusqu'à la croisée du transept sous la direction du cardinal Alexandre Farnèse		**1670-1683** Il Baciccia peint les voûtes de la nef, du dôme et de l'abside	
1556 Mort de saint Ignace		**1622** Ignace de Loyola canonisé		

LE QUARTIER DE LA PIAZZA NAVONA

Construits à l'emplacement même des anciennes tribunes du cirque de Domitien, les bâtiments qui cernent la piazza Navona dessinent toujours le contour ovale de l'arène. Nous sommes ici au cœur de la Rome baroque, comme le proclame fièrement la fontana dei Quattro Fiumi de Bernin

Lion de la fontana dei Quattre Fiumi

dont l'obélisque se dresse devant la façade que Borromini donna à l'église Sant'Agnese in Agone.

Nombre des plus beaux édifices du quartier datent du règne d'Innocent X Pamphilj (1644-1655) pendant lequel Borromini construisit l'oratorio dei Filippini. Il forme avec la Chiesa nuova un bel ensemble.

LE QUARTIER D'UN COUP D'ŒIL

Églises et temples
Chiesa nuova ⓯
Oratorio dei Filippini ⓰
San Luigi dei Francesi ❼
San Salvatore in Lauro ⓴
Sant'Agnese in Agone ❹
Sant'Andrea della Valle ❿
Sant'Ivo alla Sapienza ❾
Santa Maria dell'Anima ❺
Santa Maria della Pace ❻

Fontaines et statues
Fontana dei Quattro Fiumi ❶
Pasquino ⓭

Bâtiments historiques
Palazzo Altemps ㉓
Palazzo del Banco
  di Santo Spirito ⓲
Palazzo Madama ❽
Palazzo Massimo
  alle Colonne ⓫
Palazzo Pamphilj ❸
Torre dell'Orologio ⓱

Musées
Museo Napoleonico ㉑
Palazzo Braschi ⓬

Rues et places historiques
Piazza Navona ❷
Via dei Coronari ⓳
Via del Governo Vecchio ⓮

Restaurant
Hostaria dell'Orso ㉒

VOIR AUSSI
• *Atlas des rues* plans 4, 11, 12

• *Hébergement* p. 301

• *Restaurants* p. 317-318

COMMENT Y ALLER
En grande partie fermé à la circulation, ce quartier central n'en est pas moins aisément accessible en bus. Depuis la gare Termini, les lignes 64 et 46 empruntent le corso Vittorio Emanuele II tandis que le corso del Rinascimento, parallèle à la piazza Navona, est notamment desservi par les lignes 70, 81, 116, 186 et 492.

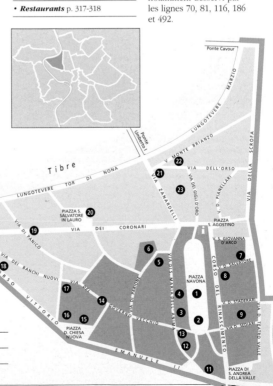

LÉGENDE
▨ Plan du quartier pas à pas

ℹ Information touristique

0   200 m

◁ **La fontana del Moro et l'église Sant'Agnese in Agone sur la piazza Navona**

Le quartier de la piazza Navona pas à pas

De nuit comme de jour, il se passe toujours quelque chose sur la piazza Navona, véritable décor de théâtre avec sa forme de stade antique, ses trois exubérantes fontaines et son quartier piétonnier. Non loin, la via del Governo Vecchio, bordée de façades Renaissance et de boutiques d'antiquités, révèle une Rome plus ancienne.

Oratorio dei Filippini
Les musiciens qui le fréquentaient inventèrent l'oratorio 16

Torre dell'Orologio
Construite par Borromini, elle fait partie du couvent des Philippins 17

Chiesa nuova
Elle fut reconstruite à la fin du XVIe siècle pour l'Ordre fondé par saint Philippe Neri 15

Vers le corso
Vittorio Emanuele II

VIA DEL CORALLO

VIA DEL GOVERNO VECCHIO

VIA DI PARIONE

Via del Governo Vecchio
De belles maisons Renaissance bordent cette rue 14

CORSO VITTORIO EMANUELE II

PIAZZA DI PASQU

Santa Maria della Pace
Le pape Sixte IV (en médaillon), sous qui l'église fut construite, régna de 1471 à 1484 6

Statua del Pasquino
Les Romains accrochaient des vers satiriques à cette statue érodée 13

Palazzo Pamphilj
Il fut construit au milieu du XVIIe siècle pour Innocent X 3

Palazzo Braschi
Édifice de la fin du XVIIIe siècle, il abrite le museo di Roma 12

PIAZZA DI SAN PANTALEO

À NE PAS MANQUER

★ Piazza Navona

★ San Luigi dei Francesi

★ Sant'Andrea della Valle

LÉGENDE

– – – Itinéraire conseillé

0   75 m

Palazzo Massimo alle Colonne
Sa splendide colonnade (1536) est de Baldassarre Peruzzi 11

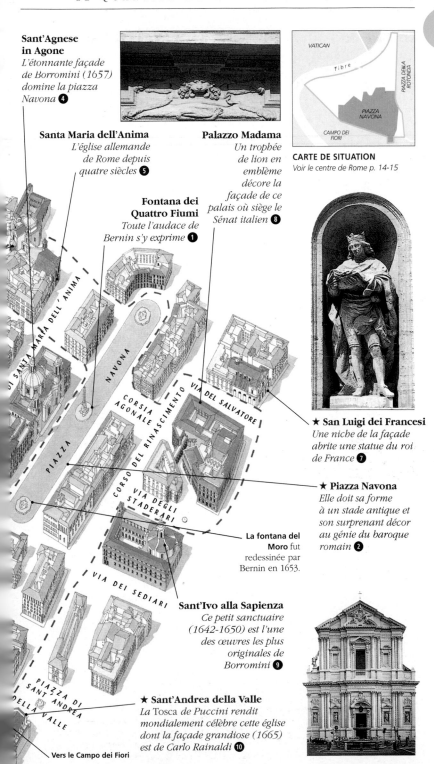

Sant'Agnese in Agone
L'étonnante façade de Borromini (1657) domine la piazza Navona ❹

Santa Maria dell'Anima
L'église allemande de Rome depuis quatre siècles ❺

Fontana dei Quattro Fiumi
Toute l'audace de Bernin s'y exprime ❶

Palazzo Madama
Un trophée de lion en emblème décore la façade de ce palais où siège le Sénat italien ❽

CARTE DE SITUATION
Voir le centre de Rome p. 14-15

VATICAN

Tibre

PIAZZA DELLA ROTONDA

PIAZZA NAVONA

CAMPO DEI FIORI

★ **San Luigi dei Francesi**
Une niche de la façade abrite une statue du roi de France ❼

★ **Piazza Navona**
Elle doit sa forme à un stade antique et son surprenant décor au génie du baroque romain ❷

La fontana del Moro fut redessinée par Bernin en 1653.

Sant'Ivo alla Sapienza
Ce petit sanctuaire (1642-1650) est l'une des œuvres les plus originales de Borromini ❾

DI SANTA MARIA DELL'ANIMA

PIAZZA NAVONA

CORSIA AGONALE

CORSO DEL RINASCIMENTO

VIA DEL SALVATORE

VIA DEGLI STADERARI

VIA DEI SEDIARI

PIAZZA DI SANT'ANDREA DELLA VALLE

★ **Sant'Andrea della Valle**
La Tosca *de Puccini rend mondialement célèbre cette église dont la façade grandiose (1665) est de Carlo Rainaldi* ❿

Vers le Campo dei Fiori

Fontana dei Quattro Fiumi ❶

Piazza Navona. **Plan** 4 E4 et 11 C3.
🚌 46, 62, 64, 70, 81, 87, 116, 492, 628.

La colombe et le rameau d'olivier, armoiries des Pamphilj, ornent la fontaine des Quatre Fleuves qu'Innocent X commanda à Bernin et qu'il finança par des taxes impopulaires sur des produits de première nécessité, comme le pain.

Les quatre allégories qui entourent son obélisque dressé sur une île de travertin symbolisent le plus grand fleuve connu à l'époque, sur chaque continent : le Danube pour l'Europe, le Rio de la Plata pour l'Amérique, le Gange pour l'Asie et le Nil pour l'Afrique.

Ce dernier se voile la face non pour se protéger du spectacle de la façade de Sant'Agnese édifiée par Francesco Borromini, rival du Bernin, comme le veut la rumeur, mais parce qu'on ne connaissait pas à l'époque les sources du fleuve. De même,

Le palazzo Pamphilj, le plus grand édifice de la piazza Navona

le Rio de la Plata ne lève pas les bras pour exprimer l'angoisse de Bernin à l'idée que le bâtiment s'écroule sur son œuvre. Celle-ci fut en effet inaugurée en 1651 alors que Borromini ne commença Sant'Agnese qu'en 1653.

Piazza Navona ❷

Plan 4 E3 et 11 C2. 🚌 46, 62, 64, 70, 81, 87, 116, 492, 628.

La plus belle place baroque de Rome doit non seulement sa forme au cirque de Domitien dont elle occupe l'emplacement, mais aussi son nom, puisqu'il dérive des *agonis* (luttes dans les jeux publics) qui se déroulaient dans ce stade pouvant accueillir 33 000 spectateurs. Amas informe de ruines pendant des siècles, puis marché de la ville, elle ne prendra son aspect actuel qu'au XVIIe siècle avec l'achèvement,

Le Gange de la fontana dei Quattro Fiumi de Bernin

notamment, de la fontana dei Quattro Fiumi. Les autres fontaines datent du siècle précédent mais ont été modifiées plusieurs fois.

Le bassin de la fontana del Nettuno, située au nord, a été construit par Giacomo della Porta en 1576 tandis que les statues de Neptune et des Néréides datent du XIXe siècle. La fontana del Moro, située au sud, est aussi l'œuvre de della Porta, mais Bernin la modifia par la suite en y ajoutant la statue d'un Maure combattant un dauphin.

Jusqu'au XIXe siècle, on l'inondait les samedis et dimanches d'août. Les puissants venaient s'y promener en carrosse, s'amusant à projeter des gerbes d'éclaboussures dans lesquelles jouaient les gamins des rues. Aujourd'hui, avec ses nombreux cafés et boutiques, la piazza Navona est un lieu fréquenté toute l'année. En été, elle est animée par les artistes de rue tandis qu'en hiver, elle accueille un grand marché de Noël.

Palazzo Pamphilj ❸

Piazza Navona. **Plan** 4 E4 et 11 C3.
🚌 46, 62, 64, 70, 81, 87, 116, 492, 628. ⚫ au public.

Les armes des Pamphilj sur la façade de leur palais

Élu pape en 1644, Giovanni Battista Pamphilj prit le nom d'Innocent X puis profita de ses dix ans de règne pour enrichir les membres de sa famille, notamment sa belle-sœur Olimpia Maidalchini que Pasquino, la « statue parlante » *(p. 124)*, surnomma « Olim Pia » (« Jadis Vertueuse », en latin).

Elle habitait ce grand palais, décoré notamment par Pierre de Cortone et Francesco Borromini, qui abrite l'ambassade et le centre culturel du Brésil.

Sant'Agnese in Agone ❹

Piazza Navona. **Plan** 4 E4 et 11 C3. **Tél.** *06 6819 2134.* 🚌 *46, 62, 64, 70, 81, 87, 116, 492, 628.* 🕐 *mar.-dim. 9h30-12h30, 16h-19h.* ✝ ♿

Il s'agissait à l'origine d'une petite église élevée sur le site où, selon la tradition, la chevelure de sainte Agnès, jeune chrétienne exposée nue avant son martyre, avait miraculeusement poussé en 304 pour protéger sa pudeur.

Son tombeau se trouve dans les catacombes (IIe-IVe siècles) qui s'étendent sous l'église Sant'Agnese fuori le Mura, sur la via Nomentana *(p. 264).*

Innocent X commanda l'édifice actuel en 1652 à Girolamo et Carlo Rainaldi, mais Borromini les remplaça à partir de 1653 et la façade, concave pour mettre en valeur la coupole, porte la marque de son dynamisme et de son invention. Une statue de sainte Agnès la décore, dont l'attitude rassurante s'adresse, selon la rumeur, au Rio de la Plata de la fontana dei Quattro Fiumi, supposé craindre un écroulement imminent de l'église.

Sainte Agnès, façade de Sant' Agnese in Agone

Le Miracle de saint Benno de Carlo Saraceni, Santa Maria dell'Anima

Santa Maria dell'Anima ❺

Via Santa Maria dell' Anima 66. **Plan** 4 E4 et 11 C2. **Tél.** *06 682 8181.* 🚌 *46, 62, 64, 70, 81, 87, 116, 492, 628.* 🕐 *t.l.j. 15h-19h, mar.-jeu. 9h-13h.* ✝ ♿

Adrien VI, fils d'un charpentier de marine d'Utrecht, fut le dernier pape (1522-1523) non italien avant Jean-Paul II. Pendant son bref règne, il condamna l'esprit païen de la Renaissance, tenta en vain de lancer une croisade et réduisit les commandes aux artistes. Il aurait désapprouvé le somptueux monument sculpté par Baldassarre Peruzzi célébrant sa mémoire à Santa Maria dell'Anima. Cette église, celle des Allemands de Rome depuis quatre siècles, renferme de nombreuses œuvres évoquant l'histoire religieuse de leur pays tel *Le Miracle de saint Benno* (1618) de Carlo Saraceni.

Santa Maria della Pace ❻

Vicolo dell'Arco della Pace 5. **Plan** 4 E3 et 11 C2. **Tél.** *06 686 1156.* 🚌 *46, 62, 64, 70, 81, 87, 116, 492, 628.* 🕐 *lun., mer., sam. 10h-12h.* ✝ ♿ *2 marches.* **Concerts, expositions**

Selon la tradition, la Vierge au-dessus du maître-autel réalisé par Carlo Maderno aurait saigné après avoir reçu un caillou, et ce miracle aurait décidé Sixte IV della Rovere (pape de 1471 à 1484) à lui faire édifier un nouveau sanctuaire. La construction de l'église coïncidant avec la fin de la guerre entre Turcs et Vénitiens, elle devint celle de la Vierge-de-la-Paix, qui garantissait un ménage paisible aux couples venant y écouter leur première messe après leur mariage.

Bramante l'a complétée en 1504 d'un superbe cloître, puis Pierre de Cortone en 1656 d'un élégant portique, mais son intérieur conserve son plan très original du XVe siècle : une courte nef précédant un octogone coiffé d'une coupole sur lequel ouvrent plusieurs chapelles. Ne pas manquer les fresques des *Sybilles* de Cumes, de Perse, de Phrygie et de Tibur peintes par Raphaël à la voûte de la première chapelle à droite. L'artiste dessina en outre les cartons des *Prophètes* Daniel et David (à droite), et Habacuc et Jonas (à gauche), exécutés par son élève Timoteo Viti, qui les accompagnent.

San Luigi dei Francesi ❼

Piazza di San Luigi dei Francesi 5.
Plan 4 F4 et 12 D2. **Tél.** 06 68 82
71. 🚌 70, 81, 87, 116, 186, 492,
628. ⬜ t.l.j. 10h-12h30, 14h30-19h.
⬜ jeu. après-midi. 🚻 🚻 🚫

Édifiée de 1518 à 1589,
l'église nationale de France
présente une majestueuse
façade à deux étages
de Giacomo della Porta
et Domenico Fontana.

De nombreux Français
illustres ont leur tombeau
à l'intérieur où trois œuvres
magnifiques du Caravage,
ses premiers tableaux
religieux, ornent la chapelle
Contarelli : l'admirable
Vocation de saint Matthieu,
l'émouvant *Martyre de
saint Matthieu* où le
Caravage s'est représenté
parmi les personnages
autour du saint, et
Saint Matthieu et l'Ange.
La facture moins audacieuse
de cette dernière peinture
vient de ce que l'artiste dut
la refaire après
le rejet d'une
proposition
jugée trop
réaliste :
jamais
auparavant,
on n'avait osé
montrer un saint
aux pieds sales.

**Écu liant les symboles de la France
et de Rome à l'église San Luigi**

Le Caravage, dont trois œuvres majeures décorent San Luigi dei Francesi

Palazzo Madama ❽

Corso del Rinascimento. **Plan** 4 F4
et 12 D3. **Tél.** 06 670 61. 🚌 70, 81,
87, 116, 186, 492, 628. ⬜ 1er sam.
du mois 10h-18h (sauf en août).
www.senato.it

Construit au XVIe siècle, ce
palais, qui doit sa belle façade
baroque (1649) à Lodovico
Cardi et à Paolo Maruccelli,
offre au travers du destin
de ses occupants une image
de l'influence de la famille
florentine des Médicis.
En effet, les cardinaux
Jean et Jules de Médicis
devinrent respectivement les
souverains pontifes Léon X et
Clément VII, et la nièce de ce

dernier, Catherine, épousa en
1533 Henri, fils de François Ier
et futur Henri II de France.

C'est toutefois Madame
Marguerite d'Autriche, fille
illégitime de Charles Quint,
empereur germanique et roi
d'Espagne et de Sicile, qui
donna son nom au bâtiment.
Épouse d'Alexandre de
Médicis, elle se remaria
avec Ottavio Farnèse,
ce qui permit à cette famille
romaine d'hériter d'une partie
de la fabuleuse collection
d'œuvres d'art des Médicis.
Le palazzo Madama abrite
depuis 1871 le Sénat italien.

Corniche du palazzo Madama

Sant'Ivo alla Sapienza ❾

Corso del Rinascimento 40.
Plan 4 F4 et 12 D3. **Tél.** 06 686
4987. 🚌 40, 46, 64, 70, 81, 87,
116, 186, 492, 628. ⬜ dim. 9h-12h. 🚻

Borromini créa ce
chef-d'œuvre du
baroque romain,
comparable
à aucun autre,
dans la cour
du palazzo de
la Sapienza,
siège de
l'Université
de Rome
du XVe siècle
à 1935.

**La lanterne
de Sant'Ivo**

Tranchant sur
les toits qui
l'environnent, la lanterne
de la chapelle, couronnée
d'une spirale évoquant
la tour de Babel, inonde
de lumière la subtile
combinaison de parois
concaves et convexes
de l'intérieur construit sur
un plan d'une extraordinaire
complexité géométrique.

Sant'Andrea della Valle ❿

Piazza Sant'Andrea della Valle.
Plan 4 E4 et 12 D4. **Tél.** 06 686 1339. 🚌 H, 40, 46, 62, 64, 70, 81, 87, 116, 186, 492, 628. 🚋 8.
⏰ t.l.j. 7h30-12h, 16h30-19h30. ✝

Dôme de Sant'Andrea della Valle

Les Théatins, membres d'un ordre très actif pendant la Contre-Réforme, commencèrent en 1591 la construction de cette église sur un plan qui reproduit celui du Gesù : une nef majestueuse flanquée de chapelles et prolongée d'une abside. Maderno la poursuivit en 1608, élevant notamment l'élégante coupole, la plus haute de Rome après celle de Saint-Pierre, puis Rainaldi acheva en 1665 la façade, l'une des plus belles de l'époque baroque.

Inaugurée en 1628, *La Gloire du Paradis*, la fresque de Giovanni Lanfranco, était la première de Rome à ne pas compartimenter le dôme. Elle servit de modèle pendant plus d'un siècle aux artistes européens chargés de décorer une voûte. Plusieurs autres fresques, notamment les *Quatre Évangélistes* des pendentifs de la coupole et *La Glorification de saint André* à la voûte du chœur, sont l'œuvre du Dominiquin.

Le haut de la nef abrite les tombeaux des deux papes de la famille siennoise des Piccolimini, à gauche celui de Pie II (de 1458 à 1464) qui laissa de nombreux écrits poétiques et historiques,

à droite celui de Pie III qui régna moins d'un mois en 1503. Trois copies de sculptures de Michel-Ange : la *Pietà* de Saint-Pierre, et les statues de *Léa* et de *Rachel* de San Pietro in Vincoli (*p. 170*) ornent la cappella Strozzi.

Palazzo Massimo alle Colonne ⓫

Corso Vittorio Emanuele II 141.
Plan 4 F4 et 11 C3. 🚌 40, 46, 62, 64, 70, 81, 87, 116, 186, 492, 628.
Chapelle ⏰ 16 mars 7h-12h.

Colonne devant le palazzo Massimo

Baldassarre Peruzzi (1481-1536) consacra les dernières années de sa vie à construire ce magnifique palais Renaissance pour la famille Massimo qui donna à l'Europe plusieurs grands humanistes. La demeure précédente de la famille avait été rasée lors du sac de Rome en 1527.

Celle-ci se dressait sur les ruines du théâtre de Domitien dont la via Papalis (le corso Vittorio Emanuele II ne fut ouvert qu'en 1870) épousait la courbe et l'architecte donna la même ligne convexe, très originale à l'époque, à son élégante façade à colonnades.

L'autre façade du bâtiment, décorée de fresques, donne sur la piazza dei Massimi où une colonne provenant du théâtre impérial rappelle les prétentions généalogiques d'une

famille qui affirmait descendre du consul Quintus Fabius Maximus, vainqueur d'Hannibal au IIIe siècle av. J.-C. La cour intérieure du palais imite d'ailleurs un atrium antique. Le 16 mars, anniversaire de la résurrection miraculeuse du jeune Paolo Massimo par Philippe Neri en 1538, la chapelle ouvre ses portes au public.

Palazzo Braschi ⓬

Piazza San Pantaleo 10. **Plan** 4 E4 et 11 C3. **Tél.** 06 6710 8346.
🚌 40, 46, 62, 64, 70, 81, 87, 116, 186, 492, 628. ⏰ mar.-dim. 9h-19h *(la billetterie ferme à 18h).*
♿ 🎧 🛒 📷

Cosimo Morelli construisit à la fin du XVIIIe siècle ce palais néoclassique, le dernier édifié pour une famille papale, à l'intention des neveux de Pie VI. Le bâtiment abrite désormais le museo di Roma dont les collections évoquent la vie dans la cité depuis le Moyen Âge jusqu'au XIXe siècle.

Son rez-de-chaussée renferme les wagons, dont une voiture-salon construite à Paris, offerts à Pie IX pour ses déplacements en train.

Ange d'Ercole Ferrata, façade de Sant'Andrea della Valle

Pasquino ⑬

Piazza di Pasquino **Plan** 4 E4 et 11 C3. 🚌 *40, 46, 62, 64, 70, 81, 87, 116, 492, 628.*

Il Pasquino, la plus célèbre des « statues parlantes » de Rome

Ce morceau de marbre érodé est tout ce qui reste d'un groupe hellénistique représentant probablement l'épisode de l'*Iliade* où Ménélas tente de protéger Patrocle blessé sous les murs de Troie. Il servit pendant des années de perron dans une rue boueuse jusqu'à ce que le cardinal Oliviero Carafa le dresse à son emplacement actuel, au dos de son palais et à côté de la boutique d'un cordonnier à la langue bien pendue dénommé Pasquin.

Les souverains pontifes décourageaient la liberté de parole à Rome et l'artisan rédigea des couplets satiriques qu'il accrocha à la statue qui finit par prendre son nom. Il fut bientôt imité malgré la colère des autorités et la peine de mort qui menaçait les auteurs des libelles. L'ironie populaire s'exprima à travers d'autres « statues parlantes » telles que le « Babuino » via del Babuino (*p. 135*) ou « Marforio », exposé aujourd'hui dans la cour du Palazzo nuovo (*p. 70-71*), qui formaient pendant la Renaissance le « congrès des gens d'esprit ». La tradition se maintint jusqu'au XIXᵉ siècle.

Via del Governo Vecchio ⑭

Plan 4 E4 et 11 B3. 🚌 *40, 46, 62, 64.*

Cette rue bordée de boutiques d'antiquités, de maisons des XVᵉ et XVIᵉ siècles et de petits ateliers faisait jadis partie de la via Papalis qu'empruntaient les cortèges pontificaux du Vatican à San Giovanni in Laterano. Elle tire son nom du palais del Governo Vecchio, aussi appelé palazzo Nardini d'après son fondateur en 1477, qui abrita le siège du gouvernement papal aux XVIIᵉ et XVIIIᵉ siècles. On crut longtemps que Bramante avait habité le petit palais qui lui fait face, au n° 123. Deux maisons du XVᵉ siècle particulièrement intéressantes occupent les nᵒˢ 104 et 106.

Via del Governo Vecchio

Chiesa nuova ⑮

Piazza della Chiesa nuova. **Plan** 4 E4 et 11 B3. **Tél.** *06 687 52 89.* 🚌 *40, 46, 62, 64.* ⭕ *t.l.j. 8h-12h, 16h30-19h, dim. 10h-13h, 16h30-19h.* ⛪

La façade de la Chiesa nuova

Philippe Neri est le plus populaire des saints de la Contre-Réforme. Ce rénovateur hautement original entraînait de vastes foules lors de pèlerinages organisés dans les églises de Rome et prônait une méthode apostolique, l'Oratoire, faite de prières, de prédications et de chants. Le nom deviendra celui d'une congrégation, officialisée en 1575, pour laquelle Neri accepta, alors qu'il refusa toujours le cardinalat, que le pape Grégoire XIII l'aidât à construire une nouvelle église (Chiesa nuova) à l'emplacement de la petite Santa Maria in Vallicella.

Commencée en 1575 par Matteo da Città di Castello, poursuivie par Martin Longhi le Vieux, elle fut consacrée en 1599 avant que Fausto Rughesi n'achevât sa façade en 1606.

Si l'on retrouva souvent saint Philippe en extase à l'intérieur devant la *Visitation* (4ᵉ chapelle à gauche) de Barocci, la décoration baroque (superbes fresques de Pierre de Cortone) que reçut l'église après 1640 allait contre son vœu de voir ses murs rester simplement blanchis. Son corps repose sous l'autel de la chapelle, à gauche de l'abside.

La façade de l'oratoire de Borromini

Oratorio dei Filippini 🔟

Piazza della Chiesa nuova.
Plan 4 E4 et 11 B3. 🚌 *46, 62, 64.*
⚫ *pour restauration.*

Né à Florence en 1515, Philippe Neri crée en 1548 une confrérie vouée aux soins des pèlerins miséreux de Rome *(voir Santissima Trinità dei Pellegrini, p. 147)*, puis il rejoint en 1551 une communauté de prêtres près de l'église San Girolamo à partir de laquelle se développera la congrégation de l'Oratoire officialisée en 1575 par le pape Grégoire XIII.

L'oratorio, forme lyrique créée au début du XVIIe siècle, marie prédication et accompagnement musical. Il acquit ses lettres de noblesse grâce au compositeur Emilio de'Cavalieri. Fidèles à l'esprit de leur fondateur, les Philippins décidèrent en 1637 de confier à Borromini l'édification d'un bâtiment exclusivement réservé aux exécutions musicales.

Sa façade, à côté de la Chiesa nuova, témoigne de l'esprit de recherche de l'architecte.

Torre dell' Orologio 🔟

Piazza dell'Orologio. **Plan** 4 E4 et 11 B3. 🚌 *40, 46, 62, 64.*

Borromini éleva cette tour entre 1647 et 1649 pour décorer le coin du couvent des Philippins. Avec sa façade et son arrière concaves, et ses côtés convexes, elle offre un exemple représentatif de son style. Des anges à la manière de Bernin encadrent un petit tabernacle, au coin de l'édifice, et la mosaïque représentant la Vierge, sous l'horloge, est de Pierre de Cortone.

Pierre de Cortone (1596-1669)

Palazzo del Banco di Santo Spirito 🔟

Via del Banco di Santo Spirito.
Plan 4 D4 et 11 A2. 🚌 *40, 46, 62, 64.* ⭘ *horaire des banques.*

On appelle souvent ce palais l'Antica Zecca (l'ancienne Monnaie) car il abrita l'hôtel de la Monnaie des souverains pontifes. Antonio da Sangallo le Jeune construisit dans les années 1520 le haut de sa façade en forme d'arc de triomphe antique que vinrent plus tard surplomber deux statues baroques, allégories de la Charité et de l'Épargne.

Comme l'indique l'inscription au-dessus de l'entrée principale, le pape Paul V Borghèse fonda la banque du Saint-Esprit en 1605, proposant en garantie aux Romains invités à y déposer leurs économies, les riches propriétés de l'ospedale del Santo Spirito *(p. 226)*.

La banque ne proposait pas de services financiers sophistiqués mais, tout en assurant la trésorerie de l'hôpital, offrait à une clientèle populaire un système simple et sûr de dépôts et retraits (il suffisait de présenter un reçu), et elle connut un vif succès. Le Banco di Santo Spirito existe toujours mais il fait désormais partie de la Banca di Roma.

La façade du Banco di Santo Spirito

Via dei Coronari ⓳

Plan 4 D3 et 11 B2. 🚌 40, 46, 62, 64, 70, 81, 87, 116, 186, 280, 492.

La via dei Coronari suit le tracé de la via Recta antique qui reliait jadis le site de l'actuelle piazza Colonna au Tibre.

Cette rue était très fréquentée par les pèlerins du Moyen Âge qui l'empruntaient pour rejoindre Saint-Pierre en franchissant le fleuve sur le pont Saint-Ange, et de nombreux commerçants, notamment des marchands de chapelets *(coronari)*, ouvrirent boutique afin de tirer profit de cette clientèle de passage.

Les pèlerins ne mettaient toutefois pas que leur bourse en danger sur ce trajet. Lors du jubilé de 1450, un mouvement de foule tua quelque 200 d'entre eux, piétinés ou poussés dans le Tibre. La tragédie décida Nicolas V à détruire l'arc de triomphe qui se dressait à l'entrée du Marches.

Au siècle suivant, Sixte IV encouragea la construction privée dans ce quartier, et, bien que des antiquaires aient remplacé aujourd'hui les marchands de chapelets, de nombreux édifices des XVe et XVIe siècles bordent toujours la rue. Aux nos 156-157, la maison de Fiammetta, maîtresse de César Borgia, est l'un des bâtiments les plus anciens.

Antiquaire, via dei Coronari

Le cloître de San Salvatore in Lauro

San Salvatore in Lauro ⓴

Piazza San Salvatore in Lauro 15. **Plan** 4 E3 et 11 B2. **Tél.** 06 687 51 87. 🚌 70, 81, 87, 116, 186, 280, 492. ⭕ t.l.j. 9h-12h, 16h-18h. ⬛

Ottaviano Mascherino construisit le bâtiment actuel au XVIe siècle sur un site où poussaient des lauriers pendant l'Antiquité. San Salvatore in Lauro devint en 1669 le siège d'une association pieuse, la confraternité des Picéniens, habitants des Marches fanatiquement loyaux aux papes.

Les Picéniens remplissaient pour eux les fonctions de soldats ou de collecteurs d'impôts.

Au XVIIIe siècle un clocher et une sacristie dessinés par Nicola Salvi, célèbre pour sa fontaine de Trevi *(p. 159)*, furent ajoutés à l'église.

Une belle *Adoration des Bergers* de Pierre de Cortone décore l'autel de la première chapelle à droite.

Une porte à gauche de la façade mène au charmant cloître Renaissance du couvent San Giorgio. Ce dernier renferme le monument à Eugène IV (pape de 1431 à 1447) installé ici à la démolition de l'ancienne basilique Saint-Pierre. Ce Vénitien extravagant dépensa des milliers de ducats pour sa tiare en or mais ne voulut qu'un « humble tombeau ». Le réfectoire décoré de belles fresques abrite son portrait réalisé par le peintre Salviati.

Museo Napoleonico ㉑

Piazza di Ponte Umberto 1. **Plan** 4 E3 et 11 C1. **Tél.** 06 6880 6286. 🚌 70, 81, 87, 116, 186, 280, 492. ⭕ mar.-dim. 9h-19h. ⬤ 1er janv. 1er mai, 25 déc.

Dans l'entrée de ce musée légué à la ville en 1927 par le comte Primoli, fils de Charlotte Bonaparte, un arbre généalogique explicite les différentes branches de la famille de Napoléon. Les collections comprennent des bustes, notamment de Houdon, Carpeaux et Canova, des portraits (de David, Lefèvre, Gérard, Isabey, Prud'hon), et de nombreux documents et souvenirs personnels.

Après la mort de Napoléon en 1821, le pape autorisa de nombreux membres de la famille Bonaparte à s'installer à Rome. La mère de Bonaparte, Maria Letizia, s'établit au palais Misciatelli sur la via del Corso ainsi que sa fille Pauline, frivole épouse du prince Camille Borghèse. On peut voir au musée un moulage de son sein droit effectué par Canova en 1805 pour une étude préparatoire de sa statue en Vénus exposée à l'heure actuelle à la galleria Borghese *(p. 260-261)*.

Les objets exposés comprennent des habits de cour, des uniformes et le vélocipède du prince Eugène, fils de Napoléon III.

Façade de San Salvatore in Lauro

Le palais voisin, via Zanardelli accueille la Racolta Praz, une collection de plus de 1 000 objets d'art, peintures et sculptures. Les pièces qui datent du XVIIᵉ et du XVIIIᵉ siècle ont été rassemblées par l'historien et critique littéraire Mario Praz.

Bas-relief du trône des Ludovisi, palazzo Altemps

Entrée du museo Napoleonico

Hostaria dell'Orso 22

Via dei Soldati 25. **Plan** 4 E3 et 11 C2. 70, 81, 87, 116, 186, 204, 280, 492, 628. *lun.-sam 20h-1h.*

Son portique du XVᵉ siècle et les colonnes de sa terrasse, qui proviennent de ruines antiques, donnent son cachet à cette ancienne auberge devenue restaurant. On ne sait si Dante y séjourna, mais en tout cas, Rabelais et Montaigne y passèrent.

Palazzo Altemps 23

Piazza Sant'Apollinare 46. **Plan** 4 E3 et 11 C2. **Tél.** 06 3996 7700. 70, 81, 87, 116, 280, 492, 628. *mar.-dim. 9h-19h45 (der. entrée 1 h avant la ferm.).* 1ᵉʳ janv., 25 déc.

Ce palais fut construit pour Girolamo Riario, neveu de Sixte IV, et l'on peut toujours voir les armoiries de la famille dans la loge du concierge. Pillée lors du soulèvement populaire qui suivit la mort du pape et obligea Girolamo à s'enfuir, la demeure devint en 1568 la propriété du cardinal Marco Sittico Altemps dont la famille d'origine germanique – le nom était une italianisation de Hohenems – exerçait une telle influence dans l'Église catholique que Pie IV avait organisé le dernier grand tournoi du Vatican, dans la cour du Belvédère *(p. 234-235)*, pour fêter le mariage du frère du cardinal avec la sœur de saint Charles Borromée en 1565.

Quelques années après son achat, Altemps engagea Martin Longhi l'Ancien pour rénover le palais et celui-ci lui donna son grand belvédère couronné d'obélisques et d'une licorne en marbre. Un séminaire occupe le bâtiment.

Collectionneurs ostentatoires, les Altemps ornèrent la cour et son escalier de sculptures anciennes. Celles-ci font partie de la collection du musée, doublée par la collection Ludovisi précédemment exposée au Museo nazionale romano des terme di Diocleziano *(p. 163)*.

La statue grecque d'Athéna Parthénos et le groupe de Dionysos, copie romaine de l'original grec, sont exposés au rez-de-chaussée. Le premier étage comprend, entre autres, une superbe loggia peinte, qui date de 1595 et le trône des Ludovisi, sculpté au Vᵉ siècle av. J.-C. Sur les sculptures qui ornent le trône, on peut voir une femme émergeant de l'eau, probablement Aphrodite. Dans le salon del Camino, la puissante statue, *Le Suicide de Galata*, est une copie en marbre de celle initialement réalisée en bronze.

Le Suicide de Galata, palazzo Altemps

LE QUARTIER DE LA PIAZZA DI SPAGNA

Au XVIe siècle, le centre médiéval de Rome ne suffisait plus à l'afflux de pèlerins et d'ecclésiastiques. On créa donc de nouvelles rues, qui existent toujours, afin de faciliter la traversée de la ville depuis la porta del Popolo, au nord, jusqu'au Vatican. Deux siècles plus tard, des hôtels avaient poussé dans tout ce quartier qui offre au visiteur contemporain de

Fontaine sur la piazza del Popolo

nombreux centres d'intérêt : les chefs-d'œuvre de la Renaissance et du baroque de Santa Maria del Popolo et Sant'Andrea delle Fratte, les reliefs antiques de l'Ara Pacis Augustæ, les expositions de la villa Médicis, les vues splendides que commandent l'escalier de la Trinità dei Monti et le jardin du Pincio, et les plus belles boutiques de Rome autour de la via dei Condotti.

LE QUARTIER D'UN COUP D'ŒIL

Églises
Chiesa All Saints ⑫
San Rocco ㉑
Sant'Andrea delle Fratte ①
Santa Maria dei Miracoli et
    Santa Maria in Montesanto ⑭
Santa Maria del Popolo
    p. 138-139 ⑰
Santi Ambrogio e Carlo
    al Corso ㉒
Trinità dei Monti ⑩

Musées et galeries
Casa di Goethe ⑬
Fondazione Keats-Shelley
    Memorial ⑦

Bâtiments historiques
Palazzo di Propaganda
    Fide ②
Villa Médicis ⑪

Arcs, portes et colonnes
Colonna dell'Immacolata ③
Porta del Popolo ⑱

Rues et places historiques
Scalinata della Trinità
    dei Monti ⑨
Piazza del Popolo ⑯

Piazza di Spagna ⑥
Via dei Condotti ④

Monuments et tombeaux
Ara Pacis Augustæ ⑲
Mausoleo di Augusto ⑳

Parcs et jardins
Giardino del Pincio ⑮

Cafés et restaurants
Caffè Greco ⑤
Salon de thé Babington's ⑧

Carte : plan du quartier

0   300 m

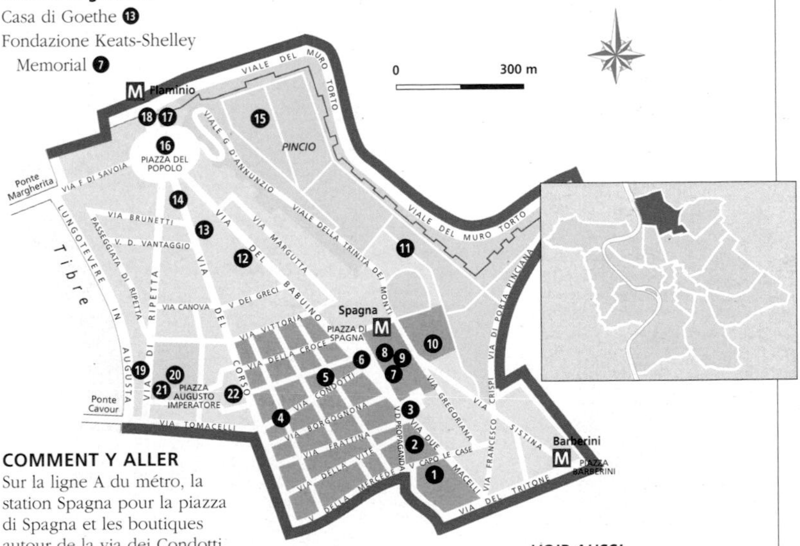

COMMENT Y ALLER

Sur la ligne A du métro, la station Spagna pour la piazza di Spagna et les boutiques autour de la via dei Condotti, et Flaminio pour la piazza del Popolo. De nombreuses lignes d'autobus suivent la via del Corso et la via del Tritone. Sur place, le minibus 117, qui suit la via del Babuino, est très pratique.

LÉGENDE

▭ Plan du quartier pas à pas

Ⓜ Station de métro

— Mur d'enceinte de la ville

VOIR AUSSI

• *Atlas des rues* plans 4, 5

• *Hébergement* p. 301-303

• *Restaurants* p. 318-319

• *Boutiques* p. 334-351

◁ **La scalinata della Trinità dei Monti (escalier de la Trinité-des-Monts), piazza di Spagna**

Le quartier de la piazza di Spagna pas à pas

Le réseau de rues étroites et piétonnières qui s'étend entre la piazza di Spagna et la via del Corso est l'un des quartiers les plus animés de la Ville éternelle. Romains et touristes se pressent aux devantures des élégants commerces de luxe auxquels il doit sa réputation. Boutiques d'antiquités et galeries d'art bordent quant à elles la via del Babuino qui mène à la piazza del Popolo.

Caffè Greco
Bustes et portraits rappelent les artistes qui le fréquentèrent ❺

★ Piazza di Spagna
Depuis près de trois siècles, cette place sert de lieu de rendez-vous aux visiteurs de la Ville éternelle ❻

PIAZZA DI SPAGNA

Station
Spagn

VIA VITTORIA

VIA DELLA CROCE

VIA BOCCA

VIA DELLE CARROZZE

DI LEONE

La via delle Carrozze doit son nom aux équipages qui y faisaient la queue en attendant une réparation.

VIA DEL CORSO

VIA DEI CONDOTTI

VIA BORGOGNONA

VIA FRATTI

Via dei Condotti
Les boutiques les plus élégantes d'un des quartiers les plus chic du monde bordent cette rue étroite ❹

Bulgari vend de très beaux bijoux derrière une austère devanture sur la via dei Condotti.

0   75 m

LÉGENDE

– – – Itinéraire conseillé

Ⓜ Station de métro

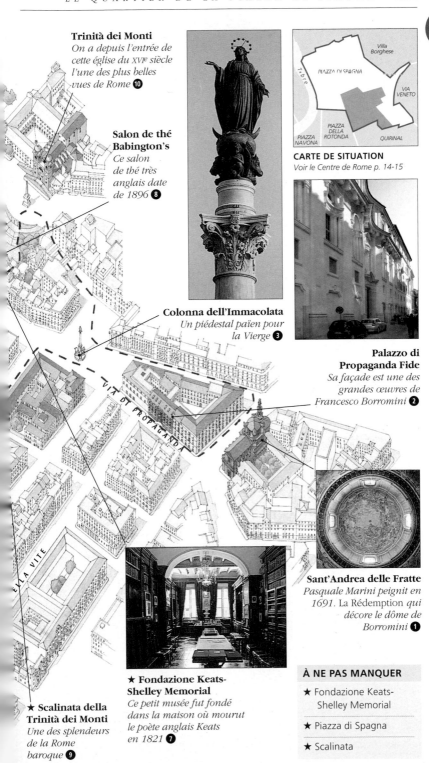

Trinità dei Monti
On a depuis l'entrée de cette église du XVIᵉ siècle l'une des plus belles vues de Rome ⑩

Salon de thé Babington's
Ce salon de thé très anglais date de 1896 ⑧

CARTE DE SITUATION
Voir le Centre de Rome p. 14-15

Colonna dell'Immacolata
Un piédestal païen pour la Vierge ❸

Palazzo di Propaganda Fide
Sa façade est une des grandes œuvres de Francesco Borromini ❷

Sant'Andrea delle Fratte
Pasquale Marini peignit en 1691. La Rédemption qui décore le dôme de Borromini ❶

★ Fondazione Keats-Shelley Memorial
Ce petit musée fut fondé dans la maison où mourut le poète anglais Keats en 1821 ❼

★ Scalinata della Trinità dei Monti
Une des splendeurs de la Rome baroque ❾

À NE PAS MANQUER

★ Fondazione Keats-Shelley Memorial

★ Piazza di Spagna

★ Scalinata

Sant'Andrea delle Fratte ❶

Via Sant'Andrea delle Fratte 1.
Plan 5 A3. **Tél.** *06 679 31 91.*
🚌 *116, 117.* Ⓜ *Spagna.*
⏰ *t.l.j. 6h30-12h, 16h-19h
(16h30-19h30 en été)* 🔲

À sa fondation, au XIIᵉ siècle,
Sant'Andrea delle Fratte
se trouvait à la limite nord de
Rome et son nom continue à
évoquer cette époque *(fratte*
signifie buissons) bien que
la cité l'enserre à présent.
Borromini participa à sa
reconstruction, au XVIIᵉ siècle,
dessinant sa coupole et son
surprenant campanile à trois
étages orné d'anges aux
ailes repliées et de torches
enflammées ressemblant
à des cornets de glaces.
En les observant depuis la
via Capo le Case, on apprécie
mieux l'agencement complexe
de surfaces concaves et
convexes. À l'intérieur,
la chapelle de la Vierge
Miraculeuse rappelle que
Marie apparut en 1842 à un
banquier juif qui se convertit
aussitôt au catholicisme
et devint missionnaire.
L'église est toutefois plus
connue pour les deux anges
de Bernin qui encadrent
l'entrée du chœur.
Sculptés à l'origine pour
décorer le ponte Sant'Angelo,
ils parurent si gracieux à
Clément IX que le souverain
pontife décida de les
remplacer par des copies
afin de leur éviter les rigueurs
des intempéries.

Palazzo di Propaganda Fide ❷

Via di Propaganda 1. **Plan** 5 A2.
Tél. *06 6987 9299.* **Fax** *06 6988
0246.* 🚌 *116, 117.* Ⓜ *Spagna.*
⏰ *sur r.-v. par fax.*

La puissante congrégation de
jésuites pour la Propagation
de la foi (de
l'évangélisation
des peuples
depuis 1967) fut
fondée en 1622.
Bernin fut
d'abord chargé
de réaliser
son palais. Mais
Innocent X qui
devint pape en
1644 chargea
Borromini de
finir le palais.
Si la façade
de Bernin,
sur la piazza
di Spagna, est
classique, la
façade ouest,
réalisée par
Borromini et achevée en
1662, est remarquable.
Larges piliers et baies
centrales composent
un fascinant
mouvement qui
marie fantaisie
et rigueur.
Cette originalité
témoigne peut-être
aussi malheureusement de
la fragilité psychologique
de son architecte, qui se
suicida en 1667. Borromini
reconstruisit également
la chapelle du palais.

Le palazzo di Propaganda Fide

Colonna dell'Immacolata ❸

Piazza Mignanelli. **Plan** 5 A2.
🚌 *116, 117.* Ⓜ *Spagna.*

Cette colonne antique
supportant une statue
de la Vierge, l'un des
nombreux monuments païens
adaptés à l'imagerie
chrétienne, fut inaugurée
en 1857 en commémoration
de la proclamation par le
pape Pie IX, trois ans plus
tôt, du dogme de l'Immaculée
Conception.
Tous les ans, le 8 décembre
au petit matin, le pape,
aidé des pompiers, pose
une guirlande de fleurs
sur la tête de la statue.

Ange de Bernin,
Sant'Andrea delle Fratte

**Portrait de Pie IX
(pape de 1846 à 1878)**

Via dei Condotti ❹

Plan 5 A2. 🚌 *81, 116, 117, 119, 492 et nombreuses lignes le long de la via del Corso ou piazza San Silvestro.* Ⓜ *Spagna. Voir* **Boutiques et marchés**, *p. 333-345.*

Le nom de cette « rue des conduits » maintient le souvenir des canalisations de l'*Acqua Virgine* qui la suivaient et alimentaient les thermes d'Agrippa près du Panthéon. La via dei Condotti abrite désormais les plus grandes maisons de haute couture de Rome et les élégantes s'y mêlent en fin d'après-midi aux touristes.

Les boutiques de stylistes récents comme Laura Biagiotti et les sœurs Fendi se trouvent sur la via Borgognona. Valentino et Giorgio Armani ont ouvert une boutique sur la via dei Condotti. Valentino a également une boutique via Bocca di Leone (la rue se trouve derrière la piazza di Spagna). La via Bocca di Leone abrite une boutique de Versace. Giorgio Armani a un deuxième magasin parmi les discrètes galeries d'art et magasins de meubles et d'antiquités de la via del Babuino.

La scalinata della Trinità dei Monti vu de la via dei Condotti

Caffè Greco ❺

Via dei Condotti 86. **Plan** 5 A2. **Tél.** 06 679 1700. 🚌 *81, 116, 117, 119, 492.* Ⓜ *Spagna.* ⏰ *t.l.j. 9h-19h.* ⏹ *1er janv., 14 et 15 août.* ♿

Ce café ouvert par un Grec en 1760 devint peu de temps après son inauguration le lieu de rendez-vous d'artistes et

Le caffè Greco a ouvert en 1760

d'hommes de lettres. Les Italiens y sirotent à présent leur expresso debout au comptoir tandis que les étrangers se pressent dans une petite salle confortable ornée des portraits des clients célèbres de l'établissement tels que Goethe, Byron, Gogol, Stendhal, Liszt, Bizet, Wagner, Mendelssohn, Leopardi, D'Annunzio, Baudelaire ou le roi Louis II de Bavière, mécène de Wagner qui mourut interné après avoir été déclaré fou.

Les abeilles des Barberini sur l'écu d'Urbain VIII

Piazza di Spagna ❻

Plan 5 A2. 🚌 *116, 117, 119.* Ⓜ *Spagna.*

Il y a foule toute la journée et en été, une bonne partie de la nuit sur cette place, l'une des plus célèbres du monde. La piazza di Spagna dont la forme évoque un nœud papillon s'étend du débouché de la via del Babuino au palazzo di Propaganda Fide.

Entourée d'immeubles aux façades peintes de dégradés d'ocre jaune et rouge, elle doit son nom au palazzo di Spagna (à droite) édifié au XVIIe siècle pour l'ambassadeur d'Espagne auprès du Saint-Siège. De nombreux Français possédaient à l'époque des propriétés dans les environs et les incidents avec les Espagnols, qui se

comportaient en pays conquis, furent nombreux. On parle même d'étrangers enrôlés de force dans les armées ibériques.

Ces rivalités n'existaient plus au XVIIIe siècle et la construction, de 1723 à 1726, du majestueux escalier de travertin qui monte à l'église de la Trinità dei Monti finit de donner à la piazza di Spagna l'une des perspectives les plus théâtrales de Rome.

Se trouvant au cœur du quartier le mieux pourvu en hôtels en tous genres, elle devint alors un lieu très fréquenté des visiteurs et des étrangers. Nombre d'entre eux étaient de riches oisifs en quête d'aventures galantes ou de souvenirs antiques à rapporter chez eux. Ils attirèrent des hordes de mendiants autour de la fontana della Barcaccia. L'œuvre de Pietro Bernini (1627-1629) est ornée des armoiries (abeilles et soleils) de son commanditaire : Urbain VIII Barberini.

Son créateur lui donna la forme d'une barque échouée *(barcaccia)* en dessous du niveau de la rue pour résoudre le problème posé par le manque de pression de l'*Acqua Virgine* qui l'alimentait.

La fontana della Barcaccia sur la piazza di Spagna

Buste de Shelley par Moses Ezekiel

Fondazione Keats-Shelley Memorial 7

Piazza di Spagna 26. **Plan** 5 A2. **Tél.** 06 678 4235. 116, 117, 119. M Spagna. lun.-ven. 10h-13h, 14h-18h, sam. 11h-14h, 15h-18h. 1er janv., 25 déc. Réserver. www.keats-shelley-house.org

Sur le conseil de son médecin, le poète anglais John Keats qui souffrait de tuberculose vint habiter en novembre 1820 à la cassina Rossa, une maison rose à l'angle de l'escalier de la Trinità dei Monti, chez son ami, le peintre Joseph Severn. Mais le climat sec et doux de Rome ne suffit pas à le sauver et le jeune homme mourut en février à l'âge de 25 ans.

Son décès inspira la sublime élégie *Adonais* à son compatriote et ami Percy Bysshe Shelley qui connut lui aussi une fin prématurée en Italie : il périt noyé l'année suivante (il avait 30 ans) après le naufrage de son bateau, l'*Ariel*, au large de La Spezia. Comme Keats et Severn, il est enterré au cimetière protestante de Rome *(p. 205)*.

Une association anglo-américaine acheta la maison en 1906 afin d'en faire un mémorial et un musée consacré à ces deux poètes romantiques dont le génie

marqua la littérature anglaise. Les souvenirs qu'il renferme comprennent une mèche de cheveux de Keats, quelques fragments des ossements de Shelley et un masque de carnaval ramené de Venise par Byron. On peut visiter la chambre où Keats s'éteignit mais son mobilier d'origine a été brûlé sur ordre du pape.

Salon de thé Babington's 8

Piazza di Spagna 23. **Plan** 5 A2. **Tél.** 06 678 6027. 116, 117, 119. M Spagna. t.l.j. 9h-20h15. 25 déc.

Deux Anglaises, Anna Maria et Isabel Cargill Babington, ouvrirent ce salon de thé en 1896 pour y servir muffins, toasts à la cannelle, thé à la bergamote ou œufs au bacon à leurs compatriotes souffrant du mal du pays. Bien qu'attaché aux traditions, l'établissement propose en outre aujourd'hui les crêpes au sirop d'érable appréciées dans les anciennes colonies britanniques d'Amérique.

Fournisseur des sujets de Sa Gracieuse Majesté depuis 1896

Scalinata della Trinità dei Monti 9

Piazza di Spagna. **Plan** 5 A2. 116, 117, 119. M Spagna.

Au XVIIe siècle, les Français désiraient relier leur église de la Trinità dei Monti à la piazza di Spagna par un large escalier au sommet duquel ils auraient érigé une statue équestre de Louis XIV. L'idée de voir se dresser l'effigie d'un souverain étranger

La scalinata (escalier) della Trinità dei Monti et ses azalées en fleur

dans la capitale des États pontificaux déplut fortement à Alexandre VII, mais les Français et le pape finirent par s'entendre sur un projet proposé par de Sanctis à partir de dessins de Specchi.

Achevé en 1726, l'escalier était au XIXe siècle, rapporte Dickens, le lieu où se réunissaient de jeunes Italiennes en costumes traditionnels qui espéraient retenir l'attention d'un riche artiste prêt à les engager comme modèles.

On vient aujourd'hui s'y asseoir pour écrire des cartes postales, flirter, regarder les passants ou, en avril, se faire photographier au milieu des azalées dont il se pare pour la fête du printemps, mais il est interdit d'y manger.

Trinità dei Monti ⑩

Piazza della Trinità dei Monti.
Plan 5 A2. **Tél.** 06 6/9 4179.
🚌 116, 117, 119. Ⓜ Spagna.
🕐 mar.-dim. 9h-12h, 15h-19h. ✝

**Les campaniles de l'église
Trinità dei Monti**

La vue de Rome que commande la terrasse devant la Trinità dei Monti est si belle que l'on oublie souvent l'église elle-même. Fondée par des Français en 1495, elle présente cependant un aspect inhabituel pour un sanctuaire catholique à Rome. Elle conserve notamment, malgré les dégâts subis pendant l'occupation napoléonienne et une restauration en 1816, les vestiges d'un beau treillage gothique aux voûtes du transept.

La façade sur cour de la villa Médicis (gravure du XIXe siècle)

Des tableaux maniéristes décorent ses chapelles, notamment deux œuvres de Daniele da Volterra, élève de Michel-Ange qui dut peindre des vêtements aux nus du *Jugement dernier* de la chapelle Sixtine.

L'influence de son maître est manifeste dans les musculatures puissantes de la *Descente de Croix* (2e chapelle à gauche), tandis que les anges autour de la Vierge de l'*Assomption* (3e chapelle à droite) évoquent plutôt le style gracieux de Raphaël.

Villa Médicis ⑪

Accademia di Francia a Roma, viale Trinità dei Monti 1. **Plan** 5 A2.
Tél. 06 676 11. 🚌 117, 119.
Ⓜ Spagna. 🕐 pour les expositions et concerts. **Jardins** 🕐 pour visites mer., sam. et dim. à 9h45, 11h, 12h15, 15h. ♿ ✱

Cette villa, construite sur la colline du Pincio par Lippi en 1540 pour le cardinal de Ricci de Montepulciano, a conservé le nom qu'elle prit quand le cardinal Ferdinand de Médicis l'acheta en 1576.

Ses magnifiques jardins occupent l'emplacement de ceux que Lucullus avait dessinés pour son agrément en 60 av. J.-C. La vue depuis la terrasse porte jusqu'au castel Sant' Angelo, à l'autre bout de la ville, d'où, dit-on,

Christine de Suède tira le coup de canon qui projeta le lourd boulet dans la fontaine où il subsiste encore.

Après que Napoléon y eut transféré en 1803 l'Académie de France créée par Colbert en 1666, la villa Médicis accueillit de célèbres « Grands Prix de Rome » tels Berlioz et Debussy.

Chiesa All Saints ⑫

Via del Babuino 153B. **Plan** 4 F2.
Tél. 06 3600 1881. 🚌 117, 119.
🕐 lun.-ven. 8h-12h et dim. pour la messe. ✝

Le pape accorda en 1816 l'autorisation aux résidents britanniques de donner des services anglicans à Rome, mais ils n'achetèrent qu'au début des années 1880 le terrain où construire leur église. L'architecte G. E. Street l'édifia dans le style qui avait fait sa réputation en Angleterre : le néogothique victorien. L'intérieur, malgré ses splendides décorations de marbres italiens polychromes et la mosaïque préraphaélite de son abside (œuvre d'Edward Burne-Jones), est très britannique. La via del Babuino tient son nom de la fontana del Sileno, surnommée le babouin, en raison de l'état déplorable dans lequel elle fut trouvée.

Fontana del Sileno, sur la via del Babuino depuis 1957

Casa di Goethe ⑬

Via del Corso 18. **Plan** 4 F1.
Tél. 06 3265 0412. 🚌 95, 117,
119, 490, 495, 628, 926. 🚊 2.
Ⓜ Flaminio. ◯ mar.-dim. 10h-18h.
🔳♿📷📱 www.casadigoethe.it

Le poète, romancier et auteur
dramatique allemand Johan
Wolfgang von Goethe (1749-
1832) habita Rome de 1786
à 1788. Ce séjour dans la Ville
éternelle lui inspira le cycle
lyrique des *Élégies romaines*
et fut la période la plus
épanouie de sa vie bien
que le bruit des rues l'irritât
et que le nombre d'assassinats
commis dans son quartier
le troublât un peu. Il avouera
néanmoins qu'il ne connut
jamais ailleurs le bonheur
qu'il éprouva en Italie.

Santa Maria dei Miracoli et Santa Maria in Montesanto ⑭

Piazza del Popolo. **Plan** 4 F1.
🚌 95, 117, 119, 490, 495, 628,
926. 🚊 2. Ⓜ Flaminio.
Santa Maria dei Miracoli
Tél. 06 361 0250. ◯ lun.-sam.
7h-13h,16h-19h30, dim. et
j.f. 8h-13h, 16h30-19h30. 🔳♿
Santa Maria in Montesanto
Tél. 06 361 0594. ◯ lun.-sam.
16h-19h, dim. 11h-12h30.

Rainaldi (1611-1691)
conçut ces deux églises
achevées par Bernin
qui encadrent le débouché
de la via del Corso au sud
de la piazza del Popolo.
Bien que l'emplacement
de celle de gauche fût
plus exigu,
elles devaient
sembler

Portrait de Goethe dans la campagne romaine de Tischbein (1751-1821)

symétriques pour respecter
la perspective de la place.
L'architecte résolut le
problème en donnant un
plan circulaire à l'une (Santa
Maria dei Miracoli à droite)
et elliptique à l'autre.
Les deux dômes paraissent
effectivement jumeaux
bien que l'un ait huit pans
et l'autre douze.

Giardino del Pincio ⑮

Il Pincio. **Plan** 4 F1. 🚌 95, 117, 119,
490, 495, 628, 926. 🚊 2.
Ⓜ Flaminio.

De magnifiques jardins
s'étageaient déjà au temps de
la Rome antique sur la petite
colline du Pincio, mais celui
qui domine aujourd'hui la
piazza del Popolo fut
remodelé, comme elle,
au début du XIXᵉ siècle
par Giuseppe Valadier.
Avec ses larges allées
ombragées de pins
parasols, de chênes verts
et de palmiers,
ses statues et
ses fontaines,

L'horloge à eau du Pincio

ce jardin public connut
tout de suite une grande
popularité. Elle ne s'est
pas démentie depuis et
le restaurant installé sur
le viale del Belvedere, la
Casina Valadier, endroit des
plus agréables pour prendre
l'apéritif à défaut d'y manger,
accueillit au XXᵉ siècle
des clients aussi divers
que Gandhi, Mussolini
ou le roi Farouk d'Égypte.
Non loin, au milieu du
viale dell'Obelisco, se dresse
depuis 1882 l'obélisque érigé
par Hadrien à la mémoire
de son favori Antinoüs, jeune
esclave grec d'une grande
beauté qui se noya dans
le Nil (en sauvant la vie
de l'empereur, selon certains

**Les églises (faussement) jumelles de la piazza del Popolo au XIXᵉ siècle :
Santa Maria in Montesanto et Santa Maria dei Miracoli.**

auteurs) et qu'il fit déifier. L'horloge à eau placée près du « mur tortueux » *(muro Torto)* d'Aurélien séparant le Pincio de la villa Borghese *(p. 258-259)* n'est pas aussi ancienne. Conçue par un Dominicain au XIXᵉ siècle, elle participa à l'Exposition universelle de Paris de 1889 avant de gagner son site actuel.

La grande attraction du Pincio, celle qui fait sa réputation, reste néanmoins les couchers de soleil que l'on peut y admirer depuis sa terrasse, la piazzale Napoleone Iᵉʳ, d'où la vue s'étend du monte Mario au Janicule.

La Casina Valadier dans le jardin du Pincio

Piazza del Popolo ⑯

Plan 4 F1. 🚌 *95, 117, 119, 490, 495, 926.* 🚋 *2.* Ⓜ *Flaminio.*

La piazza del Popolo est un vaste ovale au sommet de la pointe de flèche formée par trois rues : la via di Ripetta, la via del Corso et la via del Babuino. Bien que ce soit l'une des places les plus cohérentes de Rome, elle marie des époques et des styles très différents.

L'obélisque de Ramsès II érigé en 1589 en son centre par Domenico Fontana à la demande de Sixte V se dressait il y a 3 000 ans à Héliopolis d'où Auguste le rapporta après sa conquête de l'Égypte pour décorer le Circus Maximus.

L'édification de Santa Maria del Popolo, dont la sobre

Orchestre traditionnel du carnaval, piazza del Popolo

façade est un des meilleurs exemples à Rome de la première Renaissance, s'acheva en 1477.

Nappi di Baccio Bigio réalisa la façade externe de la porta del Popolo en 1562 et Bernin, maître du baroque, la façade interne en 1655 pour la venue de Christine de Suède. Il acheva en outre en 1677 les deux églises Santa Maria commandées par Alexandre VII.

Au début du XIXᵉ siècle, enfin, Valadier apporta, en construisant ses exèdres hémisphériques, la conclusion néoclassique de ces trois siècles d'urbanisme et donna sa cohérence à l'ensemble.

La piazza del Popolo fut le théâtre de nombreux actes barbares. Lieu d'exécutions publiques aux XVIIIᵉ et XIXᵉ siècles, souvent dans le cadre du carnaval, on y tua les condamnés à coups de masse jusqu'en 1826 bien que la guillotine fût déjà adoptée à cette date comme moyen d'exécution.

Les courses de chevaux sans cavalier qui partaient de la place et suivaient la via del Corso étaient à peine plus humaines : on améliorait les performances des malheureux concurrents en les gavant de stimulants, en les ceignant de cordes hérissées de clous ou en les affolant avec des feux d'artifice.

Santa Maria del Popolo ⑰

Voir p. 138-139.

Porta del Popolo ⑱

Entre piazzale Flaminio et piazza del Popolo. **Plan** 4 F1. 🚌 *95, 117, 119, 490, 495, 926.* 🚋 *2.* Ⓜ *Flaminio.*

La via Flaminia, construite en 220 av. J.-C. pour relier Rome à la côte Adriatique, entre dans la cité par la porta del Popolo, monument inspiré des arcs de triomphe antiques édifié au XVIᵉ siècle par Nanni di Baccio Bigio sur l'ordre du pape Pie IV de Médicis dont les armoiries décorent la façade externe.

Un siècle plus tard, Alexandre VII commanda à Bernin la façade interne pour fêter l'arrivée de Christine de Suède. Contrairement à bien des visiteurs de moindre rang, la reine n'eut pas besoin de franchir la porte de soudoyer les douaniers afin d'écourter les formalités qu'ils rendaient interminables.

Arc central de la porta del Popolo

Santa Maria del Popolo ⑰

Édifiée de 1472 à 1477 sur l'ordre de
Sixte IV, l'église actuelle, riche de très
nombreuses œuvres d'art, remplaça le
petit sanctuaire du XIIIᵉ siècle, financé
par le « peuple » de Rome. Pinturicchio
et Andrea Bregno ont participé à sa
réalisation, ainsi que Bramante et Bernin
plus tard. De nombreuses familles
célèbres y ont des tombeaux, tels ceux
sculptés par Sansovino, dans l'abside,
ou des chapelles décorées par les plus
grands artistes, comme les chapelles
Della Rovere et Cerasi, ornées, l'une
de superbes fresques du Pinturicchio,
la seconde de deux chefs-d'œuvre
du Caravage :
*La Conversion
de saint Paul* et
*La Crucifixion
de saint Pierre.*
Mais la plus
belle est celle
que dessina
Raphaël pour
le banquier
Agostino Chigi.

★ Cappella Chigi
*Raphaël en
dessina les plans
ainsi que les
cartons de la
mosaïque de sa
voûte. Les niches,
de part et d'autre
de l'autel, abritent
des sculptures
de Bernin
et de Lorenzetto.*

Squelette à genoux
*Cette mosaïque du sol
de la chapelle Chigi
fut ajoutée
au XVIIᵉ siècle.*

LE SPECTRE DE NÉRON

Néron vécut dans l'imagination des
gens bien après la chute de l'Empire
romain. On pensait au Moyen Âge
qu'il hantait le noyer poussant sur sa
sépulture et que les corbeaux familiers
de ses branches étaient en réalité
des démons venus le torturer
en châtiment de ses crimes.
Pascal II (pape de 1099
à 1118) fit couper
l'arbre lorsqu'il
édifia la première
église sur le
site, au début
de son pontificat,
et mit ainsi fin
aux terreurs
surnaturelles
du voisinage.

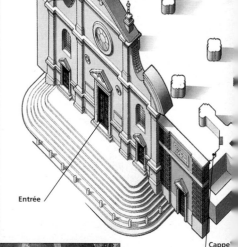

Entrée

Cappe'
Cybo

À NE PAS MANQUER

★ Cappella Chigi

★ *Sibylle de Delphes*

★ Tableaux du Caravage

**Cappella della
Rovere**
*Le Pinturicchio
peignit les fresques
des lunettes et la
Nativité au-dessus
de l'autel.*

MODE D'EMPLOI

Piazza del Popolo 12. **Plan** 4 F1.
Tél. *06 361 0836.* 95, 117,
119, 490, 495, 926. 2.
Ⓜ *Flaminio.* 🕐 *lun.-sam. 7h30-
12h, 14h-19h ; dim. 7h30-13h30,
16h30-19h30.* ✝

L'Assomption de l'autel
est d'Annibale Carrache
(1540-1609).

★ **Tableaux du
Caravage de la
cappella Cerasi**
*En mettant en relief
l'effort exigé des
bourreaux pour
retourner la croix du
martyr,* La Crucifixion
de saint Pierre *exprime
toute l'horreur de son
supplice.*

Vitrail
*Le Français
Guillaume de
Marcillat créa en
1509 les deux premiers
vitraux de la Ville
éternelle.*

Le tombeau d'Ascanio
Sforza, mort en 1505,
est d'Andrea Sansovino.

★ **Sibylle de Delphes**
*Elle fait partie d'une série
de fresques peintes par le
Pinturicchio entre 1508 et 1510
au plafond de l'abside.*

**Au maître-
autel,** un
tableau connu
sous le nom
de *Madone du
Peuple.*

Le tombeau de Giovanni
della Rovere (1483) est
de l'atelier de Bregno.

CHRONOLOGIE

1213-1227
Agrandissement
de l'église sous
Grégoire IX

*Pinturicchio
(env. 1454-1513)*

1485-1489
Pinturicchio
décore la
cappella della
Rovere

1513-1516
Raphaël réalise
la cappella Chigi

1090	1200	1300	1400	1500

1099 Pascal II
construit une chapelle
sur des sépultures
de la famille Domitia,
dont celle de Néron

*Pascal II
(pape de 1099
à 1118)*

1472-1478 Sixte IV
édifie l'une des 1res
églises Renaissance
de Rome

1473 Maître-autel

1530-1534
Tableau
d'autel de
S. del
Piombo,
cappella
Chigi

Ara Pacis Augustae ⑲

Lungotevere in Augusta. **Plan** 4 F2.
Tél. 06 06 08. 🚌 70, 81, 117, 119,
186, 628. ⭕ 9h-19h mar.-dim.
⬤ 1er janv., 1er mai, 25 déc.
🔣🔣🔣

Frise du mur sud montrant la famille d'Auguste en procession

Érigé sur ordre du sénat de 13 à 9 av. J.-C., l'Autel de la Paix d'Auguste commémore les victoires remportées par l'empereur en Gaule et en Espagne qui établirent la paix sur le pourtour méditerranéen.

Installé sur un podium bas,

Marcus Agrippa (à droite)

l'autel est entouré d'une enceinte de marbre carrée entièrement décorée de reliefs appartenant à l'art impérial de la meilleure époque. Ceux des faces extérieures des murs sud et nord représentent la procession de consécration du monument, le 4 juillet 13 av. J.-C. Derrière Marcus Agrippa, gendre et héritier désigné d'Auguste, les membres de la famille impériale y figurent selon leur rang dans l'ordre de succession.

Sur la paroi extérieure du mur ouest, à gauche,

Lucius, petit-fils d'Auguste

le berger Faustulus découvre les jumeaux Romulus et Remus allaités par la louve, et, à droite, Énée sacrifiant aux pénates rappelle qu'Auguste revendiquait l'ascendance du Troyen mythique depuis son adoption par César. Au mur oriental : allégorie de la Terre, de l'Air et de l'Eau.

Des guirlandes de fleurs et de fruits soutenues par des bucranes (têtes de bœufs) décorent l'intérieur.

Retrouvé par morceaux de 1565 à 1937, le monument commença par être éparpillé, une partie aboutissant à Paris, une autre à Florence.

Les archéologues le reconstituèrent entre 1937 et 1938, et le protégèrent d'un vaste écrin de verre.

En 1999, l'architecte Richard Meier a dessiné un nouveau bâtiment pour abriter le monument.

Livie (à droite), épouse d'Auguste et mère de Tibère, avec un parent non identifié

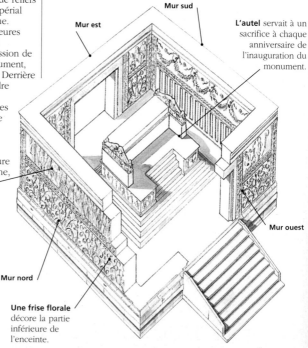

Mur sud

Mur est

L'autel servait à un sacrifice à chaque anniversaire de l'inauguration du monument.

Mur ouest

Mur nord

Une frise florale décore la partie inférieure de l'enceinte.

Mausoleo di Augusto ⑳

Piazza Augusto Imperatore.
Plan 4 F2. **Tél.** 06 06 08. 🚌 81,
117, 492, 628, 926. 📷 sur r.-v. :
autorisation nécessaire (p. 383).

La plus prestigieuse sépulture de Rome n'est plus aujourd'hui qu'une butte herbeuse cernée de cyprès. Auguste construisit en 26 av. J.-C., l'année où il obtint le pouvoir suprême, ce monument circulaire de 87 m de diamètre inspiré du tombeau d'Alexandre le Grand qu'il avait visité à Alexandrie. Deux obélisques de granit (érigés de nos jours piazza del Quirinale et piazza del Esquilino) encadraient l'entrée du mausolée et une haute statue de l'empereur se dressait au sommet du tertre qui le couronnait.

Quatre murs concentriques entouraient la chambre mortuaire où trois niches étaient destinées aux cendres des membres de la famille d'Auguste. Celui-ci y inhuma son neveu Marcellus, son gendre Agrippa et sa sœur Octavie avant d'occuper lui-même le tombeau central, et l'on y déposa après sa mort les urnes de son épouse Livie, de Tibère et d'Agrippine.

Tombé en ruine, le mausolée devint une forteresse au Moyen Âge, puis un vignoble, un jardin privé et, enfin, une salle de concert au XIXᵉ siècle.

Auguste, premier empereur romain

La Vierge, saint Roch, saint Antoine et des victimes de la peste d'il Baciccia (1639-1709)

San Rocco ㉑

Largo San Rocco 1. **Plan** 4 F2.
Tél. 06 689 6416. 🚌 81, 117, 492,
628, 926. ⏰ lun.-sam. 7h30-9h15,
16h30-20h, dim. 8h30-13h.
🎉 17-31 août. ✝

Les origines de cette église à la façade néoclassique de Giuseppe Valadier, l'architecte de la piazza del Popolo, remontent au XVIᵉ siècle où elle était la chapelle d'un hôpital de 50 lits (on invoque saint Roch contre la peste et les maladies contagieuses). Une maternité vint plus tard le compléter pour permettre aux épouses des bateliers du Tibre d'accoucher dans des conditions plus hygiéniques que celles offertes par les bateaux de 'époque. On réserva ensuite une section aux mères célibataires et aux femmes qui préféraient ne pas donner leur nom, certaines portant même un voile pendant leur séjour. Si nécessaire, un orphelinat recueillait le bébé.

L'hôpital ferma au début du XXᵉ siècle puis fut démoli dans les années 1930 pendant les fouilles archéologiques du mausolée d'Auguste.

Une belle œuvre baroque d'il Baciccia, l'artiste qui peignit le plafond du Gesù (p. 114-115), décore l'autel.

Santi Ambrogio e Carlo al Corso ㉒

Via del Corso 437. **Plan** 4 F2.
Tél. 06 682 8101. 🚌 81, 117, 492,
628, 926. ⏰ t.l.j. 7h-19h. 📷

Sixte IV donna cette église en 1471 à la communauté lombarde de Rome qui la dédia à saint Ambroise, évêque de Milan mort en 397. Après la canonisation en 1610 de Charles Borromée, autre évêque de Milan, on décida de la reconstruction de l'église en son honneur. Pierre de Cortone en réalisa l'élégante coupole. Le bâtiment fut achevé en 1672. L'intérieur orné de fresques par Brandi renferme l'une des meilleures œuvres de Carlo Maratta (1625-1713), l'*Apothéose de saint Charles Borromée*, au maître-autel. Derrière le chœur, un déambulatoire mène à la chapelle qui abrite le reliquaire très richement décoré contenant le cœur de saint Charles.

Saint Charles Borromée d'Attilio Selva (1888-1970), Santi Ambrogio e Carlo

LE QUARTIER DU CAMPO DEI FIORI

Sur la piazza Campo dei Fiori entourée de vieilles maisons aux façades délavées, un marché vivant et coloré entretient l'ambiance bohème qui régnait au Moyen Âge dans les nombreuses auberges bordant cette place. Au XVIᵉ siècle, les rues alentour virent s'ériger de splendides palais Renaissance, tels le palazzo Farnese ou le palazzo Spada. Ces véritables

Vierge du XVIIIᵉ siècle, Campo dei Fiori

forteresses abritaient les familles romaines influentes.

Paul IV enfermait les Juifs dans un ghetto devenu de nos jours un quartier typique et animé malgré les drames qui marquèrent son histoire. En bordure, se dressent le portico d'Ottavia et le teatro de Marcellus. Témoins de l'âge d'or impérial, ils rappellent que Rome est construite sur les vestiges de la cité antique.

LE QUARTIER D'UN COUP D'ŒIL

Églises et temples
San Carlo ai Catinari ⑱
San Giovanni dei Fiorentini ㉙
San Girolamo della Carità ⑨
San Nicola in Carcere ㉑
Sant'Eligio degli Orefici ⑩
Santa Maria dell'Orazione
  e Morte ⑦
Santa Maria in Campitelli ⑳
Santa Maria in Monserrato ⑪
Santissima Trinità
  dei Pellegrini ⑤

Musées et galeries
Museo Burcardo del teatro ⑮
Palazzo Spada ⑥
Piccola Farnesina ⑭

Bâtiments historiques
Casa di Lorenzo Manilio ㉕
Palazzo Cenci ㉖
Palazzo del Monte di Pietà ③
Palazzo della Cancelleria ⑬
Palazzo Farnese ⑧
Palazzo Pio Righetti ②
Palazzo Ricci ⑫

Fontaine
Fontana delle Tartarughe ⑲

Rues et places historiques
Campo dei Fiori ①
Ghetto et sinagoga ㉔
Isola Tiberina ㉗
Via Giulia ㉘

Théâtre célèbre
Teatro Argentina ⑯

Sites antiques
Area sacra dell'Argentina ⑰
Portico d'Ottavia ㉓
Sotterranei di San Paolo alla
  Regola ④
Teatro di Marcello ㉒

COMMENT Y ALLER
Seul le bus 116 peut emprunter les rues étroites autour du Campo dei Fiori, mais de nombreuses lignes d'autobus dont les 40, 46, 62, et 64 et le tram 8 passent par le largo Argentina. Les lignes 40, 46, 62 et 64 suivent le corso Vittorio Emanuele II sur toute sa longueur tandis que les lignes 23 et 280 longent le Lungotevere.

VOIR AUSSI

• *Atlas des rues* plans 4, 8, 11, 12

• *Hébergement* p. 303-304

• *Restaurants* p. 319-320

• *Promenade de la via Giulia* p. 276-277

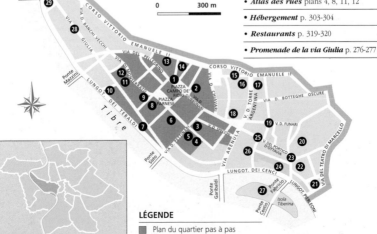

LÉGENDE

▢ Plan du quartier pas à pas

◁ **La statue de Giordano Bruno domine les étals du marché du Campo dei Fiori**

Le Campo dei Fiori pas à pas

On dîne jusqu'à une heure avancée de la nuit dans ce quartier Renaissance de Rome où de nombreux restaurants et pizzerias se fournissent aux étals du marché de la piazza Campo dei Fiori. Pendant la journée, les jeunes Romains viennent s'habiller via dei Giubbonari tandis que les touristes admirent les nombreux palais. Malheureusement, en dehors de la Piccola Farnesina et du palazzo Spada qui abritent tous deux un musée de peintures et sculptures, ils sont le plus souvent fermés au public.

Sant'Eligio degli Orefici
Raphaël dessine cette charmante petite église Renaissance ❿

Palazzo Ricci
Les façades des demeures Renaissance étaient souvent décorées de scènes classiques ⓬

San Girolamo della Carità
Elle renferme l'extraordinaire chapelle Spada de Borromini ❾

Santa Maria in Monserrato
Cette église renferme un buste du cardinal Pedro Foix de Montoya par Bernin ⓫

Santa Maria dell'Orazione e Morte
Une paire de crânes ailés encadre l'entrée de cette église dédiée aux funérailles ❼

Palazzo Farnese
De grands artistes, dont Michel-Ange, créèrent ce somptueux palais Renaissance ❽

LÉGENDE

   Itinéraire conseillé

0   75 m

Palazzo della Cancelleria
Les services administratifs du Vatican y sont logés ⓭

Piccola Farnesina
Ce palais abrite la collection de sculptures de Giovanni Barracco ⓮

CARTE DE SITUATION
Voir le centre de Rome p. 14-15

★ **Campo dei Fiori**
Son marché en fait l'une des places les plus vivantes de la cité ❶

Palazzo Pio Righetti
Les frontons de ses fenêtres arborent un aigle en emblème ❷

Palazzo del Monte di Pietà
On pouvait y obtenir un prêt en gageant ses biens personnels ❸

Sotterranei di San Paolo alla Regola
Vestiges d'une maison romaine dans les sous-sols d'un vieux palais ❹

★ **Palazzo Spada**
Il abrite le Conseil d'État et une galerie de peinture ❻

Santissima Trinità dei Pellegrini
Les pèlerins pauvres arrivant à Rome trouvaient assistance dans cette église ❺

À NE PAS MANQUER

★ Campo dei Fiori

★ Palazzo Spada

Campo dei Fiori ❶

Piazza Campo dei Fiori. **Plan** 4 E4 et 11 C4. 🚌 116 et lignes vers le largo di Torre Argentina ou le corso Vittorio Emanuele II. Voir **Marchés** p. 352.

Cette place occupe le terrain qui s'étendait jadis devant le théâtre de Pompée. Au Moyen Âge, cardinaux et aristocrates s'y mêlaient aux marchands de poissons et aux pèlerins, en faisant un des centres les plus animés de la cité. De nombreuses auberges l'entouraient, dont celles qui appartenaient au XVe siècle à Vannozza Catanei, maîtresse du pape Alexandre VI et mère de ses deux enfants, César et Lucrèce Borgia. On peut encore voir son blason, à l'angle de la place et de la via del Pellegrino, où se côtoient ses armoiries, celles de son mari et celles de son amant.

Tous les matins sauf le dimanche, un marché emplit le Campo dei Fiori, et ses étals colorés entourent la statue de Giordano Bruno (le Vatican n'a jamais pu la faire enlever malgré tous ses efforts) qui rappelle que ce moine dominicain épris d'humanisme y fut brûlé vif pour hérésie en 1600 sur ordre du Saint-Office.

Marché du Campo dei Fiori

Palazzo Pio Righetti ❷

Piazza del Biscione 89. **Plan** 4 E5 et 11 C4. 🚌 116 et lignes vers le largo di Torre Argentina ou le corso Vittorio Emanuele II. 🚫 au public.

Orné aux fenêtres du lion et des pommes de pin, emblèmes de la famille Pio da

Fronton d'une fenêtre, palazzo Pio Righetti

Carpi qui y vécut, ce palais fut construit au XVIIe siècle sur les ruines du théâtre de Pompée achevé en 55 av. J.-C. et dont la via di Grotta Pinta suit encore la courbe. C'était le premier théâtre de Rome en pierres et ciment, et l'on peut encore voir, notamment dans la cave du restaurant Pancrazio, des exemples, parmi les plus anciens connus, d'*opus reticulatum*, appareil de petits blocs de tuf taillés en losange et disposés à joints obliques pour décorer un mur.

Palazzo del Monte di Pietà ❸

Piazza del Monte di Pietà 33. **Plan** 4 E5 et 11 C4. **Tél.** 06 6707 2001. 🚌 116 et lignes vers le largo di Torre Argentina ou le corso Vittorio Emanuele II. 🚊 8. **Chapelle ouv.** sur r.-v. ou en téléphonant entre 9h et 12h, longtemps à l'avance.

Le pape Paul III Farnèse créa en 1539 l'institution publique du Mont-de-Piété, « il Monte » pour les Romains, afin de lutter contre l'usure qui se répandait dans la cité. On met toujours aux enchères dans ses salles de vente des objets que leurs propriétaires n'ont pas réussi à dégager.

La plaque portant les armoiries des Aldobrandini, au-dessus de l'entrée, rappelle que Clément VIII commanda au XVIIe siècle à Carlo Maderno, qui travailla notamment à l'achèvement de Saint-Pierre, l'agrandissement du palais et la construction de sa chapelle. Décorée de stucs dorés, elle compose un somptueux écrin baroque pour les sculptures de Domenico Guidi (un buste de Charles Borromée et une

Pietà), et les reliefs de Giovanni Battista Théudon et Pierre Legros illustrant par des scènes bibliques la nature charitable de l'institution.

Relief de Théudon montrant Joseph prêtant du blé aux Égyptiens, palazzo del Monte di Pietà

Sotterranei di San Paolo alla Regola ❹

Via di San Paolo alla Regola. **Plan** 11 C5. **Tél.** 06 06 08. 🚌 23, 116, 280 et lignes vers le largo di Torre Argentina. 🚊 8. ⭕ sur r.-v. seul. : demander une autorisation (voir p. 383).

Sous un vieux palais se cachent les vestiges parfaitement conservés d'une maison romaine du IIe ou IIIe siècle. Des travaux de restauration ont été entrepris pour ouvrir le site au public, mais actuellement les visites doivent être organisées à l'avance. Une rampe conduit bien en dessous du niveau de la rue à l'emplacement de magasins. Au-dessus, la stanza della Colonna, cour intérieure, a conservé des traces de fresques et de mosaïques.

La Sainte Trinité de Guido Reni,
Santissima Trinità dei Pellegrini

Santissima Trinità dei Pellegrini ❺

Piazza della Trinità dei Pellegrini.
Plan 4 E5 et 11 C5. **Tél.** 06 686
8451. 🚌 23, 116, 280 et lignes
vers le largo di Torre Argentina.
🚋 8. ◯ t.l.j. 16h30-19h15,
aussi 8h30-13h dim.

L'église fut donnée au
XVIᵉ siècle à une association
charitable fondée par saint
Philippe Neri pour aider
les indigents et les malades,
en particulier les milliers
de miséreux que les années
saintes, ou jubilés, lançaient
sur les routes du pèlerinage.
    Les scènes peintes dans la
sacristie – des nobles lavant
les pieds de ces pauvres
pèlerins – rappellent
l'humilité et la charité
que prônait saint Philippe,
représenté en compagnie
de la Vierge et de Charles
Borromée, sur un superbe
tableau de Borgogne (1677)
décorant l'une des chapelles.
Dans l'abside qui prolonge
la nef ornée de colonnes
corinthiennes, une émouvante
Sainte Trinité de Guido Reni
(1625) domine le maître-autel.
L'artiste peignit aussi les
fresques de la lanterne.
    Santissima Trinità dei
Pellegrini renferme aussi
des œuvres de Baldassare
Croce et du Cavalier d'Arpin.
Bernardino Ludovisi sculpta
les statues des Évangélistes
de la façade du XVIIIᵉ siècle.

Palazzo Spada ❻

Piazza Capo di Ferro 13. **Plan** 2 F5.
Tél. 06 686 1158 (Palazzo) ou 06 32
810 (Galleria). 🚌 23, 116, 280 et
lignes vers le largo di Torre Argentina.
🚋 8. **Galleria Spada** ◯ mar.-dim.
8h30-19h. ⬤ 1ᵉʳ janv., 25 déc.
🖼🚫♿📷📱
www.galleriaborghese.it

Le cardinal Bernardino Spada
acheta en 1632 ce palais
construit en 1550 par Giulio
Merisi pour le cardinal
Girolamo Capo di Ferri et
dont Giulio Mazzoni réalisa
la cour intérieure. Celle-ci
est plus harmonieuse que
la façade quoique tout aussi
chargée en décorations.
    Derrière une vitre de son
aile gauche, on aperçoit la
colonnade en trompe l'œil
créée par Borromini, qui
paraît quatre fois plus longue
qu'elle ne l'est en réalité
(elle mesure 9 m).
    L'accès à la galleria Spada
se trouve dans la seconde
cour. La collection d'art
constituée par le cardinal
Spada comprend notamment
des œuvres de Rubens,
Dürer et Guido Reni.
Parmi les œuvres importantes,
citons également *La Visitation*
d'Andrea del Sarto
(1486-1530), *Caïn et Abel*
de Giovanni Lanfranco
(1582-1647) et *La Mort
de Didon* du Guerchin
(1591-1666).

Santa Maria dell'Orazione e Morte ❼

Via Giulia 262. **Plan** 4 E5 et 11 B4.
Tél. 06 6880 2715.
🚌 23, 116, 280.
◯ pour l'office de 18h dim. ✝

La confraternité qui occupait
au XVIᵉ siècle cette église
s'était donné pour mission
de prendre en charge les
cadavres anonymes afin
de leur offrir une sépulture
chrétienne.
    Le thème de la mort
marque donc partout sa
décoration, particulièrement
celle de sa façade baroque
réalisée par l'artiste
Ferdinando Fuga où une

clepsydre, au-dessus de
l'entrée, rappelle que le
temps qui s'écoule nous
rapproche de la fin.

Tronc à Santa Maria
dell'Orazione e Morte

Palazzo Farnese ❽

Piazza Farnese. **Plan** 4 E5 et 11 B4.
🚌 23, 116, 280 et lignes vers
le corso Vittorio Emanuele II.
⬤ au public.

Cette imposante demeure,
siège aujourd'hui de
l'ambassade de France, fut
le premier des palais édifiés
par les familles papales.
Le cardinal Alexandre Farnèse
engagea les meilleurs artistes
de son temps pour le
construire.
    Giacomo della Porta
n'acheva les travaux qu'en
1589, mais ils commencèrent
dès 1517 sous la direction
d'Antonio da Sangallo le
Jeune. L'élection en 1534
du cardinal au pontificat
(Paul III) donna une tout
autre ampleur au chantier que
reprit Michel-Ange en 1546
à la mort de Sangallo. Il réalisa
la loggia centrale, le second
étage et couronna l'édifice
de sa grande corniche.
    Ses plans prévoyaient
de relier par un pont le palais
à la Farnesina (p. 220-221)
dans le Trastevere. Il reste
de cet ambitieux projet l'arc
enjambant la via Giulia.

La façade du palazzo Farnese

La chapelle Spada à San Girolamo

San Girolamo della Carità **9**

Via di Monserrato 62A. **Plan** 4 E5 et 11 B4. **Tél.** 06 687 9786. 🚌 23, 40, 46, 62, 64, 116, 280. ◯ dim. 10h30-11h30. ✝

L'église se dresse à l'emplacement du domicile de Philippe Neri, prêtre né à Florence en 1515 qui régénéra la vie spirituelle et culturelle de Rome par son approche ouverte et généreuse de la religion. Décédé en 1595, il fut canonisé en 1622.

Les angelots entourant sa statue, dans la chapelle qui lui est dédiée, lui auraient probablement rappelé les enfants des rues dont il s'occupa toute sa vie. Dessinée par Borromini,

l'extraordinaire chapelle Spada est unique à la fois en tant qu'œuvre d'art et comme illustration de l'esprit baroque. Son créateur en ayant dissimulé tous les éléments architecturaux, seules les statues et les tentures sculptées dans le jaspe et des marbres polychromes définissent l'espace. La balustrade de l'autel elle-même est une longue vague d'étoffe taillée dans le jaspe et soutenue par deux anges agenouillés.

Curieusement, aucune indication ne précise quel membre de la famille Spada commanda la chapelle mais il s'agit probablement de Virgilio Spada, grand amateur d'art et disciple de Philippe Neri.

Sant'Eligio degli Orefici **10**

Via di Sant'Eligio 8A. **Plan** 4 D4 et 11 B4. **Tél.** 06 686 8260. 🚌 23, 40, 46, 62, 64, 116, 280. ◯ lun.-ven. 9h30-13h. Téléphoner pour réserver. ◼ août. ✝

Raphaël dessina les plans de cette charmante petite église édifiée en 1509 pour la riche corporation des orfèvres (orefici). La maîtrise des proportions classiques de la Rome antique rapproche l'ariste de son contemporain Bramante.

La simplicité avec laquelle les arcs et les pilastres définissent la structure des murs rappelle le chœur de Santa Maria del Popolo à laquelle Raphaël collabora aussi (p. 138-139).

On attribue à Baldassarre Peruzzi la coupole et le lanternon de Sant'Eligio. Plusieurs peintres du XVIe siècle participèrent à la décoration de l'intérieur, dont Taddeo Zuccari qui travailla au palazzo Farnese (p. 147). Flaminio Ponzo ajouta la façade au début du XVIIe siècle.

Santa Maria in Monserrato **11**

Via di Monserrato. **Plan** 4 E4 et 11 B3. **Tél.** 06 686 5865. 🚌 23, 40, 46, 62, 64, 116, 280. ◯ pour la messe seul., dim. 10h-13h30. ✝

Buste du cardinal Pedro Foix de Montoya par Bernin

Les origines de l'église nationale espagnole de Rome remontent à l'hospice créé en 1509 pour accueillir les pèlerins ibériques par une fraternité dédiée à la Vierge de Montoya en Catalogne. Remarquez dans l'annexe le buste du bienfaiteur de l'église, le cardinal Pedro Foix de Montoya, par Bernin et le Saint Jacques d'Annibale Carrache. De beaux tombeaux du XVe siècle par Andrea Bregno et Luigi Capponi se trouvent dans la cour et les chapelles latérales.

Saint Philippe Neri de Pierre Legros

Saint Jacques d'Annibale Carrache

Palazzo Ricci

Piazza de' Ricci. **Plan** 4 D4 et 11 B4.
23, 40, 46, 62, 64, 116, 280,
870. au public.

Polidoro da Caravaggio,
un disciple de Raphaël,
peignit au XVIe siècle les
fresques – aujourd'hui très
estompées – de la façade
du palazzo Ricci, décoration
qui marquait le rang de
la famille qui l'habitait.
La technique de la fresque
(de *fresco*, frais en italien)
exigeait une grande habileté
car les couleurs devaient
être appliquées sur un enduit
de chaux avant qu'il n'ait
séché. Il arrivait pourtant
fréquemment qu'un artiste
achève certains détails
de sa peinture *a secco*.

Détail de la fresque décorant le palazzo Ricci

Palazzo della Cancelleria

Piazza della Cancelleria. **Plan** 4 E4
et 11 C3. **Tél.** 06 6989 3405.
40, 46, 62, 64, 70, 81, 87, 116,
492. lun. matin, sam. après-midi,
sur r.-v. seul.

Le cardinal Raffaele Riario,
neveu du pape Sixte IV,
finança en partie la
construction de ce chef-
d'œuvre de la première
Renaissance avec les sommes
qu'il gagna au jeu à
Franceschetto Cybo, neveu
du pape Innocent VIII !
Construit de 1485 à 1517 par
Andrea Bregno, son portail
principal ouvre sur une cour
intérieure attribuée à
Bramante qu'entourent
deux étages d'élégantes
arcades dont les colonnes
de granit proviennent de la
basilique primitive de San
Lorenzo in Damaso, église
intégrée par l'architecte
au palais en 1495.
L'église a été
reconstruite en 1495.
Bernin modifia
le transept et l'abside
en 1638, mais
les restaurations
ultérieures rendirent
à la basilique ses
lignes du XVe siècle.
La décoration de l'intérieur
fut effectuée après le sac
de 1527 par plusieurs artistes

**Lys sur la façade
de la Piccola
Farnesina**

maniéristes, notamment
Perino del Vaga, Francesco
Salviati et Giorgio Vasari.
La Chancellerie pontificale
s'installa en 1870 dans
le palais qui jouit, en tant
que propriété du Vatican,
de l'extraterritorialité depuis
les accords de Latran (1929).

Piccola Farnesina

Corso Vittorio Emanuele II 168.
Plan 4 E4 et 11 C3. **Tél.** 06 6880
6848. 40, 46, 62, 64, 70, 81, 87,
116, 492. mar.-dim. 9h-19h.

Ce délicieux petit palais
construit en 1523 pour
le prélat français Thomas
Le Roy doit son nom à une
confusion : on prit les lys
de France qui décorent ses
corniches pour l'emblème
de la famille Farnèse.
La façade qui donne sur le
corso Vittorio Emanuele II,
artère ouverte en 1870, date
de 1901. La façade originale,
attribuée à Antonio da
Sangallo le Jeune, se trouve
à gauche de l'entrée.
Remarquez la disposition
asymétrique de ses fenêtres.
L'harmonieuse cour
intérieure conserve
également son
apparence originale.
La Piccola Farnesina
abrite désormais
le museo Barracco,
qui expose une
importante collection
de sculptures antiques
constituée au
XIXe siècle par le baron
Giovanni Barracco – dont un
buste se trouve dans la cour –
qui la légua à la ville. La

collection comprend un bas-
relief égyptien représentant
le scribe Nofer, des objets
syriens et étrusques,
notamment une délicate
tête de femme en céramique.
Au premier étage, la
collection grecque comporte
une tête d'Apollon.

Cour intérieure, Piccola Farnesina

Museo Burcardo del teatro

Via del Sudario 44. **Plan** 4 F4 et
12 D4. **Tél.** 06 681 9471.
40, 46, 62, 64, 70, 81, 186, 492.
8. **Musée et bibliothèque**
lun.-ven. 9h-13h30.
août. www.burcardo.org

Cette maison de style
allemand fut construite
en 1503 pour Johannes
Burckhardt, chambellan
du pape Alexandre IV Borgia.
Elle abrite aujourd'hui la
société des auteurs
dramatiques, une bibliothèque
de plus de 30000 ouvrages et
un musée consacré au théâtre
et aux masques de la
commedia dell'arte.

Teatro Argentina ⑯

Largo di Torre Argentina 56. **Plan**
4 F4 et 12 D4. **Tél.** 06 684 000 311.
🚌 40, 46, 62, 64, 70, 81, 87, 186,
492, 810. 🚊 8. **Représentations**
oct.-juin. Voir **Se distraire à Rome**
p. 360-361. **www**.teatrodiroma.net

Fondé en 1732 par la
puissante famille Sforza
Cesarini, ce théâtre, qui ne
reçut sa façade actuelle qu'un
siècle plus tard, reste l'une
des plus importantes salles
de spectacle de Rome. De
nombreux opéras des plus
grands compositeurs y furent
créés, dans des conditions
parfois mouvementées,
comme en 1816, lorsque
Rossini insulta le public qui
avait mal accueilli son *Barbier
de Séville* et se vit poursuivre
par une foule en colère.

Façade du teatro Argentina (détail)

Area sacra dell'Argentina ⑰

Largo di Torre Argentina. **Plan** 4 F4
et 12 D4. 🚌 40, 46, 62, 64, 70,
81, 87, 186, 492, 810. 🚊 8.
⭕ sur r.-v. (p. 383).

Les ruines de quatre
temples mises au jour lors
de fouilles archéologiques
effectuées de 1926 à 1929
forment l'Area sacra del
largo Argentina. Ces
sanctuaires, identifiés par les
lettres A, B, C et D, comptent
parmi les plus anciens
retrouvés à Rome,
notamment le temple C qui
remonte au IIIe siècle av. J.-C.
On érigea au Moyen Âge la
petite église de San Nicola
de Cesarini sur le podium du
temple A, édifié au IIe siècle
av. J.-C., et il en reste
deux absides et l'autel, devant
les vestiges d'une des deux
toilettes publiques construites

Saint Charles de Guido Reni

à l'époque impériale dans
l'Hécatostylum, portique
aux 100 colonnes dont
subsistent quelques socles.
Le temple circulaire B
(Ier siècle av. J.-C.), sur la
gauche, était dédié à la
Fortune du Jour présent.
La vaste plate-forme de blocs
de tuf qui s'étend derrière
faisait partie de la curie
de Pompée où se réunissait
le Sénat et où Jules César
tomba sous les coups de
poignard de ses assassins
le 15 mars 44 av. J.-C.

**Les ruines circulaires du temple B,
sur l'Area sacra**

San Carlo ai Catinari ⑱

Piazza B. Cairoli. **Plan** 4 F5 et 12 D4.
Tél. 06 6880 3554. 🚌 voir Area
sacra. 🚊 8. ⭕ t.l.j. 16h-19h et
lun.-sam. 7h30-12h, dim. 9h30-
12h30. ✝

Rosati édifia à partir de
1612 pour la congrégation des
Barnabites, fondée à Milan,

cette église consacrée au
cardinal Charles Borromée,
archevêque de cette ville qui
venait d'être canonisé. Soria
acheva en 1638 sa façade
baroque, un peu lourde,
et l'intérieur souffrit
d'une restauration
maladroite en 1861.
Il renferme d'intéressants
ornements et œuvres d'art,
notamment la *Procession
de saint Charles Borromée*
de Pierre de Cortone (1650)
au maître-autel, les fresques
de la coupole du Dominiquin,
celles de Guido Reni, et
la décoration de la chapelle
Sainte-Cécile par Antonio
Gherardi.
Ne manquez pas d'admirer
le somptueux crucifix de
l'autel de la sacristie, incrusté
de marbre, de verre et
de nacre, sculpté au
XVIe siècle par Algardi.

Autel de la sacristie à San Carlo

Fontana delle Tartarughe ⑲

Piazza Mattei. **Plan** 4 F5 et 12 D4.
🚌 46, 62, 63, 64, 70, 87, 186,
492, 810. 🚊 8.

Cette charmante fontaine fut
commandée en 1581 par la
famille Mattei pour décorer
« sa » place. Giacomo della
Porta la dessina, mais elle doit
beaucoup de sa grâce aux
quatre adolescents en bronze
exécutés par Taddeo Landini
qui soutiennent la vasque,
un pied posé sur la tête
d'un dauphin.
Un sculpteur dont on
ignore l'identité ajouta près
d'un siècle plus tard les

La fontana delle Tartarughe de Giacomo della Porta

tortues qui donnent son humour et sa poésie à la composition.

Santa Maria in Campitelli ⑳

Piazza di Campitelli 9. **Plan** 4 F5 et 12 E5. **Tél.** 06 6880 3978. 🚌 40, 46, 62, 63, 64, 70, 87, 186, 780, 810. ⬤ t.l.j. 7h30-12h30, 15h30-19h. ✝️♿

Au XVIIᵉ siècle, le seul remède contre la peste était la prière. Celles des Romains s'adressaient à une petite vierge en émail du XIIIᵉ siècle, la Madonna del Portico, et ce fut à elle qu'ils attribuèrent la fin de l'épidémie qui ravagea la ville en 1656. En remerciement, ils décidèrent de lui élever une église d'une splendeur à la

Angelots à Santa Maria in Campitelli

mesure de leur gratitude.

Carlo Rainaldi, élève de Bernin, acheva en 1667 ce sanctuaire baroque à la vigoureuse façade de travertin où frontons et colonnes créent de beaux effets d'ombre et de lumière.

À l'intérieur, l'exubérant tabernacle doré du maître-autel, créé par Giovanni Antonio de Rossi, renferme désormais l'image « miraculeuse » de la Vierge. De grands peintres baroques, tels Sebastiano Conca, Giovanni Battista Gaulli (le Baciccia) et Luca Giordano ont décoré les chapelles.

Façade et campanile médiévaux de San Nicola in Carcere

San Nicola in Carcere ㉑

Via del Teatro di Marcello 46. **Plan** 5 A5 et 12 E5. **Tél.** 06 686 9972. 🚌 44, 63, 81, 95, 160, 170, 628, 780, 781. ⬤ t.l.j. 10h30-18h ; fouilles récentes sur r.-v. ✝️

Au temps de la Rome antique, trois temples édifiés sous la République se dressaient face à la porte que franchissait la voie venant du port du Tibre pour atteindre le *forum Holitorium* (marché aux légumes). L'église San Nicola in Carcere, qui doit son nom à une prison *(carcere)* voisine, occupe celui du milieu et incorpore dans ses murs des colonnes de ceux qui l'encadraient.

Construite au VIIIᵉ siècle, elle fut restaurée une première fois en 1599 puis

à nouveau au XIXᵉ siècle, mais elle garde de sa structure originelle son campanile médiéval et les colonnes de sa façade.

Le Théâtre de Marcellus de Thomas Hartley Cromek (1809-1873)

Teatro di Marcello ㉒

Via del Teatro di Marcello. **Plan** 4 A5 et 12 E5. **Tél.** 06 06 08. 🚌 44, 63, 81, 95, 160, 170, 628, 780, 781. ⬤ t.l.j. 9h-18h (19h en été).

La plupart des martyres chrétiens se déroulèrent sans doute au théâtre de Marcellus, et non au Colisée, auquel il servit de modèle. César, lorsqu'il entreprit la construction de cet hémicycle de 14 000 places, n'avait probablement pas prévu cette utilisation. Auguste l'acheva en 13 av. J.-C. et le dédia à son neveu mort à l'âge de 19 ans.

L'édifice devint au Moyen Âge la forteresse des Savelli, ce qui le sauva de la démolition. Puis, au XVIᵉ siècle, Baldassarre Peruzzi incorpora deux étages au palais qu'il édifiait pour les Orsini, et l'on transforma ses gradins en jardins. Les arcades inférieures furent occupées ultérieurement par des habitations modestes et des ateliers. Trois colonnes corinthiennes se dressent devant le théâtre. Elles proviennent du temple d'Apollon bâti au Vᵉ siècle av. J.-C. et restauré en 32 av. J.-C.

Portico d'Ottavia ❷❸

Via del Portico d'Ottavia.
Plan 4 F5 et 12 E5. 🚌 46, 62, 63,
64, 70, 87, 186, 780, 810.

Il ne reste plus aujourd'hui
que des vestiges du pavillon
d'entrée de ce vaste portique
(138 m de long sur 118 de
large) dédié par Auguste à sa
sœur Octavie en 23 av. J.-C.,
qui entourait l'esplanade où
se dressaient deux temples
consacrés l'un à Jupiter,
l'autre à Junon. Deux
bibliothèques publiques
(grecque et latine) et
une salle de conférences,
complétaient l'ensemble.

Au Moyen Âge, on édifia
dans ses ruines une petite
église, Sant'Angelo in
Pescheria, dont le nom
provient du grand marché
aux poissons qui se tenait
devant ses portes. Ses
décorations qui ont pour
motifs la faune et la flore
aquatiques rappellent les
activités liées au port fluvial
voisin des fidèles. Ces
rapports étroits avec le Tibre
se retrouvent aussi dans
les stucs de la façade de
l'oratoire des poissonniers,
édifié en 1689 contre l'église.

Rue étroite dans le ghetto juif

Ghetto
et sinagoga ❷❹

Sinagoga, Lungotevere dei Cenci.
Plan 4 F5 et 12 E5. **Tél.** 06 6840
0661. 🚌 23, 63, 280, 780 et lignes
vers le largo di Torre Argentina. 🚋 8.
Musée ⬜ mi-juin-mi-sept. : dim.-
jeu. 10h-19h, ven. 10h-16h ; mi-
sept.-mi-juin dim.-jeu. 10h-17h, ven.
9h-14h. ⬜ fêtes religieuses. 🚫 📷
🔒 **Ghetto**, via del Portico
d'Ottavia et alentours.

La communauté juive de
Rome a plus de 2000 ans !
Les premiers Juifs étaient des
esclaves ramenés par Pompée

La synagogue, sur le Tibre

après la prise de Jérusalem
en 63 av. J.-C.

Établis pendant l'Antiquité
sur l'autre rive du Tibre,
ils durent en 1556, sur ordre
de Paul IV, s'installer dans
le quartier actuel fermé par
un rempart. Cette partie de
Rome jamais assainie était
souvent inondée et propice
aux épidémies de malaria.
Ses habitants n'avaient pas
le droit d'en sortir entre le
coucher et le lever du soleil.
Cette obligation de résidence
s'appliqua jusqu'en 1848,
on rapportait encore des
enlèvements d'enfants pour
des baptêmes forcés en 1865,
et le mur ne fut rasé qu'en
1888. Le pire restait toutefois
à venir avec la grande rafle
nazie de 1943.

Aujourd'hui, les rues
médiévales du ghetto ont
retrouvé tout leur cachet.
De style assyro-babylonien,
la grande synagogue de 1904
abrite un intéressant musée
qui retrace l'histoire de la
communauté.

Casa di
Lorenzo Manilio ❷❺

Via del Portico d'Ottavia 1D.
Plan 4 F5 et 12 D5. 🚌 46, 62, 63,
64, 70, 87, 186, 780, 810.
🔒 au public.

L'Europe connut au XVe siècle
un grand renouveau
artistique, littéraire,
scientifique et social, avec
la Renaissance, qui puisait
aux sources classiques de
l'Antiquité. Il permit aux
Romains de redécouvrir le
passé glorieux de leur cité
sur lequel ils n'avaient
jusqu'alors que des idées
confuses, et certains d'entre
eux voulurent témoigner
à travers leur demeure
de cette splendeur historique
remise à l'honneur.

Ce fut le cas d'un
certain Lorenzo Manilio
qui construisit en 1468
une grande maison dont
les murs incorporent
des reliefs antiques et
un fragment de sarcophage
tandis que sa façade
porte une plaque la
datant à l'ancienne de la
2221e année après la
fondation de la ville.

Un balcon du palazzo Cenci

Palazzo Cenci ❷❻

Vicolo dei Cenci. **Plan** 4 F5 et 12 D5.
🚌 Voir ghetto. 🔒 au public.

Ce palais, malgré son aspect
plutôt rébarbatif qui rappelle
l'architecture du Moyen Âge,
date pour l'essentiel des
années 1570. Il appartenait
à la famille de Béatrice Cenci,
accusée de s'être livrée
à la sorcellerie et d'avoir
assassiné son père avec la
complicité de son frère et de

**Bustes romains décorant
la maison de Lorenzo Manilio**

L'isola Tiberina (île Tibérine) et le pont Cestius qui la relie au Trastevere

sa belle-mère. Elle fut décapitée en 1599 au pont Sant'Angelo et son destin inspira Shelley et Stendhal.

Enfant, Béatrice a sans doute couru et joué sur la loggia de style ionique surplombant la cour intérieure du palais, et peut-être s'est-elle penchée aux balcons des élégantes fenêtres de la façade donnant sur le vicolo dei Cenci pour apercevoir l'arc médiéval qui la relie au palazzetto Cenci dessiné par Martino Longhi l'Ancien.

Isola Tiberina ㉗

Isola Tiberina. **Plan** 8 D1 et 12 D5. 🚌 *23, 63, 280, 780.* 🚊 *8.*

Pendant l'Antiquité, une proue de travertin accentuait la forme de navire de l'île Tibérine. Un temple consacré à Esculape en 293 av. J.-C. associait ce vaisseau immobile à la médecine et cette tradition perdure aujourd'hui puisque l'hôpital de Saint-Jean-de-Dieu, qui renferme une belle chapelle baroque, occupe une grande partie de sa surface. Le temple a toutefois disparu et une église à campanile roman, San Bartolomeo, se dresse depuis le Xᵉ siècle à son emplacement.

Depuis la rive gauche (teatro di Marcello), les piétons gagnent toujours l'île par le pont Fabricius, le plus vieux encore en service au-dessus du Tibre (63 av. J.-C.). Grâce à la tour érigée à son débouché, les Pierleoni puis les Cætani contrôlèrent au Moyen Âge ce passage stratégique qui

permet de rejoindre le Trastevere sur l'autre berge par le pont Cestius d'où l'on a une belle vue sur le ponte Rotto (pont Rompu), l'ancien pont Aemilius (179 av. J.-C.) qu'emporta la crue de 1598.

Via Giulia ㉘

Plan 4 D4 et 11 A3. 🚌 *23, 116, 280, 870.*

Percée par Bramante au XVIᵉ siècle pour le pape Jules II della Rovere, cette rue pittoresque bordée de palais aristocratiques du XVIᵉ au XVIIIᵉ siècle, d'églises et de boutiques d'antiquités se prête bien à la promenade (*p. 276-277*).

Fontana del Mascherone

San Giovanni dei Fiorentini ㉙

Via Acciaioli 2. **Plan** 4 D4 et 11 A2. **Tél.** 06 6889 2059. 🚌 *23, 40, 46, 62, 64, 116, 280, 870.* ⏰ *t.l.j. 7h30-12h, 16h-19h.* 🚻

Le pape Léon X de Médicis entreprit cette église pour ses compatriotes florentins nombreux à habiter le quartier et il voulait qu'elle manifestât la supériorité culturelle de la capitale toscane sur Rome. Sa construction, commencée au début du XVIᵉ siècle sous la direction de Jacopo Sansovino, prit plus d'un siècle et Antonio da Sangallo le Jeune, Giacomo della Porta, Maderno et Galilei y participèrent.

À l'intérieur, la décoration du chœur est de Pierre de Cortone et Borromini qui dessina notamment l'autel décoré par le *Baptême du Christ*, spectaculaire groupe de marbre d'Antonio Raggi. Sur le troisième pilier gauche, une plaque commémorative rappelle que l'architecte demanda à reposer dans ce sanctuaire à côté de Maderno.

San Giovanni dei Fiorentini est la seule église de Rome, avec San Lorenzo in Lucina (*p. 112*), où les animaux des fidèles sont les bienvenus et l'on y célèbre chaque année une bénédiction de l'agneau pascal.

Le *Baptême du Christ* d'Antonio Raggi à San Giovanni dei Fiorentini

LE QUIRINAL

Les vestiges des terme di Diocleziano, en face de la gare Termini, rappellent qu'un quartier résidentiel s'étendait à l'époque impériale sur le Quirinal, l'une des sept collines de Rome.

Abandonné pendant le Moyen Âge, le mont trouva à la fin du XVIᵉ siècle la faveur des papes. Ils y établirent leur résidence

Stuc du Iᵉʳ siècle, Musée national romain

d'été pour échapper aux canicules du Vatican et élevèrent de nombreux monuments le long de ses voies aérées. Lorsqu'ils perdirent leurs pouvoirs de chefs d'État, leur palais devint en 1870 la résidence des rois d'Italie puis, en 1946, du président italien. Les alentours, le long de la via Nazionale, furent développés.

LE QUARTIER D'UN COUP D'ŒIL

Églises
San Carlo alle Quattro Fontane **12**
San Marcello al Corso **5**
Sant'Agata dei Goti **21**
Sant'Andrea al Quirinale **11**
Santa Maria degli Angeli **15**
Santa Maria dei Monti **20**
Santa Maria in Trivio **7**
Santi Apostoli **4**
Santi Domenico e Sisto **23**
Santi Vincenzo e Anastasio **9**

Fontaines et statues
Castor et Pollux **1**
Fontaine de Trevi **6**
Fontana del Mosè **14**
Le Quattro Fontane **13**

Musées et galeries
Accademia nazionale di San Luca **8**
Museo delle Paste alimentari **10**
Museo nazionale romano (palazzo Massimo) **16**
Palazzo delle Esposizioni **19**

Place historique
Piazza della Repubblica **18**

Bâtiments historiques
Palazzo Colonna **3**
Palazzo del Quirinale **2**
Terme di Diocleziano **17**

Parc et jardin
Villa Aldobrandini **22**

COMMENT Y ALLER
En métro : stations Repubblica et Cavour. Les lignes d'autobus 40, 64 et 70 empruntent la via Nazionale, et les 71, 116T et 117 le tunnel Traforo Umberto I qui passe sous le Quirinal. Beaucoup de bus longent la via del Tribone. Aucun bus, cependant, ne monte au sommet de la colline (prendre via XXIV Maggio).

LÉGENDE
■ Plan du quartier pas à pas
Ⓜ Stations de métro
ℹ Information touristique

0   300 m

VOIR AUSSI
• *Atlas des rues* plans 5, 6, 12
• *Hébergement* p. 304
• *Restaurants* p. 321
• *La promenade de Bernin* p. 282-283

◁ Fontana delle Naiadi, piazza della Repubblica

Le quartier du Quirinal pas à pas

Bien que le palazzo del Quirinale soit fermé au public, les statues colossales des Dioscures Castor et Pollux, sur la place, et la vue dominante que celle-ci offre de la cité justifient l'ascension de la colline. De nombreuses petites églises se cachent dans les rues étroites que l'on peut emprunter pour descendre jusqu'à la spectaculaire fontaine de Trevi, puis au palazzo Colonna édifié par l'une des plus puissantes familles de Rome sur le site de son ancienne forteresse médiévale.

San Maria in Via est célèbre pour son puits médiéval et une icône miraculeuse (XIIIe siècle) de la Vierge.

Santa Maria in Trivio
Cette petite église possède une riche décoration baroque **7**

Accademia nazionale di San Luca
Elle abrite une bibliothèque, un service d'archives et une galerie d'art **8**

★ Fontaine de Trevi
Elle occupe presque à elle seule la petite piazza di Trevi **6**

Santi Vincenzo e Anastasio
L'étonnante façade de cette petite église baroque fait face à la fontaine de Trevi **9**

San Marcello al Corso
Cette Crucifixion *de Van Dyck décore la sacristie* **5**

Le palazzo Odescalchi a une façade réalisée par Bernin en 1664. Elle se dresse face à l'église Santi Apostoli.

Museo delle Cere, l'horreur est à l'honneur dans ce musée de personnages de cire.

Vers la piazza Venezia

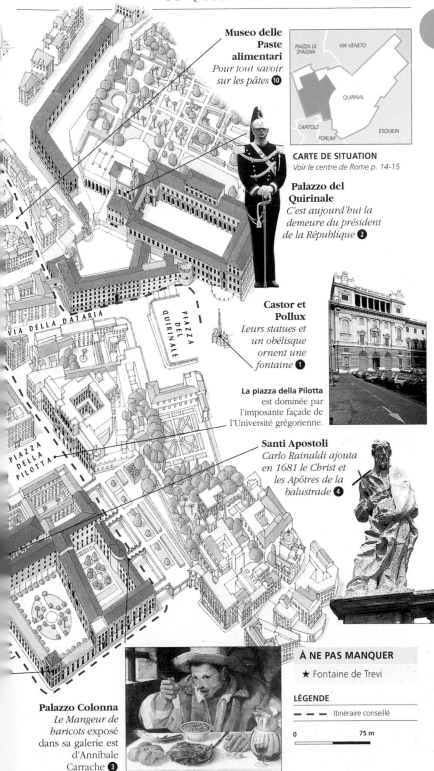

Museo delle Paste alimentari
Pour tout savoir sur les pâtes ❿

CARTE DE SITUATION
Voir le centre de Rome p. 14-15

Palazzo del Quirinale
C'est aujourd'hui la demeure du président de la République ❷

VIA DELLA DATARIA

PIAZZA DEL QUIRINALE

Castor et Pollux
Leurs statues et un obélisque ornent une fontaine ❶

La piazza della Pilotta
est dominée par l'imposante façade de l'Université grégorienne.

PIAZZA DELLA PILOTTA

Santi Apostoli
Carlo Rainaldi ajouta en 1681 le Christ et les Apôtres de la balustrade ❹

À NE PAS MANQUER

★ Fontaine de Trevi

LÉGENDE

‒ ‒ Itinéraire conseillé

0   75 m

Palazzo Colonna
Le Mangeur de haricots exposé dans sa galerie est d'Annibale Carrache ❸

Statues de Castor et Pollux ❶

Piazza del Quirinale. **Plan** 5 B4.
🚌 *H, 40, 64, 70, 170 et beaucoup de lignes le long de la via del Tritone.*

La fontaine, l'obélisque et les statues des Dioscures du Quirinal

La piazza del Quirinale doit son surnom populaire de « Monte-Cavallo » aux statues colossales de Castor et Pollux retenant leurs chevaux cabrés qui occupent son centre. Ces copies romaines de sculptures grecques du Ve siècle av. J.-C. se dressaient jadis à l'entrée des thermes de Constantin ; Sixte Quint les fit restaurer et installer à leur emplacement actuel en 1588. Pie VI érigea en 1787 l'obélisque pris au mausolée d'Auguste qu'ils encadrent. Enfin, Pie VII compléta en 1818 la composition en y ajoutant la grande vasque de granit, où coule l'*Acqua Felice*. Au pied des ruines du temple des Dioscures, ce bassin servait d'abreuvoir sur le Forum.

Palazzo del Quirinale ❷

Piazza del Quirinale. **Plan** 5 B3.
Tél. 06 469 91. 🚌 *H, 40, 64, 70, 170 et beaucoup de lignes le long de la via del Tritone.* ☐ *dim. 8h30-12h.* ⏺ *j.f.* 📷 www.quirinale.it

À la fin du XVIe siècle, le pape Grégoire XIII décida d'installer sa résidence d'été sur la plus haute colline de Rome (61 m) afin d'échapper à l'endémie de malaria qui régnait dans le quartier du Vatican à l'automne. La construction du palais commença en 1573, et plusieurs grands architectes et artistes apportèrent leur contribution à l'ouvrage avant qu'il ne prît sa forme actuelle vers 1730. Domenico Fontana dessina la façade principale, Bernin l'aile étroite qui borde la via del Quirinale, et Carlo Maderno la chapelle Pauline et le grand portail d'entrée surplombé des saints Pierre et Paul sculptés par Maderno et Berthelot. Le palais a été la résidence des rois à partir de 1870, puis du président de la République en 1947. En face, les Scuderie papale (Écuries pontificales) abritent des expositions temporaires.

Le palazzo del Quirinal, résidence du président de la République

Palazzo Colonna ❸

Piazza dei Santi. Apostoli 66. **Plan** 5 A4 et 12 F3. **Tél.** 06 679 4362. 🚌 *H, 40, 64, 70, 170 et nombreuses lignes vers la piazza Venezia.* ☐ *sam. (dernière entrée : midi) 9h-13h.* ⏺ *août et j.f.* 📷 🚫 .

Martin V Colonna (pape de 1417 à 1431) entama sa construction au début du XVe siècle, mais l'édifice date pour ses plus grandes parties des XVIIe et XVIIIe siècles. La galerie d'art, édifiée par Antonio del Grande de 1654 à 1665, en est la seule partie ouverte au public. Offrant par ses fenêtres une jolie vue sur le jardin privé du palais qui occupe le site où se dressait jadis le temple de Sérapis, elle présente une belle collection de peintures du XVe au XVIIIe siècle dans un des plus somptueux intérieurs baroques de Rome. Les tableaux ne portant aucune autre indication qu'un numéro, mieux vaut acheter l'excellent guide qui décrit les pièces exposées.

Deux belles séries par Gaspard Dughet ont donné son nom à la salle des paysages, dont la fresque de la voûte, par Sebastiano Ricci, rappelle la participation de Marcantonio Colonna à la bataille de Lépante. Au plafond de la salle suivante, qui renferme *Le Mangeur de haricots* d'Annibale Carrache (*p. 157*), l'*Apothéose de Martin V* célèbre le membre le plus illustre de la famille.

Santi Apostoli ❹

Piazza dei Santi Apostoli. **Plan** 5 A4 et 12 F3. **Tél.** 06 699 571. 🚌 *H, 40, 64, 70, 170 et nombreuses lignes vers la piazza Venezia.* ☐ *t.l.j. 7h-12h, 16h-19h.* 🔆

Cette église, fondée au VIe siècle et reconstruite à partir de 1702 par Francesco Fontana, conserve

---

Monument de Clément XIV de Canova. Aux pieds du pape, l'Humilité et la Modestie

un portique datant d'une restauration du XVe siècle qui porte l'emblème de Sixte IV della Rovere, et abrite un bas-relief antique et un monument de Canova à la mémoire du graveur Giovanni Volpato. Le sculpteur exécuta aussi le tombeau de Clément XIV qui se trouve au fond de la nef.

Francesco et Carlo Fontana achevèrent en 1714 l'intérieur baroque qui présente, à la voûte du chœur, une impressionnante *Chute des Anges rebelles* par Giovanni Odazzi et renferme le plus grand tableau d'autel de Rome, le *Martyre des saints Philippe et Jacques* par Domenico Muratori.

San Marcello al Corso ❺

Piazza San Marcello 5.
Plan 5 A4 et 12 F3.
Tél. 06 69 93 01. 🚌 62, 63, 81, 85, 95, 117, 119, 160, 175, 492, 628.
⭘ *t.l.j. 7h-12h, 16h-19h (sam. 10h-12h, dim. 9h-12h).* 🚹

Un incendie détruisit en 1519 l'église romane érigée sur l'emplacement d'un sanctuaire chrétien primitif.

Chevaux marins de la fontaine de Trevi

Jacopo Sansovino construisit alors cette église à nef simple, au plafond à caissons et aux chapelles latérales richement décorées. L'une d'elles abrite le grand tombeau qu'il sculpta à la mémoire du cardinal Giovanni Michiel et de son neveu Antonio Orso. Carlo Fontana éleva en 1683 sa jolie façade baroque.

D'élégantes fresques inspirées de la vie de la Vierge, par Francesco Salviati, ornent la troisième chapelle à droite et un beau crucifix en bois, épargné par l'incendie, domine l'autel de la suivante dont la décoration fut interrompue par le sac de Rome de 1527. Le peintre de la voûte, Perino del Vaga, un élève de Raphaël, prit en effet la fuite.

Fontaine de Trevi ❻

Piazza di Trevi. **Plan** 5 A3 et 12 F2.
🚌 52, 53, 61, 62, 63, 71, 80, 95, 116, 119 et nombreuses lignes vers la via del Corso et la via del Tritone.

La fontaine de Trevi fait tellement partie de l'imagerie romaine qu'elle donne l'impression d'avoir toujours existé. Achevée en 1762, l'œuvre de Nicola Salvi *(p. 54)* n'est toutefois qu'une création récente à l'échelle du temps de la Ville éternelle. Au centre, deux tritons guident les chevaux marins, l'un paisible et l'autre rétif. Ils symbolisent les changements d'humeur de l'Océan, en tirant le char de Neptune.

Les bas-reliefs supérieurs illustrent la légende selon laquelle une jeune fille indiqua à des soldats la source de l'*Aqua Virgo*, l'aqueduc construit en 19 av. J.-C. qui, devenu l'*Acqua Virgine*, alimente toujours la fontaine.

Cappella de San Marcello al Corso décorée par Francesco Salviati

Façade de Santa Maria in Trivio

Santa Maria in Trivio ❼

Piazza dei Crociferi 49. **Plan** 5 A3 et 12 F2. **Tél.** 06 678 9645. 🚌 52, 53, 61, 62, 63, 71, 80, 95, 116, 119. 🕐 t.l.j. 8h-12h, 16h-19h30. ✝

Avec sa façade percée de fausses fenêtres et plaquée à la fin du XVIe siècle sur un bâtiment préexistant, cette petite église, dont le nom a la même étymologie, *tre vie* (trois rues), que celui de la fontaine de Trevi, illustre l'importance des façades dans l'architecture romaine.

L'illusion se poursuit à l'intérieur, avec les scènes tirées du Nouveau Testament peintes en trompe l'œil sur la voûte par Antonio Gherardi.

Accademia nazionale di San Luca ❽

Piazza dell'Accademia di San Luca 77. **Plan** 5 A3 et 12 F2. **Tél.** 06 679 8850. 🚌 52, 53, 61, 62, 63, 71, 80, 95, 116, 119 et nombreuses lignes le long de la via del Corso et la via del Tritone. 🕐 lun. et mer. 9h30-14h30, mar. et jeu. 14h30-19h.

Il n'est pas surprenant que l'Académie des beaux-arts de la capitale de la chrétienté porte le nom du patron des peintres et expose dans sa galerie un tableau exécuté au XVIe siècle par l'atelier de Raphaël représentant saint Luc en train de peindre un portrait de la Vierge.

Aux XVIIe et XVIIIe siècles, de nombreux membres de l'Académie enrichirent ses collections d'œuvres personnelles, tel Canova qui fit don d'un modèle de ses *Trois Grâces*.

Outre des tableaux par le Titien, il Baciccia, Rubens ou Nicolas Poussin, la galerie présente trois magnifiques autoportraits de femmes réalisés par Lavinia Fontana, Angelica Kauffmann et Élisabeth Vigée-Lebrun.

Santi Vincenzo e Anastasio ❾

Vicolo dei Modelli 73. **Plan** 5 A3 et 12 F2. **Tél.** 331 284 5596. 🚌 52, 53, 61, 62, 63, 71, 80, 95, 116, 119. 🕐 ven.-mer. 10h30-18h. ✝

Un immense écusson aux armoiries du cardinal Raymond Mazarin surplombe la place de la fontaine de Trevi *(p. 159)*. Il couronne les colonnes qui, avec les frontons emboîtés, font jouer la lumière sur l'exubérante façade de l'église que le cardinal commanda en 1650 à Martino Longhi le Jeune. Le buste, au-dessus de la porte, est celui d'une de ses célèbres nièces, soit Marie Mancini (1639-1715), premier amour de Louis XIV, soit sa jeune sœur Hortense. Dans l'abside, des marbres commémoratifs citent les papes dont le *praecordia* (une partie du cœur) est conservé derrière le mur. Pie X ne mit fin qu'au XXe siècle à cette tradition qui remontait à Sixte Quint.

Museo delle Paste alimentari ❿

Piazza Scanderbeg 117. **Plan** 5 A3 et 12 F2. **Tél.** 06 699 1120. 🚌 52, 53, 61, 62, 63, 71, 80, 95, 116, 119. 🕐 t.l.j. 9h30-17h30. ⬤ j.f. Ø 🎧 🖥 www.pastainmuseum.com

Le rôle des pâtes dans la cuisine italienne est bien connu. Ce musée distrayant vous dit tout sur cet aliment de base chéri des Italiens et apprécié dans le monde entier. Vous y découvrirez l'histoire des pâtes, les étapes de leur fabrication, d'où viennent leurs différentes formes, et, plus surprenant, vous admirerez photographies et œuvres d'art sur le thème des pâtes.

Autoportrait de Lavinia Fontana, Accademia nazionale di San Luca

Intérieur de Sant'Andrea al Quirinale de Bernin

San Carlo alle Quattro Fontane ⓬

Via del Quirinale 23. **Plan** 5 B3.
Tél. *06 488 3261.* 🚌 *116, 117
et nombreuses lignes vers la piazza
Barberini.* Ⓜ *Barberini.* ⏰ *lun.-ven.
10h-13h, 15h-18h, 10h-13h sam. et
dim.* ✝

Humble congrégation vouée
à la collecte de fonds destinés
à payer les rançons des
otages chrétiens détenus par
les musulmans, l'ordre des
Trinitaires confia en 1634 la
construction d'un monastère
au carrefour des Quatre-
Fontaines à un jeune
architecte peu connu et
donc bon marché, Francesco
Borromini. Celui-ci édifia
d'abord le logement des
moines, puis l'admirable petit
cloître (1635) et enfin l'église
(1638-1641), de taille si
réduite qu'elle a les
dimensions d'un des piliers
de la coupole de Saint-Pierre.
Faute de fonds, il ne put
achever la façade qu'en 1665.
Malgré les anges protégeant
de leurs ailes la statue de
saint Charles Borromée
à qui l'église est dédiée,
ses courbes tourmentées
traduisent l'angoisse de
l'architecte peu de temps
avant son suicide.

La composition fluide de
l'intérieur, alternant travées
planes et incurvées, donne
vie et lumière à l'espace
exigu. Borromini n'en
divulgua jamais le plan.
Il souhaitait être inhumé dans
la petite chapelle octogonale
(ouverte au public) de la
crypte mais perdit le droit à
une sépulture chrétienne en
se donnant la mort en 1667.

Sant'Andrea al Quirinale ⓫

Via del Quirinale 29. **Plan** 5 B3.
Tél. *06 474 4872.* 🚌 *116, 117
et lignes vers la via del Tritone.*
⏰ *t.l.j. 8h-12h, 15h30-19h (fermé
l'après-midi en août).* ✝ 📷

Bernin, qui édifia cette église
de 1658 à 1671 pour les
novices de la compagnie
de Jésus, la considérait
comme l'une de ses
meilleures œuvres et la
contemplait avec plaisir.
Sant'Andrea al Quirinale est
l'une des perles du baroque.

Novateur, le plan du
sanctuaire tire le meilleur
parti du site exigu. Il est
en effet défini par le petit
axe (où se trouvent l'entrée
principale et le maître-autel)
d'une ellipse à laquelle
les perspectives créées
par des chapelles latérales
rectangulaires donnent
visuellement de l'ampleur.
L'harmonieuse décoration
s'organise autour du *Martyre
de saint André*, peinture
de Jacques Courtois que
des anges soutiennent
au-dessus du maître-autel.
Le regard passe du tableau
à une effigie du saint
en stuc, puis s'élève vers
la lanterne.

Ne manquez pas dans
le couvent voisin les
chambres de saint Stanislas,
novice jésuite décédé à l'âge
de 19 ans, qu'un groupe
en marbres polychromes
par Pierre Legros
(1666-1719) représente
sur son lit de mort.

La coupole de San Carlo alle Quattro Fontane

Fontaine de Junon (la Force)

Le Quattro Fontane ⑬

Croisement de la via delle Quattro Fontane et de la via del Quirinale. **Plan** 5 B3. 🚌 nombreuses lignes vers la piazza Barberini. Ⓜ Barberini.

Quatre petites fontaines décorent les angles des bâtiments à l'intersection de la via del Quirinale et la via delle Quattro Fontane (les anciennes strada Pia et strada Felice percées par Sixte Quint à la fin du XVIe siècle). Elles comportent toutes la statue d'une divinité représentée allongée. Le dieu accompagné de la louve romaine personnifie clairement le Tibre et l'autre effigie masculine pourrait être l'Arno. Les déesses Junon et Diane symbolisent la Force et la Fidélité.

On a depuis ce carrefour une très belle vue sur la porta Pia et les obélisques de la piazza del Esquilino, de la Trinità dei Monti et de la piazza del Quirinale.

Fontana del Mosè ⑭

Fontana dell'Acqua Felice, piazza San Bernardo. **Plan** 5 C2. 🚌 36, 60, 61, 62, 84, 175, 492. Ⓜ Repubblica.

Dessinée par Domenico Fontana, la fontaine de Moïse s'appelle officiellement Fontana dell'Acqua Felice – du nom de l'aqueduc (l'antique *Aqua Felix*) dont la réparation achevée en 1587 pendant le règne de Felice Peretti, le pape Sixte Quint, permit d'alimenter pour la première fois en eau potable ce quartier. Mais elle doit son surnom populaire, qui finit par s'imposer, à la statue colossale de Moïse de son arc central.

Réalisé par Prospero Bresciano ou Leonardo Sormani, ce rappel raté, aux proportions manifestement fausses, du *Moïse* de Michel-Ange à San Pietro in Vincoli (*p. 170*) attira dès son inauguration les piques de l'ironie romaine.

C'est la colère d'avoir été mis au monde par un sculpteur aussi maladroit qui fronce ses sourcils, affirma une rumeur, tandis qu'une autre assurait que le responsable d'une telle monstruosité en était

La fontana del Mosè

mort de tristesse.

Sur les reliefs qui l'encadrent, Aaron conduit les Israélites à l'eau et Josué dirige l'armée vers la mer Rouge. On peut voir aux musées du Vatican les originaux égyptiens des quatre lions qui ornent cette fontaine monumentale.

L'empereur Dioclétien (285-305) sur une pièce d'or

Santa Maria degli Angeli ⑮

Piazza della Repubblica. **Plan** 5 C3. **Tél.** 06 488 0812. 🚌 36, 60, 61, 62, 64, 84, 90, 116, 170, 492, 910. Ⓜ Repubblica, Termini. 🕐 t.l.j. 7h-18h30. 🚪🚻🏪

Luigi Vanvitelli a tant remanié au XVIIIe siècle l'église créée par Michel-Ange dans la grande salle du tepidarium des terme di Diocleziano qu'elle a perdu sa majesté initiale. Son immense transept, qui conserve ses voûtes et huit colonnes, permet d'imaginer l'ampleur des thermes romains.

Diane (la Fidélité) et son chien, sur l'une des Quattro Fontane

Museo nazionale romano (palazzo Massimo) **⑯**

Salle du Museo nazionale romano dans les terme di Diocleziano

Largo di Villa Peretti 1. **Plan** 6 D3. **Tél.** 06 3996 7700. ▦ 36, 38, 40, 64, 86, 170, 175, H et nombreuses lignes vers la piazza dei Cinquecento. Ⓜ Repubblica, Termini. ◯ mar.-dim. 9h-19h45. ● 1er janv., 1er mai, 25 déc. ▥ le billet donne accès aux cinq sections. ♿🖊📷📱

Fondé en 1889, le Museo nazionale romano détient la plupart des antiquités découvertes à Rome depuis 1870 et des pièces d'anciennes collections privées. Il comporte, aujourd'hui, cinq sections : son site original occupé par les terme di Diocleziano, le palazzo Massimo ; le palazzo Altemps *(p. 127)* ; l'Aula Ottagona (près des thermes de Dioclétien) ; la cripta Balbi (via delle Botteghe oscure 31), découverte dans le foyer de fouilles du théâtre Augustean Balbus et abritant des objets depuis le Moyen Âge.

Le palazzo Massimo, édifié entre 1883 et 1887, à l'emplacement d'une villa du XVIe siècle qui appartenait au pape Sixte V, était un collège de jésuites. Sa restauration (1981-1997) lui permet d'accueillir aujourd'hui une partie importante des collections du musée. Les expositions disposées sur quatre étages retracent la période du IIe siècle av. J.-C. à la fin du IVe apr. J.-C.

Le sous-sol abrite une excellente collection de pièces de monnaie, d'objets précieux et l'unique momie d'enfant trouvée dans la vieille ville. Le rez-de-chaussée est dédié à la statuaire romaine avec une stèle funéraire salle 2 et la célèbre statue de l'empereur Auguste salle 5. À l'étage supérieur, on peut admirer des statues provenant de la villa d'été de Néron à Anzio et des copies romaines d'après l'époque grecque comme le *Discobole ex-Lancelloti*. Le véritable joyau du musée se trouve au 2e étage où des salles entières de fresques murales ont été découvertes dans les nombreuses fouilles des villas de Rome et de ses alentours (demander une visite guidée à l'entrée). Les plus magnifiques proviennent de la villa de Livia à la Prima

porta. Son triclinium (salle à manger) est décoré d'arbres, de plantes et de fruits en trompe l'œil qui donnaient l'impression de dîner dehors. Les autres merveilles du musée sont les salles provenant de la première villa Farnesina : la chambre des enfants est blanche, tandis que la chambre des parents est rouge avec des peintures érotiques. Au même étage, vous admirerez de superbes mosaïques.

Terme di Diocleziano **⑰**

Viale E. de Nicola 79. **Plan** 6 D3. **Tél.** 06 3996 7700. ▦ 36, 60, 61, 62, 84, 90. Ⓜ Repubblica, Termini. ◯ mar.-dim. 9h-19h45.

Construits de 298 à 306 sous le règne de Dioclétien, empereur qui persécuta des milliers de chrétiens, ces thermes *(p. 24-25)* pouvaient accueillir 3 000 personnes dans leurs piscines (chaude, tiède et froide) et leurs salles d'exercices.

Les thermes, qui font partie du Museo nazionale romano, abritent une collection de statues et comportent une ancienne chartreuse au cloître dessiné par Michel-Ange.

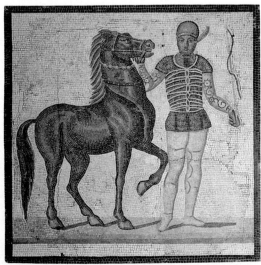

Une des mosaïques des *Quatro Aurighe*, Museo nazionale romano

Piazza della Repubblica

Plan 5 C3. 🚌 *36, 60, 61, 62, 64, 84, 90, 170, 175, 492, 646, 910.* Ⓜ *Repubblica.*

Les Romains l'appellent encore souvent par son ancien nom, piazza Esedra, car elle continue d'épouser la courbe de la grande exèdre (salle de conversation dotée de sièges pendant l'Antiquité) des terme di Diocleziano. Sa rénovation, réussie, fit partie des grands travaux entrepris quand la ville devint la capitale de l'Italie unifiée. Les élégantes arcades des bâtiments élevés par Gaetano Koch (1896-1902) abritaient des boutiques de luxe qu'ont remplacées banques, agences de voyages et cafés.

La fontana delle Naiadi, au centre de la place, provoqua un petit scandale lorsqu'on dévoila en 1901 les quatre nymphes dénudées de Mario Rutelli qui, couchées sur quatre créatures aquatiques symbolisant différentes formes prises par l'eau (un cheval marin pour l'océan, un serpent pour les fleuves, un cygne pour les lacs et une espèce d'iguane pour les rivières souterraines), entourent l'esprit marin Glaucus ajouté en 1911.

La piazza della Repubblica et la fontana delle Naiadi

Palazzo delle Esposizioni ⑲

Via Nazionale 194. **Plan** 5 B4. **Tél.** *06 489 411.* 🚌 *40, 60, 64, 70, 116T, 170.* 🕐 *mar.-jeu. et dim. 10h-20h, ven. et sam. 10h-22h30.* 🚫 🚼 🔊 *entrée par la via Piacenza.* 🍴 🔲 🛍 **www.**palazzoesposizioni.it

Façade du palazzo delle Esposizioni

Malgré ses colonnes corinthiennes, son entrée en forme d'arc de triomphe et sa profusion de statues, ce palais massif à la façade sans fenêtres est d'un style bien peu italien. Édifié de 1880 à 1882 par l'architecte Pio Piacentini pour la municipalité de Rome, le bâtiment est toujours en cours de modernisation.

Le palais, récemment restauré, accueille de nombreuses expositions temporaires, des conférences, des spectacles, ainsi que des projections de films (souvent en version originale lorsqu'ils sont étrangers, p. 360).

Santa Maria dei Monti ⑳

Via Madonna dei Monti 41. **Plan** 5 B4. **Tél.** *06 48 55 31.* 🚌 *75, 84, 117.* 🕐 *lun.-sam. 7h-12h, 16h30-19h30, dim. 8h30-13h, 17h-18h.* 🔲 🚼

Pris d'un malaise, Benoit-Joseph Labre, pèlerin solitaire né dans le Pas-de-Calais en 1748 et canonisé en 1881, s'écroula un jour de 1783 sur les marches de l'église. Recueilli par un boucher, ce pénitent qui ne demandait jamais rien, distribuait une grande partie de la nourriture qu'on lui donnait et dormait dans les ruines du Colisée. Son tombeau et son effigie se trouvent dans le transept gauche.

La coupole dessinée par Giacomo della Porta en 1580 est particulièrement belle. La Madone médiévale, au-dessus du maître-autel, rappelle que Marie est la Sainte patronne de ce quartier de la ville.

Une naïade de la fontaine de la piazza della Repubblica

Sant'Agata dei Goti ㉑

Via Mazzarino 16 et via
Panisperna 29. **Plan** 5 B4. **Tél.** 06
487 935 31. 40, 60, 64, 70, 71,
117, 170. lun.-sam. 7h-9h, 16h-
19h, dim. 9h-12h, 16h-18h.

Cette église doit son nom aux
Goths, hérétiques ariens qui,
sous la conduite de leur roi
Théodoric le Grand,
envahirent la péninsule
italienne à la fin du Ve siècle
et lui imposèrent 40 ans
de paix.
 Santa Maria dei Goti
fut fondée peu avant ces
événements et ses belles
colonnes de granit datent
de cette époque tandis que
le maître-autel a conservé
un beau ciborium cosmatèque
du XIIe siècle. Sa ravissante
cour intérieure du XVIIIe siècle
constitue néanmoins
son plus grand attrait.

Villa Aldobrandini ㉒

Via Panisperna. Entrée du jardin :
via Mazzarino 1. **Plan** 5 B4.
40, 60, 64, 70, 71 117, 170.
Jardin toute la journée.
Villa au public.

Construite au XVIe siècle
pour les ducs d'Urbino puis
achetée par Clément VIII
Aldobrandini (pape de 1592
à 1605), la villa appartient
aujourd'hui au gouvernement
et abrite une importante
bibliothèque juridique.
 Si le bâtiment lui-même
est fermé au public, on peut
accéder par un portail
donnant dans la via
Mazzarino au parc qui
l'entoure et qu'un haut mur
sépare de la via Nazionale.
Longeant des ruines antiques
du IIe siècle, un escalier
grimpe d'une dizaine de
mètres jusqu'à ses jardins
récemment rénovés, havre de
paix dans le centre de la ville.
 Entre des pelouses bien
entretenues, les allées
sablées, qu'ombragent des
arbres dont les essences
sont indiquées, offrent
d'excellentes vues sur la cité.

La cour intérieure de Sant'Agata dei Goti

Santi Domenico e Sisto ㉓

Largo Angelicum 1. **Plan** 5 B4.
Tél. 06 670 21.
40, 60, 64, 70, 71 117, 170.
sam. 9h-12h.

Chapelle, Santi Domenico et Sisto

Une large volée de marches
se divise en un double
escalier circulaire pour mener
à la terrasse où s'ouvre
une entrée monumentale.
L'étroite façade baroque
de l'église est couronnée
d'un fronton décoré de
huit chandeliers.
 À l'intérieur, une fresque
de Domenico Canuti
(1620-1684), l'*Apothéose
de saint Dominique*,
orne la voûte du
plafond. Bernin
décora
la première
chapelle à
droite et pourrait
avoir dessiné
le groupe
de marbre
exécuté par
Antonio Raggi
(1649) qui
montre la
rencontre de
Marie-Madeleine
et du Christ
ressuscité au
jardin de
Gethsémani.
La Vierge en terre cuite
au-dessus de l'autel est
du XVe siècle et on attribue à
Benozzo Gozzoli (1420-1497),
élève de Fra Angelico,
la grande Madone qui domine
l'un des autels latéraux.

Façade
de Santi
Domenico
e Sisto

L'ESQUILIN

Ministre d'Auguste et protecteur des arts, Mécène (v. 69-68 av. J.-C.) avait sa villa, parmi d'autres résidences patriciennes, sur le flanc est de la plus grande des sept collines de Rome : l'Esquilin.

Sur le flanc ouest, les taudis du quartier populaire de Suburre, régulièrement ravagé par des incendies, surplombaient le Forum. Vingt siècles plus tard, le quartier reste l'un des plus pauvres de la cité.

Rachel de Michel-Ange, San Pietro in Vincoli

Très urbanisé, il n'offre guère comme espace vert que le parc du Colle Oppio. Cette petite colline est parsemée des vestiges de la *Domus Aurea* de Néron et de ceux des thermes édifiés par Titus et Trajan.

Ses églises constituent de loin son principal intérêt. Elles furent souvent fondées sur d'anciens « titres », ou *tituli*, des maisons privées qui servaient de lieux de culte secrets aux premiers chrétiens.

LE QUARTIER D'UN COUP D'ŒIL

Églises

San Martino ai Monti **❶**
San Pietro in Vincoli **❷**
Santa Bibiana **❼**
*Santa Maria Maggiore
    p. 172-173* **❹**
Santa Prassede **❺**
Santa Pudenziana **❸**

Musée

Museo nazionale
    d'Arte orientale **❾**

Place historique

Piazza Vittorio Emanuele II **❽**

Sites antiques

Auditorium di Mecenate **❿**
Domus Aurea de Néron **⓬**
Sette Salle **⓫**

Arc

Arco di Gallieno **❻**

COMMENT Y ALLER

Plusieurs stations de métro : Vittorio Emanuele et Manzoni sur la ligne A, Cavour et Colosseo sur la ligne B, desservent ce quartier proche de la gare Termini. Parmi les nombreuses lignes d'autobus y passant, les 16, 75, 84 et 714 partent de la gare Termini. Le tramway 3 longe la via Labiana.

VOIR AUSSI

• *Atlas des rues*, plans 5, 6

• *Restaurants* p. 322

• *Promenade des mosaïques* p. 280-281

LÉGENDE

▨ Plan du quartier pas à pas

FS Gare ferroviaire

M Station de métro

ℹ Information touristique

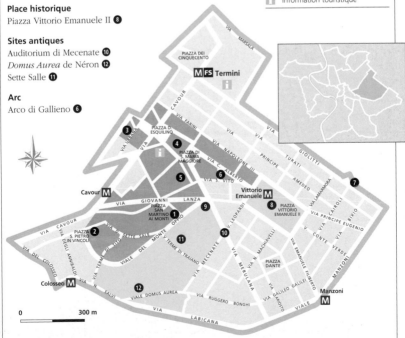

Santa Maria Maggiore la nuit (façade sud)

L'Esquilin pas à pas

Beaucoup de touristes ne viennent dans
ce quartier que pour la grande basilique
de Santa Maria Maggiore et ses œuvres d'art,
dont les plus anciennes remontent au
ve siècle, mais nombreuses sont les églises de
l'Esquilin, plus petites, qui méritent une visite,
telles Santa Pudenziana et Santa Prassede aux
lumineuses mosaïques, ou San Pietro in
Vincoli, écrin du *Moïse* de Michel-Ange,
l'une de ses plus célèbres sculptures.

Santa Pudenziana
*Une splendide
mosaïque du
IVe siècle montrant
Jésus et ses apôtres
orne son abside* ❸

**La piazza dell'
Esquilino** reçut
un obélisque
en 1587 pour aider
les pèlerins venant du
nord à se diriger vers
Santa Maria Maggiore.

**Vers le
Colisée**

**★ San Pietro
in Vincoli**
*L'église abrite
le* Moïse *romain
de Michel-Ange
et les chaînes
de saint Pierre* ❷

VIA CAVOUR

PIAZZA ESQ

VIA SFORZA

VIA DEI QUATTRO CAN

VIA

PIAZZA SAN
MARTINO AI M

VIA GIOVANNI LANZA

VIA IN SELCI

PIAZZA DI
SAN PIETRO
IN VINCOLI

VIALE DEL MONTE O

term
Trai
(109 apr. J.-
annonçaient
leurs dimensi
ceux de Dioclé
et de Caraca

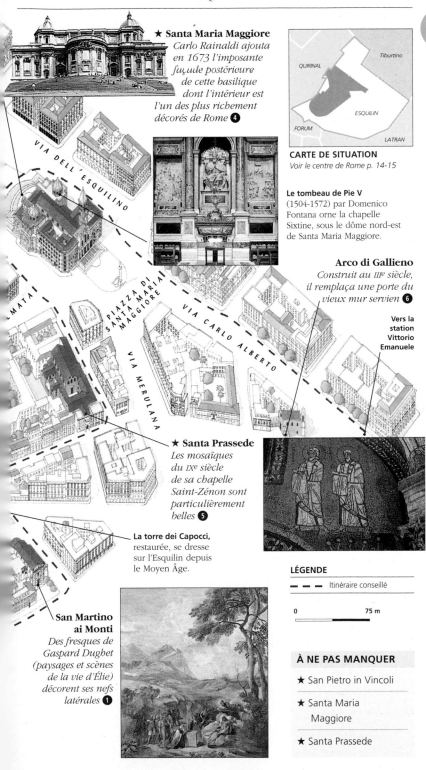

★ Santa Maria Maggiore
*Carlo Rainaldi ajouta
en 1673 l'imposante
façade postérieure
de cette basilique
dont l'intérieur est
l'un des plus richement
décorés de Rome* ❹

CARTE DE SITUATION
Voir le centre de Rome p. 14-15

Le tombeau de Pie V
(1504-1572) par Domenico
Fontana orne la chapelle
Sixtine, sous le dôme nord-est
de Santa Maria Maggiore.

Arco di Gallieno
*Construit au IIIe siècle,
il remplaça une porte du
vieux mur servien* ❻

**Vers la
station
Vittorio
Emanuele**

★ Santa Prassede
*Les mosaïques
du IXe siècle
de sa chapelle
Saint-Zénon sont
particulièrement
belles* ❺

La torre dei Capocci,
restaurée, se dresse
sur l'Esquilin depuis
le Moyen Âge.

**San Martino
ai Monti**
*Des fresques de
Gaspard Dughet
(paysages et scènes
de la vie d'Élie)
décorent ses nefs
latérales* ❶

LÉGENDE

− − − Itinéraire conseillé

0   75 m

À NE PAS MANQUER

★ San Pietro in Vincoli

★ Santa Maria
   Maggiore

★ Santa Prassede

San Martino ai Monti ❶

Viale del Monte Oppio 28. **Plan** 6 D5. **Tél.** 06 478 4701. ▩ 16, 714. Ⓜ *Cavour, Vittorio Emanuele.* ◯ *lun.-sam. 7h30-11h30, 16h-19h, dim. 7h-12h, 16h-20h.* 🚽 ♿

L'ancienne San Giovanni in Laterano représentée à San Martino ai Monti

Ce sanctuaire dédié à saint Martin de Tours, apôtre des Gaules, se dresse à l'emplacement de la maison d'Equitius, un « titre » où se réunissaient des chrétiens pour célébrer leur culte. La construction d'une église sur le site, au IVe siècle par Sylvestre Ier, constitua l'une des rares réalisations de ce pape si insignifiant qu'on lui inventa au Ve siècle une vie plus excitante : il avait converti Constantin, l'avait guéri de la lèpre puis contraint à fermer tous les temples païens. Le VIIIe siècle ajouta un nouveau chapitre à cette biographie fictive avec la réalisation d'un faux document dans lequel Constantin lui proposait la couronne impériale.

Reconstruite au IXe siècle, puis entièrement remaniée par Pierre de Cortone, l'église conserve de l'édifice primitif les 24 colonnes corinthiennes qui séparent sa nef centrale de deux nefs latérales décorées de fresques du XVIIe siècle. Parmi celles-ci, une série de paysages de la campagne romaine par Gaspard Dughet

et les représentations par Filippo Gagliardi de l'ancienne basilique Saint-Pierre et de l'intérieur de San Giovanni in Laterano avant l'intervention de Borromini. À condition de trouver le sacristain, on peut visiter les vestiges du « titre » d'Equitius qui communique avec la belle crypte de Pierre de Cortone.

San Pietro in Vincoli ❷

Piazza di San Pietro in Vincoli 4A. **Plan** 5 C5. **Tél.** 06 488 28 65. ▩ 75, 84, 117. Ⓜ *Cavour, Colosseo.* ◯ *t.l.j. 8h-12h30, 15h30-19h (oct.-mars : 18 h).* 🚽 ♿ ▯

Selon la tradition, saint Pierre aurait porté les chaînes *(vincoli)* exposées sous le maître-autel dans un

Chaînes de saint Pierre

tabernacle en bronze décoré de beaux reliefs attribués à Caradosso. L'une l'attachait à Jérusalem et l'autre à Rome, dans la carcere Mamertino *(p. 91)*, mais, une fois réunies, elles se soudèrent miraculeusement et l'impératrice Eudoxie, femme de Valentinien III, fonda l'église en 442 pour accueillir ces précieuses reliques.

Parodi peignit en 1706 un miracle attribué à ces chaînes, la guérison d'un malade, à la voûte de la nef centrale que 20 colonnes doriques séparent des nefs latérales. Celle de droite renferme le mausolée de Jules II. Celui-ci ne représente qu'une faible partie de l'œuvre que comptait réaliser Michel-Ange. Haut de 5 m, large de 3,60 m, le monument qu'il avait dessiné devait en effet avoir quatre faces et être orné de 38 statues et de presque autant de reliefs en bronze. Les tergiversations de Jules II puis, après sa mort, la commande du *Jugement dernier* pour la chapelle Sixtine, ne permirent à l'artiste que de sculpter les *Esclaves* se trouvant aujourd'hui à Florence et au Louvre, et le prodigieux *Moïse* de San Pietro in Vincoli. Il occupe le centre de la simple façade à laquelle se réduisit finalement le mausolée. Commencées par Michel-Ange mais achevées par des élèves, les effigies de Rachel (à gauche) et de Léa qui l'entourent symbolisent la vie contemplative et la vie active.

Le *Moïse* de Michel-Ange à San Pietro

Santa Pudenziana ❸

Via Urbana 160. **Plan** 5 C4.
Tél. *06 481 4622.*
16, 75, 84, 105, 714. **M** *Cavour.*
t.l.j. 8h30-12h, 15h-18h.

En temps normal, ce sont les saints qui donnent leur nom aux églises. Sainte Pudentienne, elle, doit son nom à une église. Elle lui doit même l'existence. Ce sanctuaire, l'un des plus anciens de Rome, fut en effet établi au IVe siècle dans des thermes construits à l'emplacement de la maison du sénateur Pudens, qui aurait hébergé saint Pierre au Ier siècle, et il prit le nom d'*Ecclesia Pudentiana* (l'église de Pudens). On finit par confondre « Pudentiana » avec le nom d'une femme, qui ne pouvait être qu'une sainte, et devait donc avoir une histoire : sœur de Praxède, elle avait porté assistance aux chrétiens persécutés. Le Saint-Siège rétablit la vérité en 1969 et invalida les deux saintes mais les églises gardèrent leurs noms.

L'édifice garde sur sa façade du XIXe siècle une frise du XIIe siècle où Pudentienne et Praxède figurent habillées en impératrices byzantines, manière pour l'Église d'affirmer que son autorité spirituelle avait autant d'importance que celle, temporelle, de Constantinople. La gracieuse mosaïque de l'abside (IVe siècle), d'une facture très antique malgré une restauration maladroite du XVIe siècle, représente le

Mosaïque de l'abside de Santa Prassede représentant la sainte avec saint Paul

Christ entouré d'apôtres en toges de sénateurs. Deux femmes symbolisent l'Ancienne et la Nouvelle loi.

Santa Maria Maggiore ❹

Voir p. 172-173.

Santa Prassede ❺

Via Santa Prassede 9A. **Plan** 6 D4.
Tél. *06 488 24 56.* *16, 70, 71, 75, 714.* **M** *Vittorio Emanuele.*
t.l.j. 7h30-12h, 16h-18h30 (après-midi seul. août).

Pascal Ier construisit cette église en 822 et il apparaît sur les superbes mosaïques du chœur (à gauche du Christ avec sainte Praxède et saint Paul ; saint Pierre, sainte Pudentienne et saint Zénon figurant à droite). Sa nimbe carrée, et non ronde, révèle qu'il fut représenté de son vivant. Ces mosaïques brillantes et colorées furent réalisées par des artistes originaires de Byzance.

Bien que l'intérieur de l'église ait été détruit et réaménagé, la structure du IXe siècle est encore très visible. Les trois couloirs sont séparés par des rangées de colonnes de granit. Dans la nef centrale, une plaque de pierre indique l'endroit où, selon la légende, saint Praxède aurait enterré les restes de 2000 martyrs.

Le pape édifia également la chapelle Saint-Zénon, à l'intérieur entièrement recouvert de mosaïques, comme mausolée pour sa mère Theodora. Elle possède l'un des plus anciens pavements de marbres polychromes que l'on connaisse et renferme dans une niche la colonne de jaspe à laquelle on aurait attaché Jésus pour le flageller.

Frise du XIIe siècle sur la façade de Santa Pudenziana

Santa Maria Maggiore ❹

De toutes les grandes basiliques romaines, Sainte-Marie-Majeure est celle qui présente l'union la plus réussie entre architectures d'époques différentes. Sa nef tripartite ornée de colonnes ioniques et de superbes mosaïques date du bâtiment initial, construit au Ve siècle. Son pavement de marbre cosmatèque et son campanile roman (le plus haut de Rome, 75 m) remontent au Moyen Âge.

La Renaissance donna au sanctuaire un nouveau plafond à caissons et le baroque l'orna de ses deux coupoles et des majestueuses façades principale et postérieure.

★ Cappella Paolina
Flaminio Ponzo créa cette superbe chapelle (1611) pour Paul V Borghèse.

Obelisco della piazza dell'Esquilino
Sixte Quint érigea cet obélisque égyptien en 1587.

LA LÉGENDE DE LA NEIGE

En 356, la Vierge vint demander en rêve au pape Libère Ier de construire une église à l'endroit où il trouverait de la neige. Quand celle-ci tomba sur l'Esquilin le 5 août, il s'empressa d'obéir. Chaque année, un service pendant lequel des milliers de pétales blancs tombent du plafond de Santa Maria Maggiore commémore ce miracle. Les pétales de dahlias ont remplacé les pétales de roses lancés à l'origine.

Plafond à caissons
Selon la tradition, ce plafond, attribué à Giuliano da Sangallo et offert par Alexandre VI, aurait été doré au XVIe siècle avec le premier or apporté des Amériques par Christophe Colomb.

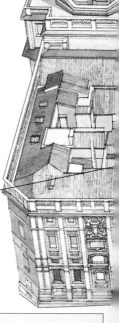

CHRONOLOGIE

356 La Vierge apparaît à Libère Ier			**1347** Cola di Rienzo proclamé tribun à Sainte-Marie	**1673** Carlo Rainaldi reconstruit l'abside
	432-440 Achèvement des travaux	*Grégoire VII*		
300 apr. J.-C.	**600**	**900**	**1200**	**1500** **1800**
	420 Sixte III fonde l'église actuelle	**1075** Grégoire VII est enlevé par des opposants alors qu'il célèbre la messe de Noël	**1288-1292** Nicolas IV crée abside et transepts	**1743** Ferdinando Fuga crée la façade principale pour Benoît XIV
			Armoiries de Grégoire VII	

★ Couronnement de la Vierge
*La mosaïque de l'abside par Jacopo
Torriti (1295) incorpore des
éléments du Vᵉ siècle.*

MODE D'EMPLOI

Piazza di Santa Maria Maggiore.
Plan 6 D4.
Tél. *06 6988 6800.*
16, 70, 71, 714. 14.
M *Termini, Cavour.*
t.l.j. 7h-19h.

Baldaquin (v. 1740)
*Ses colonnes de
porphyre et de
bronze sont l'œuvre
de Ferdinando
Fuga.*

**★ Tombeau
du cardinal
Rodriguez**
*Cette œuvre
gothique
(1299) est
de Giovanni
di Cosma.*

★ Cappella Sistina
*Construite par Domenico
Fontana, elle abrite le
tombeau de Sixte Quint
(pape de 1584 à 1587).*

**Colonne de la piazza
Santa Maria Maggiore**
*La colonne antique qui supporte une
Vierge à l'Enfant en bronze de
Berthelot (1615) provient de la
basilica di Massenzio.*

À NE PAS MANQUER

★ Cappella Paolina

★ Cappella Sistina

★ *Couronnement de la
Vierge*

★ Tombeau du
cardinal Rodriguez

L'arco di Gallieno

Arco di Gallieno ⑥

Via Carlo Alberto. **Plan** 6 D4. 16, 71, 714. Ⓜ *Vittorio Emanuele.*

Seule subsiste aujourd'hui l'arcade centrale du monument érigé à l'emplacement de la vieille porte Esquiline du mur servien en mémoire de l'empereur Gallien assassiné en 262 par ses officiers illyriens. Prise entre deux immeubles, elle se dresse tout près de la via Carlo Alberto.

Santa Bibiana ⑦

Via Giovanni Giolitti 154. **Plan** 6 F4. **Tél.** 06 446 1021. 71. 5, 14. Ⓜ *Vittorio Emanuele.* t.l.j. 7h30-10h, 16h30-19h30.

Cette petite église fut construite sur le site du palais de la famille de sainte Bibiane, jeune chrétienne fouettée à mort pendant la brève période de persécution ordonnée par Julien l'Apostat (361-363).

Une urne en albâtre, sous l'autel, contient ses restes, ainsi que ceux de sa mère Dafrosa et de sa sœur Demetria, elles aussi

martyrisées. La petite colonne près de l'entrée, à l'intérieur, serait celle contre laquelle elle aurait connu son supplice, et la statue de Bernin, au-dessus de l'autel, représente la sainte appuyée sur cette colonne. L'église Santa Bibiana doit cependant plus que cette émouvante sculpture au maître du baroque. En effet, celui-ci réalisa également sa façade, trompeusement simple car entièrement conçue pour mettre en relief la baie centrale de l'étage supérieur qui servait à l'exposition de reliques lors de certaines fêtes religieuses.

Sainte Bibiane (1626) par Bernin

Piazza Vittorio Emanuele II ⑧

Plan 6 E5. 4, 9, 71. 5, 14. Ⓜ *Vittorio Emanuele.* Voir **Boutiques et marchés** p. 352.

Piazza Vittorio, comme on l'appelle familièrement, était autrefois le principal marché en plein air de la ville, avec ses étals de viande ou de fruits et légumes. Il se tient désormais à l'angle, dans des locaux neufs et couverts. La place est encadrée par des immeubles construits à la fin du XIXe siècle lors du grand développement urbain de Rome qui suivit l'unification de l'Italie.

Au centre de la place, se dressent les vestiges d'une fontaine monumentale du IIIe siècle et une curieuse « porte magique » ornée de signes et d'inscriptions cabalistiques et astrologiques. Elle ouvrait jadis sur le jardin secret du cardinal Palombara.

Museo nazionale d'Arte orientale ⑨

Via Merulana 248. **Plan** 6 D5. **Tél.** 06 4697 4831. 16, 70, 71, 714. Ⓜ *Vittorio Emanuele.* mar.-ven. 9h-14h, sam. et dim. 9h-19h30. 1er et 3e lun. du mois. **www.museorientale.it**

Ce musée occupe depuis 1958 une partie du palais Brancaccio (fin XIXe siècle) devenu l'année précédente le siège de l'Institut italien au Moyen-Orient et en Extrême-Orient. Ses collections, qui réunissent les objets découverts lors des fouilles archéologiques entreprises par cet institut, complétées de dons et d'acquisitions, présentent des exemples des arts d'Iran (remarquables céramiques), d'Afghanistan, du Tibet, du Népal, de l'Inde, du Japon et de Chine.

Relief du Cachemire (IVe siècle)

Bodhisattva népalais au Museo nazionale d'Arte orientale

Les pièces les plus insolites proviennent cependant du Pakistan. Souvenirs de l'étonnante civilisation de Swat (IIIe siècle av. J.-C.-Xe siècle), ces reliefs sensuels marient, en un style très original, influences hellénistique, bouddhiste et hindoue.

Auditorium di Mecenate ⑩

Largo Leopardi 2. **Plan** 6 D5. **Tél.** 06 0608. 🚌 16, 714. Ⓜ *Vittorio Emanuele*. ⭘ *sur r.-v. Téléphoner à l'avance.* 🚫 ♿

Mécène (v. 69-68 av. J.-C.) se flattait de descendre d'une lignée de princes étrusques mais amassa au service d'Auguste l'essentiel de l'immense fortune dont il utilisa une partie pour se faire construire une luxueuse villa et de magnifiques jardins sur l'Esquilin. Il n'en reste aujourd'hui que l'auditorium partiellement reconstruit, isolé au milieu d'une avenue ouverte à la circulation.

Son demi-cercle de sièges en gradins suggère qu'il servait à des lectures ou des représentations. On peut également imaginer que d'illustres protégés de cet ami de l'empereur, tels Virgile, Horace ou Properce, y présentèrent des ébauches de leurs œuvres. À moins, comme incitent à le penser des vestiges de canalisation

et les traces de fresques sur les murs, qu'ils ne se soient laissé bercer par le bruissement d'eau des fontaines d'un nymphée, sanctuaire dédié aux nymphes, ces déesses d'un rang inférieur qui hantaient forêts, montagnes, fleuves et océans.

Sette Sale ⑪

Via delle Terme di Traiano. **Plan** 5 C5. **Tél.** 06 0608. 🚌 85, 87, 117, 186, 810, 850. 🚋 3. Ⓜ *Colosseo.* ⭘ *seul. sur r.-v., téléphoner à l'avance.*

La citerne de Sette Sale est située à côté de la *Domus Aurea* de Néron. Elle fut construite pour fournir aux terme di Traiano les énormes quantités d'eau nécessaires à leur fonctionnement. Ces derniers furent construits en 104 apr. J.-C., en partie sur la *Domus Aurea*, qui avait été endommagée par un incendie. Une volée de marches conduisent à la citerne qui est située bien au-dessous du niveau de la rue. Il n'y a pas grand-chose à voir, mais les eaux tremblantes de cette immense citerne illuminées par des rayons de soleil dégagent une atmosphère envoûtante. Les neuf sections de 30 m de long et 5 m de profondeur ont une capacité de 8 millions de litres.

Domus Aurea de Néron ⑫

Viale della Domus Aurea. **Plan** 5 C5. **Tél.** 06 3996 7700. 🚌 85, 87, 117, 186, 810, 850. 🚋 3. Ⓜ *Colosseo.* ⭘ *au public, téléphoner pour plus d'informations.* 🚫 📷 🔦 📷

Qu'il ait ou non allumé l'incendie de l'an 64, Néron profita des destructions qu'il causa pour s'approprier un immense terrain (près de 25 fois la superficie du Colisée) s'étendant du Palatin jusqu'à l'Esquilin et le Cælius où il se fit construire une demeure extravagante.

Des bêtes sauvages importées d'Afrique rôdaient

en liberté dans les bosquets du parc où un lac artificiel était, selon Suétone, « à l'image de la mer ». Dans le palais aux murs décorés d'or et de nacre, les plafonds de certaines pièces laissaient tomber fleurs ou parfum subtil sur les invités. En outre, les thermes possédaient des bains d'eau sulfureuse et d'eau de mer.

Tacite décrivit les orgies qu'organisa Néron dans sa « Maison dorée », contraignant de nobles patriciennes à se prostituer. Le despote ne profita toutefois pas longtemps de son domaine : il se suicida en 68 après que le Sénat l'eut proclamé ennemi public.

Ses successeurs ne cherchèrent pas à préserver un palais attaché à trop de mauvais souvenirs. Vespasien assécha le lac pour construire le Colisée (p. 92-95), Titus et Trajan édifièrent des thermes à l'emplacement du corps de bâtiment et Hadrien éleva le tempio di Venere e di Roma (p. 87) sur le vestibule.

Seules quelques salles et galeries d'une aile survécurent sous les terme di Traiano. Des fouilles récentes ont mis au jour d'immenses fresques et mosaïques qui représenteraient une vue aérienne de Rome. Elles seront visibles dès qu'il n'y aura pas de danger pour le public (risque de glissements de terrain).

Vestiges de fresques dans une salle de la *Domus Aurea* de Néron

LE QUARTIER DU LATRAN

Les papes résidèrent au palais du Latran jusqu'à leur départ pour Avignon, et sa basilique rivalisait en splendeur avec la basilique Saint-Pierre. Après l'installation au Vatican des souverains pontifes à la fin du XIVe siècle, le quartier perdit progressivement de son importance et se dépeupla.

Putto de San Giovanni in Laterano

Malgré les pèlerins qui continuaient à visiter San Giovanni in Laterano et Santa Croce in Gerusalemme, ses vieux couvents s'assoupirent jusqu'à ce que Rome devînt la capitale de l'Italie en 1870. On aménagea alors en zone résidentielle cette partie de la ville dont le mur d'Aurélien et l'aqueduc de Néron constituent les principaux vestiges antiques.

LE QUARTIER D'UN COUP D'ŒIL

Églises

San Clemente p. 186-187 ⑫
San Giovanni in Laterano p. 182-183 ❶
Santa Croce in Gerusalemme ❺
Santi Quattro Coronati ⑪
Santo Stefano Rotondo ⑬

Reliques

Scala Santa et Sancta Sanctorum ❷

Arcs et portes

Porta Asinaria ❸
Porta Maggiore ❼

Sites antiques

Anfiteatro Castrense ❹
Aquedotto nerioniano et sepolcri repubblicani ❾
Sepolcro di Eurisace ❽

Musées

Museo degli Strumenti musicali ❻
Museo storico della Liberazione di Roma ⑩

VOIR AUSSI

• **Atlas des rues** plans 6, 9, 10

• **Restaurants** p. 322-323

• **Promenade des mosaïques** p. 280-281

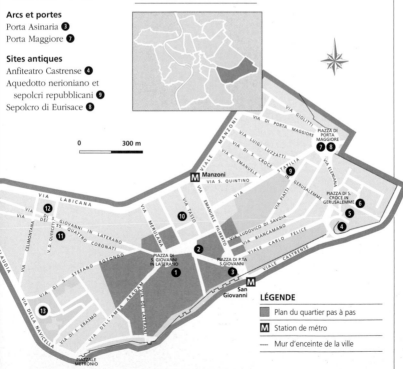

COMMENT Y ALLER

La ligne A du métro s'arrête juste à l'extérieur du mur, à la station San Giovanni, et les lignes d'autobus 16, 81, 85, 87 et 186 font partie des plus pratiques pour atteindre la piazza di San Giovanni in Laterano. On peut aussi prendre le tram 3, lent mais dont l'itinéraire permet de découvrir ce quartier.

0   300 m

LÉGENDE

■ Plan du quartier pas à pas

Ⓜ Station de métro

--- Mur d'enceinte de la ville

◁ **Fresque du XVe siècle, abside de Santa Croce in Gerusalemme**

Le quartier du Latran pas à pas

La basilica San Giovanni et le palazzo del Laterano dominent tous deux la majestueuse piazza di San Giovanni, où se dresse depuis le XVIᵉ siècle le plus vieux et le plus haut des obélisques égyptiens de Rome. Malheureusement, la circulation qui se déverse par la porta Maggiore tend à gâcher sa grandeur. Construit sur l'ordre de Sixte Quint, un autre sanctuaire riche d'histoire donne sur la place. Il abrite la *Sancta Sanctorum,* ancienne chapelle privée des papes, et la Scala Santa (le Saint-Escalier), l'une des reliques les plus vénérées de la Ville éternelle.

La cappella Santa Rufina, ancien narthex du baptistère, présente une belle mosaïque du Vᵉ siècle à l'abside.

VIA DI SANTO STEFANO RO

VIA DELL'AMBA ARADAM

VIA DEI LATERANI

Le chiostro di San Giovanni, chef-d'œuvre d'art cosmatèque du XIIIᵉ siècle, survécut heureusement aux deux incendies qui détruisirent la basilique primitive dont il renferme des vestiges.

La piazza di San Giovanni in Laterano porte un obélisque et des fragments de l'aqueduc de Néron. Ce tableau de Canaletto montre son aspect au XVIIIᵉ siècle.

À NE PAS MANQUER

★ San Giovanni in Laterano

LÉGENDE

– – – Itinéraire conseillé

0   75 m

La cappella San Venanzio, dédiée au poète latin qui devint évêque de Poitiers en 597, est décorée de mosaïques byzantines du VIIᵉ siècle. Ce détail de l'abside montre l'un des saints entourant la figure centrale du Christ.

CARTE DE SITUATION
Voir le centre de Rome p. 14-15

Le palazzo del Laterano fut la résidence des papes jusqu'en 1309 et fut reconstruit en 1586.

★ **San Giovanni in Laterano**
Borromini remania l'intérieur au XVIIᵉ siècle et Alessandro Galilei ajouta en 1735 la façade décorée d'immenses statues du Christ et des Apôtres ❶

PIAZZA DI SAN GIOVANNI IN LATERANO

VIA D. FONTANA

PIAZZA DI PORTA SAN GIOVANNI

Scala Santa
Cette porte, au sommet du Saint-Escalier, ouvre sur la Sancta Sanctorum ❷

Le triclinium de Léon III incorpore une abside de l'ancienne salle à manger de ce pape (795-816).

Porta Asinaria
Cette petite porte désormais inutilisée est aussi vieille que le mur d'Aurélien érigé au IIIᵉ siècle ❸

San Giovanni in Laterano ❶

Voir p. 182-183.

Scala Santa et Sancta Sanctorum ❷

Piazza di San Giovanni in Laterano 14.
Plan 9 C1. **Tél.** *06 772 6641.*
🚌 *16, 81, 85, 87, 186 et nombreuses lignes vers la piazza di San Giovanni in Laterano.* 🚋 *3.*
Ⓜ *San Giovanni.* ⭕ *t.l.j. 6h15-12h, 15h-18h (15h30-18h30 en été).* ✝

Pénitents gravissant la Scala Santa à genoux

Domenico Fontana édifia pour Sixte Quint le bâtiment (1589) sur le côté est de la piazza di San Giovanni qui abrite deux reliques vénérées, vestiges de l'ancien palais du Latran. Il s'agit de la *Sancta Sanctorum* (Saint des Saints), et de la Scala Santa, le Saint-Escalier de 28 marches de marbre gravi par Jésus-Christ, selon la tradition, dans la maison de Pilate le jour de son procès et rapporté de Jérusalem par sainte Hélène, mère de l'empereur Constantin.

Aucun pied ne devant le fouler, les fidèles ne peuvent le monter qu'à genoux mais vu leur nombre, on décida du temps de Clément XII (1730-1740) de protéger ses marches avec des planches de noyer. Elles ont déjà été remplacées trois fois.

Deux escaliers, sur les côtés, permettent de redescendre, ou d'atteindre debout la *Sancta Sanctorum*

construite en 1278 pour le pape Nicolas III. Décorée de superbes marbres cosmatèques, elle renferme de nombreuses reliques, dont l'icône du Christ parée d'orfèvrerie, sur l'autel, dite *acheiropoïétos*, soit « non faite de main d'homme ». On croyait au Moyen Âge que des anges avaient achevé cette peinture sur bois qu'aurait commencée saint Luc, et on la portait en procession pour se protéger de la peste. Elle date toutefois du vɪe ou vɪɪe siècle.

Les murs et la voûte restaurés ont fait apparaître des fresques du xɪɪɪe siècle, illustrant les légendes de saint Nicolas, saint Laurent, sainte Agnès et saint Paul. Leur style annonce les fresques de Giotto à Assise, réalisées quelques années plus tard.

Porta Asinaria ❸

Entre la piazza di Porta San Giovanni et la piazzale Appio. **Plan** 10 D2.
🚌 *16, 81, 85, 87.* 🚋 *3.* Ⓜ *San Giovanni. Voir* **Les marchés** *p. 353.*

La porta Asinaria (porte des Ânes) était l'une des entrées mineures ouvertes dans le mur d'Aurélien *(p. 196)* construit à partir de 271 afin de protéger Rome des Barbares. Elle reçut plus tard deux tours circulaires et une

La porta Asinaria côté intra-muros

petite enceinte dont on peut encore voir les traces aujourd'hui. À l'extérieur du mur, deux rangs de fenêtres surplombent la façade de travertin blanc. Elles éclairent deux couloirs à l'intérieur de la fortification.

En 546, des Barbares servant dans l'armée romaine ouvrirent cette porte aux Goths du roi Totila qui pillèrent la cité. En 1084, ce fut elle qu'emprunta l'empereur germanique Henri IV lorsqu'il vint chasser Grégoire VII de la Ville éternelle. Le rempart fut gravement endommagé lors des conflits suivants.

Non loin de la porta Asinaria, via Sannio, un marché aux vêtements neufs et d'occasion se tient tous les jours de la semaine *(p. 353)*.

Anfiteatro Castrense ❹

Entre la piazza di Santa Croce in Gerusalemme et la viale Castrense.
Plan 10 E1. 🚌 *649.* 🚋 *3.*
🚫 *au public.*

Colonnes et arcs murés de l'anfiteatro Castrense

Cette arène elliptique de 90 m sur 75 construite au début du ɪɪɪe siècle accueillait les spectacles donnés pour la cour impériale de sainte Hélène qui résidait au palais Sessoriano voisin. C'est incorporé au mur d'Aurélien que ce gracieux édifice de briques nous est parvenu. Il est nécessaire de se trouver à l'extérieur de l'enceinte pour découvrir ses arcs et demi-colonnes intégrés aux fortifications.

Découverte de la Croix attribuée à Antionazzo Romano à Santa Croce in Gerusalemme

Santa Croce in Gerusalemme ❺

Piazza di Santa Croce in Gerusalemme 12. **Plan** 10 E1.
Tél. 06 701 4769.
🚌 16, 81, 649, 810. 🚋 3. ⏰ t.l.j. 7h-12h, 14h30-18h30. 🚻🅿️

L'empereur Constantin fonda en 320 cette église dans une des salles du palais Sessoriano où résidait sa mère et, bien que le sanctuaire se trouvât à la limite de la ville, les reliques de la Sainte-Croix rapportées de Jérusalem par sainte Hélène en firent un grand centre de pèlerinage.

Le bâtiment garde de sa reconstruction au XIIe siècle par Lucius II son beau campanile roman, mais fut entièrement remanié en 1743 par Gregorini et Passalacqua. L'intérieur, de type basilical avec ses trois nefs séparées par des colonnes antiques et des pilastres baroques, possède un beau pavement cosmatèque et abrite le magnifique tombeau sculpté par Jacopo Sansovino pour le cardinal de Quiñones, confesseur de Charles Quint.

Un escalier, en haut de la nef gauche, mène à la chapelle des Reliques : un morceau de la Croix, un des clous, deux épines de la Sainte Couronne et l'écriteau que Ponce Pilate fit accrocher à la Croix.

Museo degli Strumenti musicali ❻

Piazza di Santa Croce in Gerusalemme 9a. **Plan** 10 E1.
Tél. 06 701 4796. 🚌 16, 81, 649, 810. 🚋 3. ⏰ mar.-dim. 8h30-19h30. ⏰ 1er janv., 25 déc.🎵 ♿
www.museostrumentimusicali.it

Le bâtiment qui abrite ce musée, l'un des moins connus de Rome, se dresse à l'emplacement du palazzo Sessoriano, la grande villa impériale de sainte Hélène. Ouvert en 1974, il présente une collection de plus de 3 000 instruments du monde entier et de toutes les époques. Certains sont typiques des régions de l'Italie et d'autres remontent aux Antiquités grecque, égyptienne ou romaine. Le musée comporte aussi des sections dédiées à la musique d'église et militaire. Les instruments baroques en composent néanmoins la majeure partie et il ne faut pas manquer la harpe des Barberini, remarquablement bien conservée et exposée dans la salle 13 (1er étage).

L'exposition propose en outre épinettes, clavecins et clavicordes de toutes factures, et l'un des premiers pianos jamais fabriqués (1722).

Entrée Art nouveau du museo degli Strumenti musicali

Statue de sainte Hélène sur la façade de Santa Croce

San Giovanni in Laterano ❶

Constantin fonda la première
basilique chrétienne de Rome
au début du IVe siècle sur les
propriétés confisquées par
Néron à la famille des Plautii
Laterani. Au cours de sa longue
histoire, le sanctuaire connut
un tremblement de terre et
deux incendies, et la plupart
des papes, quand ils ne durent
pas le reconstruire entièrement,
y apportèrent des embellissements.
Borromini entreprit en 1646 une
complète restauration de l'intérieur
commandée par Innocent X, et
Léon XIII fit prolonger l'abside en 1885.
Jusqu'en 1870, c'était à Saint-Jean-de-
Latran, cathédrale de la ville dont le
pape est l'évêque, que les souverains
pontifes recevaient la tiare.

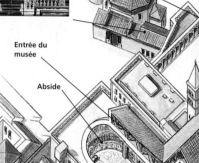

**Cappella di San
Venanzio**
*Des mosaïques du
VIIe siècle décorent
cette chapelle attachée
au baptistère.*

**Entrée du
musée**

Abside

**Autel
pontifical**
*Seul le pape
peut y dire la
messe. Son
baldaquin
gothique, décoré
de fresques,
date du XIVe siècle.*

★ Cloître
*Jacopo et Pietro
Vassaletto réalisèrent
ce splendide cloître
cosmatèque (1215-1232)
à colonnettes torsadées
et frise à mosaïques.*

CHRONOLOGIE

313 Constantin offre le terrain au pape Melchiade		**1144** L'église est dédiée à saint Jean de Latran	**1646** Borromini restaure l'intérieur
	896 Tremblement de terre	**1309** La papauté en Avignon	**1377** Retour des papes d'Avignon
314-318 Construction d'une basilique à cinq nefs			

300	**800**	**1000**		**1400**

324 Sylvestre Ier consacre la basilique et la dédie au Rédempteur	**904 -911** Reconstruction sous Serge III	**1300** Premier jubilé	**1360** Nouvel incendie	**1586** Domenico Fontana crée la façade nord
		1308 Incendie		**1730-1740** Alessandro Galilei élève la façade principale

★ Baptistère
Fondé par Constantin, il prit en 432 sa forme octogonale actuelle qui servit de modèle dans toute la chrétienté et, bien que restauré au XVIIe siècle, il garde de nombreux éléments du Ve siècle.

Façade nord
Domenico Fontana l'ajouta en 1586. Le pape donne sa bénédiction depuis sa loggia.

À NE PAS MANQUER

★ Baptistère

★ Cloître

Le palazzo del Laterano fut, comme la basilique, détruit par l'incendie de 1308. Sixte Quint demanda à Fontana de le reconstruire en 1586.

Statues du Christ et des apôtres

Fresque de Boniface VIII
Attribuée à Giotto, elle montre le pape proclamant le jubilé de 1300.

Une porte latérale n'est ouverte que pour les jubilés.

Les portes en bronze de l'entrée principale provenaient de la Curia (p. 82).

LE PROCÈS D'UN CADAVRE

Les rivalités entre factions conduisirent les premiers papes à des extrêmes. En 897, Étienne VI fit ainsi passer en jugement le corps de Formose, son prédécesseur. Reconnu coupable de déloyauté envers l'Église, le cadavre fut jeté dans le Tibre.

Le pape Formose

Cappella Corsini
Galilei créa cette chapelle en 1732 pour Clément XII. La mosaïque de l'autel reproduit un portrait de saint André Corsini peint par Guido Reni.

Porta Maggiore **❼**

Piazza di Porta Maggiore. **Plan** 6 F5.
🚌 *105.* 🚋 *3, 5, 14, 19.*

L'empereur Claude monta sur le trône à son corps défendant. Après la conspiration qui mit un terme au règne de Caligula, les prétoriens trouvèrent ce frère cadet de Germanicus tremblant de peur dans le palais et l'acclamèrent empereur malgré ses prières. Il se révéla finalement un souverain avisé et réussit à doter l'Empire des institutions qui lui manquaient malgré ses démêlés conjugaux : il dut se résoudre à faire exécuter sa quatrième épouse, Messaline, et mourut empoisonné par la suivante, Agrippine, en 54.

Deux ans plus tôt, il avait construit l'*Aqua Claudia* (une eau minérale porte toujours ce nom), aqueduc de 68 km de long dont quinze aériens. En entrant dans Rome, celui-ci franchissait la via Labicana et la via Prenestina, grandes voies antiques en direction du sud, par deux hautes arcades. Elles devinrent la porta Maggiore lorsqu'on les incorpora au mur d'Aurélien (*p. 196*) entre 270 et 282.
Le pavage des voies antiques subsiste sous la porte. Les roues des chariots qui s'y succédèrent pendant des siècles ont creusé les sillons qui marquent les grandes dalles de basalte.

Relief montrant la fabrication du pain sur la tombe d'Eurysacès

Sepolcro di Eurisace **❽**

Piazzale Labicano. **Plan** 6 F5.
🚌 *105.* 🚋 *3, 5, 14, 19.*

La tradition de la Rome antique interdisait les inhumations à l'intérieur des murs des cités et les grandes voies partant des villes se retrouvèrent bordées par les sépultures de membres des classes moyennes et élevées.
La tombe d'Eurysacès et de sa femme Atistia, près de la porta Maggiore, fut érigée en 30 av. J.-C., à la fin de la République. En forme de four et décoré d'une frise où l'on voit Eurysacès diriger ses esclaves dans les diverses étapes de la fabrication du pain, il rappelle que ce dernier exerçait la profession de boulanger. L'inscription révèle ses origines : il était un affranchi, l'un de ces esclaves qui avaient su acheter leur liberté.

Acquedotto Neroniano et sepolcri repubblicani **❾**

Intersection de via Statilia et via di Santa Croce in Gerusalemme. **Plan** 10 D1. 🚌 *105, 649.* 🚋 *3, 5, 14, 19.* ⭕ *sur r.-v., autorisation nécessaire (p. 383).*

Construit par Néron au Ier siècle en prolongement de l'*Aqua Claudia*, cet aqueduc alimenta d'abord la *Domus Aurea (p. 175)*, puis les résidences impériales du Palatin. Souvent incorporées à des bâtiments plus récents, ses arcades traversent toujours le Latran en direction du Cælius. Près de l'une d'elles, dans la via Statilia, se dresse le tombeau des affranchis du Ier siècle av. J.-C. en forme de maison. Il porte les noms et portraits d'un groupe d'affranchis, les Statilii, du nom de la famille noble qui leur avait rendu la liberté. Parfois, les serviteurs d'une même famille réunissaient ainsi des fonds pour financer l'érection d'une sépulture.

Bas-relief, sepolcri repubblicani

La porta Maggiore, formée des arcades d'un aqueduc

Vestige de l'aqueduc de Néron près de San Giovanni

Museo storico della Liberazione di Roma ❿

Via Tasso 145. **Plan** 9 C1.
***Tél.** 06 700 3866.* Ⓜ *Manzoni, San Giovanni.* 🚋 *3.* ◯ *mar., jeu. et ven. 16h-19h ; dim. 9h30-12h30.*

Ce petit musée dédié à la Résistance contre les nazis occupe l'ancienne prison de la Gestapo. Les cellules aux fenêtres de briques et aux murs couverts de sang sont impressionnantes *(Fosse ardeatine p. 266).*

Santi Quattro Coronati ⓫

Via dei Santi Quattro Coronati 20.
Plan 9 B1. ***Tél.** 06 7047 5427.*
🚌 *85, 117, 850.* 🚋 *3.* ◯ *t.l.j. 6h30-12h30, 15h30-19h45.* 🛐 ♿

Le cloître de Santi Quattro Coronati

Le nom de cette église (Quatre-Saints-Couronnés) fait référence à quatre soldats martyrisés sous Dioclétien. Érigé au IVe siècle, le sanctuaire devint au Moyen Âge le bastion de défense du palais pontifical et de la basilique de Latran. L'incendie allumé en 1084 par les Normands de Robert Guiscard le détruisit presque entièrement. Restaurée au XXe siècle, l'église actuelle, de taille plus réduite, date du XIIe siècle. Elle cache dans ses murs (entrée nef de gauche, sonnez à la porte) l'un des plus beaux cloîtres de Rome, œuvre des marbriers du XIIIe siècle.

Dans la première cour, demandez à la conciergerie de l'hospice la clé (pourboire attendu) de la chapelle Saint-Sylvestre. Ses fresques romanes (1246) pleines de fraîcheur racontent la légende de la conversion de Constantin par le pape Sylvestre Ier. Atteint de la peste, l'empereur hésite à obéir à ses mages en arrosant ses plaies du sang de jeunes enfants quand Pierre et Paul viennent le visiter en rêve. Sur leur conseil, il trouve Sylvestre, retiré dans une grotte, qui le guérit et le baptise. L'empereur offre alors au saint homme la tiare, symbole du pouvoir temporel sur Rome, et, tel un vassal, conduit son cheval lorsqu'ils regagnent la cité.

San Clemente ⓬

Voir p. 186-187.

Santo Stefano Rotondo ⓭

Via di Santo Stefano Rotondo 7.
Plan 9 B2. ***Tél.** 06 42 11 99.*
Fax *06 4211 9125* 🚌 *81, 117, 673.*
◯ *sur r.-v. Envoyer un fax ou un mail santo.stefano.rotondo@cgu.it.* 🚭

Le pape Simplicius (468-483) édifia cette église circulaire, l'une des plus anciennes d'Italie.

Construite avec des colonnes prises sur des monuments antiques,

L'église circulaire de Santo Stefano Rotondo

elle comportait à l'origine trois nefs concentriques éclairées par les 22 fenêtres percées dans son fût central (haut de 22 m et d'un diamètre de 22 m), mais Nicolas V, sur les conseils de l'architecte florentin Leon Battista Alberti, fit supprimer en 1450 l'anneau extérieur et murer sa colonnade.

Seul vestige de sa décoration médiévale, une mosaïque du VIIe siècle, dans l'une des quatre chapelles disposées en forme de croix, représente les saints Primus et Felicianus. Elle commémore la translation de leurs reliques d'une catacombe jusqu'à l'église, la première effectuée dans la Ville éternelle. Niccolò Pomarancio recouvrit au XVIe siècle les murs de l'église de fresques décrivant de terrifiantes scènes de martyres.

Fresque de Sylvestre et Constantin à Santi Quattro Coronati

San Clemente ⑫

Sur trois niveaux, dont deux souterrains, Saint-Clément présente un fascinant raccourci de l'histoire de Rome. L'église actuelle, construite au XIIe siècle et restaurée au XVIIIe, se dresse au-dessus d'une basilique, édifiée au IVe siècle et détruite par les Normands en 1084. Elle est ornée de fresques évoquant la vie et le martyre de saint Clément, troisième successeur de saint Pierre jeté dans la mer Noire. Elle occupe le premier étage du « titulus Clementis », sanctuaire privé du Ier siècle où il aurait résidé. Contiguë à ce « titre », une maison du IIe siècle, où l'on célébrait les mystères de Mithra, dieu iranien dont le culte concurrença un temps le christianisme, s'étend sous l'abside de l'église inférieure.

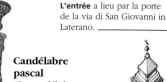

L'entrée a lieu par la porte de la via di San Giovanni in Laterano.

Candélabre pascal
Ce candélabre torsadé du XIIe siècle orné de mosaïques est un magnifique exemple d'art cosmatèque.

Façade du XVIIIe siècle
Les colonnes de l'arcade datent du XIIe siècle.

★ **Cappella di Santa Caterina**
Les fresques (XVe siècle) du florentin Masolino da Panicale illustrent notamment la vie de sainte Catherine d'Alexandrie.

Eglise du XIIe siècle

Eglise du IVe siècle

Piscine
Ce puits découvert en 1967 servit probablement aux baptêmes.

Constructions et temple des Ier et IIIe siècles

CHRONOLOGIE

IIe siècle Le site abrite sans doute un « titre » chrétien			**1108** Édification d'une nouvelle église	**1857** Le père Mullooly découvre la basilique du IVe siècle
Fin du IIe siècle Temple de Mithra	**867** Translation des reliques de saint Clément à Rome			
10 apr. J.-C.	**500**	**1000**	**1500**	**1900**
88-97 Papauté de saint Clément	**IVe siècle** Construction d'une première basilique		**1667** Église et couvent donnés à des dominicains irlandais	
64 L'incendie de Rome détruit le quartier	**1084** Les Normands de Robert Guiscard détruisent l'église			**1861** Découverte des ruines romaines

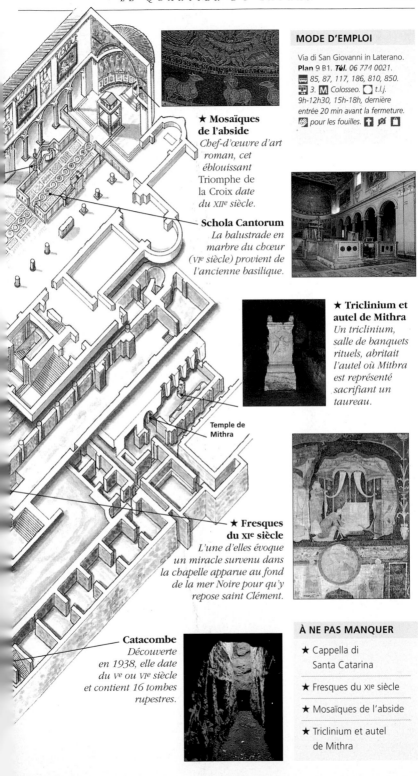

MODE D'EMPLOI

Via di San Giovanni in Laterano.
Plan 9 B1. **Tél.** 06 774 0021.
85, 87, 117, 186, 810, 850.
3. M Colosseo. t.l.j.
9h-12h30, 15h-18h, dernière
entrée 20 min avant la fermeture.
pour les fouilles.

**★ Mosaïques
de l'abside**
*Chef-d'œuvre d'art
roman, cet
éblouissant*
Triomphe de
la Croix *date
du XIIe siècle.*

Schola Cantorum
*La balustrade en
marbre du chœur
(VIe siècle) provient de
l'ancienne basilique.*

**★ Triclinium et
autel de Mithra**
*Un triclinium,
salle de banquets
rituels, abritait
l'autel où Mithra
est représenté
sacrifiant un
taureau.*

Temple de
Mithra

**★ Fresques
du XIe siècle**
*L'une d'elles évoque
un miracle survenu dans
la chapelle apparue au fond
de la mer Noire pour qu'y
repose saint Clément.*

Catacombe
*Découverte
en 1938, elle date
du Ve ou VIe siècle
et contient 16 tombes
rupestres.*

À NE PAS MANQUER

★ Cappella di
Santa Catarina

★ Fresques du XIe siècle

★ Mosaïques de l'abside

★ Triclinium et autel
de Mithra

IOVINVSALVMNVS

LE QUARTIER DES THERMES DE CARACALLA

Le Cælius, colline qui domine le Colisée, doit son nom à Cælius Vibenna, héros légendaire de la lutte contre les Tarquins *(p. 18-19)*.

Les ruines impressionnantes des terme di Caracalla, où Shelley écrivit son grand drame lyrique, *Prométhée délivré*, rappellent la splendeur passée de ce quartier résidentiel de la Rome

Chapiteau provenant des thermes de Caracalla

impériale. Depuis la création de la zone archéologique, au début du XXᵉ siècle, un parc paisible s'étend du mur d'Aurélien au cœur de la ville.

Suivant le tracé de la via Appia antiqua, la via di Porta San Sebastiano traverse le site jusqu'à la porta San Sebastiano (Vᵉ siècle), l'une des mieux conservées de l'enceinte.

LE QUARTIER D'UN COUP D'ŒIL

Églises
San Cesareo **8**
San Giovanni a Porta Latina **9**
San Giovanni in Oleo **10**
San Gregorio Magno **2**
San Sisto Vecchio **6**
Santa Balbina **16**
Santa Maria in Domnica **4**
Santi Giovanni e Paolo **1**
Santi Nereo e Achilleo **7**

Arcs et portes
Arco di Dolabella **3**
Arco di Druso **13**
Bastione del Sangallo **15**
Mur d'Aurélien et
    porta San Sebastiano **14**

Bâtiments historiques
Terme di Caracalla **17**

Tombeaux
Colombario di
    Pomponio Hylas **11**
Sepolcro degli Scipioni **12**

Parc et jardin
Villa Celimontana **5**

COMMENT Y ALLER
La station de métro Circo Massimo se trouve à portée des jardins et églises du Cælius. Pour atteindre les terme di Caracalla ou les monuments proches de la porta San Sebastiano, prendre la ligne d'autobus 628 qui emprunte le viale delle terme di Caracalla.

LÉGENDE

▨ Plan du quartier pas à pas

Ⓜ Station de métro

— Mur d'enceinte de la ville

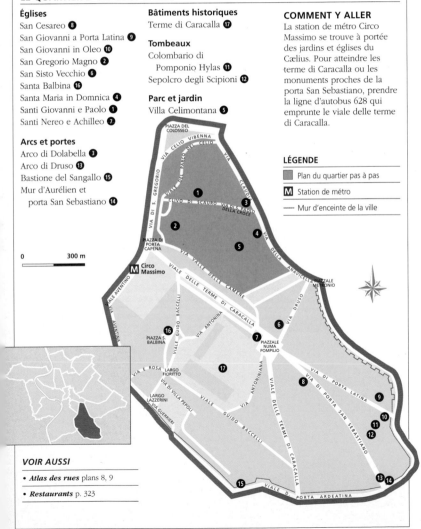

0   300 m

VOIR AUSSI
- *Atlas des rues* plans 8, 9
- *Restaurants* p. 323

◁ **Mosaïque des thermes de Caracalla représentant un athlète**

La colline du Cælius pas à pas

L'église San Gregorio Magno, fondée dès le VIᵉ siècle, constitue un bon point de départ pour explorer les pentes verdoyantes du Cælius, une promenade d'une matinée qui permet de découvrir tout un ensemble fascinant de vestiges archéologiques et de sanctuaires chrétiens. Le clivo di Scauro, qui gravit la colline, longe la basilique Santi Giovanni e Paolo dont le beau campanile roman s'élève au-dessus d'un monastère médiéval. Sur le flanc ouest du mont, un magnifique jardin public, dont la végétation luxuriante offre un cadre parfait pour un pique-nique dans un quartier pauvre en bistrots ou restaurants, entoure la villa Celimontana.

Le clivo di Scauro, le *Clivus Scauri* de l'Antiquité, passe sous les arcs de décharge de Santi Giovanni e Paolo.

VIA DI SAN GREGORIO

CLIVO DI SCAURO

La Vignola est un délicieux pavillon Renaissance reconstruit ici en 1911 après sa démolition lors de la création de la zone archéologique autour des terme di Caracalla.

Vers la station Circo Massimo

San Gregorio Magno *Grégoire Iᵉʳ le Grand fonda ici à la fin du VIᵉ siècle un monastère et une chapelle* ❷

★ Santi Giovanni e Paolo *La nef de cette église a connu bien des restaurations avant de prendre son aspect actuel au XVIIIᵉ siècle* ❶

★ Villa Celimontana *Un jardin public entoure à présent cette ravissante villa édifiée au XVIᵉ siècle pour la famille Mattei* ❺

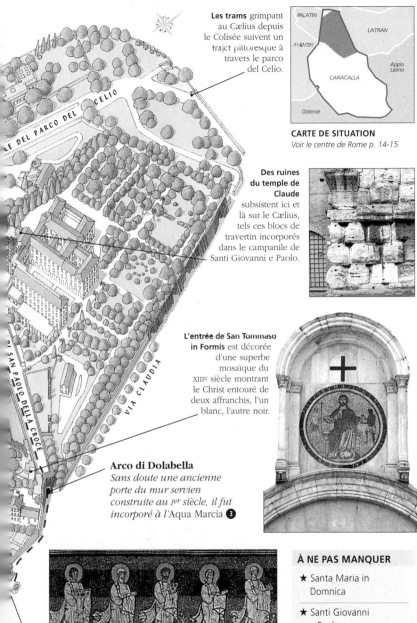

Les trams grimpant au Cælius depuis le Colisée suivent un trajet pittoresque à travers le parco del Celio.

CARTE DE SITUATION
Voir le centre de Rome p. 14-15

Des ruines du temple de Claude subsistent ici et là sur le Cælius, tels ces blocs de travertin incorporés dans le campanile de Santi Giovanni e Paolo.

L'entrée de San Tommaso in Formis est décorée d'une superbe mosaïque du XIIIᵉ siècle montrant le Christ entouré de deux affranchis, l'un blanc, l'autre noir.

Arco di Dolabella
Sans doute une ancienne porte du mur servien construite au Iᵉʳ siècle, il fut incorporé à l'Aqua Marcia ❸

À NE PAS MANQUER

★ Santa Maria in Domnica

★ Santi Giovanni e Paolo

★ Villa Celimontana

LÉGENDE

━ ━ ━ Itinéraire conseillé

0 — 75 m

★ **Santa Maria in Domnica**
Cette église doit sa réputation à ses mosaïques du IXᵉ siècle. À l'arc triomphal et l'abside, les apôtres entourent le Christ et deux anges ❹

Santi Giovanni e Paolo ❶

Piazza Santi Giovanni e Paolo 13.
Plan 9 A1. **Tél.** 06 772 711.
🚌 75, 81, 117, 175, 673. 🚋 3.
Ⓜ Colosseo ou Circo Massimo.
Église ⭕ t.l.j. 8h30-12h, 15h30-
18h. **Maisons romaines Tél.** 06
7045 4544. ⭕ jeu.-lun. 10h-13h,
15h-18h. 🚻 ♿ église seul.

En l'an 54, Agrippine éleva
sur ce site le temple de
Claude divinisé, dédié au
mari et empereur qu'elle
venait d'empoisonner afin
de placer son fils Néron
sur le trône. Ingrat, celui-ci
s'empressa après son
avènement de faire
assassiner sa mère et raser
le sanctuaire honorant son
beau-père. Il subsiste malgré
tout quelques vestiges du
portique inclus dans le
campanile de Santi Giovanni
e Paolo. Cette église fut
fondée au IVe siècle sur
des habitations romaines
que la tradition attribue
à deux officiers chrétiens,
Jean et Paul, qu'on y aurait
décapités en 362. L'ensemble,
accessible par un escalier
dans la nef droite, comprend
une vingtaine de pièces
ornées de fresques
remarquables du
IIe au IVe siècle où
se mêlent motifs
chrétiens et païens.
　L'église actuelle,
du XIIe siècle, est
romane par son
campanile orné
d'incrustations de marbre
et de céramique, l'un des
plus beaux de Rome, son
portique à colonnes ioniques
et son abside construite
du temps d'Adrien IV (1154-
1159), le seul pape anglais
(Nicholas Breakspear)
de l'histoire. Mais l'intérieur
de l'église fut entièrement
remanié en 1718. Une
petite pièce près de l'autel
(demandez au sacristain
d'ouvrir la porte) conserve
une superbe fresque
du XIIIe siècle représentant
le Christ et les apôtres.
　Le mur de Santi Giovanni
e Paolo qui donne sur le
clivo di Scauro incorpore
la façade d'une *insula*
du IIIe siècle.

Fresque du Christ et des apôtres à Santi Giovanni e Paolo

San Gregorio Magno ❷

Piazza di San Gregorio. **Plan** 8 F2.
Tél. 06 700 8227. 🚌 75, 81, 117,
175, 673. 🚋 3. Ⓜ Circo Massimo.
⭕ t.l.j. 9h-12h, 15h-18h. 🚻

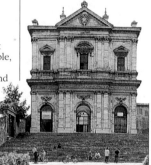

Façade de San Gregorio Magno

Saint Grégoire Ier le Grand
fonda cette église en 575
à l'emplacement de sa maison
qu'il avait transformée
en monastère et la dédia
à saint André. Grégoire II
reconstruisit le sanctuaire
au VIIIe siècle et le consacra
à son fondateur. Giovanni
Battista Soria ajouta entre
1629 et 1633 la façade
majestueuse qui se dresse
au sommet d'une volée de
marches et l'atrium carré
dont les galeries abritent
d'intéressants tombeaux.
Vous admirerez notamment
celui de sir Edward Carne,
chargé par Henry VIII
de demander au pape
l'annulation de son mariage
avec Catherine d'Aragon.

L'intérieur, remanié
par Francesco Ferrari
au XVIIIe siècle, présente un
aspect typiquement baroque
malgré ses colonnes antiques
et les fragments de mosaïques
cosmatèques du pavement.
Au fond de la nef droite,
la petite pièce ouvrant sur
la chapelle Saint-Grégoire
serait, selon la tradition,
son ancienne cellule. Elle
contient son trône épiscopal,
un siège antique sculpté
dans le marbre. Toujours
selon la tradition, la Vierge
très ancienne de la chapelle
Salviati aurait parlé au saint.
　À gauche de l'église,
parmi les cyprès, trois petites
chapelles dédiées à saint
André, sainte Sylvie et sainte
Barbe contiennent des
fresques de Domenichino
et Guido Reni.

**Ce trône en marbre du Ier siècle
av. J.-C. servit à Grégoire le Grand**

Arco di Dolabella ❸

Via di San Paolo della Croce.
Plan 9 A2. 🚌 *81, 117, 673.*
🚋 *3.* Ⓜ *Colosseo.*

Les consuls Cornelius Dolabella et Caius Junius Silanus construisirent en l'an 10 cet arc massif en travertin qui servit un demi-siècle plus tard de support aux conduites de l'*Aqua Marcia*, extension de l'aqueduc de Claude destinée à alimenter le palais impérial sur le mont Palatin.

Arc de Dolabella

Santa Maria in Domnica ❹

Piazza della Navicella 12.
Plan 9 A2. **Tél.** *06 7720 2685.*
🚌 *81, 117, 673.* 🚋 *3.* Ⓜ *Colosseo.*
⏲ *t.l.j. 9h-12h, 16h30-19h.*
🚻 ♿

L'église domine la piazza della Navicella qui tire son nom de sa petite fontaine en forme de barque, copie du XVIe siècle d'un ex-voto antique. Fondé au IXe siècle, le sanctuaire reçut lors de la restauration ordonnée par Léon X (1513-1521) son élégant portique et son plafond à caissons.

Dix-huit colonnes en granit couronnées de chapiteaux en marbre séparent en trois nefs l'intérieur. Une splendide mosaïque du IXe siècle où influences byzantine et hellénistique se mêlent en une harmonieuse composition orne l'abside. Auréolé de la nimbe carrée des vivants, Pascal Ier y apparaît aux pieds de la Vierge.

Villa Celimontana ❺

Piazza della Navicella.
Plan 9 A2. 🚌 *81, 117, 673.*
Parc ⏲ *t.l.j. 7h-crépuscule.*

Les ducs de Mattei achetèrent ce terrain en 1553 et transformèrent le vignoble qui occupait ce flanc de coteau en jardin privé. Ils ouvraient ce parc au public le jour de la Visite des sept églises, un pèlerinage annuel institué par saint Philippe Neri en 1552. Partant de la Chiesa nuova *(p. 124)*, les Romains allaient à pied prier dans les sept principales églises de la ville. À la villa Mattei, ils recevaient un repas constitué de pain, de vin, de salami, de fromage, d'un œuf et de deux pommes. Ayant pris le nom de Celimontana, celle-ci abrite aujourd'hui la Société de géographie italienne. Au milieu des arbres exotiques qui l'entourent se dresse un obélisque égyptien dédié à Ramsès II. En été, vous pouvez assiter à un festival de jazz *(voir p. 358)*.

Parc de la villa Celimontana

San Sisto Vecchio ❻

Piazzale Numa Pompilio 8.
Plan 9 A3. **Tél.** *06 7720 5174.*
🚌 *160, 628, 671, 714.*
⏲ *t.l.j. 9h-11h, 15h-17h30.* 📷

Le pape Honorius III donna cette petite église en 1219 à saint Dominique, mais le fondateur de l'ordre des Dominicains déménagea peu après son quartier général à Santa Sabina *(p. 204)*, installant à San Sisto Vecchio la première congrégation de sœurs dominicaines. Son campanile du XIIIe siècle et ses fresques sont le cadre de nombreux mariages.

Mosaïque de l'abside de Santa Maria in Domnica

Santi Nereo e Achilleo ❼

Via delle Terme di Caracalla 28.
Plan 9 A3. **Tél.** 06 575 7996.
🚌 160, 628, 671, 714.
⏰ avr.-juil. et sept.-oct. : jeu.-lun.
10h-12h, 16h-18h (tél. avant pour
vérifier les horaires). ♿

Cette église
dédiée aux deux
martyrs Nérée
et Achille fut
édifiée au
VIIIe siècle à
l'emplacement
d'un « titre »
fondé au
IVe siècle à
l'endroit où
saint Pierre
aurait perdu
un bandage

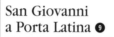

**Détail de mosaïque,
Santi Nereo e Achilleo**

alors qu'il fuyait la ville après
son évasion de la prison
Mamertine. Reconstruit au
XVe siècle, le sanctuaire
a conservé des mosaïques,
à l'arc triomphal, réalisées
pendant le règne de Léon III
(795-816). L'énorme bloc
de porphyre qui sert
de socle à l'ambon provient
des terme di Caracalla.

À la fin du XVIe siècle,
Niccolò Pomarancio peignit
les fresques macabres des
bas-côtés qui montrent avec
une précision clinique le
martyre des différents saints.

Le Martyre de saint Simon, fresque de Niccolò
Pomarancio à Santi Nereo e Achilleo

San Cesareo ❽

Via di Porta San Sebastiano.
Plan 9 A3. **Tél.** 06 5823 0140.
🚌 218, 628. ⏰ dim. et sur r.-v.
10h-12h.

L'église a été fondée au
début du christianisme sur les
ruines de thermes romains du
IIe siècle, puis reconstruite
aux XIIe et XVIe siècles.
Vous pouvez
néanmoins admirer
la belle façade
Renaissance de
Giacomo della Porta
et, si vous téléphonez
pour prendre rendez-
vous, les fresques
du Cavalier d'Arpin,
qui dessina également
les cartons des
mosaïques de l'abside,
et son magnifique
mobilier cosmatèque qui
date du XIIIe siècle.

San Giovanni a Porta Latina ❾

Via di San Giovanni a Porta Latina.
Plan 9 B3. **Tél.** 06 774 00032. 🚌
218, 360, 628. ⏰ t.l.j. 7h30-12h30,
15h-19h (18h30 en été). 🔼 ♿

Une réfection récente
a rendu son charme médiéval
à ce sanctuaire fondé au
Ve siècle, reconstruit en 720 et
restauré en 1191
puis à l'époque
baroque, qui
borde une petite
place où le
feuillage d'un
gros cèdre
ombrage un puits
roman à margelle
à entrelacs.
Un élégant
portique à
colonnes ioniques
et un superbe
campanile
du XIIe siècle
précèdent l'église.
D'autres colonnes,
de diverses
origines, séparent
l'intérieur en
trois nefs.
Des fresques
du XIIe siècle
qui illustrent
46 scènes de
l'Ancien et du Nouveau
Testament décorent les
parois de la nef. Un beau
pavement de marbres
polychromes orne l'abside.

Fresque, San Giovanni a Porta Latina

San Giovanni in Oleo ❿

Via di Porta Latina.
Plan 9 C4. 🚌 628.
Accès San Giovanni a Porta Latina.

Frise de San Giovanni in Oleo

Un Français, le prélat Benoît
Adam, fit édifier ce petit
oratoire octogonal en 1509
à l'emplacement où, selon
la tradition, saint Jean
l'Évangéliste subit le supplice
de l'huile bouillante et en
sortit non seulement indemne
mais rafraîchi. On attribue
à Baldassare Peruzzi ou
Antonio da Sangallo le
Jeune les plans de cet
édifice Renaissance dont
Borromini remania le toit
au XVIIe siècle, ajoutant la
frise en terre cuite décorée
de roses et de palmes.

L'architecte baroque
restaura aussi l'intérieur
du sanctuaire (demandez
la clé à l'église en face)
dont l'un des tableaux
montre saint Jean dans
son chaudron.

Niches funéraires dans le colombario di Pomponio Hylas

Colombario di Pomponio Hylas ⓫

Via di Porta Latina 10. **Plan** 9 B4. 🚌 *218, 360, 628.* ⃝ *sur r.-v. : autorisation nécessaire (p. 383).*

Dans ce quartier hors les murs jusqu'au IIIe siècle, des fouilles ont mis au jour de nombreux tombeaux collectifs, appelés columbariums car l'intérieur ressemblait à celui d'un pigeonnier. Ils étaient élevés par de riches familles romaines afin d'y déposer les cendres de leurs affranchis. Le colombario di Pomponio Hylas, parfaitement conservé, date du Ier siècle. Il fut découvert en 1831.

Inscription en mosaïque sur le colombario di Pomponio Hylas

Une mosaïque révèle qu'il s'agit de la sépulture de Pomponius Hylas et de sa femme Pomponia Vitalinis, toujours vivante au moment de l'inscription comme l'indique le V au-dessus de son nom. Le couple finança une partie du monument en vendant les emplacements dans les niches de sa petite salle souterraine décorée de stucs et de fresques.

Sepolcro degli Scipioni ⓬

Via di Porta San Sebastiano 9. **Plan** 9 B4. **Tél.** 06 06 08. 🚌 *218, 360, 628.* 🔵 *pour restauration.*

Membres de l'illustre *gens Cornelia*, les Scipions donnèrent plusieurs grands généraux à la République dont le célèbre Scipion l'Africain (Publius Cornelius Scipio, 235-183 av. J.-C.) qui mit un terme à la deuxième guerre punique en remportant en 202 av. J.-C. la bataille de Zama contre le Carthaginois Hannibal *(p. 23)*. S'il repose lui-même à Liternum, près de Naples, où il possédait une villa, et non dans ce tombeau familial mis au jour en 1780, son fils Scipion l'Asiatique y fut enseveli près de Cornelius Scipio Barbatus, consul en 298 av. J.-C. et fondateur de la sépulture.

Celle-ci contenait des statues, des urnes funéraires et plusieurs sarcophages des IIIe et IIe siècles, pour la plupart remplacés par des copies, les originaux se trouvant aux musées du Vatican. Les recherches archéologiques ont entraîné d'autres découvertes : un columbarium similaire à celui de Pomponius Hylas, une catacombe chrétienne et une *insula* en briques construite au IIIe siècle au-dessus du tombeau.

Arco di Druso ⓭

Via di Porta San Sebastiano. **Plan** 9 B4. 🚌 *218, 360.*

L'arco di Druso, tronçon de l'Aqua Antoniniana

L'arc de Drusus n'était pas un arc de triomphe comme on le crut un temps et n'était pas non plus dédié à Drusus (un beau-fils d'Auguste). En réalité, il s'agit beaucoup plus modestement d'une arcade de l'aqueduc, construite au IIIe siècle, alimentant les terme di Caracalla *(p. 197)* qui enjambait la via Appia. La plus célèbre des voies antiques, qui reliait Rome à l'Adriatique, passe toujours sous l'arc, 50 m environ avant la porta San Sebastiano.

Mur d'Aurélien et porta San Sebastiano 🄹

Museo delle Mura, via di Porta San Sebastiano 18. **Plan** 9 B4.
🚌 218, 360. **Tél.** 06 7047 5284.
🕐 mar.-dim. 9h-14h. Dernière entrée : 30 min avant la fermeture.
⬤ 1er janv., 1er mai, 25 déc. 🎫

Rome vécut en ville ouverte pendant plus de 400 ans, mais les invasions des tribus germaniques, au IIIe siècle, contraignirent l'empereur Aurélien (270-275) à entreprendre en 271 la construction d'une puissante muraille pour protéger la cité. Son successeur, Probus (276-282), acheva l'enceinte autour des sept collines qui, longue de 18 km, percée de 18 portes et défendue par 381 tours, suivit les limites de l'agglomération à son plus grand développement. Maxence (306-312) doubla sa hauteur au siècle suivant.

Au Ve siècle, l'empereur Honorius restaura la porta Appia, qui prit au Moyen Âge le nom de porta San Sebastiano car les pèlerins chrétiens l'empruntaient pour rejoindre la basilique et les catacombes dédiées à saint Sébastien. Dominant la via Appia antica (p. 284), c'est la plus belle et la mieux conservée des portes du mur d'Aurélien, et celle que franchit la dernière procession triomphale à entrer dans la ville, menée par Marcantonio Colonna après la victoire de Lépante sur la flotte turque en 1571.

Ses deux tours crénelées abritent aujourd'hui le musée des Remparts dont la collection de gravures, plans et maquettes retrace l'histoire des murs de Rome.

Ceux-ci continuèrent à jouer leur rôle défensif jusqu'en 1870 quand l'artillerie italienne perça une brèche près de la porte Pia, et, bien que Rome se soit beaucoup étendue, la plupart des témoignages historiques et culturels les plus intéressants se trouvent toujours à l'intérieur de l'enceinte.

Paul III Farnèse

Bastionne del Sangallo 🄵

Viale di Porta Ardeatina. **Plan** 9 A4.
🚌 160. ⬤ pour restauration.

Hanté par le souvenir du sac de Rome de 1527, Paul III, demanda à Antonio da Sangallo de renforcer le mur d'Aurélien et les travaux sur ce bastion massif commencèrent en 1537. On peut l'admirer de l'extérieur.

Maître-autel de Santa Balbina

Santa Balbina 🄶

Piazza di Santa Balbina 8. **Plan** 8 F3.
Tél. 06 578 0207. 🚌 160. 🚊 3.
Ⓜ Circo Massimo. 🕐 lun.-ven.
12h30-13h ; dim. 10h30-11h30. 🛉

Dominant les terme di Caracalla, cette église isolée entourée de cyprès est dédiée à sainte Balbine, chrétienne décapitée au IIe siècle. Probablement fondée au Ve siècle sur les ruines d'une villa romaine, c'est l'une des plus anciennes églises de Rome. Consacrée par le pape Grégoire le Grand au Moyen Âge, Santa Balbina fut un monastère fortifié, subit divers remaniements puis retrouva son aspect médiéval dans les années 1920.

À l'intérieur, la lumière entre à flots par une série de hautes fenêtres le long de la nef. Les reliques de sainte Balbine et de son père Quirinus sont conservées dans une urne au maître-autel. Mais le véritable trésor de l'église est le tombeau du cardinal Surdi (tout au fond à droite) signé par Giovanni Cosma et daté de 1303.

Remarquez le trône épiscopal du XIIIe siècle et divers fragments de fresques. L'une d'elles, dans la seconde chapelle à gauche, représente une jolie Madone à l'Enfant, typique de l'école de Pietro Cavallini. Des fragments de mosaïques romaines, datant du Ier siècle, ont été mis au jour dans les années 1930. Ils représentent des oiseaux et les signes du zodiaque, et ont été placés sur le sol de l'église.

La porta San Sebastiano

Terme di Caracalla ⓱

Viale delle Terme di Caracalla 52.
Plan 9 A3. **Tél.** 06 3996 7700. 🚌
160, 628. 🚋 3. Ⓜ Circo Massimo.
◯ mar.-dim. 9h-1h avant la nuit ;
lun. 9h-14h. ◯ 1er janv., 25 déc. 📷
🏠📷♿

La construction des thermes
s'acheva en 217, année de la
mort de l'empereur Caracalla,
mais ses successeurs, Elagabal
(218-222) et Sévère Alexandre
(222-235), élevèrent la vaste
enceinte à portiques qui
donna à cet ensemble thermal,
sportif et culturel une
superficie de 11 ha.
Il pouvait accueillir plus de
1 600 baigneurs et fonctionna
jusqu'en 537,
date du saccage
par les Goths
des aqueducs
l'alimentant.
La plupart
des Romains,
qu'ils soient
riches ou
pauvres,
se rendaient

Partie de l'un des gymnases des terme di Caracalla

**Fragment d'un
pavement en mosaïque**

tous les jours aux thermes,
généralement dans l'après-
midi. Le parcours type
commençait par des
échauffements et

exercices gymniques,
se poursuivait par un bain
de vapeur au laconicum,
un bain chaud au caldarium,
puis un tiède au tepidarium et
enfin un froid au
frigidarium, et se concluait
par une promenade dans
les jardins ou un passage
dans l'une des
bibliothèques. La plupart
des éléments de
décoration des thermes
ont été disséminés. Ces

ruines accueillent en juillet et
août le teatro dell'Opera pour
des représentations magiques
en plein air d'opéras et de
ballets (p. 357).

LÉGENDE

☐ Caldarium (chaud)

☐ Tepidarium (tiède)

☐ Frigidarium (froid)

☐ Natatio (piscine)

☐ Jardin

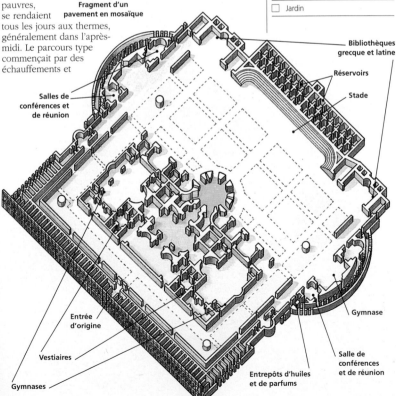

**Bibliothèques
grecque et latine**

Réservoirs

Stade

**Salles de
conférences et
de réunion**

Gymnase

**Entrée
d'origine**

Vestiaires

**Salle de
conférences
et de réunion**

Gymnases

**Entrepôts d'huiles
et de parfums**

L'AVENTIN

Santa Sabina, magnifique basilique du Vᵉ siècle qui domine le Tibre, commande des vues superbes sur le Trastevere et Saint-Pierre depuis le sommet de la colline de l'Aventin. Au pied de ce mont résidentiel, la piazza della Bocca della Verità occupe l'emplacement de l'ancien forum Boario

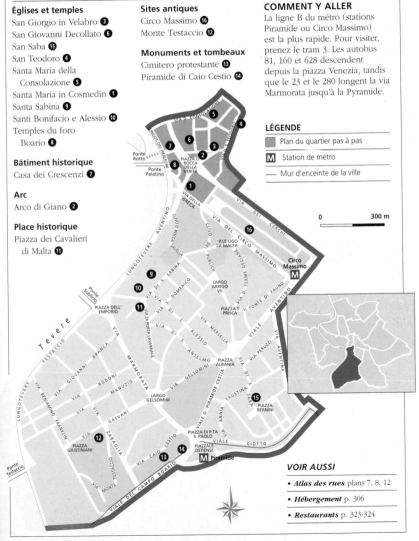

Fontaine dans la cour de Santa Sabina

(marché aux Bœufs). Deux temples datant de la République en maintiennent le souvenir.

Composé d'une multitude de débris d'amphores et de poteries (« emballages perdus » de l'époque), le monte Testaccio n'existait pas avant l'Antiquité. Boutiques et restaurants bordent aujourd'hui ses rues animées.

LE QUARTIER D'UN COUP D'ŒIL

Églises et temples

San Giorgio in Velabro **3**
San Giovanni Decollato **6**
San Saba **15**
San Teodoro **4**
Santa Maria della Consolazione **5**
Santa Maria in Cosmedin **1**
Santa Sabina **9**
Santi Bonifacio e Alessio **10**
Temples du foro Boario **8**

Bâtiment historique

Casa dei Crescenzi **7**

Arc

Arco di Giano **2**

Place historique

Piazza dei Cavalieri di Malta **11**

Sites antiques

Circo Massimo **16**
Monte Testaccio **12**

Monuments et tombeaux

Cimitero protestante **13**
Piramide di Caio Cestio **14**

COMMENT Y ALLER

La ligne B du métro (stations Piramide ou Circo Massimo) est la plus rapide. Pour visiter, prenez le tram 3. Les autobus 81, 160 et 628 descendent depuis la piazza Venezia, tandis que le 23 et le 280 longent la via Marmorata jusqu'à la Pyramide.

LÉGENDE

Plan du quartier pas à pas
M Station de métro
— Mur d'enceinte de la ville

0   300 m

VOIR AUSSI

- *Atlas des rues* plans 7, 8, 12
- *Hébergement* p. 306
- *Restaurants* p. 323-324

◁ **Au sommet de l'Aventin, pins et orangers dominent le dôme de Saint-Pierre**

La piazza della Bocca della Verità pas à pas

Nombreux sont les visiteurs qui viennent sous le portique de Santa Maria in Cosmedin enfoncer leur main dans la « Bouche de la Vérité » supposée se refermer sur celles des menteurs. L'arco di Giano (arc de Janus) et les deux temples républicains qui se dressent sur la place, ainsi que les vestiges du Pons Æmilius, au milieu du fleuve, rappellent que pendant l'Antiquité, Rome commerçait avec l'étranger dans ce quartier proche du port du Tibre. Fuyant les iconoclastes, une communauté byzantine s'y installa au VIIIe siècle ; Santa Maria in Cosmedin devint l'église de ces exilés.

Sant'Omobono, église du XVIe siècle, se retrouve aujourd'hui isolée au milieu d'un site archéologique où l'on a découvert les vestiges d'autels sacrificiels et de deux temples du VIe siècle av. J.-C.

Casa dei Crescenzi *Construite au XIe siècle, elle incorpore colonnes et chapiteaux de temples antiques* **7**

Le ponte **Rotto** (pont Rompu) est tout ce qui reste, une arche, du pont Æmilius édifié en 179 av. J.-C. et emporté par une crue en 1598.

★ **Temples du foro Boario** *Le petit temple rond d'Hercule et son voisin, dédié à Portunus, sont les sanctuaires de la Rome républicaine les mieux conservés* **8**

LUNGOTEVERE DEI PIERLEONI

TEVERE

PONTE PALATINO

LÉGENDE

  Itinéraire conseillé

0 ————— 75 m

À NE PAS MANQUER

★ Santa Maria in Cosmedin

★ Temples du foro Boario

★ **Santa Maria in Cosmedin** *Un beau pavement de marbre et un baldaquin gothique décorent cette église médiévale* **1**

Santa Maria della Consolazione
Martino Longhi reconstruisit cette église au XVIe siècle **5**

San Teodoro
L'écusson de Nicolas V orne le portail du XVe siècle de cette petite église en rotonde **4**

CARTE DE SITUATION
Voir le centre de Rome p. 14-15

VIA DEI FIENILI

VIA DI SAN TEODORO

San Giovanni Decollato
Sa façade Renaissance fut achevée vers 1504 **6**

San Giorgio in Velabro
Son campanile roman date du XIIe siècle. Son portique, détruit en 1993, a été restauré **3**

ZA DELLA
CCA DELLA
VERITÀ

Arco di Giano
Il fut élevé au début du IVe siècle au croisement de deux voies **2**

L'arco degli Argentari, dédié en 204 à l'empereur Septime Sévère, est décoré de scènes religieuses et guerrières.

VIA DEI CERCHI

GRECA

La fontana dei Tritoni, créée par Carlo Bizzaccheri en 1715, témoigne de l'influence exercée par Bernin.

Bocca della Verità à Santa Maria in Cosmedin

Santa Maria in Cosmedin ❶

Piazza della Bocca della Verità 18. **Plan** 8 E1. **Tél.** 06 678 1419. 🚌 23, 44, 81, 95, 160, 170, 280, 628, 715, 716. ⬜ été : t.l.j. 9h30-18h ; hiver : t.l.j. 9h30-17h. 🔲 ♿ 🔲

Fondée au VIᵉ siècle sur les ruines de bâtiments antiques, agrandie sous Adrien Iᵉʳ (772-795), puis au XIIᵉ siècle (construction du portique et du campanile), elle a retrouvé après une restauration du XIXᵉ siècle sa simplicité initiale. Les Cosmas réalisèrent au Moyen Âge les superbes pavements et mobilier de marbre qui la décorent. La mosaïque de la sacristie date du tout début du VIIIᵉ siècle et la crypte d'Adrien, remarquable avec ses trois petites nefs séparées par des colonnettes, occupe l'emplacement d'un ancien temple païen.

Scellée dans le mur du portique, la Bocca della Verità, grand disque de marbre vieux de plus de 15 siècles, était sans doute jadis une plaque d'égout.

Arco di Giano ❷

Via del Velabro. **Plan** 8 E1. 🚌 23, 44, 63, 81, 95, 160, 170, 280, 628, 715, 716, 780.

Érigé probablement pendant le règne de Constantin, l'imposant arc de Janus en marbre dressait jadis ses quatre faces au-dessus d'un carrefour animé à la limite du foro Boario et offrait son ombre aux marchandages ; tous étaient sous la protection des déesses Junon, Cérès, Rome et Minerve sculptées aux clés de voûte des arcades. On détruisit en 1827 le sommet du monument, pensant qu'il s'agissait d'un ajout médiéval.

San Giorgio in Velabro ❸

Via del Velabro 19. **Plan** 8 E1. **Tél.** 06 6920 4534. 🚌 23, 44, 63, 81, 95, 160, 170, 280, 628, 715, 716, 780. ⬜ t.l.j. 8h30-19h.

Portique et campanile romans de San Giorgio in Velabro

Cette petite église dédiée à saint Georges dont les ossements reposent sous l'autel se dresse au plus bas de la « rue du Velabre », le marais où la louve aurait découvert Romulus et Remus, et, depuis sa fondation au VIIᵉ siècle, elle a été régulièrement victime d'inondations. Restauré, l'intérieur présente son aspect originel, un double rang de colonnes de marbre et de granit séparant les trois nefs de son plan basilical. Attribuées à Pietro Cavallini (1295), les fresques dorées de l'abside relèvent l'austérité des murs gris.

En 1993, la peinture et le portique ont été endommagés par un attentat à la voiture piégée mais une restauration minutieuse leur a rendu leur aspect d'origine.

San Teodoro ❹

Via di San Teodoro 7. **Plan** 8 E1. **Tél.** 06 678 6624. 🚌 23, 44, 81, 95, 160, 170, 280, 628, 715, 716. ⬜ dim.-ven. 9h30-12h30.

Le dimanche matin, cette petite église circulaire, fondée au VIᵉ siècle, est ouverte pour sa messe grecque orthodoxe hebdomadaire.

Les mosaïques qui datent du VIᵉ siècle, son abside et sa coupole florentine, édifiée en 1454, méritent que vous traversiez la jolie cour, dessinée par Carlo Fontana en 1705, pour y entrer.

L'église San Teodoro, l'un des trésors cachés de Rome

L'arco di Giano où marchands et acheteurs s'abritaient du soleil

Façade de Santa Maria della Consolazione

Santa Maria della Consolazione ❺

Piazza della Consolazione 84. **Plan** 5 A5. **Tél.** *06 678 4654.* 🚌 *23, 44, 63, 81, 95, 160, 170, 280, 628, 715, 716, 780.* ⏰ *t.l.j. 6h30-12h, 14h30-18h.* ✝ ♿

Ce sanctuaire se dresse non loin du pied de la Roche Tarpéienne d'où l'on précipitait les condamnés à mort *(p. 74).*

En 1385, Giordanello degli Alberini, noble lui-même condamné, paya deux florins d'or une image de la Vierge (aujourd'hui dans le presbytère) qu'il fit placer sur le chemin montant au lieu d'exécution afin d'apporter consolation aux prisonniers. L'église fut édifiée à cet emplacement en 1470 et reconstruite par Martino Longhi entre 1583 et 1600. Celui-ci lui donna une des premières façades baroques de Rome. Taddeo Zuccari peignit en 1556 les fresques de la voûte ainsi que celles de la première chapelle à droite.

San Giovanni Decollato ❻

Via di San Giovanni Decollato 22. **Plan** 8 E1. **Tél.** *06 679 1890.* 🚌 *23, 44, 63, 81, 95, 160, 170, 280, 628, 715, 716, 780.* 🚪 *pour restauration.*

Innocent VIII attribua en 1490 le terrain pour élever cet oratoire à une confrérie florentine récemment créée. La mission de ses membres, qui portaient une soutane noire à capuche, consistait à encourager le repentir des condamnés à mort, à les assister pendant leurs derniers instants et à leur offrir une sépulture décente. Les membres de la confrérie avaient le droit d'en gracier un par an.

Le sanctuaire doit son nom à la *Décollation de saint Jean-Baptiste*, peinte par Giorgio Vasari (1553) au-dessus du maître-autel et il est décoré d'une série de fresques de Jacopino del Conte et Francesco Salvati, artistes maniéristes influencés par Raphaël et Michel-Ange. Ce dernier fit partie de la confrérie.

Casa dei Crescenzi ❼

Via Luigi Petroselli. **Plan** 8 E1. 🚌 *23, 44, 63, 81, 95, 160, 170, 280, 628, 715, 716, 780.*

Les Crescenzi, la plus puissante famille de Rome, édifièrent au XIe siècle cette demeure fortifiée en incorporant dans ses murs des vestiges de bâtiments antiques. Elle leur permettait de contrôler les anciens docks et le pont à l'entrée duquel ils percevaient un péage.

Éléments antiques de la casa dei Crescenzi

Temples du foro Boario ❽

Piazza della Bocca della Verità. **Plan** 8 E1. 🚌 *44, 81, 95, 160, 170, 628.*

Temple de Portunus

Situés au bord du Tibre sous des pins parasols, ces deux temples de l'ère républicaine miraculeusement bien conservés offrent un spectacle magique au clair de lune. Converti au IXe siècle en église, ce qui lui évita sans doute la destruction, le temple rectangulaire (IIe-Ier siècle av. J.-C.) était dédié à Portunus, dieu protecteur des fleuves et des ports, et donc des bateliers naviguant entre Ostie et le port antique voisin.

Le temple rond, le plus ancien en marbre de Rome, est une reconstruction du temps d'Auguste d'un sanctuaire du IIe siècle av. J.-C. Vingt colonnes corinthiennes cannelées entourent une cella en marbre recouvert de travertin. Dédié à Hercule vainqueur, il rappelle la légende selon laquelle le héros grec aurait défait dans ce quartier le monstre Cacus dont les trois têtes crachaient du feu.

L'intérieur de Santa Sabina

Santa Sabina ❾

Piazza Pietro d'Illiria 1.
Plan 8 E2. **Tél.** 06 5794 0600.
🚌 23, 280, 716. Ⓜ Circo Massimo.
⏰ t.l.j. 6h30-12h45, 15h-19h (15h-
18h en hiver). ♿

Pierre, un prêtre illyrien, fonda
en 425 cette merveilleuse
basilique. Elle fut restaurée
aux IXe et XIIIe siècles,
et donnée en 1222 à saint
Dominique. Une dernière
rénovation, en 1936, effaça
les transformations apportées
pendant la Contre-Réforme.
　Au travers de hautes
fenêtres aux claustras ajourés
du IXe siècle, la lumière
inonde une large nef bordée
de colonnes corinthiennes
soutenant une arcade ornée
d'une frise de marbre
polychrome du Ve siècle.
Du Ve siècle également,
l'inscription en lettres d'or
qui commémore la fondation
du sanctuaire (430), et la
magnifique porte dont les
18 panneaux représentent
des scènes de l'Ancien et
du Nouveau Testament.
La *Crucifixion*, en haut
à gauche, est l'une des plus
anciennes.

Santi Bonifacio
e Alessio ❿

Piazza di Sant'Alessio 23. **Plan** 8 D2.
Tél. 06 574 3446. 🚌 23, 280, 716.
Ⓜ Circo Massimo. ⏰ t.l.j. 9h-11h45,
15h30-18h30 (15h30-18h l'hiver). ♿

L'église est dédiée aux
deux martyrs des premiers
temps de la chrétienté dont

les restes reposent sous
l'autel. Selon la tradition,
Alexis, fils d'un riche
sénateur, se serait enfui
en Orient afin d'effectuer
un pèlerinage et d'éviter un
mariage imposé. De retour
après de nombreuses années,
il mourut, simple serviteur,
sous l'escalier de l'entrée de
la maison familiale sans avoir
été reconnu. On retrouva
serré dans sa main un
manuscrit narrant son histoire.
　Fondé au Ve siècle, le
sanctuaire a connu bien
des transformations au fil
du temps. Le portail et le
pavement cosmatèques
(restaurés), ainsi que le
splendide campanile roman
à cinq étages (1217),
remontent au Moyen Âge.
La chapelle baroque
qui abrite une partie du
fameux escalier fut construite
par Andrea Bergondi au
XVIIIe siècle, époque où l'on
éleva également la façade.

Piazza dei
Cavalieri di Malta ⓫

Plan 8 D2. 🚌 23, 280, 716.
Ⓜ Circo Massimo.

Giovanni Battista Piranèse,
célèbre pour ses gravures
de Rome, dessina en 1765
la clôture décorée
d'obélisques, de trophées
militaires et de
stèles qui borde
cette belle place.
Au nº 3, la villa
du Prieuré de Malte
doit son renom
moins aux exploits
des célèbres
chevaliers qu'à sa
serrure. Si l'on y
colle l'œil, en effet,
on voit la coupole
de Saint-Pierre,
isolée, s'inscrire
dans la perspective
de l'allée plantée
d'arbres.
　Piranèse
restaura et décora
également l'église
du prieuré, Santa
Maria del Priorato ;
il y est inhumé.
L'église se visite
sur autorisation
du siège de l'Ordre.

Le dimanche matin, des
chants grégoriens s'élèvent
dans l'église Sant'Anselmo
(p. 356).

Le portail du prieuré des Chevaliers
de Malte

Monte Testaccio ⓬

Via Galvani. **Plan** 8 D4.
Ⓜ Piramide. 🚌 23, 95, 673. 🚋 3.
⏰ sur r.-v. (p. 383).

La colline de 36 m de hauteur
est le résultat du déversement,
de l'an 140 av. J.-C. à l'an 250
environ, de millions de *testae*,
débris des amphores ou
poteries cassées qui avaient
servi d'emballages aux
denrées ayant transité par
le port voisin et les entrepôts
impériaux.

La façade de Santi Bonifacio e Alessio

Cimitero protestante ⑬

Cimitero Acattolico, via Caio Cestio 6.
Plan 8 D4. **Tél.** 06 574 1900.
🚌 23, 95, 280. 🚋 3. Ⓜ Piramide.
◯ lun.-sam. 9h-17h, dim. 9h-13h.
Offrande appréciée. 📷

La paix du cimetière protestant, sous le mur d'Aurélien, l'un des lieux les plus romantiques de Rome, est très émouvante. Ici, reposent les non-catholiques, pour la plupart anglais ou allemands, inhumés à Rome depuis 1738. Les sépultures des poètes Shelley (mort en 1822) et Keats (mort en 1821) s'y trouvent. La tombe de ce dernier porte la célèbre épitaphe : « Ci-gît quelqu'un dont le nom était écrit sur l'eau. »

La tombe de John Keats

Piramide di Caio Cestio ⑭

Piazzale Ostiense. **Plan** 8 E4.
🚌 23, 95, 280. 🚋 3. Ⓜ Piramide.

Piramide di Caio Cestio

Caïus Cestius, riche préteur et tribun romain, mourut en l'an 12 av. J.-C. Imposante pyramide plaquée de marbre blanc inscrite dans le mur d'Aurélien, son tombeau, et lui seul, lui vaut d'être resté dans l'histoire. Haut de 36 m, le monument, dont la construction prit 330 jours, selon une inscription, témoigne du goût pour l'architecture égyptienne des contemporains d'Auguste.

Détail d'un sarcophage sous le portique de San Saba

San Saba ⑮

Via di San Saba. **Plan** 8 F3.
Tél. 06 6458 0140. 🚌 75, 175, 673.
🚋 3. ◯ lun.-sam. 8h30-12h, 16h-19h ; dim. 9h30-13h, 16h-19h. 📷

Des moines palestiniens fuyant les envahisseurs arabes fondèrent San Saba au VIIe siècle à l'emplacement d'un sanctuaire plus ancien. L'église actuelle est le résultat de nombreux remaniements et reconstructions (dernière restauration en 1943), et son portique, que surmonte une loggia du XVe siècle, abrite d'intéressants vestiges archéologiques.

Une quatrième nef, plus petite et plus ancienne, flanque les trois nefs basilicales. Des restes de fresques du XIIIe siècle y subsistent, en particulier une scène intrigante où saint Nicolas offre un sac d'or à trois jeunes femmes nues couchées dans un lit pour les sauver de la pénurie. Le portail, le pavement et le trône épiscopal sont des œuvres cosmatèques.

Circo Massimo ⑯

Via del Circo Massimo.
Plan 8 F2. 🚌 81, 160, 628, 715.
🚋 3. Ⓜ Circo Massimo.

L'étendue herbeuse qui en occupe désormais l'emplacement dans la vallée séparant le Palatin de l'Aventin permet difficilement d'imaginer l'aspect qu'avait au temps de sa gloire le Circus Maximus, littéralement le Plus Grand Cirque… Et il n'y en eut pas de plus grand : au Ier siècle, il pouvait accueillir 300 000 spectateurs.

La tradition attribue sa fondation à Tarquin l'Ancien, au début du VIe siècle av. J.-C. Les archéologues penchent plutôt pour le IVe siècle mais savent que le Circus Maximus ne cessa d'être reconstruit et agrandi jusqu'à l'an 549 où eurent lieu les dernières courses.

Un terre-plein central, la spina, divisait la piste où rivalisaient les chars. Auguste y dressa l'obélisque qui décore aujourd'hui la piazza del Popolo (p. 137). Au IVe siècle, Constance II en ajouta un deuxième, transporté depuis la piazza di San Giovanni in Laterano (p. 178-179).

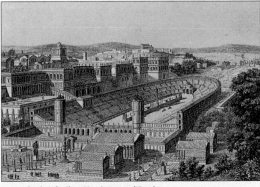
Reconstitution du Circo Massimo sous l'Empire

LE TRASTEVERE

Fiers et indépendants, les habitants du Trastevere, « l'autre côté du Tibre », se considèrent comme les Romains les plus authentiques.

Toutefois, s'il est vrai que ses ruelles aux façades délavées surplombées de cordes à linge offrent un des spectacles les plus pittoresques de la cité, il semblerait que la prolifération de boutiques et de restaurants chic menace l'esprit d'un quartier dont les traditions populaires remontent à l'Antiquité.

Campanile roman

C'est dans ce quartier, dit-on, que le pape saint Callixte fonda, au IIIe siècle, le premier lieu de culte chrétien officiel, Santa Maria in Trastevere, qui est aujourd'hui le foyer spirituel et social du quartier.

D'autres belles églises médiévales dressent également leurs campaniles romans au-dessus de ses toits : Santa Cecilia, dédiée à la patronne des musiciens, ou San Francesco a Ripa qui commémore le séjour à Rome de saint François d'Assise.

LE QUARTIER D'UN COUP D'ŒIL

Églises
San Crisogono **6**
San Francesco a Ripa **10**
Santa Cecilia in Trastevere **8**
Santa Maria della Scala **3**
Santa Maria in Trastevere
p. 212-213 **5**

Musées et galeries
Sant'Egidio et museo
di Roma in Trastevere **4**

Bâtiments historiques
Casa della Fornarina **1**
Caserma dei Vigili della
VII Coorte **7**
San Michele a Ripa Grande **9**

Pont
Ponte Sisto **2**

Parc et jardin
Villa Sciarra **11**

VOIR AUSSI
• *Atlas des rues* plans 4, 7, 8, 11
• *Hébergement* p. 306-307
• *Restaurants* p. 324-325
• *Promenade du Tibre* p. 274-275

LÉGENDE
▨ Plan du quartier pas à pas
🛈 Information touristique
—— Mur d'enceinte de la ville

COMMENT Y ALLER
Le moyen le plus pratique est le tram 8 qui part de Largo di Torre Argentina, traverse la rivière, longe le large et encombré viale di Trastevere. Le bus H suit le même itinéraire mais part de la gare Termini. En partant du Vatican, prenez plutôt le 23 ou le 280 Lungotevere.

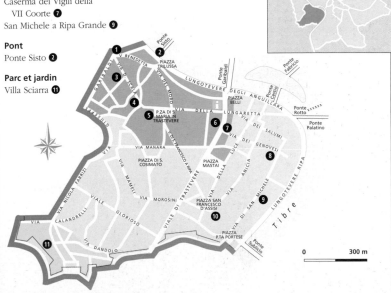

◁ Un *vicolo* (une ruelle) typique du Trastevere

Le Trastevere pas à pas

On se presse toute l'année dans les restaurants, les cinémas ou les clubs du Trastevere. Les soirs d'été, les tables des cafés, trattorias et pizzerias débordent sur les pavés des chaussées, en particulier autour de la piazza di Santa Maria in Trastevere et le long du viale di Trastevere, et toute la journée, de petits étals vendent tranches de pastèques et *grattacheca*, mélange de sirop et de glace pilée, aux touristes qui se promènent dans le dédale pittoresque des ruelles. En juillet, tout le quartier célèbre la *Festa de' Noantri* (la Fête à Nous autres), héritière de plusieurs siècles de traditions populaires et de festivités antiques évoquées par Ovide.

Casa della Fornarina
La belle maîtresse de Raphaël aurait vécu dans cette maison dont un restaurant occupe désormais le jardin **①**

Santa Maria dei Sette Dolori
C'est une œuvre mineure (1643) de Borromini.

Santa Maria della Scala
Sa façade anodine cache un riche intérieur baroque **③**

Sant'Egidio et museo di Roma in Trastevere
Cette fresque du XVIIᵉ siècle de Pomarancio décore l'une des chapelles de Sant'Egidio. Le couvent voisin abrite un musée consacré aux traditions romaines **④**

VIA DELLA SCALA

VIA DELLA PAGLIA

PIAZZA DI SANT'EGIDIO

VIA DI SAN COSIMATO

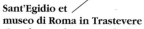

★ **Santa Maria in Trastevere**
L'église est célèbre pour ses mosaïques du XIIᵉ siècle de Pietro Cavallini, mais aussi pour des œuvres plus anciennes, comme la mosaïque de l'abside **⑤**

À NE PAS MANQUER

★ Santa Maria in Trastevere

LÉGENDE

- - - Itinéraire conseillé

0   75 m

La fontaine de la piazza di Santa Maria in Trastevere par Carlo Fontana (1692) accueille le soir sur les marches de son socle octogonal des dizaines de jeunes qui s'y retrouvent pour bavarder.

Ponte Sisto
*Sixte IV le fit construire en 1474
pour relier le Trastevere au centre
de Rome* ❷

CARTE DE SITUATION
Voir le centre de Rome p. 14-15

La piazza Belli porte le nom et
abrite la statue du poète
Giuseppe Gioacchino Belli
(1791-1863) qui écrivit ses
sonnets satiriques en dialecte
romain plutôt qu'en italien
académique.

Le vicolo del Piede est l'une des
nombreuses ruelles bordées de
restaurants qui donnent sur la
piazza di Santa Maria in Trastevere.

**La palazzo degli
Anguillara** est
flanqué de la seule
tour médiévale
(XIIIᵉ siècle) encore
debout au Trastevere.

**La caserma dei
Vigili della VII
Coorte**
*La cour de cette
ancienne
caserne de
pompiers a été
préservée* ❼

San Crisogono
*Bien qu'ajouté en
1626, son portique
ne dépare pas cette église
médiévale dont le campanile
roman date du début
du XIIᵉ siècle* ❻

Casa della Fornarina ❶

Via di Santa Dorotea 20.
Plan 4 D5 et 11 B5. 🚌 23, 280.

On sait peu de chose
de la Fornarina, modèle et
grand amour de Raphaël.
On pense qu'elle s'appelait
Margherita et que son père,
un boulanger siennois (*la
fornarina* signifie « la fille du
boulanger ») avait sa boutique
à Trastevere, près de la villa
Farnesina où Raphaël peignit
des fresques (*p. 220-221*).
Margherita supporta par
amour la réputation de fille
perdue que lui valut sa
longue liaison, mais Raphaël,
hanté par l'idée du péché,
la répudia et interdit qu'elle
assistât à son enterrement.
Quatre mois plus tard,
dit-on, elle se réfugiait dans
un couvent du Trastevere.

Ponte Sisto ❷

Plan 4 E5 et 11 B5. 🚌 23, 280.

Il doit son nom à Sixte IV
della Rovere (1471-1484),
qui demanda à l'architecte
Baccio Pontelli de l'édifier.
Mécène et humaniste, ce
pape embellit la ville et
améliora le sort de ses
habitants : construction
de la chapelle Sixtine
(*p. 244-247*) et de l'ospedale
di Santo Spirito (*p. 226*),
restauration de nombreuses
églises et monuments. Il dut
pourtant affronter de graves
difficultés financières et
vendre ou gager la collection
de pierres précieuses de son
prédécesseur et sa propre
argenterie.
Il finança probablement
le pont en taxant, entre
autres, les activités des
prostituées
de la cité.

**Le pape
Sixte IV**

Le scintillant autel baroque
de Santa Maria della Scala

Santa Maria della Scala ❸

Piazza della Scala 23.
Plan 4 D5 et 11 B5. **Tél.** 06 580
6233. 🚌 23, 280. ◯ lun.-sam.
9h30-12h, dim. 14h-18h. ✝

À la fin du XVIe siècle et au
début du XVIIe siècle, Rome
connut environ trente années
où se multiplièrent les
constructions. L'église date
de cette époque et sa façade
discrète contraste avec un
intérieur richement décoré
de marbres polychromes
et de reliefs baroques.

Sant'Egidio et museo di Roma in Trastevere ❹

Piazza Sant'Egidio 1. **Plan** 7 C1.
🚌 H, 23, 280. 🚋 8.
Église Tél. 06 58 56 61. ◯ sam.
10h-12h30. **Museo di Roma in
Trastevere Tél.** 06 581 6563.
◯ mar.-dim. 10h-19h. ♿

Construite en 1630,
Sant'Egidio était l'église du
couvent carmélite attenant,
l'un des nombreux centres
édifiés dans le quartier pour
accueillir les indigents. Le
couvent abrite désormais le
museo di Roma dont les
collections illustrent les
traditions, superstitions,
passe-temps et fêtes
(en particulier, le carnaval)
des Romains depuis le
XVIe siècle. Peintures,

gravures et aquarelles des
XVIIIe et XIXe siècles,
notamment, et
reconstitutions à l'échelle
présentées dans des vitrines,
évoquent la vie quotidienne
des quartiers populaires.

**Aquarelle d'un écrivain public
(1880), museo di Roma in Trastevere**

Santa Maria in Trastevere ❺

Voir p. 212-213.

San Crisogono ❻

Piazza Sonnino 44. **Plan** 7 C1.
Tél. 06 581 00 76. 🚌 H, 23, 280,
780. 🚋 8. ◯ lun.-sam. 7h-12h,
16h15-19h30 ; dim. 8h30-13h,
16h15-19h30. 📷 pour les fouilles.
✝ ♿

On peut visiter le sanctuaire
du Ve siècle, décoré de
fresques des VIIIe et Xe siècles,
sur lequel l'église actuelle
fut élevée, comme beaucoup
d'autres dans les quartiers
populaires de Rome, au début
du XIIe siècle (le campanile
date de 1125). Les Cosmas
réalisèrent au siècle suivant
son beau pavement de
marbre et l'école de Pietro

Mosaïque de l'abside San Crisogono

Cavallini la mosaïque
de l'abside (1290).

Les deux grandes colonnes
en porphyre qui soutiennent
l'arc triomphal proviennent de
bâtiments antiques, comme
celles séparant en trois nefs
l'église de San Crisogono.

Caserma dei Vigili della VII Coorte **7**

Via della VII Coorte. **Plan** 7 C1.
Tél. 06 6710 3819. H, 23, 280,
780. 8. sur r.-v., demander
une autorisation (p. 383).

Les ruines de Rome ne
sont pas toujours les
vestiges de villas impériales
ou de temples somptueux.
La caserne de la VII Cohorte
du régiment de pompiers
de Rome illustre ainsi la vie
quotidienne d'une grande
cité. La caserne fut construite
sous Auguste au Ier siècle.
La cour que l'on visite
aujourd'hui est l'endroit
où les pompiers attendaient
les appels.

Santa Cecilia in Trastevere **8**

Piazza di Santa Cecilia. **Plan** 8 D1.
Tél. 06 589 9289. H, 23, 44, 280.
8. t.l.j. 9h30-12h30,
16h-18h30. pour les fouilles.
Fresque de Cavallini lun.-sam.
10h15-12h15, dim. 11h15-12h30.

Sainte Cécile, la patronne des
musiciens, connut le martyre
ici en 230, décapitée après
avoir survécu au supplice
de l'étouffement.

Un premier sanctuaire
fut fondé au IVe siècle à
l'emplacement de sa maison
que l'on peut visiter
sous l'église actuelle avec
les vestiges d'une tannerie
antique. Pascal Ier le
reconstruisit au IXe siècle
après que le corps de la
sainte eut été retrouvé dans
les catacombe (catacombes) de
San Callisto (p. 265),
et le XIIe siècle lui donna son
portique et son campanile.

Sous l'autel, la statue par
Stefano Maderno représente
Cécile telle que l'artiste la vit
en 1599 lorsqu'on ouvrit
son sarcophage.

**Détail de la fresque (XIIIe siècle) de
Pietro Cavallini, Santa Cecilia**

Le *Jugement dernier* (1293),
splendide fresque de Pietro
Cavallini, décore le couvent
contigu à l'église. Vous
y admirerez l'un des plus
vieux cloîtres de Rome.

San Michele a Ripa Grande **9**

Via di San Michele. **Plan** 8 D2.
Tél. 06 584 31. 23, 44, 75, 280.
pour des expositions temporaires.

L'immense et imposant
ensemble qui s'étend sur
300 m le long du Tibre
accueille
aujourd'hui
le ministère
de la Culture.
L'édifice voulu
par le pape
Innocent XII
était constitué
d'une maison
pour
personnes
âgées, d'une
école

de correction pour garçons,
d'un moulin pour la laine
et de plusieurs chapelles. Des
expositions d'art contemporain
y sont organisées.

San Francesco a Ripa **10**

Piazza San Francesco d'Assisi 88.
Plan 7 C2. **Tél.** 06 581 9020.
H, 23, 44, 75, 280. 8.
lun.-sam. 7h-12h, 16h-19h30,
dim. 7h-13h, 16h-19h.

Lors de son séjour à
Rome en 1219, saint François
d'Assise dormit ici dans
une cellule (préservée)
de l'hospice San Biagio
où il laissa un crucifix et son
oreiller en pierre. L'église
qui se dresse actuellement
sur le site est une
reconstruction ordonnée
à la fin du XVIIe siècle
par le cardinal Pallavicini.

Parmi les nombreuses
sculptures qu'elle renferme,
notamment des monuments
du XVIIIe siècle, une œuvre
justifie à elle seule la visite :
l'éblouissante statue de la
*Bienheureuse Ludovica
Albertoni*, de Bernin, dans
la cappella Paluzzi-Albertoni
(quatrième à gauche).

Villa Sciarra **11**

Via Calandrelli 35. **Plan** 7 B2. 44,
75. **Parc** t.l.j. 9h-crépuscule.

Un nymphée occupait
pendant l'Antiquité
l'emplacement de ce petit
jardin public, très agréable
au printemps. Décorées
de folies romantiques,
de fontaines et de statues,
ses allées offrent des vues
splendides sur la cité et
les contreforts du Janicule.

**Statue de la *Bienheureuse Ludovica Albertoni* (1674)
de Bernin à San Francesco a Ripa**

Santa Maria in Trastevere ❺

C'est au cœur d'un quartier populaire proche du port, où s'étaient installés des marins et marchands étrangers pratiquant de multiples religions, que, selon la tradition, saint Calixte fonda au IIIᵉ siècle le premier sanctuaire officiel d'un culte minoritaire : le christianisme. L'église Santa Maria in Trastevere actuelle date du XIIᵉ siècle et, malgré quelques ajouts baroques au XVIIIᵉ siècle, elle garde son caractère médiéval. L'intérieur basilical à trois nefs séparées par 22 colonnes en granit, prises à des édifices païens, et les superbes mosaïques de l'abside de Pietro Cavallini sont moyenâgeux.

Piazza Santa Maria in Trastevere
De tous côtés, les ruelles du Trastevere convergent sur cette place, cœur traditionnel du quartier aujourd'hui bordé de bars et de restaurants. Carlo Fontana édifia sa fontaine au XVIIᵉ siècle.

Le sol est une restitution du pavement cosmatèque du XIIIᵉ siècle.

Le campanile, couronné d'une petite mosaïque de la Vierge, date du XIIᵉ siècle.

★ **Mosaïques de la façade**
Datant du XIIᵉ siècle, elles montrent la Vierge et l'Enfant, et dix saintes tenant des lampes symbolisant la virginité. Une mauvaise restauration en a éteint deux d'entre elles.

À NE PAS MANQUER

★ Mosaïques de Cavallini

★ Mosaïques de la façade

MODESTES DONATEURS

Sur de nombreuses mosaïques de Rome, le pape ou le cardinal qui finança l'église apparaît en présence du saint à qui le sanctuaire est dédié. Sur la façade de Santa Maria, deux minuscules inconnus se tiennent agenouillés aux pieds de la Vierge. S'il se levaient, ils atteindraient à peine ses genoux.

Mosaïque de la façade, détail

Le portique fut remanié en 1702 par Carlo Fontana. Les statues de quatre papes surmontent la balustrade.

Entrée principale

Tabernacle par Mino del Reame (XVᵉ siècle)

Mosaïque de l'abside
À la calotte de l'abside, la mosaïque du XIIᵉ siècle est l'une des toutes premières représentations du Triomphe de la Vierge.

MODE D'EMPLOI

Via della Paglia 14 C, piazza
Santa Maria in Trastevere.
Plan 7 C1. **Tél.** *06 581 4802.*
H et 780 vers la piazza
San Sonnino, 23 et 280 le long
de Lungotevere Sanzio.
8 depuis le largo Argentina.
t.l.j. 7h-21h.
t.l.j. 9h et 17h30.

★ Mosaïques de Cavallini
Six admirables panneaux (1291) illustrent la Vie de la Vierge.

Madone de la Clémence
Cette icône grandeur nature dont une copie décore la chapelle Altemps date probablement du VIIᵉ siècle.

Tombeau du cardinal Pietro Stefaneschi
On ne connaît aucune autre œuvre du sculpteur nommé Paolo qui exécuta le tombeau de Pietro Stefaneschi mort en 1417.

CHRONOLOGIE

217-222 Calixte Iᵉʳ fonde l'église		*Le pape Innocent II*	**1291** Pietro Cavallini crée les mosaïques de la vie de la Vierge sur ordre de Bertoldo Stefaneschi	**1617** Le Dominiquin dessine le plafond à caissons et l'Assomption de la Vierge

30 av. J.-C.	200		1400		1650	1900

38 av. J.-C.
Jaillissement d'huile minérale plus tard interprété comme un présage de la venue du Christ

env. 1138
Innocent II entame la reconstruction

1580 Martino Longhi l'Ancien restaure l'église et construit une chapelle pour le cardinal Altemps

1702
Reconstruction du portique

1866-1877
Restauration par Virginio Vespignani

LE JANICULE

Surplombant le Tibre sur sa rive droite, en bordure du Trastevere, le Janicule ne fait pas partie des sept collines des origines de Rome et ne fut incorporé à la ville qu'au XVIIᵉ siècle quand Urbain VIII le protégea d'une enceinte fortifiée.

Les monuments à la mémoire de Garibaldi et de ses hommes emplissent le parc qui s'étend à son sommet. Ils commémorent leur défense acharnée

Marionnettes au parc du Janicule

de ce site stratégique qui fut menacé par les troupes françaises en 1849.

Les seuls à s'y bagarrer, aujourd'hui, sont les enfants qui y trouvent marionnettes et jeux. Dans la cour de l'un des nombreux couvents qui s'installèrent au Moyen Âge sur ce mont paisible, Bramante construisit en 1502 le Tempietto, chef-d'œuvre d'architecture Renaissance. Raphaël décora quelques années plus tard la villa Farnesina.

LE QUARTIER D'UN COUP D'ŒIL

Églises et temples
San Pietro in Montorio ❼
Sant'Onofrio ❻
Tempietto ❽

Musées et galeries
Palazzo Corsini et Galleria nazionale d'Arte antica ❷

Bâtiment historique
Villa Farnesina
p. 220-221 ❶

Fontaine
Fontana dell'Acqua Paola ❾

Monument
Monumento a Garibaldi ❺

Arc et porte
Porta Settimiana ❸

Parc et jardin
Orto botanico ❹

VOIR AUSSI
• *Atlas des rues* plans 3, 4, 7, 11
• *Restaurants* p. 325

COMMENT Y ALLER
On ne peut atteindre le Janicule (Il Gianicolo) que par le quartier du Vatican *(p. 223)* ou le Trastevere *(p. 207)*. Un seul bus, le 870, monte au sommet de la colline mais le 44 vous emmènera depuis la piazza Venezia jusqu'à la via Giacinto Carini où vous pourrez commencer la promenade. Pour la Farnesina et la via della Lungara, prendre les lignes 23 ou 280 qui empruntent le Lungotevere.

LÉGENDE
▨ Plan de la visite du Janicule
— Mur d'enceinte de la ville

◁ **La fontaine de l'escalier à l'Orto botanico (Jardin botanique)**

Le Janicule pas à pas

Baldassarre Peruzzi créa au bord du Tibre, pour le banquier Agostino Chigi, l'une des toutes premières villas Renaissance que décorèrent les plus grands maîtres de l'époque. Juste de l'autre côté de la via della Lungara, d'illustres personnages, tels Christine de Suède ou Joseph Bonaparte, habitèrent au palazzo Corsini. L'Orto botanico s'étend derrière jusqu'au pied du mont Janicule. Une promenade bordée de monuments conduit à son sommet d'où l'on a de somptueux panoramas sur la cité.

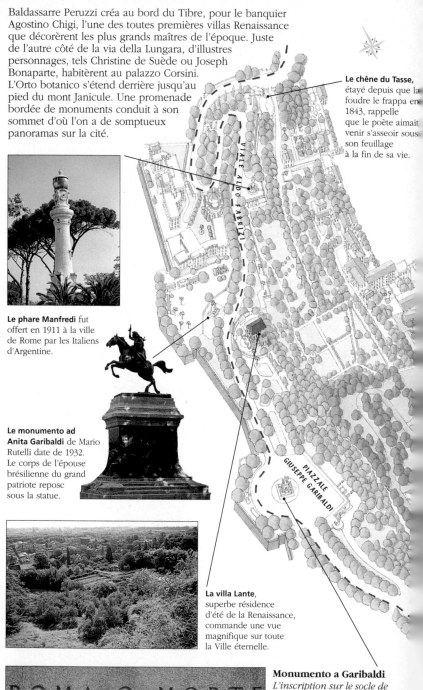

Le chêne du Tasse, étayé depuis que la foudre le frappa en 1843, rappelle que le poète aimait venir s'asseoir sous son feuillage à la fin de sa vie.

Le phare Manfredi fut offert en 1911 à la ville de Rome par les Italiens d'Argentine.

Le monument ad Anita Garibaldi de Mario Rutelli date de 1932. Le corps de l'épouse brésilienne du grand patriote repose sous la statue.

La villa Lante, superbe résidence d'été de la Renaissance, commande une vue magnifique sur toute la Ville éternelle.

ROMA O MORTE

Monumento a Garibaldi
L'inscription sur le socle de la statue équestre signifie « Rome ou la mort » ❺

Orto botanico
Le don, en 1883, d'une partie de la propriété Corsini à l'université de Rome permit sa création ❹

★ **Palazzo Corsini**
Il abrite la Galleria nazionale d'Arte antica qui expose ce triptyque de Fra Angelico ❷

CARTE DE SITUATION
Voir le centre de Rome p. 14-15

★ **Villa Farnesina**
Les fresques de Raphaël, Baldassarre Peruzzi et d'autres maîtres de la Renaissance ont rendu célèbre cette villa d'Agostino Chigi ❶

Porta Settimiana
Le dédale des ruelles du Trastevere s'encadre dans cette porte Renaissance lorsqu'on la regarde depuis la via della Lungara ❸

LÉGENDE

– – – Itinéraire conseillé

0 75 m

À NE PAS MANQUER

★ Palazzo Corsini et Galleria nazionale d'Arte antica

★ Villa Farnesina

Villa Farnesina ❶

Voir p. 220-221.

Palazzo Corsini et Galleria nazionale d'Arte antica ❷

Via della Lungara 10. **Plan** 4 D5 et 11 A5. **Tél.** 06 6880 2323.
🚌 23, 280. ⭕ mar.- dim. 8h30-19h (téléphoner pour vérifier les horaires).
⭘ 1er janv., 1er mai, 15 août, 25 déc.
📷 🚫 📱 ♿ ⭕
www.galleriaborghese.it

La chambre de la reine Christine de Suède au palazzo Corsini

Édifié au début du XVIe siècle pour le cardinal Domenico Riaro, ce palais eut de nombreux occupants célèbres dont Bramante, Michel-Ange, Érasme et la reine Christine de Suède, qui l'habita 30 ans et y mourut en 1689.
En 1736, Ferdinando Fuga le reconstruisit entièrement pour le cardinal Neri Corsini et, comme l'étroite via della Lungara n'autorisait pas assez de recul pour bien le voir de face, il lui donna une façade conçue pour être regardée de côté.
Le palais devint en 1797 la résidence de Joseph Bonaparte et du fiancé de sa sœur Pauline, le général Duphot. La mort de celui-ci lors d'une émeute provoqua l'occupation de la ville par les troupes françaises, l'expulsion du pape Pie VI et la proclamation d'une éphémère république (1798-1799).

L'édifice abrite aujourd'hui l'accademia dei Lincei, institut culturel réputé fondé en 1603 qui compta Galilée parmi ses membres.
Vous y découvrirez également au palazzo Corsine la Galleria nazionale d'Arte antica. Celle-ci présente la remarquable collection de peintures constituée par la famille Corsini. Elle comprend notamment des œuvres de Rubens, Caravage, Poussin, Murillo, Titien, Guido Reni et Van Dyck.

Porta Settimiana ❸

Entre la via della Scala et la via della Lungara. **Plan** 4 D5 et 11 B5.
🚌 23, 280.

Construite en 1498 par le pape Alexandre VI Borgia, la porta Settimiana, dans le mur d'Aurélien, marque le début de la via della Lungara, longue route droite créée au début du XVIe siècle.

Orto botanico ❹

Largo Cristina di Svezia 24, sur la via Corsini. **Plan** 4 D5. **Tél.** 06 4991 7107. 🚌 23, 280. ⭕ avr.-sept. : 9h-18h30 ; oct.-mars : lun.-sam. 9h-17h30. ⭘ j.f. 📷 🎫 réserver.

Le Jardin botanique de Rome, d'une superficie de 12 hectares, faisait jadis partie de la propriété entourant le palais Corsini et appartient depuis 1983 à l'université de Rome.
Séquoias, palmiers, superbes broméliacées,

sompteuses orchidées ou ginkgo vieux de plusieurs siècles : il contient plus de 7 000 espèces végétales du monde entier. Qu'elles soient exotiques ou indigènes, elles sont intelligemment regroupées de manière à montrer leurs similitudes et leur capacité d'adaptation à des climats et des écosystèmes différents.

Monumento a Garibaldi ❺

Piazzale Giuseppe Garibaldi.
Plan 3 C5. 🚌 870.

Le piédestal du monumento a Garibaldi

Œuvre d'Emilio Gallori érigée en 1895, l'immense statue équestre de Garibaldi, sur la place qui porte son nom, commémore, avec celle de sa femme Anita et les bustes de ses fidèles sur le viale Aldo Fabrizi, la résistance acharnée que livrèrent les patriotes italiens pour défendre la République romaine de 1849 contre les troupes françaises envoyées au secours du pape. Vaincu par le nombre, Garibaldi réussit néanmoins à s'enfuir avec ses hommes.

Fontaine en cascade à l'Orto botanico

Cour de Sant'Onofrio

Sant'Onofrio ❻

Piazza di Sant'Onofrio 2. **Plan** 3 C4.
Tél. 06 686 4498. **Fax.** 06 686 4498.
🚌 870. ◯ lun.-ven. 9h-11h ou sur
r.-v., envoyer un fax. ◉ en août
sauf le 12, fête de saint Onuphre. 🚻
Musée ◯ seul. sur r.-v.
Tél. 06 687 7347.

Beato Nicola da Forca Palena,
dont le tombeau garde
l'entrée, fonda cette église
en 1419 en l'honneur de saint
Onuphre, ermite du IVe siècle.
Malgré une restauration au
XIXe siècle, elle n'a pas perdu
son charme d'origine.
Baldassarre Peruzzi peignit
au XVIe siècle les fresques
de l'abside et le Dominiquin
celles du portique en 1605.
   Le monastère voisin abrite
un petit musée à la mémoire
du Tasse qui y mourut.

San Pietro in Montorio ❼

Piazza San Pietro in Montorio 2.
Plan 7 B1. **Tél.** 06 581 39 40.
🚌 44, 75. ◯ t.l.j. 8h30-12h,
lun.-ven. 15h-16h (été : 14h-16h).
Si l'église est fermée, sonner à la
porte à droite. 🚻

Ferdinand d'Aragon et sa
femme Isabelle de Castille
financèrent au XVe siècle la
reconstruction de San Pietro
in Montorio, église fondée au
Moyen Âge près de l'endroit
où l'on croyait, à tort, que
saint Pierre avait été crucifié.
Le nouvel édifice à la façade
typique de la Renaissance fut
décoré par de grands peintres.
   À l'intérieur, l'abside
qui termine la nef unique
présentait jadis la
Transfiguration de Raphaël

aujourd'hui au Vatican.
Les plus célèbres élèves
de Michel-Ange travaillèrent
aux deux grandes chapelles
de part et d'autre. Giorgio
Vasari, qui s'est représenté
dans *La Conversion de saint
Paul*, conçut celle de droite,
et Daniele da Volterra, qui
peignit également *Le Baptême
du Christ*, à l'autel, dessina
celle de gauche. Elle renferme
de beaux tombeaux réalisés
par Ammannati.
   La *Flagellation*, dans la
première chapelle à droite
après l'entrée, est une œuvre
de Sebastiano del Piombo
(1518), Baldassarre Peruzzi
peignit les voûtes de la
suivante et Bernin dessina la
deuxième chapelle à gauche.

Tempietto ❽

Piazza San Pietro in Montorio (dans
la cour). **Plan** 7 B1. **Tél.** 06 581
2806. 🚌 44, 75. ◯ mar.-dim.
9h30-12h30, 14h-16h (été 16h-18h.)
Voir *Histoire de Rome* p. 32-33.

Bramante acheva vers 1502
le premier véritable édifice
Renaissance de Rome, le
Tempietto (Petit Temple),
auquel il donna la forme
circulaire d'un martyrium,
chapelle paléochrétienne
élevée à l'emplacement
du martyre d'un saint.
   Malgré la petite taille
du bâtiment, la perfection
de ses proportions suscita
l'admiration de
ses contemporains,
notamment
Palladio, auteur
d'un traité
d'architecture
qui eut une grande
influence
en Europe.
Surplombée d'une
délicate balustrade,
la colonnade
dorique a un
diamètre égal
à la hauteur du
sanctuaire, hors
coupole, le rayon
de cette dernière
étant égal à la
hauteur du fût qui
la soutient. Malgré
la beauté du
Tempietto, on ne
peut s'empêcher

de regretter que son créateur
n'ait pu réaliser le cloître
rond à 16 colonnes qui
devait l'entourer.

Fontana dell'Acqua Paola ❾

Via Garibaldi. **Plan** 7 B1. 🚌 44, 75.

La fontana dell'Acqua Paola

Cette fontaine majestueuse
commémore l'achèvement
en 1612 de la restauration
ordonnée par Paul V
d'un aqueduc, construit
à l'origine par l'empereur
Trajan en 109, que l'on
renomma Acqua Paola
en l'honneur du pape.
   Le monument initial
avait cinq petites vasques
mais Carlo Fontana le
remania en 1690, lui donnant
son vaste bassin actuel.
Malgré de nombreuses lois
édictées dans le but de les
en dissuader, des générations
de Romains l'ont utilisé
pour rincer leurs légumes.

Le Tempietto de Bramante

Villa Farnesina ❶

Le richissime banquier siennois Agostino Chigi, qui avait établi à Rome le siège de son vaste empire financier, commanda en 1508 à son compatriote Baldassarre Peruzzi la construction d'une villa « de campagne » sur la rive droite du Tibre. L'architecte créa, avec ce bâtiment aux lignes simples prolongé de deux courtes ailes, l'une des premières véritables résidences Renaissance de ce type. Peruzzi lui-même, Raphaël et son atelier, Sebastiano del Piombo et le Sodoma peignirent les fresques qui la décorent de 1510 à 1519. Ces scènes inspirées de la mythologie antique offrirent quelques mois (Chigi mourut en 1520) un cadre raffiné aux fêtes somptueuses du banquier auxquelles assistaient artistes, diplomates, princes, cardinaux et même le pape. Propriété de l'État italien depuis 1927, la villa, qui porte le nom du cardinal Farnèse devenu son propriétaire en 1577, dépend de l'Académie des Lincei et abrite le cabinet national des Estampes.

Façade nord
Raphaël et ses élèves peignirent dans la loggia une extraordinaire Légende de Psyché et de l'Amour.

Entrée

Les Noces d'Alexandre et de Roxane du Sodoma
De petits séraphins aident Roxane à se préparer pour son mariage.

★ **Galatée par Raphaël**
La belle nymphe était l'une des 50 filles du dieu marin Nérée.

L'ARCHITECTE

Baldassarre Peruzzi, peintre et architecte originaire de Sienne, arriva à Rome en 1503 à 20 ans et devint le premier assistant de Bramante. Malgré le classicisme de ses œuvres architecturales, ses peintures sont marquées par le gothique. Réfugié à Sienne lors du sac de 1527, il revint à Rome en 1532. Nommé architecte de Saint-Pierre en 1534, il mourut trop tôt (1536) pour marquer cet immense projet.

Baldassarre Peruzzi

Fresques du salon de Galatée
Parmi d'autres thèmes mythologiques, Peruzzi peignit Persée et Méduse.

★ **Salle des perspectives**
Les colonnades en trompe-l'œil des fresques de Peruzzi ouvrent sur des vues de Rome au XVIᵉ siècle.

MODE D'EMPLOI

Via della Lungara 230.
Plan 4 D5 et 11 A5.
🚌 23, 280 *direction Lungotevere Farnesina.*
Tél. *06 6802 7268.*
🕐 *lun.-sam. 9h-13h.*
⬤ *août.*

Fresque de la salle des perspectives
Cette scène nous montre la torre delle Milizie (p. 90) en 1510.

★ **Légende de Psyché et de l'Amour**
La courtisane Imperia, maîtresse d'Agostino Chigi, servit de modèle pour l'une des Trois Grâces *(celle de gauche) peintes par Raphaël.*

Lunette du salon de Galatée
On attribua à Michel-Ange cette grande tête en grisaille de Peruzzi.

À NE PAS MANQUER

★ Galatée de Raphaël

★ Légende de Psyché et de l'Amour

★ Salle des perspectives

LE VATICAN

Bâti sur le site du supplice et du tombeau de saint Pierre, le Vatican est devenu la résidence des papes qui lui succédèrent.

C'est ici, à l'ombre de la basilique, vers laquelle convergent les pèlerins du monde entier, que s'est forgé le destin de l'Europe.

À côté du sanctuaire, le palais papal abrite les musées du Vatican dont les œuvres constituent, avec la chapelle Sixtine, décorée par Michel-Ange, et les

Religieuses place Saint-Pierre

chambres de Raphaël, l'une des plus importantes collections artistiques du monde.

Les accords du Latran, signés en 1929, ont fondé l'État de la cité du Vatican. Ils ont été marqués par le percement d'une nouvelle voie : la via della Conciliazione qui relie Saint-Pierre au castel Sant'Angelo. Monument de sinistre mémoire, ancien mausolée d'Hadrien, puis forteresse et prison pontificale, il fut le cadre de combats acharnés pour la conquête de la cité.

LE QUARTIER D'UN COUP D'ŒIL

Églises et temples
Saint-Pierre-de-Rome,
p. 230-233 ❶
Santa Maria in Traspontina ❾
Santo Spirito in Sassia ❹

Musées
Musées du Vatican p. 234-247 ❷

Rues et places historiques
Le Borgo ❿
Passetto di Borgo ⓫

Monuments historiques
Castel Sant'Angelo
p. 248-249 ⓭
Ospedale di Santo Spirito ❺
Palazzo dei Convertendi ❼
Palazzo dei Penitenzieri ❽
Palazzo del Commendatore ❻
Palazzo di Giustizia ⓮
Palazzo Torlonia ⓬

Porte
Porta Santo Spirito ❸

COMMENT Y ALLER
La ligne de métro A, vers Ottaviano, est la plus pratique. Les lignes de bus 40 et 64 desservent également le quartier à partir de la piazza dei Cinquecento, face à la gare Termini, ainsi que le 62, l'unique bus allant della Conciliazione. Les lignes 81 et 492 s'arrêtent piazza del Risorgimento.

VOIR AUSSI

• *Atlas des rues* plans 3, 4

• *Hébergement* p. 307-308

• *Restaurants* p. 325-326

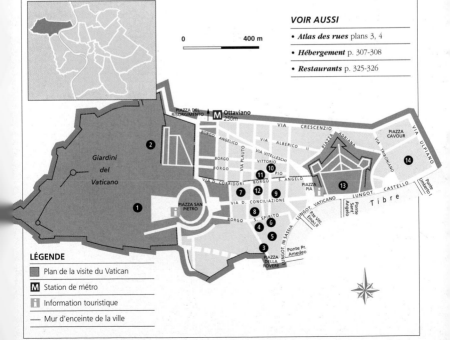

LÉGENDE

▮	Plan de la visite du Vatican
Ⓜ	Station de métro
ℹ	Information touristique
—	Mur d'enceinte de la ville

◁ **Le dôme de Saint-Pierre de Rome (San Pietro) domine le Vatican**

Le Vatican pas à pas

Centre de la chrétienté, la cité du Vatican est depuis février 1929 un État souverain gouverné par le pape. Un millier de résidents composent le personnel de l'administration, de la Poste et des boutiques, de Radio Vatican qui diffuse ses émissions en plus de 20 langues dans le monde entier, du quotidien *L'Osservatore Romano* et de l'imprimerie.

La Madone de Guadalupe montre l'image miraculeuse de la Vierge apparue sur le manteau d'un Mexicain en 1531.

Héliport pontifical

La grotte de Lourdes est une réplique de celle où apparut la Vierge à sainte Bernadette en 1858.

La gare du Vatican, inaugurée en 1930 et reliée à la ligne Rome-Viterbe, n'est aujourd'hui qu'une gare de marchandises.

Radio Vatican émet depuis cette tour élevée par Léon IV en 847.

La salle des audiences pontificales, dessinée par P.-L. Nervi et inaugurée en 1971, a une capacité de 12 000 places.

Le bureau d'information renseigne sur la visite des jardins du Vatican.

★ **Saint-Pierre-de-Rome**
La chapelle Saint-Pierre est édifiée dans les grottes du sous-sol de la basilique. La décoration de marbre fut ajoutée à la fin du XVIᵉ siècle par Clément VIII ❶

La place Saint-Pierre et sa double colonnade elliptique s'ouvrant devant la basilique furent bâties par Bernin entre 1656 et 1667.

L'obélisque fut dressé en 1586 à l'aide de 150 chevaux et 47 treuils.

À NE PAS MANQUER

★ Musées du Vatican

★ Saint-Pierre-de-Rome

La fontana del Aquilone fut édifiée pour célébrer l'adjonction de l'aqueduc *Acqua Paola* au Vatican. L'aigle est l'emblème des Borghèse.

CARTE DE SITUATION
Voir le centre de Rome p. 14-15

La casina de Pie IV, délicieuse résidence d'été, fut bâtie dans les jardins du Vatican par Pirro Ligorio au milieu du XVIe siècle.

Entrée des musées du Vatican

★ **Musées du Vatican**
La Madone de Foligno *(1513) de Raphaël est l'un des nombreux chefs-d'œuvre que possède le Vatican* ❷

La fontaine du Galion est une reproduction à l'échelle d'un vaisseau du XVIIe siècle, en plomb, laiton et cuivre, créée pour le pape Paul V.

La cortille de la Pigna est l'œuvre de Bramante. La niche abritant la pomme de pin, jadis fontaine romaine, fut ajoutée par Pirro Ligorio en 1562.

LÉGENDE

- - - Itinéraire conseillé

0   75 m

Vers la via della Conciliazione

Saint-Pierre-de-Rome ❶

Voir p. 230-233.

Musées du Vatican ❷

Voir p. 234-247.

Porta Santo Spirito ❸

Via dei Penitenzieri. **Plan** 3 C3.
🚌 *23, 34, 46, 62, 64, 98, 870, 881, 982.*

Elle est située à la limite sud de la Cité léonine, la zone que protège le rempart bâti par Léon IV contre les Sarrasins qui pillèrent Rome en 845. La muraille fait 3 km de circonférence.

L'édification des remparts commença en 846. Léon IV dirigea lui-même les travaux qui durèrent quatre ans, puis il conduisit la procession solennelle qui consacra son impressionnante fortification. Depuis l'époque de Léon IV, les remparts ont été souvent consolidés et réparés.

La porta Santo Spirito, encore visible de nos jours, fut édifiée entre 1543 et 1544 par l'architecte Antonio da Sangallo le Jeune. Elle est flanquée de deux grands bastions ajoutés en 1564 par Pie IV. Le projet d'entrée monumentale pour le Vatican dessiné par Sangallo ne fut malheureusement jamais réalisé ; la colonnade principale s'achève abruptement sous une chape de ciment.

Santo Spirito in Sassia ❹

Via dei Penitenzieri 12. **Plan** 3 C3.
Tél. *06 687 9310.* 🚌 *23, 34, 46, 62, 64, 98, 870, 881, 982.*
🕐 *t.l.j. 7h-12h, 15h-19h30.* 🚹 ♿

Nef de Santo Spirito in Sassia

Édifiée sur le site d'une église bâtie par le roi Ine de Wessex, qui mourut à Rome au VIIIe siècle, l'église est l'œuvre d'Antonio da Sangallo le Jeune. Elle fut reconstruite entre 1538 et 1544 après sa destruction durant le sac de Rome en 1527. La façade fut ajoutée sous Sixte Quint (1585-1590). La nef et les chapelles latérales sont ornées de fresques expressives. Le clocher date de Sixte IV (1471-1484). Il est dû à Baccio Pontelli, l'architecte du pape, qui construisit l'hôpital Santo Spirito, ainsi que le pont Sisto *(p. 210)* sur le Tibre.

Armoiries de Sixte Quint, portail de Santo Spirito

Ospedale di Santo Spirito ❺

Borgo Santo Spirito 2. **Plan** 3 C3.
🚌 *23, 34 46, 62, 64, 98, 870, 881, 982.* **Complexe et chapelle**
🕐 *vis. guid. lun. 10h, 15h30 (téléphoner au 06 6821 0854.* 📷

Cet hôpital, le plus vieux de Rome, fut fondé, dit-on, à la suite d'un cauchemar du pape Innocent III (1198-1216), qui vit en rêve des anges lui montrer les cadavres de nouveau-nés romains ramenés des eaux du Tibre dans des filets de pêche. Après ce songe, le pape fit construire un hôpital pour les pauvres.

Sixte IV réorganisa l'hôpital

Ange, détail des fresques de la chapelle octogonale de l'ospedale di Santo Spirito

en 1475, en prévision de l'afflux de pèlerins attendus pour l'année sainte. C'était à l'époque un établissement très moderne : des cloîtres isolaient les diverses catégories de malades ; l'un d'eux est toujours réservé aux orphelins.

Les nouveau-nés étaient abandonnés dans un guichet cylindrique rotatif, la *rota* – dispositif qui préservait l'anonymat, à gauche de l'entrée principale donnant dans le borgo Santo Spirito. Séjournant à Rome en 1511, Martin Luther fut scandalisé par le nombre d'enfants abandonnés qu'il considérait comme étant « les enfants du pape lui-même ».

Des messes étaient dites pour les malades dans la chapelle octogonale (visite autorisée) ; le reste du bâtiment fonctionne toujours comme hôpital.

Bossages rustiques de l'entrée du palazzo dei Convertendi

La *rota* de Santo Spirito, où l'on abandonnait les nouveau-nés

Palazzo del Commendatore ❻

Borgo Santo Spirito 3. **Plan** 3 C3.
🚌 23, 34, 46, 62, 64.
🕐 vis. guid. lun. 10h, 15h30 (tél. au 06 6821 0854). 🅿

Le *Commendatore*, directeur de l'hôpital de Santo Spirito, était également chargé de l'administration de ses propriétés foncières et de ses ressources fiscales. Cette charge importante revenait à l'origine aux membres de la famille du pape.

Le palais, jouxtant l'hôpital, possède une grande loggia du

XVIᵉ siècle ornée de fresques relatant la fondation de l'hôpital Santo Spirito. À gauche de l'entrée, la *Spezieria*, ou pharmacie, possède encore la meule qui broyait l'écorce de quinquina de laquelle on extrayait la quinine, remède contre la malaria rapporté du Pérou par les Jésuites en 1632.

Une splendide horloge (1827) dominait la cour ; son cadran ne comporte que six divisions : c'est en 1846 seulement que Pie IX introduisit à Rome l'actuelle division de la journée en deux périodes de douze heures.

Palazzo dei Convertendi ❼

Via della Conciliazione 43.
Plan 3 C3. 🚌 23, 34, 62, 64.
🚫 au public.

Lors du percement dans les années 1930 de la via della Conciliazione, le palazzo dei Convertendi fut démoli puis reconstruit à proximité sur ce nouveau site. C'est dans cette demeure, due en partie à l'architecte Bramante, que Raphaël mourut en 1520.

Palazzo dei Penitenzieri ❽

Via della Conciliazione 33.
Plan 3 C3. **Tél.** 06 682 8121.
🚌 23, 34, 62, 64. 🕐 sur r.-v., envoyer un fax au 06 687 7632.
🅿 Donation pour groupes.

Blason pontifical

Le palais doit son nom aux confesseurs (*penitenzieri*) de la basilique Saint-Pierre qui y résidaient jadis. C'est aujourd'hui l'hôtel Columbus. Il fut édifié en 1480 par le cardinal Domenico della Rovere. Les armoiries de la famille, le chêne (*rovere*), sont toujours visibles dans la cour sur la margelle du puits. À la mort du cardinal della Rovere, le palais fut acquis par le cardinal Francesco Alidosi, le favori du pape Jules II della Rovere, et qui, soupçonné de trahison, fut assassiné en 1511 par le duc d'Urbino, le neveu du pape. Celui-ci prit ensuite possession du palais. Certaines salles sont ornées de fresques magnifiques.

Vue du Tibre et du Borgo entre le castel Sant'Angelo et Saint-Pierre de Rome de Gaspar Vanvitelli (1653-1736)

Santa Maria in Traspontina ❾

Via della Conciliazione 14.
Plan 3 C3. **Tél.** *06 6880 6451.*
🚃 *23, 34, 62, 64.*
⭕ *t.l.j. 7h-12h, 16h-19h.* ♿

Façade de l'église carmélite Santa Maria in Traspontina

L'église occupe le site d'une antique pyramide romaine, considérée au Moyen Âge comme étant le tombeau de Romulus, et démolie par le pape Alexandre VI Borgia. La pyramide figure sur le portail en bronze de la basilique Saint-Pierre et dans un triptyque de Giotto conservé à la pinacothèque du Vatican *(p. 240).*

L'église actuelle fut commencée en 1566, pour remplacer celle détruite par les canons qui défendaient le castel Sant'Angelo durant le sac de Rome en 1527.
Les officiers de l'artillerie pontificale exigeant que le dôme de la nouvelle église soit aussi bas que possible, il fut construit sans tambour de soutènement. La première chapelle à droite, ornée de motifs guerriers, est dédiée à sainte Barbara, patronne des artilleurs. Les deux colonnes de la troisième chapelle à gauche seraient celles où furent enchaînés saint Pierre et saint Paul avant leur martyre.

Le Borgo ❿

Plan 3 C3. 🚃 *23, 34, 40, 62.*

Le terme « borgo » provient de l'allemand *burg* qui signifie ville. C'est dans les hospices et auberges du Borgo que logeaient jadis les premiers pèlerins qui se rendaient à la basilique Saint-Pierre.

La première de ces colonies étrangères fut fondée en 725 par le roi saxon Ine de Wessex, qui souhaitait mener une vie de pénitence. Aujourd'hui, hôtels et pensions ont redonné au Borgo son caractère de colonie internationale. Si le quartier a perdu en grande partie son cachet après les rénovations des années 1930, ses vieilles ruelles qui débouchent sur la via della Conciliazione forment une belle balade.

Passetto di Borgo ⓫

Castel Sant'Angelo vers le Vatican.
Plan 3 C3. 🚃 *23, 34, 40, 62.*
⬤ *au public.*

Clément VII, qui s'enfuit par le corridor du Vatican en 1527

Connu des Romains sous le nom de *passetto* (petit couloir), le corridor du Vatican, long passage, percé au Moyen Âge à travers les fortifications, et reliant le Vatican au castel Sant'Angelo, servait d'issue pour s'enfuir et contrôlait le quartier stratégique du Borgo. Flèches et autres projectiles pouvaient être lancés du haut de ses bastions dans les rues et demeures en contrebas. Le pape Alexandre VI Borgia emprunta le corridor en 1494 quand le roi de France Charles VIII envahit Rome. Clément VII l'utilisa également pour se réfugier au castel Sant'Angelo lorsque les troupes du connétable de Bourbon mirent à sac la ville en 1527.

Le palazzo Torlonia (1496), encore intact dans un quartier modernisé

Palazzo Torlonia ⑫

Via della Conciliazione 30.
Plan 3 C3. 🚌 23, 34, 40, 62, 64.
⬤ au public.

Le palais fut édifié à la fin du XVe siècle sur le modèle du palazzo della Cancelleria *(p. 149)* par le puissant cardinal Adriano Castellesi. Celui-ci, aussi retors que grand voyageur, retirait d'immenses revenus des évêchés de Bath et Wells que lui avait offerts son

Le pape Léon X

ami le roi Henry VII d'Angleterre. Pour le remercier, le cardinal lui donna son palais qui devint siège de l'ambassade d'Angleterre près du Saint-Siège. Ultérieurement démis de son cardinalat par le pape Léon X Médicis, Castellesi tomba dans l'oubli.

Depuis, le palais a eu de nombreux propriétaires. Au XVIIe siècle, il fut loué par la reine Christine de Suède. La famille Torlonia acquit l'édifice en 1820. Elle devait sa fortune au génie financier de Giovanni Torlonia, banquier qui prêta de l'argent à l'aristocratie romaine appauvrie et racheta leurs propriétés durant les guerres napoléoniennes.

Castel Sant'Angelo ⑬

Voir p. 248-249.

Palazzo di Giustizia ⑭

Piazza Cavour. **Plan** 4 E3. 🚌 34, 49, 70, 87, 186, 280, 492, 913, 926, 990. ⬤ au public.

Édifié entre 1889 et 1910, le monumental palais de Justice abrite les juridictions nationales. Sa façade sur le Tibre, surmontée d'un char en bronze, est ornée de statues colossales représentant les grands juristes italiens.

Le palazzo di Giustizia, destiné à symboliser l'ordre nouveau qui devait succéder aux abus de l'autorité pontificale, n'a jamais été apprécié des Romains qui l'ont surnommé le Palazzaccio (que l'on peut traduire par « palais décrépit »), tant pour son aspect que pour les affaires qui s'y trament. Depuis les années 1970, l'édifice s'affaisse mais il a été restauré récemment.

La façade de travertin du palazzo di Giustizia

Basilique Saint-Pierre ❶

Centre de la chrétienté, la basilique Saint-Pierre (San Pietro) attire des pèlerins du monde entier émerveillés par la vaste coupole de Michel-Ange. Une première grande basilique construite par l'empereur Constantin et achevée vers 349 remplaça le monument élevé au IIᵉ siècle sur le site du tombeau de saint Pierre. Cette basilique ayant menacé ruine au XVᵉ siècle, Jules II posa en 1506 la première pierre d'un sanctuaire, dont l'édification dura plus d'un siècle, et à laquelle participèrent tous les grands architectes de la Renaissance et du baroque.

★ Coupole de Saint-Pierre
Dessinée par Michel-Ange et achevée après sa mort, la spectaculaire coupole de 136,5 m de haut donne son unité à l'intérieur de la basilique.

La nef fait 218 m de long.

Autel papal
L'autel actuel date de Clément VII (1592-1605). Son bloc de marbre, provenant du forum de Nerva, est coiffé par le baldaquin de Bernin qui domine la chapelle de la Confession. En-dessous, la crypte abrite le tombeau de saint Pierre.

Baldaquin
Le magnifique baldaquin de bronze doré, soutenu par des colonnes torses de 20 m de haut, est l'œuvre de Bernin (XVIIᵉ siècle).

CHRONOLOGIE

61 apr. J.-C. Inhumation de saint Pierre			**1506** Jules II pose la première pierre	**1547** Michel-Ange architecte en chef de Saint-Pierre	**1593** Achèvement de la coupole	**1626** Consécration de la nouvelle basilique
	324 Constantin édifie la première basilique	**1452** Projet de restauration de Nicolas V				
60 apr. J.-C.	**800**		**1500**	**1550**	**1600**	
	200 Élévation du tombeau de saint Pierre	**1503** Jules II nomme Bramante architecte de la nouvelle basilique	**1538** Antonio da Sangallo le Jeune dirige les travaux	**1606** Carlo Maderno agrandit la basilique	**1614** Maderno achève la façade	
800 Charlemagne couronné empereur des Romains à Saint-Pierre			**1514** Raphaël conduit l'ouvrage	**1564** Mort de Michel-Ange		

★ Vue depuis la coupole
Du haut de la coupole, on peut admirer la superbe symétrie de la colonnade de Bernin.

MODE D'EMPLOI

Piazza San Pietro. **Plan** 3 B3.
Tél. 06 6988 3712 (sacristie),
06 6988 1662 (informations).
62 vers la via della
Conciliazione, 23, 49, 81, 492,
990 vers la piazza del
Risorgimento, 64 vers le largo di
Porta Cavalleggeri. Ottaviano
S. Pietro. **Basilique** t.l.j. 7h-
19h (oct.-mars : 18h).
Trésor t.l.j. 8h-18h50
(oct.-mars : 17h50). **Grottes du
Vatican** t.l.j. 7h-18h (oct.-mars :
17h). **Coupole** t.l.j. 8h-
17h45 (oct.-mars 16h45)
trésor et coupole. **Nécropole
pré-constantinienne**
sur r.-v. **Tél.** 06 6988 5318
très à l'avance. **Audiences
pontificales** : mer. à 11h dans la
salle des audiences pontificales
ou sur la place Saint-Pierre. Ticket
gratuit, tél. au 06 6988 3114 ou
se renseigner au bureau derrière
les portes en bronze (9h-13h).
Bénédiction de la foule sur la
place dim. à 12 h, de la fenêtre
de la bibliothèque. Venir tôt.
Shorts et minijupes proscrits.

Les deux petites coupoles aux croisées du transept sont de Vignole.

Clefs du pape Urbain VIII
Au pied des colonnes, les armoiries d'Urbain VIII montrent les clefs du royaume des cieux.

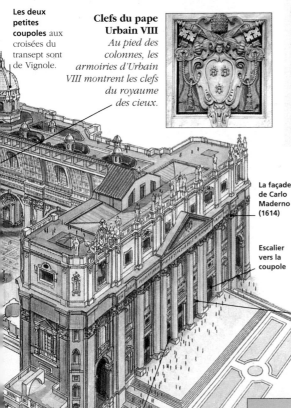

La façade de Carlo Maderno (1614)

Escalier vers la coupole

Portail du Filarete
Achevée en 1445, la porte d'Antonio Averulino provient de l'ancienne basilique.

Entrées

Place Saint-Pierre
Les dimanches et lors de certaines fêtes religieuses, le pape bénit la foule du haut du balcon.

À NE PAS MANQUER

★ Coupole

★ Vue depuis la coupole

Saint-Pierre pas à pas

La basilique fait 187 m de long. Son vaste intérieur recouvert de marbre abrite 11 chapelles et 45 autels, ainsi que d'inestimables œuvres d'art, certaines provenant du premier sanctuaire, d'autres datant de la fin de la Renaissance et du baroque. L'essentiel de la décoration est cependant dû à Bernin (milieu du XVIIe siècle). Les deux nefs latérales, longues de 76 m, convergent sous la gigantesque coupole de Michel-Ange, vers l'autel papal, dominé par le baldaquin de Bernin qui occupe l'espace compris entre les quatre énormes piliers portant la coupole. Dans la basilique, on pourra visiter les grottes où Jean-Paul II est enterré, la sacristie et le trésor de Saint-Pierre, ou monter sur la terrasse offrant une vue panoramique.

⑤ **Baldaquin de Bernin**
Commandé par Urbain VIII en 1624, l'extraordinaire baldaquin baroque domine la nef, surplombant l'autel papal, où seul le Saint-Père peut célébrer la messe.

Le monument d'Urbain VIII, de Bernin

④ **Trône de saint Pierre**
Dans l'abside, le vitrail qui illumine le groupe baroque de Bernin (1656-1665) représente le Saint-Esprit sous la forme d'une colombe volant parmi les anges.

Entrée de la sacristie et du trésor

PLAN HISTORIQUE DE LA BASILIQUE SAINT-PIERRE

Saint Pierre fut inhumé vers 64 dans une nécropole proche du cirque de Néron, le lieu de sa crucifixion. Sur son tombeau, Constantin édifia en 324 une église qui fut démolie et remplacée par une nouvelle basilique dont la construction s'étendit du XVIe au XVIIe siècle. La façade était achevée en 1614, et la basilique consacrée en 1626.

LÉGENDE

■	Cirque de Néron
■	Constantin
■	Renaissance
■	Baroque

Entrée de la nécropole

③ **Monument d'Alexandre VII**
Dans une niche à gauche du transept, la dernière œuvre de Bernin (1678) : le pape est assis entre la Vérité, la Justice, la Charité et la Prudence.

② **Monument de Léon XI**
À gauche, sous l'arc de la nef, le monument en marbre blanc de Léon XI, qui ne fut pape que durant 27 jours, par l'Algarde (1650).

LÉGENDE

- - - Itinéraire conseillé

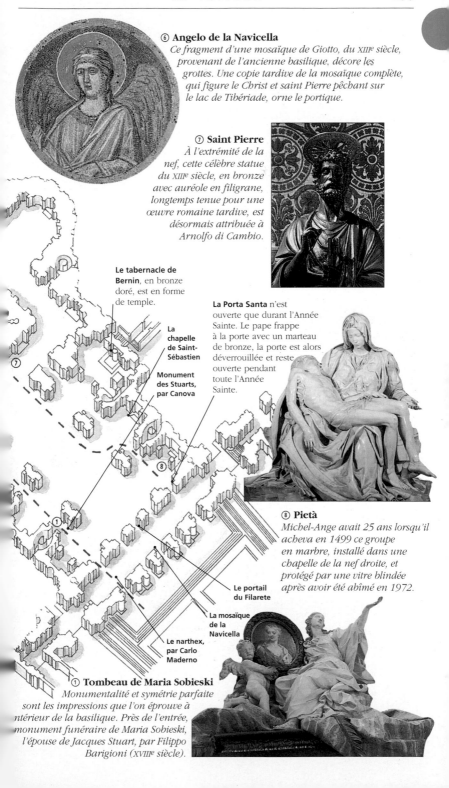

⑥ **Angelo de la Navicella**
Ce fragment d'une mosaïque de Giotto, du XIIIe siècle, provenant de l'ancienne basilique, décore les grottes. Une copie tardive de la mosaïque complète, qui figure le Christ et saint Pierre pêchant sur le lac de Tibériade, orne le portique.

⑦ **Saint Pierre**
À l'extrémité de la nef, cette célèbre statue du XIIIe siècle, en bronze avec auréole en filigrane, longtemps tenue pour une œuvre romaine tardive, est désormais attribuée à Arnolfo di Cambio.

Le tabernacle de Bernin, en bronze doré, est en forme de temple.

La chapelle de Saint-Sébastien

Monument des Stuarts, par Canova

La Porta Santa n'est ouverte que durant l'Année Sainte. Le pape frappe à la porte avec un marteau de bronze, la porte est alors déverrouillée et reste ouverte pendant toute l'Année Sainte.

⑧ **Pietà**
Michel-Ange avait 25 ans lorsqu'il acheva en 1499 ce groupe en marbre, installé dans une chapelle de la nef droite, et protégé par une vitre blindée après avoir été abîmé en 1972.

Le portail du Filarete

La mosaïque de la Navicella

Le narthex, par Carlo Maderno

① **Tombeau de Maria Sobieski**
Monumentalité et symétrie parfaite sont les impressions que l'on éprouve à l'intérieur de la basilique. Près de l'entrée, monument funéraire de Maria Sobieski, l'épouse de Jacques Stuart, par Filippo Barigioni (XVIIIe siècle).

Musées du Vatican ②

Les bâtiments qui abritent un patrimoine artistique inestimable, étaient à l'origine des palais édifiés durant la Renaissance par Sixte IV, Innocent VIII et Jules II. Les cours et les galeries reliant le palais du Belvédère d'Innocent VIII aux autres édifices furent dessinées par Bramante pour Jules II en 1503. La plupart des ajouts ultérieurs datent du XVIIIe siècle, lorsque pour la première fois furent présentées les somptueuses œuvres d'art accumulées par les papes. Cette visite, qui comprend aussi la cappella Sistina (chapelle Sixtine) et les stanze di Raffaello (chambres de Raphaël), est vivement conseillée.

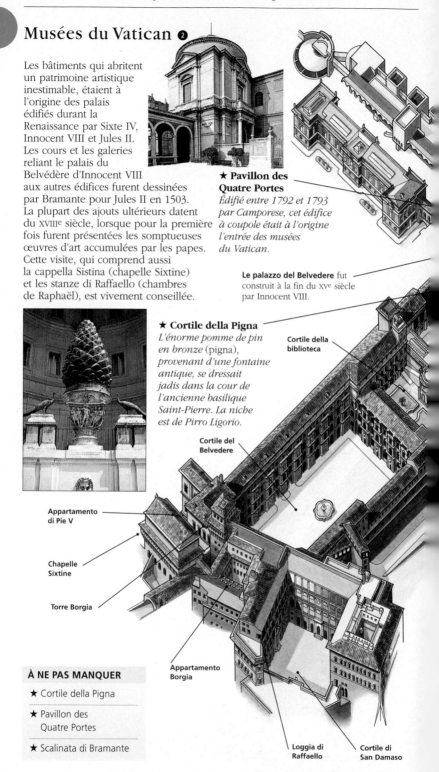

★ Pavillon des Quatre Portes
Édifié entre 1792 et 1793 par Camporese, cet édifice à coupole était à l'origine l'entrée des musées du Vatican.

Le palazzo del Belvedere fut construit à la fin du XVe siècle par Innocent VIII.

★ Cortile della Pigna
L'énorme pomme de pin en bronze (pigna), provenant d'une fontaine antique, se dressait jadis dans la cour de l'ancienne basilique Saint-Pierre. La niche est de Pirro Ligorio.

Cortile della biblioteca

Cortile del Belvedere

Appartamento di Pie V

Chapelle Sixtine

Torre Borgia

Appartamento Borgia

Loggia di Raffaello

Cortile di San Damaso

À NE PAS MANQUER

★ Cortile della Pigna

★ Pavillon des Quatre Portes

★ Scalinata di Bramante

Escalier hélicoïdal
Cette rampe montant vers les musées a été dessinée par Giuseppe Momo en 1932.

Entrée

MODE D'EMPLOI

Città del Vaticano. Entrée viale Vaticano. **Plan** 3 D2. **Tél.** 06 6988 3860. 49 vers l'entrée, 23, 81, 492, 990 vers la piazza del Risorgimento ou 62 vers San Pietro. Cipro Musei Vaticani, Ottaviano S. Pietro. lun.-sam. 9h-18h (dern. entrée : 16h), dern. dim. du mois 9h-14h (dern. entrée : 12h30). j.f. et fêtes religieuses. Permis requis pour la loggia di Raffaello, la Bibliothèque vaticane, la Galerie lapidaire et les archives du Vatican. gratuit dern. dim. du mois. accès spéciaux. **Expositions temporaires, conférences**. Jardins et vis. guid. 06 6988 4019.
www.vatican.va

Scalinata di Simonetti
L'escalier et son plafond furent construits dans les années 1780 lors de l'aménagement du palais du Belvédère en musée Pio-Clementino.

Cortile ottogonale
La cour intérieure du palais du Belvédère reçut sa forme octogonale en 1773.

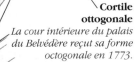

Braccio Nuovo

★ Scalinata di Bramante
L'escalier en spirale construit pour Jules II constituait l'entrée du palais. On pouvait l'emprunter à cheval en cas d'urgence.

CHRONOLOGIE

1000	1500	1600	1700	1800
1198 Innocent III construit le palais pontifical	**1503** Bramante dessine la cour du Belvédère	**1655** Bernin dessine la *Scala Regia*	**1756** Fondation du Musée chrétien	**1800-1823** Fondation du museo Chiaramonti
	1509 Raphaël commence les Chambres			**1837** Fondation du Museo etrusco
1473 Sixte IV élève la cappella Sistina	**1503-1513** Jules II commence une collection de sculptures classiques	*Bramante (1444-1514)*	**1758** Fondation du musée des Antiquités profanes **1776-1784** Pie VI agrandit le musée	**1822** Inauguration du Braccio Nuovo **1970** Paul VI inaugure le Museo gregoriano

À la découverte des musées du Vatican

Quatre siècles de mécénat pontifical ont constitué l'une des plus grandes collections d'art classique et Renaissance au monde.

Le Vatican abrite maintes découvertes archéologiques majeures effectuées en Italie centrale, dont le groupe du *Laocoon* trouvé en 1506 sur l'Esquilin, l'*Apollon du Belvédère*, et le bronze étrusque dit *Mars de Todi*.

Durant la Renaissance, la chapelle Sixtine, les Chambres de Raphaël et les appartements Borgia furent ornés de fresques extraordinaires.

Mars de Todi

Galleria dei Candelabri
Ancienne loggia ouverte, la galerie de sculptures grecques et romaines offre une belle vue sur les jardins du Vatican.

Salle Bige

Galerie des Tapisseries

Museo etrusco

Siège de Malte
La galerie des Cartes géographiques conserve d'importantes archives de l'histoire et de la cartographie du XVIᵉ siècle.

Étage supérieur

Loggia di Raffaello

Art religieux moderne

Chapelle Sixtine

Chambres de Raphaël

SUIVEZ LE GUIDE !

La visite est organisée selon un système de fléchage à sens unique. Il vaudra mieux opter pour une seule collection ou bien choisir l'un des itinéraires conseillés, indiqués par des panneaux de couleur à travers l'ensemble des musées, et dont la durée varie de 90 minutes à 5 heures. Si vous souhaitez effectuer une visite prolongée, prévoyez des temps de repos en conséquence. Gardez votre énergie pour la cappella Sistina et les stanze di Raffaello, à 20-30 minutes de marche de l'entrée.

Salle des Mystères de la foi
Cette salle des appartements Borgia est ornée de superbes fresques du Pinturicchio.

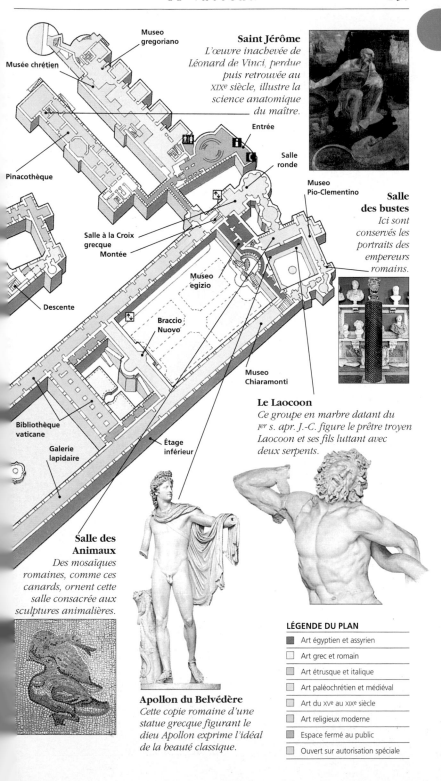

Museo gregoriano

Musée chrétien

Saint Jérôme
L'œuvre inachevée de Léonard de Vinci, perdue puis retrouvée au XIXᵉ siècle, illustre la science anatomique du maître.

Entrée

Salle ronde

Pinacothèque

Museo Pio-Clementino

Salle des bustes
Ici sont conservés les portraits des empereurs romains.

Salle à la Croix grecque
Montée

Descente

Museo egizio

Braccio Nuovo

Museo Chiaramonti

Le Laocoon
Ce groupe en marbre datant du 1ᵉʳ s. apr. J.-C. figure le prêtre troyen Laocoon et ses fils luttant avec deux serpents.

Bibliothèque vaticane

Galerie lapidaire

Étage inférieur

Salle des Animaux
Des mosaïques romaines, comme ces canards, ornent cette salle consacrée aux sculptures animalières.

Apollon du Belvédère
Cette copie romaine d'une statue grecque figurant le dieu Apollon exprime l'idéal de la beauté classique.

LÉGENDE DU PLAN

- Art égyptien et assyrien
- Art grec et romain
- Art étrusque et italique
- Art paléochrétien et médiéval
- Art du XVᵉ au XIXᵉ siècle
- Art religieux moderne
- Espace fermé au public
- Ouvert sur autorisation spéciale

À la découverte des collections du Vatican

Les antiquités gréco-romaines comptent parmi les trésors essentiels du Vatican. Elles sont exposées au public depuis le XVIIIe siècle et furent enrichies au XIXe siècle par des fouilles effectuées dans des tombeaux étrusques et en Égypte. La pinacothèque abrite une petite collection de tableaux majeurs, notamment de Raphaël, du Titien et de Léonard de Vinci. Des œuvres d'autres grands peintres et sculpteurs de la Renaissance composent les somptueuses décorations commandées par les papes.

Bas-relief polychrome, tombeau égyptien (v. 2400 av. J.-C.)

ART ÉGYPTIEN ET ASSYRIEN

La collection égyptienne comprend des œuvres découvertes lors de fouilles effectuées en Égypte aux XIXe et XXe siècles, ainsi que des statues rapportées à Rome à l'époque de l'Empire. On y verra également des répliques romaines d'art égyptien provenant de la villa Adriana *(p. 269)* et du *Campus Martius*, un quartier de la Rome ancienne.

La statuaire de la villa Adriana servit à décorer la salle à la Croix grecque, l'entrée de l'aile édifiée en 1780 par Michelangelo Simonetti.

Les véritables antiquités égyptiennes, exposées à l'étage inférieur du palais du Belvédère, comprennent statues, momies, sarcophages, objets funéraires, et une importante collection de papyrus, ainsi que la statue colossale en granit de la reine Touya, la mère de Ramsès II, découverte en 1714 sur le site

des jardins *Horti Sallustiani* *(p. 251)*. La statue date du XIIIe siècle av. J.-C., et fut peut-être rapportée à Rome par l'empereur Caligula (37-41).

On y verra également la tête d'une statue de Montuhotep IV (XXIe siècle av. J.-C.), le magnifique sarcophage de la reine Hetep-heret-es et le tombeau d'Iri, le gardien de la pyramide de Chéops (XXVIe siècle av. J.-C.).

L'escalier des Reliefs assyriens est orné de fragments de bas-reliefs provenant des palais des rois de Ninive (VIIIe siècle av. J.-C.), et représentant les exploits guerriers du roi Sargon II et de son fils Sennachérib, ainsi que des scènes de la mythologie assyrienne et chaldéenne.

ART ÉTRUSQUE ET PRÉROMAIN

Cette collection est constituée d'objets provenant des civilisations préromaines d'Étrurie et du Latium, datant du néolithique au Ier siècle av. J.-C., époque à laquelle ces cultures antiques furent assimilées par l'État romain. Le Musée grégorien étrusque réserve une place d'honneur aux objets provenant de la tombe Regolini-Galassi mise au jour en 1836 dans la nécropole de Cerveteri *(p. 271)* : la sépulture intacte a livré de nombreux objets domestiques, ainsi qu'un trône, un lit et un char funéraires, tous en bronze et datant du VIIe siècle av. J.-C. Les beaux vases à figures noires, les charmantes figurines en terre cuite et les statues en bronze comme le célèbre *Mars de Todi*, exposés dans les salles des Bronzes, manifestent le haut degré de civilisation des Étrusques.

La collection de vases rassemble des poteries grecques découvertes dans des tombes étrusques et des vases italiques produits dans les cités grecques d'Italie du Sud et d'Étrurie, du IIIe au Ier siècle av. J.-C.

Fibule étrusque en or (VIIe siècle av. J.-C.)

Tête d'athlète, mosaïque provenant des thermes de Caracalla

ART GRÉCO-ROMAIN

Les musées du Vatican sont en majeure partie consacrés aux œuvres d'art gréco-romain. Elles ont tout envahi : les salles, les couloirs, les murs et les sols, souvent recouverts de belles mosaïques et même les cours ornées de sculptures antiques.

La première véritable organisation des collections, autour de la cour du Belvédère de Bramante, remonte au pontificat de Jules II (1503-1513). Outre les œuvres majeures conservées au musée Pio-Clementino, fondé au XVIIIe siècle, les cabinets d'angle de la cour octogonale et les salles adjacentes abritent des exemples insignes de la sculpture occidentale qui influencèrent profondément Michel-Ange et les artistes de la Renaissance. L'*Apoxyomène* (athlète se frottant le corps après une course) et l'*Apollon du Belvédère* sont des répliques romaines de bronzes grecs datant de 320 av. J.-C. environ. Le magnifique *Laocoon*, sculpté par trois artistes de Rhodes, et dont une description de Pline l'Ancien attestait depuis longtemps l'existence, fut découvert en 1506

près des ruines de la *Domus Aurea* de Néron *(p. 175)*.

Le musée Chiaramonti, qui porte le nom de son fondateur Pie VII, fut organisé par Canova au début du XIXe siècle. Il possède notamment une tête colossale d'Athéna. Extension du museo Chiaramonti, le Braccio Nuovo, orné de mosaïques romaines, compte une statue d'Auguste provenant de la villa Prima Porta, qui appartenait à Livie, l'épouse de l'empereur. La pose est inspirée du célèbre *Doryphore* du sculpteur grec Polyclète, dont une réplique romaine est présentée en vis-à-vis. La collection de vases couvre les périodes allant du style géométrique grec (VIIIe siècle av. J.-C.) aux vases à figures noires de Corinthe, tel le célèbre vase d'Exékias représentant *Achille et Ajax jouant aux dés* (530 av. J.-C.). Les vases à figures rouges sont postérieurs, comme le *kylix* (coupe évasée peu profonde) d'Œdipe et du Sphinx (Ve siècle av. J.-C.). Un escalier relie ces salles à la galerie des Candélabres et à la salle du Bige. Le Musée grégorien, installé dans une aile moderne, retrace l'évolution de l'art romain. Les œuvres grecques d'origine sont

notamment représentées par de grands fragments de marbre rapportés du Parthénon. On y verra également une réplique romaine du groupe *Athéna et Marsyas* de Myron. Les sculptures romaines comptent

L'empereur Vespasien, bas-relief en marbre

les deux bas-reliefs de la Chancellerie, découverts dans les années 1930 sous le palazzo della Cancelleria *(p. 149)*, et qui figurent les parades militaires de l'empereur Vespasien et de son fils Domitien. À voir aussi, de belles mosaïques romaines, dont deux proviennent des terme di Caracalla *(p. 197)* et montrent des athlètes et des arbitres (IIIe siècle apr. J.-C.). La mosaïque la plus singulière représente un sol jonché des restes d'un repas. Loin des collections classiques, à la Bibliothèque vaticane, la salle des Noces Aldobrandines abrite une fresque figurant les préparatifs de mariage d'une jeune femme (Ier siècle apr. J.-C.).

Le *Doryphore* (porteur de lance), réplique romaine en marbre d'un bronze grec

Mosaïque provenant des thermes d'Otricoli (Ombrie), salle ronde

Détail du *Triptyque Stefaneschi* de Giotto

ART PALÉOCHRÉTIEN ET MÉDIÉVAL

Anciennement installée au palais du Latran, la collection d'art paléochrétien appartient aujourd'hui au Musée chrétien, fondé au siècle dernier par Pie IX. Elle comprend des épigraphes et des sculptures provenant des catacombes et des premières basiliques chrétiennes. Outre des reliefs décorant les sarcophages, on y verra le *Bon Pasteur*, une émouvante statue du IVe siècle. Le christianisme développa sa propre iconographie tout au long du Moyen Âge, avec des artistes comme Fra Angelico ou Giotto. C'est avec Raphaël et la Renaissance que l'Église adopta l'iconographie classique, s'affirmant comme l'héritière spirituelle et culturelle de l'Empire romain. Par exemple, les philosophes grecs barbus devinrent les apôtres eux-mêmes.

Les deux premières salles de la pinacothèque sont consacrées à la fin du gothique : elles regroupent principalement des panneaux de retable à la détrempe, dont l'extraordinaire *Triptyque Stefaneschi* de Giotto (v. 1300), qui exprime de manière analogue aux primitifs chrétiens la continuité entre l'univers classique de l'Empire romain et le nouvel ordre chrétien. La crucifixion de saint Pierre est encadrée par deux monuments de la Rome antique, la pyramide di Caïo Cestio *(p. 205)* et la pyramide qui se dressait près du Vatican, que le Moyen Âge considérait comme étant le tombeau de Romulus. Ce triptyque, qui ornait le maître-autel de l'ancienne basilique Saint-Pierre, figure notamment saint Célestin V (pape d'août à décembre 1294) et le donateur, le cardinal Jacopo Stefaneschi, offrant l'œuvre à saint Pierre.

La Bibliothèque vaticane compte d'innombrables trésors dont seule une partie est exposée dans les vitrines : manuscrits, incunables, tissus brodés, reliquaires, émaux, icônes, etc. La réorganisation au XVIIIe siècle des collections du Vatican eut pour objectif de consacrer la gloire des œuvres chrétiennes. La longue galerie lapidaire abrite plus de 3 000 tablettes en pierre portant des inscriptions païennes et chrétiennes, accrochées en vis-à-vis. Cette collection, unique au monde, n'est accessible que sur autorisation.

ART DU XVe SIÈCLE AU XIXe SIÈCLE

Les papes de la Renaissance, souvent amateurs éclairés, considéraient comme un devoir le mécénat envers les grands artistes de leur

La *Pietà* du peintre vénitien Giovanni Bellini (1430-1516)

LE DERNIER TABLEAU DE RAPHAËL

À la mort de Raphaël, en 1520, on découvrit dans son atelier cette *Transfiguration* presque achevée. Cette œuvre lumineuse, que l'on plaça sur son lit de mort, illustre l'épisode des Évangiles où le Christ conduit trois apôtres au sommet du mont Thabor avant de leur apparaître dans sa gloire divine. Le détail ci-contre montre le Christ enlevé au-dessus du sol, dans un halo de lumière très pure.

ART RELIGIEUX CONTEMPORAIN

Les artistes modernes exposés au Vatican doivent affronter le voisinage des maîtres du passé. Leurs œuvres se font plutôt discrètes, à l'exception de l'escalier hélicoïdal de Momo (1932), qui accueille le visiteur à l'entrée des musées, et de la sculpture abstraite de Giò Pomodoro installée au centre de la cortile della Pigna.

La collection d'art contemporain fut inaugurée par Paul VI en 1973. Installée dans les appartements Borgia, elle regroupe plus de 800 œuvres du monde entier, offertes par des collectionneurs ou les artistes eux-mêmes. Leur grande variété de techniques et d'exécution illustre la diversité de l'esthétique religieuse aux XIXe et XXe siècles. Georges Braque, Paul Klee, Edvard Munch, Georges Rouault ou Graham Sutherland y sont notamment représentés, à côté de dessins de Henry Moore, de céramiques de Picasso et de vitraux de Fernand Léger.

Au nombre des projets de décoration d'église : les esquisses de Matisse pour la chapelle de Saint-Paul-de-Vence, le projet de Luigi Fontana pour le portail de la cathédrale de Milan et les panneaux d'Emilio Greco pour celui de la cathédrale d'Orvieto.

époque. Les galeries qui entourent la cour du Belvédère renferment toutes des œuvres majeures datant du XVIe au XIXe siècle. La galerie des Tapisseries abrite des tapisseries de Bruxelles exécutées d'après l'on cartons d'élèves de Raphaël ; les appartements de Pie V sont ornés de belles tapisseries flamandes du XVe siècle ; la galerie des Cartes renferme des cartes peintes à fresque, du XVIe siècle, décrivant l'Italie ancienne. En visitant les Chambres de Raphaël, ne manquez pas la salle dite des Clairs-obscurs, ni la petite chapelle de Nicolas V, peintes à fresque par Fra Angelico entre 1447 et 1451. Avant de visiter la chapelle Sixtine *(p. 244-247)*, faites un détour par les appartements Borgia décorés de fresques du Pinturicchio et de ses élèves (v. 1490-1500). Le contraste avec la voûte de la chapelle Sixtine, de Michel-Ange, commencée en 1508, ne saurait être plus grand. La loggia de Raphaël, également ornée de fresques fascinantes, ne se visite que sur autorisation.

La Pinacothèque vaticane abrite maints tableaux de la Renaissance. Au nombre des œuvres du XVe siècle : la belle *Pietà* du Vénitien Giovanni Bellini et le *Saint Jérôme* inachevé de Léonard de Vinci. Le XVIe siècle est notamment représenté par le retable du

Titien, la *Crucifixion de saint Pierre* de Guido Reni, la *Descente de croix* du Caravage et *La Dernière communion de saint Jérôme* du Dominiquin. Une salle est exclusivement consacrée à Raphaël : on y verra *La Madone de Foligno* et la *Transfiguration*, ainsi que huit tapisseries exécutées d'après ses cartons.

Lunette de l'*Adoration des mages*, du Pinturicchio, salle des Mystères de la foi, appartements Borgia

Ville avec cathédrale gothique de Paul Klee (1879-1940)

Chambres de Raphaël (stanze di Raffaello)

Les appartements de Jules II furent aménagés au-dessus de ceux de son prédécesseur haï, Alexandre VI Borgia, qui mourut en 1503. Jules II, qui admirait le travail de Raphaël, lui demanda de décorer

Héliodore chassé du temple, détail montrant Jules II observant la scène de sa litière

les quatre chambres de ses appartements. Raphaël et ses élèves se mirent à l'œuvre en 1508, recouvrant les fresques d'artistes célèbres, dont celles du Pérugin, le maître de Raphaël. Le travail dura plus de seize ans et Raphaël mourut avant qu'il soit achevé. Ces fresques, qui expriment l'idéal religieux et philosophique de la Renaissance, le rendirent aussi célèbre que Michel-Ange qui exécutait alors la voûte de la chapelle Sixtine.

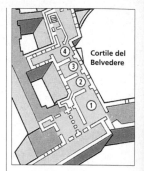

Cortile del Belvedere

LÉGENDE DU PLAN

① Sala di Costantino

② Stanza d'Eliodoro

③ Stanza della Segnatura

④ Stanza dell'Incendio di Borgo

SALA DI COSTANTINO ①

Raphaël a peu participé à l'exécution de ces fresques commencées en 1517, trois ans avant sa mort. Moins estimées que celles des autres chambres, les fresques de la salle de Constantin furent achevées en 1525, sous le règne du pape Clément VII, par Giulio Romano et deux autres anciens élèves de Raphaël, Giovanni Francesco Penni et Raffaellino del Colle.

Les fresques illustrent le triomphe du christianisme sur le paganisme : les quatre principales d'entre elles sont des scènes de la vie de Constantin, dont sa *Vision de la croix* et *La Victoire de Constantin sur Maxence* près du pont Milvius (d'après une esquisse de Raphaël). Dans *Le Baptême de Constantin* et *La Donation de Constantin*, le pape Sylvestre *(p. 170)* est figuré sous les traits de Clément VII. À la voûte, le *Triomphe du christianisme* a été réalisé par Laureti.

STANZA D'ELIODORO ②

La chambre d'Heliodorus fut peinte par Raphaël entre 1512 et 1514. Les fresques principales illustrent la protection miraculeuse accordée aux clercs, à la doctrine et aux biens de l'Église. La chambre tire son nom de la fresque de droite, *Héliodore chassé du temple*, inspirée d'un récit biblique : Héliodore, qui vient de piller le temple de Jérusalem, est terrassé par un

La Messe de Bolsena, détail du pape et des gardes suisses

cavalier. Le pape, porté dans sa litière par des courtisans, assiste à la scène. C'est une allusion à peine voilée aux succès militaires de Jules II qui repoussa les armées étrangères hors d'Italie. Dans la fresque représentant *Léon Ier arrêtant Attila*, Raphaël salue également l'habileté politique du pape. À l'origine, Léon Ier avait les traits de Jules II, mais après la mort de celui-ci, Raphaël lui donna ceux de son successeur, Léon X.

La Messe de Bolsena illustre un miracle survenu en 1263 : un prêtre qui doutait que le pain et le vin

La Bataille du pont Milvius, achevé par l'un des élèves de Raphaël

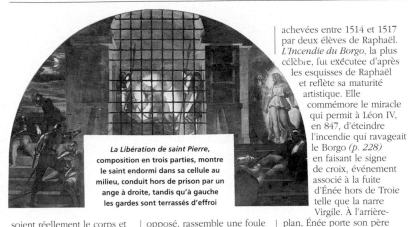

La *Libération de saint Pierre*, composition en trois parties, montre le saint endormi dans sa cellule au milieu, conduit hors de prison par un ange à droite, tandis qu'à gauche les gardes sont terrassés d'effroi

soient réellement le corps et le sang du Christ vit soudain le sang jaillir de l'hostie alors qu'il était en train de célébrer la messe. La fresque figure notamment Jules II entouré de gardes suisses.

Jules II apparaît encore dans la fresque *La Libération de saint Pierre*, sous les traits du saint. La forme inhabituelle de l'œuvre et sa situation au-dessus d'une fenêtre ne parviennent pas à ternir ses admirables effets de lumière.

STANZA DELLA SEGNATURA ③

La chambre de la Signature tire son nom du conseil qui s'y rassemblait pour la signature des documents officiels. Dicté à Raphaël par Jules II, le thème des fresques, achevées entre 1508 et 1511, illustre la conviction humaniste selon laquelle une harmonie parfaite devrait unir la culture classique et le christianisme dans leur recherche mutuelle de la vérité.

La Dispute du saint sacrement, la première fresque achevée par Raphaël pour le compte de Jules II, représente le triomphe de la religion et de la foi. Au centre de la composition, l'hostie consacrée réunit visuellement le groupe des sages, qui en discutent la signification, avec la Sainte Trinité et les saints dans les cieux. *L'École d'Athènes* (p. 30), sur le mur

opposé, rassemble une foule centrée sur le débat animant les deux philosophes grecs Platon et Aristote. Elle figure maints contemporains de Raphaël, dont Léonard de Vinci, Bramante et Michel-Ange. Sur une autre fresque, Jules II est figuré avec une barbe : il avait fait en 1511 le vœu de ne plus se raser avant d'avoir chassé d'Italie tous les usurpateurs.

STANZA DELL' INCENDIO DI BORGO ④

À l'origine salle à manger, la chambre de l'incendie du Borgo devint salon de musique après l'achèvement de sa décoration sous Léon X, dont les fresques font ici l'éloge ; elles illustrent en effet des événements de la vie de ses prédécesseurs homonymes du IXe siècle, les papes Léon III et Léon IV. Les principales furent

achevées entre 1514 et 1517 par deux élèves de Raphaël. *L'Incendie du Borgo*, la plus célèbre, fut exécutée d'après les esquisses de Raphaël et reflète sa maturité artistique. Elle commémore le miracle qui permit à Léon IV, en 847, d'éteindre l'incendie qui ravageait le Borgo *(p. 228)* en faisant le signe de croix, événement associé à la fuite d'Énée hors de Troie telle que la narre Virgile. À l'arrière-plan, Énée porte son père sur le dos. Par cet emprunt à la légende classique, Raphaël cherchait une nouvelle esthétique. Malheureusement, ses élèves ne suivirent pas toujours ses esquisses, et une restauration maladroite a gâché l'œuvre.

L'Incendie du Borgo, détail montrant Énée, le héros troyen, portant son père sur le dos

La Dispute du saint sacrement, la première fresque achevée des Chambres

Chapelle Sixtine (cappella Sistina) : les murs

Certains des plus grands artistes des xve et xvie siècles, tels le Pérugin, Botticelli, Ghirlandaio et Signorelli, peignirent à fresque les parois latérales de la chapelle du Vatican entreprise par Sixte IV en 1473. Au registre inférieur, douze panneaux établissent un parallèle entre les vies de Moïse et du Christ. Au mur du maître-autel, Michel-Ange a exprimé avec génie dans *Le Jugement dernier* (1534-1541) son angoisse face à la foi et au péché.

LÉGENDE DES FRESQUES

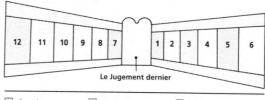

Le Jugement dernier

☐ Perugino   ☐ Botticelli   ☐ Ghirlandaio

☐ Rosselli   ☐ Signorelli   ☐ Michelangelo

1 Le Baptême du Christ
2 Les Tentations du Christ
3 La Vocation des apôtres Pierre et André
4 Le Sermon sur la montagne
5 Le Christ remettant les clés à saint Pierre
6 La Cène
7 Le Voyage de Moïse vers l'Égypte
8 La Vocation de Moïse
9 Le Passage de la mer Rouge
10 L'Adoration du Veau d'Or
11 La Punition de Core, Dathan et Abiron
12 Les Derniers Jours de Moïse

LE JUGEMENT DERNIER DE MICHEL-ANGE

Redevenue visible en 1993 après un an de restauration, cette peinture murale de 20 m de haut sur 10 de large, chef-d'œuvre de Michel-Ange commandé par le pape Paul III, nécessita de détruire des fresques antérieures, masquées par un enduit pour éviter le dépôt de poussière, et la condamnation de deux fenêtres au-dessus de l'autel.

Selon la tradition, ce thème – les âmes des morts s'élevant jusqu'à Dieu pour affronter son jugement – figure à l'entrée des églises et non à l'autel, mais Paul III voulait rappeler aux catholiques les dangers qu'ils couraient en renonçant à leur foi pour se tourner vers la religion réformée. Il offrait en outre ainsi à Michel-Ange un support idéal pour exprimer ses tourments face au péché.

Centre de la composition et du mouvement tourbillonnant qui l'anime, son Christ manifeste d'ailleurs bien peu de compassion pour les saints qui l'entourent en portant l'instrument de leur martyre, notamment saint Barthélemy, mort écorché vif et dont la peau qu'il tient porte le visage de Michel-Ange. Si le ciel s'ouvre aux Élus arrachés à leur tombe, les Damnés, malgré leurs supplices, n'ont pas de pitié à espérer. Précipités dans la barque de Charon, ils devront affronter Minos, juge des Enfers. Ces deux figures mythologiques sont inspirées de *La Divine Comédie* de Dante. Michel-Ange donna à Minos, doté d'oreilles d'âne, les traits de Biagio da Cesena, maître de cérémonie de la cour pontificale qu'il détestait. Celui-ci s'offusqua de la nudité des personnages de la fresque. Plusieurs seront recouverts de voiles.

Les Damnés affrontent la colère du Christ dans *Le Jugement dernier* de Michel-Ange

LES FRESQUES

Les Tentations du Christ de Botticelli, détail

À l'époque de la construction de la chapelle Sixtine, la papauté était une puissance politique majeure et avait accumulé de grandes richesses. Pour la décoration de la chapelle, Sixte IV fit appel en 1475 aux plus grands peintres de son temps : le Pérugin, qui fut le maître de Raphaël et que l'on considère comme ayant supervisé l'exécution du projet, Sandro Botticelli, Ghirlandaio, Cosimo Rosselli et Luca Signorelli, qui travaillèrent aux fresques de 1481 à 1483.

Souvent délaissées par les visiteurs au profit de l'œuvre de Michel-Ange, les fresques des parois latérales comptent pourtant quelques-uns des exemples majeurs de l'art italien du XVᵉ siècle. Elles illustrent en deux cycles distincts les vies de Moïse et du Christ. Au-dessus, entre les fenêtres, des portraits des premiers papes peints par divers artistes, dont Botticelli.

Les cycles commencent du côté de l'autel : la vie du Christ est représentée sur le mur de droite, celle de Moïse sur celui de gauche. Deux fresques situées à l'origine derrière l'autel, *La Nativité* et *Moïse sauvé des eaux*, furent recouvertes par *Le Jugement dernier* de Michel-Ange. Les dernières fresques des cycles sont également perdues : elles

étaient situées sur le mur d'entrée qui s'effondra au XVIᵉ siècle. Elles furent remplacées par des œuvres sans intérêt.

Comme il était coutume à l'époque, chaque fresque comporte une série de scènes reliées par leurs thèmes à l'épisode central. Des symboles et des significations secrètes associent chaque tableau avec son pendant sur le mur opposé, et nombreuses sont les allusions aux événements contemporains.

Les détails architecturaux montrent notamment des monuments romains familiers. Dans le 5ᵉ panneau du cycle de Moïse, l'arco di Costantino *(p. 91)* sert d'arrière-plan à *La Punition des rebelles*, de Botticelli, qui a prêté ses traits à l'avant-dernier personnage de droite. Deux arcs sont également figurés dans la fresque du Pérugin qui lui fait face, *Le Christ remettant les clés à saint Pierre*.

Moïse, chef spirituel et temporel de son peuple, en appelait à la colère de Dieu sur ses opposants ; il fut le modèle du pouvoir séculier

La Foule assistant à La Vocation des apôtres Pierre et André de Ghirlandaio

des papes, ce qu'illustre *Le Christ remettant les clés à saint Pierre*, où le premier confère au second son

autorité spirituelle et temporelle en lui remettant les clefs des royaumes des Cieux et de la Terre. La coupole dorée qui se dresse au centre de la grande place représente à la fois le temple de Jérusalem et l'Église fondée par Pierre, le premier pape. Le cinquième personnage à droite serait un autoportrait du Pérugin.

Scène centrale de La *Punition des rebelles* de Botticelli

L'ospedale di Santo Spirito *(p. 226)*, reconstruit en 1475 par Sixte IV, figure dans *Les Tentations du Christ*, de Botticelli. Ici, le diable se cache sous la bure d'un moine franciscain. À gauche, les portraits de Botticelli et de Filipino Lippi. Le neveu du pape, Girolamo Riario, apparaît dans *Le Passage de la mer Rouge*, de Rosselli, qui commémore également la victoire pontificale de Campomorto, en 1482.

***Le Christ remettant les clés à saint Pierre* du Pérugin**

Chapelle Sixtine : la voûte

Pour peindre ces fresques, Michel-Ange travailla seul, perché sur un échafaudage spécial, de 1508 à 1512. Les panneaux principaux illustrent la Genèse. Parmi les sujets qui les entourent, seules les cinq Sibylles qui prophétisèrent la naissance du Christ ne sont pas inspirées de l'Ancien Testament. Une restauration entreprise dans les années 1980 a révélé les éclatantes couleurs originales.

La Sibylle libyenne
Comme pour de nombreuses femmes que peignit Michel-Ange, ce fut probablement un homme qui servit de modèle.

Architecture en trompe l'œil

30	19	10	26	12	21	14	28	16	23	32
18	1	2	3	4	5	6	7	8	9	24
31	25	11	20	13	27	15	22	17	29	33

LÉGENDE

☐ **LA GENÈSE : 1** Dieu séparant la lumière des ténèbres ; **2** Création des astres ; **3** Dieu séparant la terre de l'eau ; **4** Création d'Adam ; **5** Création d'Ève ; **6** Le Péché originel ; **7** Le Sacrifice de Noé ; **8** Le Déluge ; **9** L'Ivresse de Noé.

☐ **LES ANCÊTRES DU CHRIST :
10** Salomon et sa mère ; **11** Les Parents de Jessé ; **12** Jéroboam et sa mère ; **13** Asa et ses parents ; **14** Josué et ses parents ; **15** Ézéchias et ses parents ; **16** Jézabel et ses parents ; **17** Josias et ses parents.

☐ **LES PROPHÈTES : 18** Jonas ; **19** Jérémie ; **20** Daniel ; **21** Ézéchiel ; **22** Isaïe ; **23** Joël ; **24** Zacharie.

☐ **LES SIBYLLES : 25** Sibylle libyenne ; **26** S. de Perse ; **27** S. de Cumes ; **28** S. érythréenne ; **29** S. de Delphes.

☐ **SCÈNES DE L'ANCIEN TESTAMENT :
30** Le Supplice d'Aman ; **31** Le Serpent d'airain ; **32** David et Goliath ; **33** Judith et Holopherne.

La Création des astre
Michel-Ange donne un grand dynamisme ainsi qu'un aspect terrifiant au Créateur qui commande au sole d'éclairer la Terre.

Le Péché originel
Dans cette scène où Adam et Ève goûtent au fruit de l'arbre de la connaissance, Michel-Ange a donné au serpent un corps de femme.

Les Ignudi, athlètes adolescents, symbolisent la force de l'Homme.

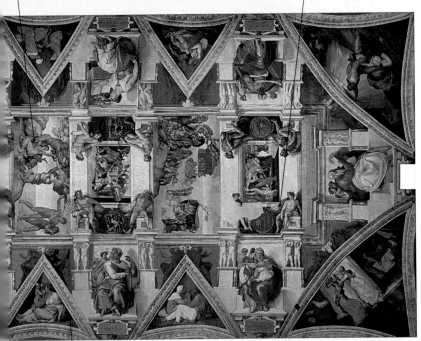

Dans les lunettes figurent des ancêtres du Christ tels qu'Ézéchias.

LA RESTAURATION DE LA VOÛTE

De l'informatique à la spectrographie, les derniers restaurateurs à intervenir dans la chapelle Sixtine ont tiré parti des techniques les plus modernes pour étudier les fresques avant d'entreprendre leur nettoyage. Ils ont découvert que certains de leurs prédécesseurs avaient utilisé des produits aussi curieux que le pain ou le vin résiné pour tenter le même travail. Éclatantes,

Nettoyage de la Sibylle libyenne

les couleurs qu'a révélées cette dernière restauration offraient tant de différences avec les teintes grisées connues jusqu'à présent qu'un critique affirma qu'une couche de vernis passée par l'artiste pour les assombrir avait été ôtée. Après examen, la majorité des experts estime néanmoins que ces couleurs lumineuses sont bien celles peintes par Michel-Ange.

Castel Sant'Angelo ⓭

La massive forteresse du château Saint-Ange
doit son nom à la vision de l'archange Michel
au pape Grégoire Le Grand, sur
ce site. À l'origine mausolée de
l'empereur Hadrien, construit
en l'an 139, l'édifice a depuis
joué divers rôles : bastion du
mur d'Aurélien, citadelle et prison au Moyen Âge,
puis résidence des papes en des temps troublés. Un
musée de 58 salles retrace l'histoire du château, des
cellules humides du sous-sol aux beaux appartements
des papes de la Renaissance aux étages supérieurs.

Mausolée d'Hadrien
*Maquette montrant le château
avant l'édification de la muraille
aurélienne entre 270 et 275.*

Cour d'honneur
*Des boulets de canon
en pierre ornent la cour,
jadis l'arsenal du château.*

Le Trésor était probablement
à l'origine la chambre
funéraire d'Hadrien.

Salle des colonnes

**Loggia
de Paul III**

**Salle de la
bibliothèque**

LA PROTECTION DU PAPE

Le passetto di Borgo (corridor
du Vatican), qui relie le
palais du Vatican au castel
Sant'Angelo, fut tracé en 1277
pour permettre au pape de
s'échapper en cas de danger.
Le rempart pentagonal fut édifié
au XVIIe siècle pour renforcer
ses capacités de défense.

**La salle de
Clément VIII**
porte les armoiries
de la famille
Aldobrandini
(pape de 1592
à 1605).

La salle de justice est
ornée d'une fresque
de Domenico Zaga,
l'*Ange de justice* (1545).

**La rampe
hélicoïdale** était
l'entrée du mausolée.

■ Muraille et fortifications
☐ Passetto di Borgo

★ **Vue de la terrasse**
*La terrasse du château, scène du
dernier acte de* La Tosca *de Puccini,
offre une splendide vue.*

**La chambre des
urnes** abrite les
cendres de la famille
d'Hadrien.

À NE PAS MANQUER

★ Rampe d'Alexandre VI

★ Salle Pauline

★ Vue de la terrasse

Ange de bronze
Cette gigantesque statue de l'archange Michel est l'œuvre du sculpteur flamand du XVIIIe siècle Pieter Verschaffelt.

MODE D'EMPLOI

Lungotevere Castello 50
Plan 4 D3 et 11 A1.
Tél. 06 681 9111.
23, 34, 62 vers le Lungotevere
Vaticano ; 34, 49, 87, 280, 492,
926, 990 vers la piazza Cavour.
mar.-dim. 9h-19h
(dernière entrée : 18h30).
1er janv., 25 déc.
Expositions
www.castelsantangelo.com

La salle ronde abrite le moule original de l'ange de Verschaffelt.

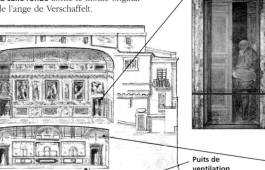

★ Salle Pauline
Ce courtisan entrant dans la salle par une porte peinte est l'une des fresques en trompe l'œil de Perino del Vaga et de Pellegrino Tibaldi (1546-1548).

Salle d'Apollon
Elle est décorée de fresques de scènes mythologiques attribuées aux élèves de Perin del Vaga (1548).

Puits de ventilation

★ Rampe d'Alexandre VI
Elle mène directement au cœur de l'édifice.

Pont

CHRONOLOGIE

139 Achèvement du mausolée par Antonin le Pieux

590 Apparition légendaire de l'archange Michel au-dessus du mausolée

1493 Alexandre VI restaure le passetto (corridor du Vatican)

1390 Boniface IX réaménage le château

Façade du castel Sant'Angelo

100	500	1000	1500

271 Le mausolée, fortifié, devient bastion dans la muraille aurélienne

130 Hadrien commence la construction du mausolée familial

Boulets de canon dans la cour d'honneur

1527 Le château est assiégé durant le sac de Rome

1542-1549 Aménagement de la salle Pauline et des appartements de Paul III

1557 Édification des remparts

1870 Le château sert de caserne et de prison militaire

LA VIA VENETO

Du temps de la Rome impériale, le quartier de la via Veneto était un faubourg où résidaient les familles patriciennes dans de luxueuses villas avec jardins. Certaines ruines sont visibles dans les fouilles de la piazza Sallustio, dont le nom provient du plus grand parc de l'époque, *Horti Sallustiani*. Après le sac de Rome, au Ve siècle, le quartier retourna à la friche, avant de retrouver sa splendeur au XVIIe siècle, avec la construction du palazzo

Le cinéaste Federico Fellini

Barberini et de la villa Ludovisi, aujourd'hui disparue. Quand Rome devint capitale de l'Italie en 1870, le quartier fit l'objet d'une importante spéculation immobilière, au cours de laquelle les Ludovisi vendirent leur propriété. En 1900, les palaces et les cafés chic de la via Veneto étaient le rendez-vous des élégants. Dans les années 1960, elle servit de décor à la *La Dolce Vita*, satire de Fellini sur la vie des stars du cinéma et de la bourgeoisie désœuvrée.

LE QUARTIER D'UN COUP D'ŒIL

Églises et temples
Santa Maria della
  Concezione ❸
Santa Maria della Vittoria ❽
Santa Susanna ❼

Bâtiments historiques
Casino dell'Aurora ❷
Palazzo Barberini ❻

Rue célèbre
Via Veneto ❶

Fontaines
Fontana del Tritone ❺
Fontana delle Api ❹

VOIR AUSSI

• *Atlas des rues* plan 5

• *Hébergement* p. 308-309

• *Restaurants* p. 326-327

0   200 m

COMMENT Y ALLER

C'est l'un des quartiers les mieux desservis par les transports publics. Les stations de métro Barberini et Repubblica (ligne A) sont commodes, et la gare Termini n'est qu'à 15 min à pied. La via Veneto commence piazza Barberini, où convergent de nombreuses lignes de bus. Le 95 suit la via Veneto sur toute sa longueur jusqu'à la porta Pinciana. Vous pouvez aussi emprunter les lignes 52, 53, 63, 80 et 116 qui longent la via del Tritone.

LÉGENDE

▨   Plan du quartier pas à pas

Ⓜ   Métro

—   Mur d'enceinte de la ville

◁ **La via Veneto au début de l'automne**

La via Veneto pas à pas

Quoique situé dans l'enceinte de la Rome antique, le quartier de la via Veneto conserve peu de souvenirs datant d'avant la réunification de l'Italie en 1870. Avec ses hôtels, restaurants et cafés, c'est le centre du tourisme romain au XXIe siècle, comme la piazza di Spagna fut le pivot du « grand tour » au XVIIIe siècle. Certaines de ses rues offrent cependant quelque aperçu sur le passé : Santa Maria della Concezione, par exemple, l'église des Capucins, dont le couvent s'élevait jadis dans ses jardins, ou le palazzo Barberini, édifié au XVIIe siècle par la puissante famille pontificale. La fontana delle Api et la fontana del Tritone, de Bernin, rafraîchissent la piazza Barberini depuis l'époque où y débouchaient les chemins provenant des vignobles alentour.

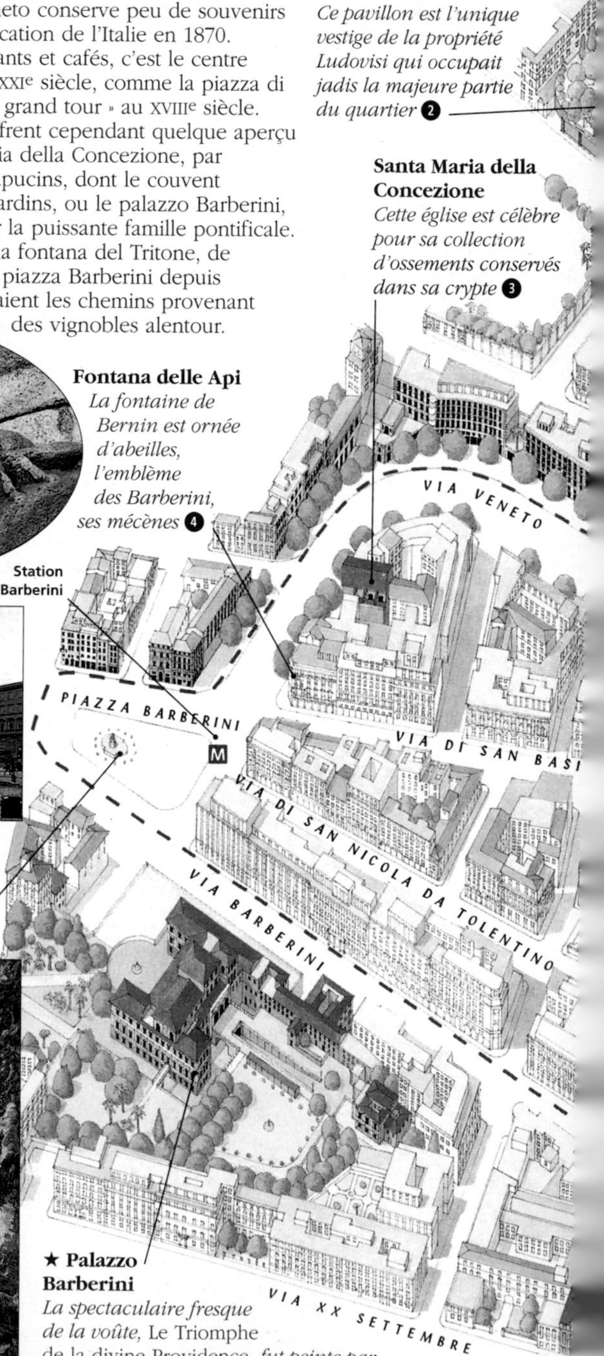

Casino dell'Aurora
Ce pavillon est l'unique vestige de la propriété Ludovisi qui occupait jadis la majeure partie du quartier ❷

Santa Maria della Concezione
Cette église est célèbre pour sa collection d'ossements conservés dans sa crypte ❸

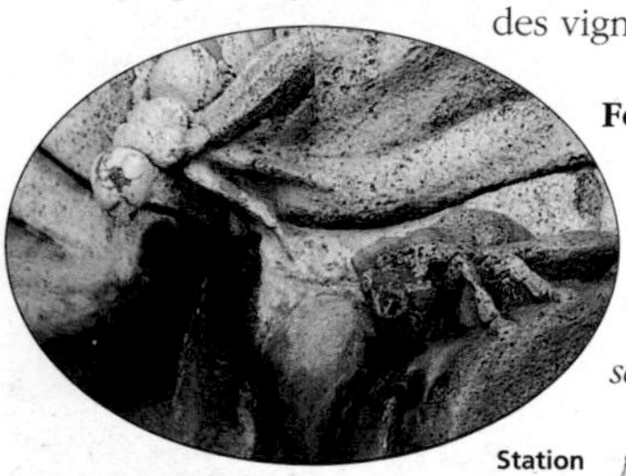

Fontana delle Api
La fontaine de Bernin est ornée d'abeilles, l'emblème des Barberini, ses mécènes ❹

Station
Barberini

VIA VENETO

PIAZZA BARBERINI

Ⓜ

VIA DI SAN BASI

VIA DI SAN NICOLA DA TOLENTINO

Fontana del Tritone
L'athlétique dieu marin de Bernin crache son jet d'eau depuis 350 ans ❺

VIA BARBERINI

★ **Palazzo Barberini**
La spectaculaire fresque de la voûte, Le Triomphe de la divine Providence, *fut peinte par Pierre de Cortone entre 1633 et 1639* ❻

VIA XX SETTEMBRE

La porta Pinciana
fut édifiée en l'an
403. Seul l'arc central
en travertin blanc
est d'origine.

CARTE DE SITUATION
Voir le centre de Rome p. 14-15

Villa
Borghese

VIA VENETO

QUIRINAL

Via Veneto
*Tracée lors de la
modernisation de Rome à la
fin du XIXe siècle, cette rue
aux hôtels élégants et
grandes terrasses de café
connut son âge d'or durant
les années 1950 et 1960* ❶

À NE PAS MANQUER

★ Palazzo Barberini

★ Santa Maria
della Vittoria

LÉGENDE

– – – Itinéraire conseillé

0   75 m

Santa Susanna
*Cette église
est consacrée
à la sainte
martyrisée sous le
règne de
Dioclétien,
au IIIe siècle* ❼

★ **Santa Maria
della Vittoria**
*Le sommet de cette
église baroque est la
chapelle Cornaro, en
forme de théâtre, dont
la scène est occupée
par l'extraordinaire
sculpture de Bernin,
L'Extase de sainte
Thérèse* ❽

Terrasse de café via Veneto

Via Veneto ❶

Plan 5 B1. 🚌 52, 53, 63, 80, 95, 116, 119 et nombreuses lignes vers la piazza Barberini. Ⓜ Barberini.

La via Veneto descend en courbe paresseuse de la porta Pinciana à la piazza Barberini. Le haut de la rue est bordé d'exubérants hôtels du début du XIXe siècle et de terrasses de cafés élégants. Elle fut percée en 1879 dans l'ancienne propriété Ludovisi. Le palazzo Margherita, achevé en 1890, devait être la nouvelle résidence des Ludovisi ; c'est aujourd'hui le siège de l'ambassade des États-Unis.

Avec ses cafés remplis de stars et de paparazzi, c'était la rue la plus prestigieuse de Rome dans les années 1960. Elle est aujourd'hui quasi exclusivement fréquentée par les touristes ; les célébrités préfèrent l'ambiance plus vivante du Trastevere.

Le palazzo Margherita, ambassade des États-Unis

Casino dell'Aurora ❷

Via Lombardia 46. **Plan** 5 B2. **Tél.** 06 481 4344. 🚌 52, 53, 63, 80, 95, 116, 119. Ⓜ Barberini. ⬭ sur r.-v. Téléphoner puis envoyer un mail : aurorapallavicini@saita.it.

Le casino (résidence de campagne) est un ancien pavillon du palazzo Ludovisi, édifié par le cardinal Ludovisi au XVIIe siècle, et orné de fresques du Guerchin. Le sujet de la fresque du plafond est Aurore, la déesse de l'aube, qui fuit l'obscurité de la nuit vers la clarté du jour.

Santa Maria della Concezione ❸

Via Veneto 27. **Plan** 5 B2. **Tél.** 06 487 1185. 🚌 52, 53, 61, 62, 63, 80, 95, 116, 119, 175. Ⓜ Barberini. ⬭ t.l.j. 7h-12h, 15h-19h. **Crypte** ⬭ ven.-mer. 9h-12h, 15h-18h. **Offrande** appréciée. ✝

Antonio Barberini, le frère du pape Urbain VIII, cardinal et capucin, fonda en 1626 cette église de modeste apparence, située aujourd'hui dans le bas de la via Veneto. À sa mort, contrairement à ses pairs, il ne fut pas inhumé dans un grandiose sarcophage de marbre, mais sous une simple dalle de pierre, à proximité de l'autel, sur laquelle on peut lire en latin l'épitaphe :
« Ci-gît poussières et cendres, rien. »

La crypte de l'église illustre davantage encore la sinistre réalité de la mort : ici, depuis des générations, les capucins ont décoré les cinq chapelles voûtées avec les ossements et les crânes de leurs frères décédés. Quelque 4 000 squelettes y font un macabre *memento mori*. Certains ossements sont disposés de façon à composer les symboles du christianisme, couronnes d'épine, Sacré-Cœur et crucifix. Plusieurs squelettes sont complets, dont celui d'une princesse Barberini morte en bas âge. À la sortie, cette inscription en latin : « Ce que tu es, nous le fûmes, ce que nous sommes, tu le seras. »

Fontana delle Api ❹

Piazza Barberini. **Plan** 5 B2. 🚌 52, 53, 61, 62, 63, 80, 95, 116, 119, 175. Ⓜ Barberini.

La fontana delle Api est l'une des œuvres les plus modestes de Bernin : située dans un coin de la piazza Barberini, il est assez facile de la manquer. Créée en 1644 en l'honneur du pape Urbain VIII Barberini (l'abeille est l'emblème de sa famille), elle figure des abeilles buvant l'eau qui coule dans la vasque. Une inscription latine précise que l'eau peut être consommée par les passants et leurs animaux.

La fontana delle Api de Bernin

Fontana del Tritone ❺

Piazza Barberini. **Plan** 5 B3. 🚌 52, 53, 61, 62, 63, 80, 95, 116, 119, 175. Ⓜ Barberini.

Dressée au milieu de la piazza Barberini, la fontaine du Triton fut créée en 1642 pour le pape Urbain VIII Barberini, peu de temps après l'achèvement de son palais. Des dauphins soutiennent de leurs nageoires entremêlées une énorme coquille sur laquelle est agenouillé Triton, le dieu marin, crachant une fine colonne d'eau à travers une conque. La tiare pontificale,

Le pape Urbain VIII

les clefs de saint Pierre et les armoiries des Barberini sont entrelacées dans les nageoires des dauphins.

La fontana del Tritone de Bernin

Palazzo Barberini ❻

Via delle Quattro Fontane 13.
Plan 5 B3. **Tél.** 06 4824 184.
🚍 52, 53, 61, 62, 63, 80, 95, 116, 175, 492, 590. Ⓜ Barberini.
◯ mar.-dim. 8h30-19h (dernière entrée : 30 min avant la fermeture).
📷 j.f. 🖼️🕐🎬🔼♿🚫
www.galleriaborghese.it

Devenu le pape Urbain VIII en 1623, Maffeo Barberini édifia pour sa famille un sompteux palais à la limite de la ville sur un terrain dominant un temple en ruine. Carlo Maderno, son architecte, dessina une villa de campagne typique, dont les ailes se prolongent dans les jardins. Maderno mourut en 1629, peu de temps après l'achèvement des fondations. Le Bernin prit sa suite, assisté de Borromini. Ce dernier a probablement dessiné les curieux frontons qui couronnent certaines fenêtres de l'étage noble et l'escalier ovale à l'intérieur.

Avec son étonnante voûte en trompe l'œil, peinte par Pierre de Cortone, le grand salon est la plus remarquable des salles décorées du palais. Celui-ci abrite une partie des collections de la Galleria nazionale d'Arte antica :

tableaux du XIIIe siècle au XVIe siècle, ainsi que des œuvres de Filippo Lippi, du Greco et du Caravage ; un portrait de Henry VIII d'Angleterre pour son mariage avec Anne de Clèves, par Holbein ; la Béatrice Cenci de Guido Reni, jeune femme condamnée à mort pour avoir comploté le meurtre de son père, et La Fornarina, portrait de celle qui aurait été la maîtresse de Raphaël (p. 210), et attribué à celui-ci.

Santa Susanna ❼

Via XX Settembre 14. **Plan** 5 C2.
Tél. 06 4201 4554. 🚍 60, 61, 62, 84, 175, 492, 910. Ⓜ Repubblica. ◯ t.l.j. 9h-12h, 16h-19h (dim. 17h30). 🔼

Façade de Santa Susanna

La vigoureuse façade baroque caractérise cette église achevée en 1603 par Carlo Maderno. C'est un lieu de culte chrétien depuis au moins le IVe siècle. Dans la nef, quatre grandes fresques de Baldassarre Croce (1558-1628), peintes en manière de tapisserie, illustrent des scènes de la vie des deux Suzanne : la sainte romaine qui fut martyrisée à cet endroit, ainsi que la Suzanne de l'Ancien Testament, surprise par des juges égrillards en train de se baigner dans son jardin.

Santa Susanna est l'église catholique américaine de Rome, des messes en anglais sont dites tous les jours.

Santa Maria della Vittoria ❽

Via XX Settembre 17. **Plan** 5 C2.
Tél. 06 4274 0571. 🚍 60, 61, 62, 84, 492, 910. Ⓜ Repubblica.
◯ lun.-sam. 8h30-12h, 15h30-18h, dim. 15h30-18h. 🔼 🚫

Cette église baroque intime, somptueusement décorée, abrite l'une des sculptures les plus ambitieuses de Bernin, L'Extase de sainte Thérèse (1646), qui se dresse au centre de la chapelle Cornaro construite en forme de théâtre miniature. Il y a même un public : les sculptures du donateur de la chapelle, le cardinal Federico Cornaro, et de ses ancêtres, assis dans des stalles. Ils semblent observer et apprécier la scène.

Le caractère manifestement sensuel de l'extase de sainte Thérèse est très étonnant. La sainte repose sur un nuage, la bouche entrouverte et les yeux clos, le corps enveloppé dans une draperie. Au-dessus d'elle se tient un ange bouclé, dont le sourire semble tendre ou cruel selon l'angle sous lequel on le regarde, tenant une flèche avec laquelle il s'apprête à transpercer le cœur de Thérèse. Une lumière divine, matérialisée par des rayons de bronze, tombe sur ce groupe en marbre.

L'Extase de sainte Thérèse de Bernin

EN DEHORS DU CENTRE

Le visiteur curieux souhaitera peut-être explorer les grands parcs et quelques églises des environs de Rome. Les villas de Tivoli et les ruines d'Ostia Antica, l'ancien port de Rome, se visitent en une journée. Les sites traditionnels du « grand tour » *(p. 130)*, tels que les catacombes et les

Plat (IIIe siècle av. J.-C.), villa Giulia

aqueducs en ruine de *Parco Appio Claudio*, conservent encore la mémoire d'une campagne romaine malheureusement condamnée à disparaître. Au nombre des sites plus modernes, le quartier EUR, édifié sous la dictature fasciste, et le mémorial des Fosses ardéatines méritent une visite.

LES ENVIRONS D'UN COUP D'ŒIL

Villes et sites
Quartier EUR **14**
Tivoli **18**

Route historique
Via Appia antica **8**

Églises
San Lorenzo fuori le Mura **7**
San Paolo fuori le Mura **15**
Sant'Agnese fuori le Mura **6**
Santa Costanza **5**

Musées et galeries
Centrale Montemartini **16**
Museo di Arte contemporanea di Roma **4**
Museo et Galleria Borghese p. 260-261 **2**
Villa Giulia p. 262-263 **3**

Parcs et jardins
Villa Borghese **1**
Villa d'Este **19**
Villa Doria Pamphilj **17**
Villa Gregoriana **20**

Sites antiques
Ostia Antica **22**
Villa Adriana **21**

Tombes et catacombes
Catacombe di Domitilla **11**
Catacombe di San Callisto **9**
Catacombe di San Sebastiano **10**
Fosse ardeatine **12**
Tomba di Cæcilia Metella **13**

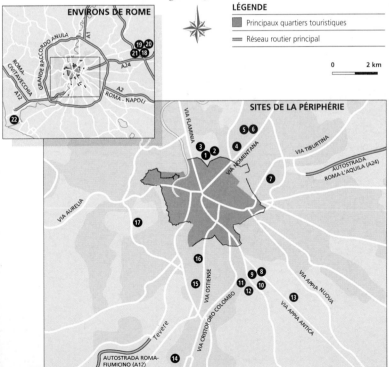

ENVIRONS DE ROME

LÉGENDE

Principaux quartiers touristiques

Réseau routier principal

0   2 km

SITES DE LA PÉRIPHÉRIE

◁ Caryatides le long du canal de Canope, villa Adriana

Villa Borghese ❶

Plan 2 E5. 🚌 *52, 53, 88, 95, 116, 490, 495.* 🚊 *3, 19.* **Parc** ○ de l'aube au crépuscule. **Bioparco** viale del Giardino Zoologico 20. **Plan** 2 E4. **Tél.** *06 360 8211.* 🚌 *52.* 🚊 *3, 19.* ○ *t.l.j.* ● *25 déc.* ♿ 🍴 🚻 📷 **Galeria nazionale d'Arte moderna** viale delle Belle Arti 131. **Plan** 2 D4. **Tél.** *06 32 29 82 21.* 🚊 *3, 19.* ○ *mar.-dim. 8h30-19h30 (dernière entrée 18h45).* ● *1er mai.* ♿ 📷 🍴 🚻 📷 **Museo Carlo Bilotti** viale Fiorello La Guardia. **Plan** 2 D5. ○ *mar.-dim.* ● *1er janv., 1er mai, 25 déc.* 📷 🚻

La villa Borghese et son parc furent créés en 1605 par le cardinal Scipion Borghèse, le neveu du pape Paul V. Ce fut le premier parc « à la française » de Rome, planté de 400 jeunes pins, orné de sculptures dues au père de Bernin, Pietro, et agrémenté par Giovanni Fontana de spectaculaires jeux d'eau. Le tracé d'origine des jardins fut imité par d'autres familles patriciennes, à la villa Ludovisi et à la villa Doria Pamphilj.

Au début du XIXe siècle, le prince Camillo Borghèse rassembla au casino Borghese la collection d'art de la famille. Le casino abrite la galleria et le museo Borghese.

La British School à Rome, édifiée par Edwin Lutyens en 1911

En 1901, le parc est devenu propriété de l'État italien. Ses 6 km de circonférence englobent des musées et des galeries, des académies étrangères et des écoles d'archéologie, un zoo, une école d'équitation, un amphithéâtre en plein air, un lac artificiel, une volière et un grand nombre de pavillons, fontaines, statues néoclassiques et folies exotiques. Plusieurs entrées donnent dans le parc, notamment l'entrée monumentale de la piazzale Flaminio, édifiée en 1825 par Luigi Canina pour le prince Camillo Borghèse, la porta Pinciana, à l'extrémité de la via Veneto, ou les jardins du Pincio (p. 136).

Piazza di Siena est un agréable amphithéâtre de gazon, sous de grands pins parasols, qui a inspiré à Ottorino Respighi son poème symphonique *Les Pins de Rome* (1924). Non loin de là, deux pavillons offrent une belle vue sur le parc, la casina di Raffaello, qui aurait appartenu à Raphaël, et le palazzetto dell'Orologio, du XVIIIe siècle.

Maints édifices du parc étaient à l'origine agrémentés de jardins à la française : le casino Borghese et, à proximité, le casino della Meridiana, du XVIIe siècle, avec sa volière, ont tous les deux conservés leurs plates-bandes géométriques.

Dans tout le parc, des fontaines et des statues se dressent à l'intersection des allées et des avenues. À l'ouest de la piazza di Siena, la fontana dei Cavalli Marini (la fontaine des Hippocampes), date du réaménagement effectué au XVIIIe. En flânant dans le parc, vous découvrirez également les statues de Byron, de Goethe et de Victor Hugo, ainsi qu'une sombre statue équestre du roi Umberto Ier.

Des temples pittoresques, imitant des ruines, agrémentent le parc : le temple de Diane, circulaire, entre la piazza di Siena et la porta Pinciana, et le temple de Faustine, l'épouse de l'empereur Antonin le Pieux, sur la colline au nord de la piazza di Siena. À proximité, le fortezzuola de Canina, d'aspect gothique, abrite les œuvres du sculpteur Pietro Canonica, qui vécut et mourut ici en 1959. Dans le jardin se dresse son *Monument à l'Alpino et à sa mule*, qui rend hommage aux plus humbles des soldats italiens ayant participé aux combats contre l'Autriche durant la Première Guerre mondiale.

Statue du poète anglais Byron de Thorvaldsen

Le temple néoclassique de Diane

Le temple dédié à Esculape, édifié sur l'île du lac

L'entrée principale du giardino del Lago, au centre du parc, est marquée par une réplique du XVIIIe siècle de l'arc de Septime Sévère.

Ce jardin, aux clairières parsemées de sculptures, possède un lac au bord duquel un temple ionique dédié à Esculape, dieu de la Médecine, a été construit au XVIIIe siècle par Antonio Asprucci. On peut y faire de la barque ou donner à manger aux canards... Les rives sont plantées d'essences tropicales.

La fontana del Fauno, installée dans les parterres au sud du lac, est l'une des plus belles sculptures Art nouveau du jardin. Une clairière proche de l'entrée de la viale Pietro Canonica abrite les Tritons originaux de la fontana del Moro, piazza Navona, remplacés par des répliques au XIXe siècle.

Au nord-ouest, on entre dans le parc par la viale delle Belle Arti, où la Galleria nazionale d'Arte moderna abrite une collection de peintures des XIXe et XXe siècles. Le caractère Art nouveau du lieu remonte à l'Exposition internationale de 1911, pour laquelle diverses nations édifièrent leurs pavillons. Le plus impressionnant est la British School à Rome, d'Edwin Lutyens, avec sa façade inspirée du portique ouest de la cathédrale Saint-Paul de Londres. Anciennement école d'archéologie, la British School accueille aujourd'hui des étudiants en littérature, beaux-arts ou histoire.

Au-delà de la galerie d'art, dans l'angle nord-est du parc, sont installés le Museo zoologico et un petit zoo, le Bioparco, axé sur la protection de la nature. La villa Giulia (XVIe siècle) conserve une collection mondialement connue d'objets étrusques et préromains.

Autre édifice Renaissance, la palazzina de Pie IV, proche de l'entrée de la via Flaminia, fut dessinée en 1552 par l'architecte Vignole. C'est aujourd'hui l'ambassade

Logo du Bioparco

d'Italie près du Saint-Siège. Le museo Carlo Bilotti est le bâtiment le plus récent du parc. Situé au centre de la villa Borghese, cette orangerie a été transformée en galerie de peinture et expose aussi bien des œuvres de Giorgio de Chirico que d'Andy Warhol, Larry Rivers et Gino Severini.

Museo et galleria Borghese ❷

Voir p. 260-261.

Villa Giulia ❸

Voir p. 262-263.

Un lion de pierre garde l'entrée du zoo

Museo et galleria Borghese ❷

La villa et le parc furent dessinés par le cardinal Scipion Borghèse, le neveu préféré de Paul V, pour son plaisir. Hédoniste, ce cardinal était également un extravagant mécène : les sculptures qu'il commanda au jeune Bernin comptent parmi les œuvres les plus célèbres de l'artiste. Scipion ouvrit aussi son superbe parc au public et de nos jours, la villa abrite sa magnifique collection de sculptures et de peintures dans le musée et la galerie Borghèse.

SUIVEZ LE GUIDE !
Le musée est divisé en deux sections : la collection de sculptures (museo Borghese) et celle de peintures (galleria Borghese). La première, qui occupe le rez-de-chaussée, est ouverte au public mais l'étage supérieur est fermé pour restauration.

Façade de la villa Borghese
Ce tableau de l'architecte flamand Jan Van Santen (1613) montre la façade d'origine richement décorée de la villa.

★ Le Rapt de Proserpine
Ce groupe, l'une des plus belles œuvres de Bernin, qui figure Pluton emportant son épouse, manifeste l'extraordinaire technique du sculpteur.

4

5

6

7

8

L'Hermaphrodite endormi
Copie romaine d'une œuvre du sculpteur grec Polyclète, datant de 150 av. J.-C. environ. La tête et la couche furent rajoutées au XVIIᵉ siècle par Andrea Bergondi.

Salle égyptienne
Les fresques illustrent des épisodes de l'histoire de l'Égypte.

CHRONOLOGIE

1613 Bernin, 15 ans, sculpte *Énée et Anchise*	**Début 1800** Considérée comme trop ornée, la façade de la villa est dépouillée de ses statues et bas-reliefs	**1809** Le prince Camillo Borghèse vend une grande partie de la collection au Louvre	**1902** L'État achète la villa, les terrains et la collection
1621-1625 Bernin sculpte *Le rapt de Proserpine*			
1625	**1725**	**1825**	
1622-1625 Bernin sculpte *Apollon et Daphné*		**1805** Canova sculpte Pauline Borghèse en *Vénus allongée*	**Début 1900** Lord Astor achète la balustrade fermant l'avant-cour pour sa propriété de Cliveden, en Angleterre
1613-1615 L'architecte flamand Jan Van Santen construit la villa Borghese	*Les doigts de Daphné se transforment en feuilles*		

Entrée
arrière

★ Apollon et Daphné
*Le chef-d'œuvre
le plus célèbre de
Bernin figure la
nymphe Daphné
et le dieu du Soleil,
à l'instant où celle-ci
est métamorphosée
en arbre.*

David
David est saisi au
moment précis où
il va tuer Goliath.
Ses traits sont ceux
de Bernin.

MODE D'EMPLOI

Villa Borghese, piazzale Scipione
Borghese 5. **Plan** 2 F5.
Tél. 06 328 10 (rés.).
Fax 06 3265 1329. ⬛ 52, 53,
116, 910 vers la via Pinciana.
🚋 3, 19 vers la viale delle Belle
Arti. ⬜ mar.-dim. 9h-19h
(dern. entrée 18h30). ⬛ 1er janv.,
1er mai, 25 déc. ⬛ Rés. conseillée
la semaine et obligatoire sam.
et dim. ⬛ ⬛ ⬛ ⬛ ⬛ ⬛
www.galleriaborghese.it

★ Galleria Borghese
*Elle expose des peintures
de maîtres, comme* L'Amour
sacré et l'amour profane
(1514) du Titien.

★ Pauline Borghèse
*C'est en Vénus que Canova a figuré
Pauline, la sœur de Napoléon.
Son mari mit ensuite la sculpture
en lieu sûr, interdisant à
quiconque, même au
sculpteur, de la voir.*

Entrée principale

Mosaïque du Gladiateur
*Le sol est orné de fragments de
mosaïques du IVe siècle,
provenant de Torrenova.*

À NE PAS MANQUER

★ Apollon et Daphné
de Bernin

★ Galleria Borghese

★ Le Rapt
de Proserpine

★ Pauline Borghèse
de Canova

LÉGENDE

⬜ Espace d'exposition

⬛ Espace fermé au public

Villa Giulia ❸

Destinée à être la résidence d'été du pape Jules III, la villa abritait jadis une impressionnante collection de statues : 160 voyages furent nécessaires pour les envoyer au Vatican après la mort du pape en 1555. Des architectes de renom dessinèrent ses jardins : Vignole (le créateur de l'église del Gesù, *p. 114)*, Giorgio Vasari et le sculpteur Ammannati, sans oublier Michel-Ange. La façade, la cour et le jardin sont exceptionnels. Depuis 1889, elle abrite le Museo nazional etrusco qui réunit une extraordinaire collection d'antiquités préromaines d'Italie centrale.

★ Ciste Ficoroni
Ce magnifique coffre de mariage en bronze gravé date du IVe siècle av. J.-C.

Œnochoé Chigi
Des scènes de bataille et de chasse ornent ce vase corinthien du VIe siècle av. J.-C.

★ Sarcophage des époux
Ce chef-d'œuvre du VIe siècle av. J.-C. – un couple participant au banquet éternel – provient de Cerveteri.

SUIVEZ LE GUIDE !
Ce musée - le plus important d'Italie pour l'art étrusque - abrite des objets provenant des principales fouilles de Toscane et du Latium. Les salles **1** *à* **10** *et* **23-24** *sont consacrées aux sites de Vulci, Todi, Véies et Cerveteri, et les salles* **11** *à* **22** *aux collections privées.*

Offrandes votives
Cet enfant nourrissant un oiseau est un exemple de l'art religieux étrusque.

CHRONOLOGIE

1550 Début de la construction de la villa, sous Jules III

1655 Invitée par le Vatican, la reine Christine de Suède séjourne dans la villa

1889 Fondation du Museo etrusco

Fin XVIIIe s. Premières études approfondies de l'art étrusque

1919 Legs de la collection Castellani au musée

1550	1650	1750	1850	1950

Fin XVIe s. Premières découvertes d'objets étrusques

1555 Achèvement de la villa

Décor d'un encensoir en bronze

1908 L'État acquiert la collection Barberini

1972 L'État acquiert la collection Pesciotti

Façade
La façade de la villa date de 1552-1553 ; son entrée reprend la forme d'un arc de triomphe.

★ Reconstitution d'un temple étrusque
En 1891, le comte Adolfo Cozza bâtit le temple d'Alatri, en se fondant sur les récits de Vitruve et les fouilles du XIXe siècle.

Nymphée
Littéralement « lieu réservé aux nymphes », cette cour occupée par un bassin est ornée de mosaïques, de statues et de fontaines classiques.

À NE PAS MANQUER

★ Ciste Ficoroni

★ Reconstitution d'un temple étrusque

★ Sarcophage des époux

Cratère Faliscan
Le décor de ce vase du IVe siècle av. J.-C. montre le lever du char de l'Aurore.

Entrée principale

LÉGENDE

☐ Rez-de-chaussée

☐ 1er étage

☐ Espace fermé au public

Museo di Arte contemporanea di Roma ❹

Via Reggio Emilia 54. **Plan** 6 E1.
Tél. *06 6710 70400.* 🚌 *36, 60, 84,
90.* ⬜ *mar.-dim 9h-18h30.* 📷 🚻
💻 **www**.macro.roma.museum

La vieille fabrique de bière
Peroni accueille aujourd'hui
le MACRO, la galerie d'art
contemporain de la ville
de Rome. Outre les
collections permanentes
de la fin du XXᵉ siècle,
qui présentent des artistes
comme Achille Perilli
et Mario Schifano, on peut
y voir également
d'intéressantes expositions
montrant les toutes dernières
créations de la scène locale
et nationale.

**L'arcade circulaire de Santa
Costanza, IVᵉ siècle**

Santa Costanza ❺

Via Nomentana 349.
Tél. *06 861 0840.* 🚌 *36, 60, 84, 90.*
⬜ *lun.-sam. 9h-12h, 16h-18h,
dim. 16h-18h.* 📷 ♿ 📷

Cette église ronde, édifiée
au début du IVᵉ siècle, était à
l'origine le mausolée des filles
de l'empereur Constantin,
Constance et Hélène.
La coupole et son tambour
sont soutenus par une arcade
circulaire composée de douze
paires de colonnes en granit.
Le déambulatoire en fait le

Mosaïque du IVᵉ siècle, déambulatoire de l'église Santa Costanza

tour sous une voûte en
berceau ornée de mosaïques
du IVᵉ siècle, représentant
des fruits et des fleurs, des
oiseaux et d'autres animaux,
ainsi qu'une magnifique scène
de vendanges. Dans la niche
du fond est installée une
réplique du sarcophage
de Constance, en porphyre
sculpté. L'original a été
transféré aux musées
du Vatican en 1790.
　　La sainteté de Constance
est sujette à caution : selon
l'historien Marcellinus, c'était
une véritable harpie, qui
excitait son violent époux
Hannibalianus, personnage
tout aussi désagréable.
Sa canonisation est peut-être
due à une confusion avec
une religieuse homonyme.

Sant'Agnese fuori le Mura ❻

Via Nomentana 349.
Tél. *06 861 0840.* 🚌 *36, 60, 84, 90.*
⬜ *t.l.j. 7h30-12h, 16h-19h45.*
📷 *aux catacombes.* ♿ 📷

L'église Sainte-Agnès-hors-les-
Murs appartient à un groupe
d'édifices paléochrétiens
composé notamment
des ruines d'un cimetière
couvert, de catacombes
et de la crypte où Agnès,
jeune martyre de 13 ans,
fut inhumée en l'an 304.
Exposée nue sur ordre
de Dioclétien, sa chevelure
se mit à pousser
miraculeusement protégeant
sa pudeur *(p. 121)*.
L'église aurait été édifiée
à la demande de Constance,
la fille de l'empereur
Constantin, qui avait prié
sur la tombe de sainte Agnès
pour être guérie de la lèpre.
　　Bien que souvent altérés au
cours des siècles, l'aspect et la
structure de cette basilique du
IVᵉ siècle demeurent intacts
pour l'essentiel. La mosaïque
de l'abside (VIIᵉ siècle)
figure sainte Agnès en
impératrice byzantine, parée
de bijoux, en robe violette
à étole d'or. Selon la tradition,
c'est ainsi qu'elle apparut
huit jours après sa mort,
portant dans ses bras un
agneau blanc. Le 21 janvier,
deux agneaux sont bénis
sur l'autel de l'église : avec
leur laine, on confectionne
un pallium que le pape
offre à tout archevêque
nouvellement intronisé.

Mosaïque, abside de Santa Costanza, montrant la sainte et deux papes

Cloître du XIIᵉ siècle de l'église San Lorenzo fuori le Mura

San Lorenzo fuori le Mura ❼

Piazzale del Verano 3. **Tél.** 06 49 15 11. 🚌 71, 492. 🚋 3, 19. ⏰ t.l.j. 7h30-12h, 16h-19h. ♿

L'église est située immédiatement en dehors du mur d'aurélien, à côté du cimetière du Campo Verano. Saint Laurent, supplicié sur un gril en l'an 258, fut l'un des martyrs romains les plus vénérés. La première basilique édifiée sur sa tombe par Constantin fut largement rebâtie en 576 par le pape Pélage II, à côté d'une église du Vᵉ siècle consacrée à la Vierge. La basilique actuelle résulte de la fusion des deux précédentes, commencée au VIIIᵉ siècle et achevée au XIIIᵉ siècle par le pape Honorius III. Ce dernier rajouta la nef, le portique et l'essentiel de la décoration. Les reliques de saint Laurent sont conservées dans le chœur du VIᵉ siècle.

L'église, gravement endommagée par les bombes durant la Seconde Guerre mondiale, fut restaurée.

Campanile roman de San Lorenzo

Via Appia antica ❽

🚌 118, 218, 660.
Voir **Promenades** p. 284-285.

La première partie de la via Appia fut tracée en 312 av. J.-C. par le censeur Appius Claudius. Prolongée en 190 av. J.-C. jusqu'aux ports de Bénévent, de Tarente et de Brindisi, elle devint l'axe reliant Rome aux confins orientaux de l'Empire. Elle fut empruntée par les processions funéraires du dictateur Sylla (78 av. J.-C.) et de l'empereur Auguste (14 apr. J.-C.), ainsi que par saint Paul emmené prisonnier à Rome en 56 apr. J.-C.

Progressivement abandonnée durant le Moyen Âge, la voie fut restaurée au milieu du XVIᵉ siècle par Pie IV. Elle est bordée de sépultures en ruines, dont celles de Cæcilia Metella (p. 266) et de Romulus, fils de l'empereur Maxence, mort en l'an 309, ainsi que de columbariums ; son sous-sol est percé de catacombes. De nos jours, la voie commence porta San Sebastiano (p. 196). Parmi les principaux sites chrétiens l'église Domine Quo Vadis, édifiée sur le lieu où saint Pierre fuyant Rome aurait rencontré le Christ. À voir aussi, la villa dei Quintilli, via Appia nuova 1092 (**Tél.** 06 481 5576).

Catacombe di San Callisto ❾

Via Appia antica 126. **Tél.** 06 5130 1580. 🚌 118, 218. ⏰ jeu.-mar. 9h-12h, 14h-17h. ⬤ 1ᵉʳ janv., fév., dim. de Pâques, 25 déc. 🖼️ ✝️ 📷 📁 🖥️
🌐 www.catacombe.roma.it

Les premiers chrétiens enterraient leurs morts dans des nécropoles souterraines hors les murs, non pas à cause des persécutions mais parce qu'ils se conformaient aux usages de l'époque. D'innombrables saints furent inhumés dans ces catacombes qui devinrent ensuite des lieux de pèlerinage.

Explorés seulement en partie, les salles et les couloirs creusés dans le tuf volcanique des vastes catacombes de San Callisto s'étagent sur quatre niveaux. Les morts étaient déposés dans des niches, les *loculi*, qui pouvaient contenir deux ou trois dépouilles. Les salles principales étaient ornées de stuc et de fresques. On peut visiter la crypte des papes ainsi que celle de sainte Cécile, où l'on découvrit en l'an 820 les reliques de la sainte, transférées ensuite dans son église du Trastevere (p. 211).

Catacombe di San Sebastiano ❿

Via Appia antica 136.
Tél. 06 785 0350. 🚌 118, 218.
⏰ lun.-sam. 9h-12h, 14h-17h.
⬤ mi-nov.-mi-déc., 1ᵉʳ janv., 25 déc.
🖼️ ✝️ 📁 🖥️
www.catacombe.org

Édifiée au XVIIᵉ siècle, l'église San Sebastiano occupe le site d'une basilique datant de Constantin. À l'entrée des catacombes, la *triclia*, lieu de banquet funéraire, a été préservé. Ses murs sont couverts de graffiti évoquant saint Pierre et saint Paul dont les dépouilles auraient été transférées ici lors des persécutions exercées contre les premiers chrétiens.

Rangée d'immenses cyprès bordant la via Appia antica

Catacombe di Domitilla ⓫

Via delle Sette Chiese 282.
Tél. 06-511 0342. ▦ 218, 716.
◯ mer.-lun. 9h-12h, 14h-17h.
◕ 3 premières sem. de janv., dim.
de Pâques, 25 déc. ▨ ✗ ▨

Ce réseau de catacombes,
le plus étendu de Rome,
comprend de nombreuses
sépultures païennes des Ier
et IIe siècles apr. J.-C. Les
salles funéraires ouvertes à la
visite sont ornées de fresques
classiques et chrétiennes,
comportant notamment l'une
des premières représentations
du Christ, *Le Bon Pasteur*.
Au-dessus des catacombes,
la basilica Santi Nereo
e Achilleo fut fondée au
IVe siècle ; il ne reste presque
rien de l'église d'origine.

**Portail en bronze des Fosses
ardéatines, par Mirko Basaldella**

Fosse ardeatine ⓬

Via Ardeatina 174.
Tél. 06 513 6742. ▦ 218, 716 .
◯ lun.-ven. 8h15-15h15,
sam.-dim. 8h15-16h15. ◕ j.f.

Le soir du 24 mars 1944,
les nazis exécutèrent
335 prisonniers dans ces
carrières abandonnées du sud
de Rome, en représailles
d'un attentat qui avait causé
la mort de 32 soldats
allemands. Parmi les victimes
se trouvaient de nombreux
prisonniers politiques, 73 Juifs
et 10 autres civils, dont un
prêtre et un adolescent
de 14 ans. Les nazis firent
ensuite sauter les tunnels
où avait eu lieu le massacre,
mais un paysan, qui avait été
témoin de la scène macabre,

aida à retrouver les corps.
Sur le site se dresse désormais
un monument en forme
de bunker abritant des
rangées de tombes identiques.
Les Fosse ardeatine sont
un mémorial aux valeurs
de la Résistance contre
l'occupation des nazis.
C'est sur ces valeurs que
la IIIe République italienne
fut fondée.

À côté, un musée de la
Résistance *(p. 185)* compte
des sculptures modernes,
notamment *Les Martyrs*, de
Francesco Coccia, et le portail
en forme de buisson d'épines,
de Mirko Basaldella.

Tomba di Cæcilia Metella ⓭

Via Appia antica, 3 km.
Tél. 06 3996 7700. ▦ 118, 660.
◯ mar.-dim. 9h-1h avant
le coucher du soleil

Le grand tombeau en
forme de tour de Cæcilia
Metella est l'un des sites les
plus célèbres de la via Appia
antica. Son père et son mari,
riches patriciens, furent
généraux sous la République
romaine, mais l'on ne sait
rien, ou presque, de
Cæcilia elle-même. Son
destin inconnu a inspiré
à Byron son poème *Childe
Harold*. En 1302, le pape
Boniface VIII donna
ce tombeau à sa famille,
les Cætani, qui en firent
un octroi fortifié contrôlant
la via Appia, et grâce auquel
ils prélevaient des taxes
exorbitantes. Le revêtement
de marbre fut pillé par Sixte
Quint à la fin du XVIe siècle.

**Fragments de relief en marbre,
tombeau de Cæcilia Metella**

**Le palazzo della Civiltà del Lavoro,
le « square du Colisée », EUR**

Quartier EUR ⓮

▦ 170, 671, 714 et autres lignes.
Ⓜ EUR Fermi, EUR Palasport.
Museo della Civiltà romana
Piazza G. Agnelli 10. **Tél.** 06 54 220
919. ◯ mar.-sam. 9h-14h (sam.-dim.
9h-13h30), dernière entrée 1h avant
la fermeture. ◕ 1er janv., 1er mai,
25 déc. ▨

Le projet de l'Exposition
universelle de 1942,
abandonné en raison de la
guerre, a donné son nom
à ce faubourg du sud de
Rome (*Esposizione Universale
di Roma* « EUR »). Son
architecture néoclassique,
aujourd'hui considérée
comme écrasante, fut conçue
à la gloire du fascisme.
En venant de l'aéroport
Fiumicino, on ne peut
manquer le monumental
palazzo della Civiltà
del Lavoro (palais de la
Civilisation du travail).

Le quartier EUR, achevé
à la fin des années 1950,
est cependant une réussite de
l'urbanisme, car ses habitants
aiment y vivre. Les grands
édifices abritent divers
ministères et des musées.
Le museo della Civiltà romana
possède une grande maquette
de la Rome du temps de
Constantin et des copies
des reliefs de la colonna
traiana. Au sud, se trouvent
un lac et un parc, ainsi que
le palazzo dello Sport, avec
sa grande coupole, construit
pour les Jeux olympiques
de 1960.

San Paolo fuori le Mura <15>

Via Ostiense 186. **Tél.** *06 541 0341.*
🚌 *23, 128, 170, 670, 707, 761, 769.* Ⓜ *San Paolo.* ⦿ *t.l.j. 7h-18h30.* **Cloître** ⦿ *t.l.j. 13h-15h.*
🚹 ♿ 📷

L'église est une réplique fidèle de la grande basilique du IVe siècle détruite par un incendie dans la nuit du 15 juillet 1823. Seuls quelques vestiges de l'église d'origine ont subsisté. L'arc de triomphe qui domine la nef est orné sur une face de mosaïques du Ve siècle. Les mosaïques du revers, de Pietro Cavallini, se trouvaient à l'origine sur la façade. Les splendides mosaïques vénitiennes de l'abside (1220) figurent le Christ avec Pierre, André, Paul et Luc.

Le beau baldaquin de marbre qui surplombe le maître-autel est signé par le sculpteur Arnolfo di Cambio (1285) « avec son compagnon Pietro », qui pourrait être Pietro Cavallini. Sous l'autel se trouve le *confessio*, le tombeau de saint Paul qui aurait été inhumé ici. À droite, un impressionnant chandelier pascal, de Nicolò di Angelo et Pietro Vassalletto.

Mosaïque (XIXe siècle), façade de San Paolo fuori le Mura

Le cloître, complètement épargnée par l'incendie, a été édifié par la famille Vassalletto et achevé vers 1214. C'est l'un des plus beaux cloîtres de Rome, avec ses paires de colonnes incrustées torses ou octogonales.

Centrale Montemartini <16>

Via Ostiense 106. **Tél.** *06 574 8042.*
🚌 *769, 23.* ⦿ *mar.-dim. 9h-19h (dern. entrée 18h30).* ⦿ *j.f.*
📷 🛍 ♿ 🍴 📷

Cet énorme site industriel désaffecté a été restauré pour accueillir le centre artistique ACEA. Première centrale électrique de Rome, le bâtiment a gardé deux immenses générateurs dans la salle des machines qui offrent un saisissant contraste avec les expositions. Les statues romaines et les objets appartiennent aux Musei capitolini *(p. 70-73).* Mises au jour lors de fouilles à la fin du XIXe siècle et au début du XXe siècle, c'est la première fois qu'elles sont montrées au public.

Le casino del Bel Respiro, villa Doria Pamphilj

Villa Doria Pamphilj <17>

Via di San Pancrazio. 🚌 *31, 44, 75, 710, 870.* **Parc** ⦿ *t.l.j. de l'aube au crépuscule.*

La villa Doria Pamphilj, le plus grand jardin public de Rome, fut dessinée au milieu du XVIIe siècle pour le prince Camillo Pamphilj. Son oncle, le pape Innocent X, lui offrit la splendide résidence d'été, le casino del Bel Respiro, agrémenté de divers pavillons et fontaines. Le parc est le rendez-vous des joggers et des amis des chiens.

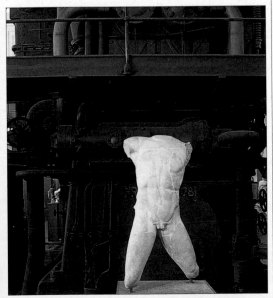

La centrale Montemartini, une usine transformée en centre artistique

Excursions d'une journée dans les environs de Rome

Tivoli, villégiature très recherchée loin de la chaleur de l'été romain

Tivoli ⑱

À 31 km au NE de Rome.
FS de Tiburtina. **COTRAL** depuis Ponte Mammolo (ou métro ligne B).

Tivoli est un lieu de villégiature depuis l'époque de la République romaine : les poètes Catulle et Horace, les assassins de César, Brutus et Cassius, ou les empereurs Trajan et Hadrien y ont notamment possédé une villa. Son air pur et sa situation sur les pentes des collines Tiburtini, ses sources thermales et les cascades de l'Anio – dont l'empereur Auguste disait qu'elles soignaient ses insomnies –, sont les principaux agréments de ce lieu de villégiature. La ville retrouva à la Renaissance tout son faste passé, avec l'édification de la villa d'Este et son merveilleux jardin.

La fontaine de l'Orgue (détail), villa d'Este

Tivoli subit diverses invasions au Moyen Âge, en raison de sa position stratégique sur la route de Rome. En 1461, Pie II y bâtit une forteresse, la Rocca Pia, déclarant : « Il est plus facile de reprendre Rome quand on tient Tivoli, que de reprendre Tivoli quand on tient Rome. »

Après les bombardements en 1944, les principales demeures et églises de Tivoli furent rapidement restaurées, le long des rues pavées. Le duomo (cathédrale) abrite un bois sculpté représentant la *Descente de la croix*.

Villa d'Este ⑲

Piazza Trento 5, Tivoli. **Tél.** 0774 31 2070. **COTRAL** depuis Ponte Mammolo (ou métro ligne B). ◻ mar.-dim. 8h30-1h avant le coucher du soleil. ◼ 1er janv., 1er mai, 25 déc. 🗐 ▢ 🗐
www.villadestetivoli.info

La propriété fut aménagée au XVIe siècle, sur le site d'un ancien couvent bénédictin, par le cardinal Ippolito d'Este, le fils de Lucrèce Borgia. Le palais, dessiné par Pirro Ligorio, tire tout le parti de sa situation au sommet de la colline. La villa doit cependant sa célébrité à ses jardins en terrasses et à ses fontaines créées par Ligorio et Giacomo della Porta.

Les jardins furent négligés au cours des siècles, mais grottes et fontaines traduisent le luxe frivole des princes de l'Église. De la loggia du palais, on descend des allées de troènes vers la grotte de Diane et la fontaine du Bicchierone, de Bernin. En dessous, à droite, la Rometta (petite Rome) – reproduction de l'île du Tibre ornée de figures allégoriques et de la Louve légendaire – est située au bout du viale delle Cento

Fontane, cent fontaines aux formes de grotesques, d'obélisques, de navires ou d'aigles (les armoiries d'Este). D'autres fontaines sont en cours de restauration pour retrouver leur gloire d'antan. La fontaine de l'Orgue est un orgue hydraulique où la pression de l'eau propulse l'air dans les tuyaux en émettant des sons. Le bas du jardin, agrémenté de parterres et de bassins, offre une vue magnifique sur la plaine qu'il domine.

La terrasse des cent fontaines, jardins de la villa d'Este

Villa Gregoriana ⑳

Largo Sant'Angelo, Tivoli. **FS** ▦ Tivoli, à quelques pas. **Tél.** 06 3996 7701. ◻ mar.-dim. 10h-18h30 (14h30 en mars et 16 oct.-30 nov.). ◼ déc.-fév. 🗐 🗐

L'attrait principal de ce parc sont les cascades et les grottes tracées par le fleuve. Le parc doit son nom au pape Grégoire XVI qui fit percer dans les années 1830 un tunnel pour arrêter les crues du fleuve, créant ainsi une nouvelle cascade (la Grande Cascata) qui plonge de 160 m dans la vallée située derrière la ville.

Le Canope, bien restauré, dont le canal est orné de répliques des caryatides d'origine

Villa Adriana ㉑

Via Tiburtina. À 6 km au SO de Tivoli. *Tél. 0774 53 02 03.* [FS] *Tivoli, puis bus n° 4.* COTRAL depuis Ponte Mammolo (ou métro ligne B). ◯ *t.l.j. 9 h-1h avant le crépuscule (dernière entrée 1h av.)* ● *1er janv., 1er mai, 25 déc.*

Résidence d'été édifiée entre 118 et 134, la villa d'Hadrien était un musée en plein air regroupant le meilleur de l'architecture du monde romain. Sur une superficie de 120 ha, elle rassemblait les répliques grandeur nature des édifices grecs et égyptiens qu'affectionnait l'empereur. Bien que des fouilles aient commencé au XVIe siècle, un grand nombre des ruines disséminées sur le terrain ne sont pas encore identifiées avec certitude. Les colonnes couchées parmi les oliviers et les cyprès offrent un cadre très pittoresque pour un pique-nique.

La grande maquette présentée dans le bâtiment à côté du parc de stationnement donne une idée de l'aspect d'origine de la villa. Les édifices les plus importants sont fléchés ; plusieurs ont été partiellement restaurés ou reconstruits. Le théâtre maritime se dresse sur un îlot, au milieu d'un bassin circulaire que l'on traverse par un pont mobile : c'était probablement l'atelier d'Hadrien, qui s'y retirait loin des soucis de l'Empire pour se consacrer à ses deux passe-temps favoris, la peinture et l'architecture. La villa comptait également des théâtres, des bibliothèques grecque et latine, deux thermes, de nombreuses habitations pour les invités et le personnel du palais, ainsi que des jardins agrémentés de fontaines, de statues et de bassins.

Outre l'architecture, Hadrien aimait la philosophie : un site du jardin pourrait être la

Fragment d'un pavage en mosaïque de marbre du palais impérial

reproduction du bosquet de l'Académie, où Platon s'entretenait avec ses élèves ; ailleurs, la réplique de la Stoa Poikile, le portique d'Athènes qui a donné son nom aux philosophes stoïciens, entoure une vaste place ornée d'un bassin. La salle des Philosophes, à proximité du Poikile, était probablement une bibliothèque.

La reproduction la plus ambitieuse, c'est le Canope, le sanctuaire du dieu Sérapis près d'Alexandrie. Un canal de 119 m fut construit et des statues rapportées d'Égypte pour décorer le temple et son jardin ; des copies des caryatides ornent les bords du canal.

Plus loin s'étend la vallée de Tempé, terrain de chasse légendaire de Diane, et dont le cours d'eau reproduit le fleuve Pénée. Sous terre,

Paire de colonnes ioniques dans les thermes de la villa Adriana

l'empereur a imaginé les Enfers, le royaume d'Hadès, percé de tunnels reliant les différentes parties de la villa.

Pillée par les barbares aux VIe et VIIIe siècles, la villa tomba progressivement à l'abandon : on en brûla le marbre pour en faire de la chaux et les collectionneurs de la Renaissance firent le reste en la dépouillant de ses trésors. Les statues qui y ont été exhumées enrichissent aujourd'hui les collections de tous les musées d'Europe, dont les collections égyptiennes du Vatican (p. 238).

Ostia Antica ㉒

Viale dei Romagnoli 717. Site à 25 km au SO de Rome. *Tél. 06 5635 8099.* Ⓜ *Piramide puis train à Porta San Paolo.* **Fouilles et musée** ☐ *mar.-dim. 8h30-18h (nov.-fév. 16h ; mars 17h).* ● *1ᵉʳ janv., 25 déc.* ▨ ▣ ▢ ▧ **www.ostiantica.info**

Du temps de la République, Ostia Antica était le principal port de commerce de Rome et une place forte défendant la côte et l'embouchure du Tibre. Il demeura florissant sous l'Empire, malgré le développement du port de Portus au IIᵉ siècle apr. J.-C. Le déclin d'Ostie s'amorça au IVᵉ siècle lorsqu'à la baisse des activités commerciales s'ajouta l'envasement de la rade. Puis la malaria devint endémique : la population, qui s'élevait à près de 100 000 personnes, abandonna totalement la ville et sa région.

Enfouie sous les sables durant des siècles, la cité est remarquablement préservée. Moins spectaculaire que Pompéi ou Herculanum, car Ostie s'éteignit progressivement, elle donne cependant une image plus complète de la vie du temps de l'Empire. On peut ainsi imaginer cette ville où des gens de toutes classes sociales, et originaires de toute la Méditerranée, vivaient et travaillaient ensemble.

Le plan se discerne au premier regard. Dans la rue principale, le *Decumanus maximus*, qui traversait la cité, où se bousculaient esclaves et citoyens, attelages et chars, les commerçants menaient leurs affaires sous

Demeures, échoppes et comptoirs, ruines près du théâtre d'Ostie

les portiques bordant la rue. Le plan de sol des édifices publics le long de la voie est mis en évidence : il y avait de nombreux thermes, dont ceux des *Cisiarii* (charretiers) et les thermes de Neptune, plus imposants, nommés d'après leurs beaux pavages noir et blanc en mosaïque. À côté du théâtre restauré, où l'on jouait en été des pièces classiques, trois grands masques, ornant à l'origine la scène, ont été installés sur des blocs de tuf. Des tavernes et des boutiques s'ouvraient sous la grande arcade de briques soutenant les gradins semi-circulaires.

Le lit du Tibre s'est considérablement modifié depuis l'époque où Ostie était

Masque ornant le théâtre

le port de Rome. Le fleuve coulait tout à côté de la place des Corporations qui se trouve derrière le théâtre.

Les corporations rassemblaient les divers corps de métier participant aux activités portuaires : tanneurs et cordiers, charpentiers maritimes et négociants en bois, fournisseurs de navires et marchands de grain. Quelque 60 à 70 comptoirs étaient ouverts sur la place. Des mosaïques montrant la vie quotidienne du port, avec les noms et les symboles des corporations, y sont toujours visibles. Des armateurs et leurs agents, de Tunisie ou de Gaule, de Sardaigne ou d'Égypte, y avaient également leurs bureaux. Celui d'un négociant de Sabratha, en Afrique du Nord, est orné d'une jolie mosaïque figurant un éléphant.

Le grain en provenance d'Afrique constituait l'essentiel des cargaisons à destination de Rome. Celles-ci étaient souvent distribuées gratuitement pour prévenir

Embarquement du grain dans un navire marchand, fresque, Ostie

toute agitation sociale :
à certaines époques,
plus de 300 000 personnes
bénéficiaient de l'*annona*
(allocation de grain).
Au centre de la place
se dressait un temple
probablement dédié à Cérès,
la déesse des moissons.
Les fouilles ont également
mis au jour de nombreux
entrepôts où l'on stockait
les marchandises pour Rome.
Le *Decumanus* mène au
Forum et au temple principal
de la ville, érigé au IIᵉ siècle

Néréides et monstre marin, mosaïque de la Maison des Dioscures

par Hadrien, et consacré
à Jupiter, Junon et Minerve.
Au XVIIIᵉ siècle, ce site était
devenu une bergerie.
Les habitations se dressaient
à l'écart du *Decumanus*.
C'était essentiellement des

**Détail de mosaïque,
place des Corporations**

insulae, des immeubles de
rapport de trois
ou quatre étages
divisés en
appartements.
L'une des
plus belles,
la Maison
de Diane,
possède un
balcon au
deuxième
étage,
des thermes
privés et une
cour centrale
dotée d'une
citerne où
les habitants
puisaient leur eau.
Des échoppes, des tavernes
et des « bars » occupaient
le rez-de-chaussée. Le « bar »
de la Maison de Diane
possède un comptoir en
marbre où l'on servait de
la charcuterie et du vin chaud
sucré au miel.

Les riches possédaient
des maisons particulières
(domus), telles que la Maison
des Dioscures, avec ses belles
mosaïques polychromes, et la
Maison de Cupidon et Psyché
dont le nom provient de la
charmante statue qui l'ornait.
Celle-ci est désormais
installée, avec d'autres
sculptures et bas-reliefs
découverts à Ostie, au musée
Ostiense, près du Forum.
Parmi les autres édifices
remarquables : une
blanchisserie et une caserne
de sapeurs-pompiers. Une
grande diversité de religions
traduisait le cosmopolitisme
du port : pas moins de
18 temples étaient consacrés
au dieu perse Mithra. Il y
avait aussi une synagogue
du Iᵉʳ siècle apr. J.-C. et une
basilique chrétienne.
Une inscription rappelle
que la mère de saint Augustin
est morte ici en l'an 387.

À VOIR ÉGALEMENT :

Anagni FS *de Termini (60 min
env., puis bus peu fréquent ou
longue marche). Ville pittoresque ; palais papal et cathédrale
romane.*

Bracciano FS *de Termini ou
Tiburtina (90 min env.).* 🚌 *de
Lepanto, par métro ligne A (bus
90 min env.). Lac volcanique
bordé de villages et de collines
boisées ; promenades, château
Orsini, baignades en été.*

Cerveteri FS *de Termini, Tiburtina
ou Ostiense, puis bus (70 min env.).*
🚌 *de Lepanto, par métro ligne A
(bus 80 min env.).
Grande cité étrusque ;
nécropole, rues et habitations
mises au jour.*

Nemi 🚌 *d'Anagnina, par
métro ligne A (bus 60 min env.).
Charmant village ; lac
volcanique dans les Castelli
Romani, vignobles et fraises.*

Palestrina 🚌 *d'Anagnina,
par métro ligne B (bus 70 min env.).
Temple romain ; musée
et mosaïque du Nil.*

Pompéi 🚌 *à Naples,
puis changement pour un train
régional (170 min env.).*
🚌 *Excursions organisées
par les agences de voyages.
Fouilles dans cité romaine
anéantie par une éruption
du Vésuve en août de l'an 79.*

Subiaco 🚌 *de Ponte Mammolo,
par métro ligne B (bus 120 min env.).*

Ville natale de saint Benoît ;
deux monastères.

Tarquinia 🚌 *de Termini ou
Ostiense (100 min env.).*
🚌 *de Lepanto, par métro ligne A.
Correspondance à Civitavecchia
(150 min env.).
Magnifique collection d'art
étrusque et de fresques de la
nécropole de Tarquinia.*

Viterbe 🚌 *d'Ostiense (110 min
env.) ou train de Roma Nord,
piazzale Flaminio, métro ligne A
(120 min env.).* 🚌 *de Saxa Rubra
desservie par le train ci-dessus
(bus 90 min env.).
Quartier médiéval, palais
papal et Musée archéologique,
enceinte du XIIIᵉ siècle.*

NEUF PROMENADES À PIED

Rome se prête à merveille à la promenade. Outre les nombreuses rues piétonnes, les principaux sites du centre historiques sont à faible distance les uns des autres et les nombreuses terrasses de café accueilleront le touriste fatigué, souvent dans un cadre magnifique, comme la piazza Navona ou le Campo dei Fiori.

Si l'archéologie vous intéresse, une promenade dans le Forum *(p. 76-87)* ou à travers le Palatin *(p. 96-101)*, au milieu de ruines romantiques et de pinèdes, vous fera oublier le vacarme de la Rome moderne.

La première des neuf promenades parcourt des quartiers bordant les deux rives du Tibre, la deuxième emprunte la via Giulia, rectiligne, où fleurit la ville Renaissance.

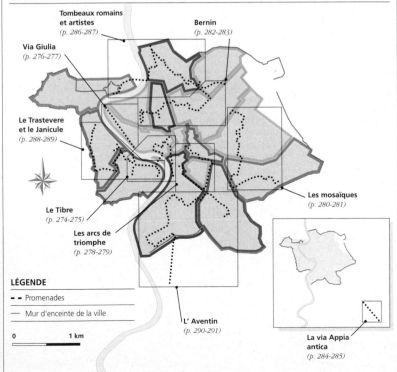

Ange de Bernin, ponte Sant'Angelo

Les trois promenades suivantes explorent chacune un thème particulier : les arcs de triomphe des empereurs ; les sites paléochrétiens et les églises romanes ornées de mosaïques ; le baroque et les grandes contributions de Bernin à la ville. La sixième promenade nous emmènera loin du centre, sur la plus fameuse des voies romaines, la via Appia antica, dont certaines parties sont encore intactes deux mille ans plus tard. La septième explore une page macabre de l'histoire, dont un parc où rôderait le fantôme de l'empereur Néron. La huitième est un circuit alliant les ruelles à l'atmosphère si particulière du Trastevere aux points de vue romantiques du Janicule. La dernière fait le tour des églises et des ruines de la colline de l'Aventin.

COMMENT CHOISIR SA PROMENADE

Tombeaux romains et artistes
(p. 286-287)

Bernin
(p. 282-283)

Via Giulia
(p. 276-277)

Le Trastevere et le Janicule
(p. 288-289)

Les mosaïques
(p. 280-281)

Le Tibre
(p. 274-275)

Les arcs de triomphe
(p. 278-279)

LÉGENDE

- - Promenades
— Mur d'enceinte de la ville

0   1 km

L' Aventin
(p. 290-291)

La via Appia antica
(p. 284-285)

◁ **Balade en fin d'après-midi sur le ponte Sant'Angelo (pont Saint-Ange)**

Deux heures sur les bords du Tibre

C'est au Tibre que Rome doit son existence même :
la ville s'est développée autour d'un gué. Le fleuve
torrentueux en hiver inondait chaque année la ville
jusqu'en 1870, lorsque l'on commença à édifier sur
les deux rives les massives berges
du Lungotevere pour le canaliser.
Celles-ci offrent de beaux points
de vue le long de leurs allées
de platanes. La balade traverse
également les quartiers
voisins, le ghetto juif
et le Trastevere, qui
ont conservé en
grande partie leur
caractère d'origine.

Du vieux port de Rome à la via dei Funari

À partir de l'église Santa
Maria in Cosmedin ①
(p. 202), traversez la place
vers les temples du foro
Boario ② *(p. 203)*,
ancien marché aux bœufs
installé près du port.
Le fleuve a préservé deux
constructions antiques,
le débouché de la *Cloaqua
Maxima* ③, (les égouts),
et une arche en ruine
du ponte Rotto ④.
Dans la via Petroselli,
se dresse la splendide casa
dei Crescenzi ⑤ *(p. 203)*,
demeure médiévale ornée
de fragments de temples
romains. En passant
devant le moderne Anagrafe
(archives publiques) ⑥,
édifié sur l'ancien port
de Rome, vous atteignez
San Nicola in Carcere ⑦
(p. 151).

Vous êtes désormais sur
le foro Olitorio, l'ancien
marché aux légumes.
À l'est, les ruines d'un
portique romain et la
demeure médiévale des

Santa Maria in Cosmedin ①

Pierleoni. En allant vers
l'imposant teatro di
Marcello ⑧ *(p. 151)*,
cherchez à côté
les trois colonnes
corinthiennes
du temple
d'Apollon.
Tournez
dans la place
Campitelli vers
Santa Maria in
Campitelli ⑨
(p. 151) : l'église
abrite une effigie
miraculeuse de la
Vierge qui aurait
mis fin à la peste
de 1656. Sur la
place du XVIᵉ siècle,
habitait au n° 6
l'architecte qui
l'a construite,
Flaminio Ponzio.
Suivez la via dei
Delfini jusqu'à la
piazza Margana
où se dresse la torre
dei Magnani ⑩
(XIVᵉ siècle).
Revenez sur
vos pas puis
remontez la via
dei Funari (rue des
Cordiers) jusqu'à
la façade du
XVIᵉ siècle de
Santa Caterina
dei Funari ⑪.

Le ghetto

De la piazza Lovatelli,
prenez la via Sant'Angelo
in Pescheria qui mène
dans le ghetto juif *(p. 152)*
aux vestiges du portico
d'Ottavia ⑫ *(p. 152)*. Jadis
marché aux poissons, le
portique comprend l'église
Sant'Angelo in Pescheria.
Cherchez la plaque de
marbre sur sa façade :
les poissons plus grands
que cette plaque étaient
offerts au *conservatori*
(gouverneur). Deux
tronçons de colonne

L'arche solitaire du ponte Rotto ④

Maître-autel de Santa Maria in Campitelli ⑨

du portique encadrent un portail orné de fragments de sculptures. Les rues tortueuses autour de la via del Portico d'Ottavia sont typiques de la vieille Rome : admirez la maison de Lorenzo Manilio ⑬ *(p. 152)* et tournez dans la via delle Cinque Scole, après le palazzo Cenci ⑭ *(p. 152)*. Sur le Lungotevere, dépassez la synagogue ⑮ *(p. 152)* vers la petite église San Gregorio ⑯, ancien emplacement des portes du ghetto, fermées au crépuscule.

Tête de Méduse, bas-relief classique, portail du palais Cenci ⑭

Au-delà, la piazza in Piscinula et les rues voisines conservent l'esprit du vieux Trastevere.

Rejoignez la viale di

En descendant la via della Lungaretta vers la piazza Santa Maria in Trastevere, ne manquez pas la vieille pharmacie, au n° 7. La place et sa fontaine face à la superbe église Santa Maria in Trastevere ㉒ *(p. 212-213)* sont un lieu de rendez-vous apprécié des Romains. Revenez sur vos pas vers la via del Moro qui mène à la piazza Trilussa où coule la fontana de l'Aqua Paula ㉓, et d'où vous retrouvez la rive du fleuve. Remarquez, près de la fontaine, la statue du poète Trilussa. Du ponte Sisto ㉔ *(p. 210)*, admirez derrière vous l'isola Tiberina (île Tibérine), et au-delà, le campanile médiéval de Santa Maria in Cosmedin se détachant sur les pins du Palatin.

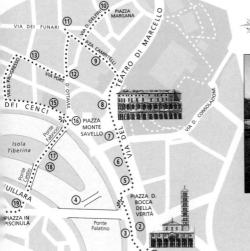

La pointe ouest de l'isola Tiberina

0 ————————— 250 m

La traversée du Tibre vers le Trastevere

La traversée de l'isola Tiberina *(p. 153)* par le ponte Fabricio, au parapet orné de deux têtes en pierre, offre une belle vue sur le fleuve. Sur l'île, ne manquez pas la torre Pierleoni ⑰, ni l'église San Bartolomeo ⑱.

Le Trastevere

En entrant dans le Trastevere, vous remarquerez la demeure médiévale des Mattei ⑲, ornée de sculptures antiques.

LÉGENDE

• • • Promenade

✣ Point de vue

Trasvetere, piazza Belli. Après le carrefour, retournez-vous pour admirer la tour médiévale des Anguillara ⑳ et la statue du poète Gioacchino Belli ㉑ *(p. 209)*.

Piazza in Piscinula, vieux Trastevere

MODE D'EMPLOI

Départ : *piazza de la Bocca della Verità*

Longueur : *3,5 km*

Comment y aller : *les lignes de bus 23, 44, 81, 160, 280, 628, 715 et 716 desservent Santa Maria in Cosmedin.*

Le moment idéal : *très romantique le soir, mais aussi agréable à tout moment.*

Où faire une pause : *restaurants romains élégants piazza Campitelli et piazza Margana ; deux restaurants et une boulangerie via del Portico d'Ottavia. Sur l'isola Tiberina, un bar, et le célèbre restaurant Sora Lella (p. 320). Bars et pizzerias viale Trastevere. Nombreux bars animés et restaurants avec terrasse piazza Santa Maria in Trastevere.*

Une heure dans la via Giulia

Tracée par Bramante pour le pape Jules II au début du XVIe siècle, la via Giulia est l'une des premières rues Renaissance ouvertes dans les ruelles de la Rome médiévale. Le projet d'origine, abandonné faute d'argent, comprenait un nouveau tribunal sur une place centrale. La rue est aujourd'hui occupée par des antiquaires et des restaurateurs de meubles. Les soirs d'été, des centaines de lampes à huile l'illuminent, et ses cloîtres et cours sont le cadre idéal de concerts en plein air.

Chapiteau baroque, façade de Sant'Eligio degli Orefici ⑦

Du Lungotevere au largo della Moretta

En partant du Lungotevere dei Tebaldi ①, à l'extrémité est de la via Giulia, l'arcade ② traversant la rue en face de vous est le vestige du projet abandonné de Michel-Ange pour relier le palazzo Farnese et ses jardins *(p. 147)* avec la villa Farnesina *(p. 220-221)* de l'autre côté du fleuve.

Juste avant l'arcade, admirez à gauche la curieuse fontana del Mascherone ③, où le masque grotesque et la vasque de granit composent une fontaine baroque.

Après l'arcade Farnese, à gauche, la façade baroque de Santa Maria dell'Orazione e Morte ④ *(p. 147)*. Plus loin, du même côté, le palazzo Falconieri ⑤, agrandi par Borromini en 1650. Remarquez les deux faucons de pierre flanquant la façade. Dépassez de l'autre côté de la rue la façade jaunâtre de Santa Caterina da Siena ⑥, l'église des Siennois à Rome, avec ses beaux bas-reliefs du XVIIIe siècle. Les figures de Romulus et Remus symbolisent Rome et Sienne :

Romulus et Remus, bas-relief, Santa Caterina da Siena ⑥

la légende dit que Sienne fut fondée par le moins chanceux des jumeaux. Après avoir emprunté la petite rue menant vers Sant'Eligio degli Orefici ⑦ *(p. 148)* et à la façade du palazzo Ricci ⑧ *(p. 149)*, vous arrivez au vicolo della Moretta, où des édifices à demi démolis entourent les ruines de l'église San Filippo Neri ⑨.

Fontana del Mascherone ③

À gauche, vers le fleuve, vous voyez le pont Mazzini et la prison Regina Cæli sur l'autre rive du Tibre. Faites un petit détour à droite, au début de la via del Pelegrino où une inscription ⑩ marque le *pomerium*, la limite de la ville du temps de Claude.

Du largo della Moretta aux « sofas » de la via Giulia

Plus loin, face à l'étroit vicolo del Malpasso, se dresse l'imposante Carceri nuove ⑪, prison édifiée par le pape Innocent X Pamphilj en 1655, et à l'époque, modèle d'humanité dans le traitement des prisonniers. Elle fut remplacée au XIXe siècle par la prison Regina Cæli sur l'autre rive du Tibre. Les bâtiments abritent aujourd'hui des bureaux du ministère de la Justice, ainsi qu'un petit musée du Crime.

À l'angle de la via del

LÉGENDE

··· Promenade

🔅 Point de vue

0   250 m

L'arcade Farnese, dessinée par Michel-Ange, traverse la via Giulia ②

Plaque dédiée à Antonio da Sangallo, palais Sacchetti ⑮

est l'église arménienne de Rome, souvent surnommée San Biagio della Pagnotta (de la miche de pain), car l'on y distribuait du pain aux pauvres lors de la fête du saint.

À l'angle, se trouvent d'autres blocs de travertin, vestiges des fondations du tribunal de Jules II, et appelés « sofas de la via Giulia » en raison de leur forme.

Le quartier florentin

Votre prochaine halte devrait être l'imposant palazzo Sacchetti ⑮, au n° 66, à l'origine demeure d'Antonio da Sangallo le Jeune (l'architecte du palazzo Farnese), puis agrandi plus tard. La cour à portique abrite une madone du XVe siècle et un magnifique bas-relief romain du IIIe siècle. En face du palazzo Sacchetti, remarquez le beau portail fin Renaissance du palazzo Donarelli ⑯. Au n° 93, la demeure XVIe siècle est ornée de stucs et d'armoiries ⑰. Le n° 85 est un autre palais

Renaissance typique, au rez-de-chaussée lourdement rustique ⑱, qui aurait appartenu, comme bien d'autres résidences, à Raphaël. Antonio da Sangallo le Jeune a construit pour lui-même le palazzo Clarelli ⑲ qui fut ensuite acheté par le duc Côme II de Médicis, comme en témoigne l'inscription du portail.

Dans ce quartier, résidait une colonie florentine qui possédait ses propres moulins sur le Tibre. San Giovanni dei Fiorentini ⑳ (p. 153) était son église, point final de la via Giulia. Maints artistes et architectes florentins, dont Sangallo et Sansovino y ont contribué.

Armoiries du pape Paul III Farnèse, façade du n° 93, via Giulia ⑰

MODE D'EMPLOI

Départ : Lungotevere dei Tebaldi, près du ponte Sisto.
Longueur : 1 km.
Comment y aller : par le bus 116 qui longe la via Giulia, ou par les bus 46, 62 ou 64 vers le corso Vittorio Emanuele II, puis marcher via dei Pettinari, ou par les bus 23 ou 280 sur le Lungotevere.
Le moment idéal : les soirs d'été, la rue est éclairée par des lampes à huile. En hiver, crèches dans les vitrines.
Où faire une pause : un bar via Giulia, aux n°s 18 et 84. À Campo dei Fiori, des bars plus agréables, avec terrasse, et un grand choix de restaurants, dont un restaurant de poissons piazza Santa Barbara dei Librai (fermé dim.).

Gonfalone, petite rue adjacente descendant vers le fleuve, on peut voir les vestiges des fondations du tribunal projeté par Jules II. En bas de la rue, le petit oratorio di Santa Lucia del Gonfalone ⑫ (p. 356) est souvent le cadre de concerts.

Santa Maria del Suffragio ⑬, due à Carlo Rainaldi, (XIIe siècle) est la prochaine façade intéressante, à gauche. Du même côté, San Biagio degli Armeni ⑭

Montant de porte, détail, Santa Maria del Suffragio ⑬

Une heure et demie, d'un arc de triomphe à l'autre

L'arc en plein cintre, la grande contribution romaine
à l'architecture, a trouvé son apothéose dans l'arc de
triomphe, le plus grand hommage des Romains envers
leurs généraux victorieux. Sous l'Empire, l'édification
d'un arc fêtant les victoires de l'empereur, contribuant
à son culte personnel et à sa déification future, était
devenue presque coutumière. Les généraux
conquérants, acclamés par la foule, défilaient sous
ces arcs en direction du Capitole, avec leurs légions
et le butin de leurs campagnes.

La via Sacra, jadis enjambée par
l'arc d'Auguste ③

Les arcs du Forum
Cette balade vous fera
découvrir sur le Forum,
au pied du Palatin, trois
grands arcs de triomphe et
deux arcs plus modestes,

Prisonniers barbares, reliefs de l'arc
de Septime Sévère ①

qui servaient de centres
d'affaires. Elle commence par
l'arco di Settimio Severo ① et

MODE D'EMPLOI

Départ : du Forum, entrée largo
Romolo e Remo, via dei Fori
Imperiali.
Longueur : 2,5 km.
Comment y aller : métro le plus
proche : Colosseo, ligne B. Bus
84, 85, 87, 117, 175, 186, 810,
850, arrêts via dei Fori Imperiali,
près de l'entrée du Forum.
Le moment idéal : aux heures
d'ouverture du Forum (p. 82).
Où faire une pause :
plusieurs bars et restaurants
dominent le Colisée. Petit bar
via dei Cerchi, et bar plus chic
derrière San Giorgio in Velabro,
piazza San Giovanni Decollato
(fermé dim.). Essayez le
restaurant Alvaro al Circo
Massimo (fermé lun.),
via di San Teodoro.

de ses fils Geta et Caracalla
(p. 83), qui fut érigé en 203
pour célébrer une
campagne victorieuse au
Proche-Orient. Quand
Caracalla fit assassiner
son frère huit ans plus
tard, toute inscription
mentionnant ce dernier
fut effacée.
Les bas-reliefs
qui illustrent
sur plusieurs
niveaux
les
campagnes
constituaient
probablement
le pendant
sculptural
des images
célébrant les
hauts faits du
général, portées
durant le défilé
triomphal.
À droite, des
assiégés se
rendent aux
armées romaines.
En bas, des frises plus
petites montrent
le défilé lui-même.
    Traversez le Forum
vers les ruines
du temple de Jules
César ②, édifié
en 29 av. J.-C.
par Auguste, sur le
site de la crémation de
César où Marc Antoine
fit son éloge funèbre.
À côté, un panneau
indique l'emplacement
de l'un des arcs
dédiés à Auguste ③ qui
enjambait la via Sacra entre
le tempio dei Dioscuri ④
(p. 84) et le temple de César.
Cet arc, érigé après la
victoire d'Auguste sur
Antoine et Cléopâtre, fut
démoli en 1545 et ses
matériaux utilisés pour la
construction de la nouvelle

Chapiteau du
temple de
Castor et
Pollux ④

basilique
Saint-Pierre.
Gravissez
la colline vers
l'arco di Tito ⑤
(p. 87). Ce dernier est
plus simple que celui de
Septime Sévère.
On peut y voir
les inscriptions
et les bas-reliefs de
l'*intrados* qui
montrent les
légionnaires chargés du

LÉGENDE

• • • Promenade

⚜ Point de vue

Ⓜ Station de métro

0   250 m

L'Arc de Titus, aquarelle du XIXe siècle, du peintre anglais Thomas Hartley Cromek ⑤

XVIIIe et XIXe siècles.
Il est probable que nombre de ces charrettes étaient utilisées pour transporter des matériaux de construction prélevés sur les diverses ruines du Forum.

L'arco di Costantino

Quittez le Forum en descendant vers le Colisée ⑥ (p. 92-95) et le tout proche arco di Costantino ⑦ (p. 91). Cet arc est un patchwork de bas-reliefs de différentes époques qui commémore la victoire de l'empereur sur son malheureux rival, Maxence en 312. Du côté de la via di San Gregorio, comparez les

Arcade de Domitien prolongeant l'aqueduc de Claude ⑨

de Claude ⑨ à droite, vous arrivez piazza di Porta Capena ⑩ où se dressait la porte qui marquait le commencement de la célèbre via Appia antica (p. 284). Après avoir fait le tour du Palatin, suivez la via dei Cerchi qui longe la pelouse marquant le tracé ovale du circo Massimo ⑪ (p. 205).

Les arcs du foro Boario

Après avoir atteint l'église Sant'Anastasia ⑫, tournez à droite via di San Teodoro, puis prenez à gauche la via del Velabro qu'enjambe l'arco di Giano à quatre arches ⑬ (p. 202), érigé au IIIe siècle. Ce n'est pas un arc de triomphe, mais un lieu couvert où les Romains menaient leurs affaires à l'abri du soleil et de la chaleur ou de la pluie. Il fut intégré comme l'arc de Titus dans la forteresse bâtie au Moyen Âge par la famille Frangipane.

Appuyé contre l'église San Giorgio in Velabro ⑭ (p. 202), se dresse l'arco degli Argentari (arc des Changeurs) ⑮. L'arc qui ressemble à une immense porte rectangulaire porte une inscription précisant qu'il fut élevé en l'an 204 par la corporation des orfèvres en l'honneur de Septime Sévère. Comme sur l'arc de triomphe de l'empereur, Caracalla n'hésita pas à faire effacer le nom de son frère Geta qu'il avait assassiné, de même que l'effigie de ce dernier qui apparaissait parmi les portraits de l'*intrados*. Dans la Rome impériale, le triomphe pouvait être de courte durée…

[carte] FORI IMPERIALI — Colosseo — PIAZZA DEL COLOSSEO — ⑤ ⑥ ⑦ — MONTE CELIO — VIA DI SAN GREGORIO — ⑧ ⑨ — ⑩ PIAZZA PORTA CAPENA

butin de la conquête de Jérusalem, les hérauts porter les noms des villes et des peuples vaincus, et surtout Titus triomphant sur son char.

Au Moyen Âge, la famille Frangipane a transformé le Colisée en place forte, incorporant l'arc de Titus dans la fortification. Remarquez les éraflures sur les parois internes de l'arc, ce sont les traces des essieux de générations de voitures à cheval, qui montrent en outre l'élévation progressive du niveau du Forum avant les fouilles entreprises aux

panneaux les plus anciens du sommet (180-193) avec les scènes de bataille sculptées en 315 qui surmontent la plus petite arcade. Les curieux soldats illustrent à merveille la transition entre la sculpture classique et médiévale.

Prenez la via di San Gregorio, qui longe la vallée entre les collines du Palatin et du Cælius : c'était la voie que suivaient jadis les processions triomphales. Après l'entrée du Palatin ⑧ et les arcades bien conservées de l'aqueduc

L'arco di Giano dans le foro Boario ⑬

En trois heures : le circuit des mosaïques

Imitant les salles d'audience des palais impériaux, les premières églises de Rome furent décorées de mosaïques polychromes, faites de cubes de marbre, de pierres colorées et de morceaux de verre, dont les couleurs éclatantes et les sujets donnaient aux fidèles un aperçu du royaume céleste. Le fond doré était réalisé à la feuille d'or intercalée entre deux morceaux de verre fondus ensemble au feu. Cette balade passe par quelques églises aux mosaïques exceptionnelles.

Mosaïque de l'abside de la cappella Santa Rufina ③

San Giovanni

En partant de la piazza di Porta San Giovanni, allez voir la mosaïque bien restaurée du triclinium de Léon III *(p. 179)*, qui ornait à l'origine la salle des banquets de Léon III (pape de 795 à 816) ①, montrant le Christ et les apôtres. À gauche, le pape Sylvestre et l'empereur Constantin ; à droite, le pape Léon et Charlemagne avant

Obélisque et façade latérale de San Giovanni in Laterano ②

son sacre en l'an 800. À San Giovanni in Laterano ② *(p. 182-183)*, la mosaïque de l'abside (XIIIᵉ siècle) montre le Christ apparaissant lors de la consécration de la basilique. Sortez de l'église par la droite, près du magnifique orgue du XVIᵉ siècle, et visitez le baptistère de San Giovanni, de plan octogonal ③, où la cappella Santa Rufina possède

une belle mosaïque d'abside, vert, azur et or, datant du Vᵉ siècle. À côté, dans la cappella San Venanzio, des mosaïques du VIIᵉ siècle montrent la puissance de l'Église byzantine.

De Santo Stefano Rotondo à San Clemente

Quittez la place par la ruelle étroite menant vers l'église de plan circulaire Santo Stefano Rotondo ④ *(p. 185)*. L'une de ses chapelles renferme une mosaïque byzantine du VIIᵉ siècle honorant deux martyrs inhumés ici. Plus loin, piazza della Navicella, l'église Santa Maria in Domnica ⑤ *(p. 193)* abrite la splendide mosaïque commandée par le pape Pascal Iᵉʳ. Le pape est représenté agenouillé devant la Vierge. En quittant l'église, remarquez la façade de San Tommaso in Formis ⑥. La belle mosaïque du XIIIᵉ siècle montre le Christ flanqué de deux affranchis, l'un noir, l'autre blanc. De là, gravissez la colline, dépassez l'abside de Santi Quattro Coronati ⑦ *(p. 185)*, vers San Clemente ⑧ *(p. 186-187)* : sa mosaïque d'abside (XIIᵉ siècle) montre la Croix incluse dans un motif de feuilles d'acanthe, et son pavement comprend une belle mosaïque

Mosaïque du plafond, baptistère de San Giovanni ③

Intérieur du baptistère de San Giovanni ③

Le parc abrite les ruines de la *Domus Aurea* ⑩ de Néron *(p. 175)* et des thermes de Trajan ⑪. De l'autre côté du parc se trouve San Martino ai Monti ⑫ *(p. 170)*, près de sa crypte figure une mosaïque du VIᵉ siècle représentant le pape Sylvestre. Un peu plus loin, Santa Prassede ⑬ *(p. 171)*

Le Colle Oppio

cosmatèque du XIIᵉ siècle.

En sortant par le porche, traversez la via Labicana et gravissez la colline vers le petit parc Colle Oppio ⑨ d'où l'on a une belle vue sur le Colisée.

conserve une abside et un arc triomphal ornés de belles mosaïques ainsi que la chapelle Saint-Zénon. On peut voir dans cette dernière l'ensemble de mosaïques byzantines le plus important de Rome, inspiré des mosaïques de Ravenne. La chapelle fut édifiée par le pape Pascal Iᵉʳ comme mausolée pour sa mère Théodora. En allant

la nef (Vᵉ siècle) illustrent des scènes de l'Ancien Testament, tandis que celles de l'arc triomphal montrent des scènes de l'enfance du Christ. Dans l'abside, vous admirerez le *Couronnement de la Vierge*, de Jacopo Torriti, réalisé en 1295.

En quittant Santa Maria Maggiore du côté de l'abside, passez devant l'obélisque ⑮ dressé sur la place, et descendez la colline par la via Urbana vers Santa Pudenziana ⑯ *(p. 171)*. Les figures de la mosaïque de l'abside (390) sont d'un réalisme étonnant. Les deux femmes couronnées seraient sainte Praxède et sainte Pudentienne. Vous

Détail de mosaïque, Santa Prassede ⑬

pouvez soit revenir sur vos pas vers Santa Maria Maggiore, soit descendre la via Urbana vers la station de métro Via Cavour.

Frise du XIᵉ siècle, portail de Santa pudenziana ⑯

ensuite à Santa Maria Maggiore ⑭ *(p. 172-173)*, passez devant la colonne dressée au centre de la place et admirez les mosaïques de Filippo Rusuti (XIVᵉ siècle) qui ornent la façade de la basilique. À l'intérieur, les mosaïques de

LÉGENDE

••• Promenade

— Mur d'enceinte de la ville

☼ Point de vue

Ⓜ Station de métro

0   250 m

MODE D'EMPLOI

Départ : piazza di Porta San Giovanni.

Longueur : 3,5 km.

Comment y aller : métro le plus proche : San Giovanni, ligne A, piazza Appio à côté de la porta San Giovanni. Les bus 16, 81, 85, 87, 117, 218, 650 et 850 ainsi que le tram 3 desservent San Giovanni in Laterano.

Le moment idéal : de préférence le matin, pour apprécier les mosaïques sous la meilleure lumière.

Où faire une pause : les bars et les restaurants de la piazza del Colosseo sont fréquentés par des artistes. Parco del Colle Oppio est un petit café-kiosque avec des tables. Plusieurs bars sont établis autour de Santa Maria Maggiore.

Deux heures sur les traces de Bernin

Giovanni Lorenzo Bernini, dit Bernin (1598-1680),
est l'artiste qui a probablement laissé la plus forte
empreinte personnelle sur le paysage romain.
Architecte, sculpteur et urbaniste de trois papes, il
transforma Rome en une ville baroque d'exception.
Cette promenade, qui retrace son influence sur le
développement et l'aspect du centre-ville, débute largo
di Santa Susanna, juste au nord de la gare Termini,
au pied de l'église Santa Maria della Vittoria.

La façade de Santa Maria in Via ⑬

La fontana del Tritone de Bernin ②

Quirinale. La grande aile du
palais, à droite, a été dessinée
par Bernin, ⑦ *(p. 158)*,
comme l'église Sant'Andrea
al Quirinale ⑧ *(p. 161)* qui
lui fait face. C'est l'une des
plus belles églises de l'artiste.
En arrivant piazza del
Quirinale ⑨, remarquez le
portail du palais, attribué
à Bernin. Descendez les
escaliers vers la via
della Dataria, puis
dans Vicolo
Scanderberg
qui mène à une

dans la via di Santa Maria in
Via, dont l'église ⑬ possède
une belle façade baroque due
au successeur de Bernin,

La piazza Barberini

Dans l'église Santa Maria
della Vittoria ① *(p. 255)*, la
cappella Cornaro est le cadre
de l'une des sculptures les
plus novatrices et les plus
controversées de Bernin,
L'Extase de sainte Thérèse
(1646). Prenez ensuite
la via Barberini vers la piazza
Barberini : au centre, la
fontana del Tritone ②
(p. 254), et sur un côté, la
plus modeste fontana delle
Api ③ *(p. 254)*. En remontant
la via delle Quattro Fontane,
vous apercevez le palazzo
Barberini ④ *(p. 255)*, édifié
pour Urbain VIII par Bernin
et d'autres artistes. Le portail
et les corniches sont ornés
d'abeilles, les armoiries de
la famille Barberini. Plus loin,
le carrefour des Quattro
Fontane ⑤ *(p. 162)* offre une
vue étendue en direction
des quatre points cardinaux.
Après avoir dépassé l'église
San Carlo alle Quattro
Fontane ⑥ *(p. 161)*, édifiée
par Borromini, le rival de
Bernin, prenez la via del

petite place
de même nom ⑩.
Scanderberg était le surnom
du prince albanais Giorgio
Castriota (1403-1468),
« la terreur des Turcs », dont
le portrait est visible dans
sa demeure.

La fontaine de Trevi

Longez l'étroit vicolo dei
Modelli ⑪, où les modèles
masculins attendaient d'être
choisis par les artistes, puis
tournez vers la fontaine de
Trevi ⑫ *(p. 159)*, inspirée
de l'œuvre de Bernin, en
hommage à son influence
sur le style romain. Quittez la
place par la via delle Muratte,
où le compositeur Donizetti
vécut au n° 77, puis tournez

La fontana del Nettuno, au nord
de la piazza Navona ⑱

Carlo Rainaldi. Au sommet de la rue, tournez à gauche dans la via del Corso. En face, la colonne de Marc-Aurèle ⑭ *(p. 13)* se dresse place Colonna. Au-delà, le palazzo Montecitorio ⑮, commencé par Bernin en 1650, est aujourd'hui la Chambre des députés *(p. 112)*.

Du Panthéon à la piazza Navona

La via in Aquiro mène au Panthéon ⑯ *(p. 110-111)*. Déclinant la demande d'Urbain VIII d'en restaurer la coupole, Bernin affirma

Allégorie du fleuve Nil, fontana dei Quattro Fiumi

que si la coupole de Saint-Pierre présentait maintes imperfections, celle du Panthéon n'en avait aucune. Du Panthéon, faites un petit détour par la piazza della Minerva, et voyez l'étrange obélisque de Bernin soutenu par un petit éléphant, près de l'église Santa Maria sopra Minerva ⑰ *(p. 108)*. Puis rebroussez chemin et prenez

LÉGENDE

• • • Promenade

❊ Point de vue

Ⓜ Station de métro

0 _____ 250 m

Ange du ponte Sant'Angelo

la salita dei Crescenzi pour rejoindre la merveilleuse piazza Navona ⑱ *(p. 120)* que Bernin remodela pour le pape Innocent X Pamphilj. La fontana dei Quattro Fiumi

(p. 120) a été dessinée par Bernin, mais les statues allégoriques des quatre fleuves sont dues à d'autres sculpteurs. La figure centrale de la fontana del Moro est cependant due à l'artiste lui-même. Il fascina ses contemporains par l'utilisation des formes naturelles, coquillages et autres rocailles, ornant ses fontaines, et par sa maîtrise de l'eau créant un mouvement continu.

Une promenade prolongée

Les plus courageux pourront continuer vers le Tibre pour voir le ponte Sant'Angelo orné d'anges de Bernin et son mausolée, puis vers la basilique Saint-Pierre *(p. 230-233)* pour admirer sa colonnade, les tombeaux des papes, la décoration de l'autel et son baldaquin.

MODE D'EMPLOI

Départ : *largo di Santa Susanna*
Longueur : *3,5 km.*
Comment y aller : *métro ligne A jusqu'à Repubblica, ou tout bus pour la gare Termini, puis à pied. Les bus 61, 62, 175 et 492 desservent la via Barberini.*
Le meilleur moment : *soit entre 9h et 12h, pour un bon éclairage dans les églises, soit entre 16h et 19h.*
Où faire une pause : *nombreux bars et pizzerias pour touristes autour de la piazza Barberini et de la fontaine de Trevi. Parmi les cafés chic de l'itinéraire, le célèbre Caffè Giolitti (p. 109) ; grand choix de cafés et restaurants avec terrasse autour de la piazza della Rotonda et de la piazza Navona.*

Carte (légendes) :

VIA BISSOLATI
LARGO DI SANTA SUSANNA ①
VIA BARBERINI
Barberini Ⓜ ③
② PIAZZA BARBERINI
L. TRITONE
VIA D QUATTRO FONTANE ④
VIA XX SETTEMBRE
⑤
Repubblica Ⓜ
⑥
ELLA PANETTER
⑪
⑩
VIA DEL QUIRINALE
⑦
⑧
DELLA DATARIA
PIAZZA DEL QUIRINALE ⑨
VIA D CONSULTA
VIA XXIV MAGGIO

Une heure et demie le long de la via Appia antica

Bordée de cyprès et de pins parasols, comme à l'époque de la Rome antique où l'on inhumait les morts à la lumière des torches, la via Appia a encore un caractère extraordinaire. Dans les champs alentour, des tombeaux en ruine se dressent sur l'arrière-plan des monts Albains. Sauf quelques statues d'origine, leurs parements de marbre ou de travertin ont pour la plupart été pillés, d'autres ont été remplacés par des répliques.

Tombeau de Sextus Pompeius Justus ⑨

Capo di Bove

La promenade commence au tombeau de Cæcilia Metella ① *(p. 266)*, nommé au Moyen Âge *Capo di Bove* (tête de bœuf) en raison de la frise de têtes de bœufs qui l'orne toujours.

Fenêtres gothiques dans l'église San Nicola ②

En face, les ruines de l'église gothique San Nicola ②, qui comme le tombeau de Cæcilia Metella fut intégrée dans la forteresse médiévale des Cætani.

Avancez jusqu'au carrefour ③, où subsiste le pavage romain fait de blocs de basalte.

Après le prochain coude

Vestiges de l'église San Nicola ②

(via Capo di Bove), voyez à gauche les vestiges d'un mausolée recouvert de lierre, le torre di Capo di Bove ④. D'autres tombeaux bordent les

deux côtés de la via Appia, certains encore couronnés d'une tour médiévale.

À droite, après avoir dépassé quelques villas, se trouve la zone militaire du fort Appien ⑤ édifié avec d'autres autour de Rome au XIXᵉ siècle.

Plus loin, à gauche, les ruines du tombeau de Marcus Servilius ⑥, avec des reliefs mis à jour en 1808 par le sculpteur néoclassique Antonio Canova, qui fut l'un des premiers à défendre la conservation *in situ* de ces vestiges.

En face, un tombeau orné d'un nu masculin, le « relief héroïque » ⑦. À gauche, les ruines du tombeau dit de Sénèque ⑧ : le philosophe possédait ici une villa où

il se suicida en l'an 65 sur ordre de Néron.

Les tombeaux suivants sont ceux de la famille de Sextus Pompeius Justus, esclave affranchi au Iᵉʳ siècle ⑨. L'inscription mentionne la tristesse du père inhumant ses jeunes enfants.

De la via dei Lugari à la via di Tor Carbone

Après la via dei Lugari, à droite, se trouve le tombeau

Reconstitution des alignements de tombeaux et de mausolées le long de la via Appia au IIᵉ siècle

Pavage romain d'origine en pierre sur un tronçon de la via Appia

instrument de musique funéraire.

La plupart des tombeaux sont à peine plus que des amoncellements informes de maçonnerie en ruine. La seule exception se trouve dans la dernière partie de cette promenade : il s'agit du tombeau dit des festons ⑱, orné d'une frise de *putti*, et du tombeau du frontispice ⑲, qui possède une frise reconstituée de quatre reliefs : les personnages centraux se tiennent par la main.

La via Appia se prolonge en ligne droite après la via di Tor Carbone : vous pouvez poursuivre la promenade à la découverte des nombreux autres tombeaux et villas en ruine qui jalonnent cette voie.

de saint Urbain (pape de 222 à 230) ⑩, masqué par des arbres. À l'écart de la rue à gauche, un grand podium en ruine appartenait probablement au temple de Jupiter ⑪.

La zone suivante fut fouillée par l'architecte Luigi Canina au début du XIXe siècle. À droite, les tombeaux de Caïus Licinius ⑫, Dorien ⑬, Hilarius Fuscus ⑭ (orné de quatre bustes en relief), puis le tombeau de Tiberius Claudius Secondinus ⑮,

où furent inhumés, au IIe siècle, des affranchis de la maison impériale.

Après les vestiges d'un grand columbarium, on peut voir le tombeau de Quintus Apulée ⑯, puis le tombeau reconstruit des affranchis Rabirii (Ier siècle av. J.-C.) ⑰, orné d'une frise de trois bustes surmontant une inscription.

La figure de droite est une prêtresse d'Isis ; derrière elle, un cistre,

LÉGENDE

• • • Promenade

🌿 Point de vue

```
0          250 m
```

Figure ornant le tombeau du « relief héroïque » ⑦

MODE D'EMPLOI

Départ : *tombeau de Cæcilia Metella.*
Longueur : *3 km.*
Comment y aller : *le taxi est le moyen le plus simple mais vous pouvez prendre le bus 118 de la piazzale Ostiense ou le 660 au départ de Colli Albani ou la ligne A du métro.*
Le meilleur moment : *tôt le matin, avant les grandes chaleurs.*
Où faire une pause : *il y a un bar près de l'église Domine Quo Vadis ; pensez à emporter des rafraîchissements. Plusieurs restaurants réputés sont établis dans la première partie de la via Appia, dont le Cæcilia Metella, via Appia antica 129,* **Tél. 06 513 67 43** *(fermé lundi).*

Deux heures à la découverte des tombeaux romains et des artistes

Frise de l'Ara Pacis Augustae

La partie septentrionale du centre de Rome est baignée d'une atmosphère mystérieuse. En suivant cet itinéraire, le visiteur découvrira des lieux macabres et quelques morts célèbres, des mausolées impériaux, un masque mortuaire et une crypte décorée d'ossements de moines. Ici bat depuis toujours le cœur artistique de la ville. Ici, l'art est partout : du quartier des ateliers d'art à l'accademia di Belle Arti, en passant par la célèbre « rue des artistes ».

et de sculptures anciennes. Prenez à gauche dans la grande rue commerçante de Rome, la via del Corso ⑨ – 1,5 km de *palazzi* et de boutiques – qui, depuis des siècles, est le théâtre de parades, de carnavals, de courses et de processions, et est toujours la promenade *(passeggiata)* préférée des Romains. À droite, face à l'ospedale di San Giacomo (l'hospice fondé en 1339 est aujourd'hui un grand hôpital), la chiesa di Gesù e Maria ⑩ est un chef-d'œuvre baroque de Carlo Rinaldi (1675).

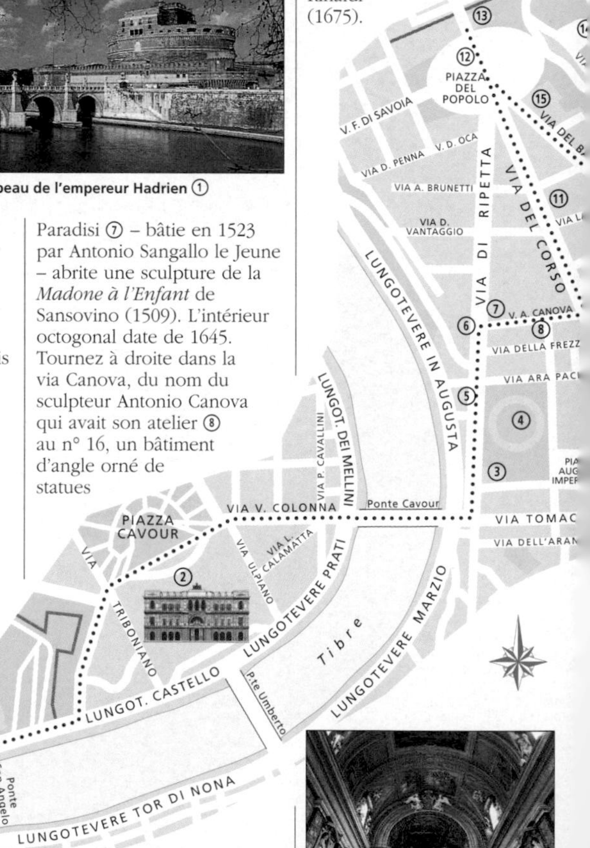

Le castel Sant'Angelo avec le tombeau de l'empereur Hadrien ①

Les tombeaux impériaux

La visite commence par le mausolée de l'Empereur Hadrien, en plein cœur du castel Sant'Angelo ① *(p. 248-249)*. En sortant du château, tournez deux fois à gauche pour longer les remparts en étoile avant de prendre à droite dans la piazza Cavour dominée au sud par l'immense et majestueux palazzo di Giustizia ② *(p. 229)*, qui s'affaisse lentement sur lui-même depuis 1910. Tournez à droite dans la via Colonna et franchissez le Tibre par le ponte Cavour. Traversez le très animé lungotevere, prenez à gauche jusqu'à l'église San Rocco ③ *(p. 141)*. Derrière se dresse le mausolée d'Auguste ④ *(p. 141)* au milieu des cyprès, et à sa gauche l'Ara Pacis Augustae ⑤.

Le Trident

Remontez la via di Ripetta en direction du nord. À gauche, la cour couverte de graffitis de l'accademia di Belle Arti ⑥ est l'œuvre de Pietro Camporese (1845). À droite, à l'angle de la via Canova, l'église Santa Maria Portae

Paradisi ⑦ – bâtie en 1523 par Antonio Sangallo le Jeune – abrite une sculpture de la *Madone à l'Enfant* de Sansovino (1509). L'intérieur octogonal date de 1645. Tournez à droite dans la via Canova, du nom du sculpteur Antonio Canova qui avait son atelier ⑧ au n° 16, un bâtiment d'angle orné de statues

Magnifique intérieur baroque de la chiesa di Gesù e Maria ⑩

0   200 m

LÉGENDE

••• Promenade

Ⓜ Station de métro

La piazza di Spagna et le célèbre et très touristique escalier de la Trinità dei Monti ⑱

CARNET DE ROUTE

Départ : castel Sant'Angelo.
Longueur : 3,6 km
Comment y aller : bus 30, 34, 40, 49, 62, 70, 87, 130, 186, 224, 280, 492, 913, 926 ou 990.
Le moment idéal : l'après-midi, quand le quartier commence à s'animer.
Où faire une pause : sur la piazza del Popolo, deux grands cafés romains affichent leurs couleurs politiques : à gauche pour le Rosati (p. 329), côté ouest, et à droite pour le Canova, à l'est. L'escalier de la Trinità dei Monti est entouré d'excellents restaurants et chaînes de restauration rapide (p. 318-319).

Plus loin, au n° 18, se trouve la casa di Goethe ⑪ *(p. 136)*. Le Corso débouche sur la spectaculaire piazza del Popolo ⑫ *(p. 137)*, du nom de l'église aux nombreux chefs-d'œuvre qui se dresse à l'extrémité nord. Santa Maria del Popolo ⑬ *(p. 138-139)* fut construite pour exorciser le fantôme de Néron du verger de noisetiers qui occupait le site. Propriété de sa famille, l'empereur disgracié y fut enterré en secret. Jadis, le domaine remontait jusqu'aux versants de l'actuel giardino del Pincio ⑭ *(p. 136)*, qui s'étend à l'est de la place. Les Romains prétendent que les cris de corbeaux sont ceux de l'empereur défunt. Quittez la piazza del Popolo par l'angle sud-est et suivez la via del Babuino ⑮ bordée de galeries d'art toutes tendances confondues – des grands maîtres primitifs aux artistes contemporains. Prenez la troisième à gauche, puis à droite dans la paisible via Margutta ⑯, flanquée depuis des siècles d'ateliers et de galeries d'art. Tournez à droite dans la via Orto di Napoli, et revenez à gauche dans la via del Babuino. Sur la droite, adossée à une fontaine et entourée de graffitis et de panneaux, se dresse l'une des statues les plus laides, mais aussi les plus respectées de Rome. Le Babuino ⑰, comme le célèbre Pasquin *(p. 124)*, servit longtemps de tribune aux dissidents politiques et religieux. La via del Babuino débouche piazza di Spagna ⑱ *(p. 133)*. Cette grande place est envahie par les touristes. La maison rose à droite de l'escalier de la Trinità dei Monti abrite la Fondazione Keats-Shelley Memorial ⑲ *(p. 134)*, où est exposé un masque mortuaire de Keats.

De l'escalier de la Trinità dei Monti à la crypte capucine

Montez les célèbres marches ⑳ *(p. 134-135)* jusqu'à la Trinità dei Monti ㉑ *(p. 135)* et tournez à droite dans la via Gregoriana. Au n° 28, le peintre Frederico Zuccari donna aux cadres de porte et de fenêtre de son palazzetto Zuccari ㉒ la forme de monstres. Au bout de la via Gregoriana, suivez à gauche la via F. Crispi, puis à droite la via Sistina jusqu'à la piazza Barberini ㉓, ornée de la fontana del Tritone *(p. 252)*. Quittez la place par la via Veneto. À quelques mètres sur la droite, montez l'escalier de l'église Santa Maria della Concezione *(p. 254)*. Arrêtez-vous au premier palier pour visiter la sinistre crypte des capucins ㉔ *(p. 254)*, dont quatre chapelles sont décorées de mosaïques et d'ossements. En quittant la crypte, prenez le métro piazza Barberini.

Ossements et crânes de moines de la crypte des capucins ㉔

Deux heures dans le Trastevere et sur le Janicule

Cette promenade qui commence dans le dédale des ruelles pavées du Trastevere vous fera découvrir les trésors cachés de ce quartier médiéval. Le matin, vous partirez à la découverte des mosaïques et des fresques cachées dans les églises avant de faire une pause-déjeuner en plein cœur du Trastevere. L'après-midi, vous monterez la longue crête du Gianicolo, ou Janicule, parallèle au Tibre. Au coucher du soleil, on y croise des couples venus faire une balade romantique et profiter de la plus belle vue sur Rome.

Le maître-autel de San Benedetto ③

Le sud du Trastevere

La visite commence à Santa Cecilia in Trastevere ① (p. 211). Derrière l'intérieur fade du XVIIe siècle se cachent les vestiges de la maison de la sainte au sous-sol et la dernière fresque romane de Pietro Cavallini dans le cloître du couvent.

En sortant de l'église, tournez à gauche, puis encore à gauche dans la via dei Salumi, et enfin à droite dans la via in Piscinula jusqu'à la piazza in Piscinula ②, sous laquelle subsistent les vestiges d'une piscine. Côté sud, sous un clocher du XIe siècle, se dresse la minuscule église San Benedetto in Piscinula ③. Sonnez pour entrer et admirer les restes d'un magnifique pavement en mosaïque des Cosmas, des fresques du XIIIe siècle et la cellule de saint Benoît. Remontez la via della Lungaretta et traversez la viale di Trastevere pour visiter les vestiges d'un sanctuaire du Ve siècle et les fragments de fresques ultérieures sur lesquels est construite San Crisogono ④ (p. 210).

Le centre du Trastevere

En quittant l'église, tournez deux fois à gauche pour poursuivre sur la via della Lungaretta jusqu'à la piazza Santa Maria in Trastevere ⑤. Sur cette vaste place se côtoient routards grattant leur guitare sur les marches de la fontaine et touristes venus voir la somptueuse église Santa Maria in Trastevere ⑥ (p. 212-213). Au sud de la place, rendez-vous sur la minuscule piazza San Callisto et prenez à droite dans la via di San Cosimato jusqu'à la piazza di San Cosimato ⑦, grande place triangulaire animée par un marché jusqu'à 14 h. Revenez sur vos pas à la piazza Santa Maria in Trastevere. Côté nord, la minuscule venelle Fonte d'Olio ouvre sur un dédale de ruelles sinueuses et de bâtiments tapissés de lierre au cœur du Trastevere. La rue forme un coude à gauche, puis à droite dans le vicolo del Piede pour arriver sur la minuscule piazza de' Renzi, flanquée de maisons

médiévales. Tournez à gauche dans la via della Pelliccia, puis à nouveau à gauche au croisement, et vous déboucherez sur la piazza di Sant'Egidio ⑧, long triangle bordé de cafés et de bars. Au n° 9, quelques marches mènent au museo di Roma in

La piazza Santa Maria in Trastevere et son église enchanteresse ⑤

La Galatée de Raphaël, villa Farnesina ⑬

`0` `150 m`

Trastevere, entre le Gianicolo et le fleuve, la casa della Fornarina ⑪ *(p. 210)*, à droite de la porta Settimania ⑫ *(p. 218)*, abrite les amours de Raphaël avec la fille d'un boulanger. Le peintre réalisa les fresques la villa Farnesina ⑬ *(p. 220-221)*, plus haut sur la via della Lungara. Contrairement à la célèbre Galatée de la salle à manger, la *Légende de Psyché et de l'Amour* de la loggia est surtout l'œuvre de ses élèves. La Farnesina fait face au palazzo Corsini et à la Galleria nazionale d'Arte antica ⑭ *(p. 218)*. Derrière la galerie (revenez sur vos pas sur la via della Lungara et tournez à droite sur la via Corsini) se cache l'Orto botanico ⑮ *(p. 218)*.

Le Gianicolo
Revenez sur la via della Lungara par la porta Settimania, puis prenez à droite la via G. Garibaldi pour

CARNET DE ROUTE

Point de départ : *Santa Cecilia in Trastevere*
Longueur : *4,7 km.*
Comment y aller : *bus 23, 44 ou 280.*
Le moment idéal : *mardi ou jeudi (pour voir les fresques de Cavallini) en fin de matinée, pendant les horaires d'ouverture des églises du sud du Trastevere.*
Où faire une pause : *le Trastevere est le quartier de Rome le plus riche en restaurants et en bars (p. 324-325).*

gravir le Janicule. Après un virage en L à gauche, des escaliers à droite conduisent à San Pietro in Montorio et au Tempietto de Bramante ⑯ *(p. 219)*. La via G. Garibaldi monte au grand bassin de la fontana dell'Acqua Paola ⑰ *(p. 219)*, puis à la porta San Pancrazio ⑱ *(p. 219)*. Bâtie en 1644, elle fut reconstruite en 1849 après avoir été détruite par un boulet de canon. Suivez à droite la passeggiata del

Trastevere ⑨ *(p. 210)*, consacré à l'histoire quotidienne des Romains. Quittez la place par l'angle nord-ouest, traversez le vicolo del Cedro et suivez la via della Scala jusqu'à la piazza della Scala, où vous découvrirez le riche intérieur du couvent carmélite de Santa Maria della Scala ⑩ *(p. 210)*.

Le nord du Trastevere
À l'extrême nord du

LÉGENDE
`. . .` Promenade
Point de vue

L'escalier du paisible et rafraîchissant Orto botanico ⑮

Gianicolo et entrez dans le parc. Vous déboucherez sur la piazzale Garibaldi, sa statue équestre du général ⑲ *(p. 218)* et sa vue sur Rome. Du phare Manfredi ⑳ *(p. 216)*, admirez au nord la coupole de Saint-Pierre. Au premier virage de la passeggiata, prenez l'escalier pour descendre au chêne quatre fois centenaire du Tasse ㉑ *(p. 216)*. Rejoignez ensuite la passeggiata et entrez dans la charmante église Sant'Onofrio ㉒ *(p. 219)*.

De la viale Aldo Fabrizi, vous pouvez regagner le centre avec le bus 870.

Deux heures dans l'Aventin

Face au Palatin, de l'autre côté du Circo Massimo, la colline résidentielle de l'Aventin déploie ses belles propriétés dans un havre de verdure depuis l'époque impériale. Cet itinéraire vous fera découvrir de superbes et vieilles églises, de magnifiques panoramas sur la ville et des ruines antiques désertes à l'écart de l'agitation et du bruit du centre-ville. Il vous conduira également au Testaccio et à ses restaurants typiques, ainsi qu'à une pyramide romaine.

Le gymnase côté nord-ouest des terme di Caracalla ①

L'Aventin

La visite commence par l'un des plus beaux sites antiques de Rome, les imposants terme di Caracalla ① *(p. 197)*, où se côtoyaient plébéiens et patriciens (et où, beaucoup plus tard, le poète anglais Shelley trouva l'inspiration pour écrire son *Prométhée délivré*). Face à l'entrée des thermes, l'église Santi Nereo e Achilleo ② *(p. 194)* renferme des mosaïques du IXe siècle. De l'autre côté de la viale delle Terme di Caracalla, le minuscule San Sisto Vecchio ③ abrita la première congrégation des sœurs dominicaines *(p. 193)*. Ensuite prenez la première rue à droite, la via di Valle delle Camene, puis tournez à droite dans la salita di San Gregorio et montez l'imposant escalier de San Gregorio Magno ④ *(p. 192)* pour admirer la vue sur le Palatin. L'église abrite une table en marbre du IIIe siècle (dans la chapelle Sainte Barbe, à gauche dans l'église), à laquelle saint

Grégoire le Grand partagea ses repas avec les miséreux et, un jour, avec un ange déguisé. Tournez à gauche dans la via di San Gregorio et traversez la piazza di Porta Capena en laissant toujours à votre droite le long ovale poussiéreux du Circo Massimo ⑤ *(p. 205)*. Au début de la viale Aventino, le bâtiment moderniste de l'OAA (FAO) ⑥, conçu à l'origine pour accueillir le ministère de l'Afrique italienne quand Mussolini s'était lancé dans la vaine conquête de la Corne de l'Afrique, abrite l'Organisation des Nations Unies pour l'alimentation et l'agriculture.

De l'autre côté de l'Aventin

Tournez à droite dans la via del Circo Massimo, puis immédiatement à gauche dans la via della Fonte

L'abside de Santa Prisca ⑦

di Fauno et commencez l'ascension de l'Aventin, qui vous conduira à une petite place et à l'église Santa Prisca ⑦, construite au IIIe siècle à l'emplacement de la maison où les parents de la sainte martyre recueillirent saint Pierre. L'église actuelle a été largement remodelée à la Renaissance et abrite un autel de Passignano. Remontez au nord la via di Santa Prisca, traversez le largo Arrigo VII, tournez à gauche dans la via Eufemiano, puis tout de

suite à droite dans la via Sant'Alberto Magno, qui mène tout droit au parco Savello ⑧, une orangeraie d'où la vue porte jusqu'au Trastevere, de l'autre côté du fleuve. En quittant le parc, tournez à droite dans la via di Santa Sabina et visitez la magnifique basilique Santa Sabina ⑨ (p. 204). Plus loin sur la via di Santa Sabina, vous admirerez le travail des Cosmas dans Santi Bonifacio e Alessio ⑩

La tombe de Keats au cimetière protestant de la via Caio Cestio ⑮

poteries jetés pendant l'Antiquité.

Autour, des dizaines de restaurants en ont depuis longtemps creusé les flancs pour profiter

CARNET DE ROUTE

Point de départ : *l'entrée des terme di Caracalla, viale delle Terme di Caracalla 52.*
Longueur : *5,3 km.*
Comment y aller : *à pied de la station de métro Circo Massimo ou en bus (118 ou 628).*
Le moment idéal : *le matin, pour arriver au Testaccio à l'heure du déjeuner.*
Où faire une pause : *le Testaccio est truffé de fantastiques restaurants typiques, que vous cherchiez une pizza bon marché ou l'une des meilleures tables de Rome.*

et les emportaient dans l'un des restaurants d'en face qui concoctaient *coda alla vaccinara* (queue de bœuf braisée) et *pajata* (ris de veau). Suivez la via di Monte Testaccio, qui devient la via Caio Cestio, jusqu'au cimetero protestante ⑮ (p. 205), où reposent les poètes Keats et Shelley. Via Marmorata, tournez à droite et franchissez la porta San Paolo ⑯, une porte datant de 402 apr. J.-C. En franchissant les vestiges du mur d'Aurélien dans la piazzale Ostiense, vous découvrirez à votre droite la piramide di Caio Cestio ⑰ (p. 205). Entamez la longue descente de la via Ostiense – ou prenez les bus 23, 271 ou 769 – jusqu'à la centrale Montemartini ⑱ – une centrale électrique du début de l'ère industrielle qui abrite des sculptures antiques. Les bus 23 et 769 vous ramèneront à proximité du métro Piramide.

(p. 204).

La rue débouche sur la piazza dei Cavalieri di Malta ⑪ (p. 204). Tournez à gauche dans la via di Porta Lavernate et passez devant l'église Sant'Anselmo ⑫. Lors de sa construction en 1900, des fouilles mirent au jour une mosaïque d'Orphée du IIIe siècle. De la piazza dei Servili, tournez à droite dans la via Asinio Pollione pour redescendre l'Aventin.

Testaccio et le sud

Traversez la via Marmorata et descendez la via Galvani jusqu'au monte Testaccio ⑬ (p. 204), composé uniquement de débris de

de la température fraîche de la terre cuite et y stocker le vin. Tournez à gauche dans la piazza Orazio Giustiniani et continuez à contourner la colline par la via di Monte Testaccio jusqu'aux arcades de l'Ex-Mattatoio ⑭. Jadis, les ouvriers de ces abattoirs recevaient une partie de leur salaire en abats – le *quinto quarto* (cinquième quart) –

LÉGENDE

··· Promenade

Ⓜ Station de métro

☼ Point de vue

Sculptures antiques exposées au Centrale Montemartini ⑱

LES BONNES ADRESSES

HÉBERGEMENT

Rome est un centre touristique depuis le Moyen Âge où les pèlerins affluaient de toute l'Europe pour visiter les hauts lieux de la chrétienté.

Les nostalgiques pourront séjourner dans un hôtel du XVe siècle, ou bien non loin du marché de Campo dei Fiori, où les ecclésiastiques de passage rencontraient secrètement les courtisanes à l'époque de la Renaissance.

Ceux qui préfèrent une histoire plus orthodoxe pourront opter pour d'ex-monastères ou couvents, ou résider dans une maison de religieux.

Portier de l'hôtel Majestic

Les romantiques apprécieront l'ancienne demeure de Keats, et les rêveurs les vieux palaces fréquentés par des célébrités passées.

Rome offre le plus grand choix de logements, souvent aménagés dans des bâtiments historiques. Si les *pensione* (pensions de famille) ne constituent plus une catégorie officielle, nombre d'entre elles ont conservé ces enseignes et ces particularités qui ont fait leur renommée auprès des voyageurs. On trouvera également des auberges de jeunesse, des hôtels résidentiels et des appartements indépendants.

OÙ CHERCHER UN HÔTEL

Le centre touristique traditionnel du quartier de la piazza di Spagna et de ses célèbres escaliers possède plusieurs petits hôtels très chic. On en trouvera d'autres au centre ville, à l'ouest de la via del Corso.

Bien que les hôtels à prix modérés soient rares dans le centre de Rome, résider à proximité des sites historiques de la capitale est précieux : on pourra les visiter le matin, puis revenir vers midi prendre une douche ou faire la sieste. Si les hôtels les moins chers que nous recommandons au

centre ville s'avèrent complets, essayez du côté du Borgo – près du Vatican – ou du Trastevere. Ceux qui ont des goûts de luxe logeront dans les prestigieux palaces de la via Veneto.

Si vous cherchez un séjour tranquille, essayez le quartier de l'Aventin ou les hôtels des abords du parc de la villa Borghese.

La plupart des rues proches de la gare Termini sont assez vilaines, mais le quartier est une halte commode si l'on est de passage : de nombreux hôtels bon marché y sont implantés, certains tout à fait acceptables. Les

établissements recommandés sont regroupés à l'est de la gare. En direction du centre-ville, à partir de la gare, les hommes d'affaires trouveront un certain nombre d'hôtels particulièrement adaptés.

PRIX DES HÔTELS

On trouve à Rome davantage d'hôtels modestes et bon marché qu'à Paris ou dans les capitales européennes mais à catégorie égale, les tarifs sont identiques. Les prix déterminés par l'État doivent être affichés sur la porte des chambres. La TVA, incluse, a été prise en compte pour la détermination des catégories de prix p. 300.

Les hôtels à Rome pratiquent généralement des prix basse et haute saison : négociez car l'on vous proposera le prix fort, même en hiver, avant et après Noël, alors que la demande est moins importante. Plusieurs hôtels proposent des tarifs spéciaux sur Internet. Une remise est parfois accordée pour un séjour de longue durée ou pour les groupes.

Les chambres sans salle de bains sont environ 30 % moins chères. Les personnes voyageant seules sont plutôt défavorisées : on trouve parfois des chambres à un lit pour 60 % du prix

Le salon Verdi de l'hôtel Majestic, via Veneto *(p. 309)*

◁ **Vue panoramique du haut des toits de Rome**

Grand Hôtel de la Minerve *(p. 301)*

d'une chambre pour deux personnes, mais la moyenne s'établit à 70 %, voire plus. Si le petit déjeuner est inclus, et si vous ne le prenez pas à l'hôtel, n'hésitez pas à le faire déduire de votre note.

SUPPLÉMENTS SURPRISE

Même si le service est compris dans le prix, le bagagiste et le service de chambre attendent souvent un pourboire. Le petit déjeuner est rarement inclus, surtout dans les grands hôtels, où il peut atteindre 50 €. Les hôtels facturent souvent lourdement les coups de fil internationaux, de même que le parking et la climatisation. Les boissons du minibar peuvent être très onéreuses : si vous mourez de soif, mieux vaut aller au bistrot du coin ou chez l'épicier.

SERVICE

Le confort est souvent très bon. Les hôtels de classe moyenne sont généralement climatisés, disposent de l'accès à Internet, du téléphone direct dans les chambres et de sèche-cheveux dans les salles de bains. Dans des hôtels bon marché, mieux vaut ne pas s'attendre à autre chose qu'à une chambre propre.

De nombreux hôtels étant

aménagés dans des demeures historiques, la taille des chambres peut varier considérablement, et ce, dans un même établissement. Le niveau des prix reflète d'ailleurs cette différence de catégorie. Demandez à voir votre chambre avant de vous y installer. Pour la même raison, les piscines sont rares, mais les toits-terrasses et les jardins sont courants dans toutes les catégories de prix. Les meilleurs hôtels offrent une bonne isolation phonique ; si le bruit vous gêne, demandez une chambre ne donnant pas sur la rue.

Le stationnement au centre de Rome est également problématique : rares sont les hôtels à disposer de quelques places de parking pour leurs clients.

Les hommes d'affaires séjournant à Rome trouveront de nombreux établissements parfaitement équipés, de la télécopie à la salle de conférence multilingue en passant par l'accès à Internet.

COMMENT RÉSERVER

La poste italienne étant plutôt aléatoire, il est préférable de réserve par téléphone, télécopie ou Internet, au moins deux mois à l'avance pour les périodes de mai-juin, septembre-octobre, Pâques et Noël. Si vous désirez une prestation particulière, par exemple une chambre avec terrasse ou avec vue, exigez une confirmation par écrit pour éviter toute surprise à votre arrivée. Les arrhes éventuelles peuvent être payées par carte de crédit. Selon la législation italienne, une réservation est valide dès lors que des arrhes sont versées ; si vous l'annulez, il est probable que l'on ne vous remboursera pas. Vérifiez votre réservation avant votre départ. Dans certains hôtels, si la chambre ne vous plaît pas ou

Villa San Pio, jardin *(p. 306)*

ne correspond pas à ce qui était prévu, vous devrez régler au moins une nuit, même si vous décidez de ne pas rester. D'autres pratiquent une politique de surréservation et proposent ensuite des pis-allers. Des rabatteurs d'hôtel attendent les voyageurs à la sortie du train : ils peuvent vous aider si vous cherchez un hôtel à petit budget, mais restez prudent. Si vous n'avez pas réservé à l'avance, renseignez-vous auprès d'un bureau d'information touristique : le personnel vous cherchera un hôtel correspondant à vos prix.

Le Locarno *(p. 302)*

ARRIVÉE ET DÉPART

Les hôteliers sont tenus par la loi de transmettre votre fiche d'hôtel à la police. C'est pourquoi l'on vous demandera toujours votre passeport. Exigez qu'on vous le rende si vous sortez : vous devez porter sur vous une pièce d'identité, et vous en aurez besoin si vous changez de l'argent. Certaines pensions les moins chères de Rome réclameront que vous payez à l'avance. Pour accélérer les formalités du départ, précisez si vous souhaitez régler votre note par carte de crédit. Beaucoup d'hôtels insistent pour être réglés en liquide, mais rien ne vous y oblige.

L'hôtel Portoghesi
(p. 301)

PERSONNES HANDICAPÉES

Les lieux aménagés pour les personnes à mobilité réduite sont rares. Les chambres des hôtels occupant des immeubles sont souvent accessibles par des escaliers et celles réservées aux handicapés au rez-de-chaussée. Les rampes d'accès, les grandes portes et les salles de bains dotées de mains courantes sont rares.

Les personnes en chaise roulante souhaitant voyager à Rome consulteront le site Internet (www.romapertutti. it). Pour connaître les hôtels où elles seront le mieux accueillies dans la région du Lazio, elles composeront le 800 27 1027.
Le service de transports publics **Trambus** propose des navettes et des cars pour les handicapés, mais il faut réserver à l'avance.

VOYAGER AVEC DES ENFANTS

Les Italiens adorent les enfants et ceux-ci sont généralement les bienvenus. Des lits d'enfants ou des petits lits sont souvent proposés, mais ne comptez pas trop sur les chaises hautes, les repas pour enfants et les services de baby-sitting. En général, il n'y a pas de tarif spécial enfant, et vous paierez le prix fort pour un lit supplémentaire dans une chambre, qu'il soit destiné à un bébé ou à un adulte. Prévoyez une augmentation de quelques euros ou de 40 %. Contactez l'hôtel pour connaître les tarifs réservés aux familles et savoir s'il y a des suites. Les hôtels haut de gamme sont parfois plus accommodants.

CHAMBRES D'HÔTES

Les visiteurs peuvent depuis peu en bénéficier. Les chambres d'hôtes sont à la mode, qu'il s'agisse de chambres dans un appartement ou de petits hôtels. Le petit déjeuner varie aussi suivant le propriétaire. Certains vous invitent dans

La réception du Regina Hotel Baglioni *(p. 309)*

leur cuisine, d'autres proposent un buffet.
Contactez l'**Association des Bed & Breakfast de Rome** qui offre un choix de chambres et d'appartements, ou encore **Bed & Breakfast Italia** (p. 297).

HÔTELS RÉSIDENTIELS

Si vous cherchez le confort d'un appartement et les services d'un hôtel, optez pour une *residenza*. Les prix varient d'environ 300 € à plus de 3 000 € pour une chambre à deux lits pendant une semaine, bien que certaines *residenze* soient disponibles uniquement pour des séjours de quinze jours ou d'un mois. Les offices de tourisme disposent de listes complètes. Les adresses page 297 sont les plus centrales.

INSTITUTIONS RELIGIEUSES

Si vous vous couchez tôt, sachez que certaines institutions reçoivent des

Chambre de la Residenza Cellini *(p.305)*

hôtes payants. Toutes les religions sont acceptées. Nul besoin non plus d'être un catholique pratiquant. Réservez longtemps à l'avance car ces lieux accueillent de nombreux groupes d'étudiants et de pèlerins. Le couvent **Casa Il Rosario** se trouve près du Colisée, tandis que **Nostra Signora di Lourdes** et **Casa di Santa Brigida** sont dans le centre. Les prix sont ceux des hôtels meilleur marché.

PETITS BUDGETS

Même si votre budget est plus que modeste, vous pouvez trouver une chambre convenable à Rome. Il existe de plus en plus d'hôtels pour les budgets moyens et dans certains établissements comme l'**Ottaviano**, les chambres sont à des prix défiant toute concurrence. Les auberges de jeunesse sont aussi un bon choix. L'**Ostello del Foro Italico** offre lit, petit déjeuner et douche à un prix modique. Avec sa terrasse sur le toit, l'auberge **Fawlty Towers** est bien aménagée pour son tarif et à côté de la gare de Termini, comme **Stargate**.

Les femmes trouveront des chambres à la **Foresteria Orsa Maggiore** dans le Trastevere ou à la **Young Women's Christian Association** (YWCA) près de la gare Termini. Il existe aussi des hôtels économiques dans le centre, proposant des chambres. Allez sur les sites www.venere.com et www.eurocheapo.com.

APPARTEMENTS PRIVÉS

Louer un appartement peut être une excellente solution et coûter moins cher que l'hôtel. Vous trouverez des locations luxueuses offrant des services de blanchisserie mais aussi des appartements plus modestes. La plupart du temps, les ustensiles de cuisine, les serviettes de toilette et les draps sont fournis. **Italie loc'Appart** propose des locations dans plusieurs quartiers de la ville.

CAMPING

Le camping a beaucoup évolué. Dans ceux situés autour de Rome, vous trouverez des cabanons totalement équipés (avec salles de bains privées, voire Jacuzzi) et même des boîtes de nuit. La plupart se trouvent assez loin de la ville, mais il existe un service de navettes et des bus pour l'aéroport. Le **camping Flaminio** est une exception puisqu'il est situé à seulement 6 km du centre, au nord de Rome. Comme beaucoup d'autres campings, il inclut une piscine, un café, un restaurant et un accès Internet.

Piscine dans les jardins de l'Aldrovandi Palace (*voir p. 309*)

AGENCES DE TOURISME

Les agences de tourisme de Rome vous conseilleront pour trouver un hébergement. **Hotel Reservation** est un service de réservation avec des bureaux à la gare Termini et dans les aéroports de la ville.

ADRESSES

PERSONNES HANDICAPÉES

Trambus
Tél. 06 4695 4001
(tél. lun.-ven. 8h-13h).
www.trambus.com

BED & BREAKFAST

Bed & Breakfast Association of Rome
Via A. Pacinotti 73. *Tél.* 06 5530 2248. *Fax* 06 5530 2259. www.b-b.rm.it

Bed & Breakfast Italia
Corso Vittorio Emanuele II 282. *Tél.* 06 687 86 18. www.bbitalia.it

HÔTELS RÉSIDENTIELS

Di Ripetta
Via di Ripetta 231, 00186. *Tél.* 06 323 1144. *Fax* 06 320 3959. www.ripetta.it

In Trastevere
Vicolo Moroni 35-36, 00153. *Tél.* 06 808 3375. *Fax* 06 808 4947.

Residence Babuino
Via del Babuino 172, 00187.
Tél./Fax 06 361 1663.

Vittoria
Via Vittoria 60-64, 00187.
Tél. 06 679 7533.
Fax 06 679 2185.

INSTITUTIONS RELIGIEUSES

Casa di Santa Brigida
Piazza Farnese 96, 00186.
Tél. 06 6889 2596.

Casa Il Rosario
Via Sant'Agata dei Goti 10, 00184.
Tél. 06 679 2346.

Nostra Signora di Lourdes
Via Sistina 113, 00187.
Tél. 06 474 5324.

PETITS BUDGETS

Associazione Italiana Alberghi per la Gioventù
Via Cavour 44, 00184.
Tél. 06 487 1152.
Fax 06 488 0492.
www.ostellionline.org

Fawlty Towers
Via Magenta 39, 00185.
Tél. 06 445 0374.
Fax 06 4543 5942.
www.fawltytowers.org

Foresteria Orsa Maggiore
Via di San Francesco di Sales 1A, 00165.
Tél. 06 689 3753.
www.casainternazionaledelledonne.org

Ostello del Foro Italico
Viale delle Olimpiadi 61, 00194. *Tél.* 06 323 6267.
Fax 06 324 2613.
www.hihostels.com

Ottaviano
Via Ottaviano 6, 00192.
Tél. 06 3973 8138. www.pensioneottaviano.com

Stargate
Via Palestro 88, 00185.
Tél. 06 445 7164.
Fax 06 4938 4134.
www.stargatehotels.net

YWCA
Via C. Balbo 4, 00184.
Tél. 06 488 3917.
Fax 06 487 1028.
www.ywca-ucdg.it

APPARTEMENTS PRIVÉS

Italie loc'Appart
75, rue de la Fontaine-au-Roi, 75011 Paris.

Tél. 01 45 27 56 41.
www.destinations-locappart.com

CAMPING

Camping Flaminio
Via Flaminia Nuova 821, 00189.
Tél. 06 333 2604.
Fax 06 333 0653.
www.campingflaminio.com

BUREAUX DE TOURISME

Azienda Promozione Turistica
Bureau central, via Parigi, 5.
Tél. 06 06 08
(ouv. t.l.j. sauf dim. 9h-22h).
www.romaturismo.it

Punti Informativi turistici
Points d'informations abrités dans des kiosques verts et répartis dans la ville.
www.roma.it

Hotel Reservation
Tél. 06 999 1000
(ouv. 7h-22h t.l.j.).
www.hotelreservation.it

Les meilleurs hôtels de Rome

Du palace décoré de fresques à la pension de famille, en passant par les vieux hôtels fin de siècle à la gloire surannée, la plupart des établissements se trouvent à proximité des restaurants, des commerces et des transports. Ceux qui sont présentés ici, les meilleurs dans leur catégorie, ont tous un charme particulier : situation dans un quartier chic, jardin ou toit-terrasse offrant une vue panoramique. Ces établissements, ainsi que ceux mentionnés pages 300-309, sont particulièrement recherchés, réservez longtemps à l'avance.

Locarno

Ce charmant hôtel Art déco est situé à deux pas de la piazza del Popolo et de certaines des plus belles boutiques de Rome (p. 302).

0   500 m

Raphaël

Derrière la façade tapissée de lierre du Raphaël se cachent de nombreuses antiquités et œuvres d'art, notamment des céramiques de Picasso dans le vestibule et des objets Renaissance dans certaines chambres. L'adresse est centrale et pratique (p. 301).

Hotel Raphaël

Vatican

Piazza Navone

Campo de Fiori

La meilleure affaire au centre de Rome : de petites chambres bien meublées et une vue splendide depuis le toit-terrasse au 6e étage (p. 303).

Janicule

C

Traste

Grand Hôtel de la Minerve

La décoration intérieure post-moderne, très recherchée, en fait un hôtel de luxe (p. 301).

Sant'Anselmo

Vous devrez réserver longtemps à l'avance pour profiter de cette paisible villa romaine et de son charmant jardin secret (p. 306).

Hassler Roma
Ses suites luxueuses et son atmosphère surannée rappellent au visiteur sa splendeur passée. Le restaurant sur le toit est le plus renommé de Rome (p. 303).

Hotel Eden
C'est l'un des hôtels les plus anciens et les plus raffinés de Rome : décoration élégante et cuisine très inventive (p. 308).

Boscolo Aleph
Le décor rouge audacieux du vestibule donne le ton de cet hôtel où la décoration est luxueuse et d'une grande originalité (p. 308).

St Regis Grand Hotel
Luxe, calme et volupté caractérisent ce palace un peu rétro et plein de charme (p. 305).

Fontana di Trevi
Cet ancien monastère doit son grand succès à son fabuleux emplacement face à la fontaine de Trevi et à un agréable toit-terrasse (p. 304).

Choisir un hôtel

Les établissements répertoriés ont été choisis dans une large gamme de prix, pour leur bon rapport qualité-prix, leur emplacement et la qualité de leurs prestations. Ils sont présentés par quartier dans le même ordre que le reste du guide, puis alphabétiquement dans chaque catégorie de prix, par ordre croissant de prix.

CATÉGORIES DE PRIX
Prix par nuit pour une chambre double avec petit déjeuner, taxes et service compris.

€ moins de 100 €
€€ 101-180 €
€€€ 181-280 €
€€€€ 281-380 €
€€€€€ plus de 380 €

LE FORUM

Nicolas Inn
€€
Via Cavour 295, Scala A, Int. 1, 00184 **Tél.** 06 9761 8483 **Chambres** 4   **Plan** 5 B5

Cette petite chambre d'hôtes à deux pas du Forum et de la piazza Venezia est tenue par un couple d'Italo-américains. Les chambres, avec salle de bains et climatisation, sont assez spacieuses et le petit déjeuner copieux. Les enfants de moins de 5 ans ne sont pas admis et l'accueil se fait entre 8h et 16h. **www.nicolasinn.com**

Paba
€€
Via Cavour 266, 2e étage, 00184 **Tél.** 06 4782 4902 **Fax** 06 4788 1225 **Chambres** 7   **Plan** 5 B5

Une charmante dame veille sur cette minuscule *pensione* située au 2e étage d'un immeuble élégant à deux pas de la piazza Venezia et du Forum. Les chambres propres, spacieuses et insonorisées sont joliment meublées et équipées d'un réfrigérateur et d'une bouilloire. **www.hotelpaba.com**

Hotel Celio
€€€
Via SS Quattro 35C, 00184 **Tél.** 06 7049 5333 **Fax** 06 709 6377 **Chambres** 20   **Plan** 9 A1

Le décor est somptueux, l'emplacement idéal et le personnel aux petits soins. Les chambres sont meublées avec goût et décorées de fresques dans un style Renaissance qui évoque Le Titien et Cellini. Celles du dernier étage ont un Jacuzzi ; la suite dispose d'une terrasse panoramique. Jardin sur le toit. **www.hotelcelio.com**

Lancelot
€€€
Via Capo d'Africa 47, 00184 **Tél.** 06 7045 0615 **Fax** 06 7045 0640 **Chambres** 60   **Plan** 9 A1

Situé derrière le Colisée, le *Lancelot* propose des chambres spacieuses et agréables, dont deux peuvent accueillir les personnes handicapées et certaines ont une terrasse avec vue. Un copieux petit déjeuner est servi dans le patio arboré. Le personnel est accueillant et serviable. Demi-pension sur demande. **www.lancelothotel.com**

Forum
€€€€
Via Tor de' Conti 25, 00184 **Tél.** 06 679 2446 **Fax** 06 678 6479 **Chambres** 80   **Plan** 5 B5

Cet ancien couvent d'une élégance hors du temps offre une vue imprenable sur le Forum et le marché de Trajan. Le buffet du petit déjeuner est servi sur le toit-terrasse, abritant un bar et un bon restaurant. Les chambres sont d'une propreté et d'une taille exceptionnelles. **www.hotelforumrome.com**

LE QUARTIER DU PANTHÉON

Mimosa
€€
Via di Santa Chiara 61, 00186 **Tél.** 06 6880 1753 **Fax** 06 683 3557 **Chambres** 11   **Plan** 4 F4, 12 D3

Cet hôtel familial et accueillant idéalement situé pour visiter le quartier propose des chambres simples mais spacieuses, dont cinq climatisées avec salle de bains. Les petits budgets préféreront les chambres avec salle de bains commune. Le petit déjeuner est assez copieux. **www.hotelmimosa.net**

Pantheon View B&B
€€
Via del Seminario 87, 00186 **Tél./Fax** 06 699 0294 **Chambres** 3   **Plan** 4 F4, 12 D3

Un minuscule ascenseur vous conduira au 4e étage d'un *palazzo* résidentiel. Cette agréable chambre d'hôtes, à la fois confortable et accueillante, a récemment été inaugurée. Son principal atout n'est pas sa vue, mais son emplacement. Deux des chambres magnifiquement meublées ont un balcon. **www.pantheonview.it**

Albergo del Senato
€€€
Piazza della Rotonda 73, 00186 **Tél.** 06 678 4343 **Fax** 06 6994 0297 **Chambres** 56   **Plan** 4 F4, 12 D3

Ce vieil hôtel imposant donne sur le Panthéon et la place voisine. Les chambres, dont certaines avec salle de bains ou terrasse, sont raffinées et bien insonorisées. La fresque du plafond de la suite est magnifique et le toit est agrémenté d'un jardin. Le personnel est d'une grande discrétion. **www.albergodelsenato.it**

Légende des symboles *voir le rabat arrière de couverture*

Cesari   🔲📧   ©©©

Via di Pietra 89A, 00186 **Tél.** *06 674 9701* **Fax** *06 6749 7030* **Chambres** *47*   **Plan** *12 E2*

Avec ses quatre étages dominant une place pleine de charme près du Panthéon et du temple d'Hadrien, cette institution fondée en 1787 appartient à la même famille depuis 1899. Stendhal aimait ses chambres élégantes et spacieuses. Étages non-fumeurs et connexion Internet gratuite. **www.albergocesari.it**

Rinascimento   🔲📧   ©©©

Via del Pellegrino 112, 00186 **Tél.** *06 687 4813* **Fax** *06 683 3518* **Chambres** *19* **Plan** *4 E4, 11 B3*

Ce petit hôtel familial bien situé et récemment rénové dans un souci de confort propose des chambres de prix et de taille variables. Certaines sont un peu sombres et exiguës, une petite chambre double dispose d'une terrasse et une chambre de catégorie supérieure d'un coin salon. **www.hotelrinascimento.com**

Santa Chiara   🔲📧   ©©©

Via di Santa Chiara 21, 00186 **Tél.** *06 687 2979* **Fax** *06 687 3144* **Chambres** *96* **Plan** *4 F4, 12 D3*

Cet hôtel familial et cossu situé dans un *palazzo* couleur abricot dipose d'un hall décoré de marbre et de lustres de verre. Les chambres, avec parquet, sont confortables et d'un classicisme discret. Trois d'entre elles sont de petits appartements avec terrasse. **www.albergosantachiara.com**

Grand Hôtel de la Minerve   🔲P⑪🎦📧♿   ©©©©©

Piazza della Minerva 69, 00186 **Tél.** *06 695 201* **Fax** *06 679 4165* **Chambres** *135***Plan** *4 F4, 12 D3*

L'hôtel préféré de l'aristocratie du XIXe siècle a su concilier l'élégance de la Vieille Europe et le style contemporain. La décoration mêle avec bonheur les marbres, lustres et fresques magnifiques au design le plus moderne. Excellent bar-restaurant sur le toit. **www.grandhoteldelaminerve.com**

LA PIAZZA NAVONA

Due Torri   🔲📧   ©©

Vicolo del Leonetto 23, 00186 **Tél.** *06 687 6983* **Fax** *06 686 5442* **Chambres** *26*   **Plan** *4 E3, 11 C1*

Niché au calme d'une rue pavée près du Tibre, cette ancienne résidence des cardinaux est drapée de velours rouge et de brocart sur fond de peinture or, de marbre et de parquet. Les chambres sont petites, mais confortables. Certaines ont une terrasse, d'autres un balcon avec vue. **www.hotelduetorriroma.com**

Fontanella Borghese   🔲📧   ©©©

Largo Fontanella Borghese 84, 00186 **Tél.** *06 6880 9504* **Fax** *06 686 1295* **Chambres** *29*   **Plan** *4 F3, 12 D1*

Le propriétaire du *Due Torri* possède également cet ancien *palazzo* de trois étages de la famille Borghèse. Les chambres sont modernes et plus spacieuses, mais la décoration moins soignée que le précédent. Pour avoir plus de calme, préférez le côté cour au côté rue. **www.fontanellaborghese.com**

Portoghesi   🔲📧   ©©©

Via dei Portoghesi 1, 00186 **Tél.** *06 686 4231* **Fax** *06 687 6976* **Chambres** *27*   **Plan** *4 E3, 11 C2*

Idéalement situé au nord de la place, près de la via della Scrofa, le *Portoghesi* est un petit hôtel discret dont les chambres confortables et modernes manquent un peu d'espace et de charme. Le personnel est serviable et le toit-terrasse ravissant. **www.hotelportoghesiroma.com**

Teatropace33   📧   ©©©

Via del Teatro Pace 33, 00186 **Tél.** *06 687 9075* **Fax** *06 6819 2364* **Chambres** *23*   **Plan** *11 C3*

Inauguré en 2004 dans un *palazzo* couleur ocre restauré à deux pas de la piazza Navona, le *Teatropace33* a conservé ses poutres apparentes, ses stucs et son escalier en pierre d'origine. Les chambres, dont une suite avec une minuscule terrasse, sont spacieuses et raffinées. Le service est impeccable. **www.hotelteatropace.com**

Raphaël   🔲P⑪📧   ©©©©

Largo Febo 2, 00186 **Tél.** *06 682 831* **Fax** *06 687 8993* **Chambres** *59*   **Plan** *11 C2*

À deux pas de la place, la façade terre de Sienne magnifiquement illuminée de ce *palazzo* romantique et raffiné disparaît derrière un rideau de lierre. Le toit-terrasse offre une vue imprenable, les chambres sont assez petites, mais bien équipées, et une collection de porcelaines de Picasso orne le hall. **www.raphaelhotelrome.com**

LA PIAZZA DI SPAGNA

Erdarelli   🔲📧   ©

Via Due Macelli 28, 00187 **Tél.** *06 679 1265* **Fax** *06 679 0705* **Chambres** *28*   **Plan** *5 A3, 12 F1*

Situé à mi-chemin entre la fontaine de Trevi et la piazza di Spagna, ce petit hôtel familial est à la fois bon marché et central. Les chambres, dont certaines avec balcon, sont modestes mais impeccables. Prévoyez un supplément pour la climatisation. **www.erdarelliromehotel.com**

Panda

Via della Croce 35, 00187 **Tél.** *06 678 0179* **Fax** *06 6994 2151* **Chambres** *28*   **Plan** *5 A2*

Le *Panda* est un charmant petit hôtel bon marché dans l'un des quartiers les plus chers de Rome. Les chambres, avec ou sans bains, sont propres et climatisées. Certaines sont décorées de fresques du XIXᵉ siècle et toutes ont le téléphone et Internet. Clientèle d'habitués et personnel courtois. **www.hotelpanda.it**

Hotel Suisse

Via Gregoriana 54, 00187 **Tél.** *06 678 3649* **Fax** *06 678 1258* **Chambres** *12*   **Plan** *5 A2, 12 F1*

Perchée au sommet de l'escalier de la Trinità dei Monti, cette *pensione* raffinée et paisible est tenue par une famille suisse depuis les années 1920. Les chambres, avec parquet et mobilier ancien, donnent sur une cour intérieure très calme, mais n'ont pas toutes la climatisation. **www.hotelsuisserome.com**

Casa Howard

Via Capo le Case 18, 00187 **Tél.** *06 6992 4555* **Fax** *06 679 4644* **Chambres** *5*   **Plan** *5 A3, 12 F1*

Près de la piazza di Spagna, cet hôtel de charme a été réalisé par l'architecte Tommaso Ziffer. Les chambres, petites, ne possèdent pas toutes de salle de bains. Chacune est déclinée autour d'un thème de couleur. Le concierge est aux petits soins. Sauna et hammam en supplément. **www.casahoward.com**

Concordia

Via Capo le Case 14, 00187 **Tél.** *06 679 1953* **Fax** *06 679 5409* **Chambres** *24*   **Plan** *5 A3, 12 F1*

À mi-chemin entre la piazza di Spagna et la fontaine de Trevi, le *Concordia* est une charmante institution familiale. Les habitués apprécient ses chambres fonctionnelles et propres, la salle du petit déjeuner, le mini-toit-terrasse enchanteur et le personnel à l'écoute. Bon rapport qualité-prix. **www.concordiahotel.it**

Hotel Madrid

Via Mario de Fiori 93-95, 00187 **Tél.** *06 699 1510* **Fax** *06 679 1653* **Chambres** *26*   **Plan** *12 F1*

Situé au cœur d'un quartier réputé pour ses boutiques de stylistes, *Hotel Madrid* offre des chambres meublées avec goût, idéales pour les couples sans enfant. Certaines sont réservées aux non-fumeurs et toutes disposent d'un accès Wi-Fi. Le petit déjeuner est servi sur la superbe terrasse du toit. **www.hotelmadridroma.com**

La Lumière di Piazza di Spagna

Via Belsiana 72, 00187 **Tél.** *06 6938 0806* **Fax** *06 6929 4231* **Chambres** *10*   **Plan** *4 F2*

À l'angle de la via Condotti, cet hôtel récent propose des chambres spacieuses et magnifiquement aménagées, dont une suite avec terrasse. Les salles de bains sont un peu petites, mais certaines ont un Jacuzzi. En été, le petit déjeuner est servi sur le toit-terrasse. **www.lalumieredipiazzadispagna.com**

Locarno

Via della Penna 22, 00186 **Tél.** *06 361 0841* **Fax** *06 321 5249* **Chambres** *66*   **Plan** *4 F1*

À deux pas de la piazza del Popolo, ce somptueux hôtel Art déco a conservé de nombreux aménagements d'origine. L'agréable salon avec cheminée, ainsi que le patio et le toit-terrasse fleuris et ensoleillés invitent à la détente. Location de vélos. **www.hotellocarno.com**

Parlamento

Via delle Convertite 5, 00187 **Tél./Fax** *06 6992 1000* **Chambres** *23*   **Plan** *12 E1*

Ce charmant hôtel doublé d'un agréable toit-terrasse au dernier étage d'un immeuble près du Corso est tenu par un propriétaire affable et élégant. Les chambres sont spacieuses et vieillottes avec des meubles en bois massif. Les salles de bains sont bien équipées. Climatisation sur demande. **www.hotelparlamento.it**

Relais Pierret

Piazza di Spagna 20, 00187 **Tél.** *06 6919 0237* **Fax** *06 6978 4592* **Chambres** *6*   **Plan** *5 A2*

Cet hôtel occupe le superbe palazzo Pierret, au pied de l'escalier de la Trinità dei Monti. Spacieuses et élégamment meublées, les six suites (certaines pouvant accueillir quatre personnes) sont dotées de salles de bains ultramodernes. Pas de petit déjeuner, mais les cafés ne manquent pas dans le voisinage. **www.relaispierret.com**

San Carlo

Via delle Carrozze 93, 00187 **Tél.** *06 678 4548* **Fax** *06 6994 1197* **Chambres** *50*   **Plan** *5 A2*

Au cœur du temple de la mode, dans une charmante rue à mi-chemin entre le Corso et la piazza di Spagna, le *San Carlo* offre un bon rapport qualité-prix. Certaines chambres sont un peu bruyantes, d'autres ont une terrasse. Préférez celles des étages supérieurs. Le personnel est courtois. **www.hotelsancarloroma.com**

Art

Via Margutta 56, 00187 **Tél.** *06 328 711* **Fax** *06 3600 3995* **Chambres** *46*   **Plan** *4 F1, 5 A2*

Situé dans l'une des plus célèbres rues de la Rome bohème chère à Fellini dans les années 1950, l'*Art* est un hôtel raffiné et contemporain meublé de couleurs vives. Les chambres sont un peu petites mais bien conçues. Jardin intérieur et ancienne chapelle transformée en bar-restaurant. **www.hotelart.it**

De Russie

Via del Babuino 9, 00187 **Tél.** *06 328 881* **Fax** *06 3288 8888* **Chambres** *122*   **Plan** *4 F1*

L'une des meilleures adresses de Rome. L'hôtel, près de la piazza del Popolo, offre des jardins luxuriants, un Spa et un restaurant. Les chambres aux coloris tendres sont tapissées de photographies de fleurs de Mapplethorpe. Mosaïque ou marbre pare les salles de bains. Excellent service de concierge. **www.hotelderussie.it**

Catégories de prix *p. 300* **Légende des symboles** *voir le rabat arrière de couverture*

Hassler Roma

⌧ P ⑪ ✦ ⑬ ▤   €€€€€

Piazza Trinità dei Monti 6, 00187 **Tél.** *06 699 340* **Fax** *06 678 9991* **Chambres** *95*   **Plan** *5 A2*

Cette vénérable institution domine les escaliers de la Trinità dei Monti dans une débauche de marbre, de lustres et de boiseries. Les chambres et les suites – la plupart avec vue – sont somptueuses et personnalisées. Le service est irréprochable. Le restaurant sur le toit est légendaire. **www.hotelhasslerroma.com**

Portrait Suites

⌧ ▤   €€€€€

Via Bocca di Leone, 00187 **Tél.** *06 6938 0742* **Fax** *06 6919 0625* **Chambres** *14*   **Plan** *5 A2*

Cet hôtel est l'œuvre du styliste Salvatore Ferragamo et de son groupe Lungarno Hotels. Il comprend 14 suites luxueuses. Trois d'entre elles possèdent une terrasse donnant sur la piazza di Spagna et le quartier. La terrasse située sur le toit est ouverte à tous. **www.lungarnohotels.com**

LE CAMPO DEI FIORI

Casa Banzo

▤   €€

Via Monte di Pietà 30, 00186 **Tél.** *06 683 3909* **Fax** *06 686 4575* **Chambres** *6*   **Plan** *4 E5*

Cette chambre d'hôtes occupe un *palazzo* du xve siècle. Du portique orné de fresques jusqu'à son petit salon de cérémonies, c'est un lieu élégant chargé d'histoire. Chaque chambre est unique. Toutes sont décorées de meubles d'époque. L'emplacement est calme, malgré la proximité de nombreux bars. **www.casabanzo.it**

Sole

▤ ⌧ P   €€

Via del Biscione 76, 00186 **Tél.** *06 6880 6873* **Fax** *06 689 3787* **Chambres** *59*   **Plan** *11 C4*

Une excellente adresse à prix doux près du Campo dei Fiori. Les chambres, avec ou sans salle de bains, sont assez grandes. La chambre double dispose d'une terrasse. La décoration et le mobilier sont datés mais agréables. Petit jardin intérieur et toit-terrasse pour prendre le frais. **www.solealbiscione.it**

Smeraldo

⌧ ▤ ♿   €€

Vicolo dei Chiodaroli 9, 00186 **Tél.** *06 687 5929* **Fax** *06 6880 5495* **Chambres** *50*   **Plan** *12 D4*

Le *Smeraldo* est joliment situé à mi-chemin entre le Campo dei Fiori et le largo Argentina. Les chambres récemment rénovées sont petites mais charmantes. Une chambre a été aménagée pour les handicapés. Le toit-terrasse est bruyant et plus agréable le soir. Petit déjeuner copieux et personnel courtois. **www.smeraldoroma.com**

Campo de Fiori

€€€

Via del Biscione 6, 00186 **Tél.** *06 6880 6865* **Fax** *06 687 6003* **Chambres** *21*   **Plan** *4 E4, 12 D4*

Cet adorable *palazzo* rose à l'angle du Campo dei Fiori jouit d'une belle vue depuis son toit-terrasse. La taille et la décoration des chambres, dont la moitié avec bains, sont variables, et celles qui donnent sur la place sont assez bruyantes. Quinze appartements en location dans le quartier. **www.hotelcampodefiori.com**

Locanda Cairoli

⌧ ▤   €€€

Piazza Benedetto Cairoli 2, 00186 **Tél.** *06 6880 9278* **Fax** *06 6889 2937* **Chambres** *15*   **Plan** *12 D4*

Ce vieux *palazzo* à proximité du largo Argentina satisfait une clientèle de voyageurs d'affaires et de touristes. Les 15 chambres personnalisées sont décorées d'antiquités et d'art moderne. Service de majordome pour les clients exigeants et excellent petit déjeuner. **www.locandacairoli.it**

Ponte Sisto

⌧ P ⑪ ▤ ♿   €€€

Via dei Pettinari 64, 00186 **Tél.** *06 686 3100* **Fax** *06 6830 1712* **Chambres** *103*   **Plan** *4 A5, 11 C5*

Idéalement situé entre le Campo dei Fiori et le Trastevere, cet ancien monastère a su s'adapter aux personnes handicapées et jouer la modernité avec ses nombreuses terrasses. L'adorable cloître s'est transformé en bar-restaurant. La suite Belvedere du dernier étage est très demandée. **www.hotelpontesisto.com**

Residenza Argentina

⌧ ▤   €€€

Via di Torre Argentina 47, 00186 **Tél.** *06 6819 3267* **Fax** *06 6813 5794* **Chambres** *6*   **Plan** *12 D4*

Dotée d'une jolie cour et à proximité d'une des plus grandes places de Rome, la *Residenza Argentina* possède une décoration sobre. Les plafonds à poutres d'origine ont été restaurés et les salles de bains sont équipées de buses d'hydromassage. Un copieux petit déjeuner est servi dans la salle à manger. **www.argentinaresidenza.com**

Residenza Farnese

▤ ♿   €€€

Via del Mascherone 59, 00186 **Tél.** *06 6821 0980* **Fax** *06 8032 1049* **Chambres** *31*   **Plan** *4 E4, 11 B4*

Ce *palazzo* Renaissance est situé dans une ruelle calme entre la piazza Farnese et le Tibre. Les parties communes sont spacieuses, les chambres décorées avec goût, le bar dispose d'un billard et le petit déjeuner est servi dans de la porcelaine joliment dépareillée. **www.residenzafarneseroma.it**

Suore di Santa Brigida

⌧ ⑪ ▤   €€€

Piazza Farnese 96, 00186 **Tél.** *06 6889 2596* **Fax** *06 6889 1573* **Chambres** *20*   **Plan** *4 E4, 11 C4*

Cet hôtel au charme discret, voisin du prestigieux palazzo Farnese, est tenu par des religieuses. Chambres doubles avec salle de bains, petit déjeuner ou demi-pension en option, et climatisation. Les hôtes ont accès à la chapelle et à la bibliothèque sur demande. Cette institution religieuse n'applique pas de couvre-feu. **www.brigidine.org**

Teatro di Pompeo

▤   €€€

Largo del Pallaro 8, 00186 **Tél.** *06 687 2812* **Fax** *06 688 05531* **Chambres** *12*   **Plan** *11 C4*

Cet adorable petit hôtel a été construit sur les ruines du théâtre antique éponyme, où Jules César aurait affronté son destin. Les chambres vastes et confortables sont décorées de poutres apparentes et de meubles en bois foncé. Le petit déjeuner est servi dans une salle voûtée. **www.hotelteatrodipompeo.it**

Hotel Saint George

▤ ⏰ ▤ ▦ ⎣   €€€€

Via Giulia 62, 00186 **Tél.** *06 686 611* **Fax** *06 6866 1230* **Chambres** *64*   **Plan** *11 B4*

Les chambres, somptueuses, se distinguent par leurs lignes contemporaines et leurs couleurs douces. La décoration intemporelle sied parfaitement à ce palais de la Renaissance. Idéalement situé au cœur du centre historique, l'hôtel cinq étoiles comprend un Spa luxueux ainsi qu'un restaurant et un café excellents. **www.stgeorgehotel.it**

LE QUIRINAL

Bed & Breakfast Fellini

▤   €€

Via Rasella 55, 00187 **Tél.** *06 4274 2732* **Fax** *06 4239 1648* **Chambres** *6*   **Plan** *5 B3*

Ce B&B assez récent est tenu par un Français. Certaines chambres n'ont pas de salle de bains, climatisation sur demande, hauts plafonds, parquet et décor vert ou or. La maison accepte les cartes de crédit à la réservation, mais préfère le règlement en liquide. **www.fellinibnb.com**

Daphne Inn

▤   €€

Via degli Avignonesi 20, 00187 **Tél.** *06 8745 0087* **Fax** *06 2332 40967* **Chambres** *9*   **Plan** *5 B3*

Le *Daphne Inn* a deux annexes, l'une à Trevi, l'autre à Veneto. Toutes les chambres, quels que soient leur taille et leur prix, sont décorées et meublées avec raffinement, notamment de lits confortables et celles avec salle de bains sont très demandées. Le service de concierge est très compétent. **www.daphne-rome.com**

Giardino

▤   €€

Via XXIV Maggio 51, 00187 **Tél.** *06 679 4584* **Fax** *06 679 5155* **Chambres** *11*   **Plan** *5 B4*

Le *Giardino* est situé à proximité de la fontaine de Trevi et du Forum, dans la rue du palazzo del Quirinale – la résidence du président de la République. Les chambres sont spacieuses et savamment meublées. Le petit déjeuner est servi face à un petit patio arboré. Supplément pour la climatisation. **www.hotel-giardino-roma.com**

Fontana di Trevi

▦ ▤   €€€

Piazza di Trevi 96, 00187 **Tél.** *06 678 6113* **Fax** *06 679 0024* **Chambres** *25*   **Plan** *12 F2*

Avant de devenir un hôtel vers 1700, ce fabuleux hôtel face à la fontaine était un monastère, comme en témoignent la décoration vieillotte et la climatisation défaillante. Mais le personnel est aux petits soins et la vue du toit-terrasse magnifique, abstraction faite des bruits de la rue. **www.hotelfontana-trevi.com**

Julia

▦ ▤   €€€

Via Rasella 29, 00187 **Tél.** *06 488 1637* **Fax** *06 481 7044* **Chambres** *33*   **Plan** *5 B3*

Ce petit hôtel accueillant se trouve dans une rue calme à deux pas de la fontaine de Trevi. Les chambres viennent d'être joliment refaites avec parquets, murs jaunes et fresques modernes. Le *Domus Julia* loue également deux appartements. **www.hoteljulia.it**

Tritone

▦ ▤   €€€

Via del Tritone 210, 00187 **Tél.** *06 6992 2575* **Fax** *06 678 2624* **Chambres** *43*   **Plan** *5 A3, 12 F1*

Près de la piazza Barberini et de la fontaine de Trevi, le *Tritone* propose des chambres confortables et joliment décorées, avec lambris, écrans plats et MP3. Les salles de bains des chambres de catégorie supérieure, rénovées en 2003, sont somptueuses. Toit-terrasse panoramique pour le petit déjeuner. **www.tritonehotel.com**

TERMINI

Beehive

▱   €

Via Marghera 8, 00185 **Tél.** *06 4470 4553* **Chambres** *8*   **Plan** *6 E3*

Tenu par un couple d'Américains amoureux des chats, le *Beehive* est l'adresse idéale des petits budgets et des amis des bêtes. Au programme : élégance, art moderne, cuisine à disposition et patio. Pas de salle de bains particulière. Appartements à louer près de la gare Termini. **www.the-beehive.com**

Des Artistes

▦ ▤   €

Via Villafranca 20, 00185 **Tél.** *06 445 4365* **Fax** *06 446 2368* **Chambres** *40*   **Plan** *6 E2*

Cet hôtel charmant, accessible à toutes les bourses, possède des chambres, avec ou sans salle de bains, décorées de tissus aux couleurs chaudes, d'art moderne et de mobilier en acajou. Le personnel est jeune et attentif. L'hôtel dispose d'une terrasse sur le toit. **www.hoteldesartistes.com**

Catégories de prix *p. 300* **Légende des symboles** *voir le rabat arrière de couverture*

Italy B&B
Via Palestro 49, 00185 **Tél.** *06 445 2629* **Fax** *06 445 7416* **Chambres** *3* **Plan** *5 E2*

Encensée par les anciens clients, la famille sicilienne Restivo a déménagé et ouvert cette petite chambre d'hôtes à deux pas de leur ancienne *pensione*. Les chambres avec ou sans salle de bains sont d'une propreté impeccable. Réductions pour les longs séjours étudiants. **www.italybnb.it**

RetRome Guesthouse
Via Marghera 13, 00185 **Tél.** *339 139 6667* **Chambres** *15* **Plan** *6 E3*

Des propriétaires jeunes et énergiques tiennent cette chambre d'hôtes branchée située à proximité de la gare. La décoration des chambres mêle objets et mobilier original des années 1950 et 1960. Les salles de bains communes sont d'une propreté éclatante. Des appartements sont également disponibles. **www.retrome.net**

Fiori
Via Nazionale 163, 00184 **Tél.** *06 679 7212* **Fax** *06 679 5433* **Chambres** *19* **Plan** *5 B4*

Situé sur une rue passante à proximité du Forum et autres lieux touristiques, le *Fiori* est un petit hôtel agréable un peu vieillot. Les chambres sont insonorisées, spacieuses et très propres et la salle de petit déjeuner domine les jardins de la villa Aldobrandini voisine. Climatisation sur demande. **www.travel.it/roma/hotelfiori**

Oceania
Via Firenze 38, 00184 **Tél.** *06 482 4696* **Fax** *06 488 5586* **Chambres** *9* **Plan** *5 C3*

L'*Oceania* est un petit hôtel très recherché face à l'Opéra de Rome. Les grandes chambres immaculées – avec salle de bains privées, chauffage individuel et climatisation – sont gaies. Les clients disposent d'un garage et le personnel est aux petits soins. **www.hoteloceania.it**

Palladium Palace
Via Gioberti 36, 00185 **Tél.** *06 446 6917* **Fax** *06 446 6937* **Chambres** *81* **Plan** *6 D4*

Bien desservi par les transports en commun, non loin de la gare, de Santa Maria Maggiore et de l'Esquilin, le *Palladium Palace* propose de vastes chambres décorées avec goût et des chambres de catégorie supérieure avec Jacuzzi. Toit-terrasse et personnel très attentif. **www.hotelpalladiumpalace.it**

Canada
Via Vicenza 58, 00185 **Tél.** *06 445 7770* **Fax** *06 445 0749* **Chambres** *70* **Plan** *6 E2*

Cet hôtel de la chaîne Best Western, bien situé par rapport à la gare, occupe les anciens quartiers des officiers de la caserne voisine. Les chambres sont meublées d'antiquités. Une fresque orne certains plafonds. Le service est excellent. **www.hotelcanadaroma.com**

Hotel Artdecò
Via Palestro 19, 00185 **Tél.** *06 445 7588* **Fax** *06 444 1483* **Chambres** *70* **Plan** *6 D2*

Comme son nom l'indique, cet hôtel de la chaîne Best Western, près de la gare, possède du mobilier Art déco. Les chambres sont spacieuses, confortables et joliment décorées de meubles en bois massif. La plupart des salles de bains disposent d'un Jacuzzi. **www.travel.it/roma/artdeco**

Hotel Columbia
Via del Viminale 15, 00185 **Tél.** *06 488 3509* **Fax** *06 474 0209* **Chambres** *43* **Plan** *5 C3*

Ce havre de paix dans l'un des quartiers les plus animés de Rome se situe à proximité de la gare et des transports en commun. Bois foncés et tissus clairs donnent à ses chambres lumineuses des allures méditerranéennes. Certaines ont un balcon. Le buffet du petit déjeuner est servi sur un joli toit-terrasse. **www.hotelcolumbia.com**

Radisson SAS
Via Filippo Turati 171, 00185 **Tél.** *06 444 841* **Fax** *06 4434 1396* **Chambres** *232* **Plan** *6 E4*

Le tout nouveau et très moderne Radisson est un fabuleux géant de verre, de bois et d'acier paré la nuit d'un éclairage multicolore. Son toit-terrasse, où un bar branché ouvre sur une piscine extérieure (avec salle de sport et Spa), lui donne des airs de transatlantique. À côté du terminal pour Fiumicino. **www.radissonsas.com**

Residenza Cellini
Via Modena 5, 00185 **Tél.** *06 4782 5204* **Fax** *06 4788 1806* **Chambres** *6* **Plan** *5 C3*

Située près de la piazza della Repubblica, la romantique et charmante *pensione* Cellini est un véritable bijou. L'extérieur ne paie pas de mine, mais les six chambres sont bichonnées. Antiquités, fleurs coupées… aucun détail n'est oublié et le personnel est aux petits soins. **www.residenzacellini.it**

St Regis Grand Hotel
Via Vittorio Emanuele Orlando 3, 00185 **Tél.** *06 470 91* **Fax** *06 474 7307* **Chambres** *161* **Plan** *5 C3*

Fondé en 1894, le premier hôtel de luxe de Rome, et l'un des meilleurs hôtels du monde, a été totalement restauré. On y croise des chefs d'État, des célébrités, des têtes couronnées et des géants de l'industrie. Son restaurant, le *Vivendo*, est l'un des meilleurs de Rome. Chambres somptueuses et service irréprochable. **www.starwoodhotels.com/stregis**

Boscolo Exedra
Piazza Repubblica 47, 00185 **Tél.** *06 489 381* **Fax** *06 4893 8000* **Chambres** *240* **Plan** *5 C3*

Situé sur la piazza della Repubblica, cet hôtel récemment rénové a un magnifique toit-terrasse avec vue sur les thermes de Dioclétien et la fontaine des Naïades. Les chambres au design moderne sont luxueuses. L'hôtel dispose aussi d'une piscine et d'un Spa. Le personnel est très attentif. **www.boscolohotels.com**

L'AVENTIN

Hôtel Santa Prisca

Largo M. Gelsomini 25, 00153 **Tél.** *06 574 1917* **Fax** *06 574 6658* **Chambres** *50*   **Plan 8 E3**

Cet hôtel de catégorie moyenne comporte un jardin intérieur et des chambres calmes à quelques minutes du quartier animé du Testaccio et de certaines des plus célèbres discothèques de la ville. Des peintures originales ornent les murs bleus et jaunes des chambres au mobilier modeste. **www.hotelsantaprisca.it**

Domus Aventina

Via di Santa Prisca 11B, 00153 **Tél.** *06 574 6135* **Fax** *06 5730 0044* **Chambres** *26*   **Plan 8 E2**

Cet hôtel immaculé occupe un ancien couvent du XIVe siècle au pied de l'Aventin. Les chambres, grandes, sont décorées sobrement dans des tons pastel. L'immense terrasse et plusieurs chambres possèdent une vue magnifique sur la colline Cælius. **www.hoteldomusaventina.com**

FortySeven

Via Petroselli 47, 00186 **Tél.** *06 678 7816* **Fax** *06 6919 0726* **Chambres** *61*   **Plan 8 E1**

Le *FortySeven* domine le temple d'Hercule et l'adorable église Santa Maria in Cosmedin. Le décor est moderne et très raffiné et les chambres spacieuses présentent tous les attributs du luxe. Bar panoramique sur le toit-terrasse. Le personnel est très courtois. **www.fortysevenhotel.com**

Sant'Anselmo

Piazza di Sant'Anselmo 2, 00153 **Tél.** *06 570 057* **Fax** *06 578 3604* **Chambres** *34*   **Plan 8 D2**

Cette belle villa borde une place paisible à mi-hauteur de l'Aventin. Le hall d'entrée est décoré de fleurs au pochoir et de lustres et les corridors sont dallés de marbre. Le salon donne sur le jardin, de nombreuses chambres ont une terrasse et le personnel est chaleureux. **www.aventinohotels.com**

Villa San Pio

Via di Santa Melania 19, 00153 **Tél.** *06 570 057* **Fax** *06 574 1112* **Chambres** *78*   **Plan 8 E3**

L'hôtel est niché au cœur d'un jardin orné de statues. Des sièges de velours et de brocart ainsi que de superbes tapisseries du XVIIIe siècle ornent le hall d'entrée. Certaines chambres ont une salle de bains avec Jacuzzi et donnent sur une terrasse. **www.aventinohotels.com**

Kolbe Hotel

Via di San Teodoro 44, 00186 **Tél.** *06 6992 4250* **Fax** *06 679 4975* **Chambres** *72*   **Plan 8 E1**

Idéal pour visiter le Palatin et le Forum, cet ancien monastère franciscain, bon marché et un peu spartiate, est souvent occupé par des groupes un peu bruyants. Les chambres sur le jardin intérieur et le cloître sont plus calmes. Beaux espaces extérieurs et demi-pension sur demande. **www.kolbehotelrome.com**

LE TRASTEVERE

Cisterna

Via della Cisterna 7-9, 00153 **Tél.** *06 581 7212* **Fax** *06 581 0091* **Chambres** *20*   **Plan 7 C1**

Au cœur du Trastevere, le *Cisterna* est un hôtel confortable avec une petite cour pavée et un toit-terrasse au calme. Les chambres, sobres et assez spacieuses, possèdent climatisation et salle de bains. Le mobilier est pratique mais sans charme, et le personnel courtois. **www.cisternahotel.it**

Domus Tiberina

Via in Piscinula 37, 00153 **Tél./Fax** *06 580 3033* **Chambres** *10*   **Plan 8 D1**

Situé non loin du Tibre et de l'isola Tiberina, le *Domus Tiberina* propose dix chambres confortables et climatisées avec salles de bains. Dans des chambres aux murs jaunes et poutres apparentes, les couvre-lits sont en brocart. La réception est ouverte 24h sur 24. **www.domustiberina.it**

Hotel Trastevere

Via Luciano Manara 24A, 00153 **Tél.** *06 581 4713* **Fax** *06 588 1016* **Chambres** *9*   **Plan 7 B1**

Ce vieil hôtel sur la piazza San Cosimato dispose de chambres lumineuses et sobres dotées d'un mobilier robuste. Les chambres doubles sont climatisées et disposent d'une salle de bains. Les propriétaires proposent la demi-pension dans leur restaurant du quartier, le *Carlo Menta*. **www.hoteltrastevere.net**

San Francesco

Via Jacopa de' Settesoli 7, 00153 **Tél.** *06 5830 0051* **Fax** *06 5833 3413* **Chambres** *24*   **Plan 7 C2**

Un adorable petit hôtel aménagé dans un ancien couvent franciscain, à l'écart de l'animation de la ville. La décoration moderne est très raffinée. Agréable toit-terrasse. Sur la place voisine, une minuscule navette conduit au cœur du Trastevere et un tram traverse le Tibre jusqu'au centre. **www.hotelsanfrancesco.net**

Villa della Fonte 📋 ©©

Via della Fonte dell'Olio 8, 00153 **Tél.** *06 580 3797* **Fax** *06 580 3796* **Chambres** *5*   **Plan** *7 C1*

À deux pas de la piazza Santa Maria di Trastevere, cette délicieuse chambre d'hôtes est tenue par un charmant propriétaire. Les chambres, avec salle de bains et climatisation, sont décorées avec goût. Le petit déjeuner est servi dans un ravissant patio fleuri accessible toute la journée. **www.villafonte.com**

Santa Maria 🅿📋♿ ©©©

Vicolo del Piede 2, 00153 **Tél.** *06 589 4626* **Fax** *06 589 4815* **Chambres** *19*   **Plan** *7 C1*

Une oasis de calme et de convivialité, notamment pour les handicapés, dans un quartier qui a gardé un cachet ancien. Toutes les chambres sont au rez-de-chaussée et disposent d'une table et de chaises donnant sur une charmante cour plantée d'agrumes. Bar à vins. **www.hotelsantamaria.info**

LE VATICAN

Adriatic 📶📋 ©

Via Vitelleschi 25, 00193 **Tél.** *06 6880 8080* **Fax** *06 689 3552* **Chambres** *42*   **Plan** *3 C2*

Dans une rue calme, à trois pâtés de maison de la place Saint-Pierre, l'*Adriatic* pratique des prix très raisonnables. Les chambres, avec ou sans salle de bains, sont moquettées et décorées de couleurs vives, et les suites ont un balcon. Climatisation en supplément et patio ensoleillé. **www.adriatichotel.com**

Lady 📶 ©

Via Germanico 198, 00192 **Tél.** *06 324 2112* **Fax** *06 324 3446* **Chambres** *7*   **Plan** *3 C1*

Une *pensione* vieillotte et rustique, mais très propre, située près de la station de métro Lepanto. Certaines chambres – avec ou sans salle de bains – ont des poutres apparentes et de belles portes anciennes. Sèche-cheveux à disposition et bon petit déjeuner. **www.hotelladyroma.it**

Pensione Paradise 📶 ©

Viale G. Cesare 47, 00192 **Tél.** *06 3600 4331* **Fax** *06 3609 2563* **Chambres** *10*   **Plan** *4 D1*

Tenu par la même équipe que la *pensione Panda* près de la piazza di Spagna, ce petit hôtel voisin de la station de métro Lepanto propose des chambres très propres avec TV et radio, et salle de bains privée ou commune. Excellent rapport qualité-prix. **www.pensioneparadise.com**

Colors 📋 ©©

Via Boezio 31, 00192 **Tél.** *06 687 4030* **Fax** *06 686 7947* **Chambres** *7*   **Plan** *4 D2*

Le *Colors* est extrêmement recherché car il est bon marché et idéalement situé pour visiter le Vatican. Les dortoirs côtoient des chambres avec ou sans salle de bains dans un décor gai et coloré. Il dispose d'une cuisine, d'une buanderie et d'un toit-terrasse. Le personnel est serviable. **www.colorshotel.com**

Florida 📶📋 ©©

Via Cola di Rienzo 243, 00192 **Tél.** *06 324 1872* **Fax** *06 324 1857* **Chambres** *18*   **Plan** *3 C2*

Ce havre de paix au 2e étage d'un immeuble résidentiel à deux pas de la place Saint-Pierre offre des chambres confortables à prix tout doux, surtout hors saison. Toutes les chambres avec bains sont climatisées. Le petit déjeuner n'est pas compris. **www.hotelfloridaroma.it**

Il Gattopardo Relais 📋 ©©

Viale G. Cesare 94, 00192 **Tél.** *06 3735 8480* **Fax** *06 3750 1019* **Chambres** *6*   **Plan** *3 C1*

Ouvert en 2003 près de la station Ottaviano, à cinq minutes à pied du Vatican, cet adorable petit hôtel est tenu par un couple de Siciliens. Les chambres personnalisées et baptisées du nom des îles de Sicile allient élégance surannée et modernisme. Délicieux petits déjeuners bio. **www.ilgattopardorelais.it**

La Rovere 📶🅿📋 ©©

Vicolo Sant'Onofrio 4, 00165 **Tél.** *06 6880 6739* **Fax** *06 6880 7062* **Chambres** *20*   **Plan** *3 C4*

Ce paisible hôtel familial situé au sud de la piazza Rovere, au bas du Janicule, à mi-chemin entre le Vatican et le Trastevere, propose de charmantes chambres avec plafonds lambrissés et parquet. Toit-terrasse en été. Sur l'autre rive du Tibre s'étend le centro storico. **www.hotellarovere.com**

Residenza dei Quiriti 📶📋 ©©

Via Germanico 198, 00192 **Tél.** *06 3600 5389* **Fax** *06 3679 0487* **Chambres** *10*   **Plan** *3 C1*

Ce petit hôtel de moyenne gamme, aux prix très raisonnables, occupe le 4e étage d'un immeuble résidentiel à mi-chemin entre deux stations de métro, non loin du Vatican. Les chambres un peu datées sont élégantes et équipées de salles de bains ou de douche.

Bramante 📋 ©©©

Vicolo delle Palline 24, 00192 **Tél.** *06 6880 6426* **Fax** *06 6813 3339* **Chambres** *16*   **Plan** *3 C3*

Très pratique pour visiter la place Saint-Pierre et arriver tôt au Vatican, le *Bramante* fut le premier hôtel du quartier à la fin des années 1870. Situées dans un adorable bâtiment du XVIe siècle restauré en 1999 sur une rue calme, ses chambres sont à la fois élégantes, confortables et modernes. **www.hotelbramante.com**

Farnese   🖼 P 📋   €€€

Via A. Farnese 30, 00192 **Tél.** *06321 2553* **Fax** *06 321 5129* **Chambres** *23*   **Plan** *4 D1*

À deux pas de la station de métro Lepanto et non loin du Vatican, le *Farnese* est un petit hôtel avec parquet, mobilier en noyer sur mesure et salles de bains particulièrement réussies. Le magnifique toit-terrasse a une vue incomparable sur le dôme de la basilique. **www.hotelfarnese.com**

Palazzo Cardinal Cesi   🖼 P 📋   €€€

Via della Conciliazione 51, 00193 **Tél.** *06 6819 3222* **Fax** *06 6813 6244* **Chambres** *30*   **Plan** *3 C3*

Cet ancien palais des cardinaux récemment restauré est la propriété d'une association culturelle qui organise des événements culturels et propose un hébergement près de la basilique. Un véritable bijou couleur terre de Sienne avec chambres modernes dotées de parquet. **www.palazzocesi.it**

Sant'Anna   🖼 📋   €€€

Borgo Pio 133, 00193 **Tél.** *06 6880 1602* **Fax** *06 6830 8717* **Chambres** *20*   **Plan** *3 C3*

Cet adorable hôtel familial se trouve dans un bâtiment orangé du XVe siècle. Les chambres – avec terrasse pour celles à l'étage – sont magnifiquement romantiques avec des trompe-l'œil pastel et des salles de bains en marbre. Le petit déjeuner est servi dans une salle voûtée ou un patio. **www.hotelsantanna.com**

Spring House   🖼 P 📋 ♿   €€€

Via Mocenigo 7, 00192 **Tél.** *06 3972 0948* **Fax** *06 3972 1047* **Chambres** *51*   **Plan** *3 A1*

L'hôtel très moderne, bien desservi par les transports en commun, bénéficie d'une situation idéale pour arriver tôt au Vatican. Les parties communes sont claires et gaies. Les chambres – dont certaines sont partiellement équipées pour accueillir les personnes à mobilité réduite – sont colorées et sobres. **www.hotelspringhouse.com**

Dei Mellini   🖼 P 🍽 ✂ 📋   €€€€

Via Muzio Clementi 81, 00193 **Tél.** *06 324 771* **Fax** *063247 7801* **Chambres** *80*   **Plan** *4 E2*

Bien desservi par les transports en commun près du castel Sant'Angelo, cet hôtel confortable et plein de charme concilie art moderne et raffinement. Les chambres, avec belles salles d'eau ou de bains en marbre, sont spacieuses. Superbe toit-terrasse avec bar et petit déjeuner copieux. **www.hotelmellini.com**

LA VIA VENETO

La Residenza   🖼 P 📋   €€

Via Emilia 22, 00187 **Tél.** *06 488 0789* **Fax** *06 485 721* **Chambres** *29*   **Plan** *5 B2*

Perché dans une ruelle calme des hauteurs de la via Veneto, non loin de la villa Borghese et de la piazza di Spagna, ce petit hôtel propose un bon service à l'ancienne et des chambres agréables, parfois avec balcon et abordables pour le quartier. Petit déjeuner copieux et joli jardin sur le toit. **www.hotel-la-residenza.com**

Lilium   🖼 📋   €€€

Via XX Settembre 58A, 00187 **Tél.** *06 474 1133* **Fax** *06 2332 8387* **Chambres** *14*   **Plan** *6 D2*

Charmant petit hôtel situé au 3e étage d'un immeuble résidentiel entre la gare Termini et la via Veneto. Les chambres sont magnifiquement décorées dans la couleur des fleurs dont elles portent le nom. La salle du petit déjeuner et le salon fleurent bon les fleurs coupées. **www.liliumhotel.it**

Oxford   🍽 ✂ 📋   €€€

Via Boncompagni 89, 00187 **Tél.** *06 420 3601* **Fax** *06 4281 5349* **Chambres** *58*   **Plan** *5 C1*

L'*Oxford* se trouve dans une rue résidentielle calme près de la piazza Fiume, non loin de la via Veneto. Récemment rénové, il dispose de chambres confortables et de deux appartements disponibles pour de courts ou longs séjours. Le restaurant est réputé et l'atmosphère du bar est conviviale. **www.hoteloxford.com**

Boscolo Aleph   🖼 P 🍽 📺 📋 ♿   €€€€

Via di San Basilio 15, 00187 **Tél.** *06 422 901* **Fax** *06 4229 0000* **Chambres** *96*   **Plan** *5 B2*

L'enfer et le paradis, tel est le thème décliné dans cet hôtel très branché près de la piazza Barberini. Dès l'entrée, l'éclairage rouge invite à goûter aux plaisirs de la vie et à profiter d'un séjour mémorable. Le Spa est d'un luxe décadent. **www.boscolohotels.it**

Westin Excelsior   🖼 P 🍽 ✂ 📺 📋 ♿   €€€€

Via Veneto 125, 00187 **Tél.** *06 470 81* **Fax** *06 482 6205* **Chambres** *319*   **Plan** *5 B2*

Cet extravagant hôtel de la via Veneto, aux balcons finement sculptés soutenus par des caryatides, concentre des boutiques, un Spa tout nouveau, une piscine, d'excellents restaurants panoramiques, un bar et même un club pour les enfants. Les chambres, somptueuses, sont classiques. **www.excelsior.hotelinroma.com**

Hotel Eden   🖼 P 🍽 📺 📋 ♿   €€€€€

Via Ludovisi 49, 00187 **Tél.** *06 478 121* **Fax** *06 482 1584* **Chambres** *121*   **Plan** *5 B2*

Cette institution aux rouages parfaitement huilés accueille son illustre clientèle dans un décor magnifique. Les chambres et les suites sont superbes, et le service de conciergerie est irréprochable. Vous jouirez d'une vue imprenable depuis le restaurant étoilé au Michelin. **www.hotel-eden.it**

Catégories de prix *p. 300* **Légende des symboles** *voir le rabat arrière de couverture*

Majestic

Via Veneto 50, 00187 **Tél.** 06 421 441 **Fax** 06 488 0984 **Chambres** 93 **Plan** 5 B2

Fondé en 1889, le plus vieil hôtel du quartier accueille les célébrités du monde entier. Une grande partie du mobilier et de la décoration des parties communes est d'époque. Les chambres et les couloirs possèdent des tons clairs et originaux. La salle de sport est flambant neuve. **www.hotelmajestic.com**

Regina Hotel Baglioni

Via Veneto 72, 00187 **Tél.** 06 421 111 **Fax** 06 4201 2130 **Chambres** 143 **Plan** 5 B2

Le Baglioni déploie ses marbres, ses tapisseries, ses tapis et ses ors dans un style Liberty exubérant. Dans le hall, une statue de Neptune veille sur un fabuleux escalier en fer forgé. L'hôtel, idéalement situé, propose des chambres confortables et une suite Art déco ravissante. Le service est parfait. **www.baglionihotels.com**

LA VILLA BORGHESE

Buenos Aires

Via Clitunno 9, 00198 **Tél.** 06 855 4854 **Fax** 06 841 5272 **Chambres** 50

Ce nouvel hôtel au cœur du Parioli résidentiel, bien desservi par les transports en commun, se trouve à 10 min de marche au nord de la villa Borghese. Les chambres sont fonctionnelles et bien équipées. Clientèle d'affaires et tarifs intéressants le week-end. **www.hotelbuenosaires.it**

Degli Aranci

Via Barnaba Oriani 11, 00197 **Tél.** 06 807 0202 **Fax** 06 807 0704 **Chambres** 58 **Plan** 2 D2

À Parioli, aux abords de la villa Borghese, le Degli Aranci possède un joli jardin de chênes verts et d'orangers où crépite une fontaine. Les chambres, dont certaines avec Jacuzzi ou balcon, sont très confortables. Antiquités, équipements modernes et tons apaisants composent un joli décor. **www.gruppoloan.it**

Villa Mangili

Via G. Mangili 31, 00197 **Tél.** 06 321 7130 **Fax** 06 322 4313 **Chambres** 12 **Plan** 2 D4

La petite villa Mangili occupe une partie calme et agréable de Parioli, non loin du parc de la villa Borghese, du nouvel auditorium et de la villa Giulia. Les chambres avec parquet sont spacieuses et magnifiquement décorées. Le petit déjeuner est servi dans un jardin ravissant. Exposition et vente d'œuvres de jeunes artistes. **www.hotelvillamangili.it**

Aldrovandi Palace

Via Aldrovandi 15, 00197 **Tél.** 06 322 3993 **Fax** 06 322 1435 **Chambres** 121 **Plan** 2 E4

À l'écart de l'agitation romaine, un luxueux havre de paix près des jardins de la villa Borghese. L'hôtel possède aussi et surtout une magnifique piscine et un excellent restaurant gastronomique, le Baby. Les chambres sont décorées avec goût et discrétion. **www.aldrovandi.com**

Sofitel Villa Borghese

Via Lombardia 47, 00187 **Tél.** 06 478 021 **Fax** 06 482 1019 **Chambres** 111 **Plan** 5 B2

La Villa Borghese qui fait partie de la chaîne française d'hôtels de luxe Sofitel, abrite des chambres élégantes classiques au confort luxueux, dont un grand nombre donnent sur le parc. Le 49 est un restaurant très apprécié qui surplombe la ville, tout comme le bar du dernier étage. **www.sofitel.com**

The Duke Hotel

Via Archimede 69, 00197 **Tél.** 06 367 221 **Fax** 06 3600 4104 **Chambres** 78 **Plan** 1 C3

Apprécié des musiciens et des acteurs, le Duke offre une halte paisible à l'écart de l'agitation romaine. Les trois catégories de chambres sont confortables. Service efficace et buffet du petit déjeuner copieux. Une navette gratuite relie l'hôtel au centre de Rome. **www.thedukehotel.com**

TIVOLI

Palazzo Maggiore

Via Domenico Giuliani 89 **Tél.** 393 104 4937 **Chambres** 3

Dans le cœur historique de Tivoli, le Palazzo Maggiore du XVIe siècle dispose de chambres élégantes à des prix corrects. Il dispose également d'un appartement de deux pièces pour six personnes. Le petit déjeuner est servi dans les chambres, sur la terrasse ou dans la cuisine du propriétaire. **www.palazzomaggiore.com**

Adriano

Largo Yourcenar 2, 00010 **Tél.** 0774 535 028 **Fax** 0774 535 122 **Chambres** 10

Derrière la villa Adriana, cet hôtel extrêmement confortable et son bon restaurant séduisent une illustre clientèle. L'une des suites offre une vue imprenable sur les vestiges romains. Le petit déjeuner composé de produits maison est servi en salle ou dans le patio. **www.hoteladriano.it**

RESTAURANTS ET CAFÉS

À Rome, une sortie au restaurant est autant un plaisir qu'un divertissement. Les soirs d'été, les tables fleurissent sur le moindre bout de trottoir, et les dîneurs consacrent de longues heures au sport national italien : examiner les passants sous toutes les coutures et s'en faire remarquer, voir et se faire voir, au milieu de la confusion de la circulation, des musiciens de rues et autres marchands de fleurs. Le Romain a toujours aimé s'attarder à table, mais les somptueux banquets de la Rome antique ont fait place à plus de simplicité, à une cuisine

Serveur du Alberto Ciarla (p. 325)

essentiellement de saison que caractérisent la fraîcheur et la qualité des produits du terroir. La restauration rapide se développe, mais elle est incompatible avec le tempérament et le mode de vie romains.

Les restaurants proposés dans ce chapitre ont été choisis parmi les meilleurs de Rome dans toutes les catégories. Leur description et les symboles indiquant les prestations offertes vous aideront à faire votre choix. Les cafés, pizzerias, bars à vin et autres glaciers sont décrits au chapitre *Repas légers et snacks*, p. 328-333.

OÙ TROUVER LES BONS RESTAURANTS

Chaque quartier de la ville abrite d'excellents restaurants, mais dans certains vous dégusterez une cuisine romaine authentique. Ainsi, les vieux établissements et les trattorias simples du Testaccio, près de l'ancien abattoir, proposent des mets bien romains. Dans le quartier juif (le Ghetto), près du Campo dei Fiori, on sert de la cuisine juive qui, de l'avis de beaucoup, a influencé la cuisine romaine. Autour de l'université, à San Lorenzo, au nord-est du centre-ville, les pizzerias et les trattorias bon marché abondent. Près de la gare de Termini, vous trouverez d'excellents restaurants africains, notamment éthiopiens et érythréens, mais aussi indiens et pakistanais. Le quartier de Monti (entre la via Nazionale et la via Cavour) regorge lui aussi de restaurants étrangers, ainsi que de bars à vins et de traiteurs. Pour dîner en plein air, sur des places magnifiques et paisibles ou dans des lieux historiques, vous n'avez qu'à vous laisser tenter par les restaurants jalonnant les rues étroites du Trastevere (l'ancien quartier des artistes), autour du Campo dei Fiori, ou le long de la via Appia antiqua.

Les artichauts poivrades : une spécialité romaine

TYPES DE RESTAURANTS

De façon générale, la *trattoria* est un restaurant sans prétention, proposant une solide cuisine familiale, tandis que le *ristorante* est un établissement haut de gamme et donc plus onéreux.

De nombreux restaurants tout simplement dépourvus d'enseigne – où les nappes en papier annoncent des prix abordables – proposent une excellente cuisine familiale. On y mange parfois une cuisine plus authentiquement romaine que dans les établissements plus chers.

Si vous souhaitez vous restaurer légèrement, Rome offre une immense variété de lieux où vous pourrez manger sur le pouce (p. 328-333). Vous trouverez dans une *enoteca* des casse-croûte ou des plats plus substantiels, ainsi que de bons vins.

Vous pourrez aussi vous délecter d'une pizza ou d'un repas complet, dans les *birrerie*, et pas uniquement y boire de la bière.

Ou bien vous pourrez vous procurer toute la journée des plats à emporter : partout à Rome vous trouverez des *pizza al taglio* (part de pizza). Préférez les pizzas cuites dans un four à bois (*forno a legna*) à celles confectionnées dans un four électrique. Les *rosticcerie* proposent également des plats à emporter, poulet rôti, *pomodori al riso* (tomates farcies au riz), pommes de terre ou *supplì* (croquettes de riz frites). La *tavola calda*, restaurant self-service, offrant de nombreux plats chauds, mais aussi des assiettes froides copieuses et des desserts délicieux, est idéal pour le déjeuner.

Intérieur du Sapori del Lord Byron (p. 327)

CUISINE VÉGÉTARIENNE

La plupart des cartes affichent une longue liste d'accompagnements *(contorni)* constitués de légumes : artichauts (en ragoût *alla Romana* ou frits *alla giudia*), légumes grillés ou en gratin, épinards, bettes ou endives sautées. Les légumes farcis au riz et cuits au four sont courants. En outre, de nombreux plats peuvent être modifiés sur demande. Dites au serveur que vous êtes *vegetariano* pour qu'il vous conseille.

PRIX D'UN REPAS

La note dépendra évidemment de l'établissement considéré. Dans une *tavola calda* ou dans une pizzeria, par exemple, vous pourrez encore vous restaurer pour seulement 10 € par personne. Dans une *trattoria*, comptez environ 20 € et 30 € ou plus pour un restaurant plus chic. Le vin en bouteille *(p. 314)* offre un plus grand choix que le vin du patron en pichet *(vino della casa)*. Ce dernier, moins cher, est cependant souvent acceptable.

LIRE LE MENU

Tous les restaurants ne présentent pas automatiquement le menu, le serveur se contentant d'annoncer les plats du jour *(piatti del giorno)*. Ces derniers ne figurent généralement pas au menu, mais valent presque toujours la peine d'être commandés. En cas de doute, demandez

Terrasse de café non loin de Santa Maria in Trastevere

la lista (le menu) et laissez-vous guider dans votre choix.

Le repas débute par les *antipasti* (hors-d'œuvre) ou les *primi piatti* : *pasta asciutta* (pâtes accompagnées de sauces diverses), *pasta in brodo* (bouillons aux pâtes), *pasta al forno* (pâtes gratinées), risotto ou potage. Viennent ensuite les *secondi*, plats de viande ou de poisson. Les légumes *(contorni)* se commandent à part. Les *formaggi* (fromages), *frutta* (fruits) ou *dolci* (desserts) terminent le repas. Le Romain choisit souvent entre fromage ou dessert, mais les fromages accompagnent fréquemment les poires, les figues ou le melon. Un express serré et peut-être une liqueur *(amaro* ou *digestivo)* parachèvent le repas *(p. 315)*. On peut ne pas commander d'entrée *(antipasto)*, ou choisir à la place une salade ou un légume *(contorni)*, mais les pâtes *(la pasta)* seules ne sont généralement pas considérées comme un repas complet.

HORAIRES

Les restaurants servent de 12 h à 15 h et de 20 h à 23 h, ou plus tard. Les périodes de pointe se situent entre 13 h-13 h 30 et 21 h-21 h 30. Le dîner est l'occasion d'un repas convivial et décontracté, surtout durant les longues soirées d'été. Les bars ouvrent toute la journée, souvent tôt le matin, et servent boissons et repas légers. De nombreux établissements sont fermés au mois d'août, période de congés annuels de la plupart des restaurateurs *(chiuso per ferie)*.

RÉSERVER UNE TABLE

La réservation *(prenotazione)* est généralement conseillée, et plus particulièrement pour le déjeuner du dimanche, de même pour le samedi soir. Si vous ne réservez pas, vérifiez le jour de fermeture hebdomadaire : de nombreux établissements baissent leur rideau le lundi, et parfois le dimanche soir.

En été, réservez de préférence une table à l'extérieur, à l'ombre, car l'air conditionné n'est pas généralisé.

ACCÈS HANDICAPÉS

Rome se préoccupe de plus en plus des handicapés, mais un coup de téléphone à l'avance vous garantira une table adaptée à vos besoins.

ENFANTS

Les enfants sont bien accueillis, surtout dans les restaurants tenus par une famille. Vous pourrez commander des demi-portions (attendez-vous à payer plus de la moitié du prix). Certains restaurants proposent des chaises hautes *(seggelione)*.

TABAC

Depuis 2005, une loi oblige les bars et les restaurants à proposer un espace non-fumeur séparé sous peine d'une lourde amende. Les fumeurs qui ne respectent pas ces zones encourent eux aussi une contravention. Ils ont cependant toujours le droit de fumer en terrasse dans les cafés et les restaurants non équipés.

Un café du Trastevere

Les spécialités romaines

Existe-t-il plaisir plus grand que de dîner à la terrasse d'un restaurant sur une place de la Ville éternelle ? La cuisine romaine est goûteuse, nourrissante, simple et extrêmement variée. Les menus changent au fil des saisons et des jour : le jeudi est le jour des gnocchi, le vendredi celui de la morue salée *(baccalà)* et le samedi celui des tripes. Tous les plats fleurent bon les aromates, l'huile d'olive, l'ail et l'oignon. À l'origine, la cuisine romaine utilisait les abats, ces « bas » morceaux qu'une préparation lente, soigneuse et inventive transforme en plats onctueux et savoureux.

Olives et huile d'olive

Les pâtes artisanales sont faites à la main

CUCINA ROMANA

La cuisine romaine traditionnelle est née dans le Testaccio, près des anciens abattoirs où les bouchers *(vaccinari)* étaient payés en liquide et en nature – ou plutôt en abats. Le « cinquième quart » *(quinto quarto)* comprenait la tête, les pieds, la queue, les ris, la cervelle et autres bas morceaux qui, une fois cuits et assaisonnés d'aromates et d'épices, constituaient de véritables délices. Ces plats robustes, dont la *coda alla vaccinara* (littéralement « queue de bœuf façon boucher ») est toujours au menu de nombreux grands restaurants de Rome. Les palais plus délicats préfèrent l'agneau, souvent servi simplement rôti, le veau ou le cochon de lait aux aromates. L'authentique *cucina romana* prend également sa source dans la cuisine juive du Ghetto. Les artichauts poivrades sont frits à l'huile d'olive *(carciofi alla giudea)* ou cuisinés *alla romana*, avec de l'huile, de l'ail et de la menthe douce. Les fleurs de courgette sont également frites, tout comme les filets de morue à la juive *(filetti di baccalà)*. Rome compte également d'excellents restaurants de poisson et de fruits de mer, hélas très

Artichauts marinés · Poivrons grillés · Tomates séchées · Olives · Petits poivrons doux · Champignons marinés

Délicieux assortiment d'*antipasti* typiquement romains

PLATS RÉGIONAUX ET SPÉCIALITÉS

Un repas typique commence par des *antipasti* – notamment une *bruschetta* (« pain légèrement brûlé » en dialecte romain) garnie au choix, ou des légumes frits ou marinés. Viennent ensuite les *bucatini all'amatriciana* – pâtes en forme de tube à la sauce tomate et au lard, parsemées de pecorino râpé. Le veau est très présent, notamment dans les *rigatoni alla pajata* (pâtes aux ris de veau). L'agneau est aussi apprécié, notamment dans l'*abbacchio al forno* (agneau de lait rôti) ou *alla cacciatore* (sauce aux anchois). Les *animelle* (abats) entrent dans la fabrication de nombreuses spécialités romaines – *cervelle* (cervelle de veau), *pajata* (ris de veau) et *trippa* (tripes).

Bruschetta

Suppli *Ces petites croquettes de riz fourrées de mozzarella fondante sont frites.*

Étal de légumes frais d'un marché du centre de Rome

chers, qui servent de sompteux plateaux de fruits de mer, de la petite friture pêchée sur la côte du Latium et servie frite ou en soupe, ou encore de superbes bars à la romaine avec des cèpes.

DES PÂTES, DES PÂTES...

À Rome, les pâtes, en particulier les spaghetti, sont un élément essentiel du repas. *Les spaghetti a la carbonara*, préparées avec de la *pancetta* (lard) ou du *guanciale* (joue de porc), des jaunes d'œuf et du fromage, sont une création romaine, tout comme les *spaghetti alle vongole* (aux palourdes). Rome possède même un musée consacré aux pâtes, le *museo nazionale delle Paste alimentari (p. 160)*, qui nous dit tout sur l'histoire et les formes des pâtes. Beaucoup

portent des noms très évocateurs, comme les *capelli d'angelo* (cheveux d'ange) ou les *ziti* (époux), dont on peut vous laisser imaginer la forme. Le musée a une devise : *la pasta è gioia di vivere* – les pâtes sont la joie de vivre.

Meules de *pecorino* prêtes à être coupées et dégustées

DOLCE VITA

Les amateurs de douceurs se régaleront des multiples et savoureux desserts mélangeant avec délice noix, fruits et ricotta. Rome est aussi la ville qui a élevé *il gelato* (la glace) au rang d'art. Certains glaciers proposent plus de 100 parfums maison : aux classiques *crema* et *frutta* s'ajoutent la *grattachecca* (sorbet), le *semifreddo* (crème glacée dont la consistance rappelle le tiramisù) et la *granita* (glace pilée arrosée de sirop). La glace est un des grands plaisirs, qui se déguste à toute heure.

AU MENU

Abbacchio alla cacciatora
Agneau aux anchois, à l'ail, au romarin et à l'huile d'olive mijoté dans un vin des Castelli Romani.

Bruschetta Pain grillé frotté d'ail, arrosé d'huile d'olive et couronné de toutes sortes de garnitures.

Gnocchi alla romana Petites boulettes de semoule à la sauce tomate, à la sauce *ragù* ou au beurre.

Pecorino romano Fromage de brebis typiquement romain.

Spigola alla romana Bar cuisiné aux cèpes, aux échalotes, à l'ail, au Castelli Romani et à l'huile d'olive.

Spaghettis alla carbonara *Cette sauce à la crème épaissit quand on y incorpore les jaunes d'œufs et le fromage.*

Saltimbocca alla romana *Ces « saute en bouche » sont des tranches de veau roulées au jambon cru et à la sauge.*

Crostata di ricotta *Cette délicieuse tarte est faite à base de ricotta et parfumée au Marsala et au citron.*

Que boire à Rome

La tradition viticole de l'Italie, l'un des plus importants producteurs de vin d'Europe, a commencé sur les collines romaines voici plus de deux mille ans. Aujourd'hui, comme **Oiseau et vigne, mosaïque romaine** en France, le vin accompagne la plupart des repas, et l'on distingue le *rosso* (rouge) du *bianco* (blanc). La bière se consomme également presque partout, de même qu'un grand nombre d'apéritifs et de digestifs. L'eau de Rome, autre héritage de l'antiquité, a un goût particulièrement agréable ; on la trouve partout en abondance.

Vignoble de Frascati, au sud-est de Rome

VIN BLANC

Calcaia provient de Barberani, bon producteur d'Orvieto.

La vigne, qui prospère sous le climat chaud de la région de Rome, le Latium, fournit un vin blanc sec de consommation courante, généralement servi en pichet dans les cafés et les restaurants. Le Frascati est le plus célèbre cru local, mais le Castelli Romani, le Marino, le Colli Albani et le Velletri lui sont comparables. Tous sont issus d'un unique cépage, le *trebbiano*, les meilleurs étant assemblés avec du malvoisie qui renforce leur goût. Les autres vins remarquables d'Italie centrale sont l'Orvieto et le Verdicchio. On trouvera partout à Rome les vins d'appellation provenant de toute l'Italie, et notamment ceux du Frioul.

Orvieto   Frascati

Bigi élève un bon Orvieto, notamment le cru Torricella.

TYPES DE VIN	MILLÉSIMES	PRODUCTEURS RECOMMANDÉS
VIN BLANC		
Friuli (Pinot Bianco, Chardonnay, Pinot Grigio, Sauvignon)	Le plus récent	Gravner, Jermann, Puiatti, Schiopetto, Volpe Pasini
Orvieto/ Orvieto Classico	Le plus récent	Antinori, Barberani, Bigi, Il Palazzone
VIN ROUGE		
Chianti/ Chianti Classico/ Chianti Rufina	2001, 2000, 99, 97, 95, 90, 88, 85	Antinori, Castello di Ama, Castello di Cacchiano, Castello di Volpaia, Felsina Berardenga, Fontodi, Frescobaldi, Isole e Olena, Il Palazzino, Riecine, Rocca delle Macie, Ruffino, Vecchie Terre di Montefili, Villa Cafaggio
Brunello di Montalcino/ Vino Nobile di Montepulciano	2001, 99, 97, 95, 90, 88, 85	Altesino, Avignonesi, Biondi Santi, Caparzo, Case Basse, Lisini, Il Poggione, Poliziano, Villa Banfi
Barolo/ Barbaresco	2004, 2000, 99, 98, 97, 95, 90, 89, 88, 85, 82, 78	Aldo Conterno, Altare, Ceretto, Clerico, Gaja, Giacomo Conterno, Giacosa, Mascarello, Ratti, Voerzio

Casal Pilozzo est un blanc léger de Colli di Catone, à Frascati. Le plus jeune est le meilleur.

Colle Gaio, ample et fruité, est l'un des meilleurs blancs secs de Frascati.

VIN ROUGE

Vin de table de Toscane

Barolo

Le vin rouge consommé à Rome provient en général des autres régions d'Italie.
La Toscane ou le Piémont, par exemple, produisent d'excellents vins de table ou des grands crus comme le Barolo. Le Dolcetto, le Rosso di Montalcino ou le Montepulciano méritent d'être connus.

Montepulciano d'Abruzzo, vin rouge fruité de grande tenue, est produit dans les Abruzzes.

Chianti Classico Riserva est un vin de garde plus charpenté que le Classico normal.

Torre Ercolana, l'un des plus grands crus du Latium, est composé de cépages *cesanese* et cabernet vieillis en tonneau durant au moins cinq ans.

LIRE L'ÉTIQUETTE

Chianti Classico

La classification des vins italiens distingue deux types d'appellation. La DOC *(denominazione di origine controllata)* garantit la région d'origine du vin et le cépage, tandis que la DOCG *(denominazione di origine controllata et garantita)* n'est accordée qu'aux meilleurs crus comme le Barolo, le Barbaresco, le Chianti Classico ou le Brunello di Montalcino.

APÉRITIFS ET AUTRES BOISSONS

Les vermouths comme le Martini, le Campari ou l'Aperol sont les apéritifs les plus appréciés (existent en version non alcoolisée, *analcolico*), que les Italiens boivent purs ou avec des glaçons et allongés d'eau gazeuse. Après le repas, essayez les *digestivi* ou *amari*, aromatisés aux herbes. La *sambuca* à l'anis, le cognac italien et la grappa peuvent être très forts. Quant à la bière blonde italienne, elle est légère.

Campari

L'EAU

Rome bénéficie d'un approvisionnement en eau potable, amenée des collines par un système de canalisations et d'aqueducs qui a peu changé depuis l'antiquité. *Acqua non potabile* signifie que l'eau est impropre à la consommation.

L'une des nombreuses fontaines d'eau potable de Rome

BOISSONS NON ALCOOLISÉES

Les jus de fruit italiens sont excellents et la plupart des bars servent des oranges pressées *(spremuta)*. Cafés glacés et thés parfumés aux fruits, comme la pêche, vous rafraîchiront en été.

Armoire réfrigérée pour le vin et la bière

Le café est aussi important à Rome, sinon plus, que le vin. L'*espresso* serré se boit à toute heure de la journée, le cappucino au petit déjeuner ou l'après-midi, le *caffè latte* est allongé de lait.

Espresso

Cappuccino

Caffè Latte

Choisir un restaurant

Les établissements présentés ici ont été sélectionnés pour leur bon rapport qualité-prix, leur cuisine exceptionnelle ou leur décoration remarquable. Les restaurants sont classés par prix et par ordre alphabétique au sein d'un même quartier. Les *Repas légers et snacks* figurent pages 328 à 333.

CATÉGORIE DE PRIX
Pour un menu individuel composé de trois plats, d'une demi bouteille de vin de la maison et incluant couvert, taxes et service :
€ moins de 25 €
€€ 26-44 €
€€€ 45-64 €
€€€€ 65-80 €
€€€€€ plus de 80 €

LE QUARTIER DU PANTHÉON

Enoteca Corsi
Via del Gesù 87-88, 00186 **Tél.** *06 679 0821*
    €
Plan *4 F4, 12 E3*

Dans ce bar à vins convivial et sans prétention où les étagères en bois croulent sous le poids des bouteilles, les plats du jour sont affichés à l'ardoise : *pasta e fagioli, zuppa di farro* (soupe d'épeautre), *orecchiette con carciofi* (pâtes aux artichauts) ou *pollo con peperoni* (poulet aux poivrons).

Alle Due Colonne
Via del Seminario 122, 00186 **Tél.** *06 678 1449*
    €€
Plan *4 F4, 12 D3*

Dans un décor de la Rome antique qu'évoquent entre autres une fontaine et les deux colonnes qui ont donné son nom au restaurant, le chef propose des saveurs méditerranéennes et réussit tout particulièrement le *spigolla alla griglia* (bar grillé) et la mozzarella de bufflonne grillée *con radicchio* (chicorée rouge).

Boccondivino
Piazza Campo Marzio 6, 00186 **Tél.** *06 6830 8626*
    €€
Plan *4 F3, 12 D2*

La « Bouche divine » propose une cuisine italienne classique avec un menu à petits prix et une cuisine plus internationale. Le même soin est apporté au décor – résolument moderne avec des chaises recouvertes d'un imprimé zébré – et à la cuisine. Une cuisine de saison qui séduira tous les palais.

Da Gino
Vicolo Rosini 4, 00186 **Tél.** *06 687 3434*
    €€
Plan *4 F3, 12 D1*

Hommes politiques et journalistes se pressent dans ce restaurant extrêmement convivial. Dans la salle à l'ancienne ornée de fresques ou à l'ombre de la pergola, vous goûterez les piliers de la cuisine romaine, tels les *spaghetti alla carbonara*, l'*abbacchio alla cacciatora* (agneau), les *seppie con piselli* (seiches aux petits pois) et le lapin.

Grano
Piazza Rondadini 53, 00186 **Tél.** *06 686 7820*
    €€
Plan *12 D2*

À côté du Panthéon, *Grano* propose une cuisine méditerranéenne classique et bien réalisée. Pour commencer le repas, de grandes assiettes de pâtes – *spaghetti alla carbonara* ou *bucatini alla matriciana* (sauce tomate épicée au bacon) sont suivies de la spécialité romaine – les *trippa alla romana* (tripes).

Il Bacaro
Via degli Spagnoli 27, 00186 **Tél.** *06 687 2554*
    €€
Plan *4 F3, 12 D2*

Il est conseillé de réserver pour goûter à la cuisine inventive de ce minuscule restaurant : risotto au fromage de Castelmagno et au vin rouge, gnocchis au roquefort et aux noix, steak sauce Merlot et carpaccio de mérou à l'origan et à la tomate. La mousse au cacao nappée de chocolat chaud est un régal.

La Matricianella
Via del Leone 2-4, 00186 **Tél.** *06 683 2100*
    €€
Plan *4 F3, 12 D1*

Non loin du parlement, cette vieille trattoria réputée pour sa cuisine traditionnelle, son ambiance décontractée et son service rapide est une perle égarée au milieu des pièges à touristes. Au menu : abats frits, *fettucine* au foie, ragoût d'agneau, et vins et fromages de qualité. Terrasse en été.

L'Eau Vive
Via Monterone 85, 00186 **Tél.** *06 688 01095*
    €€
Plan *12 D3*

Dans un magnifique décor de fresques, les sœurs laïques d'un ordre religieux français proposent ici des spécialités hexagonales agrémentées de souvenirs même missions en Afrique et en Inde : quiche lorraine, soupe à l'oignon et canard à l'orange côtoient des plats tels que le couscous.

Maccheroni
Piazza delle Coppelle 49, 00186 **Tél.** *06 6830 7895*
    €€
Plan *12 D2*

Cette trattoria rétro sert une cuisine modernisée qui allie plats romains traditionnels (les *spaghetti alla carbonara* sont excellents) et recettes plus originales comme les *fettucine al tartuffo* (aux truffes). Les viandes grillées sont excellentes. Le lieu est idéal pour dîner en plein air. Réservez le week-end.

Légende des symboles *voir le rabat arrière de couverture*

Clemente alla Maddalena

Piazza della Maddalena 4-5, 00186 **Tél.** *06 683 3633*   **Plan** *4 F3, 12 D2*

Dans les salles lambrissées ou à la terrasse de ce palazzo du XVIᵉ siècle, face à l'église Maddalena, la cuisine se révèle créative : tarte aux anchois, à la tomate et à l'origan, *paccheri* (pâtes) aux palourdes et aux navets, spaghettis au pesto de chicorée sauvage et pintade à la polenta. Vins excellents et service attentif.

Fortunato al Pantheon

Via del Pantheon 55, 00186 **Tél.** *06 679 2788*   **Plan** *4 F4, 12 D2*

Malgré un décor daté, cette institution à deux pas du parlement a de quoi séduire les hommes politiques. Plutôt que de se reposer sur ses lauriers, elle excelle à renouveler sans cesse son menu au fil des saisons et conserve des prix raisonnables.

La Campana

Vicolo della Campana 18, 00186 **Tél.** *06 686 7820*   **Plan** *12 D1*

Fondée en 1518, la plus ancienne trattoria de Rome ne paie pas de mine. Mais vous vous régalerez en savourant le poulet *galantina*, les pâtes au brocoli ou le bouillon de la mer, les tripes ou le poulet au poivre. En dessert, la glace accompagnée de cerises divinement cuites est délicieuse. Service excellent et belle cave.

Sangallo

Vicolo della Vaccarella 11A, 00186 **Tél.** *06 686 5549*   **Plan** *4 F3*

Cet élégant restaurant n'utilise que les produits les plus frais, notamment le poisson. Vous dégusterez de savoureux *antipasti* (carpaccio de dorade, crevettes aux oranges et aux olives ou artichaut farci aux calamars), de délicieuses pâtes aux fruits de mer, des viandes succulentes et le poisson du jour. La carte des vins est superbe.

Trattoria

Via del Pozzo delle Cornachie 25, 00186 **Tél.** *06 6380 1427*   **Plan** *12 D2*

La cuisine d'inspiration sicilienne est très novatrice : ni ail, ni oignons ni beurre, mais des herbes aromatiques, des zestes d'agrumes et des noix, comme dans les boulettes de viande aux pignons, à la tomate fraîche et à la menthe, ou les coquilles Saint-Jacques aux oranges et aux noix. Le décor est moderne et les vins siciliens.

El Toulà

Via della Lupa 29B, 00186 **Tél.** *06 687 3498*   **Plan** *4 F4, 12 D2*

El Toulà est l'un des restaurants les plus huppés et les plus luxueux de Rome. Sa cuisine méditerranéenne fortement inspirée de la Vénétie est à la hauteur de sa réputation. Chaque saison a ses risottos, ses pâtes et ses plats de poisson et de viande. L'élégante salle voûtée et l'excellent service se prêtent aux occasions spéciales.

La Rosetta

Via della Rosetta 8, 00186 **Tél.** *06 6830 8841*   **Plan** *4 F3, 12 D2*

Réservation indispensable pour le meilleur restaurant de poisson de Rome, réputé dans le monde entier. Les prix sont astronomiques (sauf le menu de midi), mais les huîtres, thons, seiches et mérous arrivent chaque jour de Sicile par avion. Les plats sont simples, mais préparés avec maestria, et les vins excellents.

LA PIAZZA NAVONA

Cul de Sac

Piazza Pasquino 73, 00186 **Tél.** *06 6880 1094*   **Plan** *4 E4, 11 C3*

Depuis 30 ans, le plus vieux bar à vins de Rome collectionne des milliers de vins d'Italie et d'ailleurs, assortis d'une carte tout aussi variée. Espadon fumé, crème de lentilles rouges, tomates séchées, saucisses aux pois chiches, fromage, *salumi* et pâtés rassasieront les plus gourmands.

Da Tonino

Via del Governo Vecchio 18, 00186 **Tél.** *333 358 70 79*   **Plan** *4 E4*

Cette trattoria simple de quartier est spécialisée dans la cuisine romaine familiale. Vous y goûterez les meilleures pâtes *alla carbonara* à des prix défiant toute concurrence. Le cadre est douillet, chaleureux et authentique. Commandez la cuvée du patron et gardez de la place pour le tiramisu ou la *crostata* à la ricotta et aux pignons.

Fraterna Domus

Via del Monte Brianzo 62 (au coin de via del Cancello), 00186 **Tél.** *06 6880 2727*   **Plan** *11 C1*

Ce petit hôtel tenu par de sympathiques nonnes propose de grandes assiettes de pâtes et autres plats du jour copieux, dont le *pollo arrosto* (poulet rôti), à des prix imbattables pour le *centro storico*. Il est nécesaire de réserver. Cartes de crédit acceptées, sauf AmEx. Fermé le jeudi.

Da Luigi

Piazza Sforza Cesarini 24, 00186 **Tél.** *06 686 5946*   **Plan** *11 B3*

Le chef attire les foules sur cette place luxuriante avec une cuisine romaine traditionnelle extrêmement variée : aux salades et carpaccio de poisson, huîtres, pâtes, poissons grillés et plats de viande, il ajoute quelques classiques tels que les cervelles frites et l'agneau au four.

Etabli
                                                                  €€

Vicolo della Vacche 9A, 00186 **Tél.** *06 97616694*   **Plan** *4 E4*

Ce bar à vins doublé d'un restaurant offre un mélange sophistiqué de plats classiques et créatifs. Vous savourerez des plats italiens ou méditerranéens (tartare de poissons ou couscous), ainsi que des spécialités traditionnelles au fromage et à la viande dans un décor aux riches tons pastel et au mobilier ancien. Les vins sont nombreux.

La Focaccia
                                                                  €€

Via della Pace 11, 00186 **Tél.** *06 6880 3312*   **Plan** *11 C3*

L'impressionnante salle et la terrasse de ce restaurant élégant et animé d'une magnifique allée derrière la piazza Navona attirent une clientèle cosmopolite et exubérante. La cuisine est simple, avec quelques spécialités : *zeppole* (beignets), pâtes et ragoûts.

Il Cantuccio
                                                            €€€

Corso Rinascimento 71, 00186 **Tél.** *06 6880 2982*   **Plan** *4 E3, 11 C2*

Le soir, à la lueur des bougies et des miroirs, *Il Cantuccio* attire le tout-Rome. Goûtez les pâtes ou la soupe de pommes de terre aux œufs de morue et au *pecorino*, le turbot en croûte de pomme de terre aux tomates et aux olives, puis les profiteroles ou le Vino Santo servi avec des *ciambelli*. Service irréprochable, même après minuit.

Hostaria dell'Orso
                                                €€€€€

Via dei Soldati 25C, 00186 **Tél.** *06 6830 1192*   **Plan** *11 C2*

Ce palazzo du XIVᵉ siècle cultive le raffinement et soigne sa cuisine, son service et sa cave. Le chef propose un menu dégustation de quatre plats et quelques spécialités, dont le thon grillé aux tomates et aux olives de Taggia, ou le cochon de lait. Piano-bar et discothèque à l'étage. Uniquement le soir.

LA PIAZZA DI SPAGNA

Tad Café
                                                               €

Via del Babuino 155A, 00187 **Tél.** *06 3269 5123*   **Plan** *5 A2*

Parfaitement situé avec son pittoresque patio arboré près de la piazza del Popolo, ce café moderne et raffiné sert une cuisine légère qui puise son inspiration en Italie et en Orient. Celle-ci fait le bonheur des Romains après une matinée de shopping. Le brunch dominical est une réussite.

Buca di Ripetta
                                                         €€

Via di Ripetta 36, 00186 **Tél.** *06 321 9391*   **Plan** *4 F1*

Au fond de l'épicerie, quelques tables entourées d'étagères chargées de crus du monde entier et de magnifiques lustres en fer forgé vous accueillent autour de quelques délicieux plats du jour, d'un assortiment de salades, de pâtes, d'assiettes de fromage ou de *salumi* et de vins servis au verre ou en bouteille. Le personnel est efficace.

Edy
                                                        €€

Vicolo del Babuino 4, 00187 **Tél.** *06 3600 1738*   **Plan** *4 F1*

Edy offre un cadre agréable, convivial et parfois bruyant à des prix très raisonnables pour le quartier. À l'entrée, l'ardoise annonce les plats du jour – *fettucine al funghi porcini* (cèpes), *scamorza* (fromage fumé) *al prosciutto*, crevettes grillées ou côtelettes de veau. Service décontracté.

Fiaschetteria Beltramme
                                                      €€

Via della Croce 39, 00187   **Plan** *5 A2*

Fondée en 1886, cette délicieuse auberge aux murs tapissés de tableaux n'a rien perdu de son charme. L'atmosphère est conviviale et informelle, mais parfois étouffante, et la cuisine typiquement romaine (le vendredi est le jour du poisson). Pas de réservation et partage des tables de rigueur.

'Gusto
                                                      €€

Piazza Augusto Imperatore 9, 00186 **Tél.** *06 322 6273*   **Plan** *4 F2*

Un bar à vins, une *osteria*, une pizzeria et un restaurant sont réunis au sein de cet empire familial à succès où l'on fait la queue pour goûter 365 jours par an une cuisine d'excellente qualité, notamment le brunch dominical en terrasse. Le personnel est jeune et très cordial.

Il Giardino
                                                      €€

Via Zucchelli 29, 00187 **Tél.** *06 488 5202*   **Plan** *5 B3*

Non loin de la piazza Barberini, été comme hiver, rendez-vous au fond de la salle dans le joli jardin qui donne son nom au restaurant. Vous dégusterez d'excellents plats de pâtes – *spaghetti con vongole veraci* (palourdes) et *linguini al limone*. La qualité est garantie et les prix restent raisonnables pour le quartier.

Margutta Vegetariana
                                                      €€

Via Margutta 118, 00187 **Tél.** *06 3265 0577*   **Plan** *4 F1'*

Depuis 20 ans, le premier, et aussi le meilleur restaurant végétarien de Rome, vous accueille sur fond de jazz, de couleurs et de plantes vertes pour un copieux buffet le midi et un excellent brunch le dimanche. Le restaurant d'à côté propose une cuisine végétarienne inventive à prix moins doux.

Catégories de prix *p. 316* **Légende des symboles** *voir le rabat arrière de couverture*

La Penna d'Oca
📋♿ €€€
Via della Penna 53, 00126 **Tél.** *06 320 2898* **Plan** *4 F1*

À deux pas de la piazza del Popolo, cette charmante trattoria vous ouvre son élégante et confortable salle de restaurant et son agréable terrasse. Le chef est inventif, le service courtois et les vins excellents. Spécialités : tarte au *farro* (épeautre) et à l'oie, raviolis de langouste aux lentilles et turbot au basilic. Uniquement le soir.

Le Sorelle
📋 €€€
Via Belsiana 30, 00187 **Tél.** *06 679 4969* **Plan** *5 A1*

Tenu par deux sœurs, *Le Sorelle* et sa succursale du Latran ont su fidéliser leur clientèle grâce à une ambiance agréable et une cuisine méditerranéenne inventive : purée de potiron aux crevettes, soupe de *farro* (épeautre) aux truffes, *pappardelle* à la chicorée et à la *pancetta*, et pâté de queue de bœuf. Belle carte des vins.

Nino dal 1934
📋♿ €€€
Via Borgognona 11, 00187 **Tél.** *06 679 5676* **Plan** *5 A2, 12 E1*

Ce restaurant familial et raffiné propose à sa fidèle et prestigieuse clientèle une authentique cuisine toscane : délicieuse soupe aux épinards, haricots et tomates, *salumi* et pâtes, puis steak Fiorentina, gibier de saison et pêche du jour. Service à l'ancienne et vins 100 % italiens à dominante toscane.

Porto Maltese
📋♿ €€€
Via San Sebastianello 6B, 00187 **Tél.** *06 678 0546* **Plan** *5 A2*

L'ambiance animée qui règne dans ce restaurant et son bar à cocktails devient plus envoûtante le soir. Un immense aquarium abrite langoustes, crevettes géantes et poissons. Spécialité du chef : les *strozzapreti all'amatriciana di mare* (pâtes au poisson fumé et à la tomate). Prix calculés au poids. Réservation nécessaire le week-end.

Casina Valadier
📋♿🍴 €€€
Piazza Bucarest, 00187 **Tél.** *06 6992 2090* **Plan** *5 A1*

Rouvert récemment après de longs et coûteux travaux, ce palais de la villa Borghese situé à 10 min à pied du sommet de l'escalier de la Trinità dei Monti revisite la cuisine italienne sur deux étages. Il offre une belle et vaste terrasse avec une vue spectaculaire. Menu enfant.

Dal Bolognese
📋 €€€€
Piazza del Popolo 1, 00187 **Tél.** *06 361 1426* **Plan** *4 F1*

Cette institution très bien située est devenue la cantine des hommes politiques et des célébrités italiennes grâce à une cuisine d'excellence, dont quelques plats de saison – *tagliatelli al tartufo* (truffes) et *pappardelle* au canard. Service rapide et impressionnant choix de vins.

Le Jardin de Russie
🧒📋♿ €€€€€
Via del Babuino 9, 00187 **Tél.** *06 3288 8870* **Plan** *4 F1*

Entouré de ses magnifiques jardins, le chef varie les menus et ne déçoit jamais tant sa cuisine italienne est délicieuse, notamment le foie gras aux feuilles de moutarde, les gnocchis de pommes de terre au brocoli sauce sicilienne, la lotte aux aromates et au parmesan, et les poires au miel et au vin rouge. Menu enfant.

Restaurant sur le toit du Hassler
📋♿🎵🍴 €€€€€
Piazza Trinità dei Monti 6, 00187 **Tél.** *06 6993 4726* **Plan** *5 A2*

Au dernier étage de l'hôtel Hassler, au sommet des escaliers de la Trinità dei Monti, ce restaurant avec vue plongeante sur les toits de Rome se prête à un dîner romantique ou à un moment de pure folie. Le dimanche, le brunch fait recette et le soir, un pianiste accompagne les dîneurs.

LE CAMPO DEI FIORI

Insalata Ricca
🧒📋 €
Via dei Chiavari 85, 00186 **Tél.** *06 6880 3656* **Plan** *11 C4*

C'est l'une des succursales de la chaîne Insalata Ricca très présente à Rome. Le restaurant est réputé pour ses grands bols de salades à prix raisonnables. Vous aurez le choix entre plus de trente variétés de salades, de la classique niçoise à la spécialité de la maison, la salade à base de gorgonzola, de pommes et de noix.

Sora Margherita
📋 €
Piazza delle Cinque Scole 30, 00186 **Tél.** *06 687 4216* **Plan** *12 D5*

Cette discrète trattoria est une véritable institution où les plats traditionnels judéo-romains – dont les *carciofi alla giudia* (artichauts frits) – côtoient quelques classiques – *cacio e pepe* (pâtes au pecorino et au poivre) et *osso buco*. Partage des tables de rigueur.

Al Pompiere
📋 €€
Via S. M. del Calderari 38, 00186 **Tél.** *06 686 8377* **Plan** *4 F5, 12 D5*

Au premier étage du palazzo Cenci, au cœur du ghetto juif, dans un joli décor de poutres apparentes, *Al Pompiere* sert une authentique cuisine judéo-romaine – *carciofi alla giudia* (artichauts frits), *rigatoni con la pajata* (ris de veau), daube au citron ou agneau de lait, suivis de *crema fritta* (beignets).

Ar Galletto

Piazza Farnese 102, 00186 **Tél.** *06 686 1714*

Plan 11 C4

Le principal atout de cette trattoria est sa terrasse à l'angle de la piazza Farnese, face aux fontaines et au palais. Côté cuisine, les spécialités italiennes sont simples mais goûteuses, avec mention spéciale pour les *penne all'arrabbiata* (pâtes à la sauce tomate piquante).

Da Pancrazio

Piazza del Biscione 92, 00186 **Tél.** *06 686 1246*

Plan 11 C4

Le point fort de ce restaurant est l'ancienne salle du théâtre antique où Jules César affronta son destin. La carte est typiquement romaine : *pasta alla amatriciana* (sauce tomate aux lardons), *saltimbocca* (escalopes de veau roulées au jambon de Parme et à la sauge) et *abbacchio* (agneau) rôti. Fermé mer.

Ditirambo

Piazza della Cancelleria 74-75, 00186 **Tél.** *06 687 1626*

Plan 11 C4

Ce restaurant réinvente les classiques de la cuisine italienne en version bio. Les plus prudents choisiront les charcuteries et les fromages, les plus audacieux les *ravioli alla zucca* (au potiron) et autres *baccalà* (morue) en croûte de thym et de graines de sésame. Service énergique. Réservation nécessaire.

Il Gonfalone

Via del Gonfalone 7, 00186 **Tél.** *06 6880 1269*

Plan 11 A3

Ce palais Renaissance près de la via Giulia est particulièrement agréable en été quand le temps permet de dîner aux chandelles dans le décor magnifique de la terrasse. Le chef revisite la cuisine italienne avec des produits frais du marché accompagnés d'un grand choix de vins.

Il Sanpietrino

Piazza Costaguti 15, 00186 **Tél.** *06 6880 6471*

Plan 12 D5

Au cœur du ghetto juif, à deux pas de la synagogue, *Il Sanpietrino* mitonne de délicieuses et authentiques spécialités judéo-romaines à base de viande et de poisson. Les *pezzetti fritti* (légumes frits) et les *antipasti* de la mer sont excellents, suivis de *baccalà* (morue), puis de savoureux desserts.

Monserrato

Via Monserrato 96, 00186 **Tél.** *06 687 3386*

Plan 4 D4, 11 B4

Très fréquenté et bien situé, avec terrasse en été, le *Monserrato* est réputé pour la qualité et la fraîcheur de ses poissons et de ses fruits de mer. Les *bigoli* aux crevettes et aux asperges ainsi que le bar au sel sont excellents. Les quelques viandes proposées sont également très appétissantes. Le service est impeccable.

Thien Kim

Via Giulia 201, 00186 **Tél.** *06 6830 7832*

Plan 4 E5, 11 C5

Depuis 1974, ce restaurant vietnamien joue la carte de l'authenticité. Ses rouleaux de printemps et ses nouilles ainsi que son riz au porc, aux crevettes, au poulet, au canard et au bœuf parfumés à la citronnelle, au piment et au lait de coco lui assurent une clientèle fidèle.

Da Giggetto

Via Portica d'Ottavia 21, 00186 **Tél.** *06 686 1105*

Plan 4 F5, 12 D5

Ce restaurant vieillot perpétue une tradition judéo-romaine dont les *carciofi alla giudia* font la fierté. La clientèle de touristes et de Romains apprécie aussi le service attentif et la terrasse qui ouvre sur le portica d'Ottavia (portique d'Octavie).

Il Drappo

Vicolo del Malpasso 9, 00186 **Tél.** *06 687 7365*

Plan 4 D4, 11 B3

Dans ce petit restaurant intime, on dîne aux chandelles dans une salle décorée de tentures (d'où son nom) et de plantes ou dans un charmant patio arboré. La cuisine *terra e mare* est authentiquement sarde : raviolis aux épinards, ricotta et menthe, *aragosta* (langouste) *alla catalana* et canard aux pommes ou aux myrtilles.

Sora Lella

Via Ponte Quattro Capi 16, 186 **Tél.** *06 686 1601*

Plan 8 D1

Fondé en 1959 par la célèbre comédienne Lella Fabrizi dans le cadre enchanteur de l'isola Tiberina, cet étincelant restaurant décline les classiques de la cuisine romaine – *fettucine* aux abats et queue de bœuf à la cannelle et à la girofle – et quelques délicieux plats de poisson et menus végétariens. Service courtois.

Piperno

Via Monte de' Cenci 9, 00186 **Tél.** *06 6880 6629*

Plan 4 F5, 12 D5

C'est l'un des meilleurs restaurants judéo-romains de la ville. Sa renommée ne repose pas uniquement sur son ancienneté mais aussi sur ses pâtes fraîches et son poisson livré tous les matins. Le vin de la maison est un délicieux Frascati. Ne manquez pas les *carciofi alla giudia* (artichauts frits). Réservation nécessaire.

Camponeschi

Piazza Farnese 50, 00186 **Tél.** *06 687 4927*

Plan 4 E5, 11 C4

L'une des meilleures tables de Rome offre une vue fabuleuse sur la piazza Farnese et réussit avec un raffinement suprême la fusion des gastronomies italienne, méditerranéenne et française. Les poissons et les viandes sont magnifiques, accompagnés de l'un des 400 crus de la *cantina* (cave). Uniquement le soir.

Catégories de prix *p. 316* **Légende des symboles** *voir le rabat arrière de couverture*

LE QUIRINAL

Antica Birreria Peroni 🏃 ♿ €
Via di San Marcello 19, 00187 **Tél.** *06 679 5310*   **Plan** *5 A4, 12 F3*

À midi, à l'heure du coup de feu, les grandes tablées se retrouvent dans cette brasserie Art nouveau autour de quelques bons plats copieux – assiettes de fromage et de *salumi*, salades, pâtes, saucisses, hamburgers et goulasch – et d'une excellente bière Peroni. Le service est efficace.

Il Cuore di Napoli 🏃 ▤ €
Via Cernaia 31, 00185 **Tél.** *06 4434 0252*   **Plan** *6 D2*

Non loin de Termini, cette trattoria-pizzeria napolitaine sans prétention vous régale d'*antipasti* de fruits de mer et de mozarella de bufflonne. Bon choix de pâtes, de poissons grillés et de pizzas couronnés d'un délicieux *babà* et de vins de Campanie. Menus à prix d'ami.

Abruzzi ai SS Apostoli 🏃 ▤ ♿ €€
Via del Vaccaro 1, 00187 **Tél.** *06 679 3897*   **Plan** *12 F3*

Ce restaurant à l'ancienne situé tout près de l'église Santi Dodici Apostoli sert des plats traditionnels des Abruzzes. Laissez-vous tenter par les *pasta all'amatriciana* (tomate et *pancetta*), le risotto aux aromates, ou encore le poisson frais ou une spécialité de porc. Et terminez par un *amaro* à l'orange.

Colline Emiliane ▤ €€
Via degli Avignonesi 22, 00187 **Tél.** *06 481 7538*   **Plan** *5 B3*

Cette trattoria familiale, calme et raffinée est réputée pour l'excellence de ses plats et de ses vins de la région gastronomique de l'Émilie-Romagne. Pensez à réserver pour goûter les tortellinis maison au potiron et au parmesan, le jambon de Parme tranché à la main et les viandes succulentes.

Ristorante del Giglio 🏃 ▤ ♿ €€
Via Torino 137, 00184 **Tél.** *06 488 1606*   **Plan** *5 C3*

Bien situé près de l'Opéra et de la via Nazionale, ce vieux restaurant familial est une valeur sûre : *fettucine alla Tosca* (ricotta et tomates fraîches), *sfogliatine di manzo al radicchio* (fines tranches de bœuf accompagnées de chicorée rouge) et turbot cuit au four avec des pommes de terre et des tomates.

F.I.S.H. 🏃 ▤ ♿ €€€
Via dei Serpenti 16, 00184 **Tél.** *06 4782 4962*   **Plan** *5 B4*

Les deux frères à la tête de l'un des restaurants branchés de Rome ont fait leurs armes à l'*Oceania*. Vous pourrez prendre l'apéritif accompagné d'huîtres dans le décor noir et rouge de *L'Aqua Bar*, manger des sushis ou des sashimis au *Sushi Bar* ou vous laisser tenter par du poisson frais cuit à la perfection au *Grill Lounge*.

Al Moro ▤ €€€€
Vicolo delle Bollette 13, 00187 **Tél.** *06 678 3495*   **Plan** *5 A3, 12 F2*

Depuis 1929, cette authentique trattoria mitonne avec brio une cuisine romaine traditionnelle. Certains plats sont réservés à certains jours – gnocchi le jeudi, agneau ou morue le vendredi, etc. – mais on y sert aussi du poisson frais tous les jours, d'excellents *spaghetti alla carbonara* et des desserts maison.

Al Presidente 🏃 ▤ €€€€
Via in Arcione 95, 00187 **Tél.** *06 679 7342*   **Plan** *5 A3*

L'une des meilleures tables de Rome sert une cuisine romaine moderne accompagnée de bons vins dans un décor raffiné à deux pas de la fontaine de Trevi. La carte varie au gré des ingrédients soigneusement sélectionnés. Intéressant menu à midi et quatre menus dégustation le soir. Belle terrasse.

TERMINI

Da Vincenzo 🏃 ▤ ♿ €€
Via Castelfidardo 4-6, 00185 **Tél.** *06 484 596*   **Plan** *6 D2*

Le poisson est la spécialité de ce restaurant de quartier intemporel près de la gare. Après les excellents *antipasti* de la mer ou l'espadon fumé, goûtez les *tonnarelli all'astice* (pâtes à la langouste), le bar au four ou le turbot aux pommes de terre, les *bucatini all'arrabbiata* ou l'agneau au four, puis un délicieux dessert maison.

Vivendo 🏃 ▤ ♿ 🍴 €€€€€
Via V. Emanuele Orlando 3, 00185 **Tél.** *06 4709 2736*   **Plan** *5 C3*

Récemment rénové, ce restaurant raffiné, moderne et agréable compte désormais parmi les meilleures tables de Rome grâce à un savoureux mariage de traditions culinaires italienne et internationale, et d'ingrédients inattendus. Deux menus dégustation et un menu enfant, service irréprochable et belle cave.

L'ESQUILIN

La Gallina Bianca   🏃♿   €
Via Antonio Rosmini 9, 00184 **Tél.** *06 474 3777*   **Plan** *6 D4*

Bien situé par rapport à la gare, ce vaste restaurant et sa jolie terrasse font le bonheur des amateurs d'épaisses pizzas napolitaines cuites au feu de bois. Le service est rapide et courtois. Il y a un très bon buffet d'*antipasti*, et les pâtes, les steaks et les desserts maison – le *tiramisù* – sont délicieux.

Baires   🏃🍽🎵♿   €€
Via Cavour 315, 00184 **Tél.** *06 6920 2164*   **Plan** *5 B5*

Cuisine argentine traditionnelle, bières, vins sud-américains et tango les soirs de semaine. Au menu : *empanadas* (chaussons à la viande), *pollo all'escabeche* (poulet sauce piquante), *matambre* (bœuf farci) et succulentes viandes grillées. Le menu « express » servi à midi est très intéressant.

Cavour 313   🏃🍽   €€
Via Cavour 313, 00184 **Tél.** *06 678 5496*   **Plan** *5 B5*

Cette *enoteca* conviviale lambrissée au bout de la via Cavour, à deux pas du Forum, saura vous séduire avec ses salades, carpaccio, fromages, *salumi* (en provenance de producteurs réputés) et autres plats du jour à base d'ingrédients soigneusement choisis. La cave est excellente.

Monti   🏃🍽♿   €€
Via di San Vito 13A, 00185 **Tél.** *06 446 6573*   **Plan** *6 D4*

Pensez à réserver, car cette trattoria familiale et sa cuisine de saison de la région des Marches jouissent d'un succès bien mérité. Au menu : *lasagnette* de légumes, lapin ou poulet aux aromates, dinde au vinaigre balsamique, poisson le vendredi et délicieux desserts. La cave est excellente et le service compétent.

Oppia Café et Oppio Grill   🏃🍽♿   €€
Via delle Terme di Tito 72, 00185 **Tél.** *06 474 5262*   **Plan** *5 C5*

Ce café comprend également un restaurant et un grill qui sert de la viande, du poisson et des légumes locaux. Vous pourrez siroter des cocktails dans le bar ouvert très tard, en écoutant des concerts en direct : du jazz (le dimanche) et des DJ Sets variés. La terrasse offre une superbe vue sur le Colisée.

Urbana 47   🏃🍽   €€
Via Urbana 47, 00184 **Tél.** *06 4788 4006*   **Plan** *5 C4*

En accord avec le style alternatif du quartier Monti, vous pouvez tout acheter ici y compris la chaise sur laquelle vous êtes assis. La cuisine méditerranéenne est préparée avec des produits locaux et bio (si possible). Les vins viennent du Lazio. Le mobilier rétro a été conçu et confectionné par le magasin voisin, ZOC, juste au coin de la rue.

Agata e Romeo   🍽♿🕐   €€€€€
Via Carlo Alberto 45, 00185 **Tél.** *06 446 6115*   **Plan** *6 D4*

Cette ancienne trattoria est désormais un restaurant de renommée internationale. Aux fourneaux, Agata sélectionne les meilleurs ingrédients et modernise les classiques de Rome et du Sud de l'Italie, tandis que son mari, Romeo, excellent sommelier, compose les meilleurs accords. Le menu-dégustation (avec ou sans vin) est exceptionnel.

LE LATRAN

I Clementini   🏃🍽   €€
Via San Giovanni in Laterano 106, 00184 **Tél.** *06 7045 0935*   **Plan** *9 B1*

Fréquentée par les futurs prêtres irlandais de l'église San Clemente et par des Italiens, cette accueillante trattoria de quartier reste attachée aux classiques : *spaghetti alla carbonara*, *bucatini all'amatriciana* (sauce tomate épicée aux lardons), *carciofi alla romana* (artichauts à la menthe), lapin et poulet.

Arancia Blu   🍴🏃🍽♿   €€
Via dei Latini 57, 00185 **Tél.** *06 445 4105*   **Plan** *6 F4*

Dans le quartier bohème de San Lorenzo, à l'est de Termini, l'*Arancia Blu* propose un menu à dominante végétarienne privilégiant les produits bio : risotto au gorgonzola et au safran, raviolis aux pommes de terre et à la menthe, boulettes de légumes à la sauce tomate épicée et cannellonis d'aubergines. Belle cave.

Charly's Saucière   🍽♿   €€
Via San Giovanni in Laterano 270, 00184 **Tél.** *06 7049 5666*   **Plan** *9 B1*

Ce restaurant franco-suisse établi de longue date prend toute sa dimension les soirs d'hiver à la lueur des chandelles. Aux mets délicieux – pâté de foie d'oie, consommé au xérès, soufflé au fromage, fondue, bœuf bourguignon, crêpes Suzette et fromages français – s'ajoutent des vins à dominante française.

Catégories de prix *p. 316* **Légende des symboles** *voir le rabat arrière de couverture*

Roberto e Loretta 🏃📖♿ €€

Via Saturnia 18-24, 00183 **Tél.** *06 7720 1037* **Plan** 10 D3

Dans leur nouvelle trattoria un peu vieillotte mais charmante, Roberto et Loretta peuvent désormais proposer à leurs clients de manger sous la pergola. La cuisine régionale et copieuse varie au fil des saisons. Le service est très courtois et d'un excellent rapport qualité-prix.

SAID dal 1923 🏃📖♿ €€

Via Tibutina 135, 00185 **Tél.** *06 446 9204* **Plan** 6 F4

Fabrique de chocolat depuis 1923, *SAID* est aussi à présent un restaurant. Il propose des plats italiens traditionnels, mais aussi plus créatifs comme les fameux *fettucine di Said* (à la poire, au pecorino, au piment et au chocolat amer). La crème au chocolat et aux noisettes que l'on déguste sur du pain frais est un pur délice !

Tram Tram 🏃📖 €€

Via dei Reti 44-46, 00185 **Tél.** *06 490 416*

Loin des circuits touristiques, dans un décor de tram ancien face aux lignes du cœur de San Lorenzo, venez découvrir ce lieu animé et amusant où l'on sert des plats de viandes et de fruits de mer, mais aussi de beaux steaks et des pâtes, qui puisent leur inspiration dans les Pouilles et en Sicile. Belle cave.

Vinosteria 📖🏃 €€€

Via dei Sabelli 51, 00185 **Tél.** *06 494 0726* **Plan** 6 F4

Le propriétaire de cettre trattoria sicilienne, originaire de Palerme, propose des classiques de sa région revisités avec créativité. Les plats du jour comprennent une *caponata* (ratatouille), du couscous au poisson et aux légumes, des *vermicilli con la molluca* (anchois, rondelles d'oranges et croutons de pain). Les desserts sont excellents.

CARACALLA

Tramonti & Muffati 📖 €€

Via di Santa Maria Ausiliatrice 105, 00181 **Tél.** *06 780 1342* **Plan** 10 F4

Cette agréable *enoteca* près de la via Appia et du métro Furio Camillo a sélectionné d'excellents vins pour accompagner un fabuleux choix de *salumi* et de fromages. En plat du jour, ses mélanges créatifs et audacieux font merveille. La réservation, pour ce restaurant ouvert uniquement le soir, est vivement conseillée.

L'AVENTIN

Da Oio a Casa Mia 🏃📖♿ €€

Via Galvani 43, 00153 **Tél.** *06 578 2680* **Plan** 8 D3

Les spécialités romaines de cette trattoria familiale – l'une des meilleures du Testaccio – ne vous décevront pas : *bucatini alla amatriciana, alla gricia* (lard et pecorino) et *alla carbonara, tonnarelli cacio e pepe* (pecorino et poivre), *rigatoni con la pajata* (ris de veau), *coda alla vaccinara* (queue de bœuf) et *abbacchio* (agneau). Belle carte des vins.

Divinare 🏃 €€

Via A. Manunzio 13, 00153 **Tél.** *06 5725 0432* **Plan** 8 D3

Le bar à vins et le restaurant assez huppés du *Divinare* occupent presque tout un pâté de maisons du Testaccio. *Spuntini* (snacks), assiettes de *formaggi e salumi* (fromages et charcuteries), salades ou plats du jour s'accompagnent d'un verre de l'un des nombreux excellents crus de la cave.

Felice 📖 €€

Via Mastro Giorgio 29, 00153 **Tél.** *06 574 6800* **Plan** 8 D3

Ce restaurant très populaire propose une excellente cuisine romaine. Les *spaghetti alla carbonara* ou les *cacio e pepe* (avec du fromage et du poivre) sont d'excellents débuts. Pour continuer de gâter vos papilles, nous conseillons l'*abbacchio arrosto* (agneau rôti) et la *torta di ricotta*. Fermé dim. soir et 3 sem. en août.

Né Arte Né Parte 📖 €€

Via Luca della Robbia 15-17, 00153 **Tél.** *06 575 0279* **Plan** 8 D3

Cette trattoria sans prétention alterne classiques romains – *saltimbocca* (roulades de veau au jambon de Parme et à la sauge) – et plats régionaux plus audacieux – *zuppa di fave* (soupe de fèves). Les pâtes aux courgettes et au saumon fumé sont la spécialité de la maison. Pour déjeuner léger, optez pour le buffet d'*antipasti*.

Tuttifrutti 📖🎵 €€

Via Luca della Robbia 3A, 00153 **Tél.** *06 575 7902* **Plan** 8 D3

Tenu par une association culturelle du Testaccio, ce restaurant jeune et animé sert une cuisine italienne et locale créative à des prix honnêtes. Les *antipasti* sont excellents et les plats de pâtes, de viande et de poisson changent chaque jour. Service avenant, animation garantie et musique de temps à autre. Uniquement le soir.

Checchino dal 1887   ♿   €€€

Via di Monte Testaccio 30, 00153 **Tél.** *06 574 6318*   **Plan** *8 D4*

Après avoir longtemps été jetés par les abattoirs voisins, les abats (*quarto quinto*) firent leur apparition dans les cuisines de la classe ouvrière, donnant naissance à la *cucina romana* – *rigatoni alla pajata* (ris de veau), *coda alla vaccinara* (queue de bœuf braisée), *carciofi alla romana* (artichauts) et salade de pied de porc.

LE TRASTEVERE

Artù Café   🗒   €

Largo M. D. Fumasoni Biondi 5, 00153 **Tél.** *06 588 0398*   **Plan** *7 C1*

Ce pub convivial mi-anglo-saxon, mi-italien occupe l'ancien presbytère décoré de vitraux et de lambris en bois foncé de Santa Maria di Trastevere. On y sert de superbes sandwichs, pâtes et steaks, un délicieux buffet à l'heure de l'apéritif et une très bonne bière pression. Ouvert uniquement le soir.

Da Lucia   🗒🧍   €

Vicolo del Mattonato 2B, 00153 **Tél.** *06 580 3601*   **Plan** *7 B1*

Cette petite trattoria familiale dispose de quelques tables et d'une terrasse en été sur l'une des plus agréables allées du Trastevere. La cuisine est excellente, mais peu variée : *alici al limone* (anchois au jus de citron), pâtes au brocoli et à la raie, lapin, tripes et bœuf aux oignons.

Alle Fratte di Trastevere   🧍🗒   €€

Via delle Fratte di Trastevere 49, 00153 **Tél.** *06 583 5775*   **Plan** *7 C1*

Au cœur du Trastevere, ce restaurant familial sans prétention puise son inspiration dans la tradition romaine et napolitaine. Il remporte un franc succès grâce à un grand choix de plats copieux de pâtes, de viandes et de poissons – dont le carpaccio de poulpe et la dorade rôtie – et à sa simple *bruschetta*.

Il Boom   🗒   €€

Via dei Fienaroli 30A, 00153 **Tél.** *06 589 7196*   **Plan** *7 C1*

Ce bistrot animé ouvre uniquement le soir dans un décor gai et original de chaises multicolores et de photos noir et blanc du Rome des années 1960, sur fond de chansons italiennes d'époque sorties d'un vieux juke-box. Le jeune chef calabrais met du soleil dans l'assiette et se renouvelle au fil des jours et des saisons.

Isole di Sicilia   🧍🗒♿   €€

Via Garibaldi 68-69, 00153 **Tél.** *06 5833 5490*   **Plan** *7 B1*

Ce bar à vins sicilien, lumineux, se situe à côté du départ d'une route qui conduit au Janicule. Le décor est réussi – tables de bois et céramique de Caltagirone, l'accueil chaleureux et les plats siciliens servis, excellents. La carte propose plus de 250 vins siciliens. *Sfizi* (amuse-gueule), salades et focacce sont aussi au menu.

Ripa 12   🗒♿   €€

Via di San Francesco a Ripa 12, 00153 **Tél.** *06 580 9093*   **Plan** *7 C2*

Dans le sud du Trastevere, loin des circuits touristiques, cet excellent restaurant de poisson vous suggère de commencer par la spécialité de la maison, le carpaccio de bar, suivi du poisson du jour ou d'une assiette de friture. C'est de loin la meilleure adresse du quartier.

Vizi Capitali   🗒   €€

Vicolo della Renella 94, 00153 **Tél.** *06 581 8840*   **Plan** *7 C1*

Cet élégant restaurant décoré des sept tableaux des pêchés capitaux vous régalera de ses spécialités : carpaccio de poulpe à l'orange, au fenouil et aux olives de Taggia, tartines chaudes de lard d'Arnad et de miel de noisette, *gnocchetti* à l'artichaut et aux fruits de mer, porc aux pommes et aux myrtilles, et tarte aux agrumes et au chocolat.

Antica Pesa   🧍🗒   €€€

Via Garibaldi 18, 00153 **Tél.** *06 580 9236*   **Plan** *4 D5, 11 B5, 7 B1*

Les anciennes douanes du XVIIe siècle de la Papauté et le joli patio arboré qui servait au bowling au XIXe siècle vous accueillent désormais pour un vrai moment de plaisir et de détente autour d'un bon cru et d'une excellente cuisine méditerranéenne qui varie au fil des humeurs du chef et des saisons.

Asinocotto   🗒   €€€

Via dei Vascellaro 48, 00153 **Tél.** *06 589 8985*   **Plan** *8 D1*

Dans son restaurant à l'élégance décontractée d'un coin paisible du Tratesvere, Giuliano Brenna livre une vision créative de la cuisine italienne. La carte suit les saisons : pâtes fraîches au *ragù* de canard, agneau ou pigeon laqué au miel. Ouvert uniquement le soir.

Enoteca Ferrara   🗒♿   €€€

Via del Moro 1A, 00153 **Tél.** *06 5833 3920*   **Plan** *7 C1*

Dans un palazzo du XVIIe siècle caché derrière la piazza Trilussa, près du Ponte Sisto, l'*Enoteca Ferrara* concentre un bar à vins, une boutique et un restaurant dans cinq salles très accueillantes et nous livre une cuisine extrêmement réussie et inventive agrémentée de plus de 1 000 crus.

Catégories de prix *p. 316* **Légende des symboles** *voir le rabat arrière de couverture*

Somo
🏃 🗐   €€€
Via Goffredo Mameli 5, 00153 **Tél.** *06 588 2060*   **Plan** *7 B1*

Ce restaurant japonais aux lignes pures et modernistes est aussi branché que le Trastevere. La carte offre toute la gamme des plats traditionnels japonais : sushis, shashimis, bouchées de riz et nouilles, sans oublier le bœuf de Kobé, très prisé. Les vins sont très fins et les cocktails dignes des connaisseurs.

Alberto Ciarla
🗐 🛴   €€€€
Piazza San Cosimato 40, 00153 **Tél.** *06 581 8668*   **Plan** *7 C1*

Fidèle à sa réputation, ce restaurant gastronomique légendaire est un endroit merveilleux pour déguster du poisson. Ciarla s'inspire des classiques et invente de nouveaux plats délicieux avec un talent incomparable. Choisissez entre la carte ou les quatre menus dégustation. La carte des vins est exceptionnelle. Ouvert uniquement le soir.

LE JANICULE

Lo Scarpone
🏃   €€
Via San Pancrazio 15, 00152 **Tél.** *06 581 4094*   **Plan** *7 A1*

De cet élégant restaurant de poisson perché au sommet de la colline du Janicule, à mi-chemin entre la ville et la campagne, Rome est à vos pieds. En été, la salle rustique se double d'un petit jardin où l'on apprécie pleinement cette bonne cuisine traditionnelle.

LE VATICAN

Borgo Antico
🗐   €€
Borgo Pio 21, 00193 **Tél.** *06 686 5967*   **Plan** *3 C3*

Cette taverne du XVIIe siècle prépare des assiettes traditionnelles de *salumi* et de *formaggi* avec talent et originalité en choisissant les meilleurs produits. Goûtez le *pitina friulana* – mélange de *salumi* fumé et de bœuf haché, de porc et de mouton –, les *bruschette* et la polenta, accompagnés d'un excellent vin servi au verre ou à la bouteille.

Il Bar Sotto il Mare
🗐   €€
Via Tunisi 27, 00192 **Tél.** *06 3973 8453*   **Plan** *3 B2*

Ce restaurant familial au service jeune et amical est situé en face des musées du Vatican. La carte est dominée par les fruits de mer. Vous commencerez votre repas par des coquillages, des crustacés ou de savoureux antipasti puis poursuivrez par un plat de pâtes inventif ou un savoureux poisson grillé.

La Piccola Irpinia
🏃 🗐   €€
Via Pietro Cavallini 23, 00193 **Tél.** *06 320 4508*   **Plan** *4 E2*

Près de la piazza Cavour et du castel Sant'Angelo, *La Piccola* est tenue par une famille d'Irpinia, à côté de Naples. La carte propose des plats de terre et de mer, préparés avec beaucoup de soin. Nous recommandons particulièrement les pâtes maison. Les produits frais sont à la base de tous les plats.

Osteria dell'Angelo
🗐 🗐   €€
Via G. Bettolo 24-32, 00195 **Tél.** *06 372 9470*   **Plan** *3 B1*

Cette authentique trattoria informelle et animée sert une cuisine intemporelle : *spaghetti cacio e pepe* (pecorino et poivre) ou *alla gricia* (pecorino et lardons), tarte aux anchois, *baccalà* (morue) et autres plats typiquement romains suivis de Vino Santo et de biscuits. Excellent menu à prix doux. Réservation indispensable.

Taverna Angelica
🗐   €€
Piazza A. Capponi 6, 00193 **Tél.** *06 687 4514*   **Plan** *3 C2*

Cette taverne moderne propose une cuisine régionale inventive : carpaccio de poisson, *strangozzi pasta* (pâtes aux crevettes et aux poivrons), magret de canard à l'orange et turbot aux aromates en papillote. Les desserts, dont la glace poire-coriandre, tenteront même les plus irréductibles.

Da Benito e Gilberto
🗐   €€€
Via del Falco 19, 00193 **Tél.** *06 686 7769*   **Plan** *3 C2*

Ce petit restaurant élégant aux murs tapissés de tableaux propose une cuisine simple mais très soignée à base de fruits de mer et de poissons de la plus grande fraîcheur exposés dans une vitrine réfrigérée. Belle cave et service très cordial. Uniquement le soir. Réservation conseillée.

Da Cesare
🗐   €€€
Via Crescenzio 13, 00193 **Tél.** *06 686 1227*   **Plan** *4 D2*

Fondé en 1966, ce restaurant propose une cuisine classique à base des meilleurs ingrédients dans une élégante salle voûtée. Goûtez le poisson fumé, le jambon de sanglier ou de chevreuil, la soupe de poisson, la langouste ou le poisson frais, ainsi que le bœuf du Val di Chiana – le meilleur d'Italie. Bon menu, service attentif et vins corrects.

Dal Toscano

🗎 ♿ €€€

Via Germanico 58, 00192 **Tél.** *06 3972 5717*

Plan 3 B2

Ce restaurant extrêmement populaire et son service à l'ancienne ne vous décevront pas. Assis à la terrasse ou dans la salle lambrissée, goûtez les viandes merveilleusement cuites accompagnées d'un excellent vin rouge, les *pappardelle pasta sulla lepre* (au lièvre), la *polenta aux cèpes*, ou le *bistecca alla Fiorentina*.

Siciliainbocca

🚶 ♿ €€€

Via E. Faà di Bruno 26, 00195 **Tél.** *06 3751 2485*

Ce délicieux restaurant sicilien aux couleurs du soleil décoré de céramiques de Caltagirone sert d'excellents plats de toute la Sicile, dont les *pasta Norma* (aubergines, tomates et ricotta) ou *con le sarde* (sardines, fenouil et pignons de pin), des plats à base de viande et de poisson, et de savoureux desserts.

Velando

🗎 ♿ €€€

Borgo Vittorio 26, 00193 **Tél.** *06 6880 9955*

Plan 3 C3

Ce restaurant minimaliste saura vous surprendre avec sa cuisine traditionnelle et sa nouvelle cuisine de la région lombarde du Val Camonica : risotto aux fraises sauvages, poisson d'eau vive, pintade aux poires, plats aux noisettes, au fromage et aux champignons de la région, et délicieux desserts. Excellent service.

Veranda

🗎 ♿ €€€€

Hotel Columbus, Borgo Santo Spirito 73, 00193 **Tél.** *06 687 2973*

Plan 3 C3

Ce long restaurant au plafond magnifiquement peint de fresques de Pinturicchio est situé dans l'élégant palazzo della Rovere. Service attentif et cuisine italienne créative et changeante. Spécialités : *trofie* (pâtes) à la langouste et aux pois chiches, *orecchiette* (pâtes) à la seiche et à la ricotta. Menu déjeuner à prix doux.

La Pergola

🗎 ♿ 🕦 €€€€€

Via A. Cadlolo 101, 00136 **Tél.** *06 3509 2152*

À quelques minutes de voiture dans les collines qui surplombent le Vatican, la meilleure table de Rome collectionne les superlatifs. Les critiques les plus sévères saluent l'excellent menu dégustation et les vins en parfaite harmonie proposés par le célèbre chef allemand Heinz Beck sur un magnifique toit-terrasse panoramique.

LA VIA VENETO

Da Giovanni

🚶 🗎 €€

Via Antonio Salandra 1, 00187 **Tél.** *06 485 950*

Plan 5 C2

À l'angle de la via XX Settembre et de la via Salandra, ce restaurant familial compose quelques classiques : *agnolotti, cannelloni* et délicieux plats de viande – *pollo arrosto* (poulet rôti) et escalope de veau –, complétés d'un poisson du jour cuisiné au gril ou à la vapeur et découpé devant vous.

Taverna Flavia

🗎 €€

Via Flavia 9, 00187 **Tél.** *06 474 5214*

Plan 5 C2

Près de la via XX Settembre, cette célèbre institution aux murs tapissés de photos de stars américaines dédicacées respire la nostalgie. Elizabeth Taylor et Richard Burton prirent régulièrement leurs repas ici pendant le tournage de *Cléopâtre*. Les plats qui portent les noms de célèbres muses sont excellents.

Edoardo

🗎 🎵 €€€

Via Lucullo 2, 00187 **Tél.** *06 486 428*

Plan 5 C2

La clientèle de touristes et d'hommes d'affaires de cet élégant restaurant n'est jamais déçue par ses plats traditionnels à base d'ingrédients soigneusement choisis : risotto aux cerises, *fusilli ai carciofi* (pâtes aux artichauts), poisson grillé et lapin aux abricots. Terrasse et piano-bar les vendredis et samedis soirs.

Girarrosto Fiorentino

🗎 ♿ €€€

Via Sicilia 46, 00187 **Tél.** *06 4288 0660*

Plan 5 C1

Depuis plus de 30 ans, cet élégant restaurant cultive la tradition culinaire toscane : *salumi toscano* et *prosciutto crudo* tranché à la main, *ribollita* (soupe traditionnelle toscane) et *Zuppa Senese* aux cèpes. La spécialité est le steak à la florentine, mais les lasagnes de poisson sont elles aussi excellentes.

Papà Bacchus

🗎 €€€

Via Toscana 36, 00187 **Tél.** *06 4274 2808*

Plan 5 C1

Papà Bacus est l'un des meilleurs restaurants toscans de la ville. De la traditionnelle *ribollita* (soupe de haricots de légumes et de pain) aux différentes pièces de bœuf *chianina*, tout est bon. Et si le filet de bœuf règne en maître suprême, le poisson n'est pas oublié – *rombo* (turbot) au four et *baccalà* (morue).

Asador Café Veneto

🗎 ♿ €€€

Via Veneto 116, 00187 **Tél.** *06 482 7107*

Plan 5 B2

Dans son élégant grill argentin, le propriétaire sert du bœuf venu tout droit de son élevage de la Pampa. Toutes les viandes – bœuf, canard, agneau et saucisses – sont cuites *sulla parilla* (au gril). Clientèle cosmopolite et représentative de la via Veneto. Le service est impeccable ; bien sûr, tout cela a un prix !

Catégories de prix *p. 316* **Légende des symboles** *voir le rabat arrière de couverture*

Bar et restaurant Brunello
Via Vitorio Veneto 72, 00187 **Tél.** *06 421 111*

▤ ⚥ ♿ 🍷 | €€€
Plan *5 B2*

Dans un cadre chaleureux et exotique, avec ses lanternes en fer forgé et ses tapisseries de style marocain, et sa cave à vins apparente, le restaurant de l'hôtel *Baglioni Regina* propose des spécialités méditerranéennes très raffinées. La carte des vins exceptionnelle compte plus de 500 crus, notamment des vins toscans excellents comme le Sassicaia.

George's
Via Marche 7, 00187 **Tél.** *06 4208 4575*

▤ 🎵 🍷 | €€€€€
Plan *5 B1*

Dans un décor élégant et une ambiance musicale, ce restaurant très coté décline ses classiques et revisite quelques plats régionaux délaissés par de nombreux chefs du Latium. Le service est impeccable et de bons vins accompagnent la mousse de truite et de caviar, les ris de veau, le rôti de bœuf, le poisson frais et les délicieux desserts.

La Terrazza, Hotel Eden
Via Ludovisi 49, 00187 **Tél.** *06 4781 2752*

▤ ♿ 🍷 | €€€€€
Plan *5 B2*

Avec sa vue imprenable sur la ville, *La Terrazza* est incontestablement l'un des restaurants les plus séduisants de Rome, malgré des prix que certains jugent justifiés. Le jeune chef propose une cuisine internationale mâtinée d'influences méditerranéennes. Menu dégustation avec vin compris et service irréprochable.

Mirabelle
Via di Porta Pinciana 14, 00187 **Tél.** *06 4216 8838*

▤ ♿ 🍷 | €€€€€
Plan *5 B1*

Au 7e étage d'un élégant hôtel, sur les hauteurs de la via Veneto, venez savourer quelques plats mémorables – *panzerotti di erbette con pesto* (pâtes au basilic fourrées aux aromates), canard à l'orange ou pigeon braisé – sur la terrasse panoramique (pensez à réserver) ou dans l'agréable salle à manger. Le service est efficace.

LA VILLA BORGHESE

Caffè delle Arti
Via A. Gramsci 73, 00197 **Tél.** *06 3265 1236*

⚥ ♿ | €€€
Plan *1 B4*

Le café-restaurant du museo di Arte moderna, au sommet de la villa Borghese, est idéal pour une pause-détente. Prenez un café ou un apéritif dans l'une des charmantes salles ou dans les jardins avant à moins de vous laisser tenter par les bons snacks légers et les plats du jour.

Duke's
Viale Parioli 200, 00197 **Tél.** *06 8066 2455*

▤ ♿ | €€€
Plan *2 E3*

Chaque soir, le Rome branché se retrouve ici à l'heure de l'apéritif, pour un dernier verre en fin de soirée, ou encore autour d'excellents plats délibérément fusion d'inspiration orientale, mexicaine et méditerranéenne. Le service est très professionnel et la terrasse est à vous couper le souffle.

Al Ceppo
Via Panama 2, 00198 **Tél.** *06 841 9696*

⚥ ▤ ♿ | € €€€
Plan *2 F3*

En 35 ans, ce restaurant n'a rien perdu de son éclat grâce aux efforts de deux sœurs originaires des Marches qui renouvellent régulièrement leur carte et veillent au service pour le plus grand bonheur des habitués. Strudel de légumes au lard et à la ricotta, *pappardelle* au *ragù* de canard et ris de veau figurent sur la carte.

Sapori del Lord Byron
Via Giuseppe de Notaris 5, 00197 **Tél.** *06 322 0404*

▤ ♿ 🍷 | €€€€
Plan *2 D4*

Aux confins de la villa Borghese, le restaurant pittoresque de l'un des grands hôtels de Parioli fait de la haute cuisine à des prix qui frôlent les sommets, donnant à la tradition culinaire italienne des accents internationaux et créatifs. Le service est efficace, le cadre magnifique et la cave exceptionnelle.

Baby
Via U. Aldrovandi 15, 00197 **Tél.** *06 321 6126*

▤ ♿ 🍷 | €€€€€
Plan *2 D4*

Ce nouveau venu sur la scène gastronomique romaine est tenu par le célèbre couple du *Don Alfonso* (l'un des meilleurs restaurants d'Italie de la côte amalfitaine), qui offre ici à l'un des grands hôtels de Rome une formidable cuisine d'inspiration napolitaine. La salle et la terrasse sont magnifiques.

TIVOLI

Adriano
Largo Yourcenar 2, 00010 **Tél.** *0774 382 235*

▤ ♿ | €€€

Ce charmant restaurant traditionnel au cœur d'un jardin est idéal pour visiter la villa Adriana et les autres joyaux de Tivoli. Commencez par les *fettucine* aux aromates, suivis du lapin en daube, et accompagnez le tout d'un vin des vignobles alentours. Il est conseillé de réserver.

Repas légers et snacks

Rome a tout pour satisfaire les estomacs les plus tyranniques à n'importe quelle heure du jour et de la nuit : d'innombrables *gelaterie, pasticcerie, pizzerie, enoteche, rosticcerie* et *gastronomie* où vous trouverez toujours de quoi vous restaurer et vous désaltérer. Commencez la journée par un vrai petit déjeuner italien au comptoir (plutôt qu'à l'hôtel) : *cappuccino* ou *caffè latte* accompagné d'un *cornetto* (croissant) chaud ou d'un *fagottino* (sorte de pain au chocolat). En hiver, commandez un *spremuta,* un jus d'oranges sanguines provenant de Sicile où la saison bat son plein. Après une matinée de visite, prenez un café ou un apéritif dans l'un des élégants cafés XIXe siècle avant de déjeuner dans un bar à vins ou un fast-food romain. Plus tard, vous aurez tout le loisir de boire un thé ou un café avec un gâteau dans un salon de thé ou une *pasticceria*. Et en fin de journée, vous n'aurez que l'embarras du choix pour aller prendre un verre ou déguster une glace en songeant aux plaisirs que vous réserve une autre merveilleuse journée dans Rome.

PIZZERIAS

Pour un repas informel, rien ne vaut une pizzeria – un établissement bruyant, convivial et animé le plus souvent ouvert uniquement le soir. Vérifiez qu'elle porte la mention *forno a legno* (four à bois) car les fours électriques ne donnent pas le même résultat. Dans les meilleures pizzerias, on voit les *pizzaioli* étaler la pâte sur de grands plans de travail en marbre et enfourner les pizzas avec de longues pelles. La rotation de la clientèle est rapide. Alors pas question de traîner à table. Le menu est simple : commencez par une *bruschetta* (pain grillé à l'ail et à la tomate), des *supplì* (croquettes de riz), ou des *fiori di zucca* (beignets de fleurs de courgettes à la mozzarella et à l'anchois). Essayez ensuite des *filetti di baccalà* (morue frite) ou des *cannellini* (haricots) à l'huile, puis une *calzone* (pizza en chausson) ou une pizza romaine classique – ronde, fine et croustillante – garnie au choix : *margherita* (tomate, mozzarella), *napoletana* (tomate, anchois, mozzarella), *capricciosa* (jambon, artichauts, œufs, olives) ou toute autre fantaisie du pizzaïolo. Le tout est arrosé d'ordinaire de bière pression (*birra alla spina*), ou de vin, mais le choix et la qualité sont parfois limités. Comptez environ 12 € par personne. Les pizzerias romaines les plus typiques, à tous points de vue, sont **Da Baffetto**, repérable à la file d'attente, et sa succursale, **La Montecarlo**, mais aussi **Remo**, à Testaccio, et **Dar Poeta** et **Pizzeria Ivo**, dans le Trastevere, qui alignent leurs tables dehors en été. Ne manquez pas non plus **Panattoni – I Marni**, où une foule hétérogène attend patiemment une place sur la viale Trastevere l'été ou une table en marbre à l'intérieur (qui lui vaut le surnom de « morgu »). Pour un décor sympathique et une pizza napolitaine, rendez-vous chez **'Gusto** ou **Squisito**, mais armez-vous de patience.

ENOTECHE (BARS À VINS)

Les *enoteche*, ou bars à vins, proposent un grand choix de vins d'Italie et d'ailleurs. Elles sont généralement tenues par des experts qui partagent volontiers leur savoir et vous conseillent les meilleures associations vins-aliments. D'autres font simplement office de marchand de vins. Certains, comme **Achilli**

Enoteca al Parlamento *(p. 351)* et **Bevitoria Navona**, proposent la traditionnelle *mescita* – vin et champagne au verre accompagné de canapés – à des prix raisonnables : environ 2 € pour un verre au fût, 4 € ou plus pour un cru et 5 € pour un *prosecco* ou un *spumante*, le champagne italien. **La Vineria** *(p. 350)*, au Campo dei Fiori, est l'adresse typique pour une *mescita*, surtout le soir. Non loin, **L'Angolo Divino** *(p. 362)* et le magnifique **Il Goccetto** aux plafonds peints servent d'excellents vins et de bons plats. Certains des plus vieux bars à vins occupent des lieux historiques, notamment l'excellent bar végétarien, le **Caffè Novecento**. La **Caffeteria D'Art al Chiostro del Bramante** est située sur la loggia d'un cloître magnifique, l'**Antica Locanda** dans un palazzo du XVIIe siècle et **La Curia di Bacco** dans une grotte datant de 70 av. J.-C. éclairée aux chandelles. Pour un repas plus substantiel (15 € par personne), on recommande les *enoteche*-bistrots ou restaurants ouverts à midi et jusque tard le soir, comme le novateur **Cul de Sac, Trimani** *(p. 351)*, le minuscule **Il Tajut** (spécialités du Frioul), ou **Cavour 313**. Le bar à vins **'Gusto** *(p. 351)* propose un excellent choix de fromages. La spécialité d'**Al Bric** est le *sarcofage bretone* – bœuf strogonoff au barolo et au topinambour. Le très inventif **Antico Forno Roscioli** nous régale avec ses pâtes au *radicchio* et aux écorces d'orange et son gâteau aux poires et à la noix de coco. Les *enoteche* sont souvent nichées près de sites touristiques ou dans des lieux improbables : le Capitole pour **Vinando**, la fontaine de Trevi pour la **Vineria Il Chianti** toscane. Dans le Testaccio, **Divinare** vend des conserves et des chocolats de qualité ainsi que des produits de marque. Sur l'autre rive du Tibre, les bars à vins se multiplient. À l'**Enoteca Trastevere**, on se bouscule jusque sur le trottoir. Pour un dîner plus au calme, préférez la **Cantina Paradiso**. Au coucher du soleil, rendez-vous au très animé **In Vino Veritas Art Bar** au pied du Janicule.

BIRRERIE (BRASSERIES)

Les *birrerie* (brasseries) romaines ont connu leur heure de gloire au début du XXe siècle. Aujourd'hui, celles qui n'ont pas fermé connaissent un regain de popularité auprès des adolescents italiens. De nombreux pubs anglais et irlandais ont ouvert leurs portes et les brasseries de style germanique où l'on consomme de la bière et de solides en-cas dans des salles lambrissées ont bien survécu. Le pub **Old Bear** occupe un ancien couvent du XVIIe siècle. Au menu : bière et plats excellents à la lueur des chandelles. Au **Lowenhaus**, on est sûr de passer une soirée tranquille dans un éclairage tamisé et un décor de tableaux de scènes bavaroises. La **Birreria Peroni** ne désemplit pas. Allez-y pour les plats de brasserie typiques, la bière locale et le cadre. La **Birreria Viennese/Wiener Bierhaus**, que fréquentent Italiens et étrangers, propose d'excellentes spécialités transylvaniennes servies sur de généreuses assiettes en bois. Comptez environ 25 € par personne, de même qu'au charmant **L'Oasi della Birra**. D'autres brasseries ferment tard et assurent l'ambiance et le couvert : le **Tumbler**, qui accueille souvent des musiciens, **La Pace del Cervello** (« la tranquillité d'esprit ») et le **Trinity College**, le rendez-vous des expatriés et des Romains.

RESTAURATION SUR LE POUCE

À Rome, le terme « fast-food » désigne une multitude de choses, mais aussi et surtout les *pizza a taglio*, qui vendent des portions de pizza au poids pour 1 ou 2 €, et souvent aussi du poulet à la broche (*pollo allo spiedo*), des *supplì* et autres fritures. **Frontoni's** et **Forno La Renella**, dans le Trastevere, tiennent le haut du pavé avec leur pizza aux figues et au jambon ou aux pommes de terre et au romarin.

La Pratolina, près du Vatican, propose une pizza à la saucisse, aux pommes de terre et aux truffes. **Chagat**, dans le ghetto, prépare de délicieux plats casher, et **Shams**, dans le Testaccio, cuisine les épices du Moyen-Orient. Les *rosticcerie* et les *gastronomie* servent du poulet rôti et des pommes de terre, mais aussi des pâtes, des légumes *sott'olio* (sautés à l'huile), des salades et des desserts à emporter, et parfois à consommer sur place. **Franchi** *(p. 350)*, **Volpetti Più** et **Ercoli dal 1928**, près du Vatican, comptent parmi les meilleurs. À midi surtout, les *tavola calda* (table chaude) proposent à peu près les mêmes plats à consommer en salle. **Caffeteria Nazionale** est l'un des plus élégants. La boulangerie **La Baguette**, via Tomacelli est très populaire. Les Romains s'y pressent à midi pour acheter leurs copieuses salades, leurs sandwichs ou leurs délicieuses pâtisseries.

Dans la **Galleria Alberto Sordi**, face à la piazza Colonna, deux excellents cafés servent des plats chauds ou froids jusqu'à 22 heures. La plupart des *alimentari* (épiceries) ou des *salumerie* (charcuteries) préparent des friands : ceux de **Lo Zozzone's**, particulièrement délicieux, sont faits avec de la pâte à pizza fourrée de produits choisis au comptoir. On peut également y boire un verre de vin. Si vous voyez l'écriteau *porchetta*, goûtez à cette spécialité régionale : rôti de porc aux aromates avec sa couenne rissolée, découpé en tranches et servi en *rosette* (roulades) ou en sandwichs au pain de campagne. On en trouve

d'excellents à la station de tram de la viale Carlo Felice, en face de l'église San Giovanni in Laterano. Chez **Er Buchetto**, au confort un peu rudimentaire, vous pourrez même vous attabler et prendre un verre de vin. Pour un en-cas typiquement romain, faites un détour en fin d'après-midi chez **Filetti di Baccalà** qui, comme son nom l'indique, vend des filets de morue frits.

Les amateurs de fromage iront chez **Obiká**, près du Panthéon, un bar où diverses variétés de mozzarellas de bufflonne et de vache fraîches sont servies natures ou cuisinées.

Autour de la gare Termini, vous pourrez, même si vous êtes pressé, bien manger au self-service **Chef Express** et à la sandwicherie **Vyta** *(p. 350).*

BARS, CAFÉS ET SALONS DE THÉ

Les cafés romains sont l'épine dorsale de la Ville éternelle : les Romains s'y rencontrent, y mangent, y boivent, y achètent du lait et du café, y passent un appel ou y satisfont un besoin pressant. Certains sont minimalistes, dotés d'un unique comptoir où l'on avale en vitesse un *cappuccino* et un *cornetto* ; d'autres sont plus luxueux, doublés d'une pâtisserie, d'un glacier, d'un salon de thé ou d'une *tavola calda*, ou tout cela à la fois. La plupart ouvrent dès 7 h 30 et ferment tard le soir, notamment le week-end, entre minuit et 2 h du matin. Aux heures d'affluence, la foule entoure le comptoir. Si vous consommez debout, payez au moment de la commande à la caisse, en ajoutant un pourboire (5 à 10 cents par boisson) pour accélérer le service. Si vous vous attablez, vous serez servi, mais les prix seront majorés. En été, les tables envahissent le moindre bout de trottoir et les places à l'ombre sont chères. Les établissements les plus élégants, et les plus chers, sont le **Rosati** et le **Doney**, admirablement situés, de même que le **Caffè Greco**, célèbre rendez-vous des artistes au XIXe siècle *(p. 133)*, ou **La Caffettiera**, soigneusement restaurée, près du Panthéon. L'**Antico Caffè della Pace** et le **Café Romano** sont également très prisés, en particulier en fin de soirée. Nous recommandons le **Zodiaco**, à Monte Mario, et l'**Oppio Café**, près de la Domus Aurea, pour leur vue panoramique. Pour goûter au luxe suprême, allez vous délecter des formidables martinis ou d'un café au **Stravinsky**, le bar de l'hôtel de Russie.

Les salons de thé ont de plus en plus de succès. Au distingué **Babington's Tea Rooms** *(p. 134)*, piazza di Spagna, thé et pâtisseries sont hors de prix. **Dolci e Doni** est moins compassé, tandis que **Russian Tea Room**, **Il giardino del Te** et **Makasar** sont plus récents et plus abordables. Pour le grand jeu, rendez-vous au **Grand Bar** du St Regis Grand Hotel *(p. 299)*. Si vous aimez le café, goûtez un *gran caffè speciale* au comptoir du **Caffè Sant'Eustachio**, ou l'un des meilleurs expressos de Rome à **La Tazza d'Oro** *(p. 104)*. Les excellents **Antico Caffè del Brasile** *(p. 351)*, **Bar del Cappuccino, Ciamei** ou **Spinelli** sont moins touristiques. En été, le jardin et la vue panoramique du toit du **Ciampini al Café du Jardin** sont incomparables, en particulier à l'heure de l'apéritif. Le **Caffè Parnaso**, à Parioli, dispose des mêmes avantages. Les cafés des librairies – dont le **Caffè la Feltrinelli** et le **Biblioteq** – et des musées deviennent monnaie courante. Celui des musées du Capitole séduit par sa vue et non par sa cuisine. En revanche, celui du **Palazzo delle Esposizioni** *(p. 164)* sert toute la journée en-cas et boissons.

PASTICCERIE (PÂTISSERIES)

Le dimanche matin, on voit souvent les Romains sortir de leur *pasticceria* de quartier avec un carton soigneusement emballé, renfermant pâtisseries, gâteaux ou tartes, la traditionnelle *colombe* de Pâques, ou les *panettoni* de Noël (grandes brioches aux raisins secs et aux zestes de fruits confits) – qui seront dégustés en famille ou entre amis après déjeuner.

Les vitrines, souvent extraordinaires, et l'arôme du café vous inciteront peut-être à entrer pour un *cornetto* chaud ou une *pizzetta* à midi, ou une tartelette ou un chou à la crème l'après-midi. Depuis 1906, **Cipriani** *(p. 347)* réussit les biscuits, gâteaux à la ricotta et tartes aux pommes comme personne. Non loin de là, chez **Regoli**, le mille-feuilles et la *torta con crema et pinoli* (pignons de pin) font merveille, et chez **Dagnino**, les spécialités siciliennes se comptent par centaines. **Josephine's Bakery** vend des gâteaux glacés qui sont aussi beaux que des œuvres d'art. Certaines pâtisseries font aussi leurs propres chocolats. Chez **Rivendita di Cioccolato e Vino** *(p. 350)*, vous pourrez faire votre choix devant un café ou un verre de vin.

GELATERIE (GLACIERS)

Plaisir de l'été, les glaces *(gelati)* ne sont jamais aussi bonnes qu'à Rome, surtout si le glacier affiche la mention *artigianale*. Le choix semble infini – sorbets aux innombrables variétés de fruits, *granite* (glace pilée) au citron ou au café, ou spécialités plus exotiques portant l'enseigne au lait, la *zuppa inglese*, le *zabaióne* ou le *tiramisù*. Choisissez autant de parfums que pourra en contenir votre cornet ou votre pot, avec ou sans crème *(panna)*, puis continuez votre promenade, ou prenez une table et faites-vous servir une création maison au format géant. Les *gelaterie* sont ouvertes toute la journée et parfois tard le soir. Elles sont un pilier de la vie sociale des Romains qui aiment s'y retrouver en famille ou entre amis. Piazza Navona, **Tre Scalini** est réputé pour son sublime mais onéreux *tartufo* (truffe) au chocolat. Une soirée d'été dans le quartier de l'EUR s'achève presque toujours, surtout avec des enfants, chez **Giolitti**. Ce glacier historique, dont la maison-mère bondée est stratégiquement située près du Panthéon, fabrique des glaces délicieuses. Ne manquez pas **San Crispino** et ses glaces maison faites avec les meilleurs produits, notamment le *zabaione* au Marsala de 20 ans d'âge, le *susine* (prune jaune) en été et l'*arancia selvatica* (orange sauvage) en hiver.

Le soir, les adultes préféreront peut-être le **Chalet del Lago**, toujours à l'EUR, au bord du lac. Si vous passez devant un petit kiosque portant l'enseigne *grattachecche* (au Trastevere et à Testaccio), ne manquez pas de goûter l'une des plus anciennes traditions romaines : de la glace pilée arrosée de sirop ou de café. Chaque Romain a ses parfums et sa *gelateria* préférées, mais la quête de la perfection reste un plaisir sans fin. **Fiocco di Neve, Giolitti** de la via Vespucci ou **Petrini dal 1926** font les meilleurs *zabaione*. Le **Palazzo del Freddo** concocte un parfum riz au lait exceptionnel et une spécialité au miel, *La Caterinetta*. **Al Settimo Gelo** (jeu de mot sur *settimo* septième, *cielo* ciel et *gelo* glace), on se régale de sorbet noisettes, de chocolat au *peperoncino* (piment), de gingembre et de glace au yaourt grec. Si jamais vous souffrez d'une allergie aux produits laitiers, vous pouvez goûter l'un des 14 parfums de glace au lait de soja de la *gelateria* sicilienne **Gelarmony**. Le glacier **Fiordi Luna** vend des glaces fabriquées à partir de produits biologiques. À Parioli, **Duse** est réputé pour ses chocolats blanc et noir *(fondente)*. On connaît moins sa spécialité printanière, le parfum *ortica* (pousses d'ortie).

ADRESSES

CAPITOLE

BARS, CAFÉS ET SALONS DE THÉ

Caffè Capitolino
Piazzale Caffarelli.
Plan 12 F5.

QUARTIER DU PANTHÉON

PIZZERIAS

Barroccio
Via dei Pastini 13.
Plan 12 D2.

Er Faciolaro
Via dei Pastini 123.
Plan 12 D2.

La Sagrestia
Via del Seminario 89.
Plan 12 E3.

BARS À VINS

Achilli al Parlamento
Via dei Prefetti 15.
Plan 12 D1.

Corsi
Via del Gesù 88.
Plan 12 E3.

BRASSERIES

Trinity College
Via del Collegio
Romano 6. **Plan** 12 E3.

FAST FOOD

Obikà
Piazza Firenze 28.
Plan 12 D1.

BARS, CAFÉS ET SALONS DE THÉ

Caffè Sant'Eustachio
Piazza Sant'Eustachio 82.
Plan 12 D3.

La Caffettiera
Piazza di Pietra 65.
Plan 12 E2.

Ciampini
Piazza S. Lorenzo
in Lucina 29. **Plan** 12 D1.

La Tazza d'Oro
Via degli Orfani 82/84.
Plan 12 D2.

Teichner
Piazza San Lorenzo in
Lucina 15-17.
Plan 12 D1.

Vitti
Piazza San Lorenzo in
Lucina. **Plan** 12 E1.

GLACIERS

Fiocco di Neve
Via del Pantheon 51.
Plan 12 D2.

Giolitti
Via degli Uffici del
Vicario 40.
Plan 12 D2.

PIAZZA NAVONA

PIZZERIAS

Da Baffetto
Via del Governo Vecchio
114. **Plan** 11 B3.

Da Francesco
Piazza del Fico 29.
Plan 11 B2.

La Montecarlo
Vicolo Savelli 12/13.
Plan 11 C3.

BARS À VINS

Bevitoria Navona
Piazza Navona 72.
Plan 11 C2.

Caffè Novecento
Via del Governo Vecchio
12. **Plan** 11 B3.

**Caffeteria d'Art
al Chiostro del
Bramante**
Via della Pace.
Plan 11 C2.

Cul de Sac
Piazza Pasquino 73.
Plan 11 C3.

Giulio Passami l'Olio
Via di Monte Giordano 28.
Plan 11 B2.

Il Piccolo
Via del Governo Vecchio
74-75. **Plan** 11 C3.

BRASSERIES

Old Bear
Via dei Gigli d'Oro 2.
Plan 11 C2.

FAST FOOD

Lo Zozzone
Via del Teatro Pace 32.
Plan 11 B3.

BARS, CAFÉS ET SALONS DE THÉ

**Antico Caffè della
Pace**
Via della Pace 5.
Plan 11 C3.

PÂTISSERIES

La Deliziosa
Vicolo Savelli 50.
Plan 11 B3.

GLACIERS

Bar Navona
Piazza Navona 67.
Plan 11 C3.

Da Quinto
Via di Tor Millina 15.
Plan 11 C3.

Tre Scalini
Piazza Navona 28.
Plan 11 C3.

PIAZZA DI SPAGNA

PIZZERIAS

PizzaRé
Via di Ripetta 14.
Plan 4 F1.

'Gusto
Piazza Augusto
Imperatore 9.
Plan 4 F2.

BARS À VINS

**Antica Enoteca di
Via della Croce**
Via della Croce 76B.
Plan 5 A2.

Il Brillo Parlante
Via della Fontanella 12.
Plan 4 F1.

Buccone
Via di Ripetta 19.
Plan 4 F1.

'Gusto
Voir Pizzerias.

BRASSERIES

**Birreria Viennese/
Wiener Bierhaus**
Via della Croce 21.
Plan 5 A2.

Löwenhaus
Via della
Fontanella 16B.
Plan 4 F1.

FAST FOOD

La Baguette
Via Tomacelli 24/25.
Plan 12 D1.

Difronte A

Via dolla Croce 38.
Plan 4 F2.

Fratelli Fabbi
Via della Croce 27.
Plan 4 F2.

BARS, CAFÉS ET SALONS DE THÉ

**Babington's
Tea Rooms**
Piazza di Spagna 23.
Plan 5 A2.

Café Romano
Via Borgognona 4.
Plan 12 E1.

Caffè Greco
Via Condotti 86.
Plan 5 A2.

**Ciampini al Café
du Jardin**
Viale Trinità
dei Monti.
Plan 5 A2.

Dolci e Doni
Via delle Carrozze 85B.
Plan 4 F2.

Rosati
Piazza del Popolo 5.
Plan 4 F1.

Stravinsky Bar
Hôtel de Russie,
Via del Babuino 9.
Plan 5 A2.

GLACIERS

**Caffetteria-
Gelateria Barcaccia**
Piazza di Spagna 71.
Plan 5 A2.

CAMPO DEI FIORI

PIZZERIAS

Acchiappafantasmi
Via dei Cappellari 66.
Plan 11 B3.

BARS À VINS

Al Bric
Via del Pellegrino 51.
Plan 11 B3.

**Antico Forno
Roscioli**
Via dei Giubbonari 21.
Plan 11 C4.

La Curia di Bacco
Via del Biscione 79.
Plan 11 C4.

ADRESSES

Il Goccetto
Via dei Banchi Vecchi 14.
Plan 11 B3.

L'Angolo Divino
Via dei Balestrari 12.
Plan 11 C4.

Vinando
Piazza Margana 23.
Plan 12 E4.

La Vineria
Piazza Campo dei Fiori 15.
Plan 11 C4.

FAST FOOD

Chagat
Via Santa Maria
del Pianto 66.
Plan 12 D5.

Da Benito
Via dei Falegnami 14.
Plan 12 D4.

Filetti di Baccalà
Largo dei Librari 88.
Plan 11 C4.

**Forno Campo
dei Fiori**
Piazza Campo
dei Fiori 22.
Plan 11 C4.

Pizza Florida
Via Florida 25.
Plan 12 D4.

**BARS, CAFÉS ET
SALONS DE THÉ**

Alberto Pica
Via della Seggiola 12.
Plan 12 D5.

Bar del Cappuccino
Via Arenula 50.
Plan 12 D4.

Bernasconi
Piazza Cairoli 16.
Plan 12 D4.

Bibliotèq
Via dei Banchi Vecchi 124.
Plan 11 B3.

Caffè la Feltrinelli
Largo Torre Argentina 5.
Plan 12 D4.

Russian Tea Room
Via Leutari 30.
Plan 11 C3.

PÂTISSERIES

Boccione
Via del Portico d'Ottavia 1.
Plan 12 E5.

Josephine's Bakery
Piazza del Paradiso 56-57.
Plan 11 C4.

La Dolceroma
Via del Portico d'Ottavia
20B. **Plan** 12 E5.

GLACIERS

L'Angolo dell'Artista
Largo dei Librari 86.
Plan 11 C4.

Blue Ice
Via dei Baullari 130 et
141. **Plan** 11 C4.

QUIRINAL

PIZZERIAS

Al Giubileo
Via Palermo 7.
Plan 5 B4.

Est! Est! Est!
Via Genova 32. **Plan** 5 C4.

BARS À VINS

Antica Locanda
Via del Boschetto 85.
Plan 5 B4.

Cavour 313
Via Cavour 313. **Plan** 5 B5.

Vineria Il Chianti
Via del Lavatore 81.
Plan 12 F2.

BRASSERIES

The Albert
Via del Traforo 132.
Plan 5 B3.

Birreria Peroni
Via San Marcello 19.
Plan 12 F3.

FAST FOOD

Caffetteria Nazionale
Via Nazionale 26-27.
Plan 5 C3.

Er Buchetto
Via Viminale 2. **Plan** 5 C3.

Fior di Pizza
Via Milano 33. **Plan** 5 B4.

**Galleria Alberto
Sordi**
Via del Corso. **Plan** 12 E2.

**BARS, CAFÉS ET
SALONS DE THÉ**

**Antico Caffè del
Brasile**
Via dei Serpenti 23.
Plan 5 B4.

Il Giardino del Tè
Via del Boschetto 112A.
Plan 5 B4.

**Palazzo delle
Esposizioni**
Via Milano 15-17.
Plan 5 B4.

Spinelli
Piazza del Viminale 18.
Plan 5 C3.

PÂTISSERIES

Dagnino
Galleria Esedra, Via
Vittorio Emanuele Orlando
75. **Plan** 5 C2.

GLACIERS

San Crispino
Via della Panetteria 42.
Plan 12 F2.

TERMINI

PIZZERIAS

La Bruschetta
Via Sardegna 39.
Plan 5 B1.

Formula Uno
Via degli Equi 13.
Plan 6 F4.

BARS À VINS

Enoteca Chirra
Via Torino 132-133.
Plan 5 C3.

Trimani
Via Cernaia 37B.
Plan 6 D2.

FAST FOOD

Chef Express
Galleria Termini – Sortie
Via Marsala. **Plan** 5 D3.

Vyta
Galleria Termini – Sortie
Via Marsala. **Plan** 5 D3.

**BARS, CAFÉS ET
SALONS DE THÉ**

Grand Bar
St Regis Grand
Via Vittorio Emanuele
Orlando 3. **Plan** 5 C3.

ESQUILIN

BRASSERIE

**The Fiddler's
Elbow**
Via dell'Olmata 43.
Plan 6 D4.

Old Marconi
Via di Sante Prassede 9C.
Plan 6 D4.

FAST FOOD

Panella
Via Merulana 54.
Plan 6 D5.

**BARS, CAFÉS ET
SALONS DE THÉ**

Ciamei
Via Emanuele Filiberto 57.
Plan 6 E5.

Oppio Café
Via delle Terme di Tito 72.
Plan 5 C5.

PÂTISSERIES

Cipriani
Via C. Botta 21.
Plan 6 D5.

Regoli
Via dello Statuto 60.
Plan 6 D5.

GLACIERS

Palazzo del Freddo
Via Principe Eugenio
65/67. **Plan** 6 E5.

LATRAN

BRASSERIE

La Pace del Cervello
Via dei SS Quattro 63.
Plan 9 A1.

FAST FOOD

Porchetta Stall
Viale Carlo Felice.
Plan 10 D1.

PÂTISSERIES

Paci
Via dei Marsi 35.
Plan 6 F4.

GLACIERS

Gelateria Fantasia
Via La Spezia 100/102.
Plan 10 E1.

San Crispino
Via Acaia 56.
Plan 9 C4.

AVENTIN

PIZZERIAS

Remo
Piazza Santa Maria
Liberatrice 44.
Plan 8 D3.

BRASSERIES

L'Oasi della Birra
Piazza Testaccio 41.
Plan 8 D3.

BARS À VINS

Divinare
Via Manunzio 13.
Plan 8 D3.

FAST FOOD

Farinando
Via Luca della Robbia 30.
Plan 8 D3.

Shams
Via Galvani 12. **Plan** 8 D3.

Volpetti Più
Via Alessandro Volta 8.
Plan 8 D3.

GLACIERS

Café du Parc
Piazza di Porta San Paolo.
Plan 8 E4.

Giolitti
Via Vespucci 35. **Plan** 8 D3.

TRASTEVERE

PIZZERIAS

Da Vittorio
Via di S. Cosimato 14A.
Plan 7 C1.

Dar Poeta
Vicolo del Bologna 45.
Plan 11 B5.

Panattoni – I Marmi
Viale Trastevere 53.
Plan 7 C1.

Pizzeria Ivo
Via S. Francesco a Ripa
158. **Plan** 7 C1.

BARS À VINS

Cantina Paradiso
Via San Francesco
a Ripa 73. **Plan** 7 C2.

Ferrara
Via del Moro 1A.
Plan 7 C1.

Trastevere
Via della Lungaretta 86.
Plan 7 C1.

FAST FOOD

Forno La Renella
Via del Moro 15.
Plan 7 C1.

Frontoni
Viale Trastevere 52.
Plan 7 C1.

BARS, CAFÉS ET SALONS DE THÉ

Caffè Settimiano
Via di Porta Settimiana 1.
Plan 11 B5.

PÂTISSERIES

Innocenti
Via della Luce 21A.
Plan 7 C2.

Pasticceria Trastevere
Via Natale del Grande 49.
Plan 7 C1.

**Rivendita di
Cioccolata e Vino**
Vicolo del Cinque 11A.
Plan 11 B5.

GLACIERS

Fior di Luna
Via della Lungaretta 96.
Plan 7 C1.

La Fonte della Salute
Via Cardinale Marmaggi
2-4. **Plan** 7 C1.

JANICULE

BARS À VINS

**In Vino Veritas
Art Bar**
Via Garibaldi 2A.
Plan 11 B5.

VATICAN

PIZZERIAS

Napul'è
Viale Giulio Cesare 91.
Plan 3 C1.

Pizzeria San Marco
Via Tacito 29. **Plan** 4 D2.

BARS À VINS

Costantini
Piazza Cavour 16.
Plan 4 E2.

Del Frate
Via degli Scipioni 118.
Plan 3 C1.

Il Pane e Le Rose
Via Quirino Visconti 61A.
Plan 4 E2.

BRASSERIE

Cantina Tirolese
Via Vitelleschi 23. **Plan** 3 C2.

FAST FOOD

Ercoli dal 1928
Via Montello 26.
Off **Plan** 1 A5.

Franchi
Via Cola di Rienzo 200.
Plan 4 D2.

La Pratolina
Via degli Scipioni 248.
Plan 3 C1.

BARS, CAFÉS ET SALONS DE THÉ

Art Studio Café
Via dei Gracchi 187A.
Plan 4 D2.

Faggiani
Via G. Ferrari 23.
Plan 1 A5.

Makasar
Via Plauto 33.
Plan 3 C3.

PÂTISSERIES

Antonini
Via Sabotino 21-29.
Just off **Plan** 1 A5.

Gran Caffè Esperia
Lungotevere Mellini 1.
Plan 4 E1.

GLACIERS

Al Settimo Gelo
Via Vodice 21A.
Just off **Plan** 1 A5.

Gelarmony
Via Marcantonio Colonna
34. **Plan** 4 D1.

Pellacchia
Via Cola di Rienzo 105.
Plan 4 D2.

VIA VENETO

PIZZERIAS

Squisito
Via Lucullo 22.
Plan 5 C2.

BARS, CAFÉS ET SALONS DE THÉ

Café de Paris
Via Veneto 90.
Plan 5 B2.

Cine Caffè
Largo M. Mastroianni 1.
Plan 5 B1.

Doney
Via Veneto 141.
Plan 5 B2.

EUR

BARS À VINS

La Cave des Amis
Piazzale Ardigò 27-29.

BARS, CAFÉS ET SALONS DE THÉ

Palombini
Piazzale Adenauer 12.

PÂTISSERIES

Dulcis In Fundo
Via Tommaso
Odescalchi 13-15.

GLACIERS

Chalet del Lago
Lac, EUR.

Giolitti
Casina dei Tre Laghi,
Viale Oceania 90.

EN DEHORS DU CENTRE

PIZZERIAS

**Al Forno della
Soffita**
Via Piave 62.
Plan 6 D1.

BARS À VINS

Il Tajut
Via Albenga 44.
Plan 10 E3.

BARS, CAFÉS ET SALONS DE THÉ

Caffè Parnaso
Piazza delle Muse 22.
Plan 2 E2.

Zodiaco
Viale Parco Mellini 90.
hors **Plan** 3 A1.

PÂTISSERIES

Euclide
Via Filippo Civinini 119.
Plan 2 D3.

Mondi
Via Flaminia 468.
hors **Plan** 1 A1.

GLACIERS

Duse
Via Eleonora Duse 1B.
Plan 2 F2.

Petrini dal 1926
Piazza dell'Alberone 16.
Plan 10 F4.

BOUTIQUES ET MARCHÉS

Rome est depuis l'Antiquité un centre prospère de la mode et du shopping. Au temps de l'Empire, les meilleurs artisans s'installaient déjà dans la capitale, et les produits et objets artisanaux, l'or, les fourrures, les vins et les esclaves étaient rapportés des confins de l'Empire pour satisfaire la riche population romaine.

Le lèche-vitrine à Rome est une affaire sérieuse

Cette tradition diversifiée se perpétue de nos jours. Les stylistes italiens sont réputés dans le monde entier pour l'élégance luxueuse de leur mode, lainages et articles en cuir (surtout les chaussures et les sacs), et pour leur décoration d'intérieur, tissus, céramiques et verrerie. Cette tradition artisanale et l'amour du bel objet s'expriment même dans les articles les plus modestes. Si Rome n'est pas une ville propice aux bonnes affaires (quoique de meilleur rapport-qualité prix que Florence ou Milan), les joies du lèche-vitrine offriront ici de larges compensations.

BONNES AFFAIRES

La maroquinerie, les chaussures et les sacs notamment, sont une valeur sûre. Le prêt-à-porter des stylistes italiens n'est pas bon marché, mais moins cher que dans d'autres pays. Les jeans Armani *(p. 339)* ou les luminaires de *designer* sont meilleur marché qu'ailleurs. Les céramiques et objets artisanaux italiens, traditionnels ou modernes, sont souvent très beaux ; vous trouverez des cadeaux tout à fait originaux à rapporter chez vous.

SOLDES

Les amateurs de bonnes affaires viendront à Rome pendant les soldes *(saldi)*. Elles ont lieu de la mi-juillet à la mi-septembre et du lendemain de Noël à la première semaine de mars.

Les stylistes haut de gamme *(p. 338)* vendent à moitié prix, mais leurs vêtements restent très onéreux. On pourra dénicher de bonnes affaires chez les jeunes créateurs de mode *(p. 339)*.

L'étiquette d'un produit soldé doit porter le prix d'origine et celui de la démarque. Les *liquidazioni* (liquidations), d'ordinaire authentiques, méritent souvent une visite, mais méfiez-vous des panneaux *vendite promozionali* (ventes promotionnelles) et autres *sconti* (discount) qui ne servent souvent qu'à attirer le chaland.

QUAND FAIRE DU SHOPPING

Généralement, les magasins sont ouverts de 9 h à 13 h et de 15 h 30 à 19 h 30 (16 h-20 h en été). Certains, en centre-ville, restent ouverts

L'antiquaire Acanto **(p. 348)**

toute la journée, de 10 h à 19 h 30. La plupart sont fermés le dimanche (sauf avant Noël) et le lundi matin, à l'exception des commerces d'alimentation, fermés le jeudi après-midi en hiver et le samedi après-midi en été.

Au mois d'août, Rome est quasiment une ville morte : la plupart des habitants fuient les grandes chaleurs vers la plage ou la montagne, et toutes les vitrines portent la mention *chiuso per ferie* (fermé pour congés annuels). Les magasins sont fermés en majorité durant deux semaines vers le 15 août.

USAGES

La plupart des boutiques romaines sont petites et spécialisées dans un seul type de produit. N'hésitez pas à entrer et regarder, même sans acheter. On accordera

Fleuristes de la place Campo dei Fiori **(p. 142)**

toujours meilleure attention au client si celui-ci est bien habillé : *fare la bella figura* (faire bonne impression) est une expression à prendre au pied de la lettre !

Les tailles ne sont pas toujours normalisées : il vaudra mieux prendre le temps d'essayer un vêtement avant de l'acheter, car remboursement et échange ne sont pas une pratique courante en Italie.

La touche finale du vrai chic romain

COMMENT PAYER

La plupart des magasins acceptent les principales cartes de paiement (voir les autocollants apposés sur la vitrine). Certains acceptent les devises, mais le taux de change risque d'être élevé. La législation italienne oblige le commerçant à vous délivrer une *ricevuta fiscale* (quittance d'achat). Sauf dans les boutiques précisant *prezzi fissi* (à prix fixes), vous pourrez toujours demander un rabais si vous payez en espèces.

EXEMPTION DE LA TVA

La TVA italienne (IVA), qui varie de 12 % pour les vêtements à 35 % pour les produits de luxe (bijoux, fourrures, etc.), est généralement incluse dans le prix. Les non-ressortissants de l'Union européenne peuvent obtenir un remboursement de l'IVA à partir de 155 € d'achat par personne, mais ils doivent s'attendre à un long parcours administratif.

Une boutique de créateur près de la piazza di Spagna

Le plus simple consiste à effectuer ses achats dans les magasins affichant la mention « Euro Free Tax ». Au moment de l'achat, demandez que l'on vous donne un chèque **Global Refund Italia**. En quittant l'Italie, pensez à montrer vos achats, accompagnés des factures correspondantes aux douaniers. Ces derniers tamponneront le chèque. Vous pouvez soit vous faire rembourser à l'aéroport de Fiumicino, soit envoyer le chèque à Global Refund qui vous remboursera.

Si vous souhaitez effectuer un achat dans un magasin n'adhérant pas à Euro Free Tax, faites viser par la douane votre quittance d'achat au moment du départ, en présentant votre achat, puis adressez la quittance au magasin qui devrait alors vous renvoyer votre remboursement.

Le marché aux timbres (p. 352)

GRANDS MAGASINS ET CENTRES COMMERCIAUX

Les *grandi magazini* de Rome sont à la fois rares et espacés, mais ils ont l'avantage d'avoir des horaires plus étendus que les petits commerçants. La **Rinascente** et **Coin** sont intéressants pour le prêt-à-porter, tant masculin que féminin, le linge de maison et la mercerie, et leurs rayons parfumerie sont bien approvisionnés. Les chaînes **Oviesse** et **Upim** vendent à prix modérés des vêtements et des appareils ménagers de qualité courante.

Rome possède aussi des centres commerciaux situés en périphérie. Le **Cinecittà Due Centro Commerciale** regroupe une centaine de boutiques, avec bars, restaurants et banques,

Bonnes affaires, via Sannio (p. 339)

facilement accessible par le métro à partir du centre-ville (prendre la ligne A, direction Cinecittà).

Cinecittà Due Centro Commerciale
Viale Palmiro Togliatti 2.
Tél. 06 722 09 10.

Coin
Piazzale Appio 7. **Plan** 10 D2.
Tél. 06 708 00 20.

Via Cola di Rienzo 173.
Plan 3 C2. *Tél. 06 3600 4298.*

Global Refund Italia
Via Carlo Noè 33, Gallarate, 21013.
Tél. 0331 17 78 000.
www.globalrefund.com

La Rinascente
Via del Corso 189. **Plan** 5 A3 et 12 E2.
Tél. 06 679 76 91.

Piazza Fiume.
Plan 6 D1.
Tél. 06 884 12 31.

Oviesse
Viale Trastevere 62. **Plan** 7 C2.
Tél. 06 5833 3633.
Via Appia nuova 181-185.
Plan 10 D2. *Tél. 06 702 32 14.*

Upim
Via del Tritone 172. **Plan** 5 A3.
Tél. 06 678 33 36.

Gare de Termini.
Plan 6 D3. *Tél. 06 4782 5909.*

Piazza Santa Maria Maggiore.
Plan 6 D4. *Tél. 06 446 55 79.*

Les meilleurs marchés et rues commerçantes de Rome

Les boutiques les plus intéressantes de Rome étant regroupées dans le centre historique, on peut alterner shopping et visite touristique. Souvent installées dans des maisons médiévales ou Renaissance, les boutiques ont tendance à se spécialiser, comme jadis, dans un seul type de marchandise. Les noms de rue conservent le souvenir des artisans d'antan : serruriers dans la via dei Chiavari, fabriquants de pourpoint en cuir via dei Giubbonari et de chaises via dei Sediari. Les marchands de chapelets de la via dei Coronari ont cédé la place aux antiquaires. Les grands noms de la mode sont regroupés dans le quartier de la via Condotti, et la tradition artisanale est encore vivace près du Campo dei Fiori et de la piazza Navona.

Via dei Coronari

Les amateurs d'antiquités et d'Art nouveau iront jeter un œil sur les boutiques de cette charmante rue proche de la piazza Navona. Mais les objets sont pour la plupart importés, et leurs prix sont élevés.

Via Cola di Rienzo

Les meilleurs magasins d'alimentation y sont regroupés. On y trouvera également livres, vêtements et cadeaux.

Via del Pellegrino

Librairies et galeries d'art côtoient les artisans du centre historique. Ne manquez pas le passage des miroirs près du Campo dei Fiori.

Via dei Cappellari

Dans cette étroite rue médiévale, restaurateurs de meubles et autres artisans pratiquent leur métier en plein air.

Porta Portese

Le dimanche matin, on trouve tout au marché aux puces du Trastevere (p. 353).

Via Margutta
Antiquaires haut de gamme et restaurants chic occupent cette rue pavée calme.

Via del Babuino
Cette rue est célèbre pour ses designers (meubles, luminaires, verreries), ses antiquaires et ses stylistes de mode.

LE QUARTIER DE LA MODE
Stars de la mode, grands joailliers, chausseurs et tailleurs chic sont regroupés dans cet élégant quartier commerçant, proche de la piazza di Spagna (p. 338-343). Les Romains aiment s'y promener en début de soirée.

MISSONI
GIORGIO ARMANI
D&G
TRUSSARDI
PRADA
GUCCI
valentino
Max Mara

VIA CONDOTTI
VIA BORGOGNONA
VIA FRATTINA
VIA DEL CORSO
PIAZZA DI SPAGNA

Via Borgognona
La haute couture, la chaussure, la maroquinerie et les autres accessoires de mode y attirent les foules.

0   500 m

Mercato Testaccio
Dans ce marché animé, fruits et légumes composent des tableaux colorés et parfumés (p. 352).

Via Veneto

Quirinal

Capitole

Forum

Palatin

Caracalla

Esquilin

Latran

Mode masculine et féminine

L'Italie est l'un des pays leader de l'*alta moda*, la haute couture. Les créateurs les plus célèbres sont pour la plupart installés à Milan, mais Rome abrite plusieurs maisons de couture de renommée internationale, ainsi qu'une merveilleuse gamme de boutiques d'*alta moda*. Les salons offrant un choix éclectique de créations côtoient ceux consacrés aux collections uniques. Et ceux qui ne peuvent s'offrir des créations de couturier prendront plaisir à se promener dans les rues chic du quartier de la piazza di Spagna, car certaines vitrines sont véritablement spectaculaires.

La mode sur mesure, d'atelier, est hors de portée de la plupart des bourses, mais les stylistes proposent aussi des lignes de prêt-à-porter, bien moins onéreuses que les collections haute couture.

HAUTE COUTURE

Valentino, qui a pris sa retraite en 2008, est probablement le couturier romain le plus célèbre. Son atelier donne sur la piazza Mignanelli. Mais **Sorelle Fontana** est la première maison qui a fait connaître la mode romaine. C'était *le* couturier des années 1950, aux beaux jours de la *dolce vita*. Sorelle Fontana habille la haute société depuis les années 1930 et propose une importante gamme de prêt-à-porter et d'accessoires.

Fendi, qui occupe un palais du XIXe siècle, situé dans le largo Goldoni, s'est fait un nom dans la fourrure de luxe, avant de se diversifier dans la maroquinerie, les accessoires et le prêt-à-porter, en collaboration avec Karl Lagerfeld. Celui-ci a dessiné le double F de la griffe. La troisième génération de la famille a conçu la ligne Fendissime, plus jeune et plus abordable.

Depuis plus d'une décennie, **Laura Biagiotti** règne sur la couture traditionnelle. Dans son château des environs de Rome, elle dessine une ligne de tricots et de coordonnés en soie, éternels et élégants, destinée aux femmes qui ne souhaitent pas sacrifier le style au confort. Elle doit sa célébrité à ses harmonies de cachemire et de blanc, à ses tissus originaux et à la qualité de sa finition. Son *showroom* de la via Borgognona présente sa collection complète, avec lingerie, parfumerie, maillots de bain et maroquinerie. Ses foulards, qui font de magnifiques cadeaux, sont souvent en solde, et les invendus des saisons précédentes sont sacrifiés toute l'année avec d'importants rabais. Le temple des créations de **Salvatore Ferragamo** est situé via Condotti.

Parmi les autres stylistes de renommée internationale, citons **Renato Balestra** qui propose de superbes tailleurs et robes de soirées, et **Roberto Capucci** pour ses tailleurs chic coupés dans des tissus aux textures merveilleuses.

Giorgio Armani, Gianni Versace, Dolce & Gabbana, Prada et **Trussardi**, autres gloires de la mode italienne, possèdent également des vitrines à Rome. La maison **Roberto Cavalli** est l'étoile montante du prêt-à-porter : son équipe de couturiers conçoit des collections classiques élégantes et stylées. Si vous recherchez des vêtements moins conventionnels, les boutiques romaines de **Gente** possèdent les droits exclusifs sur les collections couture originales de créateurs d'avant-garde comme Dolce & Gabbana, Moschino ou Jean-Paul Gaultier. **Max Mara** y a également ouvert plusieurs succursales. La qualité des tissus et les finitions sont superbes : avec des tailleurs pour environ 500 €, ses prix sont sensiblement inférieurs à ceux des collections de prêt-à-porter des autres créateurs de l'*alta moda*.

TAILLEURS ET STYLISTES POUR HOMME

Les Italiens portent à la mode un intérêt aussi passionné que les Italiennes, et l'homme élégant trouvera à Rome tout pour satisfaire ses goûts (costume à partir de 620 €, veston à partir de 415 € et pantalon à partir de 155 €).

La plupart des couturiers de l'*alta moda* féminine ont une boutique pour hommes, comme **Valentino, Prada** et **Gianni Versace**. Une élégance discrète et décontractée caractérise leurs créations masculines, moins spectaculaires que leur mode féminine. Les accessoires Valentino, portant son monogramme distinctif, sont relativement abordables.

Battistoni est probablement le styliste le plus prestigieux

VALENTINO

Valentino Garavani, l'un des papes de la mode italienne, a ouvert son atelier romain en 1959 à une clientèle choisie qui comprenait Sophia Loren, Audrey Hepburn et Jackie Kennedy. Il a créé quelques-unes des robes de soirée les plus splendides des quarante dernières années.

Il a commencé à dessiner dans les années 1970 une ligne de prêt-à-porter pour hommes et femmes. Le V caractéristique de sa griffe orne également une grande variété d'accessoires. Le siège de Valentino occupe un vaste palais de la piazza Mignanelli, non loin d'une de ses boutiques de prêt-à-porter (*p. 342*).

à se consacrer au vêtement masculin : les superbes chemises et costumes sur mesure de Giorgio Battistoni habillent depuis plus de cinquante ans stars du show-biz et hommes du monde.

Etro vend des vêtements classiques et des accessoires pour hommes et femmes.

Dans son palais baroque, **Ermenegildo Zegna** propose un élégant prêt-à-porter ou des vêtements coupés sur mesure par son maître-tailleur Gaetano.

Davide Cenci est depuis 1926 le haut lieu du style gentleman campagnard. **Brioni** propose des vêtements de coupe classique, sur mesure ou en prêt-à-porter. **Trussardi** commercialise des costumes superbement façonnés. Les costumes impeccables de **Testa** plaisent aux jeunes Romains.

Degli Effetti distribue les stylistes d'avant-garde comme Romeo Gigli et Jean-Paul Gaultier.

MODE JEUNE

Les stylistes Valentino et Armani vendent leurs créations traduites en collections plus abordables chez **Valentino Sport** et **Emporio Armani** (les jeans Armani, environ 70 €, sont d'excellent rapport qualité-prix). Fendi a lancé sa ligne Fendissime. **Just Cavalli** a aussi une boutique sur la piazza di Spagna, pas très loin de la marque pour les jeunes de **Gianfranco Ferré. Timberland** propose des chemises pour 52 € et des imperméables pour 210 €.

Energie connaît un gros succès : les adolescents s'y arrachent jeans et T-shirts. **Tru Trussardi, Aria, Diesel** et **SBU** sont aussi très en vogue.

Eventi représente l'avant-garde des styles *sombres* (comme l'on dit ici), combinant les influences grunge, gothiques, new age et punk, et présentés dans des vitrines audacieuses. **Luna e L'altra** et **Maga Morgana** proposent des créations originales dans un cadre décontracté. Pour les femmes, la via del Governo Vecchio est

l'endroit le plus à la mode pour des créateurs comme **Arsenale**.

PRÊT-À-PORTER

Rome n'est pas si bien dotée en ce qui concerne l'habillement de tous les jours, et manque de boutiques à prix moyens comblant l'écart entre les prix astronomiques des créations *alta moda* et les vêtements à très bas prix vendus sur les marchés *(p. 352-353)*. Les magasins pour petits budgets sont souvent de qualité médiocre. Avec du courage, vous pourrez dénicher de bonnes affaires dans les via del Corso, del Tritone, Nazionale, Cavour, Cola di Rienzo, Ottaviano ou dei Giubbonari.

Il vaudra mieux faire ses emplettes dans les grands magasins comme La Rinascente, Coin et Upim *(p. 335)*, peut-être pas très excitants, mais où vous pourrez chercher à loisir. Vous pourrez également faire un tour dans les boutiques citées dans la rubrique Mode jeune, et plus particulièrement dans celles proposant les lignes bon marché des stylistes de haute couture comme **Emporio Armani**. Chez **Discount dell'Alta Moda**, vous pourrez trouver des fins de collection de stylistes à 50 % du prix boutique. S'il n'est guère besoin de venir à Rome pour s'habiller chez **Benetton**, les nombreuses boutiques proposent les fameux vêtements de toutes les couleurs.

MAILLES ET LAINAGES

Le tricot est un secteur important de la mode italienne, et Rome offre un grand nombre de boutiques spécialisées. **Laura Biagiotti** est célèbre pour ses luxueux coordonnés en cachemire. La boutique **Missoni** vend de superbes lainages aux motifs et coloris kaléidoscopiques.

Krizia n'a plus de boutique à Rome, mais on peut trouver des lainages raffinés chez **Liz**.

Gallo propose un large choix de collants et chaussettes en laine et en cachemire. D'autres boutiques, comme celles de **Luisa Spagnoli**, offrent un vaste choix, et notamment des articles bon marché.

LINGERIE

La réputation de qualité de la lingerie italienne n'est plus à faire avec des lignes connues dans le monde entier comme La Perla. Elle est traditionnellement vendue dans les grandes boutiques de linge de maison *(p. 345)* – **Cesari** a sa propre chaîne ou dans les magasins spécialisés en lingerie et en maillots de bain.

Liberti a une chaîne de maillots de bain et de lingerie féminine. Les stars du cinéma achètent leur lingerie chez **Brighenti. Schostal** propose une lingerie plus traditionnelle et un excellent rayon masculin.

FRIPES

En flânant çà et là, vous trouverez un grand choix de vêtements d'occasion. Outre les marchés de la via Sannio et de la porta Portese *(p. 353)*, et la via del Pellegrino, la via del Governo Vecchio est le centre romain du vêtement d'occasion. Parmi les meilleures boutiques de cette vieille rue près de la piazza Navona, signalons **Mado** qui a surtout des robes 1920 et quelques chapeaux et bijoux.

Le Gallinelle propose un merveilleux choix de vêtements d'occasion ou de collection, tout comme leur propre ligne de vêtements. La boutique **Usato Paradiso**, juste à côté de la fontana delle Tarrarughe, propose un vaste choix de vêtements pour hommes et pour femmes. Vous pourrez également y dénicher quelques articles de grandes marques de sport. Enfin, vous trouverez via del Pellegrino de nombreuses boutiques de vêtements d'occasion.

Chaussures et accessoires

L'industrie italienne du cuir est réputée dans le monde entier : vous trouverez à Rome chaussures, sacs et ceintures d'excellente qualité, ainsi qu'un grand choix de bijoux, foulards, cravates, et autres accessoires que l'élégance romaine considère, de façon générale, comme faisant partie intégrante de l'habillement.

CHAUSSURES

Les magasins de chaussures abondent à Rome, des boutiques luxueuses du quartier de la via Condotti (où les prix ne sont pas inférieurs à 170 €) aux plus modestes des environs de la fontaine de Trevi, jusqu'aux étals des marchés.

Salvatore Ferragamo est peut-être l'enseigne la plus célèbre – c'est l'un des meilleurs fabricants au monde de chaussures classiques et élégantes. On y vend aussi des vêtements pour femmes, des articles de maroquinerie et de ravissantes écharpes de soie, très recherchées.

Fratelli Rossetti est un autre prétendant au titre de numéro un. Fondée voici plus de cinquante ans par les frères Renzo et Renato, cette entreprise crée des chaussures classiques pour hommes et de superbes chaussures pour femmes, à talons plats du dernier chic. **Campanile**, via Condotti, est la quintessence de l'élégance. Malheureusement, ses prix sont astronomiques, mais vous pouvez toujours acheter un petit accessoire et garder le sac en souvenir.

Barrilà, près de la piazza San Lorenzo in Lucina, vend des chaussures pour femmes à des prix plus abordables.

Boccanera, dans le Testaccio, propose des chaussures italiennes et anglaises pour hommes et femmes de grande qualité.

Silvano Lattanzi est l'un des plus anciens magasins de chaussures de Rome, ouvert depuis vingt ans environ. Il ne peut cependant rivaliser avec **Domus** qui a ouvert ses portes en 1938. Silvano Lattanzi vend des chaussures sur mesure pour hommes et femmes. Vous y trouverez notamment des chaussures pour les grandes occasions et pourrez commander des sacs. Domus propose une gamme de chaussures de grande qualité ; les chaussures classiques pour femmes sont sa spécialité. Vous y trouverez également quelques modèles de sacs et des accessoires en cuir. **De Bach** propose de jolis modèles pour femmes aux coloris divers.

D'autres magasins de chaussures, moins coûteux, sont installés via Frattina, comme **Pollini** (bottes et sacs pour hommes et femmes, élégants et imaginatifs). **Fausto Santini** vend à des prix plus raisonnables des créations aux coloris originaux destinées aux jeunes. **Cervone** est spécialisé dans la chaussure pour femme aux coloris éclatants. **Borini** propose des modèles simples, à talons bas. La chaîne de boutiques **Mr Boots** propose un large choix de chaussures et de bottes plus décontractées. **Nuyorica** vend d'élégantes chaussures de sport pour femmes et une sélection de vêtements.

MAROQUINERIE

Gucci, le plus célèbre maroquinier romain, le paradis des dandys, vend chaussures, valises, sacs à main, portefeuilles, ceintures et autres accessoires. Sa boutique de mode masculine et féminine est réputée pour ses foulards et cravates en soie. **Fendi** propose également de superbes articles de maroquinerie ainsi qu'une ligne moins onéreuse en matériaux synthétiques. Bien que ses célèbres sacs à main « rayures » à finition cuir ne coûtent pas moins de 130 € (compter 155 € minimum pour ses articles tout cuir), ils sont en tout cas moins chers à Rome qu'à l'étranger. **Skin** (articles en daim et en cuir moins onéreux) est situé dans le quartier de la via Sistina. Près de la fontaine de Trevi se trouve **La Sella** qui vend tout type d'articles de maroquinerie, y compris des chaussures. Les sacs et bagages en tissus aux nombreux coloris de **Mandarina Duck**, très branchés, constituent une alternative séduisante à la maroquinerie traditionnelle.

Furla propose des gammes de sacs à main raffinés et très à la mode, et **Alviero Martini** vend ses célèbres sacs à mains « carte ». Si vous cherchez des cadeaux originaux pour hommes, rendez-vous à **La Cravatta** dans le Trastevere. Vous trouverez une vaste collection d'élégantes cravates faites à la main et vous pourrez aussi commander celles-ci selon vos goûts : forme, matière, couleur, motifs et longueur au choix.

BIJOUTERIE CLASSIQUE

Bulgari est à Rome ce que Cartier est à Paris, Tiffany à New York ou Asprey à Londres. Les passants s'agglutinent devant les « vitrines » exposant les plus belles pierres de ce célèbre bijoutier. Ce sont en fait de petites boîtes enchâssées dans le mur ne contenant qu'un ou deux bijoux, comme s'il s'agissait de vitrines de musée. Les montres Bulgari, surtout celles pour hommes, sont aussi élégantes que prisées, tout comme ses célèbres colliers à mailles. Outre ses bijoux ornés de grandes pierres façon Renaissance qui sont sa spécialité, la maison propose également des créations contemporaines. Ce magasin, le plus beau de la via Condotti, était l'un des préférés d'Andy Warhol. À l'intérieur, l'atmosphère est quasi religieuse ! **Buccellati** est une succursale de la fameuse dynastie florentine, fondée dans les années 1920 par Mario Buccellati, et parrainée par le poète Gabriele D'Annunzio. Ses créations aux gravures délicates, inspirées de la Renaissance italienne, sont de véritables classiques

Les élégantes et classiques créations d'**Ansuini** sont réparties en collections aux thèmes originaux. **Massoni**, fondé en 1790, est l'une des plus anciennes bijouteries de Rome. Ses pièces uniques et ses broches sont d'un raffinement extraordinaire.

Vous trouverez également chez **Moroni Gioielli** des bijoux uniques, remarquables d'imagination et d'exécution. **Petochi 1884**, qui fut le bijoutier de la maison de Savoie, l'ancienne monarchie italienne (1861-1946), propose de superbes créations classiques et contemporaines.

Peroso est une maison à l'ancienne mode, fondée en 1891, spécialisée dans la bijouterie et la joaillerie ancienne. **Boncompagni Sturni** propose des créations traditionnelles de grande qualité d'exécution.
On ne pénètre dans ces deux magasins, aux prix astronomiques, qu'après avoir tiré la sonnette.

BIJOUTERIE FANTAISIE

Les esprits moins conventionnels trouveront à Rome plusieurs magasins de bijoux d'avant-garde. Ces derniers sont souvent façonnés avec des pierres et des métaux semi-précieux. **Via dei Coronari 193** mérite une visite.

Tempi Moderni propose une intéressante collection de bijoux d'époque Art déco et Liberty (Art Nouveau). On y trouvera également de belles pièces de designers des années 1950 et 1960. **Danae**, qui s'inspire des créations de Coco Chanel, réalise de beaux bijoux en argent serti de pierres précieuses. **Paola Volpi** est l'une des plus intéressantes créatrices de bijoux contemporains en Italie.

ORFÈVRERIE TRADITIONNELLE

Le pivot de la bijouterie romaine, ce sont les artisans orfèvres travaillant sur commande dans leurs petits ateliers regroupés dans l'ancien ghetto juif, à Campo dei Fiori, à Ponte Sisto près de la via Giulia, et à Montepietà, mais également via dei Coronari, dell'Orso et del Pellegrino. Ces joailliers confirmés, qui réalisent des bijoux uniques sur des motifs de leur création, ont souvent appris leur métier de leurs parents et grand-parents. Ils exécutent également des travaux de réparation, ou fondent vos vieux bijoux en or pour en créer de nouveaux selon votre goût. **Gioie d'Arte** est un joaillier traditionnel qui ne travaille qu'à la commande.

GANTS, CHAPEAUX, BAS ET FOULARDS

Chez **Di Cori** et **Sermoneta**, on trouve toutes sortes de gants ; ils sont d'excellente qualité mais égalemet très onéreux. Si vous cherchez à assortir des gants avec un sac ou des chaussures, entrez chez **Settimo Mieli**. Vous y trouverez une gamme de cuirs et de couleurs des plus étendue à des prix extrêmement raisonnables. **Catello d'Auria** est spécialisé dans le gant et la bonneterie. **Borsalino** est le chapelier par excellence. **Calzedonia** offre le meilleur choix de bas de toute la ville. L'enseigne dispose de plusieurs boutiques à Rome.
Le personnel accueillant vous proposera tous les coloris et motifs de bas et chaussettes imaginables.

TABLEAU DE CORRESPONDANCE DES TAILLES

Vêtements pour enfant

Italie	2-3	4-5	6-7	8-9	10-11	12	14	14+ (ans)	
France	2-3	4-5	6-7	8-9	10-11	12	14	14+ (ans)	
Canada	2-3	4-5	6	7-8	10	12	14	16 (taille)	

Chaussures pour enfant

Italie	24	25½	27	28	29	30	32	33	34
France	24	25½	27	28	29	30	32	33	34
Canada	7½	8½	9½	10½	11½	12½	13½	1½	2½

Robe, jupe et manteau pour femme

Italie	36	38	40	42	44	46	48
France	36	38	40	42	44	46	48
Canada	4	6	8	10	12	14	16

Chemisier et pull-over pour femme

Italie	78	81	84	87	90	93	96
France	36	38	40	42	44	46	48
Canada	4	6	8	10	12	14	16

Chaussures pour femme

Italie	36	37	38	39	40	41
France	36	37	38	39	40	41
Canada	5	6	7	8	9	10

Complet pour homme

Italie	44	46	48	50	52	54	56	58
France	44	46	48	50	52	54	56	58
Canada	34	36	38	40	42	44	46	48

Chemise pour homme

Italie	36	38	39	41	42	43	44	45
France	36	38	39	41	42	43	44	45
Canada	14	15	15½	16	16½	17	17½	18

Chaussures pour homme

Italie	39	40	41	42	43	44	45	46
France	39	40	41	42	43	44	45	46
Canada	7	7½	8	8½	9½	10½	11	11½

ADRESSES

HAUTE COUTURE

Dolce & Gabbana
Via Condotti 51-52.
Plan 5 A2.
Tél. 06 6992 4999.

Fendi
Largo Goldoni 419.
Plan 12 E1.
Tél. 06 69 66 61.

Gente
Via del Babuino 81.
Plan 4 F1.
Tél. 06 320 7671.
et via Frattina 69.
Plan 5 A2.
Tél. 06 678 9132.

Gianni Versace
Via Bocca di Leone 26-27.
Plan 5 A2.
Tél. 06 678 0521.

Giorgio Armani
Via Condotti 77.
Plan 5 A2.
Tél. 06 99 1461.
et via del Babuino 140.
Plan 4 F1.
Tél. 06 3600 2197.

Laura Biagiotti
Via Borgognona 43-44.
Plan 5 A2.
Tél. 06 679 1205.

Max & Co
Via Condotti 46.
Plan 5 A2.
Tél. 06 678 7946.

MaxMara
Via Frattina 28. **Plan** 5 A2.
Tél. 06 679 3638.

Prada
Via Condotti 92-95.
Plan 5 A2.
Tél. 06 679 0897.

Renato Balestra
Via Abruzzi 3.
Plan 5 C1.
Tél. 06 482 1723.

Roberto Capucci
Via Gregoriana 56.
Plan 5 A2.
Tél. 06 679 5180.

Roberto Cavalli
Via Borgognona 25.
Plan 5 A2.
Tél. 06 6992 5469.

SALVATORE FERRAGAMO

Salvatore Ferragamo
Via Condotti 73-74.
Plan 5 A2.
Tél. 06 679 1565.

Sorelle Fontana
Via della Fontanella di
Borghese 67-68.
Plan 12 E1.
Tél. 06 6813 5406.

Trussardi
Via Condotti 49-50.
Plan 5 A2.
Tél. 06 679 2151.

Valentino
Via Condotti 15.
Plan 5 A2.
Tél. 06 673 9420.

TAILLEURS ET STYLISTES POUR HOMMES

Battistoni
Via Condotti 61A.
Plan 5 A2.
Tél. 06 697 6111.

Brioni
Via Condotti 21A.
Plan 5 A2.
Tél. 06 678 3428.

Davide Cenci
Via Campo Marzio 1-7.
Plan 4 F3 et 12 D2.
Tél. 06 699 0681.

Degli Effetti
Piazza Capranica 79.
Plan 4 F3 et 12 D2.
Tél. 06 679 0202.

Ermenegildo Zegna
Via Borgognona 7E.
Plan 5 A2.
Tél. 06 678 9143.

Etro
Via del Babuino 102.
Plan 5 A2.
Tél. 06 678 8257.

Gianfranco Ferré
Via Borgognona 7A.
Plan 12 E1.
Tél. 06 6920 0815.

Gianni Versace
Via Bocca di Leone 26-27.
Plan 5 A2.
Tél. 06 678 0521.

Gucci
Via Condotti 8.
Plan 5 A2.
Tél. 06 679 0405.

Testa
Via Borgognona 13.
Plan 12 E1.
Tél. 06 679 0660.
et Piazza Euclide 27.
Plan 2 D2.
Tél. 06 807 0118.

Trussardi
Voir Haute couture.

Valentino
Via Bocca di Leone 15.
Plan 5 A2.
Tél. 06 673 9430.

MODE JEUNE

Aria
Via Nazionale 239.
Plan 5 C3.
Tél. 06 48 44 21.

Arsenale
Via del Governo Vecchio
64. **Plan** 4 E4 et 11 B3.
Tél. 06 686 1380.

Diesel
Via del Corso 186.
Plan 4 F3 et 12 E1.
Tél. 06 678 3933.

Emporio Armani
Via del Babuino 140.
Plan 4 F1.
Tél. 06 3600 2197.

Energie
Via del Corso 486.
Plan 4 F2.
Tél. 06 322 7046.

Eventi
Via dei Serpenti 134.
Plan 5 B4.
Tél. 06 48 49 60.

Gianfranco Ferré
Piazza di Spagna 70.
Plan 5 A2.
Tél. 06 679 1451.

Just Cavalli
Piazza di Spagna 82-83.
Plan 5 A2.
Tél. 06 679 2294.

Luna e L'Altra
Piazza Pasquino 76.
Plan 4 E4 et 11 C3.
Tél. 06 6880 4995.

Maga Morgana
Via del Governo Vecchio
27 et 98.
Plan 4 E4 et 11 C3.
Tél. 06 687 9995.

SBU
Via S. Pantaleo 68.
Plan 11 C3.
Tél. 06 6880 2547.

Timberland
Via del Corso 488.
Plan 4 F2.
Tél. 06 322 7266.

Tru Trussardi
Via Frattina 42.
Plan 5 A2.
Tél. 06 6938 0939.

Valentino
Via del Babuino 61.
Plan 4 F1.
Tél. 06 3600 1906.

PRÊT-À-PORTER

Benetton
Via del Corso 422.
Plan 12 E1.
Tél. 06 6810 2520.

Discount dell'Alta Moda
Via di Gesù e Maria
14 et 16A.
Plan 4 F2.
Tél. 06 361 3796.
et via dei Serviti 27.
Plan 5 B3.
Tél. 06 482 7790.

Emporio Armani
Voir Mode jeune.

Zara
Galleria Alberto Sordi.
Plan 12 E2.
Tél. 06 6992 5401.

MAILLES ET LAINAGES

Gallo
Via Vittoria 63.
Plan 4 F2.
Tél. 06 3600 2174.

Laura Biagiotti
Voir Haute couture.

Liz
Via Appia nuova 90.
Plan 10 D2.
Tél. 06 700 3609.

Luisa Spagnoli
Via del Tritone 30.
Plan 5 A3 et B3 et 12 F1.
Tél. 06 6992 2769.

et via Vittorio
Veneto 130.
Plan 5 B1.
Tél. 06 4201 1281.

et via Frattina 84B.
Plan 5 A2.
Tél. 06 699 1706.

Missoni
Piazza di Spagna 78.
Plan 5 A2.
Tél. 06 679 2555.

LINGERIE

Brighenti
Via Frattina 7-8.
Plan 5 A2.
Tél. 06 679 1484.
et via Borgognona 27.
Plan 5 A2.
Tél. 06 678 3898.

Cesari
Via del Babuino 195.
Plan 5 B3.
Tél. 06 638 1241.

Liberti
Via del Tritone 101.
Plan 12 F1.
Tél. 06 488 2246.

Schostal
Via del Corso 158.
Plan 4 F3 et 12 E1.
Tél. 06 679 1240.

FRIPES

Le Gallinelle
Via del Boschetto 76.
Plan 5 B4.
Tél. 06 488 1017.

Mado
Via del Governo Vecchio
89A. **Plan** 4 E4 et 11 B3.
Tél. 06 687 5028.

Usato Paradiso
Via dei Funari 26.
Plan 12 E5.
Tél. 06 686 4931.

CHAUSSURES

Barrilà
Via del Leone 17.
Plan 12 D1.
Tél. 06 687 1009.

Boccanera
Via Luca della Robbia
34-36. **Plan** 8 D3.
Tél. 06 575 6804.

Borini
Via dei Pettinari 86-87.
Plan 4 E5 et 11 C5.
Tél. 06 687 5670.

Campanile
Via Condotti 58.
Plan 5 A2.
Tél. 06 679 0731.

Cervone
Via del Corso 99.
Plan 4 F2.
Tél. 06 678 3522.

De Bach
Via del Babuino 123.
Plan 4 F1.
Tél. 06 678 3384.

Domus
Via Belsiana 52.
Plan 4 F2.
Tél. 06 678 9083.

Fausto Santini
Via Frattina 120.
Plan 5 A2.
Tél. 06 678 4114.

Ferragamo
Via Condotti 73-74.
Plan 5 A2.
Tél. 06 679 1565.
et via Condotti 66.
Plan 5 A2.
Tél. 06 678 1130.

Fratelli Rossetti
Via Borgognona 5A.
Plan 5 A2.
Tél. 06 678 2676.

Mr Boots
Piazza Re di Roma 10.
Plan 10 D3.
Tél. 06 7720 8672.
et via A Brunetti 2.
Plan 4 F1.
Tél. 06 321 5733.

Nuyorica
Piazza della Pollarola 36.
Plan 11 C4.
Tél. 06 6889 1243.

Pollini
Via Frattina 22-24.
Plan 5 A2 et 12 E1.
Tél. 06 679 8360.

Silvano Lattanzi
Via Bocca di Leone 59.
Plan 5 A2.
Tél. 06 678 6119.

MAROQUINERIE

Alviero Martini
Via Borgognona 4G.
Plan 5 A2.
Tél. 06 6992 3381.

Furla
Via Condotti 56.
Plan 5 A2.
Tél. 06 679 1973.

Gucci
Via Borgognona 7D. **Plan**
5 A2. *Tél.* 06 6920 2077.

Mandarina Duck
Via Due Macelli 59F/G.
Plan 12 F1.
Tél. 06 678 6414.

La Sella
Via del Lavatore 56.
Plan 5 A3 et 12 F2.
Tél. 06 679 6654.

Skin
Via Capo le Case 41.
Plan 5 A3 et 12 F1.
Tél. 06 678 5531.

BIJOUTERIE CLASSIQUE

Ansuini
Corso Vittorio
Emanuele 151.
Plan 4 E4 et 11 C3.
Tél. 06 689 2193.

Boncompagni
Via Vittoria 4A.
Plan 4 F2.
Tél. 06 321 3950.

Buccellati
Via Condotti 31. **Plan**
5 A2. *Tél.* 06 679 0329.

Bulgari
Via Condotti 10. **Plan**
5 A2. *Tél.* 06 679 3876.

Massoni
Via Margutta 74.
Plan 4 F1.
Tél. 06 321 6916.

Moroni Gioielli
Via Belsiana 32A. **Plan**
4 F2. *Tél.* 06 678 0466.

Peroso
Via Sistina 29A.
Plan 5 B3.
Tél. 06 474 7952.

Petochi 1884
Piazza di Spagna 23.
Plan 5 A2.
Tél. 06 679 1128.

BIJOUTERIE FANTAISIE

Danae
Via della Maddalena 40.
Plan 12 D2.
Tél. 06 679 1881.

Granuzzo
Via dei Coronari 193.
Plan 4 E3 et 11 B2.
Tél. 06 6880 1503.

Paola Volpi
Piazza dei Satiri 55.
Plan 11 C4.
Tél. 06 687 3366.

Tempi Moderni
Via del Governo
Vecchio 108.
Plan 4 E4 et 11 B3.
Tél. 06 687 7007.

ORFÈVRERIE TRADITIONNELLE

Gioie d'Arte
Via de' Gigli d'Oro 10.
Plan 4 E3 et 11 C2.
Tél. 06 687 7524.

GANTS, CHAPEAUX, BAS ET FOULARDS

Borsalino
Piazza del Popolo 20.
Plan 4 F1.
Tél. 06 3265 0838.
et via Sistina 58A.
Plan 5 B2.
Tél. 06 6994 1223.

Calzedonia
Via del Corso 106.
Plan 4 F2.
Tél. 06 6992 5436.

Catello d'Auria
Via dei Due Macelli 55.
Plan 5 A2 et 12 F1.
Tél. 06 679 3364.

Di Cori
Piazza di Spagna 53.
Plan 5 A2.
Tél. 06 678 4439.

La Cravatta
Via di Santa Cecilia 12.
Plan 8 D1.
Tél. 06 8901 6941.

Fendi
Voir Haute couture.

Sermoneta
Piazza di Spagna 61.
Plan 5 A2.
Tél. 06 679 1960.

Settimio Mieli
Via San Claudio 70.
Plan 5 A3 et 12 E2.
Tél. 06 678 5979.

Décoration d'intérieur

Le design italien repose sur une longue tradition de maîtres-artisans talentueux et de manufactures dont certaines remontent à plusieurs siècles. Rome compte d'élégantes boutiques de décoration d'intérieur qui valent la peine d'être visitées, ne serait-ce que pour le plaisir des yeux et de l'ambiance. Vous pourrez en rapporter quelques idées, voire dénicher un cadeau intéressant ou insolite. Ces boutiques sont le meilleur endroit pour trouver des souvenirs à rapporter.

MOBILIER

L'Italie est réputée pour ses meubles élégants et raffinés. Même s'il n'y a pas à proprement parler de quartier des meubles à Rome, la majorité des magasins de meubles sont situés au nord du centre-ville.

Si vous recherchez quelque chose de différent : visitez non loin de là le **Studio Punto Tre** : commodes aux peintures étranges, objets de style égyptien et bibelots constituent autant de cadeaux originaux. **Decoration 2000** vous étonnera par les prix très raisonnables de ses meubles en fer forgé toscans, et de son mobilier vénitien peint, aux nuances lumineuses et délicates.

Spazio Sette, près du largo Argentina, possède de spectaculaires salles d'exposition sur trois étages dans le palazzo Lazzaroni, un ancien palais de cardinal. Allez-y rien que pour admirer l'immeuble et son architecture ! Outre les meubles, on y trouve des articles qui sont autant de cadeaux intéressants. Le mobilier moderne en contre-plaqué, les vases, verrerie, équipement de cuisine, etc., sont présentés en associations étonnantes mais pleines de goût. Tout près, piazza Cairoli, **Confalone** est un magasin de meubles spécialisé dans les canapés et les fauteuils recouverts de tissu. Vous y trouverez également des tables et des chaises. Les meubles d'une ligne classique conviendront à tous les intérieurs.

Benedetti, qui occupe une série de boutiques sur la via Marmorata, présente un mobilier moderne, essentiellement en bois tandis que **Fattorini**, via Arenula, revisite le style des années 1970.

LUMINAIRES

Les lampes sont des articles très prisés, faciles à transporter, et qui bénéficient à Rome de superbes salons d'exposition. **Flos** est issu de la fusion de deux maisons de design : son salon d'exposition présente comme dans un musée des luminaires de style minimaliste : beaucoup de noir et blanc, de chrome et d'acier.

À côté, **Artemide** est, comme Flos, un créateur de design original, également connu à l'étranger. Son élégant salon d'exposition romain présente des luminaires high-tech raffinés et plutôt chers. **Borghini**, qui représente des marques moins connues, est plus abordable.

Les meilleurs fabricants de luminaires d'Italie proposent leurs différents modèles chez **Obor**.

Certains artisans sont passés maîtres dans cet art. Le sculpteur **Paolo Marj**, par exemple, travaille divers matériaux tels que le verre, le bois ou le plastique pour créer des lampes qui sont de véritables œuvres d'art. Vous pourrez également acheter des sculptures originales réalisées par l'artiste.

En Italie, les appareils électriques et d'éclairage fonctionnent sur une tension de 220-240 volts. Les luminaires sont généralement fournis avec des ampoules à vis, mais certains modèles peuvent également fonctionner avec des ampoules à baïonnette.

CUISINES ET SALLES DE BAINS

S'il n'est pas question d'en rapporter une chez vous, vous aurez peut-être envie de découvrir les cuisines italiennes ultra-modernes.

Pour une vue d'ensemble des derniers modèles, allez chez **Arclinea**, près du pont Garibaldi, pour son choix de créations sur l'équipement des cuisines. Les cuisines présentées chez **Emporio Cucina**, près de la piazza Navona, sont tout aussi fascinantes.

Les magasins de salles de bains proposent presque exclusivement des créations contemporaines, dont certaines affichent un luxe décadent. **Ravasini** vend des installations très décoratives et des accessoires assortis. **Materia** distribue également les derniers modèles.

CARRELAGES

Les carrelages en céramique sont une ancienne tradition italienne. Les magasins de cuisine et de salles de bains en exposent, mais il existe aussi une ou deux boutiques spécialisées.

Ceramiche Musa est spécialisé dans le carrelage contemporain, aux motifs floraux ou antiques, très appréciés des visiteurs.

VERRERIE

Les objets en verre décoratifs constituent des achats très recherchés à Rome. **Murano Più**, juste derrière la piazza Navona, vend des objets en verre, en provenance de Murano, entre autres, à des prix raisonnables. Le magasin est ouvert le dimanche (ce qui peut être utile pour tous ceux qui effectuent un bref séjour à Rome).

Archimede Seguso est également spécialisé dans le verre de Murano, mais propose des pièces plus petites qui pourront faire de jolis cadeaux.

Arteque est une superbe boutique, de caractère plus traditionnel.

Pour des cadeaux plus accessibles, essayez **Stilvetro** qui vend des plats à pâtes, des verres et des céramiques.

La plupart de ces magasins proposent un service d'expédition à domicile, ce qui facilite grandement vos achats.

TISSUS

Il Sigillo est spécialisé dans les très beaux tissus d'ameublement et le papier peint à commander sur échantillons.

Chez **Cesta**, vous pourrez trouver toutes sortes de tissus somptueux, certains sont vendus à prix soldés.

Si vous recherchez la bonne affaire, flânez dans le vieux quartier juif entre le largo Argentina et le Tibre, qui regorge de boutiques de tissus bon marché comme **Paganini**. Lors des soldes *(p. 334)*, les fins de série *(scampoli)* y sont souvent bradées.

LINGE DE MAISON ET USTENSILES DE CUISINE

Les magasins d'articles pour la maison sont très nombreux à Rome. On trouvera de ravissants draps chez **Frette**. Si vous aimez les ustensiles de cuisine design, ne manquez pas **C.u.c.i.n.a.**, qui propose des casseroles et des poêles de style rustique ou high-tech, des accessoires du monde entier et des objets inventifs,

permettant parfois un gain de place considérable, pour la cuisine.

House & Kitchen, juste à côté de la piazza Venezia, est spécialisé dans les articles pour la table et la cuisine. Vous y trouverez les gadgets les plus originaux pour la maison.

La pizzeria romaine **'Gusto** *(p. 331)* offre aussi une ligne intéressante d'ustensiles de cuisine dans sa petite boutique du rez-de-chaussée.

Sans oublier **Limentani**, dont la boutique située dans un sous-sol du vieux ghetto regorge d'idées cadeaux à petit prix parmi un choix extraordinaire d'articles ménagers et d'ustensiles de cuisine en argenterie, porcelaine et cristal.

ADRESSES

MOBILIER

Benedetti
Via Marmorata 141.
Plan 8 D3.
Tél. 06 574 6610.

Confalone
Piazza Cairoli 110.
Plan 12 D4.
Tél. 06 6880 3684.

Decoration 2000
Via dei Prefetti 3.
Plan 4 F3 et 12 D1.
Tél. 06 687 3742.
et piazza Nicosia 33.
Plan 11 C1.
Tél. 06 6839 2064.

Fattorini
Via Arenula 55.
Plan 12 D5.
Tél. 06 6813 6615.

Spazio Sette
Via dei Barbieri 7.
Plan 4 F5 et 12 D4.
Tél. 06 6880 4261.

LUMINAIRES

Artemide
Via Margutta 107.
Plan 4 F1.
Tél. 06 3600 1802.

Borghini
Via Belsiana 87-89.
Plan 4 F2.
Tél. 06 679 0629.

Flos
Via del Babuino 84.
Plan 5 A2.
Tél. 06 320 7631.

Obor
Piazza San Lorenzo
in Lucina 28.
Plan 12 E1.
Tél. 06 687 1496.

Paolo Marj
Piazza del Fico 21A.
Plan 11 B3.
Tél. 06 6880 7707.

CUISINES ET SALLES DE BAINS

Arclinea
Lungotevere
dei Cenci 4B.
Plan 4 F5 et 12 D5.
Tél. 06 686 5104.

Emporio Cucina
Piazza delle Cinque Lune
74. **Plan** 11 C2.
Tél. 06 6880 3685.

Materia
Corso Vittorio
Emanuele II 189.
Plan 11 C3.
Tél. 06 686 1896.

Ravasini
Via di Ripetta 69-71.
Plan 4 F2.
Tél. 06 322 7096.

CARRELAGES

Ceramiche Musa
Via Campo Marzio 39.
Plan 4 F3 et 12 D1.
Tél. 06 687 1242.

VERRERIE

Archimede Seguso
Via dei Due Macelli 56.
Plan 5 A2.
Tél. 06 679 1781.

Arteque
Via Giulia 13. **Plan** 4 D4 et
11 A3. *Tél. 06 687 7388.*

Murano Più
Corso Rinascimento
43-45.
Plan 4 E3.
Tél. 06 6880 8038.

Stilvetro
Via Frattina 56. **Plan** 5 A2.
Tél. 06 679 0258.

TISSUS

Celsa
Via delle Botteghe Oscure
44. **Plan** 12 E4.
Tél. 06 6994 0872.

Paganini
Via Aracoeli 23.
Plan 4 F5 et 12 E4.
Tél. 06 678 6831.

Il Sigillo
Via Laurina 15.
Plan 4 F1.
Tél. 06 361 3247.

LINGE DE MAISON ET USTENSILES DE CUISINE

C.u.c.i.n.a.
Via Mario de' Fiori 65.
Plan 5 A2.
Tél. 06 679 1275.

Frette
Piazza di Spagna 10.
Plan 5 A2.
Tél. 06 679 0673.

'Gusto
Piazza Augusto
Imperatore 7.
Plan 4 F2.

House & Kitchen
Via del Plebiscito 103.
Plan 12 E3.
Tél. 06 679 4208.

Limentani
Via del Portico d'Ottavia 48.
Plan 12 E5.
Tél. 06 6880 6949.

Livres et cadeaux

Rome offre un vaste choix de cadeaux, tant dans les boutiques touristiques du *centro storico* que dans les petites échoppes des quartiers moins fréquentés de la ville. Partir à la recherche des petites boutiques vous mènera dans des lieux intéressants que vous n'auriez sinon pas eu l'occasion de visiter. Outre des céramiques artisanales originales, vous pourrez acheter des ouvrages sur l'art et l'architecture en Italie, des articles de papeterie, des affiches de films, de magnifiques reproductions du Rome d'autrefois et des confiseries. Sans oublier les tee-shirts, statuettes et autres cartes postales à l'effigie des chefs-d'œuvre de Michel-Ange, de Raphaël et du Caravage ainsi que des objets religieux, incontournables dans la ville de la papauté.

LIBRAIRIES

Rome compte de nombreuses librairies, générales ou spécialisées, et les livres italiens, reliés ou brochés, sont souvent très beaux, mais plutôt chers. **Feltrinelli**, la plus grande chaîne de librairies d'Italie, consacre une grande partie de ses interminables rayons à la littérature italienne moderne et classique de tous genres. Via Emanuele Orlando, **Feltrinelli International** propose un grand choix de livres en langue étrangère et couvre des domaines aussi divers que la fiction, l'art, la cuisine, le tourisme ou l'histoire. Cette librairie vend aussi de superbes affiches de photographie, d'art et de cinéma, des magazines et des articles de papeterie. On y vient également pour consulter le tableau où sont affichées des offres de location ou de cours d'italien. Quelques librairies du centre sont spécialisées dans la littérature française et francophone. La **Librairie française de Rome, La Procure**, outre des ouvrages de littérature, sciences humaines, théologie et art, possède des rayons jeunesse, BD, CD et DVD. La **Cythère critique** organise également des expositions thématiques. **L'Aventure** se trouve non loin de la piazza del Popolo. La **Libreria del Viaggiatore** regorge de guides de voyage et de cartes. La **Libreria Godel** attire les amateurs de beaux

livres et **Remainder** vend des livres soldés et des jeux pour enfants, tandis que piazza Augusto Imperatore, l'**Emporio Libreria 'Gusto** (*p. 351*) a sélectionné pour les futurs chefs de superbes livres de cuisine italienne et internationale. Vous trouverez également de nombreuses soldes d'éditeur et des livres d'occasion via delle Terme di Diocleziano et au largo della Fontanella di Borghese.

MULTIMÉDIA ET MUSIQUE

Le tout nouveau **Feltrinelli** de la galleria Alberto Sordi, sur la via del Corso, et sa filiale du largo Argentina sont les plus grands magasins multimédia de Rome. En plus des rayons fiction et documentaire, on y trouve un bon choix de CD et de DVD grand public. **Ricordi** est le plus grand marchand de musique de Rome : outre un grand choix de disques, cassettes et CD, ses quatre magasins du centre-ville vendent des instruments et des partitions.

PAPETERIE

Près du Panthéon, la librairie florentine **Il Papiro** vend un grand choix d'articles de papeterie – carnets, agendas, enveloppes et magnifiques coffrets-cadeaux de sceaux et de cire. Dans la même veine, **Laboratorio Scatole** propose une large gamme de jolis carnets marbrés, de papier

à lettres, de dossiers et de boîtes de toutes tailles. **Pineider**, le fournisseur de papier à lettres du tout Rome, imprime de superbes cartes de visite. Moins traditionnel, **Vertecchi** fourmille d'articles originaux : boîtes de tailles et formes diverses, serviettes en papier et joli papier cadeau. Le fabuleux **Fabriano** présente quant à lui sa propre ligne de papier à lettres et de carnets.

AFFICHES ET REPRODUCTIONS

Près de la piazza Navona, **L'Image** offre un grand choix d'affiches d'art, de photographie et de cinéma, ainsi que quelques articles de papeterie, souvenirs et calendriers. Pour les amateurs d'art, la **galleria Trincia**, près du Panthéon, vend à des prix raisonnables des reproductions de belle qualité des peintures de Rome du XVIIe siècle et des aquarelles. La boutique effectue aussi des travaux de restauration. Pour de magnifiques affiches d'expositions, autres souvenirs et cartes postales stylisées, rendez-vous dans les boutiques des musées, comme **Il Chiostro del Bramante**, près de la piazza Navona, ou **Complesso del Vittoriano**, près du Forum.

ARTISANAT ET DESIGN

Au centre de Rome, la via del Pellegrino est bordée de petites boutiques spécialisées. **Le Tre Ghinee** se consacre à la céramique et à la verrerie, tandis que l'atelier **Solo** vend des articles de maroquinerie et des bijoux originaux. Si vous aimez le design contemporain, ne manquez pas la visite du **palazzo delle Esposizioni** (*p. 164*), où sont réunies toutes sortes d'objets créés par des designers célèbres. Pour un cadeau vraiment original, allez à la **Bottega del Marmoraro**, un atelier reproduisant d'antiques inscriptions romaines et pompéiennes sur une plaque de marbre au choix du client.

SOUVENIRS ET OBJETS RELIGIEUX

La plupart des bureaux de tabac du centre-ville vendent des cartes postales, des timbres et divers souvenirs. Les étals installés près des lieux touristiques proposent également de nombreux souvenirs bon marché et parfois d'un kitsch absolu. Les librairies à proximité des grandes basiliques, comme la **Libreria Belardetti**, vendent des souvenirs laïcs et religieux. D'autres boutiques sont spécialisées dans les saint-sulpiceries. En face des portes du Vatican, via di Porta Angelica, plusieurs magasins, comme **Al Pellegrino Cattolico**, proposent des souvenirs de pèlerinage.

CONFISERIES

Outre les nombreux cafés qui vendent des pâtisseries et des confiseries à emporter *(da portare via)*, un certain nombre de boutiques spécialisées méritent que vous fassiez un détour. Près de la piazza Navona, la petite **La Deliziosa** *(p. 331)* propose un grand choix de pâtisseries italiennes, avec une mention spéciale pour les desserts à base de ricotta. Plus loin du centre, au sommet de la via Gregorio XII, le long des remparts du Vatican, **Siciliana Svizzera** est réputée pour être le meilleur endroit de Rome où déguster des spécialités siciliennes comme les *cannoli* et les *cassate*.

Pour un magnifique assortiment de biscuits italiens frais et appétissants à savourer en toute occasion, rendez-vous chez **Cipriani** *(p. 330)* dans l'Esquilin, près de Termini, ou traversez le Tibre. Dans le Trastevere, la *pasticceria* **Innocenti** *(p. 333)* est fameuse pour ses biscuits fins (notamment à base d'amandes, de pignons de pin et de miel).

ADRESSES

LIBRAIRIES

Cythère critique
Via dei Banchi Nuovi 6.
Plan 11 A2. **Tél.** 06 683 23 28.

Emporio Libreria 'Gusto
Piazza Augusto Imperatore 7. **Plan** 4 F2.
Tél. 06 323 6363.

Feltrinelli
Largo Argentina 5A. **Plan** 4 F4. **Tél.** 06 6880 3248. et Galleria Alberto Sordi 31-35. **Plan** 12 E2.
Tél. 06 6975 5001.

Feltrinelli International
Via E. Orlando 84-86. **Plan** 5 C3. **Tél.** 06 482 7878.

L'Aventure
Via del Vantaggio 21. **Plan** 4 F1. **Tél.** 06 32 02 360.

Librairie française de Rome
Piazza San Luigi dei Francesci 23. **Plan** D2.
Tél. 06 683 07 598.

Libreria del Viaggiatore
Via del Pellegrino 78.
Plan 11 B3.
Tél. 06 6880 1048.

Libreria Godel
Via Poli 46. **Plan** 12 F2.
Tél. 06 679 8716.

Remainder
Piazza San Silvestro 28.
Plan 12 E1.
Tél. 06 679 2824.

MULTIMÉDIA ET MUSIQUE

Feltrinelli
Voir Librairies.

Ricordi
Via del Corso 506.
Plan 12 E1.
Tél. 06 361 2370.

PAPETERIE

Fabriano
Via del Babuino 173.
Plan 4 F2.
Tél. 06 3260 0361.

Laboratorio Scatole
Via della Stelletta 27.
Plan 12 D2.
Tél. 06 6880 2053.

Il Papiro
Via del Pantheon 50 (menant à Via d'Orfani).
Plan 12 D2.
Tél. 06 679 5597.

Pineider
Via dei Due Macelli 68.
Plan 12 F1.
Tél. 06 679 5884.

Vertecchi
Via della Croce 70.
Plan 4 F2.
Tél. 06 332 2821.

AFFICHES ET REPRODUCTIONS

Il Chiostro del Bramante
Via della Pace 5.
Plan 11 C2.
Tél. 06 880 9098.

Complesso del Vittoriano
Via San Pietro In Carcere.
Plan 5 A5.
Tél. 06 678 0664.

Galleria Trincia
Via Laurina 12. **Plan** 4 F1.
Tél. 06 361 2322.

L'Image
Via della Scrofa 67.
Plan 12 D2.
Tél. 06 686 4050.

ARTISANAT ET DESIGN

Bottega del Marmoraro
Via Margutta 53B.
Plan 5 A2.
Tél. 06 320 7660.

Le Tre Ghinee
Via del Pellegrino 90.
Plan 11 B3.
Tél. 06 687 2739.

Palazzo delle Esposizioni
Via Milano 15-17.
Plan 5 B4.
Tél. 06 4891 3361.

Solo
Via dei Baullari 146.
Plan 11 C4.
Tél. 06 687 2467.

SOUVENIRS ET OBJETS RELIGIEUX

Al Pellegrino Cattolico
Via di Porta Angelica 83.
Plan 3 C2.
Tél. 06 6880 2351.

Libreria Belardetti
Via della Conciliazione 4A.
Plan 3 C3.
Tél. 06 686 5502.

CONFISERIES

Cipriani
Via C. Botta 21.
Plan 6 D5.
Tél. 06 7045 3930.

La Deliziosa
Vicolo Savelli 50.
Plan 11 B3.
Tél. 06 6880 3155.

Innocenti
Via della Luce 21A.
Plan 7 C2.
Tél. 06 580 3926.

Siciliana Svizzera
Piazza Pio XI 10
(au bout de la via Gregorio VII).
Tél. 06 637 4974.

Galeries d'art et antiquaires

Outre les galeries d'art et les antiquaires de Rome qui proposent tous les styles de l'Antiquité à nos jours, de nouvelles boutiques sont apparues pour répondre à la vogue récente des objets contemporains : les verres de Murano ont un grand succès, comme les luminaires et les meubles. D'autres encore vendent de la brocante et des bijoux, ou des copies d'estampes anciennes à bas prix. Ne vous attendez pas à faire de bonnes affaires dans ce domaine, mais les boutiques de la via dei Cappellari et de la via del Pellegrino valent une petite visite, de même, le dimanche matin, que le marché aux puces de la porta Portese.

ANTIQUITÉS
ET TABLEAUX ANCIENS

Les meilleurs antiquaires ne sont regroupés que dans certains quartiers. Le marchandage discret est une pratique tolérée, mais même si vous obtenez une baisse de prix, veillez à ce que le vendeur vous fournisse tous les documents nécessaires à l'exportation.

La célèbre via del Babuino, et dans une moindre mesure la via Margutta, davantage réputée pour ses galeries d'art, regroupe une trentaine d'antiquaires. Vous y trouverez du mobilier ancien, des tableaux de maître et des objets d'art très chers.

Cesare Lampronti, la boutique du marchand d'art, Cesare Lampronti et de son associé Carlo Peruzzi, possède les meilleurs tableaux européens du XVIe au XVIIe siècles, avec une majorité d'œuvres romaines et italiennes.

Amedeo di Castro vend depuis quatre générations des bas-reliefs ainsi que des meubles du XVIIIe siècle et du début du XIXe siècle.

Plus de vingt antiquaires de grande qualité sont regroupés via Giulia (p. 153). **Antichità Cipriani** mérite absolument une visite : Paola Cipriani y rassemble un mobilier et des tableaux néoclassiques à l'élégante simplicité, et vend à l'occasion des pièces modernes. **Antiquario Valligiano** est l'unique magasin de Rome spécialisé dans le mobilier campagnard italien du XIXe siècle, antidote rustique à la prédominance

grandiose du baroque.

Dans la rue parallèle, via Monserrato, on pourra dénicher des objets de qualité légèrement inférieure, mais à des prix plus abordables. De nombreuses boutiques sont situées au nord de la via Giulia. La petite boutique **Mario Prilli**, via Banchi Nuovi, regorge d'antiquités variées.

La via dei Coronari est consacrée presque exclusivement aux antiquités – vases, secrétaires et consoles baroques et Empire – et plus de 40 magasins bordent les trottoirs de cette rue pittoresque. Les prix sont en rapport avec la qualité.

Ad Antiqua Domus vend des meubles italiens, notamment des imitations de la Rome antique réalisées au XIXe siècle.

L'Art Nouveau est spécialisé dans l'art du même nom (souvent appelé Liberty ici). L'**Art Deco Gallery** vend du mobilier et des sculptures des années 1930.

Piero Taloni propose une superbe collection de luminaires de styles baroque à Art déco. **Antichità Arredamenti** est également spécialisé dans le luminaire italien et les chandeliers.

Un peu plus loin, via della Stelletta, on trouvera quelques boutiques originales.

Acanto est une caverne d'Ali Baba à prix modiques, proposant un mélange éclectique d'objets d'art, de souvenirs religieux, de curiosités et d'estampes.

Bilenchi est spécialisé dans les lampes du début du XXe siècle. Le quartier de la via del Boschetto et de la via

Panisperna est relativement peu connu. Ici, les antiquaires sont plutôt spécialisés dans les objets du début du XXe siècle ou victoriens.

Vous découvrirez dans la grande galerie **Tad** des objets design du monde entier.

Il existe bien d'autres antiquaires de solide réputation, que vous découvrirez au hasard de vos balades. **Antichità Carnovale** est une charmante boutique où vous trouverez d'intéressants tableaux des XIXe et XXe siècles. La **galleria dei Cosmati**, l'un des plus anciens magasins d'antiquités de Rome est aussi l'un des plus grands. Vous y trouverez une impressionnante collection d'antiquités européennes.

Anticaja e Petrella propose une collection éclectique de bibelots et d'estampes en dessous de Sant'Andrea della Valle (p. 123).

ART MODERNE

Les nombreuses galeries d'avant-garde que compte Rome exposent des peintures des artistes modernes ou de la jeune génération, essentiellement italienne.

Les galeries d'art sont généralement ouvertes de 10 h à 13 h et de 17 h à 20 h du mardi au samedi. Certaines n'ouvrent que l'après-midi, d'autres également le lundi après-midi. L'après-midi ou le début de soirée sont les moments les plus propices pour s'y rendre.

Comme les antiquaires, les galeries d'art tendent à se regrouper dans certains quartiers. Le plus grand d'entre eux forme un triangle, le *trident*, entre la via del Babuino, la via di Ripetta et les rues adjacentes.

La via Margutta compte également plusieurs galeries prestigieuses. La **Galeria Valentina Moncada** expose des œuvres d'art contemporain, tant italiennes qu'internationales, et présente aussi la photo du XXe siècle, tandis que **Monogramma Arte**

Contemporanea expose de jeunes artistes prometteurs italiens et étrangers.

Le grand événement du quartier, c'est la foire artistique de la via Margutta *(p. 353)* qui a lieu vers Noël et au printemps.

La dynamique galerie **Fontanella Borghese** présente les œuvres d'artistes étrangers tels que Sam Francis et Andy Warhol, ainsi que des artistes italiens, dont **Boetti, Festa** et **Turcato**.

Le deuxième quartier des galeries d'art est situé via Giulia. **Galleria Giulia** est une galerie-librairie exposant le travail d'artistes comme Argeles, Boille, Cano, Cascella, Echaurren, Erba et Lionni, ainsi que des œuvres du Bauhaus et des expressionnistes allemands.

Fabio Sargentini, à L'**Attico**, suit les dernières tendances de l'art contemporain italien, de Del Giudice à Corsini et Fabiani.

Le centre-ville est le quartier des entreprises plus novatrices. Fondée en 1987, la **Galleria Bonomo**, tenue par Alessandra Bonomo, met en vedette les jeunes peintres italiens et étrangers, Schifano, Boetti, Twombly, Nunzio, Tremlett, LeWitt ou Dokoupil.

De l'autre coté du Tibre, la **galleria Lorca O'neill** est spécialisée dans l'art contemporain italien et international. Récemment, elle a notamment accueilli une exposition des nouvelles œuvres de Tracy Emin.

ESTAMPES ET PHOTOGRAPHIES

Nardeccia, du nom de son cultivé propriétaire Plinio, a la réputation justifiée d'être le *nec plus ultra* de l'estampe à Rome : on y trouve des originaux du graveur du XVIIIᵉ siècle, Piranèse, et de nombreuses vues de la Rome ancienne.

Caseli, autre institution romaine, vend des estampes depuis plus d'un siècle. La famille possède désormais deux boutiques, spécialisées dans le dessin du XVIᵉ au XIXᵉ siècles et les gravures figurant des scènes romaines, œuvres de qualité muséographique comme celles de Piranèse. Vous y trouverez aussi des scènes champêtres anonymes, à des prix relativement plus abordables.

La famille **Alinari**, basée à Florence, est célèbre pour ses vieilles photographies de l'Italie depuis 1890, et ses vues de Rome au début du XXᵉ siècle. Dans sa succursale romaine, on trouve des tirages de plaques originales à partir de 16 € et des photographies encadrées à partir de 260 €. Les grands formats peuvent être montés sur bois ou sur carton.

Mercato delle Stampe *(p. 352)* est une autre boutique qui mérite absolument une visite, si vous recherchez la gravure parfaite de l'ancienne Rome ou avez simplement envie de fouiner en toute tranquillité.

ADRESSES

Confiseries et boissons

Après avoir savouré la cuisine locale pendant votre séjour à Rome, vous aurez peut-être envie de rapporter à la maison quelques-unes des irrésistibles spécialités que vous avez découvertes. Pour cela, vous aurez le choix entre les épiceries *(alimentari)* généralistes et les boutiques spécialisées. Vous y trouverez du *pecorino romano*, du jambon de Parme, de l'huile d'olive extra-vierge, des cèpes secs, des tomates séchées, des olives, de la grappa, ainsi que d'excellents vins du Latium et d'ailleurs. Si vous souhaitez rapporter égalementdu café ou du chocolat, vous n'aurez là aussi que l'embarras du choix.

Avant de vous lancer dans vos achats alimentaires, renseignez-vous sur les restrictions douanières appliquées à certains produits et munissez-vous d'un dictionnaire de poche pour vous y retrouver.

ÉPICERIES

Près de la piazza di Spagna, les **Fratelli Fabbi** sont formidablement bien achalandés en charcuteries et fromages de toute l'Italie, ainsi qu'en vins et pétillants de qualité. **Focacci**, leur concurrent et voisin de la via della Croce, offre lui aussi un extraordinaire choix de spécialités italiennes et non loin de là, **Cambi** fait le bonheur de ses habitués avec ses produits de premier choix.
Près du Campo dei Fiori, **Antico Forno Roscioli** *(p. 328)* a ses inconditionnels et reste fidèle à sa réputation de qualité et de service.
Plus loin du centre, à Prati, **Franchi** *(p. 329)* est réputé pour être l'une des meilleures charcuteries de la capitale. En vitrine, les appétissants plateaux de fruits de mer, pâtés, fromages et charcuteries continuent d'attirer les foules.
À Testaccio, **Volpetti** est une véritable institution où qualité et service riment avec prix élevés. Fromages rares, huiles d'olive, vinaigres et un fabuleux choix de corbeilles côtoient plusieurs variétés de caviar et de lard italien (que vous pourrez même goûter avant d'acheter).
Non loin, **La Fromagerie** est bien achalandée, mais les amateurs de produits bio préféreront **Canestro**. Dans

le Trastevere, le **Ferrara Store** vend à peu près de tout, des pâtes fraîches au chocolat en passant par un étonnant choix de jambons, de fromages et d'excellents vins. Près de la via Veneto, **Carlo Gargani** propose un magnifique choix de spécialités.
Dans la gare de Termini, banlieusards et touristes ont la chance de trouver chez **Vyta** *(p. 329)* d'alléchants et roboratifs sandwichs accompagnés de vins au verre *(alla mescita)* servis au comptoir, ainsi que toutes sortes de conserves, pâtes et vins, même le dimanche.

FROMAGERIES

Les vrais amateurs de fromage trouveront un plus grand choix de produits régionaux, notamment la meilleure mozzarella de bufflonne de la ville, chez les fromagers. Dans le quartier de Pinciano, **Casa dei Latticini Micocci** fait venir des fromages de toute l'Italie, même des régions les plus reculées. Dans le Trastevere, la fromagerie familiale l'**Antica Caciara Trasteverina** propose un vaste assortiment de spécialités régionales, dont la ricotta de brebis et la *toma del fen* piémontaise. Les magasins **Cisternino** vendent des fromages locaux à prix correct.

CHOCOLATERIES

À Rome, un certain nombre de boutiques spécialisées répondent désormais à la demande croissante de produits alimentaires de luxe. Dans le *centro storico*, **Chocolat** vend des chocolats de marque et de fabrication maison, et organise des dégustations et des repas entre amateurs. Près de la piazza di Spagna, l'**Albero del Cacao** est le spécialiste du chocolat noir et au lait, aux noix et aux céréales. Près du Panthéon, **Moriondo e Gariglio** est fidèle aux spécialités piémontaises qui lui ont valu sa réputation. Dans le Trastevere, **La Fabbrica del Cioccolato** élabore des décoctions originales mais intéressantes comme le chocolat blanc fourré à la liqueur de citron et le chocolat noir au gingembre. **Rivendita di Cioccolato e Vino** *(p. 330)* est une autre bonne adresse.

BARS À VINS

On trouve généralement un bon choix de vins italiens à des prix raisonnables dans les *alimentari* et les supermarchés, mais aussi et surtout dans les nombreuses *enoteche (p. 328)* de Rome qui, en plus d'être des bars à vins, voire parfois des restaurants, vendent des vins, des liqueurs, des spiritueux et des bières sélectionnés avec soin.
Dans le centre, le petit mais accueillant **Mr Wine** propose un grand choix de vins italiens, quelques vins français, ainsi que des mousseux, whiskys, grappas, rhums, liqueurs et des spécialités italiennes.
Au Campo dei Fiori, **La Vineria** *(p. 328)*, une véritable institution dans l'univers des bars à vins, vous ouvre sa belle cave à des prix compétitifs.
Plus connu pour ses pizzas napolitaines, son restaurant chic et son bar à vins animé, le **'Gusto** *(p. 328)*

de la piazza Augusto Imperatore vend également une incroyable sélection de vins. Ne manquez pas non plus sa boutique d'accessoires de cuisine design et de livres de cuisine italienne et internationale.

Dans le centre, faites une halte à l'**Achilli Enoteca al Parlamento** *(p. 328)* et à l'**Enoteca del Corso**, en particulier si vous voulez vous détendre devant un apéritif raffiné en choisissant vos vins. **Ferrazza** *(p. 362)* à San Lorenzo, et **Il Vinaietto** près

du Campo dei Fiori, méritent également une mention spéciale pour leur cave et leur ambiance animée. Dans le Trastevere, le **Bernabei** assure un bon rapport qualité-prix, tout comme le familial **Trimani** *(p. 328)*, près de Termini, qui offre en plus un étonnant choix de vins et de spiritueux de qualité.

Ne manquez pas non plus l'impressionnant **Costantini** de la piazza Cavour, **Palombi** à Testaccio pour la bière, et **Marchetti**, le rendez-vous des œnologues avertis, à Pinciano.

BRÛLERIES

On trouve du café italien dans le monde entier depuis des années, mais si vous cherchez des produits plus rares ou plus exotiques, rendez-vous à Monti, où l'**Antico Caffè del Brasile** *(p. 330)* propose quatre savoureux mélanges, des grands crus brésiliens aux mélanges plus économiques. À l'ombre du Panthéon, le vénérable **Tazza d'Oro** *(p. 104)* présente également un choix fantastique de mélanges, dont le roi des cafés : le Blue Mountain jamaïcain.

ADRESSES

ÉPICERIES

Cambi
Via del Leoncino 30.
Plan 12 D1.
Tél. 06 687 8081.

Canestro
Via Luca della Robbia 12.
Plan 8 D2.
Tél. 06 574 6287.

Carlo Gargani
Via Lombardia 15.
Plan 5 B2.
Tél. 06 474 0865.

Ferrara Store
Via del Moro 1A.
Plan 7 C1.
Tél. 06 5833 3920.

Focacci
Via della Croce 43.
Plan 4 F2.
Tél. 06 679 1228.

Franchi
Via Cola di
Rienzo 200.
Plan 3 C2.
Tél. 06 687 4651.

Fratelli Fabbi
Via della Croce 28.
Plan 4 F2.
Tél. 06 679 0612.

La Fromagerie
Piazza Testaccio 35.
Plan 8 D2.
Tél. 06 5725 0185.

Roscioli
Via dei Giubbonari 21.
Plan 11 C4.
Tél. 06 687 5287.

Volpetti
Via Marmorata 47.
Plan 8 D2.
Tél. 06 574 2352.

Vyta
Galleria Termini
(gare Termini).
Plan 6 D3.
Tél. 06 4201 4301.

FROMAGERIES

Antica Caciara Trasteverina
Via San Francesco a Ripa 140A/B.
Plan 7 C1.
Tél. 06 581 2815.

Casa dei Latticini Micocci
Via Collina 14-16.
Plan 6 D2.
Tél. 06 474 1784.

Cisternino
Vicolo del Gallo 18-19.
Plan 11 C4.
Tél. 06 687 2875.

CHOCOLATERIES

L'Albero del Cacao
Via di Capo le Case 21.
Plan 12 F1.
Tél. 06 679 5771.

Chocolat
Via della Dogana Vecchia 12. **Plan** 12 D3.
Tél. 06 6813 5545.

La Fabbrica del Cioccolato
Via San Francesco a Ripa 27. **Plan** 7 C1.
Tél. 06 5833 4043.

Moriondo e Gariglio
Via del Piè di Marmo 21.
Plan 12 E3.
Tél. 06 699 0856.

Rivendita di Cioccolato e Vino
Vicolo del Cinque 11A
Plan 11 B5.
Tél. 06 5830 1868.

BARS À VINS

Achilli Enoteca al Parlamento
Via dei Prefetti 15.
Plan 12 D1.
Tél. 06 687 3446.

Bernabei
Via San Francesco
a Ripa 48.
Plan 7 C1.
Tél. 06 581 2818.

Costantini
Piazza Cavour 16.
Plan 11 B1.
Tél. 06 321 3210.

Enoteca del Corso
Corso Vittorio Emanuele II 293-295.
Plan 11 A2.
Tél. 06 6880 1594.

Ferrazza
Via dei Volsci 59.
Plan 6 F4.
Tél. 06 490 506.

'Gusto
Piazza Augusto
Imperatore 9.
Plan 4 F2.
Tél. 06 322 6273.

Marchetti
Via Flavia 28.
Plan 5 C2.
Tél. 06 474 1745.

Mr Wine
Piazza del Parlamento 7.
Plan 12 E1.
Tél. 06 6813 4141.

Palombi
Piazza Testaccio 38.
Plan 8 D3.
Tél. 06 574 6122.

Trimani
Via Goito 20.
Plan 6 D2.
Tél. 06 446 9661.

Il Vinaietto
Via Monte della
Farina 37-38.
Plan 12 D4.
Tél. 06 6880 6989.

La Vineria
Campo del Fiori 15.
Plan 11 C4.
Tél. 06 6880 3268.

BRÛLERIES

Antico Caffè del Brasile
Via dei Serpenti 23.
Plan 5 B4.
Tél. 06 488 2319.

Tazza d'Oro
Via degli Orfani 84.
Plan 12 D4.
Tél. 06 678 9792.

Marchés en plein air

Ne manquez pas de faire un tour sur les marchés de Rome si vous souhaitez goûter à l'exubérance décontractée et bon enfant qui fait la réputation du Romain. C'est aussi une fête pour les yeux car les commerçants savent faire de l'étalage du légume le plus humble une véritable œuvre d'art.

Outre les nombreux petits marchés de quartier qui parsèment la capitale, plusieurs marchés importants sont situés en centre-ville, sans parler du célèbre marché aux puces du Trastevere.

Ouvrez l'œil car les pickpockets travaillent vite et profitent de la cohue pour se fondre dans la foule. Mais ne laissez pas cet avertissement gâcher votre plaisir à flâner et à vous perdre dans les marchés romains.

Les foires de rue qui ont lieu à diverses époques de l'année méritent également une visite, pourvu que l'une d'elles coïncide avec votre séjour.

On y trouve en général un grand choix de produits locaux, d'objets artisanaux et de vêtements. Vous pourrez également faire vos emplettes lors des foires saisonnières qui ont lieu vers Noël.

Campo dei Fiori

Piazza Campo dei Fiori. **Plan** 4 E4 et 11 C4. 🚍 40, 46, 62, 64, 70, 81, 116, 492, 628. 🚃 8. ⊙ lun.-sam. 7h-13h30. Voir p. 146.

Au cœur de la vieille ville, le marché le plus pittoresque de Rome est aussi le plus historique. Son nom, qui signifie champ de fleur, peut parfois faire croire qu'il s'agit d'un marché aux fleurs. En fait, Campo dei Fiori proviendrait de Campus Florae (« cour de Flora », qui fut la maîtresse de Pompée, le grand général romain). Cette place, aujourd'hui plutôt sans attrait, accueille un marché depuis de nombreux siècles.

Chaque matin, sauf le dimanche, la place se couvre d'étalages multicolores de fruits et légumes, de viandes, de volailles et de poissons. Certains marchands proposent des légumes et des fruits secs, du riz et des noix, tandis que d'autres vendent des fleurs près de la fontaine. Mais ce sont les grands paniers ouverts, remplis de brocolis et d'épinards épluchés, de légumes émincés pour le minestrone et de salades vertes préparées qui en constituent la grande attraction, un véritable festival de couleurs alléchantes.

Les excellentes épiceries fines de la place et les boulangeries qui complètent le décor pourvoiront aux ingrédients d'un pique-nique improvisé si vous êtes tenté par un déjeuner *al fresco* dans l'un des nombreux parcs de Rome.

Mercato delle Stampe

Largo della Fontanella di Borghese. **Plan** 4 F3 et 12 D1. 🚍 81, 116, 117, 492, 628. ⊙ lun.-sam. 7h-13h.

C'est le paradis des amateurs de vieilles estampes, de livres (de collection ou d'occasion), de revues et autres imprimés anciens. Si la qualité est souvent inégale, le marché est bien plus spécialisé que les *branche*, ou éventaires, installés près de la gare Termini, et qui ressemblent davantage à des pièges à touristes. Les collectionneurs pourront feuilleter tout à loisir les exemplaires de revues rares, les autres découvriront les magnifiques livres d'art et les vieilles estampes. C'est l'endroit où dénicher la gravure de Piranèse représentant votre vue favorite de Rome, ruine ou église, mais attendez-vous à de difficiles marchandages.

Mercado dei Fiori

Via Trionfale. **Plan** 3 B1. Ⓜ Ottaviano-S. Pietro. 🚍 23, 51, 70, 490. ⊙ mar. 10h30-13h.

À côté de la via Andrea Doria, le marché aux fleurs, réservé aux professionnels, n'est ouvert au public que le mardi. Abrité dans une halle à deux niveaux, le marché est réparti en fleurs coupées (au premier étage) et en plantes en pot (au rez-de-chaussée). Quiconque s'intéresse aux fleurs y découvrira un très vaste choix de fleurs méditerranéennes vendues ici à un prix dérisoire.

Mercato Andrea Doria

Via Andrea Doria. **Plan** 3 B1. Ⓜ Ottaviano-S. Pietro. 🚍 23, 70, 490. ⊙ lun.-sam. 7h-13h30.

Ce marché, qui s'étendait jadis sur toute la longueur de cette large avenue, a été transféré dans un édifice couvert dernier cri. À côté des magnifiques étalages de fruits et légumes, on y trouvera d'innombrables étals de boucheries, de poissonneries et d'épiceries, ainsi qu'une intéressante section de vêtements et de chaussures. Situé au nord-ouest des musées du Vatican, un peu à l'écart des itinéraires touristiques traditionnels, il a conservé son caractère de marché populaire romain.

Nuovo Mercato Esquilino

Via Principe Amedeo. **Plan** 6 E5. Ⓜ Vittorio Emanuele II. 🚍 105. ⊙ lun.-sam. 7h-14h. Voir p. 174.

Au cœur de l'animation de la place Vittorio Emanuele II, ce marché était encore récemment le plus romain des grands marchés de la capitale.

Aujourd'hui rebaptisé, il se tient dans un nouveau site couvert, mais c'est toujours là que les *populari*, les Romains en quête de bonnes affaires, font leur marché. Les commerçants vous feront un prix si vous achetez au kilo, mais méfiez-vous des fruits un peu avancés.

Récemment, le marché s'est internationalisé avec des étalages africains et asiatiques où viennent s'approvisionner les nombreuses communautés ethniques du quartier. Courez voir ce marché pour capter l'atmosphère d'une ville traditionnelle mais en train de changer.

Mercato di Testaccio

Piazza Testaccio. **Plan** 8 D3. Ⓜ Piramide. 🚍 23, 75, 280. 🚃 3. ⊙ lun.-sam. 7h30-13h30.

Le marché couvert de Testaccio occupe la partie centrale de la place du même nom. Les quelques étalages de vêtements et chaussures bon marché situés à l'extérieur sont sans intérêt, mais l'intérieur mérite une visite. Bordée de boucheries, de poissonneries et d'épiceries, la zone centrale consacrée aux fruits et légumes est un spectacle de couleurs et de textures. Les gens du quartier y trouvent des produits frais d'excellente qualité à des prix raisonnables, et le touriste y appréciera son caractère familier et sympathique.

Porta Portese

Via Portuense et via Ippolito Nievo.
Plan 7 C3. ⛙ H, 23, 44, 75.
🚋 3, 8. ⏱ dim. 6h30-14h.

Le *mercato delle pulci* (marché aux puces) est relativement récent en termes d'histoire romaine : fondé peu après la Seconde Guerre mondiale, on dit qu'il s'est développé autour du marché noir qui prospérait en ces années difficiles à Tor di Nono, en face du castel Sant'Angelo. Les commerçants viennent parfois d'aussi loin que Naples pour y installer leurs étals au petit matin. Si vous passez par là après une nuit au Trastevere, ne manquez pas d'y jeter un œil. On y trouve tout et n'importe quoi, empilés sur les étals, dans un savant désordre : vêtements, chaussures, sacs, bagages, matériel de camping, linge de maison, ustensiles de cuisine, plantes, animaux, objets dépareillés, cassettes et C.D., disques 33 et 78 tours, etc.

Le mobilier est plutôt concentré autour de la place Ippolito Nievo, de même que les « antiquités », où il faudra fouiller longtemps dans un amoncellement de bric-à-brac avant de trouver la pièce intéressante, et commencer alors l'étape du marchandage. La technique consiste à proposer la moitié du prix demandé, puis de s'en aller. Beaucoup de personnes ne s'y livrent que pour le plaisir, mais finissent toujours par acheter quelque chose.

On y trouve également des vêtements d'occasion – vestes et blousons en cuir ou en peau de mouton pour 10 € – et nombreux sont les commerçants de la via Sannio à venir installer ici leurs étals le dimanche matin. Depuis quelques années, le marché aux puces de la porta Portese est de plus en plus fréquenté par les différents groupes ethniques ayant immigré à Rome. Le dimanche matin, c'est l'un des lieux les plus cosmopolites de la capitale.

Mercato di via Sannio

Via Sannio. **Plan** 9 C2.
Ⓜ *San Giovanni*. ⛙ 16, 81, 87.
⏱ lun.-ven 8h-13h, sam. 8h-18h.

Dans les années 1960 et 1970, ce marché était l'équivalent romain du Sentier à Paris. Aujourd'hui, il semble banal - étals disparates de vêtements bon marché, chaussures, sacs, ceintures, bijoux, jouets, ustensiles de cuisine et cassettes audio. Mais au bout de la rue, le grand marché couvert qui remonte jusqu'au mur d'Aurélien *(p. 196)* abrite le paradis du fouineur, de nombreux éventaires regorgeant de vêtements d'occasion à très bas prix, de

surplus militaires, de matériel de camping et de pêche.

Certains de ces commerçants s'installent au marché aux puces de la porta Portese le dimanche.

Les marchés de quartier

⏱ *en général* lun.-sam 7h-13h.
Piazza delle Coppelle (**Plan** 4 F3 et 12 D2), près du Panthéon, est probablement le plus pittoresque des marchés de la capitale : c'est un petit marché d'alimentation, de fruits, légumes et fleurs, apportant une touche de couleur au cœur de la ville.

Piazza San Cosimato (**Plan** 7 C1), au Trastevere, abrite un autre marché animé, où l'on trouve également charcuteries et fromages.

Un marché plus important se trouve **via Alessandria** (**Plan** 6 D1), à Nomentana, et d'autres plus petits **via della Pace** (**Plan** 4 E4 et 11 C3) près de la piazza Navona, **via Balbo** (**Plan** 5 C4) et **via Milazzo** (**Plan** 6 E3) près de la gare Termini. Tous les marchés ont généralement au moins un étalage d'articles ménagers et de gadgets de cuisine italiens.

LES FOIRES DE RUE

La foire de rue est un phénomène particulier à Rome qui mérite vraiment une visite :

La **Tevere Expo** a lieu chaque année entre la mi-juin et la mi-juillet sur les deux rives du fleuve, entre les ponts Sant'Angelo et Cavour. Elle est consacrée à l'artisanat régional et aux produits alimentaires, pâtes, jambons, huile d'olive, vins et liqueurs, souvent moins chers que dans les épiceries. La foire ouvre le soir, de 18 h à 1 h du matin. Le modique droit d'entrée comprend parfois la traversée du Tibre en bateau. Deux foires aux antiquaires, appelées **Fiera dell' Antiquariato** sont organisées via dei Coronari. La première débute durant la seconde quinzaine de mai, tous les jours de 10 h à 13 h et de 16 h à 23 h. La nuit, la rue recouverte de moquette est éclairée aux flambeaux. La seconde a lieu via dell'Orso à la mi-octobre (parfois fin septembre), lun.-jeu. 15 h-23 h, ven.-dim. 10 h-23 h. On y trouve également de la maroquinerie, des bijoux et des cadeaux.

La **Foire artistique de la via Margutta** a généralement lieu vers Noël et au printemps. Organisé dans l'une des plus charmantes des rues chic de Rome, c'est un événement à ne pas manquer, plutôt pour regarder, car les prix sont très élevés. Le sommet de l'élégance,

c'est le **Show Alta Moda des Escaliers de la piazza di Spagna**, une manifestation récente n'ayant pas encore de date fixe (généralement durant la seconde quinzaine de juillet). Les quelques places assises sont réservées aux invités, mais le public peut assister de loin aux présentations de la haute couture italienne.

La traditionnelle **foire de Noël** de la piazza Navona (de la mi-décembre au 6 janvier), a un peu perdu de son lustre, mais fascine toujours les enfants. Les stands de santons et de confiseries (bonbons en forme de morceau de charbon) demeurent l'attraction principale. **Natale Oggi** se déroule à Noël, à la nouvelle Fiera di Roma, dans le quartier Portuense. Pour découvrir des festivités typiquement italiennes, allez y faire un tour.

Via Giulia est le cadre de diverses foires artistiques, et de nocturnes où antiquaires et galeries d'art offrent un cocktail à chaque visiteur. Chaque année, le Trastevere organise vers la fin juillet pour carnaval, la **Festa de'Noantri**. La foule prend alors d'assaut le viale Trastevere occupé par les étals de *porchetta (p. 355)*, de lampions, et de cadeaux. Nos informations ne sont données qu'à titre indicatif : vérifiez sur place ou auprès des offices de tourisme *(p. 375)*.

SE DISTRAIRE À ROME

Les spectacles à Rome se déroulent toujours dans une ambiance particulière : essayez d'assister à un opéra ou à un match de football, que l'on soit amateur ou non, l'atmosphère vaut le déplacement. La scène jazz est également remarquable : de nombreuses stars nationales et internationales se produisent ainsi que des musiciens du cru. Concerts et spectacles prennent une dimension supplémentaire lorsqu'on y assiste sous un ciel étoilé, dans l'une des nombreuses arènes de la ville. Malgré la fermeture générale des boutiques et restaurants en août, l'été romain est la saison privilégiée des événements culturels. Les squares Renaissance, les grands parcs, les jardins des villas, les ruines antiques et de nombreux autres sites accueillent d'importants festivals, mais si vous préférez le sport, ou les boîtes de nuit, Rome saura aussi vous satisfaire.

Gregory Peck et Audrey Hepburn dans *Vacances romaines*

INFORMATION

La source de renseignements la plus pratique, c'est *Trovaroma*, le supplément hebdomadaire du journal *La Repubblica* (jeudi), qui donne la liste et les adresses des spectacles, expositions, pièces de théâtre, films,

Saxophoniste à l'Alpheus *(p. 358)*

visites guidées, restaurants et distractions pour enfants. L'hebdomadaire des spectacles *Roma c'è* donne des indications de même nature, avec un cahier en anglais, ainsi que le magazine *Time Out Roma* qui paraît occasionnellement. Les quotidiens comme *Il Messaggero*, *Il Manifesto* et *La Repubblica* publient la liste des spectacles du jour.

Le magazine *Wanted in Rome* offre des renseignements moins détaillés en anglais. On trouve ces périodiques chez les marchands de journaux de la via Veneto ou dans les librairies anglaises. Très pratique également, *L'Evento*, disponible au début de

chaque mois à l'office de tourisme APT *(p. 375)*, informe sur les concerts, les festivals, les théâtres et les expositions à Rome et dans les environs.

RÉSERVATION

La réservation n'est pas une pratique courante en Italie, cependant l'agence **Orbis** et le service Internet **Ticketeria** prendront vos réservations (moyennant une petite commission). Les théâtres ne prennent pas de réservation par téléphone : vous devrez vous déplacer et acquitter d'un supplément de *prevendita* (environ 10 % du prix du billet) pour tout billet acheté à l'avance. Une place de théâtre coûte entre 8 et 52 €.

Les billets d'entrée aux concerts classiques, généralement vendus sur place, ne sont parfois valables que pour le soir même, ce qui permet de

se décider à la dernière minute. L'opéra fait exception : les billets sont vendus des mois à l'avance, sauf quelques places

Concert au Caffè Latino *(p. 358-359)*

disponibles deux jours avant le concert. Il est d'ordinaire plus facile (et moins cher) d'obtenir des places pour le festival estival de Rome, anciennement appelé festival des thermes de Caracalla.

Le bureau de location du **teatro dell'Opera** *(p. 357)* vend des billets pour les saisons d'été et d'hiver, avec un système de réservation informatisé.

On pourra se procurer des billets pour les grands concerts de rock ou de jazz chez **Orbis**, et dans les grands magasins de musique comme **Ricordi**. Vous aurez du mal à trouver un billet pour une représentation affichant complet :

Danseur de la troupe contemporaine Momix *(p. 357)*

la revente des billets au marché noir est une pratique rare et prohibée, sauf pour les grands matchs de football.

BILLETS À TARIF RÉDUIT

Les théâtres et les salles de spectacle ne vendent pas de billets à tarifs réduits, mais le guichet **Sportello Last Minute** propose jusqu'à 50 % de réduction sur les spectacles le jour même de la représentation. En semaine, certains cinémas accordent 30 % de remise aux plus de 60 ans et aux handicapés. Beaucoup de cinémas proposent des tickets à prix réduits pour la séance de l'après-midi une fois par semaine et pour toutes les séances le mercredi.

Certaines boîtes de nuit offrent parfois des réductions : la mention *due per uno* dans les bars vous permettra d'obtenir une entrée pour deux personnes au prix d'une seule.

AMÉNAGEMENT POUR HANDICAPÉS

Rares sont les endroits à Rome aménagés pour les personnes à mobilité réduite : la plupart des touristes handicapés trouveront donc la vie difficile. Les choses s'améliorent un peu en été, lorsque de nombreux spectacles ont lieu en plein air. Les concerts classiques organisés dans les superbes jardins de la villa Giulia *(p. 262-263)* ont un accès fauteuil roulant. Pour tout ce qui concerne les aménagements, voir page 375.

Le teatro dell'Opera *(p. 356)*

Concert dans les thermes de Caracalla

SPECTACLES EN PLEIN AIR

Les opéras, films, concerts classiques ou de jazz en plein air remplissent le calendrier de la fin juin au début septembre. À Rome, ces spectacles sont souvent donnés dans un cadre spectaculaire.

Certains sont des événements majeurs, d'autres des soirées plus intimes, comme un récital de guitare dans les cloîtres de Santa Maria della Pace *(p. 121)* ou un concert de jazz dans les superbes jardins de la villa Doria Pamphilj *(p. 267)*. Les soirs d'été, de nombreux cinémas retirent leurs plafonds ou s'installent dans des amphithéâtres pour des projections en plein air, comme le Cineporto, le long du Tibre, et le Festival di Massenzio, qui organise également de petites expositions en juillet et août. Les théâtres s'installent aussi à l'extérieur en été. Le répertoire classique grec et romain est joué à Ostia Antica *(p. 270)*. Des spectacles ont lieu à l'anfiteatro Quercia del Tasso *(p. 361)*.

RomaEuropa, le festival le plus important de l'automne, organise ses principaux spectacles à la villa Médicis. Bien d'autres festivals plus confidentiels ont lieu à diverses époques de l'été : pour le détail des dates et des lieux, qui changent

Représentation du Barbier de Séville

chaque année, consultez les journaux ou Internet. Plus traditionnelle, la Festa de'Noantri *(p. 59)* est une fête religieuse qui se déroule dans le quartier du Trastevere le samedi suivant le 16 juillet, avec musique, feux d'artifice et processions. Les manifestations liées à la fête se prolongent en août. La Festa dell'Unità, organisée par le PSD, ne se limite pas à la politique, et a généralement lieu en été : c'est l'équivalent italien de la fête de l'Humanité.

Mais si vous ne souhaitez pas organiser vos loisirs de manière trop rigide, vous pouvez participer au sport favori des romains, la *passeggiata* (la promenade du soir), piazza Navona *(p. 120)* et le long de la via del Corso.

AGENCES DE SPECTACLES

**Box Office
(à l'intérieur de Feltrinelli)**
Galleria Alberto Sordi 31-35.
Plan 12 E2. **Tél.** 06 679 4957.
Guichet de location pour concerts classiques, rock, pop et jazz, et certains événements sportifs.

Orbis
Piazza dell'Esquilino 37.
Plan 6 D4. **Tél.** 06 474 4776.

Sportello Last Minute
Largo Corrado Ricci 1.
Plan 5 B5. **Tél.** 06 4891.
◯ mar.-sam. 11h-20h, dim. 11h-16h.

SITES WEB UTILES

www.helloticket.it
www.listicket.it
www.romaturismo.it
www.ticketeria.it

Musique classique et danse

Les concerts de musique classique sont donnés dans des lieux très divers : s'il est difficile de se procurer des places pour une première à l'Opéra, les concerts organisés dans les jardins, églises, villas ou ruines sont bien plus accessibles. Des interprètes et des orchestres de renommée internationale, comme Placido Domingo, le philarmonique de Berlin ou la danseuse étoile Sylvie Guillem, se produisent à Rome.

Les productions sont généralement internationales, mais il existe des festivals consacrés aux compositeurs italiens comme Palestrina, le maître de la musique sacrée polyphonique du XVIe siècle, ou Arcangelo Corelli, le créateur du *concerto grosso* baroque.

CONCERTS DANS LES ÉGLISES

Les amateurs de musique classique trouveront leur bonheur dans le riche répertoire que proposent les églises de Rome. Ces concerts, exclusivement de musique sacrée selon un décret de Jean-Paul II, ont davantage lieu en soirée que durant la messe elle-même.

Les programmes sont affichés en ville et sur le porche des églises. Les meilleurs solistes se produisent souvent dans les grandes églises, tandis que les paroisses plus modestes accueillent fréquemment de jeunes musiciens ou des chœurs d'amateurs.

La basilique Saint-Pierre *(p. 230)*, où est donné le 5 décembre un grand concert de l'orchestre de la RAI (la compagnie de radiodiffusion nationale) auquel assiste le pape (entrée libre), possède deux chœurs. Le Coro della Cappella chante le dimanche à la messe de 10 h 30 et aux vêpres de 17 h. Le Coro della Cappella Sistina chante lorsque le pape y célèbre la messe et le 29 juin (jour de la fête de saint Pierre et saint Paul). D'importantes messes chantées ont également lieu le 25 janvier à **San Paolo fuori le Mura** *(p. 267)*, en présence du pape, le 24 juin à **San Giovanni in Laterano** *(p. 182)*, et le 31 décembre au **Gesù** *(p. 114-115)* où l'on chante le *Te Deum*. **Sant'Ignazio di Loyola** *(p. 106)* accueille aussi de grands chœurs.

On pourra entendre du chant grégorien à **Sant'Anselmo** *(p. 204)* tous les dimanches (oct.-juil.) à la messe de 8 h 30 et aux vêpres de 19 h 45.

MUSIQUE ORCHESTRALE, DE CHAMBRE ET CHORALE

L'ouverture du **parco della Musica**, dessiné par Renzo Piano, a été sans aucun doute l'événement culturel du printemps 2002. Jusque-là l'auditorium di Santa Cecilia et le **teatro dell'Opera** étaient les deux principaux auditoriums de Rome, avec leurs propres orchestres et chœurs qui proposaient des programmes variés avec des solistes internationaux.

Le **teatro Olimpico** donne d'excellents concerts de musique de chambre, parfois de la musique orchestrale et des ballets.

De nombreux concerts de musique classique ont lieu à l'**Accademia Filarmonica Romana**. Mais celle-ci est surtout renommée pour la musique de chambre et les chœurs. Une série de concerts de réputation internationale s'échelonne de la mi-octobre à la mi-mai. Les spectacles ont lieu dans la **Sala Casella** qui peut accueillir 180 personnes.

Le prix des places varie en fonction de la qualité des musiciens et des lieux. À l'**auditorium del Foro Italico**, vous pourrez acheter des places pour moins de 15 €. Il vous en coûtera de 15 à 25 € au **teatro Olimpico**, mais le prix d'une place aux grands concerts du **teatro dell'Opera** peut atteindre 80 €.

L'Associazione Musicale Romana, dédiée à la musique Renaissance et baroque, organise trois festivals annuels au **palazzo della Cancelleria** *(p. 149)* : le Festival Internazionale di Cembalo (clavecin) en mars, Musica al Palazzo en mai, et le Festival Internazionale di Organo en septembre. Les fans de musique classique devraient également aller aux concerts de l'orchestre de Rome et du Latium, au **teatro Argentina** ou au **teatro Valle** *(p. 361)*.

Jetez également un œil aux programmes du **teatro Ghione**, de l'**oratorio del Gonfalone**, ou de l'**Aula Magna dell'Università La Sapienza**, qui a l'un des programmes de musique classique et contemporaine les plus innovants.

CONCERTS EN PLEIN AIR (ÉTÉ ET AUTOMNE)

En été, des concerts ont lieu dans les cloîtres, les cours des palais et les ruines antiques. Il peut s'agir de concerts uniques, ou donnés dans le cadre d'un festival. Faites comme les Romains, ne vous décidez qu'au dernier moment, et gardez un œil sur les affiches et les pages spectacles des journaux *(p. 354)*.

Les concerts de musique classique font souvent partie de festivals comme **RomaEuropa** *(p. 355)*, mais il existe de nombreux autres festivals et concerts en plein air consacrés exclusivement à la musique classique, et notamment le Stagione Estiva dell'Orchestra dell'Accademia di Santa Cecilia donné au Ninfeo *(nymphée)* de la **villa Giulia** *(p. 262-263)*. Également appelés Concerti a villa Giulia, ces concerts commencent en juillet (prix des places autour de 12 €).

L'Associazione Musicale Romana organise en juillet Serenate in Chiostro, un programme varié de concerts dans les cloîtres de **Santa Maria della Pace** *(p. 121)*.

Les Concerti del Tempietto sont une série de concerts estivaux donnés par l'orchestre de Tempietto, chaque soir de juillet à septembre, dans l'**Area Archeologico del teatro di Marcello** *(p. 151)* ou dans le parc de la villa Torlonia.

Le Festival villa Pamphilj in Musica organise en juillet une série de concerts dans les jardins de la **villa Doria Pamphilj** *(p. 267)*, avec un programme allant de l'opéra-comique au jazz en passant par la musique du XXe siècle. On pourra écouter des fanfares dans le **giardino del Pincio** *(p. 136)*, de la fin avril à la mi-juillet, le dimanche matin généralement vers 10 h 30.

MUSIQUE CONTEMPORAINE

Le **Parco della Musica** et l'Accademia Filarmonica Romana (plus connue sous le nom de **teatro Olimpico**) incluent parfois dans leurs programmes des œuvres contemporaines, mais celles-ci sont moins populaires que les classiques, et de façon générale, il n'existe pas de lieu à Rome offrant un programme régulier de musique contemporaine.

Les noms internationaux apparaissent dans le cadre de concerts uniques à l'**Aula Magna dell'Università La Sapienza**. Le festival le plus intéressant de musique contemporaine est organisé par Nuova Consonanza en automne. Deux ou trois fois par an, la Rassegna Nuova Musica joue des œuvres de compositeurs contemporains italiens. Les pensionnaires de l'académie de France à la **villa Médicis** *(p. 135)* donnent également des concerts.

OPÉRA

Pour beaucoup, Italie et opéra sont synonymes ; si les critiques affirment (à juste titre) que l'opéra de Rome n'est de loin pas à la hauteur de la Scala de Milan ou du San Carlo de Naples, cela ne signifie pas qu'il faudra s'en désintéresser. En effet, des solistes internationaux s'y produisent *(p. 41)*, lors de premières ou de récitals. En été, *Aïda*, joué à l'extérieur, est tout simplement magnifique.

La saison du **teatro dell'Opera** débute entre novembre et janvier. Ces dernières années, il a été programmé davantage de grands opéras populaires que de productions expérimentales ou de redécouvertes du répertoire

ancien. Le prix des places varie de 17 € à 130 €.

Le teatro dell'Opera propose en juillet et août des opéras et ballets aux thermes de Caracalla (p. 197). Des œuvres de Verdi et Puccini y sont données, et même si l'acoustique n'est pas parfaite, le lieu absolument grandiose en fait une représentation exceptionnelle.

BALLET ET DANSE

À Rome, les occasions d'assister à un ballet classique ou contemporain sont peu nombreuses. La compagnie de l'Opéra, le Corpo Di Ballo del teatro dell'Opera, donne des ballets classiques ou des chorégraphies modernes au **teatro dell'Opera**.

La danse contemporaine est bien représentée dans le cadre de l'Equilibrio Festival en février ou des festivals d'été, et les compagnies étrangères (notamment les américaines issues de l'école de Moses Pendleton, Pilobolus, Momix, ISO et Daniel Ezralow) se produisent souvent au **teatro Olimpico**. Des représentations de danse expérimentale ont lieu au **teatro del Vascello**.

À la fin de l'été et à l'automne, les spectacles en plein air sont organisés dans le cadre du **Festival RomaEuropa**.

ADRESSES

Pour toute information, voir Trovorama ou les pages spectacles des journaux (p. 354 et 375).

MUSIQUE ORCHESTRALE ET DE CHAMBRE

Accademia Filarmonica Romana
Via Flaminia 118. **Plan 1** A1. **Tél.** 06 320 1752. www.filarmonica romana.org

Auditorium Conciliazione
Via della Conciliazione 4. **Plan 3 C3. Tél.** 06 4425 2303. www.auditorium conciliazione.it

Aula Magna dell'Università La Sapienza
Piazzale Aldo Moro 5. **Tél.** 06 361 0051. www.concertiiuc.it

Oratorio del Gonfalone
Via del Gonfalone 32A. **Plan** 4 D4 et 11 A3. **Tél.** 06 687 5952.

Parco della Musica
Viale de Coubertin 30. **Plan** 1 C2. **Tél.** 06 8024 1281 *(pour informations)* ; **Tél.** 19 910 9783 *(réservation par carte de crédit)*. www.auditorium.com

Sant'Anselmo
Piazza Cavalieri di Malta 5. **Plan** 8 D2. **Tél.** 06 579 11.

Teatro Ghione
Via delle Fornaci 37. **Plan 3** B4. **Tél.** 06 637 2294. www.teatroghione.it

Teatro Olimpico
Piazza Gentile da Fabriano 17. **Tél.** 06 326 5991. www.teatroolimpico.it

OPÉRA

Teatro dell'Opera
Piazza Beniamino Gigli 1. **Plan** 5 C3. **Tél.** 06 4816 0255. www.operaroma.it

BALLET ET DANSE

RomaEuropa Festival
Via dei Magazzini Generali 20A. **Tél.** 06 4555 3000. www.romaeuropa.net

Teatro Olimpico
Piazza Gentile da Fabriano 17. **Tél.** 06 326 5991.

Teatro dell'Opera
Piazza Beniamino Gigli 1. **Plan** 5 C3. **Tél.** 06 4816 0255.

Teatro Vascello
Via G. Carini 78. **Plan** 7 A2. **Tél.** 06 588 1021. www.teatrovascello.it

Rock, jazz, folk et world music

La scène pop romaine est imprévisible et sujette aux changements saisonniers ; une grande diversité de concerts est proposée dans les nombreux clubs de la ville, sans parler des concerts en plein air donnés par des stars internationales ou par les nouveaux groupes italiens. La publicité est souvent désorganisée, mais la section « Music Box » de *Trovaroma* ou *Roma c'è* *(p. 354)*, ou les agences Orbis et Box Office donnent un aperçu des spectacles. Il n'est pas possible de réserver à l'avance dans les petites salles. Vous devrez peut-être acheter une *tessera* (carte de membre) – de 2 € à 11 €, et si le groupe est célèbre, payer un droit d'entrée supplémentaire. Les concerts des groupes locaux sont inclus dans le prix de la *tessera*.

ROCK

Les grands concerts de rock se déroulent au **Palalottomatica**, et au légendaire **Stadio Olimpico**. Le **Palladium** et le **Villagio Globale** à l'Ex-Mattatoio (un ancien abattoir) sont aussi des lieux majeurs qui accueillent les concerts et les grandes manifestations ; il en est de même du nouveau **parco della Musica**.

Le prix d'une entrée de concert, pour un artiste connu, peut s'élever à plus de 25 €, mais les occasions sont nombreuses pour ceux qui ont de petits moyens. Si vous êtes à Rome le 1er mai, joignez-vous à la foule du grand concert en plein air qui se déroule généralement piazza San Giovanni. Il y a aussi des concerts gratuits lors du Festival Européen de Musique (autour du 21 juin). Pour tous ces grands concerts, il est conseillé de venir au moins une heure à l'avance afin d'être bien placé.

Non loin du Vatican, **Fonclea** et **The Place** méritent le déplacement. **Forte Prenestino** est l'un des lieux les plus intéressants de la ville : c'est une ancienne prison, occupée par des squatters il y a quelques années et transformée en un centre social alternatif. Il accueille maintenant des concerts de rock, des débats et des expositions. Près du centre-ville, l'entreprenant **Akab-Cave** propose un intéressant calendrier de concerts rock et ethniques.

Plus traditionnel, **Locanda Atlantide**, situé dans le centre, est souvent occupé par des groupes romains qui s'y font la main. Le prix d'entrée est relativement modique. **Init** est un autre lieu intéressant.

Les discothèques accueillent aussi des groupes et organisent parfois des concerts en milieu de semaine (le **Piper** et les **Mercati Generali**), tandis que ceux du **Circolo degli Artisti** et de l'alternatif **Brancaleone** se tiennent plutôt le week-end.

JAZZ

C'est aux musiciens américains et européens que Rome doit son goût pour le jazz. Miles Davis y a par exemple donné l'un de ses derniers concerts lors du Roma Jazz Festival, et Pat Metheny, Sonny Rollins, Gil Evans' Band, Lounge Lizards, Spyrogyra ou Joe Zawinul's Syndicate sont de fréquents visiteurs.

Les aficionados ne doivent absolument pas manquer la toute nouvelle **Casa del Jazz**.

D'excellents musiciens se produisent aussi à l'**Alexanderplatz** et à **La Palma**. **Big Mama**, dans le quartier du Trastevere est l'une des adresses légendaires de la ville, proposant aussi bien du traditionnel rythm'n'blues que du jazz progressif et du rock. Également un très bon choix au **Gregory's** et au club de jazz et de blues **Be Bop**. L'originalité de l'**Alpheus** est

d'offrir plusieurs salles de concert et d'intéressants festivals où se produisent des groupes de qualité. Il est aussi conseillé de consulter les programmes des **Caffè Latino** et **Caruso-Cafè de Oriente**. Le dernier venu, le **Charity Cafè** propose également d'excellents concerts avec de jeunes talents.

Si vous voulez dîner en musique, essayez **'Gusto**, une pizzeria du centre qui propose des concerts live de jazz presque tous les soirs ou l'Alexanderplatz pour sa cuisine antillaise.

Si vous souhaitez découvrir des artistes italiens, ne manquez pas les concerts du pianiste Antonello Salis, qui mêle jazz et rythmes antillais, et du chanteur de soul Fulvio Tomaino. D'autre têtes d'affiche de la scène du blues comme Roberto Gatto et Maurizio Gianmarco se produisent souvent au Big Mama.

En été, les concerts de jazz sont nombreux. L'événement principal est le festival Jazz Image de l'Alexanderplatz en juin et juillet qui se tient dans le parc de la villa Celimontana, derrière le Colisée. L'entrée coûte environ 8 €. Autre rendez-vous annuel important pour les amateurs de jazz, le festival de jazz de Rome d'Automne, durant lequel les plus grands noms du jazz se produisent au parco della Musica.

MUSIQUE FOLK

Depuis la fermeture de l'historique Folkstudio, il n'y a plus à proprement parler de lieu dédié à la musique folk à Rome. Il y a cependant quelques concerts intéressants au **Four Green Fields** (country) et au **Caffè Latino** (*acoustic*), ou au **Lettere Caffè** (soul). La musique romaine folklorique a été souvent réduite à des sérénades pour touristes que l'on joue à la terrasse des restaurants. Des groupes venus de toute l'Italie tentent de la faire revivre : Mau Mau et Agricantus ont trouvé le succès en réinventant des rythmes et dialectes régionaux.

Parmi les nombreux pubs irlandais, citons le **Fiddler's Elbow**, près de Santa Maria Maggiore.

WORLD MUSIC

Une importante colonie latino-américaine s'est implantée à Rome depuis les années 1970. Et ici, ce style de musique n'est pas une mode passagère mais fait partie de la nuit romaine. Avec les Brésiliens, les Argentins et les Péruviens, les Romains dansent toute la nuit au rythme du merengue, de la salsa et de la soca. De nombreuses manifestations donnent l'occasion d'apprécier la musique latino-américaine. Le week-end, on peut dîner en écoutant de la salsa et des tubes contemporains, et éventuellement danser. **Molo 23**, nouveau venu sur la scène romaine, propose de la world tandis qu'**Arriba Arriba** sert un menu de choix sur des rythmes latinos. Si vous allez au **Caruso-Cafè de Oriente**, vous apprécierez un cocktail en écoutant de la musique cubaine. Mais c'est en été que la musique latino-américaine prend toute sa dimension. Le festival Fiesta qui se tient à l'**ippodromo delle Capannelle** est, pendant deux mois, l'événement le plus populaire et le plus couru de l'été romain. Si vous préférez la musique africaine, un excellent festival se tient en juin et juillet à la villa Ada, un vaste parc au nord du centre-ville où les fans se rassemblent tous les soirs pour écouter des stars comme le pianiste sud-africain Abdullah Ibrahim. Le **Villaggio Globale** propose toujours un bon programme de *world music*. Vous pouvez également vous rendre au **Lettere Caffè**, premier café littéraire de Rome aux choix extrêmement éclectiques. Les vendredis sont consacrés à la musique *world*, avec un répertoire très divers et étendu (musique aborigène d'Australie, syrtaki grec, etc.).

ADRESSES

Akab-Cave
Via di Monte Testaccio 69.
Plan 8 D4.
Tél. 06 5725 0585.

Alexanderplatz
Via Ostia 9. **Plan** 3 B1.
Tél. 06 5833 5781.

Alpheus
Via del Commercio 36-38.
Plan 8 D5.
Tél. 06 574 7826.

Arriba Arriba
Via delle Capannelle 104.
Tél. 06 721 3772.

Be Bop
Via Giulietti 14. **Plan** 8 E4.
Tél. 340 556 0112.

Big Mama
Vicolo San Francesco
a Ripa 18. **Plan** 7 C2.
Tél. 06 581 2551.

Brancaleone
Via Levanna 13
(au Monte Sacro).
Tél. 06 8200 4382.

Caffè Latino
Via di Monte Testaccio 96.
Plan 8 D4.
Tél. 06 5728 8556.

**Caruso-Café
de Oriente**
Via di Monte Testaccio 36.
Plan 8 D4.
Tél. 06 574 5019.

Casa del Jazz
Viale di Porta Ardeatina 55.
Plan 9 A4.
Tél. 06 704 731.

Charity Cafè
Via Panisperna 68.
Plan 5 C4.
Tél. 06 4782 5881.

Circolo degli Artisti
Via Casilina Vecchia 42.
Plan 10 F1.
Tél. 06 7030 5684.

Fiddler's Elbow
Via dell'Olmata 43.
Plan 6 D4.
Tél. 06 487 2110.

Feltrinelli
Galleria Alberto Sordi
31-35.
Plan 12 E2.
Tél. 06 679 4957.

Fonclea
Via Crescenzio 82A.
Plan 3 C2.
Tél. 06 689 6302.

Forte Prenestino
Via F. Delpino
(à l'E de la ville, le long
de la via Prenestina).
Tél. 06 2180 7855.

Four Green Fields
Via Morin 40.
Plan 3 B1.
Tél. 06 372 5091.

Gregory's
Via Gregoriana 54D.
Plan 5 A2.
Tél. 06 679 6386.

'Gusto
Via della Frezza 23.
Plan 4 F2.
Tél. 06 322 6273.

Init
Via della Stazione
Tuscolana 133.
Plan 10 F3.
Tél. 06 9727 7724.

**Ippodromo delle
Capannelle**
Via Appia nuova 1245
(12 km).
Tél. 06 718 2139.

Lettere Caffè
Via San Francesco
a Ripa 100.
Plan 7 C1.
Tél. 06 9727 0991.

Locanda Atlantide
Via dei Lucani 22B
(quartier de San Lorenzo).
Tél. 06 4470 4540.

Molo 23
Via Libetta 13 (au S de
la station Ostiense).
Tél. 06 5728 7338.

Orbis
Piazza Esquilino 37.
Plan 6 D4.
Tél. 06 474 4776.

Palalottomatica
Piazzale dello Sport,
EUR.
Tél. 199 128 800.

Palladium
Piazza B. Romano 8
(au S de la station
Ostiense).
Tél. 06 5706 7761.

La Palma
Via dei Mirri 35
(au SE de la station
Tiburtina).
Tél. 06 4359 9029.

Parco della Musica
Viale de Coubertin 15.
Plan 1 C2.
Tél. 06 8024 1281.
www.auditorium.com

Stadio Olimpico
Viale dei Gladiatori
(au NE du centre-ville,
de l'autre côté du Tibre
par le monte Mario).

The Place
Via Alberico II 27.
Plan 3 C2.
Tél. 06 6830 7137.

Villaggio Globale
Ex-Mattatoio, Lungotevere
Testaccio 2.
Plan 8 D4.
Tél. 334 1790 006.

Cinéma et théâtre

Les Romains aiment le cinéma : chaque jour ils ont le choix entre une quarantaine de films différents. La récente Casa del Cinema et le Festival International du Cinema reflètent la longue histoire d'amour qui unit la ville au grand écran. La majorité des cinémas de Rome projettent des films en *prima visione* (exclusivité), les dernières productions internationales en version doublée, tandis que les salles d'art et d'essai diffusent les films étrangers en version sous-titrée.

Les amateurs de spectacles vivant auront moins de choix et les pièces de théâtre sont toutes jouées en italien. Outre les grands auteurs, on donne également des pièces de cabaret, d'avant-garde ou des spectacles de danse. Les places, dont le prix varie de 8 à 50 €, ne peuvent être réservées qu'au bureau de location du théâtre, ou bien dans certaines agences (*p. 355*).

PRIMA VISIONE

Rome offre plus de 80 cinémas en exclusivité. Les meilleurs, en termes de décor et de confort, sont le **Fiamma** (deux écrans) et le **Barberini** (trois écrans).

Les films étrangers sont doublés plutôt que sous-titrés, cependant le **Metropolitan** et le **Nuovo Olimpia** proposent des projections en VO tous les jours et l'**Alcazar** tous les lundis.

Le prix des places pour un film récent coûte environ 7 €, et moins dans quelques cinémas de *prima visione*, le **Farnese**, et le **Reale**. Les personnes de plus de 60 ans et les handicapés ont normalement droit à une réduction de 30 % le week-end. Un jour par semaine, en général le mercredi, est à tarif réduit.

CINÉMA D'ART ET D'ESSAI

En octobre, le Festival international du cinéma (www.romacinemafest.it), qui se déroule autour du **parco della Musica**, attire à Rome les amoureux du septième art.

Il existe deux types de cinémas d'art et d'essai : les ciné-clubs et les cinémas d'art et d'essai proprement dits, qui projettent les classiques ainsi que certains films récents.

Les cinémas d'art et d'essai proposent de temps à autre des films en *versione*

originale (mention VO dans les programmes) : citons l'**Azzurro Scipioni**, l'un des rares à ne pas fermer en été, **Filmstudio** et le **Nuovo Sacher**, le cinéma de Nanni Moretti. Certains des plus petits cinémas sont des ciné-clubs (carte de membre obligatoire).

Le centre artistique multimédia **palazzo delle Esposizioni** organise d'intéressants festivals de films internationaux. Mais la **Casa del Cinema** propose une programmation plus pointue.

Dei Piccoli, près de la villa Borghese, programme des dessins animés et des films pour la jeunesse.

FILMS EN LANGUES ÉTRANGÈRES

Outre les occasionnels films français ou américains projetés en VO dans les cinémas d'art et d'essai, au **Nuovo Olimpia** et au **Warner Village Moderno**, l'excellent **Casa del Cinema** projette tous les films en version originale.

CINÉMA DE PLEIN AIR

Les nombreux cinémas romains dotés de salles à toit ouvrant fonctionnent en été, tandis que la plupart des autres sont fermés pour congé. Le **Nuovo Sacher** possède un amphithéâtre en plein air destiné aux projections estivales.

Cineporto et Massenzio, les deux festivals de cinéma organisés en été, présentent

plusieurs films par soirée, de 21 h à l'aube. Tous les soirs, de juillet à septembre, Cineporto se déroule dans un lieu unique (parco della Farnesina), à la différence de Massenzio (voir programme).

Il ne sera pas inutile de jeter un œil sur les pages des programmes (*p. 354*) concernant les rétrospectives ou les festivals de film d'avant-garde à l'**Azzurro Scipioni** ou dans les festivals artistiques qui se déroulent en plein air comme celui de RomaEuropa ou la Festa dell'Unità (*p. 355*).

THÉÂTRE CLASSIQUE

Les pièces de Luigi Pirandello, de l'auteur vénitien du XVIIIe siècle Carlo Goldoni et du dramaturge du XXe siècle Eduardo de Filippo constituent l'épine dorsale du répertoire théâtral romain. Les œuvres des grands dramaturges étrangers sont également représentées.

Les meilleures productions classiques sont à l'affiche des **teatro Argentina, teatro Quirino, teatro Valle, teatro Eliseo** et **teatro Piccolo Eliseo**. Le **teatro Argentina**, appartient à l'État et abrite une troupe permanente. Son théâtre « sœur », le **teatro India**, donne des productions plus originales. Le **Quirino** et le **Valle** accueillent des productions provenant d'autres villes italiennes. L'**Eliseo** et le **Piccolo Eliseo** font partie des meilleurs théâtres privés. L'**Ambra Jovinelli** est spécialisé dans la comédie italienne tandis que le **teatro Vittoria** préfère Noël Coward ou Neil Simon. Le programme du **teatro Sistina** est généralement composé de comédies musicales jouées par des troupes étrangères ou des acteurs populaires italiens.

THÉÂTRE CONTEMPORAIN ET D'AVANT-GARDE

Les scènes dediées au théâtre contemporain sont le très dynamique **Vascello** et l'**Orologio**. En dehors de ces lieux fameux, de nombreux petits théâtres sont aménagés dans des caves, des garages, des appartements ou sous chapiteau.

Le **Colosseo** accueille des productions de théâtre expérimental (*teatro off*), tandis que le **Palladium** et le **Vascello** sont portés vers les auteurs contemporains et parfois d'avant-garde. Certains théâtres, comme le **teatro India**, proposent des spectacles en langues étrangères.

THÉÂTRE EN PLEIN AIR

Le théâtre en plein air d'**Ostia Antica** *(p. 270-271)* propose en général des pièces du répertoire antique grec ou romain.

L'**anfiteatro Quercia del Tasso**, situé dans le parc du Janicule, doit son nom au chêne sous lequel le Tasse, le célèbre poète du XVIe siècle, avait l'habitude de s'asseoir *(p. 216)* pour réfléchir et écrire. En hiver, la compagnie donne ses représentations au **teatro Anfitrione**.

À proximité se trouve un théâtre de marionnettes napolitain permanent qui joue les aventures de *Pulcinella* (la cousine du Polichinelle français). Les représentations ont lieu l'après-midi et le dimanche matin.

CHANSON FOLKLORIQUE ET MARIONNETTES

On écoutera des chansons du folklore romain ou napolitain dans les cabarets-restaurants du Trastevere, comme **Meo Patacca**. **Tina Pika Village** est une scène alternative.

Le théâtre de marionnettes est une autre tradition que perpétuent les week-ends et parfois en semaine les **teatro Verde**, **teatro Mongiovino** et le **Puppet Theatre**, où les marionnettistes jouent en anglais si le public est assez nombreux. En été, des compagnies itinérantes de marionnettistes napolitains ou siciliens donnent des représentations à Rome.

ADRESSES

PRIMA VISIONE

Alcazar
Via Card. Merry del Val 14. **Plan** 7 C1. **Tél.** *06 588 0099.*

Barberini
Piazza Barberini 52. **Plan** 5 B3. **Tél.** *06 482 1082.*

Farnese
Piazza Campo dei Fiori 56. **Plan** 4 E5. **Tél.** *06 686 4395.*

Fiamma
Via Bissolati 47. **Plan** 5 C2. **Tél.** *06 485 526.*

Metropolitan
Via del Corso 7. **Plan** 4 F1. **Tél.** *06 320 0933.*

Nuovo Olimpia
Via in Lucina 16. **Plan** 12 E1. **Tél.** *06 686 1068.*

Reale
Piazza Sonnino 7. **Plan** 7 C1. **Tél.** *06 5810 234.*

Warner Village Moderno
Piazza della Repubblica 45. **Plan** 5 C3. **Tél.** *06 4777 9202.*

CINÉMA D'ART ET D'ESSAI

Azzurro Scipioni
Via degli Scipioni 82. **Plan** 3 C2. **Tél.** *06 3973 7161.*

Casa del Cinema
Largo M. Mastroianni 1. **Plan** 5 B1. **Tél.** *06 423 601.* www.casadelcinema.it

Dei Piccoli
Viale della Pineta 15. **Plan** 5 B1. **Tél.** *06 855 3485.*

Filmstudio
Via degli Orti d'Alibert 1C. **Plan** 4 D4. **Tél.** *06 4543 9775.*

Nuovo Sacher
Largo Ascianghi 1. **Plan** 7 C2. **Tél.** *06 581 8116.*

Palazzo delle Esposizioni
Via Nazionale 194. **Plan** 5 B4. **Tél.** *06 3996 7500.* www.palaexpo.com

Parco della Musica
Viale de Coubertin 30. **Plan** 1 C2. **Tél.** *06 8024 1281.* www.romacinemafest.org

THÉÂTRE CLASSIQUE

Ambra Jovinelli
Via G. Pepe 41. **Plan** 6 E4. **Tél.** *06 4434 0262.*

Teatro Argentina
Largo Argentina 56. **Plan** 4 F4. **Tél.** *06 68400 0311.* www.teatrodiroma.net

Teatro Eliseo
Via Nazionale 183. **Plan** 5 B4. **Tél.** *06 488 2114.* www.teatroeliseo.it

Teatro India
Via L. Pierantoni 6. **Plan** 7 C5. **Tél.** *06 684 000 311.*

Teatro Piccolo Eliseo
Via Nazionale 183. **Plan** 5 B4. **Tél.** *06 488 2114.*

Teatro Quirino
Via delle Vergini 7. **Plan** 5 A4 et 12 F2. **Tél.** *06 679 4585.* www.teatroquirino.it

Teatro Sistina
Via Sistina 129. **Plan** 5 B2. **Tél.** *06 420 0711.*

Teatro Valle
Via del Teatro Valle 21. **Plan** 4 F4 et 12 D3. **Tél.** *06 6880 3794.* www.teatrovalle.it

Teatro Vittoria
Piazza S. Maria Liberatrice 8. **Plan** 8 D3. **Tél.** *06 574 0598.*

THÉÂTRE CONTEMPORAIN

Palladium
Piazza B. Romano 8 (S de la station Ostiense). **Tél.** *06 5706 7761.*

Teatro Anfitrione
Via di San Saba 24. **Plan** 8 E3. **Tél.** *06 575 0827.*

Teatro Colosseo
Via Capo d'Africa 29A. **Plan** 9 A1. **Tél.** *06 700 4932.*

Teatro dell'Orologio
Via dei Filippini 17A. **Plan** 11 B3. **Tél.** *06 687 5550.*

Teatro Olimpico
Piazza Gentile da Fabriano 17. **Tél.** *06 326 5991.*

Teatro Vascello
Via G. Carini 72. **Plan** 7 A2. **Tél.** *06 588 1021.*

CHANSON FOLKLORIQUE ET MARIONNETTES

Meo Patacca
P. dei Mercanti 30. **Plan** 8 D1. **Tél.** *06 581 6198.*

Puppet Theatre
Piazza dei Satiri. **Tél.** *333 288 0085.*

Teatro Mongiovino
Via Genocchi 15. **Tél.** *06 513 9405.*

Teatro Verde
Circonvall. Gianicolense 10. **Plan** 7 B4. **Tél.** *06 588 2034.*

Tina Pika Village
Via Fonteiana 57 (quartier de Monteverde). **Tél.** *06 588 5754.*

THÉÂTRE EN PLEIN AIR

Anfiteatro Quercia del Tasso
Passeggiata del Gianicolo. **Plan** 3 C5. **Tél.** *06 575 0827.*

La vie nocturne

La vie nocturne romaine n'a jamais été aussi riche et mouvementée qu'aujourd'hui. Ces dernières années, les bars et les clubs se sont multipliés pour répondre à une clientèle toujours plus exigeante. Là où le choix se limitait aux pubs irlandais autour de Termini, à quelques bars bondés du centre et aux boîtes très convoitées de Testaccio, la capitale a désormais de quoi satisfaire tous les goûts et toutes les bourses. Selon votre humeur, commencez la soirée dans un bar élégant, puis rendez-vous dans l'un des clubs sélects du centre, ou détendez-vous entre amis autour d'un verre dans un bar à vins sur l'une des magnifiques places du centre. Pour un instant inoubliable, nous vous conseillons de prendre l'apéritif à la terrasse d'un bar panoramique.

Le seul point noir est la montée en flèche des prix depuis l'introduction de l'euro – aujourd'hui, il faut parfois compter jusqu'à 10 € pour un cocktail. Pour dépenser moins, rendez-vous dans un bar de San Lorenzo, loin des pièges à touristes.

DEMANDEZ LE PROGRAMME !

À Rome, comme dans toutes les grandes capitales, la vie nocturne change constamment et la plupart des boîtes de nuit organisent des soirées différentes pour satisfaire les goûts des couche-tard. Pour être au courant, consultez les magazines du jeudi *(p. 354)* ou rendez-vous sur le Campo dei Fiori, la piazza del Fico ou toute autre grande place de Rome, ou dans les bars de Testaccio, comme **Il Seme e La Foglia**, car les discothèques y distribuent leurs programmes des soirées à venir.

QUELQUES DÉTAILS PRATIQUES

Les Romains sortent de préférence le vendredi et le samedi. Ces soirs-là, ils envahissent les rues du centre à bord de voitures et de scooters. Les files d'attente devant les boîtes à la mode sont longues, surtout aux alentours de minuit. Mieux vaut donc y aller tôt. Sinon, pour éviter l'attente, essayez de téléphoner à l'avance et faites preuve de persuasion pour vous faire inscrire sur la liste des invités.

Certains petits clubs exigent une *tessera* (carte de membre mensuelle ou annuelle) que l'on peut acheter sur place. Le billet comprend généralement une première boisson gratuite *(la consumazione)*. La deuxième pourra atteindre facilement 15 €. En règle générale, les groupes masculins sont rarement les bienvenus, ni les hommes seuls dans certaines boîtes huppées, qui exigent généralement l'invitation d'un habitué et une tenue vestimentaire du dernier chic.

BARS

Malgré la concurrence croissante, en particulier d'**Il Nolano**, un bar à vins rustique en plein renouveau, **La Vineria** *(p. 328)* du Campo dei Fiori reste le bar préféré des Romains. Quels que soient leur âge et leur milieu, tous plébiscitent son ambiance animée et sans prétention à des prix raisonnables. Non loin de là, **L'Angolo Divino** *(p. 328)* est moins connu, et donc plus calme, mais il reste l'endroit idéal pour se retrouver entre amis autour de bons vins et de plats réconfortants. Toujours dans le *centro storico*, à proximité de la piazza Navona, le huppé **Antico Caffè della Pace** est le lieu où il faut être pour voir et être vu. Via del Governo Vecchio, **Fluid** s'est imposé dans la capitale comme l'endroit idéal pour se mettre dans l'ambiance.

À deux pas, mais à mille lieux de là, **Mimi e Cocò** est parfait pour se détendre (en salle ou en terrasse) autour de vins fins servis par un personnel souriant dans un décor confortable éclairé aux chandelles. Un peu plus loin, en s'éloignant du corso Vittorio Emanuele II, **Giulio Passami l'Olio** est une *enoteca* accueillante et animée à l'écart des sentiers battus. Plus près de la piazza di Spagna, l'étonnant décor et le grand choix de vins au verre font de l'**Antica Enoteca di Via della Croce** le rendez-vous des œnologues amateurs. Le buffet, bien qu'il ne soit vraiment pas bon marché, vaut la peine d'être goûté. Dans le Trastevere, les ruelles romantiques sont bordées de minuscules bars qui ont chacun leur clientèle. Dénichez-vous une table à la terrasse de l'**Ombre Rosse**, sur la magnifique piazza Sant'Egidio, et regardez le temps passer en profitant de la douceur de vivre romaine. Sinon, tentez votre chance au **Caffè della Scala**, à quelques minutes de là. Le quartier abrite aussi le bar sophistiqué **Beige** et le **Friends Art Café** qui est l'endroit idéal pour boire un apéritif rafraîchissant, mais cher, accompagné de quelques amuse-gueules raffinés. Sobre, mais authentique, le **Bar San Callisto**, près de la piazza Santa Maria, accueille une clientèle 100 % originale.

À San Lorenzo, le très sophistiqué **Ferrazza** *(p. 351)* sert des vins exceptionnels à une clientèle huppée, tandis que le monumental bar étudiant **Rive Gauche** s'affiche comme le plus

grand pub du quartier.
À Parioli, faites un détour
par le **Duke's**, un bar de style
californien très branché
qui tenta en vain d'endiguer
sa vague de popularité
en fermant le samedi soir.
Le Duke's continue d'être
l'adresse la plus tendance
du nord de Rome.
Enfin, que vous ayez l'âme
romantique ou non,
allez faire un tour au bar
panoramique de l'**Hotel Eden**
(*p. 308*), près de la via
Veneto, ou du **Radisson SAS
Hotel** (*p. 305*), près de
Termini. Au coucher du soleil,
ces lieux étonnants avec des
vues à couper le souffle sur la
Ville éternelle sont le point
de départ d'une soirée
inoubliable.

BOÎTES DE NUIT

Si vous avez envie de croiser
des starlettes de la télé ou
des employés parlementaires,
rendez-vous sur la piste de
danse étincelante ou au
restaurant du **Gilda**, le night-
club favori de la jet-set
romaine. La célèbre boîte des
années 1960, le **Jackie O** n'a
pas pris une ride. Elle vous
accueille dans le décor
somptueusement réaménagé
de son restaurant ; attention,
tout est hors de prix !
L'**Alien** a un penchant
pour les tubes préférés
des jeunes Romains, tandis
que le **Heaven**, un peu
plus funky, affiche une
préférence pour la *house
music*. Le **Micca Club** est plus
éclectique. **Piper** propose les
meilleurs standards du disco.
Chaque saison, il change de
style et trouve de nouvelles
idées de spectacles et de
soirées. Dans le centre,
quelques bars-discothèques
valent le détour ; nous vous
conseillons notamment
The Nag's Head.
Le Testaccio est sans
conteste le centre de la nuit
romaine. Les boîtes de nuit
y sont tellement nombreuses
qu'il est difficile de choisir.
L'**Akab-Cave** se veut
délibérément décontracté
et grand public. L'élégant
Caruso – Café de Oriente
défend la musique latine,
le R&B et la salsa.

La **Distillerie Clandestine**
et **Joia** sont des boîtes
multifonctionnelles :
on y vient pour manger,
boire un verre, se détendre
et danser. **La Saponeria**
continue de surfer sur la
mode des années 1970. **Neo**
est le repère de la musique
underground. Si vous passez
le samedi soir au **Big Bang**,
attendez-vous à danser sur de
la musique new wave.
Si vous aimez la variété,
rendez-vous plutôt à
l'**Alpheus** : le night-club se
compose de trois salles
baignées d'univers musicaux
complètement différents.
Libre à vous de naviguer
de l'une à l'autre au gré
de vos envies.
Et enfin, le légendaire **Goa**
continue d'attirer les
meilleurs DJ italiens et
étrangers et conserve sa
place de numéro un des
boîtes romaines.
Dans le *centro storico*,
le somptueux **Crudo** est le
rendez-vous du tout-Rome. La
boîte se compose de plusieurs
espaces, permettant de
satisfaire tous les désirs des
noctambules – un bar à
cocktails, un restaurant,
un bar à vins et un bar à
sushis. Dans le même esprit,
mais avec une musique moins
commerciale et une ambiance
élégante, **La Maison**, de l'autre
côté du corso Vittorio
Emanuele II, attire une
clientèle un peu plus âgée.
Et si vous avez envie de
passer un bon moment sans
payer de droit d'entrée
ni montrer patte blanche,
rendez-vous au **Habana Café**.
Le night-club programme de
la musique live tous les soirs.
Si vous cherchez une
ambiance encore différente,
le **Radio Café** est un complexe
comprenant un espace
lounge, un café, une
discothèque et des endroits
où les gens peuvent se parler.
La clientèle est branchée.

BOÎTES GAYS

Rome n'est plus la ville
provinciale qu'elle était,
comme en témoigne
l'augmentation du nombre
et de la popularité des bars
et des boîtes gays. Certains de

ces établissements sont 100 %
gays, d'autres sont mixtes.
Dans le Trastevere,
de l'autre côté du Tibre,
les salons du très sélect
Il Giardino dei Ciliegi servent
des cocktails, un grand
choix de thés, des salades
originales et un excellent
brunch dominical
– y compris les jours fériés.
Si vous recherchez une
ambiance plus animée, allez
vous mêler à la foule moins
ostentatoire de l'**Anfiteatro
My Bar** ou du **Coming Out**,
entre San Giovanni et le
Colisée. Non loin de là, le bar
100 % masculin du **Hangar**
continue à faire le plein.
Les soirées gays des clubs
alternatifs ou traditionnels
sont souvent les meilleurs
endroits pour faire la fête
jusqu'au petit matin. Près
de la via Ostiense, **Goa**
organise une soirée gay
Gorgeous tous les mardis
et une soirée Venus Rising
réservée aux femmes une
fois par mois.
La soirée Mucca Assassina
(littéralement « vache
assassine ») du monumental
Qube dans le Tiburtino
affiche complet tous les
vendredis. Le **Circolo degli
Artisti** se pose en rival le
même jour en organisant
une soirée identique.
L'**Alpheus** organise une soirée
spéciale tous les samedis.
À tous ces clubs s'ajoute
l'**Alibi**, une boîte gay située
dans le Testaccio. Son
mélange explosif de *house
music* et de tubes des
années 1970, connus de tous,
rencontre un grand succès.
À Rome, la Gay Pride se
déroule fin juin-début juillet
et dure une semaine d'où son
nom de Pride Week.
Le programme changeant
d'une année sur l'autre,
consultez les magazines pour
plus de détails.
En période estivale, les
clubs gays prennent eux
aussi leurs quartiers d'été.
Ces dernières années,
beaucoup ont passé l'été
dans le **Village Gay**, dont
la création témoigne elle
aussi que la culture gay
commence enfin à faire
partie de la vie nocturne
romaine.

CENTRI SOCIALI

Les *centri sociali* – ces squats illégaux convertis en centres d'art et de spectacles – sont la face alternative de l'activité nocturne et culturelle bouillonnante de Rome.

Certains centres se professionnalisent et rivalisent avec quelques-uns des lieux chics et établis de la capitale, tandis que d'autres restent en marge.

Dans le nord de Rome, le **Brancaleone** reçoit régulièrement l'avant-garde des DJ italiens et étrangers qui vient défendre ici le meilleur de la musique électronique et de la house music. Ce centre social autonome accueille également un café et une boutique bio, de superbes expositions d'art et un ciné-club.

Au cœur du Campo dei Fiori, sur deux étages, le **Rialto-Sant'Ambroglio** organise régulièrement toutes sortes d'événements culturels, notamment des spectacles de théâtre et de danse, des expositions, des projections de films d'art et d'essai – parfois en V.O. – et des lectures.

Le week-end, il ouvre son espace à des soirées pour tous les goûts, de la musique underground aux rythmes reggae.

Plus loin du centre, le **Forte Prenestino** est un fort abandonné constitué d'un étonnant dédale de salles sinistres et de couloirs interminables. L'atmosphère y est assez spéciale.

C'est le plus étrange des *centri sociali* de Rome. Célèbre pour son concert en marge de la fête du Travail – le concert officiel gratuit se déroulant sur la piazza San Giovanni Laterano – il organise tout au long de l'année des spectacles de théâtre, des festivals de cinéma et des soirées pour un public jeune et alternatif.

Plus près du centre, sur un vaste terre-plein aux confins du quartier du Testaccio, **Villaggio Globale** cultive à peu près la même philosophie et propose des activités identiques.

ADRESSES

BARS

L'Angolo Divino
Via dei Balestrari 12-14.
Plan 11 C4.
Tél. 06 686 4413.

Antica Enoteca di Via della Croce
Via della Croce 76B.
Plan 4 F2.
Tél. 06 679 0896.

Antico Caffè della Pace
Via della Pace 3-7.
Plan 11 C3.
Tél. 06 686 1216.

Bar San Callisto
Piazza San Callisto 3-4.
Plan 7 C1.
Tél. 06 583 5869.

Beige
Via dei Politeama 13.
Plan 11 C5.
Tél. 06 5833 0686.

Caffè della Scala
Via della Scala 4.
Plan 7 C1.
Tél. 06 580 3610.

Duke's
Viale Parioli 200.
Plan 2 D1.
Tél. 06 8066 2455.

Ferrazza
Via dei Volsci 59.
Plan 6 F4.
Tél. 06 490 506.

Fluid
Via del Governo Vecchio 46-47.
Plan 11 C3.
Tél. 06 683 2361.

Friends Art Café
Piazza Trilussa 34.
Plan 4 E5.
Tél. 06 581 6111.

Giulio Passami l'Olio
Via di Monte Giordano 28.
Plan 11 B2.
Tél. 06 6880 3288.

Hotel Eden
Via Ludovisi 49.
Plan 5 B2.
Tél. 06 478 121.

Mimì e Cocò
Via del Governo Vecchio 72.
Plan 11 C3.
Tél. 06 6821 0845.

Il Nolano
Campo dei Fiori 11-12. **Plan** 11 C4.
Tél. 06 687 9344.

Ombre Rosse
Piazza Sant'Egidio 12.
Plan 7 C1.
Tél. 06 588 4155.

Radisson SAS Hotel
Via Filippo Turati 171.
Plan 6 D4.
Tél. 06 444 841.

Rive Gauche
Via dei Sabelli 43.
Plan 6 F4.
Tél. 06 445 6722.

Il Seme e la Foglia
Via Galvani 18.
Plan 8 D4.
Tél. 06 574 3008.

La Vineria
Campo dei Fiori 15.
Plan 11 C4.
Tél. 06 6880 3268.

CLUBS

Akab-Cave
Via di Monte Testaccio 69.
Plan 8 D4.
Tél. 06 5725 0585.

Alien
Via Velletri 13.
Plan 6 D1.
Tél. 06 841 2212.

Alpheus
Via del Commercio 36-38.
Plan 8 D5.
Tél. 06 574 7826.

Big Bang
Via Monte Testaccio 22.
Plan 8 D4.
Tél. 346 916 8916.

Caruso – Café de Oriente
Via di Monte Testaccio 36.
Plan 8 D4.
Tél. 06 574 5019.

Crudo
Via degli Specchi 6.
Plan 12 D5.
Tél. 06 683 8989.

Distillerie Clandestine
Via Libetta 7.
Tél. 06 5730 5102.

Gilda
Via Mario de' Fiori 97.
Plan 12 F1.
Tél. 06 678 4838.

Goa
Via Libetta 13.
Tél. 06 574 8277.

Habana Café
Via dei Pastini 120.
Plan 12 D2.
Tél. 06 678 1983.

Heaven
Viale di Porta Ardeatina 119. **Plan** 9 B5.
Tél. 06 574 3772.

Jackie O
Via Boncompagni 11.
Plan 5 B2.
Tél. 06 4288 5457.

En été, il organise régulièrement des concerts en plein air et réussit même parfois à faire venir ici plutôt qu'ailleurs de grands groupes italiens très demandés comme Tiromancino.

JAZZ, SALSA ET AFRO-MUSIC

Du jazz traditionnel à la fusion moderne en passant par le swing *(p. 358)*, le jazz est bien représenté à Rome. Les Romains sont nombreux à aimer cette musique.

Plusieurs clubs marient musique et danse et font à la fois bar et restaurant. **Fonclea** et l'**Arriba Arriba** *(p. 359)* ou l'**Alpheus**

rendent hommage à la musique latino-américaine et la *world music*.

Dans le Testaccio, le **Caffè Latino** est de loin la meilleure adresse pour la salsa le week-end.

DISCOTHÈQUES L'ÉTÉ

Au plus fort de l'été, lorsque tout est fermé en ville, l'**Art Cafè** de la villa Borghese s'impose comme le rendez-vous de la jeunesse dorée.

Des clubs s'ouvrent également sur le Tibre, notamment la péniche chic du **Baja**, l'un des meilleurs.

Les plus grandes discothèques prennent leurs quartiers d'été sur la côte de juillet à décembre – la

plupart à Ostia et Fregene – où **Gilda On The Beach** a élu domicile.

AFTERS

La plupart des discothèques romaines ferment vers 2 ou 3 heures du matin, mais un ou deux clubs restent ouverts jusqu'à l'aube, surtout les boîtes de la côte en période estivale.

Avant de rentrer vous coucher, allez prendre un dernier verre avec d'autres couche-tard dans l'un des bars ouverts 24 heures sur 24, ou trouvez un boulanger qui ouvre tôt et achetez-lui des *cornetti* tout droit sortis du four.

ADRESSES

Joia
Via Galvani 20.
Plan 8 D4.
Tél. 06 574 0802.

La Maison
Vicolo dei Granari 4.
Plan 11 C3.
Tél. 06 683 3312.

Micca Club
Via P. Micca 7A.
Plan 6 F5.
Tél. 06 8744 0079.

The Nag's Head
Via IV Novembre 138B.
Plan 5 A4.
Tél. 06 679 4620.

Neo
Via degli Argonauti 18
(au S de la station
Ostiense).
Tél. 06 5728 7330.

Piper
Via Tagliamento 9
(au N du centre-ville).
Tél. 06 855 5398.

Radio Café
Via Principe Umberto 67.
Plan 6 E5.
Tél. 06 4436 1110.

La Saponeria
Via degli Argonauti 20
(au S de la station
Ostiense, via Ostiense).
Tél. 06 574 6999.

BOÎTES GAY

Alibi
Via di Monte Testaccio
39-44.
Plan 8 D4.
Tél. 06 574 3448.

Alpheus
Voir Clubs.

**Anfiteatro
My Bar**
Via San Giovanni in
Laterano 12.
Plan 9 A1.
Tél. 06 700 4425.

**Circolo
degli Artisti**
Via Casilina Vecchia 42.
Plan 10 F1.
Tél. 06 7030 5684.

Coming Out
Via San Giovanni in
Laterano 8.
Plan 9 A1.
Tél. 06 700 9871.

Gay Village
Téléphoner ou consulter
le site Internet avant
de s'y rendre.
Tél. 06 513 4741.
www.gayvillage.it

**Il Giardino
dei Ciliegi**
Via dei Fienaroli 4.
Tél. 06 580 3423.

Goa
Voir Clubs.

Hangar
Via in Selci 69.
Plan 5 C5.
Tél. 06 488 1397.

Qube
Via di Portonaccio 212
(au N du centre-ville).
Tél. 06 541 3985.

CENTRI SOCIALI

Brancaleone
Via Levanna 11
(dans Montesacro).
Tél. 06 8200 4382.

Forte Prenestino
Via F. Delpino
(dans Prenestino).
Tél. 06 2180 7855.

**Rialto-
Sant'Ambrogio**
Via di Sant'Ambrogio 4.
Plan 12 D5.
Tél. 06 6813 3640.

Villaggio Globale
Lungotevere Testaccio 2 et
via di Monte Testaccio 22.
Plan 7 4C.
Tél. 334 967 2699.

JAZZ, SALSA
ET AFRO MUSIC

Alpheus
Voir Clubs.

Arriba Arriba
Via delle
Capannelle 104.
Tél. 06 721 3772.

Caffè Latino
Via di Monte
Testaccio 96.
Plan 8 D4.
Tél. 06 5728 8556.

Fonclea
Via Crescenzio 82A.
Plan 3 C2.
Tél. 06 689 6302.
www.fonclea.it

DISCOTHÈQUES
L'ÉTÉ

Art Cafè
Viale del Galoppatoio,
33 (Villa Borghese).
Plan 5 A1.
Tél. 06 3600 6578.

Baja
Ponte Margherita –
lungotevere Arnaldo
da Brescia.
Plan 4 E1.
Tél. 339 469 0588.

**Gilda
on the Beach**
Lungomare di Ponente 11,
Fregene.
Tél. 06 6656 0649.

Sport

Ne soyez pas surpris si la tranquillité d'un dimanche après-midi est brusquement interrompue par d'innombrables klaxons et des cris de jois dans la rue : c'est que l'une des équipes de football de la ville vient de gagner un match, et que tout Rome salue sa victoire.

Le football est le sport national italien, mais d'autres sports bénéficient aussi d'un public enthousiaste. Les amateurs de sport, pratiquants ou supporters, ne sont jamais en manque de manifestations sportives.

Vous trouverez la liste des événements sportifs dans *Trovaroma (p. 340)*, ainsi que dans les pages locales de *La Gazzetta dello Sport* ou du *Corriere dello Sport*.

FOOTBALL

Un match de football en Italie est un événement à ne pas manquer, pour la qualité du jeu, la passion des supporters et la chaleur de l'ambiance. Roma et Lazio, les deux équipes de Rome, jouent à tour de rôle au **stadio Olimpico** le dimanche à 15 h, et participent au Campionato Italiano (championnat italien). Prenez vos places à l'avance ou le jour même à partir de midi au bureau de location du stade ou sur les sites Internet des clubs (www.sslazio.it et www.asroma.it) : 15 à 80 € les moins chères (Le Curve) aux plus chères, en passant par les places moyennes (Le Gradinate et La Tribuna).

Le mercredi soir est réservé aux matches internationaux de la Coppa delle Coppe (Coupe européenne des clubs champions), de la coupe de l'UEFA et de la coppa dei Campioni (championnat européen). Entre ces manifestations, les équipes jouent pour la Coppa Italia nationale.

TENNIS

Les championnats internationaux, l'événement majeur, ont lieu au **Foro Italico** durant deux semaines en mai. Les meilleurs joueurs mondiaux s'affrontent sur terre battue de 13 h à 20 h 30 du mardi au vendredi et à 13 h le week-end. Réservez vos places à l'avance au Foro Italico ou dans les agences de location.

Si vous-même, vous souhaitez jouer, réservez votre court au moins une semaine à l'avance dans l'un des 350 clubs de Rome.

Certains clubs n'exigent pas de carte de membre : le **Tennis Club Nomentana** et le **Circolo Tennis Stampa** au nord de la ville, ainsi que l'**Oasi di Pace** à côté de la via Appia antica. Les grands hôtels proposent également des courts à prix raisonnables.

Le **Crowne Plaza** demande une petite cotisation annuelle en sus de la location du court, qui inclut la salle de gymnastique et la piscine (en été).

COURSES HIPPIQUES ET ÉQUITATION

Le Derby en juin et le Premio Roma en novembre comptent au nombre des courses importantes. Les courses de trotteurs ont lieu à l'**ippodromo di Tor di Valle** et celles de plat ou de steeple chase à l'**ippodromo delle Capannelle**.

La compétition internationale d'équitation se tient en mai piazza di Siena, à la villa Borghese *(p. 258)*. Elle est organisée par la Federazione Italiana Sport Equestri **(FISE)**. C'est l'un des grands événements mondains et sportifs de la saison, et son cadre exceptionnel en fait une grande attraction, très suivie par les Romains.

Grâce à la FISE, vous trouverez peut-être un club qui vous permettra de faire une promenade à cheval dans la campagne romaine, mais la plupart des clubs d'équitation de la capitale n'acceptent pas de membre à court terme.

GOLF

Même les clubs de golf les plus huppés acceptent les joueurs de passage munis d'une carte de membre d'un autre club et d'un handicap. La plupart ferment le lundi, ainsi que le week-end s'ils accueillent une compétition. Les prix varient de 55 à 100 €. L'**Olgiata Golf Club** est ouvert à tous du mardi au dimanche mais téléphonez si vous voulez jouer le week-end. Le **Country Club Castel Gandolfo** est le plus récent, le **Circolo del Golf di Roma Aquasanta** le plus ancien et le plus prestigieux. Le **Sheraton Golf Hotel** possède également un terrain de golf (fermé le mardi).

Les nombreux terrains de golf de Rome et de la région accueillent d'importantes compétitions internationales, dont le Circolo Golf Roma Coppa d'Oro en avril.

SPORTS MÉCANIQUES

Les courses de Formule 1 et de Formule 3 ont lieu le dimanche à **Vallelunga**. Les prix d'entrée sont plutôt élevés. Des courses de trial sont souvent organisées le samedi, et certains dimanches, lorsqu'il n'y a pas de course, les constructeurs italiens présentent leurs nouveaux modèles.

RUGBY

Le rugby a pris de l'essor depuis que l'Italie a rejoint le tournoi des Six Nations. En hiver, deux matchs internationaux ont lieu à Rome (février-mars). L'équipe nationale est opposée à deux autres « nations » : France, Angleterre, Écosse, Irlande ou pays de Galles.

AVIRON

À la mi-juin, une équipe composée de rameurs d'Oxford et Cambridge affronte l'équipe historique Aniene, soit sur la Tamise, soit sur le Tibre. Les meilleures places sont situées entre les ponts Margherita et Sant'Angelo. La course commence d'habitude vers 18 h. L'autre événement, c'est la course entre les équipes Roma et Lazio, du pont Duca d'Aosta au pont Risorgimento, aux mêmes dates, variables, que le derby de football Roma-Lazio.

NATATION

Les piscines sont aussi rares que décourageantes pour le visiteur de passage : il faut acheter une carte de membre coûteuse, payer une cotisation mensuelle et présenter un certificat médical.

Les piscines nationales sont moins chères, mais vous devrez toujours vous acquitter d'une carte de membre.

Il vaudra mieux chercher du côté des piscines en plein air des grands hôtels. L'**hôtel Shangri-La** ouvre sa piscine aux non-résidents de juillet à septembre, de même que le **Cavalieri Rome**, plus cher. Le mieux, c'est d'aller le

dimanche matin à l'**ARCA Swimming Club**, ouvert aux non-membres de 10 h à 13 h : les droits d'entrée de la piscine sont relativement bon marché. **La piscine delle Rose**, à EUR, possède un bassin olympique (souvent déserté le matin), ouvert de juin à septembre de 9 h à 17 h 30 en semaine, et de 9 h à 19 h le week-end.

CLUBS DE GYMNASTIQUE

Comme les piscines, les clubs de gymnastique romains exigent une carte de membre et une cotisation mensuelle. Essayez plutôt les salles de gym des hôtels ou les clubs privés où vous pourrez négocier l'utilisation des équipements.

Le **Roman Sport Center**, qui accepte les visiteurs à la journée, possède une piscine, une salle de gym et un sauna, ouverts de 7 h à 22 h, en semaine, jusqu'à 20 h 30 le samedi et 15 h le dimanche.

JOGGING ET CYCLISME

Son climat idéal et la beauté de Rome attirent des milliers de joggeurs et de cyclistes. En mars, les coureurs sérieux participent au marathon de Rome.

Le grand parc de la **villa Doria Pamphilj** *(p. 267)* offre des pistes variées, de grands espaces libres et tout un réseau de sentiers. La piste de course de la **villa Borghese** *(p. 258)* est aussi très prisée comme celles de la villa Torlonia ou de la villa Gloria. Associer sport et culture est possible sur la **via Appia antica** *(p. 265)* qui bifurque dans le parco Caffarella, ou bien sur le viale delle Terme di Caracalla, au Circo Massimo, au parco degli Aquedotti ou au parco di Colle Oppio.

Tous ces lieux sont également agréables pour les cyclistes qui pourront louer des vélos chez **Collalti**, et **Treno e Scooter Rent**.

ADRESSES

FOOTBALL

Stadio Olimpico
Via Foro Italico.
Tél. 06 368 51.

TENNIS

Circolo Tennis Stampa
Piazza Mancini 19.
Plan 1 A2.
Tél. 06 323 2454.

Crowne Plaza
Via Aurelia antica 415.
Tél. 06 663 1572.

Foro Italico
Via delle Olimpiade.
Tél. 06 3685 4140.
http://ctforoitalico.coni.it

Oasi di Pace
Via degli Eugenii 2.
Tél. 06 718 4550.

Tennis Club Nomentana
Viale Rousseau 124.
Tél. 06 8680 1888.
www.clubnomentano.it

COURSES HIPPIQUES ET ÉQUITATION

FISE
Viale Tiziano 74.
Plan 1 A1. *Tél. 06 3685 8326.* www.fise.it

Ippodromo delle Capannelle
Via Appia nuova 1255.
Tél. 06 71 67 71.

Ippodromo di Tor di Valle
Via del Mare 9 km. *Tél. 06 524 761.* http://tordivalle.ippocity.com

GOLF

Circolo del Golf di Roma Acquasanta
Via Appia Nuova 716A.
Tél. 06 780 3407.

Country Club Castel Gandolfo
Via di Santo Spirito 13, Castelgandolfo.
Tél. 06 931 2301.

Olgiata Golf Club
Largo dell'Olgiata 15.
Tél. 06 3088 9141.

Sheraton Golf Hotel
Viale Parco de' Medici 165.
Tél. 06 655 3477. www.golfparcodemedici.com

SPORT MÉCANIQUES

Vallelunga
Autodromo di Roma, via Cassia 34,5 km.
Tél. 06 901 550.
www.vallelunga.it

RUGBY

Federazione Italiana Rugby
Curva Nord, stadio Olimpico, viale dei Gladiatori. *Tél. 06 4521 3117.* www.federugby.it

NATATION

ARCA Swimming Club
Via Monti Tiburtini 511.
Tél. 06 451 0552.

Cavalieri Rome Hotel
Via Cadlolo 101.
Tél. 06 350 91.
www.romecavalieri.com

Piscina delle Rose
Viale America 20. *Tél. 06 5422 0333.* www.piscinadellerose.com

Hôtel Shangri-La
Viale Algeria 141.
Tél. 06 591 6441.

CLUBS DE GYM

Roman Sport Center
Via del Galoppatoio 33.
Plan 5 A1.
Tél. 06 320 1667.

JOGGING ET CYCLISME

Collalti
Via del Pellegrino 82. **Plan** 4 E4. *Tél. 06 6880 1084.*

Maratona di Roma
Tél. 06 406 5064.
www.maratonadiroma.it

Treno e Scooter Rent
Gare de Termini. **Plan** 6 D3. *Tél. 06 4890 5823.*

Via del Corso
Piazza S. Lorenzo in Lucina.
Plan 4 F3 et 12 E1.

ROME AVEC DES ENFANTS

Les Italiens adorent les enfants : soyez certain que les vôtres seront partout bien accueillis. Mais rares sont les équipements adaptés aux tout-petits, et la chaleur, la foule ainsi que la saleté des toilettes publiques font que Rome n'est pas idéale pour y passer des vacances avec des enfants en bas âge et les moins de sept ans. Les plus âgés, en revanche, y trouveront de nombreuses distractions, surtout s'ils s'intéressent à l'histoire et à l'art. Si vous cherchez à trop en voir en un jour, cela risque de vous épuiser, vous et vos enfants. Planifiez votre journée, prenez le temps de vous balader en ville, de découvrir les fontaines et les monuments, ou de passer de longs moments à choisir un parfum de glace ou une garniture de pizza.

Chérubin Renaissance de la villa Farnesina

CONSEILS PRATIQUES

Si vous envisagez de séjourner à Rome avec vos enfants, tâchez de venir au début du printemps ou à la fin de l'automne, lorsqu'il fait beau mais pas trop chaud. Évitez la période de Pâques, car la ville est alors prise d'assaut par les cars de touristes. Le choix de votre lieu de résidence sera fondamental. Un hôtel près de la villa Borghese offrira à vos enfants l'occasion de se défouler et de se détendre dans les jardins, mais les déplacements en centre-ville risquent vite de devenir fastidieux. L'idéal serait un hôtel situé dans le centre historique afin de pouvoir y revenir dans la journée. Les commodités adaptées aux tout-petits étant rares à Rome, nous vous déconseillons d'y séjourner avec un bébé. Si Rome peut ne pas plaire à vos enfants au premier abord, ils y trouveront cependant largement de quoi nourrir leur imagination. Faites bon usage de ce guide et expliquez-leur de manière vivante les monuments et leur histoire. Ils aimeront également apprendre quelques mots d'italien, ce qui leur

Jogging à la villa Borghese

permettra de se débrouiller chez le glacier ou au restaurant. Si vous aimez paresser aux terrasses de café, apportez de quoi les occuper quand ils auront fini leurs consommations. Les adultes sont ici très tolérants envers les enfants turbulents, et si les vôtres ne sont pas trop timides, ils rejoindront les petits Italiens qui jouent au ballon sur les places.

Si vous souhaitez passer une soirée en tête à tête, la plupart des hôtels pourront vous proposer une baby-sitter, ou vous recommander une garde d'enfants qualifiée.

Vous trouverez aux pages 376-377 toutes les informations sur les mesures à prendre en cas de problème, ainsi que les numéros de téléphone d'urgence.

Manège à la villa Borghese

SE DÉPLACER

Les pavés, les rues étroites et sans trottoir ainsi que les bus bondés rendent pénible l'usage de la poussette. Il est probable que quelqu'un vous aidera à la monter dans le métro ou dans un bus. Les mamans accompagnées de jeunes enfants peuvent ne pas respecter les files d'attente, et on leur offrira souvent une place assise dans le bus. Les enfants de moins de 10 ans voyagent gratuitement.

Bien que Rome ne soit pas adaptée au vélo, les familles avec de grands enfants pourront en louer pour se promener le long de la via Appia antica. Le loueur de vélos des jardins du Pincio vous fournira des sièges pour enfant.

Les adolescents de plus de 14 ans peuvent conduire un scooter de moins de 50 cc, mais attention au trafic.

Vélo de location avec siège pour enfant gratuit

Promenade à poney dans le parc de la villa Borghese

SE RESTAURER

Les enfants sont bien accueillis dans les pizzerias et les trattorias. Celles-ci disposent souvent de chaises hautes pour les plus petits, sinon le serveur en improvisera une avec une pile de coussins ou d'annuaires téléphoniques. La plupart des établissements servent des portions enfants ou des plats à partager.

Dans les trattorias, il est parfois difficile de connaître la composition exacte des mets (surtout lorsqu'il n'y a pas de menu, et que le serveur n'a pas le temps de vous expliquer les plats du jour). C'est pourquoi il sera préférable d'emmener les petits mangeurs capricieux dans une pizzeria (*p. 328-333*), où ils pourront choisir leur garniture

(n'oubliez pas que le *prosciutto*, généralement traduit dans les menus par jambon, est fumé). Les pizzerias à l'ancienne mode, où le pizzaïolo pétrit la pâte sous les yeux des convives, plaisent le plus aux enfants. Les restaurants commencent le service vers 7 h le soir. Les meilleurs établissements font salle comble dès 20 h 30 : il vaudra mieux arriver plus tôt si vous voulez éviter de faire la queue.

PIQUE-NIQUES

La solution idéale, c'est le pique-nique dans un parc. On trouvera partout des jus de fruit en boîte, mais à l'exception des supermarchés (le Standa, viale Trastevere, est le plus pratique),

ceux-ci sont vendus à prix d'or. L'eau des fontaines est potable, aussi munissez-vous de gobelets en plastique. Outre les aliments proposés chez les boulangers ou sur les marchés, vous trouverez de nombreux plats à emporter, tous plus délicieux les uns que les autres. Vous pouvez essayer les fruits et légumes frits de chez Cose Fritte, via di Ripetta, et les *suplì al telephono*, croquettes de riz fourrées de mozzarella fondue, dans les *pizza al taglio*, ou bien le *tramezzino*, comparable à un sandwich. Et si vos enfants ne peuvent se passer de leur vache-qui-rit préférée, vous en trouverez chez Castroni.

Le repas des pigeons piazza Navona

GLACES

Rome est célèbre pour ses glaces. Vos enfants seront tentés à chaque coin de rue, et les vrais amateurs pourront organiser une journée de visite dans le quartier de l'une des meilleures *gelaterie* (*p. 330-333*). Même si acheter des cornets de glace à emporter coûte moins cher, cela vaut la peine de s'installer en salle chez certains glaciers traditionnels. Chez Fassi, vous pourrez admirer une vieille machine à sorbet, et déguster chez Giolitti de gargantuesques coupes glacées Chantilly dans l'élégant salon (*p. 109*).

Dégustation critique de glaces italiennes

Que voir avec des enfants

L'entrée du zoo de la villa Borghese

QUELQUES SUGGESTIONS

Rares sont les musées qui proposent des expositions ou des activités adaptées aux enfants. Cependant l'éléphant de l'obélisque de Bernin *(p. 108)* et le gros *facchino* (porteur) *(p. 107)* leur plaisent beaucoup. Le cimetière des Capucins de Santa Maria della Concezione *(p. 254)*, les catacombes *(p. 265-266)* et la carcere Mamertino *(p. 91)* exciteront leur imagination.

Montrez-leur des détails : les pieds sales des personnages des tableaux du Caravage ou bien les plafonds effondrés en trompe l'œil de la Chiesa Nuova ainsi que la coupole de Sant'Ignazio *(p. 106)*.

Vos enfants apprécieront le **museo Explora**, où ils pourront toucher les objets, ainsi que le museo delle Mura qui retrace l'histoire du mur d'Aurélien *(p. 196)*.

La basilique Saint-Pierre, où ils pourront monter au sommet de la coupole *(p. 230)*, et San Clemente, où ils descendront dans le souterrain *(p. 186-187)*, les amuseront.

Au Vatican, ils apprécieront les statues et les mosaïques de la galerie des animaux, ainsi que la voûte de la chapelle Sixtine *(p. 246)*, surtout lorsqu'ils sauront que Michel-Ange l'a peinte perché sur un échafaudage. Le code vestimentaire *(p. 231)* est valable pour les enfants.

Museo Explora
Via Flamino 82. **Plan** 1 C5.
Tél. 06361 3776 *(rés. à l'avance).*
www.mdbr.it

RUINES ANTIQUES

Les enfants apprécieront le Colisée *(p. 92-95)* et les mercati traianei *(p. 88-89)*, car les vestiges donnent une bonne idée de l'aspect d'origine de ces monuments, à la différence des ruines du Forum ou du Palatin qui risquent de ne pas les intéresser. Le site Ostia Antica *(p. 270-271)*, avec ses ruines de théâtre, de magasins et ses toilettes publiques collectives, leur plaira sûrement.

Mosaïque au Vatican

MOSAÏQUES

Les dizaines de mosaïques qui ornent les divers édifices romains séduiront tout particulièrement les enfants. Leurs détails aux couleurs éclatantes montrent des fleurs, des arbres, des animaux et des constructions (dans les églises San Clemente, Santa Prassede et Santa Maria in Trastevere, *p. 186, p. 171* et *p. 212-213)*, voire les restes d'un banquet (au Musée grégorien profane du Vatican, *p. 234-235)*.

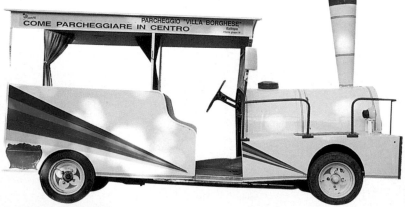

Le petit train de la villa Borghese

SPECTACLES

La liste des spectacles culturels pour enfants figure dans les pages cinéma des journaux, dans *Trovaroma, Roma c'è* et *Wanted in Rome*, ainsi que sur les sites Web (*p. 354-355*).

Pour les plus grands, **Time Elevator** raconte l'histoire de Rome d'une façon pédagogique. Le Cinema dei Piccoli, villa Borghese, projette des dessins animés. Des spectacles de marionnettes sont organisés tous les après-midi, sauf le mercredi, sur la colline du Janicule.

L'époque de l'année qui plaira le plus aux enfants, c'est Noël, lorsque la foire aux jouets s'installe sur la piazza Navona.

Stand de la foire aux jouets de Noël, piazza Navona

Un instant de repos sur le trottoir

Time Elevator
Via SS Apostoli 20.
Plan 5 A4 et 12 F3.
Tél. 06 9774 6243.

PARCS

La villa Borghese (*p. 258*) offre des canards à nourrir, des canots, des poneys, des vélos à louer et un zoo. La villa Celimontana (*p. 193*) propose des pistes cyclables et un théâtre en plein air en été. Technotown, attraction interactive à la villa Torlonia (*p. 266*) et la piscine delle Rose, découverte en été, (*p. 367*) plairont à tous. Le parc des monstres de Bomarzo, à 95 km au nord de Rome, créé au XVIᵉ siècle, abrite des géants de pierre que les enfants escaladent.

JOUETS

Vos enfants aimeront les magasins de jouets. **Città del Sole** vend une gamme variée de superbes jouets et des jeux éducatifs, et **Al Sogno** des animaux en peluche.

Città del Sole
Via della Scrofa 65.
Plan 4 F3 et 12 D2.
Tél. 06 687 5404.

Al Sogno
Piazza Navona 53.
Plan 4 E4 et 11 C3.
Tél. 06 686 4198.

VÊTEMENTS POUR ENFANTS

Les Italiens adorent mettre leurs enfants sur leur trente et un. Le dimanche après-midi, en particulier, on rencontre de nombreux bambins tirés à quatre épingles, qui semblent revenir d'une soirée de gala. De nombreuses boutiques vendent de magnifiques vêtements et chaussures pour enfant, souvent faits main, parfois chers et peu pratiques (à nettoyer à sec ou craignant la boue). **Lavori Artigianali Femminili** vend des vêtements en soie ainsi que des lainages pour enfants de moins de huit ans. **Rachele** privilégie le haut de gamme de la mode enfant, tandis que **Benetton** mise sur une ligne tendance à prix doux.

Benetton
Via del Corso 288. **Plan** 4 F2.
Tél. 06 6810 2520.

Lavori Artigianali Femminili
Via Capo le Case 6.
Plan 5 A3 et 12 F1.
Tél. 06 679 2992.

Rachele
Vicolo del Bollo 6-7
(depuis la via del Pellegrino).
Plan 11 C4. *Tél. 06 686 4975.*

RENSEIGNEMENTS PRATIQUES

INFORMATIONS GÉNÉRALES

Les Romains semblent peu concernés par les inestimables trésors artistiques perdus au milieu des constructions modernes et des chantiers de leur trépidante capitale. Ces merveilles passionnent le touriste, mais il ne lui est pas toujours facile d'y avoir accès. Une certaine décontraction locale se traduit par d'infinies variations dans les horaires d'ouverture : maints lieux ferment plusieurs heures d'affilée au déjeuner, et ne rouvrent que tard l'après-midi, tandis que certains musées ne sont ouverts que le matin. Les horaires des banques et des magasins sont également très variables. D'un point de vue plus positif, les principaux sites se trouvent à quelques pas les uns des autres. Commencez tôt votre journée, portez des chaussures confortables adaptées aux pavés romains, et n'oubliez pas de respecter le code vestimentaire exigé dans les églises, point sur lequel les Italiens sont inflexibles.

MUSÉES ET MONUMENTS

La plupart des musées sont ouverts toute la journée et fermés le lundi. Pour visiter un monument ou un musée en particulier, renseignez-vous à l'avance sur les horaires d'ouverture. L'entrée est très souvent payante, aussi est-il plus avantageux d'acheter le **Roma Pass** (20 €) ou le **Roma & Piu Pass** (25 €) qui donne droit à trois jours de transports illimités dans Rome et à l'accès gratuit aux principaux musées et sites archéologiques. Une réduction est proposée

Roma c'é, un guide des expositions

aux enfants de moins de 18 ans, aux étudiants et aux personnes de plus de 60 ans ayant un passeport européen. Beaucoup de musées refusent les visiteurs une heure à 30 min avant la fermeture. Les églises (entrée libre) sont nombreuses à abriter des œuvres d'art exceptionnelles. Certains lieux, comme les jardins du Vatican ou l'aqueduc de Néron, ne sont accessibles que sur demande personnelle ou autorisation écrite. Vous trouverez au chapitre *Quartier par quartier* les horaires d'ouverture de chaque site. Une brochure utile, *Roma c'é*, donne le détail des expositions des principaux musées et galeries d'art de Rome.

Embouteillage matinal via delle Quattro Fontane

INFORMATION TOURISTIQUE

L'Azienda di Promozione Turistica (**APT**) dispose d'un personnel très compétent qui parle généralement le français. Vous pourrez y acheter les différents pass, brochures, plan de la ville et calendrier des manifestations. De nombreux kiosques d'informations de la Commune di Roma fournissent cartes et conseils. Les agences de voyage comme **CIT** et **American**

ITALIA
ENTE NAZIONALE
ITALIANO PER IL TURISMO
Logo de l'ENIT

Express vous seront également utiles. **Enjoy Rome** offre des informations sur son site et dans ses agences situées à proximité de la gare Termini *(p. 388)*. Un petit conseil : ne pensez pas que les renseignements que vous obtenez sont précis. Prix et horaires d'ouverture peuvent changer, et même les sites normalement ouverts aux heures indiquées peuvent être fermés pour restauration *(per restauro)* ou grève *(scioporo)*.

Le minibus électrique facilite la visite du centre historique

◁ **Rue congestionnée du centre-ville**

INFORMATION SUR LES SPECTACLES

Le supplément hebdomadaire *Trovaroma* de l'édition du jeudi de *La Repubblica* et *Roma c'è* (publié le mercredi) constituent la principale source d'information. Le magazine *Wanted in Rome* offre des renseignements en anglais. On les trouve chez les marchands de journaux.

Trovaroma

VISITES GUIDÉES

Plusieurs agences de voyages proposent des visites guidées de Rome : **American Express**, **Green Line Tours**, **Context** et **Carrani Tours**. Une journée complète, déjeuner inclus, coûte 75 € environ. Compter 30 € environ la demi-journée. Le bus n° 110 passe devant les principaux monuments de Rome en 2 heures : le trajet coûte 8 € environ (à Termini toutes les 10 à 15 min entre 8 h 40 et 20 h 30). L'Archeobus fait le tour des sites antiques. De nombreux sites, comme le Forum *(p. 78-87)*, proposent un service de guides. Ne faites appel qu'aux guides officiels et convenez du prix à l'avance : comptez en moyenne 50 € pour une demi-journée de visite guidée.

ATAC, la compagnie des bus romains

VISITE DES ÉGLISES

Les églises, dont l'intérieur est très sombre, ont souvent un éclairage sur minuterie illuminant chapelles et œuvres d'art, ainsi que des machines donnant des informations en plusieurs langues. Dans toutes les églises, notamment à la basilique Saint-Pierre *(p. 230-233)*, on est très strict sur la tenue vestimentaire.

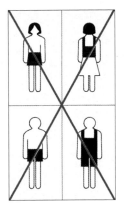

Tenues vestimentaires interdites dans les églises : hommes et femmes doivent avoir le buste, les jambes et les bras couverts

USAGES

Les Romains sont d'ordinaire courtois et accueillants à l'égard des touristes. Ils sont toujours ravis lorsqu'un étranger s'efforce de parler leur langue ; vous trouverez page 447 quelques phrases courantes. En général, les Italiens ne boivent du vin qu'au moment des repas, et l'ivresse en public est plutôt mal vue. Il est interdit de fumer dans les lieux publics.

POURBOIRES

Si les Italiens ne laissent eux-mêmes jamais de pourboire, on attendra le vôtre. Dans les bars ou cafés, quelques pièces suffiront ; dans les restaurants service non compris, laissez environ 10 % de la note. Gardez à portée de main pièces et billets pour les chauffeurs de taxi, sacristains, femmes de chambre, portiers et porteurs.

HANDICAPÉS

Rome est peu équipée pour faciliter la vie des personnes handicapées. Le centre d'assistance aux personnes handicapées de la gare Termini donne aide et conseils pour les voyages en train. La gare, tout comme le Colisée, dispose d'aménagement pour handicapés, rampes, ascenseurs et W.-C. Si vous ne disposez pas d'un accompagnateur, envisagez une visite touristique spécialement adaptée ou contactez une association de voyageurs handicapés avant votre départ. Les musées du Vatican, la chapelle Sixtine et la basilique Saint-Pierre sont tous accessibles aux fauteuils roulants.

TOILETTES PUBLIQUES

Elles sont rares. Celles proches du Colisée (accès handicapés), de Saint-Pierre et du magasin Rinascente *(p. 335)* sont propres. Vous pourrez également utiliser celles des cafés, mais apportez votre papier.

ADRESSES UTILES

American Express
Piazza di Spagna 38. **Plan** 5 A2.
Tél. 06 676 41.

APT
Via Parigi 11. **Plan** 5 C3. ⬜ *lun.-sam. 9h-19h.* **Tél.** *06 488 991.*
www.turismoroma.it

Bus n° 110 ATAC
Piazza dei Cinquecento.
Plan 6 D3. **Tél.** *06 4695 2256.*
www.trambusopen.com

Carrani Tours
Via V. E. Orlando 95. **Plan** 5 C3.
Tél. 06 474 2501. **www**.carrani.com

Context
Tél. 06 9762 5204.
www.contexttravel.com/rome

Centre d'assistance aux personnes handicapées
Gare Termini. **Plan** 6 D3. ⬜ *t.l.j. 7h-21h.* **Tél.** *199 30 3060.*

Enjoy Rome
Via Marghera 8A. **Plan** 6 E3.
Tél. 06 445 1843. ⬜ *avr.-oct. : lun.-ven. 8h30-19h, nov.-mars : 9h-17h30, sam. 8h30-14h.*
www.enjoyrome.com

Green Line Tours
Via Farini 5A. **Plan** 6 E3.
Tél. 06 482 7480.
www.greenlinetours.com

Points d'informations touristiques
Tél. 06 06 08. **www**.comune.roma.it

Santé et sécurité

Si Rome est dans l'ensemble une ville sûre pour le touriste, la petite délinquance demeure un problème permanent. N'emportez pas plus d'argent que vous n'en avez besoin pour la journée, et laissez vos objets et documents de valeurs dans le coffre-fort de l'hôtel. Transportez vos appareils photo et caméras dans un sac ordinaire, demeurez vigilant dans la foule, et méfiez-vous des bandes de jeunes enfants à l'aspect innocent, qui sont parfois des pickpockets chevronnés.

FARMACIA
Enseigne de pharmacie

QUELQUES CONSEILS

Rassurez-vous, l'Italie n'est ni plus ni moins sûre qu'un autre pays d'Europe. Suivez les conseils suivants et surtout faites preuve de bon sens.

Certains hôtels ont équipé leurs chambres de coffres-forts à code (n'utilisez pas votre date de naissance qui figure sur votre passeport et votre fiche d'hôtel). Soyez prêt à toute éventualité : faites une photocopie de tous vos documents importants, comme votre passeport et vos billets d'avion, et emportez quelques photos d'identité en cas de perte ou de vol. Les chèques de voyage constituent le moyen le moins risqué de transporter d'importantes sommes d'argent. Conservez-en le reçu en lieu sûr.

Méfiez-vous des voleurs à l'arraché qui opèrent à vélomoteur dans les rues calmes. Une discrète ceinture porte-monnaie ou un sac à dos à fixations de sécurité seront peut-être utiles. Ne

La police à cheval

laissez jamais en vue votre équipement vidéo ou photo. Les pickpockets (parfois des enfants) utilisent diverses techniques, cartons ou journaux déployés sous les yeux de leurs victimes, pour détourner l'attention et détrousser celles-ci en quelques secondes. Surveillez vos objets de valeur, plus particulièrement dans les marchés et dans les transports en commun. La ligne de bus 64, entre la gare Termini et

le Vatican, est notoirement infestée de pickpockets. Les vols dans les voitures sont également fréquents : ne laissez aucun objet visible dans la vôtre, et ne transportez rien sur votre galerie. Les rues à l'est et au sud de la gare Termini, et autour du Colisée sont peu recommandables la nuit : ce sont les quartiers de la prostitution et des trafiquants de drogue.

Les femmes voyageant seules (voire en petit groupe) devront prendre des précautions supplémentaires. La société italienne étant plutôt machiste, les femmes non accompagnées sont davantage importunées qu'ailleurs. Méfiez-vous des taxis pirates, souvent non assurés et surchargés, qui opèrent plus

Moto de *carabinieri*

Carabiniere – membre du corps de gendarmerie

Carabiniere en uniforme de ville

Policier municipal réglant la circulation

particulièrement près de l'aéroport, ainsi que des rabatteurs d'hôtel et des guides non officiels, et ne faites appel qu'aux véritables agences de tourisme *(p. 295 et p. 374-375)*.

Voiture de police

POLICE

Les *vigili urbani*, de la police municipale, sont souvent affectés à la circulation. Les *carabinieri* s'occupent de tout, du vol d'œuvre d'art aux excès de vitesse. La *polizia*, la police nationale, a en charge les crimes.

Ambulance de la Croix Verte

SOINS MÉDICAUX

Véhicule de pompier

Aucune vaccination particulière n'est nécessaire à Rome. L'eau du robinet et des fontaines, pompée dans les collines, est potable. Les ressortissants de l'Union européenne peuvent bénéficier de la réciprocité des soins médicaux, mais cela implique un long parcours administratif. Avant de partir, procurez-vous la carte européenne d'assurance-maladie auprès de votre Caisse primaire d'assurance maladie. Ceci couvrira les urgences (pour les autres soins médicaux, vous devrez avoir souscrit une assurance particulière). Tous les touristes souscriront une assurance pour l'ensemble des soins médicaux, y compris les urgences.

En cas de grave problème de santé, contactez les urgences *(pronto soccorso)* des grands hôpitaux comme le **Policlino Umberto I**, l'**ospedale di Santo Spirito** ou l'**ospedale Fatebenefratelli**. Sinon, cherchez un médecin *(medico)* ou un dentiste *(dentista)* dans les pages jaunes *(pagine gialle)*. Pour les enfants, adressez-vous à l'**ospedale Pediatrico Bambino Gesù**. Les pharmaciens affichent la liste des pharmacies de garde la nuit. La **farmacia del Vaticano** a en stock des médicaments étrangers.

Ospedale americano di Roma
Via Emilio Longoni 69.
Tél. 06 225 51.

Ospedale Fatebenefratelli
Piazza Fatebenefratelli 2. **Plan** 4 C4.
Tél. 06 683 71.

Ospedale Pediatrico Bambino Gesù
Piazza S. Onofrio 4. **Plan** 3 C4.
Tél. 06 68 591.

Ospedale di Santo Spirito
Lungotevere in Sassia 1. **Plan** 3 C3.
Tél. 06 68351.

Pharmacie du Vatican
Via di Porta Angelica. **Plan** 3 C2.
Tél. 06 6989 0561.

Policlinico Umberto I
Viale del Policlinico 155. **Plan** 6 F2.
Tél. 06 499 71.

OBJETS TROUVÉS

Le commissariat de police enregistrera votre déclaration de perte et vous délivrera un procès-verbal que vous devrez envoyer à votre assureur. Contactez votre ambassade ou consulat en cas de perte de passeport, et le bureau de la banque émettrice *(p. 378)* pour les chèques de voyage.

Objets perdus (bus, trams)
Tél. 800 43 1784.

Objets perdus (métro)
Ligne A Tél. 06 487 4309.
⬜ *lun., mer., ven. 9h30-12h30.*
Ligne B Tél. 06 5753 2265.
⬜ *lun.-sam. 8h-18h.*

Commissariato di polizia :
le commissariat de police

NUMÉROS DE TÉLÉPHONE D'URGENCE

Urgence
Tél. 118
(appel gratuit).

Centre antipoison
(policlinico Gemelli)
Tél. 06 305 43 43.

Pompiers
Tél. 115
(appel gratuit).

Police secours
Tél. 113
(gratuit de tout téléphone).

Carabinieri
Tél. 112 (Carabinieri) ;
113 (Police)
(gratuit de tout téléphone).

Croix Rouge
Tél. 06 55 10.

Police de la circulation
Tél. 06 676 91.

Carabinieri en uniforme de parade

Banques et monnaie

Aigle sur la façade du ministère des Finances

À Rome, les transactions monétaires sont souvent lentes, et peuvent impliquer une paperasserie ainsi qu'une perte de temps considérable. Le taux de change pratiqué dans les banques est plus favorable que celui des agences de voyage et des hôtels. La petite monnaie est indispensable pour le téléphone public, les pourboires, l'éclairage des œuvres d'art et des chapelles des églises (p. 375).

CHANGE

Afin de ne pas avoir à chercher un bureau de change dès votre arrivée, soyez déjà muni d'euros. On trouve cependant de plus en plus de changeurs électroniques installés dans les principaux lieux d'arrivée ainsi qu'en ville : ces dispositifs permettent de changer en euros jusqu'à 14 billets de banque de la même devise à la fois. Le taux de change varie en fonction du lieu. L'agence de la Banco di Santo Spirito, à l'aéroport Fiumicino, propose des taux raisonnables.

Le taux de change est le plus favorable dans les banques et le plus défavorable dans les hôtels, même si ceux-ci ne comptent qu'une faible commission. Les musées du Vatican (p. 235) ne prennent aucune commission. L'agence de l'American Express (p. 375), propose un taux acceptable. Les détenteurs de cette carte peuvent retirer l'équivalent de 1 000 € par semaine au distributeur de billets, mais vous devrez payer une commission pour ce service et posséder un code d'identification personnel associé à votre compte.

Un changeur automatique

CARTES DE PAIEMENT

La carte de paiement est aujourd'hui mieux acceptée dans les grands hôtels, restaurants et magasins de Rome. Les principales cartes de crédit (American Express, Access/MasterCard, Visa, Diners Club) sont bien connues. La carte Visa est davantage acceptée par les banques et les distributeurs de billets, mais les commerçants préfèrent la carte Access/MasterCard. Prenez les deux si possible et n'oubliez pas que tout achat en devises étrangères sera toujours plus cher. Certains établissements n'acceptent toutefois les cartes bancaires qu'à partir d'un montant minimum d'achat. Aussi gardez toujours un peu de liquide avec vous.

CHÈQUES DE VOYAGE

Si vous optez pour le chèque de voyage, choisissez ceux d'une grande banque internationale. La plupart des banques émettrices prennent une commission de 1 %. Demandez quelques chèques de petite valeur nominale, pour ne pas vous retrouver en fin de séjour avec d'importantes quantités d'espèces, mais n'oubliez pas que la transaction de ces chèques peut s'avérer peu économique, en raison de la commission (et du coût en temps). Notez systématiquement le numéro des chèques et ne les conservez pas avec ces derniers. Certains établissements exigeront une commission supplémentaire pour chaque chèque.

Lors de la préparation de votre voyage, vérifiez les taux de change afin de décider s'il serait plus avantageux de libeller les chèques en euros ou en une autre devise étrangère.

HEURES D'OUVERTURE

Les banques ouvrent habituellement de 8 h 30 à 13 h 20 et de 15 h à 16 h 30 du lundi au vendredi. Les horaires sont cependant variables, et les banques ferment les jours fériés et le week-end. L'horaire des bureaux de change est comparable à celui des magasins. Le bureau de change de la gare Termini (p. 388) est ouvert le dimanche matin.

À LA BANQUE

Les queues sont souvent longues, et la paperasserie prend parfois un temps infini. En général, vous devrez d'abord faire la queue au comptoir *cambio* puis à la *cassa*. Apportez une pièce d'identité.

Bureau de change d'une banque nationale italienne

Credito Italiano

L'une des grandes banques italiennes

La banque de Rome possède des succursales dans d'autres villes d'Italie

EURO

L'euro, la monnaie unique européenne, est aujourd'hui en circulation dans 16 pays sur les 27 États membres de l'Union européenne. L'Allemagne, l'Autriche, la Belgique, Chypre, l'Espagne, la Finlande, la France, la Grèce, l'Irlande, l'Italie, le Luxembourg, Malte, les Pays-Bas, le Portugal, la Slovaquie et la Slovénie ont changé leur monnaie. La Grande-Bretagne, le Danemark et la Suède ont préféré conserver la leur. Les billets, identiques dans les 16 pays, arborent des dessins architecturaux de monuments imaginaires. Les pièces ont une face identique et une autre propre à chaque pays. Billets et pièces sont valables et interchangeables dans les 16 pays de la zone euro.

Les billets de banque

Les billets en euros existent en 7 coupures. Le billet de 5 € (de couleur grise) est le plus petit, le billet de 10 € est rouge, le billet de 20 € est bleu, le billet de 50 € est orange, le billet de 100 € est vert, le billet de 200 € est brun-jaune et celui de 500 € est violet.

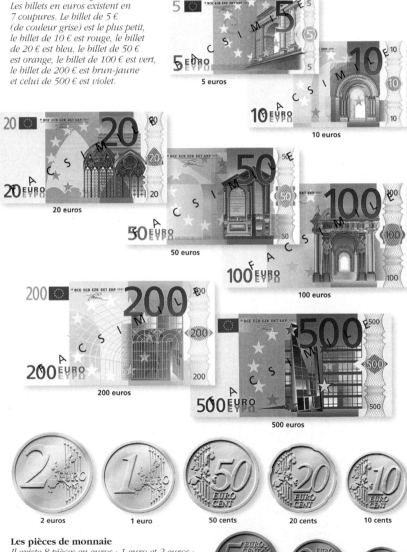

5 euros

10 euros

20 euros

50 euros

100 euros

200 euros

500 euros

2 euros

1 euro

50 cents

20 cents

10 cents

Les pièces de monnaie

Il existe 8 pièces en euros : 1 euro et 2 euros ; 50 cents, 20 cents, 10 cents, 5 cents, 2 cents et 1 cent. Les pièces de 1 et de 2 euros sont dorées et argentées. Les pièces de 50, 20 et 10 cents sont dorées. Les pièces de 5, 2 et 1 cent(s) sont couleur bronze.

5 cents

2 cents

1 cent

Les communications

Le système téléphonique romain a été entièrement rénové depuis quelque temps : de nombreux numéros ont changé et de nouveaux équipements sont installés. Chaque numéro de téléphone italien doit être précédé du zéro puis du code local. À l'heure actuelle, les numéros peuvent avoir de 4 à 9 chiffres.

BUREAUX DE TÉLÉPHONE

Les bureaux de téléphone *(Telefoni)*, gérés par Telecom Italia et des opérateurs privés, sont pratiques pour les appels à l'étranger : l'opérateur vous attribue l'une des cabines insonorisées et enclenche le compteur quand vous obtenez votre correspondant. Vous payez en partant.

Ce service est totalement gratuit, mais les heures d'ouverture des *telefoni* coïncident rarement avec les horaires de tarif réduit.

De nombreux bureaux de téléphone permettent d'enyoyer un fax ou de faire des photocopies.

TARIF DES COMMUNICATIONS

Le tarif réduit maximal pour les communications nationales s'applique de 18 h 30 à 8 h du lundi au vendredi, après 13 h le samedi, et le dimanche toute la journée.

Si vous souhaitez passer un appel à l'étranger, vérifiez au préalable la meilleure plage horaire car les réductions varient en fonction

du décalage horaire. C'est parfois un vrai casse-tête pour s'y retrouver. Il est souvent meilleur marché d'appeler directement à l'étranger plutôt que de passer par un opérateur ou d'appeler d'une cabine téléphonique à carte. Il est souvent très coûteux de téléphoner de sa chambre d'hôtel ; on vous facturera parfois plus du double ou du triple du prix de la communication normale !

D'une manière générale, les communications internationales coûtent plus cher en Italie que dans le reste du monde.

Logo de la compagnie de téléphone

TÉLÉPHONES PUBLICS

En raison de la vague de téléphonie mobile qui a envahi l'Italie, les cabines téléphoniques se font rares.

Les téléphones les plus modernes acceptent, parfois exclusivement, les cartes de téléphone, que l'on peut se procurer dans les magasins, bars et débits de tabac affichant le T blanc sur fond noir (demandez une *scheda* ou une *carta telefonica*). Enlevez le coin détachable de la carte, insérez-la dans la fente réservée en bas, dans le sens de la flèche. Le nombre d'unités disponibles est affiché dans le voyant.

Les cartes internationales de téléphone, notamment la carte Europa, existent depuis la déréglemêntation et sont de loin le moyen le moins cher de téléphoner à l'étranger depuis l'Italie. Elles sont vendues dans les bureaux de tabac pour 5 ou 10 € et donnent droit à au moins 120 minutes de communication. Composez le numéro inscrit sur la carte, puis le code, et enfin votre numéro.

MODE D'EMPLOI D'UN TÉLÉPHONE TELECOM ITALIA À PIÈCES ET CARTE

1 Décrochez le combiné et attendez la tonalité.

2 Glissez la carte dans la fente du bas.

3 Le voyant indique le crédit d'unités.

4 Composez le numéro et attendez la prise de ligne.

5 S'il vous reste des unités, et que vous souhaitez faire un autre appel, appuyez sur le bouton « appel à suivre ».

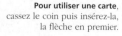

Pour utiliser une carte, cassez le coin puis insérez-la, la flèche en premier.

CARTES SIM

Si vous restez à Rome pendant une longue période, nous vous conseillons d'acheter une carte SIM italienne. Celle-ci vous donnera un numéro de téléphone à utiliser avec votre propre combiné. Les cartes SIM coûtent environ 15 € et s'accompagnent généralement d'un crédit de 5 €. Elles sont vendues et rechargées dans les boutiques de téléphonie mobile de toute la ville, notamment celles de la gare Termini.

E-MAIL ET INTERNET

De nombreux hôtels proposent désormais une connexion à Internet. Si ce n'est pas le cas de votre hôtel, vous pouvez envoyer et consulter vos e-mails ou surfer dans l'un des multiples cyber cafés de Rome. Ces établissements,

LES NUMÉROS DE TÉLÉPHONE IMPORTANTS

- Indicatif de Rome : 06 même de Rome à Rome.
- Renseignements internationaux : 1254 (appuyez sur 2). Les P.C.V. et cartes de crédits sont aussi acceptés.
  - Renseignements pour l'Italie : 1254 (appuyez sur 1).
  - Appels intercontinentaux par opérateur : 170.
  - Pour obtenir un numéro en France, composez le 00 33 (le 00 32 pour un numéro en Belgique, le 00 41 pour la Suisse, le 00 1 pour le Canada), puis le numéro de votre correspondant.
  - *Voir également* Numéros d'urgence *p. 377.*

Les timbres sont vendus dans les tabacs

généralement agréables, offrent des rafraîchissements non-alcoolisés, des cafés et des sandwichs. La plupart sont proches du centre-ville. Voici quatre des lieux les plus populaires de Rome pour surfer sur Internet.

Bibli
Via dei Fienaroli 28.
Plan 7 C1.
Tél. 06 581 4534.
☐ lun. 5h30-minuit, mar.-dim. 11h-minuit.

InternetCafé
Via Marucini 12.
Plan 8 F3.
☐ lun.-ven. 9h-minuit, sam. 10h-minuit, dim. 14h-minuit.

Interpoint
Piazza Sant'Andrea della Valle 3.
Plan 12 D4.
Tél. 06 9727 3136.
☐ t.l.j. 10h-22h. Également corso Vittorio Emanuele 106.
Plan 12 D3.
Tél. 06 4542 9818.
☐ t.l.j. 10h-18h.

COURRIER

Les services postaux italiens ne sont pas réputés pour leur efficacité : on dit souvent que les lettres étaient distribuées plus rapidement du temps de l'Empire que de nos jours… Néanmoins, le service est fiable.

Courrier pour Rome **Autres destinations**

Boîte aux lettres du Vatican

Timbres du Vatican

Enseigne de la poste

L'acheminement des cartes postales fonctionne relativement bien, mais ne soyez pas surpris, plus particulièrement en août, si un courrier envoyé à destination de l'Union européenne met un mois avant d'arriver. Pour tout courrier urgent, il est préférable de faire un envoi en exprès ou en recommandé : plus cher, il fera gagner un jour ou deux. Les timbres ordinaires

POSTE VATICANE
La poste du Vatican (bureau à l'entrée des musées du Vatican ou place Saint-Pierre) est plus rapide que la poste nationale. Le courrier affranchi aux timbres du Vatican doit être posté dans les boîtes aux lettres bleues du Saint-Siège.

(francobolli) sont vendus à la poste ou dans les débits de tabac affichant le T blanc sur fond noir. Les petits bureaux de poste ouverts de 8 h 30 à 14 h (8 h 30 à 12 h le samedi), mais les bureaux principaux sont ouverts du moins, tard le soir pour certains services (les lettres recommandées, par exemple). Les boîtes aux lettres italiennes sont rouges, et bleues pour l'étranger *(estero)*.

POSTE RESTANTE

Les lettres et paquets à retirer à la poste sont envoyés aux bons soins *(c/o)* du Palazzo delle Poste, Roma, Posta Centrale, *Fermo Posta.* Écrivez le nom en capitales d'imprimerie et soulignez-le. Pour retirer votre courrier, vous devrez présenter votre passeport et acquitter une petite commission. La poste restante de l'American Express est gratuite pour ses clients.

Informations complémentaires

L'aéroport de Fiumicino, le point d'arrivée de nombreux touristes à Rome

DOUANE ET IMMIGRATION

Pour un séjour de moins de trois mois, les ressortissants de l'Union européenne, de la Suisse ou du Canada n'ont pas besoin de visa, à la différence de ceux des autres pays. Ces derniers doivent présenter leur passeport en entrant sur le territoire italien et doivent déclarer leur présence à la police italienne dans les huit jours ouvrables qui suivent leur arrivée. Si vous séjournez à l'hôtel, la direction se chargera de ces formalités. Sinon, contactez la **Questura** (commissariat de police). Si vous désirez rester plus de trois mois (huit jours ouvrables pour un non-ressortissant de l'Union européenne), vous devrez obtenir un *permesso di soggiorno* (permis de séjour). Il vous faudra demander à un commissariat (*Questura di Provincia*) un permis de travail (*lavoro*) ou d'études (*studio*). Les démarches sont longues. Les franchises de douane sont les suivantes. Les ressortissants de l'Union européenne peuvent rapporter pour leur usage personnel : 800 cigarettes, 200 cigares, 400 cigarillos, 1 kg de tabac ; 10 litres de spiritueux, 90 litres de vin et 100 litres de bière.

Les quantités autorisées sont beaucoup plus limitées pour les non-ressortissants de l'U.E. : 400 cigarettes, 100 cigares, 200 cigarillos ou 500 g de tabac ; 1 litre de spiritueux ou 2 litres de vin ; 50 g de parfum.

Le système de remboursement de la TVA pour les non-ressortissants de l'Union européenne est d'une grande complexité *(p. 335)*.

Questura
Tél. 06 46 86.

Étudiants sur les marches de Santa Maria Maggiore

ÉTUDIANTS

Emportez une carte d'étudiant internationale (ISIC) ou une carte d'échange éducatif international (YIEE). Renseignez-vous auprès du **Centro Turistico Studentesco. L'Associazione Italiana Alberghi per la Gioventù** (l'Association italienne des auberges de jeunesse) possède quatre auberges de jeunesse à Rome. **Trenitalia** donne des informations pour les réductions des jeunes de moins de 26 ans.

Carte ISIC

Associazione Italiana Alberghi per la Gioventù
Via Cavour 44. **Plan** 3 D3.
Tél. 06 487 1152. **Fax** *06 488 0492.*
www.ostellionline.org

Centro Turistico Studentesco
Via Solferino 6A. **Plan** 6 D3. *Tél. 06 462 0431.* Et Vittorio Emanuele 297 *Tél. 06 687 2672.* **www**.cts.it

Trenitalia
Tél. 89 20 21.
www.trenitalia.com/en/index.html

SERVICES CATHOLIQUES

Pour de nombreux catholiques, une audience avec le pape fait partie d'un séjour à Rome. Les audiences générales ont lieu le mercredi à 11 h place Saint-Pierre, dans la salle des audiences, ou à Castel Gandolfo, sa résidence d'été. Vous pouvez téléphoner à la **prefettura della Casa Pontificia** ou aller dans le bureau derrière les portes de bronze à droite de la basilique (ouv. 9h-13h). Certaines agences de voyages romaines incluent une audience pontificale dans leurs visites touristiques.

Une messe est dite tous les jours dans les principales églises de Rome. On pourra trouver un confesseur à la basilique Saint-Pierre *(p. 230-233)*, à San Giovanni in Laterano *(p. 182-183)*, à San Paolo fuori le Mura *(p. 267)*, à Santa Maria Maggiore *(p. 172-173)*, au Gesù *(p. 114-115)*, à Santa Sabina *(p. 204)* et à Sant Ignazio *(p. 106)* ; on parle le français à San Luigi dei Francesi *(p. 122)*.

Prefettura della Casa Pontificia
Città del Vaticano.
Plan 3 B3.
Tél. 06 6988 3114.

Le pape Benoît XVI pendant une audience à Saint-Pierre

AUTRES SERVICES RELIGIEUX

Église anglicane
All Saints, via del Babuino 153.
Plan 4 F2. **Tél.** *06 3600 1881.*

American Episcopal
St Paul's, via Napoli 58. **Plan** 5 C3.
Tél. *06 488 3339.*

Synagogue
Sinagoga, lungotevere Cenci.
Plan 4 F5 et 12 D5. **Tél.** *06 684 0061.*

Église méthodiste
Piazza di Ponte Sant'Angelo. **Plan** 4 E3
et 11 A2. **Tél.** *06 686 8314.*

Mosquée
Viale della Moschea 85 (quartier des
Parioli). **Plan** 2 F1. **Tél.** *06 808 2258.*

Église presbytérienne
St Andrew's, via XX Settembre 7.
Plan 5 C3. **Tél.** *06 482 7627.*

La mosquée de Parioli

AUTORISATIONS DE VISITE

Certains sites romains,
notamment les sites
archéologiques, parfois
fermés lors de campagnes
de fouilles ne peuvent
être visités que sur
autorisation écrite.

Téléphonez à l'office
de tourisme de Rome en
indiquant votre nom, le
nombre de participants, la
raison de votre viste (tourisme
ou études) et les jours où
vous souhaiteriez faire la
visite. Il faudra ensuite
envoyer une confirmation
par mail. Il est généralement
impossible de faire une visite
individuelle.

Azienda di Promozione Turistica di Roma (APT)
Tél. *06 06 08.*
www.060608.it

La presse disponible à Rome

PRESSE, T.V. ET RADIO

Outre les deux principaux
journaux romains, *La
Repubblica* et
Il Messaggero, la presse
internationale, notamment
Le Monde, est disponible
à Rome. Les chaînes de
télévision publique sont
la RAI Uno, Due et Tre.
Les télévisions par satellite
ou câble diffusent divers
programmes internationaux,
dont CNN. Radio-France
International est diffusée
partout en Italie. Radio
Vatican diffuse des
informations en français
sur 93,3 MHz et 105 MHz
(FM).

AMBASSADES ET CONSULATS

En cas de perte de
vos papiers d'identité,
ou si vous avez besoin de
renseignements particuliers,
contactez l'ambassade ou
le consulat aux adresses
suivantes.

Belgique
Via dei Monti Parioli 49.
Plan 1 C3.
Tél. *06 360 95 11.*

Canada
Via Zara 30.
Tél. *06 854 442 911.*
www.canada.it

France
Via Giulia 251. **Plan** 11 B4
Tél. *06 68 60 11.*

Suisse
Via Barnaba Oriani 61.
(quartier des Parioli).
Tél. *06 809 571.*

HEURE ROMAINE

Comme Paris ou Bruxelles,
Rome a 1 heure d'avance sur
l'heure GMT.

Quelques exemples
de décalage horaire :
Londres : – 1 h ;
New York : – 6 h ;
Tokyo : + 8 h.
L'heure d'été et d'hiver
est appliquée en Italie.

ADAPTATEURS ÉLECTRIQUES

En Italie, les prises de courant
sont de type 220 volts
alternatif, avec des fiches
à deux broches, exactement
comme en France.

Certains appareils
électriques avec des grosses
fiches pourront ne pas entrer
dans les prises de courant
italiennes ; le mieux est que
vous vous munissiez d'un
petit adaptateur avant votre
départ (en vente dans les
aéroports ou dans les grands
magasins ayant un bon rayon
électricité).

Dans la plupart des hôtels
trois étoiles ou plus, vous
trouverez des sèche-cheveux
et des prises pour rasoir dans
les salles de bains.

Dans bien des cas, ces
prises sont munies d'un
sélecteur de tension.

Attention, également,
aux prises de courant des
recharges de téléphones
mobiles. Téléphonez à votre
opérateur auparavant, afin
de savoir si vous devez
vous munir d'un adaptateur.

Prise pour rasoir en 110 V et 220 V
dans les chambres d'hôtel

Prise électrique italienne standard

ALLER À ROME

De nombreuses compagnies aériennes, dont la compagnie nationale italienne Alitalia, desservent Rome par liaisons directes en provenance de la plupart des grandes villes européennes. L'aéroport de Fiumicino s'est considérablement développé ces dernières années pour accueillir un nombre croissant de visiteurs. Le réseau ferroviaire italien et

Un appareil d'Alitalia

les compagnies d'autocars relient également Rome au reste de l'Europe. Le voyage en train est plus long qu'en avion (environ 15 heures au départ de Paris, à comparer aux 2 heures 15 en avion), mais les prix étant à peu près équivalents, ne prenez le train que si vous souhaitez voir du pays. Attention : les trains sont extrêmement chargés en été.

La nouvelle aile de l'aéroport Fiumicino

PAR AVION

Air France et la compagnie nationale italienne **Alitalia** assurent 15 vols quotidiens Paris-Rome au départ de Roissy-Charles-de-Gaulle. Des vols existent également au départ de Lyon, Marseille, Nice, Bruxelles (5 vols par jour) et de Genève (3 vols par jour).

Les voyageurs canadiens auront souvent avantage à prendre un charter jusqu'à Paris, Londres, Francfort ou Amsterdam, puis de poursuivre leur voyage à partir de ces villes. Les vols d'**Air Canada** arrivent et partent en général de Milan. De nombreuses compagnies *low cost* opèrent sur cette destination. **Ryan Air** propose 2 vols quotidiens aller-retour au départ de Paris-Beauvais et de Bruxelles-Charleroi pour Rome-Ciampino. **Easy Jet** assure 1 aller-retour quotidien au départ de Paris-

Billets d'Alitalia

Orly. **Brussels Airlines** assure plusieurs vols quotidiens au départ de Bruxelles. Quel que soit votre âge, vous avez le droit de bénéficier d'un tarif Évasion à condition de réserver à l'avance et de passer au moins une nuit de samedi à dimanche sur place. Il s'agit de réservations fermes, et vous ne pouvez modifier sans frais ni votre date de départ ni celle de retour.

Les tarifs, sujets à de grandes variations, sont les plus élevés en été et durant la semaine sainte. En effet, c'est à l'époque des fêtes pascales que le pape donne sa bénédiction *urbi et orbi* attirant un nombre très important de visiteurs, croyants ou pas.

Si vous souhaitez acheter un billet d'avion lors de votre séjour à Rome, les agences de voyages

Zone de contrôle, aéroport international de Rome, Fiumicino

comme celle d'American Express pourront vous être utiles. **Voyages-sncf.com** propose ses meilleurs prix sur les billets d'avion, hôtels, location de voitures, séjours clés en mains ou Alacarte®. Vous avez également accès à des services exclusifs : l'envoi gratuit des billets à domicile, Alerte Résa qui signale l'ouverture des réservations, le calendrier des meilleurs prix, les offres de dernière minute et promotions. www.voyages-sncf.com

Signalétique de la gare Ostiense

COMPAGNIES AÉRIENNES

Alitalia
à Bruxelles : *Tél.* 551 11 43
à Genève : *Tél.* 798 20 80
à Montréal : *Tél.* 842 52 01
à Paris : *Tél.* 0 820 315 315
à Rome : *Tél.* 06 22 22
(information), 06 656 42 (vols internationaux), 06 656 41 (vols intérieurs). www.alitalia.com

Air Canada
www.aircanada.com

Air France
à Paris : *Tél.* 0820 820 820
à Rome : *Tél.* 06 4879 1555

Brussels Airlines
www.brussels airlines.com

Easyjet
www.easyjet.com

Ryanair
www.ryanair.com

VOYAGES ORGANISÉS

Il est souvent moins cher de participer à un voyage organisé pour Rome que de voyager seul. Les touristes peuvent bénéficier de forfait week-end, ou de séjours de deux à trois semaines, comprenant Rome, Florence et Venise, à des prix très avantageux. La plupart des voyagistes transportent gratuitement leurs clients de l'aéroport à l'hôtel, et incluent souvent un guide dans leurs prestations.

AÉROPORT DE FIUMICINO

Les deux aéroports internationaux de Rome sont Leonardo da Vinci ou Fiumicino, et Ciampino. Le premier (à 30 km au sud-ouest de Rome) est essentiellement utilisé par les compagnies régulières. L'aéroport a été agrandi pour accueillir le nombre croissant de vols. Il comprend, aujourd'hui, trois terminaux. Le terminal A est dédié aux vols intérieurs, le terminal B aux vols intérieurs et internationaux à l'intérieur de l'Union européenne et le terminal C aux vols internationaux.

Au départ de Fiumicino, un train (5,50 €) dessert la gare de Fara Sabina (de 5 h 57 à 23 h 27, départ toutes les 15-30 min).

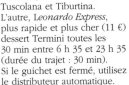

Navette pour le parking de voitures de location à Fiumicino

Il s'arrête à Trastevere, Ostiense, Tuscolana et Tiburtina. L'autre, *Leonardo Express*, plus rapide et plus cher (11 €) dessert Termini toutes les 30 min entre 6 h 35 et 23 h 35 (durée du trajet : 30 min). Si le guichet est fermé, utilisez le distributeur automatique.

Ostiense est reliée à la station de métro Piramide (ligne B) où vous pourrez prendre un train souterrain qui vous conduira au centre de Rome. Cette ligne de métro circule de 5 h 30 à 23 h 30 tous les jours (1 h 30 sam.). À Ostiense, il est parfois difficile de trouver un taxi après 21 h, mais les bus 30 et 95 desservent la piazza Venezia

Vous pouvez également

L'aéroport Ciampino, plus classique, est utilisé principalement par les charters

Le train relie l'aéroport de Fiumicino à la gare Termini

louer une voiture dans l'une des nombreuses enseignes de l'aéroport *(p. 395)*. L'aéroport et ses alentours ont été améliorés, grâce notamment au système de transport (train) entre les différentes parties de l'aéroport, à l'extension du terminal A et à l'installation d'un hôtel quatre étoiles près des terminaux.

AÉROPORT DE CIAMPINO

L'autre aéroport de Rome est Ciampino, à 15 km au sud-est de la ville. Il dessert la majorité des vols charters.

Les grandes agences de location de voiture sont bien représentées dans l'aéroport, mais vous préférerez peut-être vous rendre au centre-ville en taxi ou en transport en commun.

Le plus rapide pour aller au centre-ville est de prendre un bus Terravision. Il va directement à la gare Termini et le trajet coûte 8 € (14 € A/R). Vous devrez payer 1 € (payable dans le bus, plus 1 € par bagage) si vous prenez le bus COTRAL jusqu'à Anagnina, et de là le métro jusqu'à la gare Termini. L'aéroport est également desservi depuis la gare de Ciampino par une ligne de bus locale.

Arriver à Rome

Ce plan des principales liaisons par bus, train et métro utilisées par les voyageurs arrivant à Rome montre le réseau existant entre les deux aéroports et le centre-ville, ainsi que les relations ferroviaires nationales ou internationales avec Rome. Les encadrés précisent la durée du trajet ou la fréquence du service.

FS *Liaisions nationales*
De Flaminio à **Viterbe** (2 h),
Bracciano (90 min).

Flaminio

M *Ligne A, limite Nord*
Arrêts après Ottaviano-S. Pietro : Cipro Musei Vaticani, Valle Aurelia, Baldo degli Ubaldi, Cornelia et Battistini (terminus).

Lepanto

Ottaviano S. Pietro

Piazza di Spagna

Spagna

FS *Ligne côtière en provenance d'Italie du Nord*
Liaison avec la gare Termini.
Marseille (11 h), **Nice** (9 h),
Turin (7 h 30), **Gênes** (6 h),
Pise (3 h 30).

Barberini

Vatican

Piazza Navona

Quartier du Panthéon

San Pietro

Campo dei Fiori

Capitole

Janicule

Largo Argentina

Foru

Pala

LÉGENDE

✈	Aéroports *voir p. 384-385*
FS	Train *voir p. 388-389*
🚌	Autocar et bus *voir p. 389*
M	Métro *voir p. 392-393*
—	Liaison aéroports *voir p. 384-385*
—	Liaison ferroviaire *voir p. 388-389*
—	Métro ligne A *voir p. 392-393*
—	Métro ligne B *voir p. 392-393*
▪▪	Passage piéton
—	Tram 8

Trastevere

Circo Massimo

Aventin

Piramide

✈ LEONARDO DA VINCI (FIUMICINO)
Trains directs pour Ostiense, Tiburtina et Termini.
FS *Fiumicino – Fara Sabina*
(via Trastevere, Ostiense, Tiburtina) toutes les 15-30 min.
Fiumicino-Termini *toutes les 30 min.*
www.adr.it

Trastevere

Ostiense

M *Ligne B, vers le sud*
Arrêts après Piramide : Garbatella, Basilica San Paolo, Marconi, EUR Magliana, EUR Palasport, EUR Fermi et Laurentina (terminus).

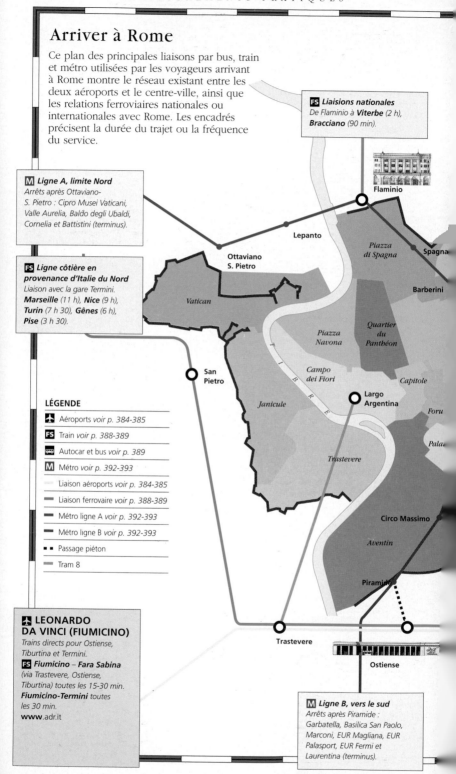

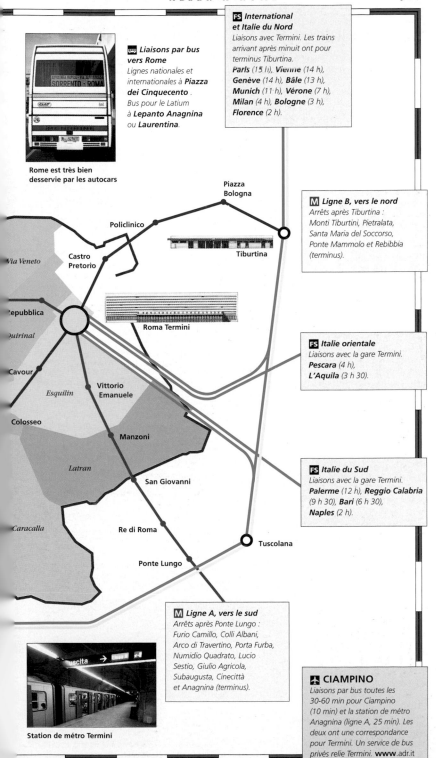

FS *International
et Italie du Nord*
Liaisons avec Termini. Les trains
arrivant après minuit ont pour
terminus Tiburtina.
Paris (15 h), **Vienne** (14 h),
Genève (14 h), **Bâle** (13 h),
Munich (11 h), **Vérone** (7 h),
Milan (4 h), **Bologne** (3 h),
Florence (2 h).

[bus] *Liaisons par bus
vers Rome*
Lignes nationales et
internationales à **Piazza
dei Cinquecento** .
Bus pour le Latium
à **Lepanto Anagnina**
ou **Laurentina**.

**Rome est très bien
desservie par les autocars**

Piazza
Bologna

M *Ligne B, vers le nord*
Arrêts après Tiburtina :
Monti Tiburtini, Pietralata,
Santa Maria del Soccorso,
Ponte Mammolo et Rebibbia
(terminus).

Policlinico

Via Veneto

Castro
Pretorio

Tiburtina

Repubblica

Quirinal

Roma Termini

FS *Italie orientale*
Liaisons avec la gare Termini.
Pescara (4 h),
L'Aquila (3 h 30).

Cavour

Vittorio
Emanuele

Esquilin

Colosseo

Manzoni

Latran

San Giovanni

FS *Italie du Sud*
Liaisons avec la gare Termini.
Palerme (12 h), **Reggio Calabria**
(9 h 30), **Bari** (6 h 30),
Naples (2 h).

Caracalla

Re di Roma

Ponte Lungo

Tuscolana

M *Ligne A, vers le sud*
Arrêts après Ponte Lungo :
Furio Camillo, Colli Albani,
Arco di Travertino, Porta Furba,
Numidio Quadrato, Lucio
Sestio, Giulio Agricola,
Subaugusta, Cinecittà
et Anagnina (terminus).

[avion] CIAMPINO
Liaisons par bus toutes les
30-60 min pour Ciampino
(10 min) et la station de métro
Anagnina (ligne A, 25 min). Les
deux ont une correspondance
pour Termini. Un service de bus
privés relie Termini. www.adr.it

Station de métro Termini

Arriver à Rome en train, en autocar ou en voiture

En dehors des nombreuses liaisons par autocar avec les principales villes d'Europe, le train est le moyen le plus rapide pour se rendre à Rome par voie de terre, et le plus pratique pour rallier entre elles les villes d'Italie. Dans le cas de communes non desservies par le chemin de fer, l'autocar sera parfois plus rapide. L'Automobile club d'Italie offre une aide gratuite et d'excellentes cartes routières aux membres des Automobile clubs du monde entier.

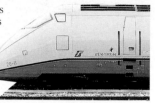

L'Eurostar, le TGV italien

Le hall de la *stazione* Termini

STAZIONE TERMINI

Termini, la principale gare de Rome, est aussi le pivot des transports publics romains : en sous-sol se trouve l'unique correspondance entre les deux lignes de métro, et la place dei Cinquecento, à côté, est occupée par le terminus central des bus. C'est le bâtiment moderne le plus étonnant de Rome, à peine restauré, mais c'est aussi un lieu où il vaut mieux ne pas trop traîner.

Si vous arrivez tard le soir, ne vous attardez pas dans le quartier :

Sigle Trenitalia

vous trouverez généralement des taxis à la station officielle, même aux heures tardives, et la plupart des bus en service de nuit partent de Termini.

En été, la gare est surpeuplée : attendez-vous à de longues queues aux guichets, aux bureaux de change ainsi qu'aux renseignements et à l'office de tourisme. Vous y trouverez une consigne, un poste de police qui reçoit toute déclaration de perte ou de vol dans les trains ou en gare, et des bureaux de

Citalia où vous pourrez changer votre argent et obtenir des renseignements. Vous trouverez également un bureau de téléphone international (*p. 380*), une librairie, une poste et un débit de tabac

Panneau de quai

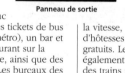

Panneau de sortie

(qui vend des tickets de bus et de métro), un bar et un restaurant sur la mezzanine, ainsi que des boutiques. Les bureaux des compagnies de car et de train ainsi qu'une poste sont à côté de la plateforme 24.

Quatre autres gares romaines peuvent également vous intéresser : Ostiense

et Trastevere (trains pour l'aéroport de Fiumicino et Viterbe, *p. 385*), Tiburtina (certains trains sur la ligne nationale nord-sud) et Roma Nord (trains pour Prima Porta).

TRAIN

Les chemins de fer nationaux italiens (*Trenitalia*) proposent divers types de trains, de l'omnibus local à l'Eurostar (train à grande vitesse). L'Eurostar dessert Rome, Milan, Turin, Gênes, Bari, Naples et Venise. Il est encore plus rapide (*alta velocità* sur la ligne Rome-Milan). Outre la réservation obligatoire, un important supplément est exigé pour la vitesse, le service d'hôtesses et les journaux gratuits. Les trains Intercity, également à supplément, sont des trains rapides 1re et 2e classe qui desservent Rome, Venise, Milan, Florence et Naples, entre autres. La réservation, conseillée en haute saison et le week-end, est obligatoire sur certains

Termini, nœud du réseau ferroviaire italien et des transports romains

Train Eurocity international

trains (elle est indiquée dans
les horaires par un R noir sur
fond blanc). Les billets
peuvent être achetés à la gare
mais il y a de longues files
d'attente ou au distributeur
automatique de la gare.
   Les grandes villes
européennes sont desservies
par les trains Eurocity (EC)
au départ de Rome.
Pour vérifier les horaires
et acheter vos billets, vous
pouvez consulter le site
www.trenitalia.com.

Trenitalia
Tél. 89 20 21.
www.trenitalia.com

DISTRIBUTEUR AUTOMATIQUE DE BILLETS DE TRAIN FS

Ces distributeurs,
simples d'utilisation,
sont dotés d'un
mode d'emploi en
six langues. Ils
acceptent la
monnaie, les billets
et les cartes de
crédit.

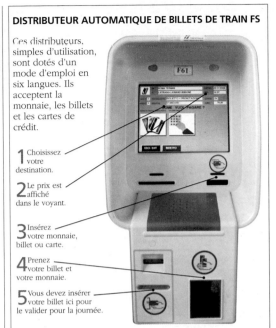

1 Choisissez votre destination.

2 Le prix est affiché dans le voyant.

3 Insérez votre monnaie, billet ou carte.

4 Prenez votre billet et votre monnaie.

5 Vous devez insérer votre billet ici pour le valider pour la journée.

AUTOCAR

**La plupart des autocars régionaux
et interurbains sont bleus**

De nombreuses lignes
d'autocars interurbains ont leur
terminus à Tiburtina. **Lazzi
Express** vend les billets des
autocars *Eurolines* pour
l'Europe. Les lignes régulières
d'**Appian Line** desservent
Florence, Naples, Capri,
Sorrente, Pompéi, et en été,
Venise et Assise. Les autocars
régionaux **COTRAL** desservent
les villes et villages du Latium.
Tous les arrêts COTRAL à
Rome ont une correspondance
avec le métro. Les billets sont
vendus sur place. Certaines
excursions au départ de Rome

sont décrites *p. 268-271*.

Appian Line
Piazza dell'Esquilino 6-7. **Plan** 6 D4.
Tél. 06 4878 6604. **www.**appianline.it

Lazzi Express
Via Tagliamento 27B.
Tél. 06 884 08 40.
www.lazziexpress.it

COTRAL
www.cotralspa.it

VOITURE

La carte verte (assurance
internationale) et les papiers
de votre voiture sont
obligatoires. Une traduction
en italien de votre permis de
conduire (effectuée dans les
offices de tourisme italien à
l'étranger) ne sera pas inutile.
Ceinture de sécurité
obligatoire. Vous devez

**Panneaux bleus : nationales ;
panneaux verts : autoroutes**

également être muni d'un
triangle de présignalisation en
cas de panne. Les principales
voies d'accès débouchent sur
le *Grande Raccordo Anulare*
(GRA), le périphérique
romain. Les autoroutes
italiennes sont à péage. On
peut se procurer des cartes de
péage magnétiques dans les
Automobile clubs étrangers
avant d'entrer en Italie.

Les bus Eurolines relient Rome au reste de l'Europe

SE DÉPLACER DANS ROME

Rome est une ville que l'on peut visiter en grande partie à pied. En raison de l'intense circulation automobile, il est déconseillé de s'y déplacer en voiture ou à vélo, mais les motocyclistes intrépides aimeront slalomer dans le trafic sur un scooter de location.

Attention, certains quartiers peuvent être interdits à la circulation le week-

Solution familiale aux encombrements romains

end, en raison de la pollution. Il est préférable de n'emprunter le bus et le tram, très lents, que pour les longs trajets. Conçu pour relier la banlieue au centre-ville, aucune station du métro ne dessert le centre historique, que ce soit le Panthéon ou la piazza Navona. Le métro reste pourtant le moyen de transport le plus rapide pour traverser Rome.

À PIED

N'hésitez pas à vous promener au hasard dans le centre historique, vous admirerez ainsi à loisir l'architecture, découvrirez l'animation des rues, visiterez une église ou ferez une pause dans un bar. Vous pourrez facilement voir en quelques heures plusieurs des principaux sites touristiques. Le Colisée, par exemple, n'est qu'à 2,5 km environ des escaliers de la piazza di Spagna : vous verrez en chemin le Forum, la piazza Venezia et plusieurs églises. D'autres sites, comme la fontaine de Trevi, la galleria Doria Pamphilj et le Panthéon, sont à quelques pas les uns des autres.

Explorez la ville quartier par quartier, en utilisant les transports en

commun lorsque les distances sont trop importantes. Rares sont les rues piétonnes en centre-ville, et les rues interdites aux automobiles demeurent encombrées de vélos et de scooters.

Si vous souffrez de la chaleur estivale, rappelez-vous que les petites rues étroites demeurent relativement fraîches, à la différence des places qui peuvent se transformer en fournaises.

Au cœur de l'été, suivez l'exemple des Romains : prenez le temps de déjeuner et de faire la sieste aux heures les plus chaudes. Vous reprendrez votre exploration en fin d'après-midi, lorsque rouvrent les églises et les boutiques. Quant aux promenades nocturnes, elles sont également très agréables : les rues, plus fraîches, sont bordées de nombreuses façades illuminées.

Panneaux pour promeneurs

Avanti : les piétons ont la voie libre

Alt : les piétons doivent attendre

TRAVERSER LES RUES

Il semble à première vue qu'il n'y ait que deux sortes de piétons à Rome : les rapides

Même sur un passage piéton, traversez très prudemment !

et les morts. Même si vous traversez au feu rouge, dans un passage protégé, il y aura toujours un scooter ou une camionnette pour foncer droit sur vous avec l'intention apparente de vous écraser. Les conducteurs romains ont de bons réflexes, que les croyants attribueront à Santa Francesca Romana *(p. 87)*, les cyniques au fait que le code des assurances italien considère le conducteur responsable de tout accident de circulation. Quoi qu'il en soit, les accrochages sont assez rares. La meilleure tactique consiste à imiter les Romains, à demeurer aussi vigilant que confiant. En traversant une rue, efforcez-vous de conserver la plus grande distance

Passage piétons

Attention enfants

possible entre vous et le flot de voitures. Avancez d'un pas décidé sur la chaussée. Ne vous arrêtez pas, ne changez pas de direction et surtout ne courez pas. Tant que les conducteurs peuvent vous voir, ils devraient s'arrêter ou vous éviter, même au dernier moment.

Piétons et automobilistes doivent redoubler de vigilance la nuit, lorsque les feux de circulation clignotent à l'orange.

FEUX DE SIGNALISATION

Bien que cela ne soit pas toujours le cas, les piétons ont en théorie le droit de traverser la chaussée lorsque le signal vert *avanti* est allumé. Le signal rouge *alt* précise qu'ils doivent attendre. Les passages souterrains sont indiqués par le panneau *sottopassaggio*.

On peut facilement se perdre dans le dédale des ruelles et des places du centre historique. Suivez les panneaux jaunes marquant le trajet entre les sites et les places d'intérêt touristique. Les trajets conduisant aux principaux monuments sont indiqués par des panneaux vert argenté.

EN VOITURE

Conduire dans Rome est une expérience souvent éprouvante. L'agressivité théâtrale des automobilistes

Arrêt interdit

continua
Stationnement interdit

Sens unique

strada senza uscita
Impasse

romains est célèbre, les piétons descendent sur la chaussée sans prévenir et le système à sens unique du centre-ville rend toute orientation impossible. Certains automobilistes n'hésitent pas à rouler à gauche, et les scooters empruntent les sens interdits. La seule règle à peu près appliquée par les conducteurs romains est la priorité à droite. À moins que vous

n'ayez l'habitude de rouler dans les villes italiennes, il est plus prudent de laisser votre voiture à la maison ou dans un parking gardé.

À Rome, les vols dans les voitures sont une véritable plaie. Certains quartiers comme le Campo dei Fiori sont infestés de gangs à la recherche de caméras vidéo, manteaux de fourrures et autres objets de valeur laissés dans les coffres. Enlevez également votre autoradio si c'est possible : vous ne serez pas le seul à le porter sous le bras au bar, au restaurant ou en discothèque.

Soyez particulièrement vigilant lorsque vous roulez la nuit. Outre le fait que les feux de circulation clignotent à l'orange, les conducteurs italiens n'hésitent pas, à l'occasion, à rouler sous l'emprise de l'alcool ou de la drogue.

PARCS DE STATIONNEMENT

Le parking le plus pratique se trouve sous la villa Borghese. Le centre-ville est réservé

Parcs de stationnement

aux résidents munis de permis de stationnement, mais il y a environ 2000 places de parking (de 8 h à 20 h). Si vous parvenez à vous garer, vous risquez en revenant de découvrir une voiture stationnée en double file à côté de la vôtre.

ESSENCE

Elle est plutôt chère. Vous trouverez des pompes (ne vendant pas toujours de l'essence sans plomb, *senza piombo*) un peu partout en ville ainsi que dans les garages. L'après-midi et la nuit, de nombreuses pompes fonctionnent en self-service. Les stations-services ouvertes la nuit sont indiquées page 395.

Logo de la compagnie pétrolière nationale

STATIONNEMENT INTERDIT

Votre voiture sera immobilisée ou enlevée en fourrière. Téléphonez au 06 67 691 avant de faire une déclaration de vol. Les zones de stationnement interdit sont indiquées, mais attention au panneau caché par un arbre !

zona rimozione fermata consentita per salita e discesa con conducente a bordo
Zone d'enlèvement en fourrière *(zona rimozione)*

Remorque de fourrière

Se déplacer en autobus, en tram et en métro

Les transports en commun romains sont relativement bon marché, pratiques et aussi efficaces que leur permettent les encombrements de la circulation. Prêtres, ménagères, retraités, touristes, pèlerins, hommes d'affaires s'entassent dans les bus et les trams, véritables saunas en été. Pour de courtes distances, il vaudra mieux marcher. Il est parfois difficile de sortir à l'arrêt souhaité, mais les passagers vous indiqueront votre chemin. Gardez toujours un œil sur vos objets de valeur.

Bus Rome-Gubbio

AUTOBUS ET TRAMS

L'**ATAC** (*Azienda Tramvie e Autobus del Comune di Roma*) est la compagnie des transports en commun romains. Son réseau de bus et de trams couvre la majeure partie de la ville, et fonctionne du petit matin à minuit environ. Quelques bus roulent également la nuit.

À l'exception de certains bus électriques (116, 117, 119), les autres ne peuvent emprunter les ruelles du centre historique, mais ils vous laisseront à quelques pas des principaux sites.

Les arrêts de bus affichent l'itinéraire détaillé de toutes les lignes passant par cet arrêt. Une chouette bleue indique les bus de nuit.

Arrêt de bus affichant les itinéraires détaillés

BUS SPÉCIAUX

Deux bus touristiques suivent des itinéraires permettant aux visiteurs de découvrir la ville.

Le bus 110 rouge à impériale permet la découverte de nombreux sites (départ de la piazza dei Cinquecento toutes les 10 à 15 minutes entre 8 h 40 et 20 h 30). L'Archeobus relie le centre-ville aux catacombes et aux monuments de la via Appia antica (départ de la piazza Venezia toutes les heures entre 10 h et 16 h).

PRENDRE L'AUTOBUS ET LE TRAM

Le terminus principal se trouve piazza dei Cinquecento, à côté de la gare Termini. Piazza Venezia, piazza San Silvestro et piazza del Risorgimento sont d'autres correspondances importantes. Vous pourrez acheter des tickets auprès de distributeurs aux principaux arrêts de bus, dans les stations de métro et les gares, et dans les tabacs et kiosques à journaux. Seuls certains bus équipés de machines vendent des tickets.

Durant la journée, la montée dans les bus se fait à l'arrière où vous trouverez un composteur jaune qui annule automatiquement les tickets électroniques. Avec un abonnement ou un *biglietto integrato a tempo* (BIT), vous pouvez utiliser tous les moyens de transport. Vous pouvez télécharger un plan des transports sur le site web d'ATAC.

RENSEIGNEMENTS

ATAC
Piazza dei Cinquecento. **Plan** 6 D3.
Tél. 800 43 1784.
www.atac.roma.it
🕐 lun.-sam. 8h-20h.

Service clientèle
Via Ostiense 131L (1er étage), au sud de la gare Ostiense.
🕐 lun.-ven. 8h30-16h30.

TICKETS

Avant votre trajet, vous devrez avoir acheté vos tickets de bus, tram et métro dans les bars, débits de tabac, stations de métro, terminus de bus ou chez les marchands de journaux. Cherchez les points de vente affichant le logo ATAC (pour bus, métro et tram) et Trenitalia ou FS (train). Si vous utilisez les distributeurs automatiques de tickets, il est plus sage de faire l'appoint.

Le ticket BIT autorise toutes les correspondances de bus et de trams durant 75 minutes, mais est limité à un seul trajet de métro. Si vous envisagez d'effectuer quatre trajets ou plus dans la journée, prenez un ticket BIG,

Le nouveau tram traversant la ville

Un bus romain aux couleurs rouge et grise de l'ATAC

qui est valable pour la journée dans les bus, trams et métro. Les abonnements (3 jours, 7 jours, 1 mois) pour touristes sont utilisables dans l'ensemble des transports en commun de la capitale.

N'essayez pas de resquiller, vous vous exposeriez à acquitter sur-le-champ une lourde amende. Pour voyager dans le Latium, le plus simple est d'opter pour un ticket régional BIRG.

MÉTRO

Le *metropolitana* de Rome est composé de deux lignes (A et B) qui se croisent à la gare Termini *(plan p. 386-387)*. La ligne A (rouge) va de Battistini à l'ouest jusqu'à Anagnina au sud-est de Rome, d'où partent les bus pour l'aéroport Ciampino.

La ligne B (bleue) va de Rebibbia, au nord-est, jusqu'à l'EUR au sud-ouest (bus pour la côte), Les stations de métro sont indiquées par un M blanc sur fond rouge.

Le réseau conçu pour les banlieusards est peu pratique en centre-ville, mais permet de traverser rapidement la ville. Certaines stations desservent les principaux sites : Colosseo, Spagna, San Giovanni, Ottaviano-S. Pietro et Piramide (trains pour Fiumicino).

Enseigne du métro Les deux lignes fonctionnent de 5 h 30 à 23 h 30 tous les jours (vendredi et samedi, elles s'arrêtent à minuit et demi). Pour plus d'informations, consultez le site www.metroroma.it.

LIGNES D'AUTOBUS ET DE TRAMS LES PLUS PRATIQUES

Ce plan montre quelques itinéraires de bus desservant des quartiers intéressants et passant près des principaux sites de la ville. Les lignes 40 Express et 64 sont toujours prises d'assaut par les touristes : ce sont les seules lignes allant de Termini à la basilique Saint-Pierre et au Vatican. Le tram 3 traverse les quartiers sud-est, et le bus 23 longe le Tibre.

Villa Borghese

Piazza del Popolo

Villa Giulia

Flaminio M

M Spagna

Fontana del Tritone

San Lorenzo fuori le Mura

Castel Sant'Angelo

M Barberini

Vatican

Ponte Umberto I

Via del Tritone

FS M Termini

Gianicolo

Via Giulia

Piazza Colonna

San Pietro

Pantheon

Porta Maggiore

M Colosseo

Largo Argentina

Piazza Venezia

M San Giovanni

Villa Farnesina

Palazzo Venezia

LÉGENDE

Piazza Sonnino

Teatro di Marcello

M Circo Massimo

| M | Station de métro |
| FS | Gare |

Bocca della Verità

Santa Maria in Cosmedin

Piramide de Caio Cestio

— Ligne de tram 8
— Ligne de tram 3
— Ligne de bus 23
— Ligne de bus 62
— Lignes de bus 40 Express et 64
— Ligne de bus 116
— Ligne de bus 117
— Ligne de bus 85

Trastevere FS

Ostiense FS M Piramide

LOCATION DE VÉLOS ET CYCLOMOTEURS

Les sept collines sur lesquelles la ville est construite, les rues étroites et la circulation intense sont autant de défis pour le cycliste. Quelques endroits, cependant, comme la villa Borghese, les rives du Tibre, et certains quartiers du centre historique (autour du Panthéon et de la piazza Navona) sont très agréables à visiter à vélo.

Les vélomoteurs (*motorini*) et les scooters, (*vespa* signifie « guêpe » en italien en raison du bourdonnement), sont un moyen pratique d'éviter les encombrements.

Calèche devant le Panthéon

Vous pourrez louer vélos et cyclomoteurs dans les magasins de location : **Collalti, Roma Rent, Scoot-a-Long, HR, Scooters for Rent** ou **Bike Rental** qui possèdent plusieurs succursales. Le casque est obligatoire quand on roule à vélomoteur ou scooter. Les loueurs vous en fourniront un. On vous demandera parfois de laisser votre carte de crédit en caution (*p. 367*). Le système **Roma'n Bike** permet d'effectuer de courtes balades dans le centre. Vous devez d'abord vous inscrire et verser une caution de 30 € ; une carte électronique vous donnera ensuite accès aux vélos répartis dans différents points.

La célèbre Vespa, la «guêpe»

PROMENADES EN CALÈCHE

La calèche (*carrozzelle*) est un moyen agréable de visiter le centre historique. Cinq personnes peuvent y prendre place et vous pourrez en louer à de nombreux endroits (piazza di Spagna, Colisée, fontaine de Trevi, basilique Saint-Pierre, via Veneto, villa Borghese, piazza Venezia et piazza Navona) pour une demi-heure, une heure, une demi-journée ou une journée entière. Les prix, assez élevés, peuvent se négocier pour les longues promenades. Mettez-vous d'accord avant le départ, et faites-vous préciser s'il s'agit d'un prix par personne ou pour la calèche.

TAXI

N'utilisez que les taxis officiels, de couleur blanche et portant l'enseigne « taxi » sur le toit. Évitez les taxis pirates en maraude près des gares et des sites touristiques (ils ne sont pas officiels). Les taxis blancs attendent dans les stations de taxis, ou sont hélés dans la rue. Vous en trouverez presque toujours dans les principaux quartiers touristiques, près des aéroports et des gares.

Panneau de station taxis

Les chauffeurs romains ont la réputation d'être peu aimables et refusent parfois la course si vous souhaitez vous rendre loin du centre-ville, plus lucratif.

Le prix de la course étant relativement élevé, il vaudra mieux emprunter les transports en commun, à moins que vous ne crouliez sous les bagages. Ceux-ci, de même que les courses de nuit (22 h - 7 h), le dimanche et les jours fériés ainsi que les courses à l'aéroport font l'objet d'un supplément. Le compteur tourne même lorsque le taxi est arrêté, c'est

File de taxis sur la piazza Argentina

pourquoi les embouteillages peuvent devenir très coûteux. Certains chauffeurs sont également tentés de prendre le chemin le plus long. Les chauffeurs romains attendent du touriste un pourboire s'élevant à au moins 10 % du prix de la course.

Vous pourrez réserver un taxi à l'avance (avec supplément) en téléphonant à **Mondo Taxi, Cooperativa Autoradiotaxi Romana 35-70, La Capitale Radio Taxi** ou à **Airport Connection Services.**

Taxi officiel

TRANSPORT FLUVIAL

La flottille de **Battelli di Roma** part du pont Sant'Angelo. Les bateaux font le trajet quatre fois par jour (consulter le site Internet pour plus d'informations).

Il y a aussi des parcours touristiques, comme celui qui va, le matin, du ponte Marconi à Ostia Antica.

LOCATION DE VOITURES

Les grandes compagnies internationales (**Avis, Europcar, Hertz**) et **Italy By Car Thrifty** sont toutes représentées dans les aéroports, à la gare Termini et en centre-ville. Vous pourrez cependant obtenir un meilleur prix en réservant avant votre départ auprès d'une agence de voyage ou d'une société italienne comme **Maggiore**. Vérifiez que le prix de la location inclut bien la prise en charge des réparations éventuelles.

Vous devrez être âgé d'au moins 21 ans, et posséder votre permis de conduire depuis plus d'un an. Vous devrez présenter un permis international, mais la plupart des sociétés de location ne sont pas trop regardantes. Cependant, ils vous demanderont le numéro de votre carte de crédit.

Le taux d'accidents routiers étant élevé en Italie, souscrivez aux meilleures assurances et inscrivez-vous à un automobile club affilié aux associations internationales d'automobilistes. En cas de panne, téléphonez à l'**ACI** (Automobile club d'Italie) : les frais de dépannage sont gratuits pour tous. Pour connaître les conditions de circulation, téléphonez aux informations routières.

Agence de location de voitures à l'aéroport Fiumicino

ADRESSES

LOCATION DE VÉLOS ET CYCLOMOTEURS

Bike Rental
Piazza del Popolo. **Plan** 4 F1. Aussi : piazza di Spagna. **Plan** 5 A2. Aussi : Il Pincio in villa Borghese. **Plan** 4 F1.

Collalti
Via del Pellegrino 82.
Plan 4 E4 et 11 C4.
Tél. 06 6880 1084 (vélos).

HR
Tél. 06 4202 0675.
(vélomoteurs, scooters et promenades).

Roma'n Bike
Tél. 800 910 658.
www.roma-n-bike.it

Scoot-a-Long
Via Cavour 302. **Plan** 5 B5.
Tél. 06 678 0206.
(vélomoteurs et scooters).

Scooters for Rent
Via della Purificazione 84.
Tél. 06 488 5485 (vélos, scooters et vélomoteurs).

TRANSPORT FLUVIAL

Battelli di Roma
Tél. 06 9774 5498.
www.rexervation.com

RADIO TAXIS

Airport Connexion Services
Tél. 06 338 3221.
www.airportconnection.it

Cooperativa Autoradiotaxi Romana 35-70
Tél. 06 35 70.

La Capitale Radio Taxi
Tél. 06 49 94.

Mondo Taxi
Tél. 06 88 22

LOCATION DE VOITURES

Avis
Tél. 199 100 133 (réservations centralisées). www.avis.com
Aussi : aéroport Ciampino.
Tél. 06 7934 0195.
Aussi : aéroport Fiumicino.
Tél. 06 6501 1531.
Aussi : via Sardegna 38A.
Plan 5 C1.
Tél. 06 4282 4728.

Europcar
Tél. 800 014410 (central de réservations gratuit).
www.europcar.it

Aussi : aéroport Fiumicino.
Tél. 06 6576 1211.
Aussi : gare Termini.
Plan 6 D3.
Tél. 06 488 2854.

Hertz
Via Gregorio VII 207.
Tél. 06 3937 8808.
www.hertz.it
Aussi : stazione Termini.
Plan 6 D3.
Tél. 06 474 0389.
Aussi : aéroport Fiumicino.
Tél. 06 6501 1553.

Italy By Car Thrifty
Gare Termini.
Plan 6 D3.
Tél. 06 474 7825.
www.italybycar.it
Aussi : aéroport Fiumicino.
Tél. 06 6501 0347.
Aussi : aéroport Ciampino.
Tél. 06 7934 0137.

Maggiore
Stazione Termini.
Plan 6 D3.
Tél. 06 488 0049.
Auss : via Po 8A.
Plan 5 C1.
Tél. 06 854 8698.
www.maggiore.it

DÉPANNAGES

ACI Breakdown
Tél. 803 116.

Autosoccorso CARA
Via Salk 80.
Tél. 06 332 0119
(urgences 24h/24).

Informations routières
Tél. 1518.

PRINCIPAUX PARCS DE STATIONNEMENT

Station Acqua Acetosa.
Plan 2 E1.
Aussi : metro Lepanto
Plan 4 D1.
Aussi : villa Borghese.
Plan 5 A1.
Aussi : piazzale dei Partigiani. **Plan** 8 E4.

STATIONS SERVICES OUVERTES 24H/24

Trastevere
Lungotevere Ripa.
Plan 8 D1.

Portuense
Piazza della Radio.
Plan 7 B5.

ATLAS DES RUES

Les reports aux plans qui accompagnent les objectifs touristiques, les établissements ou les boutiques cités dans le guide renvoient aux cartes de ce chapitre (voir ci-contre *Comment lire les plans*). Le plan d'ensemble ci-dessous illustre les quartiers de Rome couverts par l'atlas. C'est là que sont regroupés les sites touristiques (immédiatement localisables grâce à leurs couleurs), le centre-ville et les quartiers des restaurants, des hôtels et des lieux de distractions.

La carte détaillée du centre historique se trouve pages 11 et 12. Le répertoire des noms de rues se trouve pages 398-407.

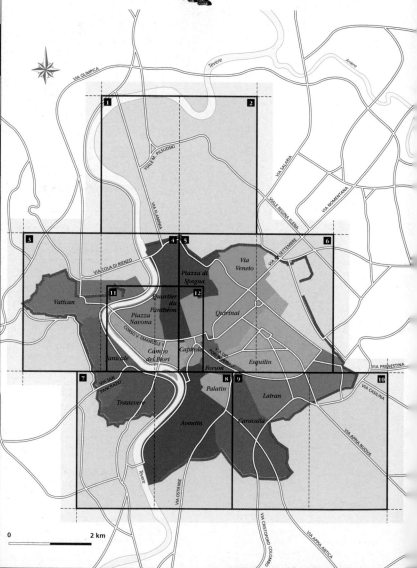

COMMENT LIRE
LES PLANS

Le **premier chiffre** indique le numéro du plan.

Fontaine de Trevi ❼

Fontana di Trevi. **Plan** 5 A3 et 12 F2. 🚌 52, 53, 61, 62, 63, 71, 80, 95, 116, 119.

La lettre et le chiffre donnent les coordonnées du lieu. Les chiffres figurent en marge, à droite et à gauche, les lettres en haut et en bas.

La seconde référence renvoie au plan agrandi du centre de Rome (11 et 12), qui fonctionne selon le même système.

La carte se poursuit sur le plan 8 de l'atlas.

Le glossaire des abréviations de l'index des rues est indiqué page 398.

LÉGENDE DE L'ATLAS DES RUES

◼	Site exceptionnel
◼	Site intéressant
◻	Gare
Ⓜ	Station de métro
🚌	Terminus des autobus
🚃	Terminus des trams
🅿	Principaux parkings
ℹ	Bureau de l'office de tourisme
✚	Hôpital d'urgence
🚓	Commissariat de police
✝	Église
✡	Synagogue
⊠	Bureau de poste
	Voie ferrée
	Escalier
▬	Mur d'Aurélien

ÉCHELLES DE PLANS 1-10

0   250 m
1 : 12 000

ÉCHELLES DE PLANS 11 ET 12

0   150 m
1 : 7 600

Répertoire des noms de rues

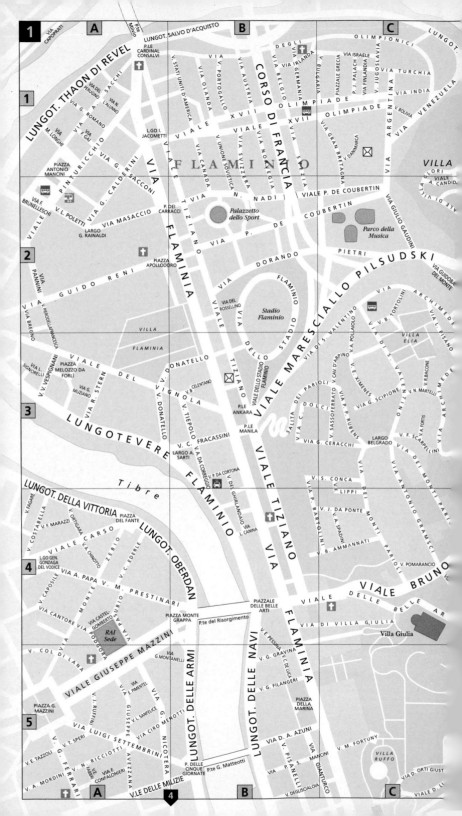

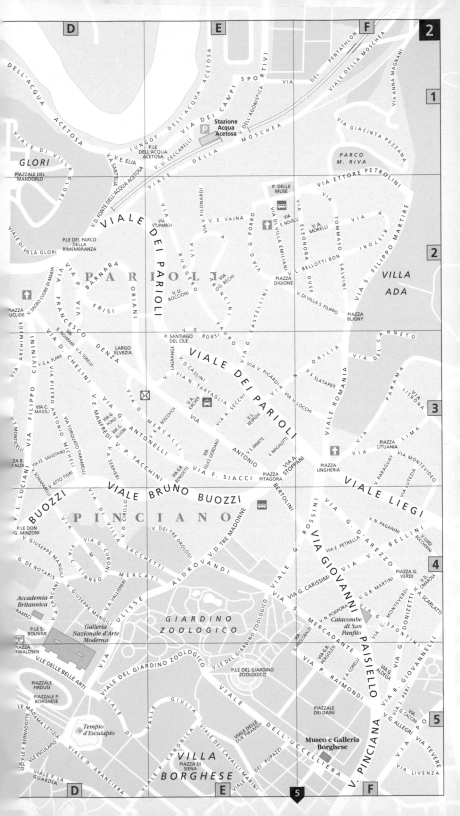

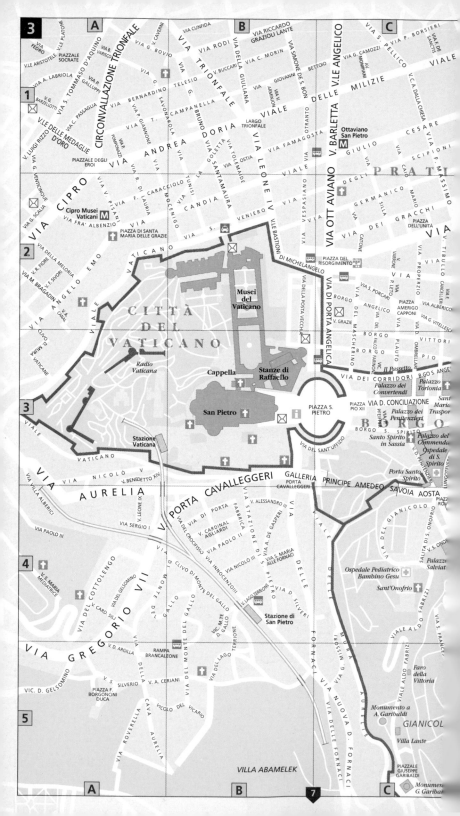

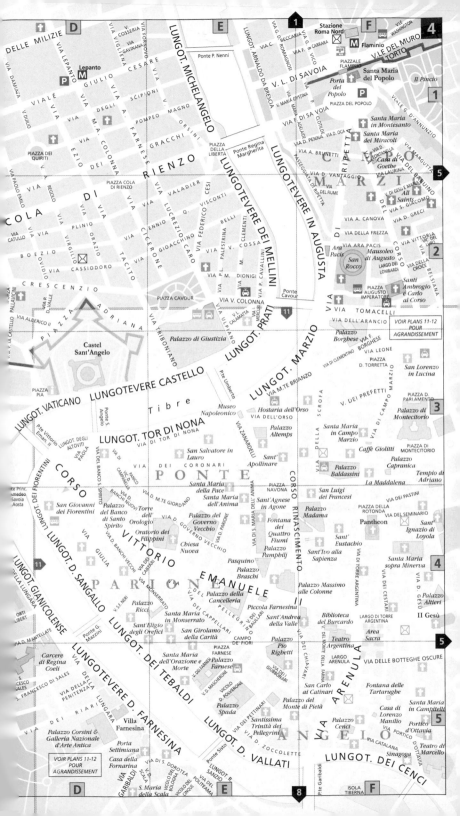

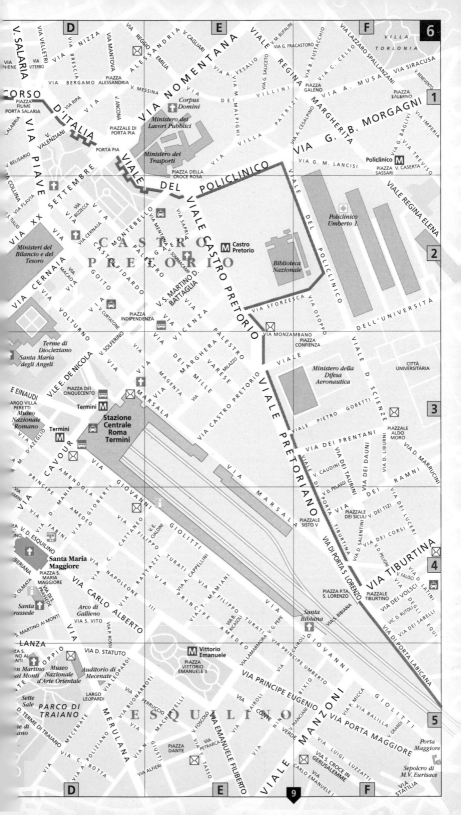

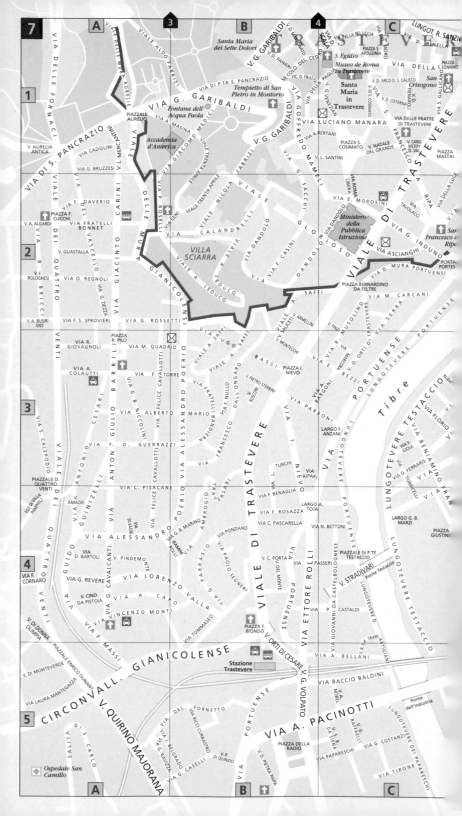

9

Colosseo

A **6** **B** **C**

PIAZZA DEL COLOSSEO

V. CELIO VIBENNA
PARCO DEL CELIO

VIA RUGGERO BONGHI
V. GALILEO GALILEI
V. L. ARIOSTO
V. EMANUELE FILIBERTO

VIA MURATORI
V.G.M. CRESCIMBENI
VIA P. VILLARI
VIA ISIDE

VIA LABICANA

VIALE MANZONI
Manzoni M

PARCO DEL CELIO

San Clemente

SS. GIOVANNI E PAOLO

VIA DEI NORMANNI

VIA MERULANA

V. MATTEO BOIARDO
V. ALEARDI
V. T. TASSO
V. F. BERNI

VIA DI CAPO D'AFRICA

VIA DEI QUERCETI

VIA CELIMONTANA

VIA AURELIO

VIA ANNIA

VIA MARCO
VIA OSTILIA
VIA DEI SANTI QUATTRO

Santi Quattro Coronati

VIA GIOVANNI IN LATERANO

V.D. FONTANA

Tempio di Claudio

Santi Giovanni e Paolo

PIAZZA CELIMONTANA

Ospedale del Celio

VIA DI S. STEFANO ROTONDO

Ospedale di San Giovanni

PIAZZA S. GIOVANNI IN LATERANO

Palazzo Laterano

Scala Santa e Sancta Sanctorum

CLIVO DI SCAURO
VIA S. PAOLO DELLA CROCE

Arco di Dolabella

Sanatorio Umberto I

Battistero

San Giovanni in Laterano

VIA DI S. ERASMO
VIA V. VALERI

Santa Maria in Domnica

Ospizio d' Addolorata

VIA DRUSIANA

V.S.V. DECENNIA

VIA DEI LATERANI

VIA LOCRI

Santo Stefano Rotondo
Ospedale Britannico

VIA DELL'AMBA ARADAM

VIA SANNIO

2

VILLA CELIMONTANA

VIA DELLA NAVICELLA

VIA D. FERRATELLA IN LATERANO

VIA AMITERNO

CELIO

VIA DI VALLE DELLE CAMENE

PIAZZA DI P.TA METRONIA

VIALE

IPPONIO

VIA FARSALO

VIA APULIA

VIA METAPONTO

VIA OLBIA

VIA CLATERNA

VIA CERERE

V. D. TERME DI CARACALLA

PIAZZALE METRONIO

VIA NORICO
V. ANGIONA

VIA ILLIRIA

VIA SIBARI

VIA MARRUVIO

VIA URBISAGLIA

VIA LUNI

VIA DRUSO

VIA TRACIA

VIA

GALLIA

VIA ELLA

VIA PANDOSIA

STADIO DELLE TERME

VIA ANTONINA

San Sisto Vecchio

VIA ALESIA

VIA

VIA LICIA

VIA IBERIA

VIA E. RECINA

3

Santi Nereo e Achilleo

PIAZZALE NUMA POMPILIO

VIA PANNONIA

V.B. DE MATTIAS

VIA SATURNIA

VIA COLLAZIA

Terme di Caracalla

PARCO EGERIO

VICOLO ANTONINIANO

VIA METRONIO

V.D. M. DE MATTIAS

VIA AQUITANIA

PIAZZA EPIRO

VIA POMPEI

V. SINUESSA

San Cesareo

VIA DI PORTA S.

V. MAURITANIA

VIA VULCI

PIAZZA EPIRO

VIA ANTONINIANA

VIA DI PORTA LATINA

San Giovanni a Porta Latina

VIA LUSITANIA

VIA POPULONIA

VIA GALAZIA

4

VIALE

V. LUCIO FABIO CILONE

Colombario di Pomponio Hylas

San Giovanni in Oleo

VIA LATINA

VIA VETULONIA

VIA ACA

GUIDO BACCELLI

Tomba degli Scipioni

PARCO D. SCIPIONI

VIA CAMERIA

PIAZZA GALERIA

Bastione del Sangallo

VIALE DI PORTA

Arco di Druso

VIA DELLE MURA LATINE

VIA TALAMONE

VIA CILICIA

VIA DI PORTA S. SEBASTIANO

Porta San Sebastiano

VIA BITINIA

8

PORTA ARDEATINA

ARDEATINA

VIA

VIA APPIA ANTICA

VIALE O. BECCARI

VIALE MARCO POLO

V. CRISTOFORO COLOMBO

VIA ROMOLOTTO

5

VIA CILICIA

VIA DELLA TRAVICELLA

VIA CAPITAN BAVASTRO
V. USODIMARE
VIA C. CITERNI

A **B** **C**

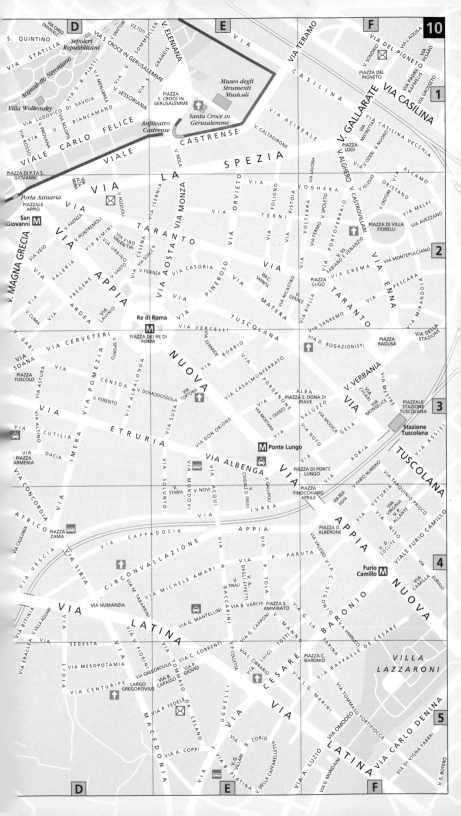

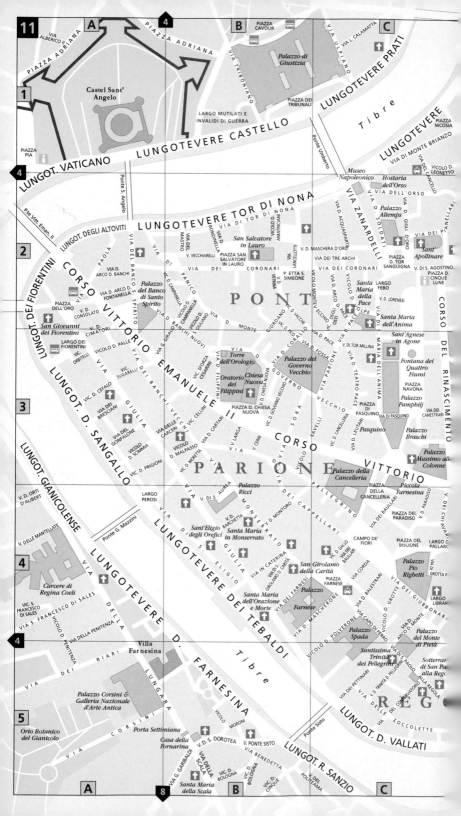

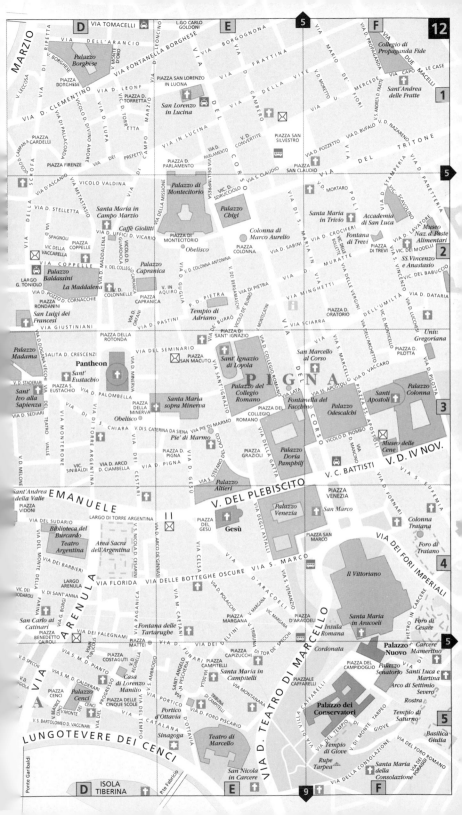

Index

Les saints et les
monuments qui leur sont
consacrés sont regroupés
dans la rubrique Saints.
Les églises, les chapelles et
les basiliques sont
référencées par leur nom.
Les musées et les galeries
sont regroupés dans la
rubrique Musées, les palais
dans Palais, les places dans
Places, etc.

Remerciements

L'Éditeur remercie les organismes, les institutions et les particuliers suivants dont la contribution a permis la préparation de cet ouvrage.

Auteurs

Olivia Ercoli est historienne de l'art et accompagnatrice de voyages. Elle habite à Rome où elle donne des conférences et écrit des articles sur de nombreux sujets pour des publications italiennes ou étrangères.

Écrivain de voyage Ros Belford est la créatrice des *Virago Woman's guides*, guides de tourisme qui s'adressent à un public féminin. Dans cette collection elle est l'auteur de l'ouvrage consacré à Rome. Elle collabore régulièrement au quotidien anglais *The Guardian*.

Roberta Mitchell dirige le département éditorial des publications des Nations Unies à Rome, où elle habite depuis de nombreuses années. Auteur chevronné, avec une grande habitude du terrain, elle a collaboré à de nombreux guides consacrés à la Ville éternelle, notamment le guide *American Express de Rome*.

Collaborateurs

Sam Cole, Mary Jane Cryan Pancani, Daphne Wilson Ercoli, Laura Ercoli, Lindsay Hunt, Adrian James, Christopher McDowall, Davina Palmer, Rodney Palmer et Debra Shipley.

L'Éditeur exprime également sa reconnaissance aux documentalistes et chercheurs de Websters International Publishers : Sandy Carr, Matthew Barrell, Siobhan Bremner, Serena Cross, Valeria Fabbri, Annie Galpin, Gemma Hancock et Celia Woolfrey.

Photographie d'appoint

Max Alexander, Guiseppe Carfagna, Demetrio Carrasco, Andy Crawford, Mike Dunning, Philip Enticknap, Steve Gorton, John Heseltine, Neil Mersh, Ian O'Leary, Poppy, Alessandra Santarelli et David Sutherland et Martin Woodward.

Illustrations d'appoint

Anne Bowes, Robin Carter, Pramod Negi, Gillie Newman et Chris D. Orr.

Recherche iconographique d'appoint

Sharon Buckley.

Cartographie

Cartographie dessinée (Cheshire), Contour Publishing (Derby), Euromap Limited (Berkshire), Alok Pathak, Kunal Singh. Plans de l'atlas des rues : ERA Maptec Ltd (Dublin) adaptés à partir des cartes originales Shobunsha (Japon), avec leur autorisation.

Recherche cartographique

James Anderson, Donna Rispoli, Joan Russell.

Documentation d'appoint

Janet Abbott, Flaminia Allvin, Fabrizio Ardito, Licia Bronzin et Lupus Sabene.

Collaboration artistique et éditoriale

Beverley Ager, Tessa BindlossKristin Dolina-Adamczyk, Peter Bently, Vandana Bhagra, Hilary Bird, Lucinda Cooke, Michelle Crane, Vanessa Courtier, Claire Edwards, Peter Douglas, Jon Eldan, Simon Farbrother, Karen Fitzpatrick, Anna Freiberger, Vanessa Hamilton, Marcus Hardy, Sasha Heseltine, Sally Ann Hibbard, Paul Hines, Stephanie Jackson, Steve Knowlden, Priya Kukadiah, Mary Lambert, Maite Lantaron, Janette Leung, Carly Madden, Shahid Mahmood, Nicola Malone, Jane Middleton, Ian Midson, Fiona Morgan, Jane Oliver-Jedrzejak, Helen Partington, Mariane Petrou, Naomi Peck, Carolyn Pyrah, Pete Quinlan, Salim Qurashi, Rada Radojicic, Pamposh Raina, Ellen Root, Collette Sadler, Sands Publishing Solutions, Mathew Baishakhee Sengupta, Jane Shaw, Clare Sullivan, Rachel Symons, Andrew Szudek, Alka Thakur, Daphne Trotter, Karen Villabona, Diana Vowles, Lynda Warrington, Stewart J. Wild.

Avec le concours spécial de :

Dottore Riccardo Baldini, Signor Mario di Bartolomeo de la Soprintendenza dei Beni Artistici e Storici di Roma, Belloni, le département iconographique de Dorling Kindersley, Peter Douglas, David Gleave MW, Debbie Harris, Emma Hutton et Cooling Brown Partnership, Dottoressa Todaro et la Signora Camimiti del Ministero dell'Interno, Trestini.

Crédit photographique

L'Éditeur remercie les responsables d'institutions qui ont autorisé la prise de vues dans leur établissement :

Bathsheba Abse du Keats-Shelley Memorial, Accademia dei Lincei, Accanto, Aeroporti di Roma, Aldrovandi Palace, Alpheus, Banco di Santo Spirito au palazzo del Monte di Pietà,

Rory Bruck du Babington's, Caffè Giolitti, Caffè Latino, Comune di Roma (Ripartizione X), Comunità Ebraica di Roma, Guido Cornini du Monumenti Musei e Gallerie Ponteficie, Direzione Sanitaria Ospedale di Santo Spirito, Dottoressa Laura Falsini de la Soprintendenza Archeologica di Etruria Meridionale, Hotel Gregoriana, Hotel Majestic, Hotel Regina Baglioni, Marco Marchetti de l'Ente EUR, Dottoressa Mercalli du Museo Nazionale di Castel Sant'Angelo, Ministero dell'Interno, Plaza Minerva, Ristorante Alberto Ciarla, Ristorante Filetti di Baccalà, Restaurant Romolo, Signor Rulli et Signor Angeli de la Soprintendenza Archeologica di Roma, Soprintendenza Archeologica per il Lazio, Soprintendenza per i Beni Ambientali e Architettonici, Soprintendenza per i Beni Artistici e Storici di Roma, Daniela Tabo du Musei Capitolini, Villa d'Este, Villa San Pio ainsi que Mrs Marjorie Weeke à Saint-Pierre.

h = en haut ; hg = en haut à gauche ; hc = en haut au centre ; hd = en haut à droite ; chg = centre haut à gauche ; ch = centre haut ; chd = centre haut à droite ; cg= centre gauche ; c = centre ; cd = centre droit ; cbg = centre bas à gauche ; cb = centre bas ; cbd = centre bas à droite ; bg = bas à gauche ; b = bas ; bc = bas au centre ; bd = bas à droite.

Nous prions par avance les propriétaires des droits photographiques de nous excuser si une erreur ou une omission subsistait dans cette liste en dépit de tous nos soins. La correction appropriée serait effectuée à la prochaine édition de cet ouvrage.

Les œuvres d'art ont été reproduites avec l'autorisation des institutions et organismes suivants : Città con Cattedrale Gotica, Paul Klee © DACS, Londres 2006 241b.

L'Éditeur remercie les particuliers, les organismes ou les agences de photos qui l'ont autorisé à reproduire leurs clichés :

ACCADEMIA NAZIONALE DI SAN LUCH, Rome : 160b; AFE : 57b, 61cd; Sandro Battaglia 59c, 61cbg, 61bd, 336bd; Louise Goldman 157h; G La Malfa 251h; AEROPORTI DA ROMA 384b; AGENZIA SINTESI : Fabio Fiorani 376bd, 377h, 377b; AKG-IMAGES : Andrea Jemolo 10 bd; Alamy Images : Kathy DeWitt 305hg; Antonella di Girolamo 377c; Marco Marcotulli 376bc; R Venturi 376bg; AGF FOTO : 40-41C; ALDROVANDI PALACE HOTEL :

297b ; ALITALIA : 384h, 385cg ; ALLSPORT : David Cannon 41bd ; ART ANCIEN ET ARCHITECTURE : 18bg, 22hg, 23hg, 27bc, 36cbd, 37hc, 46cg; ARTOTHEK, Stadelsches Kunstinstitut Frankfurh, Goethe in the Roman Campagna by JHW Tischbein 136h.

BIBLIOTECA REALE, Torino : 30-31c; Boscolo Aleph Hotel : 299 chd;BRIDGEMAN ART LIBRARY : London, New York : 20bd, 39hd; Agnew & Sons, London 53tr; Antikenmuseum Staatliches Museum, Berlin 21bg; Biblioteca Publica Episcopal, Barcelona/Index 114bg; Bibliothèque de la Sorbonne 30c, British Museum, London 29ctr; Château de Versailles, France/Giraudon 35hd; Christie's, London 42, 68b, 95h; The Fine Art Society, London 151hd, 279tl; Galerie des Offices, Florence 33bg; Greek Museum, University of Newcastle-upon-Tyne 18bd; King Street Galleries, London 35bd; Louvre, Paris/Lauros-Giraudon 56bd; Louvre, Paris/Giraudon 28bd; Roy Miles Gallery, 29 Bruton Sh, London 228h; Musée des Beaux-Arts, Nantes 55h ; Museo e Gallerie Nazionali di Capodimonte, Naples. Détail de San Ludovico de Simone Martini 28hd; Musée Condé, Chantilly f.71v Très Riches Heures, 28tc; Musée des Beaux-Arts, Budapest 110bg; Museo Archeologico di Villa Giulia 50cg; Palazzo Doria Pamphili, Rome 107b; Piacenza Hôtel de ville, Italie/Index 29bd; Collection Privée 21bd, 24bg, 26bd, 29hd, 178b; Musée Pouchkine, Moscou 111h; Sotheby's, London 20bg; Les musées du Vatican 43ch, 237tr.

CAPITOLINE MUSEUMS, ROME : 73chd ; CEPHAS PICTURE LIBRARY : MICK ROCK 314hd ; CORBIS : BOB KRIST 305c; OWEN FRANKEN 304chg ; VANESSA COURTIER : 371h.

IL DAGHERROTIPO : 118cbg, 145chd, 334h, 335bg, 382bd, 388chg, 393h; Stefano Chieppa 152cg, 289cb, 290cb, 394b; Andrea Getuli 287 hg; Museo di Roma/Giorgio Oddi 118b; Stephano Occhibelli couverture intérieure devant cg, 116, 286hg, 288chg, 288bg; Giorgio Oddi 55cg; Paolo Priori 204hd; Giovanni Rinaldi 196hd, 286chg, 286bd, 287bd, 290chg, 291hc, 291bd, 390h; CM DIXON : 19bg, 26c, 268b, 269h, 269b.

ÉCOLE NATIONALE SUPERIEURE DES BEAUX-ARTS : 23cd, 24-25, 248h, 284-285b; ENTE NAZIONALE ITALIANO PER IL TURISMO : 374cg, cd; ET ARCHIVE : 16, 19hd, 19cbg, 20hd, 21hc, 25h,

29cg, 30hg, 33bd, 34bd, 39bd, 50hg, 314hg; MARY EVANS PICTURE LIBRARY : 19, 20cg, 25cg, 26cg, 31bd, 32cb, 33b, 36h, 36hg, 36cd, 36bg, 56hg, 67bg, 74h, 81b, 91h, 92b, 94bg, 127c, 135h, 213b.

CORALDO FALSINI : 41hg, 354b, 355h, 355c; FERROVIE DELLO STATO : 388cbg, 389hd; WERNER FORMAN ARCHIVE : 19cd, 22bg, 24hg, 25cd, 25bg, 25bd, 49hd, 155h, 163hd, 175c; MUSÉE DU FOLKLORE, Rome : 210br.

GARDEN PICTURE LIBRARY : Bob Challinor 172cb ; GETTY IMAGES : Robert Harding World Imagery 116; Stone/Richard Paosmore 1c; GIRAUDON : 17b, 30bd, 38bd; JACKIE GORDON : 380bg; RONALD GRANT : 52bd, 340t.

SONIA HALLIDAY : 21c, 24bd, 27cg; Laura Lushington 26bg; ROBERT HARDING PICTURE LIBRARY : 25chd, 34bg, 79cd, 177h, 268c, 369c; Mario Carrieri 37hd; John G Ross 40hg, 59cg, 355b; Sheila Terry 41cg; G White 59bd; HOTEL FONTANA-TREVI : 299bc; HULTON DEUTSCH : 38hg, 57cd, 63, 175b, 293c, 373c.

KATZ/FSP : 21hd, 27bg, 28bc, 33cg, 56cg, 57cg, 75cg, 75cd, 78hc, 93b, 112c, 122h, 125hd, 126hg, 132bd, 133cd, 136bg, 139bg, 139bd, 162hd, 172bg, 172 bd, 183bd, 192bg, 196c, 210c, 220bg, 227cd, 229cd; Alinari 80bd, 141bg, 174h, 254b ; Anderson 78cd, 138bg, 163hg, 228b;

MAGNUM : Erich Lessing 17h, 19hg, 89bd; MARKA : V Arcomano 35cd; Roberto Benzi 337cbd; D. Donadoni 11bd; Piranha 337chd; Lorenzo Sechi 10chg; 224bd; MORO ROMA : 38cg, 39cg, 40bd, 41hd, 41bl.

NATIONAL PORTRAIT GALLERY, London : 56hd, 57hd; GRAZIA NERI : Vision/Anna Caltabiano 374b; Vision/Giorgio Casulich 112bd, 156bd, 337cd; Vision/Roberta Krasnig 124hd, 283h; © NIPPON TELEVISION NETWORK CORPORATION, Tokyo 1999 : 244b, et toutes les photos p. 246-247.

LA REPUBBLICA TROVAROMA : 375hg; Residenza Cellini 296bd; REX FEATURES : Steve Wood 41cd.

SCALA GROUP S.P.A : 94h, 125hg, 278cg, 289hg, Casa di Augusto 97h, Chiesa del Gesù 115h, Galleria Borghese 34chg, 260hd, Galleria Colonna 157b, Galleria Doria Pamphilj 48bd, 105cd, Galleria Spada 48cg, Galerie des Offices 18-19, 29bg, Museo d'Arte Orientale 174h, 174bd, Musei Capitolini 49bg, Museo della Civiltà Romana 50hd, 50b, Museo delle Terme 23hd, Museo Napoleonico 51cd, Museo Nazionale, Napoli 23cg, Museo Nazionale, Ravenna 24cg, Museo del Risorgimento, Milano 38cbg, 38-39c, Museo del Risorgimento, Roma 39hg, Palazzo Barberini 252bg, Palazzo Ducale 8, 21hd, Palazzo della Farnesina 220hc, Palazzo Madama 22cg, Palazzo Venezia 49cd, 66bg, San Carlo alle Quattro Fontane 35cg, Santa Cecilia in Trastevere 34hg, San Clemente 37bg, Santa Costanza 26-27c, Santa Maria Antiqua 26hg, Santa Maria dell'Anima 121h, Santa Maria Maggiore 45hd, Santa Maria del Popolo 139hd, 139c, Santa Prassede 28bg, 30bg, Santa Sabina 27hc, 31cg, musées du Vatican 21bc, 29h, 29cd, 27chd, 29cd, 31hg, 31cd, 32hg, 32ch, 33cd, 33bc, 34cd, 34cbg, 43hd, 48hg, 50cd, 51bg, 224bg, 225cd, 235h, 238hg, 238bd, 240h, 240b, 241h, 241c, 241b, 242hg, 242c, 242b, 243h, 243c, 243b, 245c, 245cg, 245cd, 245b, 289hg; LOURENS SMAK : 11HG.

TOPHAM PICTURE SOURCE : 40cl.

ZEFA : 2, 230cg, 231bd, 372-373, 374h, 388h; Eric Carle 58h; Kohlhas 231t.

Merci également à la Dottoressa Giulia De Marchi de L'ACCADEMIA NAZIONALE DI SAN LUCH, Rome pour 160b, Rettore Padre Libianchi de LA CHIESA DI SANT'IGNAZIO DI LOYOLA pour 106h, ENTE NAZIONALE PER IL TURISMO, HASSLER HOTEL, Rome pour 299hg, GRAND HOTEL, Rome pour 299crb ainsi qu'à LA REPUBBLICA TROVAROMA.

Couverture

Première de couverture : Free Agents Limited/Corbis (visuel principal) ; Maisant Ludovic/hemis.fr (détourage).

Quatrième de couverture : Chmura Frank/ Prisma/hemis.fr (hg) ; Atlantide Phototravel/Corbis (cg) ; René Mattès/ Hemis/Corbis (bg).

Toutes les autres images © Dorling Kindersley. Pour plus d'information : consultez le site www.dkimages.com

Lexique

En cas d'urgence

Au secours !	Aiuto!	a-iou-to
Arrêtez !	Fermate!	fèr-ma-té
Appelez un médecin !	Chiama un medico	qui-a-ma oun mé-di-co
Appelez une ambulance !	Chiama un' ambulanza	qui-a-ma oun am-bou-lan-tsa
Appelez la police !	Chiama la polizia	qui-a-ma la po-li-tsi-a
Appelez les pompiers !	Chiama i pompieri	qui-a-ma i pom-pi-é-ri
Où est le téléphone ?	Dov'è il telefono?	dov-é il té-lé-fo-no ?
L'hôpital le plus proche ?	L'ospedale più vicino?	los-pé-da-lé pi-ou vi-tchi-no ?

L'essentiel

Oui/Non	Si/No	si/no
S'il vous plaît	Per favore	pèr fa-vo-ré
Merci	Grazie	gra-tsi-è
Excusez-moi	Mi scusi	mi scou-tsi
Bonjour	Buon giorno	bouone jor-no
Au revoir	Arrivederci	a-ri-vé-dèr-tchi
Bonsoir	Buona sera	bouona sé-ra
le matin	la mattina	la ma-ti-na
l'après-midi	il pomeriggio	il po-mé-ri-djio
le soir	la sera	la sé-ra
hier	ieri	i-èr-i
aujourd'hui	oggi	o-dji
demain	domani	do-ma-ni
ici	qui	coui
là	la	la
Quoi ?	Quale?	coua-lé ?
Quand ?	Quando?	couan-do ?
Pourquoi ?	Perchè?	pèr-qué ?
Où ?	Dove?	do-vé ?

Quelques phrases utiles

Comment allez-vous ?	Come sta?	co-mé-sta ?
Très bien, merci.	Molto bene, grazie.	mol-to bé-né gra-tsi-é
Ravi de faire votre connaissance.	Piacere di conoscerla.	pi-a-tchèr-é di co-no-chèr-la
À bientôt.	A più tardi.	a pi-ou tar-di
C'est parfait.	Va bene.	va bé-né
Où est/sont… ?	Dov'è/Dove sono …?	dov-é/dové so-no ?
Combien de temps pour aller à… ?	Quanto tempo ci vuole per andare a …?	tèm-po tchi vou-o-lé pèr an-dar-é a… ?
Comment aller à… ?	Come faccio per arrivare a …?	co-mé fa-tcho pèr arri-var-é a… ?
Parlez-vous français ?	Parla francese?	par-la frane-tché-sé ?
Je ne comprends pas.	Non capisco.	none ca-pi-sco
Pourriez-vous parler plus lentement, SVP ?	Può parlare più lentamente, per favore ?	pouo par-la-ré pi-ou lèn-ta-mèn-té pèr fa-vo-ré ?
Excusez-moi.	Mi dispiace.	mi dis-pi-a-tché

Quelques mots utiles

grand	grande	grane-dé
petit	piccolo	pi-co-lo
chaud	caldo	cal-do
froid	freddo	fréd-do
bon	buono	bouo-no
mauvais	cattivo	cat-ti-vo
assez	basta	bas-ta
bien	bene	bé-né
ouvert	aperto	a-pèr-to
fermé	chiuso	qui-ou-so
à gauche	a sinistra	a si-ni-stra
à droite	a destra	a dèss-tra
tout droit	sempre dritto	sèm-pré dri-to
près	vicino	vi-tchi-no
loin	lontano	lone-ta-no
en haut	su	sou
en bas	giù	djou
tôt	presto	prèss-to
tard	tardi	tar-di
entrée	entrata	ène-tra-ta
sortie	uscita	ou-chi-ta
les toilettes	il gabinetto	il ga-bi-nèt-to
libre	libero	li-bé-ro
gratuit	gratuito	gra-tou-i-to

Au téléphone

Je voudrais l'interurbain.	Vorrei fare una interurbana.	vor-reil far-é ouna ine-tèr-our-ba-na
Je voudrais téléphoner en P.C.V.	Vorrei fare una telefonata a carico del destinatario.	vor-reil far-é ouna té-lé-fo-na-ta a ca-ri-co dèl dés-ti-na-ta-rio
Je rappellerai plus tard.	Ritelefono più tardi.	ri-té-lé-fo-no pi-ou tar-dé
Puis-je laisser un message ?	Posso lasciare un messaggio?	Poss-o lach-a-ré oun mess-sa-djio ?
Ne quittez pas.	Un attimo, per favore	oun a-ti-mo pèr fa-vo-ré
Pourriez-vous parlez plus fort, SVP	Può parlare più forte, per favore ?	pouo par-la-ré pi-ou for-té, pèr fa-vo-ré
Appel local	la telefonata locale	la té-lé-fo-na-ta lo-ca-lé

Le shopping

Combien cela coûte-t-il ?	Quant'è, per favore?	couane-té pèr fa-vo-ré ?
Je voudrais…	Vorrei …	for-reil
Avez-vous… ?	Avete …?	a-vé-té… ?
Je ne fais que regarder.	Sto soltanto guardando.	sto sol-tan-to gouar-dan-do
Acceptez-vous les cartes de crédit ?	Accettate carte di credito?	a-tché-ta-té car-té di cré-di-to ?
À quelle heure ouvrez-vous/ fermez-vous ?	A che ora apre/ chiude?	a quê or-a a-pré/ qui-ou-dé ?
ceci	questo	couê-sto
cela	quello	couêl-o
cher	caro	car-o
bon marché	a buon prezzo	a bouon prêt-so
la taille, (vêtements)	la taglia	la ta-li-a
la pointure	il numero	il nou-mé-ro
blanc	bianco	bi-ane-co
noir	nero	né-ro
rouge	rosso	ross-o
jaune	giallo	djial-o
vert	verde	vèr-dé
bleu	blu	blou
brun	marrone	mar-ro-né

Les magasins

l'antiquaire	l'antiquario	lane-ti-coua-ri-o
le boulanger	la panetteria	la pa-nèt-tèr-ri-a
la banque	la banca	la bang-ca
la librairie	la libreria	la li-brè-ri-a
le boucher	la macelleria	la ma-tchèl-é-ri-a
la pâtisserie	la pasticceria	la pas-ti-tchèr-i-a
la pharmacie	la farmacia	la far-ma-tchi-a
le grand magasin	il grande magazzino	il grane-dé ma-ga-dzi-no
l'épicerie fine	la salumeria	la sa-lou-mé-ri-a
la poissonnerie	la pescheria	la pès-ké-ri-a
le fleuriste	il fioraio	il fi-or-ail-o
le marchand de légumes	il fruttivendolo	il frou-ti-vène-do-lo
l'épicier	alimentari	a-li-mène-ta-ri
le coiffeur	il parrucchiere	il par-ou-ki-èr-é
le glacier	la gelateria	la dgé-la-tèr-ri-a
le marché	il mercato	il mèr-ca-to
le marchand de journaux	l'edicola	lé-di-co-la
la poste	l'ufficio postale	lou-fi-tcho pos-ta-lé
le marchand de chaussures	il negozio di scarpe	il né-go-tsio- di scar-pé
le supermarché	il supermercato	il sou-pèr-mèr-ca-to
le débit de tabac	il tabaccaio	il ta-bak-ail-o
l'agence de voyages	l'agenzia di viaggi	la-djen-tsi-a di vi-ad-ji

Le tourisme

le musée	la pinacoteca	a pina-co-té-ca
l'arrêt de bus	la fermata dell'autobus	la fèr-ma-ta dèl aou-to-bouss
l'église	la chiesa	la qui-é-tsa
la basilique	la basilica	la ba-sil-i-ca
le jardin	il giardino	il ji-ar-di-no
la bibliothèque	la biblioteca	la bi-bli-o-té-ca
le musée	il museo	il mous-é-o
la gare	la stazione	la sta-tsi-o-né
l'office du tourisme	l'ufficio turistico	lou-ri-tsi-co
fermé les jours fériés	chiuso per la festa	qui-ou-so pèr la fés-ta

À l'hôtel

Avez-vous une chambre libre ?	**Avete camere libere?**	*a-vé-té ca-mé-ré li-bé-ré?*
une chambre pour deux personnes	**una camera doppia**	*ouna ca-mé-ra do-pi-a*
avec un grand lit	**con letto matrimoniale**	*cone lét-to ma-tri-mo-ni-a-lé*
une chambre à deux lits	**una camera con due letti**	*ouna ca-mé-ra cone dou-é lét-ti*
une chambre pour une personne	**una camera singola**	*ouna ca-mé-ra sing-go-la*
une chambre avec bain,	**una camera con bagno,**	*ouna ca-mé-ra cone ban-io,*
douche	**con doccia**	*cone dot-tcha*
le portier	**il facchino**	*il fa-qui-no*
la clef	**la chiave**	*la qui-a-vé*
J'ai réservé une chambre	**Ho fatto una prenotazione.**	*ho fat-to ouna pré-no-ta-tsi-o-né*

Au restaurant

Avez-vous une table pour… ?	**Avete una tavola per … ?**	*a-vé-té ouna ta-vo-la pèr…?*
Je voudrais réserver une table.	**Vorrei riservare una tavola.**	*for-rei ri-sèr-va-ré ouna ta-vo-la*
le petit déjeuner	**colazione**	*co-la-tsi-o-né*
le déjeuner	**pranzo**	*prane-tso*
le dîner	**cena**	*qué-na*
L'addition, s'il vous plaît.	**Il conto, per favore.**	*il cone-to pèr fa-vor-é*
Je suis végétarien/ne.	**Sono vegetariano/a.**	*so-no vé-gé-tar-i-a-no/na*
la serveuse	**cameriera**	*ca-mé-ri-èr-a*
le garçon	**cameriere**	*ca-mé-ri-èr-é*
menu à prix fixe	**il menù**	*il mé-no*
	a prezzo fisso	*a prèt-so fi-so*
le plat du jour	**piatto del giorno**	*pi-a-to dèl jor-no*
l'apéritif	**antipasto**	*ane-ti-pas-to*
l'entrée	**il primo**	*il pri-mo*
le plat principal	**il secondo**	*il sé-cone-do*
la garniture	**il contorno**	*il cone-tor-no*
le dessert	**il dolce**	*il dol-qué*
le supplément couvert	**il coperto**	*il co-pèr-to*
la carte des vins	**la lista dei vini**	*la lis-ta déi vi-ni*
saignant	**al sangue**	*al sangue-goué*
à point	**al puntino**	*al poune-ti-no*
bien cuit	**ben cotto**	*bèn cote-to*
le verre	**il bicchiere**	*il bi-qui-èr-é*
la bouteille	**la bottiglia**	*la bot-til-ia*
le couteau	**il coltello**	*il col-tèl-o*
la fourchette	**la forchetta**	*la for-quèt-ta*
la cuillère	**il cucchiaio**	*il cou-qui-aille-o*

Lire le menu

l'agneau	**l'abbacchio**	*la-baqu-qui-o*
l'ail	**l'aglio**	*lal-io*
l'artichaut	**il carciofo**	*il car-tchoff-o*
l'aubergine	**la melanzana**	*la mé-lane-tsa-na*
le beurre	**il burro**	*il bour-o*
la bière	**la birra**	*la bir-ra*
le bifteck	**la bistecca**	*la bi-stèque-ca*
le bœuf	**il manzo**	*il mane-tso*
bouilli	**lesso**	*lèss-o*
le bouillon	**il brodo**	*il bro-do*
le café	**il caffè**	*il ca-fé*
le canard	**l'anatra**	*la-na-tra*
les champignons	**i funghi**	*i foun-gi*
les courgettes	**gli zucchini**	*li dzou-qui-ni*
la crème glacée	**il gelato**	*il gé-la-to*
les crevettes	**i gamberi**	*i gam-bèr-i*
l'eau	**l'acqua**	*la-coua*
l'eau minérale pétillante/	**l'acqua minerale gasata/**	*la-coua mi-nèr-a-lé ga-za-ta/*
plate	**naturale**	*na-tou-ra-lé*
au four	**al forno**	*al for-no*
les fraises	**le fragole**	*lé fra-go-lé*
les frites	**patatine fritte**	*pa-ta-ti-né fri-té*
le fromage	**il formaggio**	*il for-mad-djio*
le fruit frais	**frutta fresca**	*frou-ta frès-ca*
les fruits	**frutti**	*frou-ti*
de mer	**di mare**	*di ma-ré*
le gâteau	**la torta**	*il tor-ta*
grillé	**alla griglia**	*a-la gril-ia*
les haricots	**i fagioli**	*i fa-djio-li*
le homard	**l'aragosta**	*la-ra-goss-ta*
l'huile	**l'olio**	*lol-io*

le jambon cuit/cru	**il prosciutto cotto/crudo**	*il pro-chou-to cot-to/crou-do*
jus d'orange/ de citron	**succo d'arancia/ di limone**	*sou-co da-ran-tcha/ di li-mo-né*
le lait	**il latte**	*il la-té*
les légumes	**i legumi**	*i lé-gou-mi*
l'œuf	**l'uovo**	*lou-o-vo*
l'oignon	**la cipolla**	*la tchi-pol-a*
l'olive	**l'oliva**	*lo-li-va*
l'orange	**l'arancia**	*la-ran-tcha*
le pain	**il pane**	*il pa-né*
les palourdes	**le vongole**	*lé vone-go-lé*
la pêche	**la pesca**	*la pès-ca*
le petit pain	**il panino**	*il pa-ni-no*
le poisson	**il pesce**	*il pèch-é*
le poivre	**il pepe**	*il pé-pé*
la pomme	**la mela**	*la mé-la*
les pommes de terre	**le patate**	*le pa-ta-té*
le porc	**carne di maiale**	*car-né di maï-ya-lé*
le poulet	**il pollo**	*il poll-o*
le raisin	**l'uva**	*lou-va*
le riz	**il riso**	*il ri-so*
rôti	**arrosto**	*ar-ross-to*
la saucisse	**la salsiccia**	*la sal-si-tcha*
sec	**secco**	*séc-co*
le sel	**il sale**	*il sa-lé*
la salade	**l'insalata**	*line-sa-la-ta*
la soupe	**la zuppa,**	*la tsou-pa*
	la minestra	*la mi-nès-tra*
le sucre	**lo zucchero**	*lo tsou-quèr-o*
le thé	**il tè**	*il té*
le thon	**il tonno**	*il ton-no*
la tisane	**la tisana**	*la ti-sa-na*
la tomate	**il pomodoro**	*il po-mo-dor-o*
le veau	**il vitello**	*il vi-tèl-o*
la viande	**la carne**	*la car-né*
le vin blanc	**vino bianco**	*vi-no bi-ang-co*
le vin rouge	**vino rosso**	*vi-no-ross-o*
le vinaigre	**l'aceto**	*la-tché-to*

Les nombres

1	**uno**	*ou-no*
2	**due**	*dou-é*
3	**tre**	*tré*
4	**quattro**	*couat-ro*
5	**cinque**	*tching-coué*
6	**sei**	*seille*
7	**sette**	*sét-é*
8	**otto**	*ot-to*
9	**nove**	*no-vé*
10	**dieci**	*di-é-tchi*
11	**undici**	*oune-di-tchi*
12	**dodici**	*do-di-tchi*
13	**tredici**	*tréi-di-tchi*
14	**quattordici**	*coua-tor-di-tchi*
15	**quindici**	*couin-di-tchi*
16	**sedici**	*séi-di-tchi*
17	**diciassette**	*di-tcha-sét-té*
18	**diciotto**	*di-tchot-to*
19	**diciannove**	*di-tcha-no-vé*
20	**venti**	*vèn-ti*
30	**trenta**	*trèn-ta*
40	**quaranta**	*coua-ran-ta*
50	**cinquanta**	*tching-couan-ta*
60	**sessanta**	*séss-an-ta*
70	**settanta**	*sét-tan-ta*
80	**ottanta**	*ot-tan-ta*
90	**novanta**	*no-van-ta*
100	**cento**	*tchèn-to*
1 000	**mille**	*mi-lé*
2 000	**duemila**	*dou-é-mi-la*
5 000	**cinquemila**	*tching-coué mi-la*
1 000 000	**un milione**	*un mil-io-né*

Le jour et l'heure

une minute	**un minuto**	*oun mi-nou-to*
une heure	**un'ora**	*oun or-a*
une demi-heure	**mezz'ora**	*médz-or-a*
un jour	**un giorno**	*oun djor-no*
une semaine	**una settimana**	*ouna sét-ti-ma-na*
lundi	**lunedì**	*lo-né-di*
mardi	**martedì**	*mar-té-di*
mercredi	**mercoledì**	*mèr-co-lé-di*
jeudi	**giovedì**	*djio-vé-di*
vendredi	**venerdì**	*vén-èr-di*
samedi	**sabato**	*sa-ba-to*
dimanche	**domenica**	*do-mé-ni-ca*

GUIDES 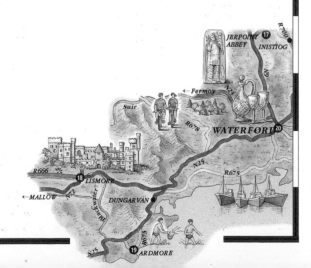 VOIR

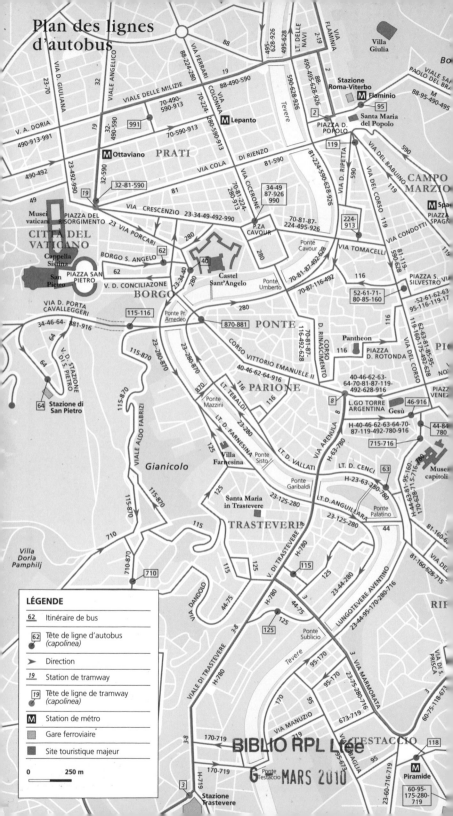